Franco Bellandi
Giovenale, *Satira* 9

TEXTE UND KOMMENTARE

Eine altertumswissenschaftliche Reihe

Herausgegeben von

Michael Dewar, Karla Pollmann, Ruth Scodel,
Alexander Sens

Band 67

De Gruyter

Giovenale, *Satira* 9

Introduzione, testo, traduzione e commento

di

Franco Bellandi

De Gruyter

ISBN 978-3-11-112170-3
e-ISBN (PDF) 978-3-11-072762-3
ISSN 0563-3087

Library of Congress Control Number: 2020950601

Bibliographic information published by the Deutsche Nationalbibliothek
The Deutsche Nationalbibliothek lists this publication in the Deutsche
Nationalbibliografie; detailed bibliographic data are available in the Internet
at http://dnb.dnb.de.

© 2022 Walter de Gruyter GmbH, Berlin/Boston
This volume is text- and page-identical with the hardback published in 2021.
Satz: Michael Peschke, Berlin
Druck und Bindung: CPI books GmbH, Leck
www.degruyter.com

Al mio maestro
Antonio La Penna

Ringraziamenti

Questo lavoro, che conclude una lunga stagione di miei studi giovenaliani, deve non poco alla pazienza di vari amici e colleghi (Andrea Cucchiarelli, Giuseppe Dimatteo, Stefano Grazzini, Silvia Mattiacci, Andrea Perruccio, Antonio Stramaglia) che gentilmente e affettuosamente si sono sottomessi alla non lieve fatica di leggere il testo via via che in questi anni si andava formando. A tutti loro sono debitore di preziosi rilievi, correzioni, spunti, suggerimenti, che ho cercato di mettere a frutto come meglio potevo, consapevole che molto di più si poteva fare da parte mia... Delle varie inesattezze e pecche che, purtroppo, di certo rimangono nell'opera, la responsabilità è ovviamente solo mia. Un grazie di cuore a tutti.

Al momento di licenziare questo lavoro, un pensiero particolare non può non andare al mio maestro Antonio La Penna, che tanti anni fa mi avviò allo studio della letteratura latina e, in particolare, di Giovenale.

Franco Bellandi
Firenze, 15 ottobre 2020

Indice

Introduzione	1
Testo e traduzione	47
Premessa al testo	47
Conspectus siglorum	52
IUVENALIS, SATURA IX/Giovenale, Satira 9	54
Commento	65
Bibliografia	291
Indici	345
Index locorum	345
Index Rerum et Nominum	379

Introduzione
Lo 'scandaloso' capolavoro

È praticamente un luogo comune della critica su questa satira giovenaliana l'affermazione che ci troviamo di fronte a uno dei capolavori della produzione di questo autore (se non addirittura al capolavoro in assoluto), ma che il tema affrontato (la relazione crudamente sessuale e totalmente mercenaria tra due maschi adulti) renda difficile l'accostarvisi[1].

Del resto è risaputo che, per la scabrosità dell'argomento, la sat. 9 (con la 2 e la 6, tutta o in parte) è stata esclusa da molte edizioni (non solo destinate alla scuola) e da molti commenti, specialmente da quelli 'vittoriani' di metà e fine '800 (per es. Mayor, Pearson – Strong, Hardy, Duff, Wilson ed altri[2]), mentre già Prateus nella sua edizione *in usum Delphini* del 1684 ne censurava con pudichi asterischi le parti più esplicite. Di fronte a tanta 'pruderie' appare singolare la sorte che il componimento conosce nel Medioevo quando – certo a prezzo di non insignificanti manipolazioni – esso è tranquillamente usato come fonte di citazioni non diversamente dalle altre satire del «Iuvenalis ethicus»[3]. Oggi, dopo il tempo della censura e del silenzio, il pericolo che corrono testi come questo è diverso, pressoché opposto, quello di una differente manipolazione, magari ispirata a buoni sentimenti, ma non meno distorsiva: il nuovo rischio è quello dell'esegesi ligia ai canoni del 'politically correct'[4].

Comunque sia, una volta messa in pace la coscienza con qualche forma di doverosa presa di distanza preventiva, i critici del passato si sentivano

---

1 Cf. Highet 1954, 117 s.: «one of the most shocking poems ever written» e tuttavia «in spite of its repulsive subject, it is a masterpiece»; Courtney 2013[2], 373: «this poem lacks the dramatic vividness of Three and the sombre elevation of Ten, but in respect of literary artistry it is Juvenal's masterpiece». Si potrebbe continuare anche con qualche curiosa spigolatura (Heinrich 1839, 354: «höchst frappant... glücklicherweise unsern Sitten ganz fremd»). Nelle sue considerazioni finali sulla satira, Ferguson 1979, 252 s. esordisce con un quasi terroristico «it may well seem perverse to praise this satire...» ma poi, graziosamente, concede che «the repulsiveness of the theme is no index of the skill of the treatment».

2 Cf. Winkler 1983, 126; Broder 2015, 284 e 301 n. 5. Interessante il nesso che Schmitz 2019, 221 ss. stabilisce tra le riserve di Lutero su G. come autore poco adatto alla lettura da parte dei giovani e la successiva pratica della "bowdlerisation" riservata alle sue satire.

3 Sulla presenza delle satire 2 e 9 nel Medioevo, vd. Consoli 1914 e 1921. Sulla citazione, per es., di G. 9, 32 s. (presa 'tout court' come massima stoica) in Giovanni di Salisbury, *Polycrat.* 5, 4, cf. Bracciali Magnini 1990, 44 n. 89. Sulla storia del cosiddetto «Iuvenalis ethicus», vd. Wiesen 1963 e, ora, Schmitz 2019, 218 ss.

4 In tempi di liberazione sessuale (non importa quanto esibita e quanto reale e, in qualche caso, già traballante) il rischio per i testi classici su temi 'caldi' come questo

per lo più pronti a riconoscere – talora con parole entusiastiche – la grande qualità letteraria del testo che ci accingiamo a leggere e commentare. Credo particolarmente significativo, considerando la severità espressa altrove (specialmente per quanto attiene alla difettosa «Kompositionskunst» di Giovenale), il giudizio di Ludwig Friedländer: «si può annoverare questa satira fra le migliori... Witz e Humor richiamano Petronio... il dialogo è ben condotto nell'abile incastro delle battute, il contesto irreprensibile mai è disturbato da digressioni inappropriate... il risultato è di un'unità assoluta»[5]. Il confronto con l'humour distaccato e glaciale di Petronio ricorre più volte nella critica (Highet, per es., ricordava a proposito di Nevolo il personaggio di Encolpio), anche se l'intento moralistico del satirico – pur *in absentia* della consueta *indignatio* – è molto più trasparente dell'enigmatica, imperscrutabile ironia petroniana[6].

1. Datazione della satira 9 e struttura del libro III

La satira 9 non contiene alcun indizio plausibile di datazione: non resta che considerarla scritta dopo il libro II (costituito dalla sola satira 6, databile alla seconda metà del regno di Traiano, forse anche in parte agli inizi di quello di Adriano)[7] e pubblicata col resto del libro III nel corso dei primi anni di regno del nuovo

---

non è più quello della censura, ma quello di una lettura tutta ideologica e completamente antistorica: vd., per es., le interpretazioni di 2 e 9 proposte da Winkler 1983 (per es. 90 s., 130 n. 6; 133 n. 25) in ossequio alle teorie di Boswell 1980–9, 65–69, relativamente alla pacifica accettazione dei rapporti omosessuali in Roma antica (il che, detto così, è senz'altro fuorviante, cf. MacMullen 1982; Janni 2004, 169 ss.; vd. sotto, § 4). Broder 2015, 286, 288, 300 parla addirittura di «solidarity» di G. con i «deviants» (per non dover accettare la presenza di una «stinking homophobia») e tenta una lettura 'queer-camp' di queste satire (e di 6), arrivando a vedervi la caricatura dei valori maschilisti, patriarcali, eteronormativi (!). Faceva un'operazione del genere già Wooten 1984, ma almeno sul *Satyricon* di Petronio, che si presta senz'altro di più (cf. Vannini 2007, 414). Tutto questo è cominciato con l'uso distorto della cd. teoria della "persona" satirica (cf., per es., Winkler 1983, 1–22; Braund 1988 e 1996; Schmitz 2000, 11–30, con le mie riserve su "Gnomon" in corso di stampa; in generale, vd. anche Kissel 2013, 162 ss.) e la creazione di un 'doppio' di G. (lui sì «narrow-minded bigot»!), che aveva il 'pregio' di liberare l'autore da qualunque accusa sgradevole dal punto di vista del nostro 'politically correct' (Bellandi 1998, 100 ss.).

5 Friedländer 1895, 433: «wird man diese Satire zu den besten Juvenals zählen... ist mit einem an Petron erinnernden Witz und Humor durchgeführt... Rede und Gegenrede greifen gut ineinander, der Zusammenhang ist durchweg tadellos und nirgend durch ungehörige Abschweifungen gestört. So bildet die Satire eine einheitliche Ganze».
6 Highet 1954, 274. Vd. anche sotto, n. 144.
7 Sulla datazione dei libri I e II delle *Saturae*, vd. da ultimo Bellandi 2016, 5 ss.

sovrano[8]. In effetti la sat. 7, che apre il libro, sembra accennare alle speranze suscitate – più o meno fondatamente – dall'accesso al trono del nuovo imperatore (1–21) e la 8 nello sviluppare il luogo comune del rapporto essenziale tra *nobilitas* e *virtus* ha tutta l'aria di occuparsi anche della nuova classe dirigente che si accinge a sostituire la vecchia nell'amministrazione delle province (87 ss.)[9]. La 9 nel suo desolato pessimismo che si attarda sui bassifondi della società romana non mostra alcun indizio di collegamento con le vicende dell'alta politica e con eventi in qualche modo situabili in un contesto temporale preciso e, dunque, non sembra consentire alcuna fondata proposta di datazione. Highet pensava al recupero di un pezzo scritto in altri tempi (per rimpolpare un libro troppo smilzo?)[10], ma il tono è completamente diverso da quello apertamente indignato del passato: anzi la cupa ironia che pervade la 9 è in qualche modo un annuncio della imminente nuova maniera di Giovenale, un preludio al clamoroso rovesciamento che si avrà con il rigetto, almeno ufficiale, dell'*indignatio* e con l'adozione di quella maniera sapienziale ('democritea' o 'oraziano-senecana') che si avrà dal libro IV in poi. Naturalmente, il discorso vale se questa nuova maniera la interpretiamo non come segnale di un improvviso ottimismo filosofeggiante ma, al contrario, come chiusura difensiva (ispirata ad una ricerca di αὐτάρκεια con sfumature, talora, più ciniche che stoiche) di fronte a un mondo che non consente prospettive di reale intervento (se non su se stessi)[11].

La sat. 9 è la satira di chiusura del libro e suona come un congedo assai amaro: essa richiama vistosamente la satira di apertura (7) nel tema dell'accusa all'*avaritia* dei *divites*[12] e della denuncia a proposito della degradazione

---

8   Asceso al trono nell'agosto del 117, Adriano giunse a Roma nel luglio 118 e vi rimase fino alla partenza per il primo dei suoi numerosi viaggi nel 121 (Dimatteo 2014, 3). Sulla cronologia dell'ultima produzione di G. abbiamo solo il 'terminus post quem' del 127 d.C. per il libro V (nessuno spunto sicuro di datazione per il IV), cf. Kissel 2013, 60 ss., 64–66.

9   È evidente il contrasto tra i temi 'alti' delle satire 7 (degrado della 'upper class' e condizioni di abbandono della cultura e dei suoi rappresentanti: intellettuali e insegnanti) e 8 (doveri morali e politici della classe dirigente, in particolare della *nobilitas*) da una parte e, dall'altra, la desolante meschinità dell'argomento sviluppato da 9, per di più nel risalto provocatorio (si direbbe) della posizione di chiusa del libro.

10   Highet 1954, 121. Più recentemente ha riproposto questa datazione Green 1998, 178 s. sulla base dell'idea molto fragile (suggerita da Ferguson 1987, 244) che *Virro* sia «a provincial», come Nevolo, e abbia a che fare con la zona di *Aquinum* e che l'episodio abbia, dunque, a che vedere con una prima fase dell'attività satirica di G.

11   Cf. Bellandi 1974–2009; 1974–5, 384–386; 1980, 66 ss. Sulla scarsa consistenza (e, talora, aperta incoerenza) delle posizioni filosofiche adottate occasionalmente da G., vd. Bellandi 2011a e, sotto, n. 157. Per uno studio del libro III nel suo complesso, letto all'insegna dell'«irony», cf. Braund 1988 (sul rapporto con i successivi sviluppi del IV e V libro, vd. in part. 178–198, 271–276).

12   Il *dives avarus* di 7, 30 diventa in 9, 38 il *mollis avarus*, depravato ricco (54 ss., 99) e/ma taccagno (41 ss.); sul carattere paradossale di questa avarizia, vd. *ad* 38, *quod tamen... mollis avarus?*

del rapporto di clientela[13], ma lo fa – si potrebbe dire – in chiave di sarcastico *de profundis*[14]: se tra le due 'parti in commedia' della sat. 7 (*divites avari* e intellettuali/insegnanti da loro colpevolmente trascurati) c'era una qualche forma di sinergia o connivenza che rendeva non privo di ambiguità od oscillazioni il patrocinio delle "vittime"[15], in 9 i due protagonisti della satira (il ricco Virrone e il suo cliente Nevolo, che si presenta con toni accesamente indignati come sua 'vittima') sono andati oltre (sino all'estremo) nel processo di degrado della relazione patrono/cliente[16] e sono ormai da valutare tutti e due colpevoli nella stessa misura – sessualmente e moralmente complici e 'complementari' – anche se Virrone ha l'aggravante della posizione economicamente e socialmente privilegiata, che lo colloca nel ruolo di potere e gli assegna, dunque, un surplus di responsabilità (vd. sotto, § 4 p. 43).

---

13 '*Cliens*' non è mai usato in 7 (forse trattandosi qui di *clientes* diversi, di tipo intellettuale), mentre lo è ben due volte in 9 (59 e 72), detto sempre da Nevolo a proposito di se stesso (vd. ad v. 59, *clientis*); in 8 troviamo al v. 161 l'uso della formula di saluto *dominus et rex*, usata talora dai clienti in vena di adulazione nei confronti dei loro patroni (vd. Bianconi 2005, 67 ss.; Dimatteo 2014, 182).

14 Vd. Braund 1988, 178 s. sulla presenza di una sorta di schema ABA nel libro III (che inizia sul tema della «speranza» e finisce con la sua negazione), basato sul rapporto in qualche modo 'simmetrico' tra 7 e 9. Mentre al centro del libro abbiamo la satira 8 che ha pretese più alte di manifesto politico-morale (con una *Vox* autoriale fortemente *docens* o *monens*, cf. 39 e 125 s.), colpisce l'accostamento stridente di 8 (con questo sonoro *maximum* di presenza della *Vox docens*) e di 9 (dove abbiamo, invece, la sua sparizione, anche se volessimo identificare l'Interlocutore anonimo con Giovenale; vd. sotto, § 3 a).

15 Sulla pionieristica lettura in questa chiave data da Tandoi 1968 e 1969, sviluppata in Bellandi 1974–5, 386–400 e 423–437, cf. ora Bellandi 2018, 421 ss. (anche a proposito delle attuali posizioni della critica al riguardo della valutazione seria o ironica del proemio di 7).

16 Se Virrone è lo sviluppo in chiave di degrado sessuale (identica è l'*avaritia*) dei patroni di 1–3–5–7 (chiaro il rapporto con l'omonimo Virrone di 5; vd. sotto § 3 c), Nevolo è l'antitesi stessa del personaggio di Umbricio in 3, cui per tanti versi assomiglia, attraverso l'anello intermedio e necessario del cliente Trebio di 5 (Bellandi 1974–2009, 475 ss., approvato, per es., da Braund 1988, 139 e 142, 246 n. 55; Green 1998, 178; Nappa 2018, 193). Sul degrado della clientela, vd. Santorelli 2013, 3–14 e in part. (sul rapporto Umbricio > Trebio > Nevolo) 15–19. È vero che 9 ha un rapporto particolare con le satire dispari 1–3–5–7 (sul tema della clientela degradata), cf. Braund 1988, 137 s., 142, 246 n. 58 contro Winkler 1983, 114 (che definiva 9 'tout court' come «companion piece» di 2), ma non bisogna nemmeno esagerare: il personaggio di Virrone, ricco debosciato e disertore dalle responsabilità che il ruolo sociale gli assegnerebbe, fornisce un chiaro collegamento anche con i temi delle satire pari (2, 4, 8) e in part., ovviamente, – per via del tema omosessuale – con 2. Solo 6 non presenta che un breve e pallidissimo cenno al tema della clientela (6, 312 s.).

2. La forma dialogica e la struttura della satira 9

Si tratta dell'unica satira tra tutte che sia condotta da capo a fine come un dialogo tra due personaggi, senza alcun intervento esplicito di 'regia' (anche minimo) che – accennando alla presenza di un Autore del testo – si distingua dal dialogo stesso e in qualche modo lo 'situi'[17]. Possiamo pensare che l'Interlocutore anonimo sia da identificarsi 'tout court' con l'Autore[18], ma – come vedremo (§ 3 a) – ciò non è indicato da segnali chiari e assolutamente univoci: è lasciato a noi lettori di deciderlo e il tasso residuo di ambiguità non è privo di significato.

L'unico elemento di didascalia ci è suggerito indirettamente nei vv. 1–2: i due personaggi dialoganti si incontrano casualmente per strada (non è la prima volta: *totiens... occurras*) e si dovrà pensare che il colloquio si svolga appunto p e r v i a secondo il tipo – di nota e remota ascendenza filosofica – del «promenade-dialogue»[19]. Non ci viene fornito alcun elemento ulteriore

---

17 Note per così dire di 'regia' appaiono spesso nel caso di monologhi: interventi autoriali discreti, ma fondamentali, si hanno, per es., in Verg., *ecl.* 2 (zoccolo iniziale di 5 versi a 'situare' il successivo monologo di Coridone) o in Hor., *epod.* 2 (quattro versi finali con il commento dell'autore in funzione di ἀπροσδόκητον). Chiaro in questo senso Hor., *sat.* 2, 2, 2–3, in cui l'Autore si distingue preventivamente dalla voce monologante di Ofello e dà elementi per la sua caratterizzazione e recezione. Così avviene in Giov. 3, 1–21, dove tutta la parte affidata al cosiddetto 'Speaker' (o 'Giovenale') stabilisce la diversa situazione dei due dialoganti e serve a garantire Umbricio con la sua approvazione (*quamvis digressu veteris confusus amici / l a u - d o tamen...*). Più marcatamente 'didascalica' la dichiarazione di Persio 4, 1–2, che illustra con una facile antonomasia chi sia stato subito prima a prendere la parola. La nostra satira (pur essendo una specie di 'monologo assistito' di Nevolo) rientra nel genere del dialogo 'puro', senza sussidi di regia di alcun tipo.

18 C'è anche chi come Achaintre 1810 (ma anche Green 1998) distingue graficamente nel testo le battute, distribuendole esplicitamente tra un *Iuvenalis* e un *Naevolus* e chi, pur senza far questo, dà comunque per scontata l'identificazione tra l'Interlocutore anonimo e l'Autore (così, per es., Highet 1954, Ferguson 1979 o Courtney 2013[2]; vd. Obermayer 1998, 123 s. sul «narrateur = auteur» e, ora, Broder 2015, 297: «Juvenal as fictionalized interlocutor»). Pochissimi ne fanno un personaggio autonomo dall'Autore, sullo stesso piano di Nevolo (per es. Macleane 1857–67, 212: «two acquaintances... his friend...» o Weidner 1873, 211: «der Mitunterredner ist ein unbekannter Vertrauter des Naevolus». Woods 2006 ne fa addirittura una sorta di 'collega' («a man like Naevolus, a man who has made money from working as a gigolo», idea audace e alquanto forzata, ma approvata da Nappa 2018, 179 n. 24). Di certo l'Anonimo non è fornito di alcun segnale esplicito che ne garantisca l'identificazione con 'Giovenale', al contrario di quanto avviene nella sat. 3 in 318–322, dove Umbricio svela nel finale (a mo' di σφραγίς per interposta persona) che lo 'Speaker' alla cui presenza (e sotto la cui 'autorizzazione') ha parlato è il Satirico di Aquino (= 'Giovenale').

19 Vd. Winkler 1983, 108; Braund 1988, 148 e 249 n. 83. È probabile che l'idea fondamentale venga da Hor., *sat.* 1, 9 dove, però, l'incontro tra i due personaggi non è del tutto casuale (*accurrit*, 3; non *occurrit*, 61, detto invece a proposito dell'incontro, questo sì veramente casuale, con Aristio Fusco). Qui l'Io parlante è sicuramente

di 'setting' e nemmeno di 'timing': a differenza di altri testi monologici o dialogici dove si dà qualche elemento di paesaggio o di ambientazione[20] e si indica in qualche modo la durata nel tempo dell'atto di locuzione[21], qui tutto resta in una dimensione sostanzialmente 'astratta'[22].

Questo *unicum* dialogico (che risalta molto tra gli altri testi di un satirico che tende a mettere in forte risalto la dimensione autoriale dell'Io parlante come *Vox docens*) sembra ispirato in particolare (come vedremo) allo sperimentalismo del libro II delle satire oraziane: se fondamentale, come si è detto (cf. n. 19), è il precedente di Hor., *sat.* 1, 9, esso è stato certamente rimodellato secondo lo schema dialogico 'puro' di 2, 1 e 2, 4; 2, 3 e 2, 7 e, soprattutto, di 2, 5 (vd. sotto, § 3 a). Si potrà forse pensare al precedente di satire completamente 'mimiche' in Lucilio, ma non c'è un preciso corrispondente in Persio, che non presenta satire interamente dialogiche (nemmeno 3 e 4, talora citate a confronto)[23].

L'importanza dei modelli propriamente 'drammatici' come commedia, mimo e atellana[24] si rileva di più, credo, al livello della caratterizzazione dei personaggi

---

'Orazio' (cf. 22 ss., 43 ss.), che è personaggio del dialogo ma anche portavoce sicuro dell'Autore nel testo (cosa che non avviene, invece, nelle satire dialogiche del libro II delle *Saturae*), mentre del 'Seccatore' che lo assilla si sa il nome, ma non lo si dice (3: *accurrit quidam notus mihi nomine tantus*). Sospetto che anche la collocazione della satira in G. come nona della raccolta possa essere un indizio di questo rapporto privilegiato (invece sarà probabilmente un caso che Verg., *ecl.* 9 sia anch'essa un dialogo tra due personaggi che si svolge per strada: *quo te Moeri pedes? an quo via ducit in urbem?*, 1). Ma dal punto di vista formale è molto importante che in Orazio, *sat.* 1, 9, si tratti di un dialogo riportato e non 'puro' (c'è un gran numero di *inquam... inquit*, cf. 5, 6, 7, 8, 12, ecc., e ne basta uno soltanto a segnalare la presenza di un autore che *refert*), mentre la distribuzione (e gerarchizzazione) dei ruoli è chiarissima: 'Orazio' guida la rappresentazione e non lascia dubbio sull'interpretazione di essa (cf. sotto, n. 64). Del suo giudizio negativo si accorge il 'Seccatore' stesso in 14 ss. (pur non preoccupandosene più di tanto).

20 Vd., per es., Verg., *ecl.* 2, 13 o 1, 1 oppure Hor., *sat.* 1, 9, 1 (*ibam forte via Sacra*) e 35 (*ventum erat ad Vestae*); in Giovenale 3, 10–20: *substitit ad veteres arcus madidamque Capenam...*, con l'importante descrizione del *lucus Egeriae*.

21 In Verg., *ecl.* 2, si va dal *nunc* (= mezzogiorno) di 8 ss. al tramonto di 66–67; anche in Hor., *sat.* 1, 9, 35 s. si segnala la scansione del tempo (*quarta iam parte diei / praeterita*); cf. G. 3, 316 (*sol inclinat*).

22 *His collibus* al v. 131 non è una indicazione topografica. Si nota bene la differenza dalle satire in cui si percepisce chiaramente la presenza fisica di 'Roma' (vd. Cucchiarelli 2016).

23 Vd. Highet 1954, 274; Braund 1988, 170 ss. Difficilmente (anche se l'idea è suggestiva) si potrà ricondurre tutta la sat. 4 di Persio ad un mimo parlato tra Socrate e Alcibiade, mentre la 3 comincia con una sorta di mimo tra due personaggi (il "giovin Signore" e l'*unus comitum*), ma non mancano note di regia (la presenza di un 'Narrator' è esplicita: *unus a i t comitum*, 7), cf. Bellandi 2002, 164 ss.

24 Vi si soffermano Highet 1954, 274 (su un qualche rapporto con la «shamelessness» di personaggi come il parassita Formione di Terenzio); Winkler 1983, 138 n. 64; Braund 1988, 170 ss. (in part. su mimo e atellana).

o del recepimento di alcuni temi (vd. sotto) che non per la configurazione dialogica in sé, in cui l'importanza del modello di genere letterario (forse luciliano, certamente oraziano e, in minor misura, persiano)[25] sembra prevalente[26].

Anche la suggestione del dialogo bucolico può aver avuto una sua importanza e qualche indizio puntuale si può forse rinvenire. Teocrito presenta diversi mimi dialogici – 'puri' o 'misti' – e con uno di essi (il 14) si può forse cogliere anche un punto di contatto preciso[27], ma certo non c'è traccia dell'ironia benevola del poeta greco rispetto ai suoi personaggi: avremmo in G. una ripresa della forma teocritea, ma con un deciso rovesciamento in direzione di un mimo satirico 'cattivo'. Si pone però al riguardo il dibattuto problema della portata della cultura greca di G. (la sua conoscenza di Callimaco, per es., è stata a mio avviso molto sopravvalutata da Hardie 1990)[28] e in definitiva il rapporto con la letteratura bucolica (nella sua forma pienamente dialogica) si ridurrà alla tradizione latina: prima di tutto Virgilio (cf. *ecl.* 1 e 9)[29], ma forse anche Calpurnio Siculo: l'*ecl.* 4 di quest'ultimo (in cui, tra l'altro, ha grande rilievo un personaggio di nome Coridone) ha una certa importanza per la sat. 7 di G.[30] e, forse, ha suggerito qualcosa anche alla 9 (vd. *ad* 1–2: *Scire... victus*).

In definitiva, la spiegazione più semplice o economica sarà quella di leggere questa singolare struttura, rigorosamente dialogica, come l'estensione sperimentale (non più ripetuta) a dimensioni di macrocosmo autonomo delle

---

25 È evidente la portata di modello delle frequenti scenette mimiche che costellano i *sermones* di Orazio (La Penna 1968–93, 62 ss.). Il rapporto di Persio con il mimo, poi, è stato notato sia nell'antichità (cf. G. Lido, *mag.* 1, 41 a proposito dell'emulazione del satirico nei confronti di Sofrone) che nella critica moderna (cf., per es., La Penna 1979–95, 305–316). Bisogna anche tener conto della possibile influenza degli epigrammi interamente dialogici di Marziale (senza nemmeno la presenza di un *verbum dicendi*): vd. Del Barrio Vega 1989; Fusi 2006, 163, 172 s., 187, 276, 300, 500; Canobbio 2011 a, 456.
26 Non ci sono prove sicure che G. abbia conosciuto i *Mimiambi* di Eronda che, pure, gli avrebbero potuto fornire spunti validi per la presenza di monologhi o dialoghi di personaggi squalificati e senza peli sulla lingua (cf., per es., il *Mim.* 2, di cui Highet 1954, 274 dice che «assomiglia da vicino» alla nostra satira). Diverso forse il caso dei mimi teocritei (vd. sotto), cui G. potrebbe esser risalito tramite Virgilio.
27 Courtney 2013[2], 377 *ad* 9, 12 cita αὐσταλέοι... κίκιννοι di Theocr. 14, 4, ma il contesto teocriteo suggerisce anche altri contatti. Si tratta di un dialogo 'puro' tra un personaggio, ironicamente atteggiato, che osserva, e uno che appare sconvolto. Nei vv. 2–3 il primo nota uno stato di disagio nell'aspetto e nel comportamento del secondo e se ne chiede la ragione, che è l'innamoramento (tra i sintomi citati: magrezza, vd. *ad* 9, 16, barba lunga, capelli arruffati; al v. 5 si fa il confronto con un filosofo).
28 Vd. Hardie 1990, 164 ss., su cui Bellandi 2008b, 57 n. 21; Kissel 2013, 313 ss. (in part. 314). Esagerava, però, Highet 1951b–83, 262 e 266 a ritenere Omero l'unico autore greco conosciuto a fondo da G.
29 Per gli elementi monologici e il rapporto con l'*ecl.* 2, vd. sotto, n. 42.
30 Bellandi 2018, 431. Su G. e Calpurnio, cf. Schmitz 2019, 69 s.

ben più modeste 'cellule' mimico-dialogiche già presenti in altre satire giovenaliane. Tra i tanti esempi di scenette dialogiche introdotte e 'controllate' dall'autore (basta un *inquit* a mettere in prospettiva il discorso, suggerendo la presenza di un narratore[31]), particolarmente significative per la tendenza a autonomizzarsi in quadretti dialogici a sé stanti mi sembrano 2, 132–135 e 10, 67–72 + 81–88[32]. Qui sono due personaggi n e g a t i v i a parlare tra di loro come se fossero soli, anche se la *Vox docens* è presente a margine e non lascia dubbi sul valore da assegnare alle esternazioni, mentre in 9 è assente (anche qualora l'Interlocutore anonimo fosse l'Autore).

Seguiamo ora lo svolgersi del dialogo, che è organizzato formalmente in modo molto chiaro[33]:

1–26: larga battuta introduttiva dell'Interlocutore (la sua più estesa), che imposta subito e senza preamboli il dialogo come precisa indagine dettata dalla curiosità (*Scire velim quare...*) e ci fornisce elementi di descrizione dello stato attuale (1–2; 3–4; 6–9a; 12–13a; 15–21) e passato (9b–11; 13b–14; 22–26) di Nevolo. È dal forte contrasto tra questi due momenti (non lontani tra loro nel tempo: *nuper*, 22, cf. *repente*, 8) che nasce la ricerca di una spiegazione: come è potuto avvenire che da *conviva facetus* (9–11) e *homo bellus* (vd. *ad* 13 s.), da *cultus adulter* per signore e... signori (22–26) Nevolo si sia ridotto in uno stato di cupa tristezza e di trascuratezza esteriore come quello di oggi? Ha cambiato vita? Cosa mai è accaduto?

27–90a: ampia battuta (la più ampia di tutto il dialogo) che risponde con qualche lentezza alla domanda-base dell'Interlocutore (1–2), agganciandosi, però, dapprima a 20–21 e 22–26: contrariamente a quanto sembra (o affètta di) credere l'Interlocutore (20–21), Nevolo non ha cambiato *propositum* o *genus vitae*, ma continua la sua *vita prior* nel presente. Egli svela anche quel che l'altro non aveva detto esplicitamente[34], ovvero che egli faceva e fa

---

31 Vd., per es., 1, 101 e 102–109 (con *inquit*, 102); 1, 125–126 (*inquit*); 3, 232–236; 6, 219–223; fr. O 27–34. La demiurgica potenza autoriale di suscitare interlocutori a proprio piacimento è tematizzata in Persio 1, 42 (cf. G. 8, 163: *defensor culpae dicet mihi...*). Vd. anche Bellandi 1994–2003, 117 ss.

32 In 2, 134, *quae causa officii?* è abbastanza ambiguo da non dover essere per forza interpretato come domanda sarcastica dell'Autore (cf. Monti 1978, 214 ad l. e la punteggiatura adottata nell'edizione di Willis); in 10, 67–88 le due scenette dialogiche sono collegate da un intervento autoriale (72–81) e in 88 s. *hi sermones* riconferma la presenza di un autore che *refert*, ma i due piccoli mimi si presentano alla prima lettura come autonomi.

33 C'è un unico caso di ἀντιλαβή (a partire dalla dieresi bucolica) nel v. 90. Molto più concitati gli scambi di battute tra i personaggi in Orazio, per es. in *sat*. 2, 1, 4 ss. e 2, 7, 22 (anche 3 ἀντιλαβαί in un verso).

34 In 22–26 non è detto *apertis verbis* che Nevolo si faceva pagare per i suoi 'servizi': anzi, al v. 24, *nam quo non p r o s t a t femina templo* può anche far pensare il contrario (ma vd. *ad l.*).

sesso come 'lavoro', in vista di un tornaconto materiale (27–31)³⁵. L'insoddisfazione, che gli si legge in faccia, e le sue evidenti condizioni di disagio materiale sono, dunque, di origine prettamente economica: egli non ricava granché dalla sua attività di *moechus*, pur così impegnativa e faticosa (27: *at mihi nullum / inde operae pretium*)³⁶: non è facile, insomma, campare facendo il 'sex worker'. Ma Nevolo non intende sottrarsi alla curiosità dell'Interlocutore, rispondendo solo con tale considerazione di carattere generale alla domanda se sia successo qualcosa di p r e c i s o nella sua vita, e a partire da 32 ss., spec. 35 ss., la sua risposta si approfondisce e si chiarisce. Se il suo stato di malessere (psicologico e materiale) nasce da una situazione di difficoltà economica, esso però, in realtà, non è privo di un elemento anche 'morale'³⁷: il fatto è che il suo impegno nel 'lavoro' non è stato adeguatamente riconosciuto ed egli ha subito in sostanza un torto, che possiamo definire nei termini di un 'licenziamento senza giusta causa', dato che, in realtà, il servizio fornito era stato del tutto adeguato, anzi eccellente (cf. 43 ss., 70 ss.; lo riconosce in pratica anche l'Interlocutore: 90b–91). La 'depressione' di Nevolo, se così vogliamo dire, è dunque di tipo 'reattivo' ed egli reagisce in questo modo ad un episodio recente che lo ha segnato e che f i n a l m e n t e ci racconta.

Veniamo così ora a sapere che qualcosa di nuovo e importante era accaduto davvero nella vita di Nevolo: il suo incontro alle terme (35) con un ricco signore (Virrone, vd. sotto, § 3 c) che – vedendolo nudo e assai ben 'dotato' (33 s.) – lo ha corteggiato insistentemente per farlo entrare al suo servizio con funzione di *asellus* (92) o *admissarius*³⁸. Dopo averlo presto de-

---

35 Qui non si parla della riscossione di denaro (cf., invece, *nummos* in 10, 319), ma del ricevimento di doni (capi di abbigliamento/vasellame d'argento): il pagamento è dissimulato più elegantemente («gentlemanly»: Courtney 2013², *ad l.*) sotto forma di 'regali'. Diversa la situazione abbozzata in 39–42, dove si deve pensare a sesterzi, ad abaco e *servi calculatores* e, forse, al registro dei conti. Anche nella sua attività di amante a pagamento, comunque, Nevolo non è uno *scortum* o, per lo meno, non è uno *scortum* volgare (così, giustamente, Braund 1988, 270 n. 234 contro Highet 1954, 274 n. 1; Boswell 1980–9, 101; Cecchin 1982, 125 ss.; Winkler 1983, 109). Broder 2015, 297 ss. ne parla come di un «male escort».
36 Notare che ai vv. 27 s. è sottinteso il presente *est* (cf. *accipimus* al v. 31).
37 In Hor., *epist.* 1, 8, 4–6 si nega che la depressione (problema della *mens*; vd. Stok 1997) debba necessariamente avere cause 'concrete' (magari economiche) facilmente individuabili (perdite nel gregge, un cattivo raccolto).
38 *Admissarius* è definito uno degli "stalloni" ben equipaggiati che Ostio Quadra recluta ai bagni per le sue orge in Sen., *nat.* 1, 16, 2. Nevolo non ha incontrato Virrone nei pressi dei templi, dove si recano le mogli vogliose di trasgressione, con le quali entra in proficuo rapporto di frequentazione e di affari (come si poteva pensare da 22 ss., cf. 26), o presso la statua di Ganimede di 22 s. (intesa come punto di ritrovo per *cinaedi*), ma evidentemente ai bagni (cf. gli eloquenti passi di Marziale, Petronio e altri citati *ad* 35–36, *quamvis... Virro... viderit*). Nevolo si definisce due volte *cliens* di Virrone (59 e 71 s.) e noi non possiamo sapere quando esattamente questo legame

luso con la sua inaspettata *avaritia* (38 ss.), incongrua rispetto alle premesse (e promesse) di 35 s., Virrone ha finito dopo tanti *labores* e *merita* (42; 82) del suo 'dipendente' per metterlo – senza alcun indugio e senza alcuna forma di 'liquidazione' (*quanto metiris pretio...?*, 70–71) – alla porta (93)[39]. È interessante la forma che il discorso assume a partire dal v. 38: il dialogo con l'Interlocutore è sostanzialmente dimenticato e Nevolo trasforma la sua allocuzione in una sorta di monologo con 'Anreden'[40] rivolto a quello che si rivela come il protagonista assoluto e quasi ossessivo dei suoi pensieri, l'ingrato patrono. Questi, dopo averlo pesantemente sfruttato dal punto di vista sessuale (43–44; 59, cf. 32–37), infine lo ha licenziato e allontanato da casa sua, mettendolo in gravi difficoltà economiche e, soprattutto, frustrando le sue aspettative di essersi finalmente 'sistemato' (125 s.: *spes deceptas*). In questa sezione del discorso Nevolo si rivolge costantemente in apostrofe al suo patrono (col quale dialoga virtualmente, ma serratamente: 41; 46 s.; 54 ss.; 70–90a), concedendogli anche interventi in prosopopea (39 e 63). Virrone – pur materialmente assente dalla scena – appare a tutti gli effetti come il vero coprotagonista-ombra del dialogo (mentre l'Interlocutore finisce per rivestire il ruolo di semplice 'spalla', funzionale alla 'self-revelation'

---

    di *clientela* si sia stabilito tra i due. In teoria, Nevolo potrebbe anche essere stato uno tra i tanti clienti che attorniano il patrono nella vita di tutti i giorni e che, alla fine della giornata, lo accompagnano alle terme (cf. Mart. 3, 36, 5–6, con Fusi 2006, 293; in G., vd. 7, 130 s.), dove potrebbe essere avvenuta la sconvolgente visione della *longi mensura incognita nervi* (34 s.) e, di conseguenza, il fulmineo passaggio da una categoria di clienti ordinari e di secondo piano (48 s.) a quella del "favorito" (*deliciae* o *concubinus* ufficiale in senso 'attivo'). Ma è più probabile che la storia abbia seguito un percorso simile a quello che riguarda Ascilto e il cavaliere romano di Petr. 92 (vd. anche sotto, § 3 b).

39 Nevolo si lamenta della sua sorte di *cliens* ingiustamente trattato esattamente come Umbricio in 3, 124–125 (*limine summoveor, perierunt tempora longi / servitii, nusquam minor est iactura clientis*). Un caso diverso di *exclusus amicus* (in questo caso allontanato dalla consorte dispotica) è in 6, 214 (*ille excludatur amicus...*). Sulla *querella* di Nevolo (94) come parodia del lamento del personaggio comico-elegiaco dell'*exclusus amator*, vd. *ad* 77, *te plorante foris*; ma sul polisemico valore del termine *querella*, che ha significato anche legale, vd. *ad* 94, *nostras... querellas*.

40 In alcuni mss. la titolatura presenta la intera satira 9 come 'lamento' o 'lagnanza' di Nevolo (*Nevuli qu[a]erella* in **Ga**; *qu[a]erela Naevoli de rege impudico* in **P**, cf. Consoli, 1921, 79 s.; Knoche 1950, 86), dando risalto preminente al carattere di monologo che il discorso acquisisce in 38–90a. Questa sezione 'monologica' è ampia e importante (addirittura Winkler 1983, 125 parla di «a kind of interior dialogue» o, con qualche esagerazione, di «a stream of consciousness dialogue»), ma poi il discorso riacquisisce movenze di vero dialogo. A sua volta Braund 1988, 130 osserva che «for a long time the audience is left guessing whether Satire 9 will follow the pattern of Satire 3, where what is introduced as a conversation between the Speaker and Umbricius turns out to be a massive monologue by Umbricius».

di Nevolo)⁴¹: non solo dal v. 35 in poi si parla costantemente di Virrone, ma lo si evoca direttamente come se fosse lì presente, secondo moduli ben noti dell'*indignatio* e dell'ἐνάργεια (*en cui...*, 50; *dic passer...*, 54)⁴².

90b–91: brevissima replica dell'Interlocutore, che commenta con favore le rimostranze di Nevolo (riconoscendone la *iusta causa*), ma per correttezza (e curiosità) desidera anche sapere cosa abbia ribattuto ad esse Virrone. L'atteggiamento è quello di (almeno ufficiale) equidistanza dell'*arbiter* o *iudex* di una contesa giudiziaria, deontologicamente tenuto a valutare con il dovuto equilibrio le ragioni di entrambe le parti in causa (il linguaggio si conforma a movenze legali). La battuta ha comunque essenzialmente funzione di rilancio del dialogo e di spinta ulteriore all'autorivelazione di Nevolo.

92–101: Nevolo risponde alla domanda con il solo primo verso: Virrone non si cura affatto di ribattere alle rimostranze a lui rivolte e mostra assoluta indifferenza, mentre si appresta a procurarsi un sostituto (definito *asellus*); dedica, invece, 9 versi ad un nuovo e angosciante argomento: è necessario che l'Interlocutore mantenga un rigoroso silenzio su quanto Nevolo gli ha rivelato, perché la vendetta di un effeminato come Virrone, che si senta tradito nei suoi segreti, può arrivare fino all'omicidio⁴³.

102–123: si tratta dell'intervento più esteso dell'Interlocutore dopo la battuta iniziale (anche considerando la possibilità che alcuni versi siano da considerare interpolati: probabilmente almeno 119 e 122–123). L'Interlocutore non tranquillizza Nevolo promettendogli esplicitamente di tacere su quanto ha saputo, ma ironizza sul fatto che Nevolo possa anche solo credere che esista per un ricco (come Virrone) la possibilità di mantenere un qualun-

---

41 È una funzione che può ricordare in qualche misura quella di certi personaggi anonimi nelle tragedie di Seneca, come il *satelles* del *Thyestes* o alcune *nutrices*.
42 Si segnala qui l'influenza dell'*ecl.* 2 di Virgilio, dove Coridone monologa (v. 4: *solus*), ma con continue aperture in 'Anrede' ad Alessi, il bel fanciullo che lo disdegna: ad Alessi Coridone parla in seconda persona come fosse presente fino alla presa di coscienza di 55 s., quando si passa improvvisamente e pateticamente alla terza persona. Il cenno di 9, 102 all'*ecl.* 2 (v. 69) ha una sua funzionalità specifica (vd. *ad* 102, *o Corydon, Corydon*), ma l'Interlocutore ha còlto e vuol segnalare con effetto fortemente ironico il generale carattere "para-amoroso" del monologare di *Naevolus querens*.
43 A quanto pare, Virrone teme solo la *fama* (86; cf. *rumoribus*, 111) e nella satira non si fa cenno alcuno alle possibili sanzioni comminate dalla (problematica) Lex Sca(n)*tinia* contro (taluni) comportamenti omosessuali: tale legge specifica è citata in 2, 44 come legge esistente (ma malauguratamente poco applicata) da Laronia, che ne invoca i rigori contro i *molles*. Virrone *mollis* dovrebbe o potrebbe temerla in relazione al suo comportamento (cf. sotto, n. 145 su qualche caso di applicazione sotto Domiziano, attestato da Svet., *Dom.* 8), ma a questo tema in 9 non si accenna in alcun modo (vd. *ad* 86: *dedimus... possis*).

que segreto: gli schiavi che costituiscono l'ampio personale di servizio del signore non vedono l'ora di tradire tutti i segreti del padrone (e magari di inventarne calunniosamente altri) per vendicarsi delle percosse ricevute. Nei vv. 114–115 si ha la risposta a 93–101 ("non a me devi chiedere il silenzio, ma agli schiavi del ricco signore"). In 118 ss. il discorso subisce un'improvvisa sterzata moralistica, peraltro di scarso spessore etico: si deve per molti motivi condurre una vita onesta e virtuosa, ma il principale (*praecipue*, 120) è che così facendo si può sfuggire alla maldicenza dei servi.

124–129: Nevolo non si mostra molto soddisfatto del consiglio ricevuto (valido, sì, ma *commune*, 124), probabilmente con riferimento a 118 ss. Poi passa a tutt'altro argomento, dimenticando di colpo la sua preoccupazione per i pericoli di morte provenienti dal patrono (che, pure, l'intervento precedente dell'Interlocutore non può aver fugato). Si torna al tema del disagio economico in cui versa il cliente 'licenziato': Nevolo avverte con forte ansia il veloce trascorrere del tempo (che sente di aver sprecato al servizio di Virrone: *post damnum temporis*, 125) e teme l'avvicinarsi della vecchiaia, che – visto quel che gli è capitato sul piano del 'lavoro' – si prospetta penosamente incerta (129; cf. 139–140)[44].

130–134: l'Interlocutore corregge ora il tiro (dopo la felpata critica di Nevolo dei vv. 124 s.) e – nel contesto di una previsione apocalittica che, però, si presenta come argomento 'consolatorio' – dà un consiglio non più generico, ma mirato alla situazione specifica di Nevolo: egli non deve farsi prendere dall'ansia, il suo futuro non sarà di desolazione economica... Anzi, dopo la batosta subita, la sorte è destinata a migliorare, perché già in questo stesso momento si stanno dirigendo verso la città di Roma e i suoi colli – con ogni sorta di mezzo di locomozione (quasi come una truppa d'assalto, cf. *ad* v. 132, *et carpentis et navibus*) – frotte di effeminati pronti a usufruire a pagamento dei servizi sessuali che Nevolo può fornire: lui pensi solo a farsi trovare pronto alla bisogna, a tenersi sessualmente in forma, masticando erbe afrodisiache (ecco il *consilium proprium* – se vogliamo – auspicato ai vv. 125–126). Può darsi che – aldilà della menzione dei *pathici* in 130–133a – l'Interlocutore alluda in 133b–134 anche alla possibilità di rivolgersi a

---

[44] Torna dopo 9–11 il tema del *convivium*: alla mente di Nevolo il tempo della vita si presenta come scandito dagli atti e dalle fasi del banchetto (ora visto da lui come *comissatio*, più che come conversazione *urbana et faceta* quale appariva all'Interlocutore): *dum bibimus, dum serta, unguenta, puellas / poscimus* (128–129). La *senectus* che s'avvicina strisciando in 129 assomiglia alla *nuda senectus* che aspetta i poeti trascurati dai *patroni* in 7, 34–35 (fatta di miseria e *taedium animi*). Nevolo non accenna esplicitamente al nesso vecchiaia-impotenza (cf. 10, 204–209) e resta elegantemente reticente sul tema, su cui, invece, non avrà scrupoli a intervenire l'Interlocutore, invitando Nevolo all'uso degli afrodisiaci (134–134a).

sfruttare un altro mercato, quello delle donne lussuriose (in particolare le vecchie), pronte a pagare profumatamente per avere a disposizione un amante che le soddisfi[45]. Questa seconda interpretazione (che enfatizzerebbe il valore di *altera* in 133) si lega all'ipotesi abbastanza probabile di una lacuna dopo la prima parte di 134 (*spes superest...*)[46].

135-150: Nevolo non crede all'ottimismo esibito dall'Interlocutore, che ritiene da riservarsi ai *felices* (o *alumni Fortunae*: 6, 609), e di sicuro non a lui, che è destinato dal fato e dalle stelle (135 s., cf. 27 ss., 32 ss.) a un destino (al massimo) di mera sopravvivenza, certo non al benessere economico. Si lascia andare tuttavia in 137 ss. a una preghiera rivolta ai *Lares*, verso i quali osserva un culto parco ma regolare, di 'arcaica' sobrietà, ed elenca ciò che vorrebbe per essere finalmente *pauper*: il censo equestre minimo (400.000 HS) da usare come base per un'attività di *fenerator* – non sprovveduto (8: *fatuus*), ma nemmeno esoso – e da integrare con altri introiti (145-146). Nevolo, tuttavia, è certo che non sarà esaudito nel suo *votum* perché la dea Fortuna provvede a farsi "sorda", tappandosi di cera le orecchie, e, dunque, non ode nemmeno le sue richieste[47].

In conclusione, il dialogo si articola in 8 battute (4 per ciascun interlocutore) di sempre diversa consistenza[48]: nel complesso – pur tenendo conto che il

---

45 Per G. esistono matrone lussuriose (non necessariamente 'agées') pronte a pagare per il sesso (6, 332 e 355 s.; 10, 311 s., 318 s.), ma il satirico conosce anche il tema specifico della vecchia assatanata e generosa con l'amante che risponda adeguatamente ai suoi criteri: vd. 1, 37-41, dove la *vetulae vesica beatae* è definita addirittura o p - t i m a summi nunc via processus (per il tema qui essenziale della *mensura inguinis*, vd. 1, 41 e cf. 9, 34 e 43 s.). A proposito della vecchia libidinosa G. trovava ampio materiale in Marziale (vd. *ad* 133-134, *altera maior / spes superest****[*Tu tantum...*]).
46 Vd. il commento *ad l*. Per Ribbeck 1865, 143 e Weidner 1889², 195 s. la lacuna in questione non doveva essere di piccola estensione. Al v. 135 *haec exempla* fa pensare che nei versi caduti dopo *spes superest* si facessero dei n o m i (come quello, per es., del superdotato Gillone di 1, 40). *Exemplum* in 9, 135 (vd. *ad l.*) non può avere il valore che ha in 13, 1 o nella sat. 14 ai vv. 32 e 120, ovvero quello (generico) di comportamento da seguire o da fuggire.
47 A prima vista sembra una forte contraddizione quella per cui un fatalista convinto come Nevolo (32 s.; 135 s.) crede di poter pregare gli dèi per ottenere qualcosa da loro (da ricordare il celebre monito di Verg., *Aen.* 6, 376: *desine fata deum flecti sperare precando...*; vd. Magris 1990). In realtà, a ben vedere, la *Fortuna* di 9, 148 s. non contraddice i voleri del *fatum*, ma li esegue, rifiutandosi financo di ascoltare i *vota* di Nevolo (vd. *ad* 148, *nam cum pro me Fortuna vocatur*). *Fortuna* appare qui quasi come una 'quarta' Parca, *ministra fatorum* (cf. Petronio 29, 6), più che come dea capricciosa e onnipotente. Bracciali Magnini 1990, 41 e n. 79, richiama, al riguardo, la *Fortuna* di Manilio (*ex. gr.* 1, 509 s.), sempre «in sintonia con il volere predeterminato del *Fatum*».
48 Le uniche due battute bilanciate sono 124-129 di Nevolo (6 versi) contro 130-134 (134A?) di 5 o 6 versi; ma – se si postula lacuna dopo *spes superest* in 134 – anche questo bilanciamento salta. Nessuna struttura 'numerologica' è individuabile.

calcolo è complicato dalle supposte interpolazioni e lacune – all'Interlocutore tocca poco più di un terzo (1–26 [senza v. 5 ?] + 1 e 1/3 + 22 [senza vv. 119 e 122–123?] + 6 [lacuna?] per un totale di 55 versi e 1/3) contro i poco meno di due terzi di Nevolo (95 versi e 2/3)[49].

3. I personaggi

Il dialogo ha due protagonisti – l'Interlocutore anonimo e Nevolo – e un terzo personaggio, essenziale, che non è presente in scena, ma di cui (e a cui) si parla molto e attorno al quale si snoda, in fondo, tutta la vicenda[50].

a) L'Interlocutore anonimo e Giovenale

Questa singolare triangolazione richiama vistosamente la situazione allocutiva della sat. 5, dove non si può dire che abbiamo un vero e proprio dialogo, ma in cui è impostato un discorso tra una Voce (che ha sicuramente statuto 'autoriale') e un *cliens* di modesta condizione sociale, di nome Trebio. A lui la parola è rivolta con espliciti intenti dissuasivi: il λόγος ἀποτρεπτικός dovrebbe convincerlo a lasciare il tipo di vita intrapreso, quel *propositum* (5, 1) francamente umiliante che – per la speranza di una *iniuria cenae* (5, 9) – lo porta a sottomettersi ad una figura di patrono arrogante e finisce per farne una sorta di suo schiavo (5, 170 ss.). Del patrono in questione, che si chiama Virrone (5, 39; 43, ecc. per un totale di ben 7 occorrenze del nome) – proprio come il patrono e *mollis avarus* della satira 9 (vd. sotto, § 3 c) – si parla alla terza persona solo da parte della *Vox docens* (5, 30: *ipse*; 42: *illi*; 107: *ipsi*)[51]. Il personaggio di Virrone è al centro dell'attenzione degli altri

---

49 I commentatori antichi avevano qualche dubbio in più sulla distribuzione delle battute, specialmente nella sezione 27–90a. Qualche verso dell'intervento oggi per lo più attribuito tutto senza grosse incertezze a Nevolo veniva assegnato all'Interlocutore (inteso come il Poeta o 'Giovenale'): vd., per es., le oscillazioni al riguardo di Ruperti 1830, 355 e 357 s. o di Heinrich 1839, 359. Più vicino a noi, qualche dubbio sull'attribuzione di 46–47 (che taluni vorrebbero anche espunto) è in Ferguson 1979. In un primo momento Braund (1988, 133) attribuiva il v. 46 a Nevolo anche sulla base di considerazioni stilistiche (vd. *ad l.*), ma nella successiva edizione del 2004 la studiosa assegna 46–47 (con discutibile intervento sul testo) a «locutor alter».

50 Il terzo personaggio (Virrone, vd. sotto § 3 c) non è proprio un κωφὸν πρόσωπον perché – pur fuori scena – parla, ma non con parole sue (prosopopee di 39 e 63). Per le apostrofi a lui rivolte, vd. p. 11 e n. 42.

51 In 5, 125–127 e 129–131 si tematizza l'impossibilità per il *cliens* di censo modesto (sotto i 400.000 HS, cf. 132 ss.) di parlare direttamente con il suo patrono. Il contatto anche verbale tra i due è minimo: in 5, 18 '*una simus*' (due sole parole, convenzionali, da parte del patrono); da parte del cliente nemmeno un balbettante bisillabo (130:

due: è il s u o comportamento, sono le s u e motivazioni che è importante capire al fine di prendere la decisione giusta. Ma egli non è propriamente in scena: è descritto e svelato a Trebio (e ai lettori) solo indirettamente attraverso l'ottica sovraordinata dell' 'Io parlante', che qui abbiamo tutto il diritto di identificare con 'Giovenale'. Questo 'Io parlante' è vistosamente accampato in primo piano con mansioni di Voce Satirica autorevole e... autoritaria[52]. Il suo discorso, che è quello di chi detiene la verità e la disvela, ha un solo destinatario istituzionale: Trebio; mentre Virrone esce dal suo ruolo di 'terzo' (*de quo agitur*) per diventare destinatario diretto del discorso soltanto per un breve excursus (107–113), in cui per lo spazio di soli 7 versi ci si rivolge anche a lui (in seconda persona in 112: *cenes... face et esto*), ma in via puramente virtuale e – si noti – soltanto sulla base di un suo ipotetico assenso (107: *facilem s i praebeat aurem*). L'assertività della *Vox docens* – così ingiuntiva e quasi aggressiva con Trebio – si fa decisamente più tenue con Virrone[53], come se il Satirico fosse consapevole che non è facile raggiungere l'orecchio del ricco patrono se non per sua concessione, come se riconoscesse di non avere in realtà alcuno strumento per costringerlo ad ascoltare[54]. Trebio, d'altra parte, non colloquia dialetticamente con la *Vox docens*, ma si limita ad ascoltarne le direttive (cui, peraltro, non riuscirà a dare seguito). Nei vv. 76–79 a Trebio è concesso di proferire una battuta in prima persona, espressiva di amara frustrazione, ma essa non è rivolta ad altri che a se stesso. La battuta, infatti, è suscitata dallo sgradevole intervento dello schiavo di vv. 74–75, ma non è indirizzata a lui se non virtualmente: resta allo stato di un intimo pensiero di Trebio, di cui però – si noti – la *Vox* è a conoscenza. Questo 'Io parlante', rappresentante in scena dell'Autore, si presenta infatti come vistosamente onnisciente: non propone una interpretazione ipotetica di quanto accade, ma s a quel che avviene (anche aldilà delle apparenze che possono ingannare Trebio, ma non lui: 156 ss.) e ne dà la 'giusta' valutazione, secondo criteri di giudizio che non sono passibili di discussione. La *Vox*,

---

bibe). Da confrontare l'imbarazzante silenzio con cui Veientone n o n risponde alla *salutatio* del cliente in 3, 184 ss. (*clauso... labello*).
52 Il tono è fortemente assertivo (5, 12: *primo f i g e loco...*) e l'atteggiamento che la *Vox* assume sembra quello del *iudex* in una causa: *quamvis iurato metuam tibi credere testi* (5, 5); per questo valore di *metuo* (i.q. *dubito* o *nolo*), vd. ThlL VIII, 905, 30 ss.
53 Jones 1987, 142 definisce giustamente l'intervento di 5, 107–113 come «polite».
54 La *Vox docens* sembra quella di chi nel passato è stato anche lui un 'Trebio' (uno degli *homines pertusa... laena* di 131) ed *expertus loquitur* a chi oggi si trova nella situazione da lui superata. Egli non appartiene in alcun modo al mondo di Virrone (cf. l'eloquente prima pers. plur. *poscimus* di 112, da confrontare con il *nobiscum* di 1, 100 e con il quadretto di stressante vita clientelare attribuito proprio a Giovenale da Marziale 12, 18, 1–6). Come in 13, 140 ss., si ha l'impressione che il Satirico sia già passato personalmente per quell'esperienza che descrive e su cui, ora, pontifica (*ten, o delicias!, extra c o m m u n i a censes ponendum? quia tu... n o s ...*).

insomma, è assolutamente dogmatica ed espone fatti ed emana sentenze a suo insindacabile giudizio: il Satirico nel suo ruolo dominante conduce il discorso alla sua maniera e dove vuole lui[55].

Se adesso confrontiamo quanto detto su 5 con l'impianto allocutivo di 9, vediamo proporsi un sistema di corrispondenze e di opposizioni certamente voluto e fortemente significativo. Anche in 9 troviamo due voci in primo piano (Nevolo e un Anonimo) che dialogano tra di loro. Esse parlano di una terza figura, di un personaggio assente che è (stato) cattivo patrono di Nevolo e si chiama anch'egli Virrone. La grande differenza è che in 9 manca in scena una figura 'forte', con statuto sicuramente autoriale, che esponga autorevolmente i fatti e dia valutazioni sicure su ciò di cui parla: l'Interlocutore anonimo potrà anche essere 'Giovenale' (cf. sopra, n. 18) ma – se anche così fosse – questo 'Giovenale' non ha più nulla della sicurezza di sé, della dogmaticità della Voce anonima di 5 (o anche, per es., di 13, per citare una satira con qualche non insignificante analogia, cf. n. 55). Di Virrone e delle sue mancanze, infatti, questa volta non parla con cognizione di causa la *Vox docens* (detentrice del *verum*, come la Sibilla di 8, 125), ma Nevolo, l'omologo degradato di quel *cliens* di modesto stato che in 5 era solo il destinatario recalcitrante dell'ammonizione severa della Voce Satirica. Qui, infatti, è Nevolo a raccontarci la vicenda (secondo la sua ottica inevitabilmente soggettiva) e a g i u d i c a r e duramente Virrone, esattamente al contrario di quel che avveniva in 5, dove Trebio si mostrava totalmente incapace di valutare il suo patrono, tutto preso com'era dalla sua meschina illusione, obnubilato dalla *spes cenandi* (cf. 5, 18 s.; 166 ss.)[56]. La funzione di 'Satirist' appare in 9 spostata proprio al personaggio che, invece, era incalzato e messo alle strette dalla *Vox docens* di 5[57]. Si potrà forse anche dire – come

---

55 Lo schema di 5 si ripete – appena ammorbidito da una tenue e generica dichiarazione di solidarietà (cf. 13, 5–6) – in 13: qui una *Vox* asprigna nel suo dogmatismo consola/ammonisce il destinatario Calvino a proposito delle malefatte di un terzo personaggio, fuori scena ma essenziale (come nella 5 il 'cattivo' tra le quinte è Virrone, così in 13 il 'villain' *de quo agitur* è il *noster perfidus* di 244 s.). Braund 1988, 239 n. 4 considera l'Interlocutore di 9 (che definisce «calm and detached speaker») un precursore di quello di 13: ma «calm and detached» il cosiddetto «speaker» lo è in 9, non certo in 13 (dove è acidulo e spazientito con il suo 'amico', come e più che in 6 o altrove, cf. Bellandi 1980, 93 s.; 1991b–2003, 84 s., cf. 101). Nella sat. 9 soltanto al v. 102 (*O Corydon, Corydon...*) l'Interlocutore suggerisce (ma solo per via ironico-allusiva) che Nevolo sia *demens* (vd. *ad* 102, *o*).
56 In 9, 125 s. ogni *spes* è ormai *decepta* in Nevolo, che proprio sulla base della sua personale e diretta esperienza non può più farsi illusioni di sorta.
57 Winkler 1983, 107: «Naevolus... becomes a kind of indignant satirist himself»; cf. anche Braund 1988, 137 e 170 e Rosen 2007, 223–242, spec. 223 ss. In realtà, né Nevolo, né l'Interlocutore hanno 'dignità' di veri satirici (cf. sotto, n. 60).

fa gran parte della critica – che l'Interlocutore non è altri che 'Giovenale'[58], ma se è così si tratta certamente di un Giovenale 'dimidiato', che non ha più un insegnamento forte da impartire e giudizi da emettere, ma – rinunciando a qualsiasi velleità di intervento critico netto – si fa 'spalla' del personaggio principale, puro strumento o stampella della sua 'self-revelation'. Per una volta, dunque, tace la Voce marcata in senso autoritario che era stata la caratteristica principale (e nuova) della satira 'indignata' e ancora non parla l'antitetica *Vox docens*, altrettanto sicura e dogmatica ma 'sapienziale', che apparirà a partire dalla sat. 10[59]. Tra queste due Voci autoriali – di tono opposto, ma entrambe 'forti' – si staglia l'unicità della satira 9, che non ha una *Vox docens* in senso proprio o (se vogliamo intendere che l'Interlocutore sia 'Giovenale') l'ha in una forma vistosamente ridotta (affidata com'è solo a un gioco sottile di inflessioni e vibrazioni ironiche). Al contrario, per paradosso, 9 presenta in primo piano una singolare figura di 'Satirist' indignato come Nevolo, degradato e fuorviante[60].

Ma poi l'Interlocutore è davvero 'Giovenale'? O è un personaggio sullo stesso piano di Nevolo, un suo 'amico' dai non troppo diversi valori mora-

---

58 Già nella titolatura di 9 in **ZKH** ed altri mss. (cf. Knoche 1950, 86) si legge: «loquitur ad parasitum quendam qui servierat regibus», così presupponendo che a rivolgersi a Nevolo sia il *poeta* (come certamente avviene in 5 con Trebio). Sull'ambiguità dello statuto dell'Interlocutore sono significative le vistose oscillazioni degli interpreti (cf. sopra, n. 18, e sotto, n. 61).

59 La *Vox* di 10 ostenta sicura ed esclusiva *sapientia* (chi parla fa evidentemente parte dei *pauci* di 10, 2; cf. 11, 52-55 e 56-59; 12, 93 ss.) ed è in grado di dare i suoi autorevoli *consilia* di comportamento a chi vive *erroris in nebula* (10, 4 e 346 ss.), presentandosi come chi è senz'altro capace di *monstrare* agli altri la giusta via (10, 363 ss., cf. 13, 120 ss. e 14, 256 e 317 ss.).

60 Nevolo si pone come 'Satirist' del solo comportamento di Virrone nei propri confronti, ma – per quanto a prima vista possa parere che egli si avvicini pericolosamente al caso deplorato in 4, 106 (quello del *cinaedus saturam scribens*: Rosen 2007, 230 s., ma vd. Nappa 2018, 195) – in realtà egli non ha alcuna pretesa di satirico 'generale' o della società tutta, anche se almeno per un momento (48 s.) il suo discorso di critica sembra allargarsi a tutta la categoria dei *reliqui Virrones* (vd. anche *ad* v. 96, *ardet et odit*). L'Interlocutore si astiene rigorosamente da qualsiasi notazione di carattere moralistico a proposito di Nevolo (se accettiamo al v. 25 *celebrare* e non *scelerare*, cf. *ad l.*), ma fa di sfuggita qualche rilievo sul comportamento non proprio commendevole di altri personaggi della società contemporanea (Ravola in 3 s.; Crepereio Pollione in 6-8; Aufidio in 25; Saufeia in 117): tuttavia, il tono dichiaratamente, anzi affettatamente 'en passant' non è propriamente 'satirico'. Anche per questo – oltre che per altre ragioni – il v. 5 appare da espungere (vd. *ad l.*).

li[61], **strumento** evidente dell'ironia dell'autore, ma non identificabile a pieno con lui?

Si è spesso citato l'Orazio del secondo libro delle *Satire*[62] per spiegare questa sorprendente metamorfosi della *Vox docens* giovenaliana, che mette la sordina alla propria indignazione e sceglie per una volta lo strumento dell'ironia per esprimere il giudizio morale. C'è sicuramente del vero in questo: ma l'operazione che Orazio conduce nel II libro delle *Satire* è anche molto diversa, allorché egli si rappresenta come 'Orazio' nelle satire 2, 2 e 2, 4 e, soprattutto, in 2, 3 e 2, 7. Intanto in Orazio non c'è alcuna volontà di dissimulazione di sé nell'anonimato: nel testo l'Autore si dà a riconoscere per tale con indizi inequivocabili[63] e poi e soprattutto – con una sorta di problematica rivoluzione copernicana dell'economia dei ruoli prevista dalla 'logica' satirica – si fa qui **oggetto** e non più soggetto della rappresentazione morale[64]. Da parte dell'Autore-Orazio si ha una rinuncia esplicita allo statuto sovraordinato di *Vox docens* con l'effetto – sicuramente sconcertante e provocatorio – che 'Orazio' appare mettersi in gioco come parte in causa[65].

Pur ispirandosi chiaramente a questa seconda fase della satira oraziana, Giovenale sembra volgersi in una direzione completamente diversa: nes-

---

61 Vd. *Schol.*, p. 159, 12 W. a proposito dell'impegnativo v. 94: «Naevolus **amico** dicit». Alle rare posizioni esplicite in questo senso, indicate sopra in n. 18, si aggiunga Winkler 1983, 128, 212 s., che attribuisce all'Interlocutore lo stesso livello di «lack of morality» («complete») che esibiscono Nevolo e Virrone, o Bracciali Magnini 1990, 48 ss., che caratterizza l'Interlocutore come «per metà coartefice, insieme a Giovenale, dell'autodistruzione morale di Nevolo, per metà complice ed espressione dello stesso ambiente culturale». Ci si può legittimamente chiedere, per es., se la lunga battuta contro gli schiavi dei vv. 102–123 sia davvero adatta a 'Giovenale' (vd. *ad* 102–123).
62 Vd., per es., Braund 1988, 143 ss.
63 Se qui Orazio non fa uso del proprio prenome, nome o cognome, come in altri casi (cf. Lenaz 1997, 929), si fa però chiaramente identificare dai ragguagli forniti dai suoi agguerriti interlocutori: è un poeta in 2, 3, 1 ss. e 321 s. e un cliente di Mecenate (3 12 ss.), così come in 2, 7 è un *conviva* di Mecenate (32 ss.) e un poeta (117), con un fondo in Sabina (118); cf. Bellandi 2002, 166 n. 38.
64 Diverso è il caso di 2, 1, dove 'Orazio' è in scena con Trebazio (che lo ammonisce, ma non guida lui la partita): qui 'Orazio' appare ancora come 'soggetto' satirico (vd., per es., la dichiarazione di 24 ss.), mentre in 2, 3 e 2, 7 è solo 'oggetto' della riprensione satirica altrui (Bellandi 2002, 163 ss.). In 2, 2 e 2, 4 'Orazio' rimane sullo sfondo cedendo ad altri la parola (in 2, 8 è addirittura solo il destinatario del resoconto di Fundanio, che lo sostituisce come narratore satirico). C'è in questo secondo libro oraziano una gamma molto variata di esperimenti formali (e sostanziali). Sull'importanza per la satira 9 anche di Hor., *sat.* 1, 9 (che è un dialogo riferito da Orazio stesso), vd. sopra, n. 19.
65 Sul senso di questa operazione oraziana, ispirata a un crescente relativismo etico, vd. Labate 1981, 33 s. e, soprattutto, La Penna 1992–3, 247 s., 265 s., 271 s., nonché Bellandi 2002, 168–174 (anche sulla contrapposizione con l'antitetico dogmatismo di Persio). In G. non si segnala alcun relativismo o inquietudine su se stesso come

sun indizio inequivoco permette di identificare l'Interlocutore con la figura dell'Autore (a differenza di quanto avviene in 3, 318 ss., dove veniamo ad essere informati che lo 'Speaker' di 1–21 è 'il' Satirico di Aquino) e fra tutte le sperimentazioni satiriche dell'Orazio del II libro Giovenale sceglie di richiamarsi in modo vistoso proprio al modello di *sat.* 2, 5, dove a colloquiare tra loro (in un dialogo 'puro') sono due personaggi entrambi negativi dal punto di vista morale e non c'è 'Orazio' in scena[66]. Di fronte alla figura dell'Interlocutore che Giovenale ci propone in 9 (sfuggente più che ambigua) il lettore rimane e, forse, d e v e rimanere incerto: costui è la proiezione diretta dell'Autore nel testo (la sua ironia è consapevole e intenzionale)[67] oppure è un personaggio autonomo come Nevolo stesso (anonimo perché secondario ed essenzialmente strumentale) e l'ironia autoriale è al di là della immediata superficie del testo? Se l'Interlocutore non è il gestore senza alcuno scarto dell'ironia dell'Autore, ma un personaggio come Nevolo stesso, il punto di fuoco dell'ironia si sposta al di là del primo livello del testo e il dialogo diventa una sorta di mimo teocriteo (il mimo di un Teocrito non più benevolo) o un esperimento 'petroniano' con l'Autore che per una volta – lui altrove sempre così vistosamente in primo piano – resta «nascosto» (Conte 1997) alle spalle dei suoi personaggi. La scelta tra queste opzioni non è scontata e a G. è riuscito per una volta il capolavoro di farci percepire senz'alcun dubbio il giudizio dell'Autore senza mettersi in primissimo piano, con l'esplicita (e talora ingombrante) sua *indignatio*.

b) Nevolo

Un personaggio di nome Nevolo appare altrove solo in Marziale, dove è fatto oggetto di battute ironiche o sarcastiche (nel corso dei primi 4 libri degli *Epigrammi*) per motivi vari che non è facile ricondurre ad un solo tipo o

---

satirico in crisi di valori: la crisi è fuori di lui, nella società ineluttabilmente degradata, non certo nel suo sistema assiologico, che resta rigido (vd. sotto, n. 144).

66 Il tono 'giovenaliano' *ante litteram* di Hor., *sat.* 2, 5 è stato spesso avvertito dai critici (cf. Fraenkel 1957-93, 199 s. o La Penna 1968-93, 60 s.; anche Roberts 1984). Che G. ne sia stato attratto, non stupisce certo (cf. Winkler 1983, 108; Braund 1988, 145 s.).

67 Vi insiste molto Braund 1988, 149 ss., che vede nell'Interlocutore un socratico (e teofrasteo) εἴρων, ben consapevole delle strategie ironiche che mette in atto. Più finemente coglie il tasso di ambiguità Bracciali Magnini 1990, 49 s. (cf. sopra, n. 61), che ora parla di «interferenze» tra l'Autore e il personaggio dell'Interlocutore, ora delle distanze che G. prende dal «moralismo dai contorni approssimativi» professato dall'Interlocutore in 102–123 (vd. *ad l.*). Si può discutere se Nevolo si accorga o meno di questa ironia, e, pur moderatamente, vi reagisca (al v. 124 e, magari, anche 135), oppure se le sia del tutto insensibile.

carattere⁶⁸. Egli mostra incapacità oratoria in 1, 97 (dove dovrebbe svolgere attività di *patronus causidicusque*) e insensibilità e avarizia di patrono verso i suoi clienti in 2, 46 (cf. 7 s.). In 4, 83, poi, esibisce una certa arroganza nei rapporti interpersonali in genere, che si attenua o sparisce solo quando è preoccupato: sembra in sostanza un personaggio benestante (spec. in 2, 46) che, tutto preso da sé, non si cura troppo degli altri. Nel libro III, però, l'attacco di Marziale si rivolge in particolare alla sua vita sessuale e in tutti e due gli epigrammi in cui appare⁶⁹ Nevolo è presentato come un omosessuale passivo: in 3, 71 è impegnato in un rapporto anale, descritto senza alcun eufemismo, con un *puer* che evidentemente non svolge qui mansioni di *delicatus*; in 3, 95, poi, Marziale porta avanti una puntuale antitesi fra sé e Nevolo, che crede di essergli socialmente superiore e per ironia, forse, lo è davvero, dato che (v. 13) *pedicatur* e *pulchre... cevet*⁷⁰.

Giovenale sembra aver desunto da questi epigrammi qualche elemento⁷¹ che però – dato che il suo Nevolo è rigorosamente 'attivo' dal punto di vista sessuale (43 s.; 128) – il satirico pare aver 'spostato' al personaggio di Virrone: la pratica passiva di Nevolo è descritta da Marziale in termini crudi non molto dissimili da quelli usati da G. per Virrone⁷². Di un certo interesse risulta anche che il patrono ricco e avaro di 2, 46 abbia possedimenti e greggi in Apulia (v. 6) come il Virrone giovenaliano (9, 55) e che rispetto a questo gretto Nevolo marzialiano lo 'Speaker' *in persona clientis* si lamenti proprio come fa il Nevolo giovenaliano (2, 46, 9 s.: *quantum erat infelix...?*, cf. G. 9, 59 s.: *quantum erat...?*). In 3, 95, 10, poi, Nevolo è uno che aspira ad essere *eques* – o per lo meno ad apparire come tale nel contesto del circo – ma non si capisce se *eques* non lo sia m a i stato o non lo sia p i ù (vd. sotto, p. 24

---

68 Vd. Bianconi 2005, 82; Fusi 2006, 539.
69 Se si seguisse la proposta di Shackleton Bailey 1993, 209 (cf. Fusi 2006, 181), emendando *Naevia* di 3, 13 in *Naevole*, avremmo qui un Nevolo ricco padrone di casa, avaro come *pater cenae* verso i suoi ospiti e crudele con la servitù (3: *accusas rumpisque cocum*). Per quest'ultimo tema, cf. G. 9, 111 s.
70 Si dovrà pensare che questo Marziale sarcasticamente 'satirico' (quasi pre-giovenaliano) protesti per la corruzione di una società come quella romana, dove una simile attitudine fornisce motivo di avanzamento e di considerazione sociale (cf. Fusi 2006, 539).
71 Cf. Braund 1988, 239 n. 3.
72 La differenza resta comunque chiara sul piano formale: in 3, 71 Marziale usa con gran risalto (in *incipit* e clausola) proprio i cosiddetti termini della 'oscenità primaria' (*mentula/culus*), che G. evita rigorosamente, pur non sottraendosi certo ai toni forti (vd. *ad* v. 34, *longi mensura incognita nervi* e 43 s., *agere... penem legitimum* e *intra viscera*). In 3, 71 chi *pedicat* è una figura socialmente subordinata, ma si tratta di uno schiavo, non di un *cliens* (vd. Dalla 1987, 37 ss.). In 3, 95, 13 troviamo l'uso di un verbo non comune come *ceveo*, che tornerà in G. (vd. *ad* 40, *computat et cevet*).

ss.)⁷³. Questa aspirazione al censo e al rango di *eques* sarebbe un tratto in comune, per una volta, tra il Nevolo di Marziale e quello di G. (9, 9 ss.; 140 ss.). Come ho già scritto altrove⁷⁴, non si può cercare in Marziale la preistoria dei personaggi di G., ma di certo qualche elemento è stato desunto dal ricco 'catalogo' degli *Epigrammi* e ri-usato in un abile gioco combinatorio, con distribuzione libera e disinvoltamente creativa dei singoli tratti desunti.

Se il nome di *Naevolus* è palesemente derivato da Marziale, esso può avere attratto G. per le possibilità di gioco verbale che offre. Il nome appare, infatti, una formazione diminutiva da *naevus* ("neo", "nevo"), secondo la nota tendenza dell'onomastica latina a ispirarsi a caratteristiche o difetti fisici⁷⁵. Può darsi che la scelta proprio di questo nome derivi dalla opportunità che esso fornisce di giocare sulla trafila semantica per cui *naevus* da *macula corporis* (cf. Cic., *nat. deor.* 1, 79: *est corporis macula naevos*) passa in facile traslato a *macula* = *vitium*, con il risultato che Nevolo verrebbe a significare qualcosa come "il vizi(os)etto"⁷⁶. Giovenale non sembra affatto alieno da simili giochi onomastici (che al nostro gusto possono apparire più o meno

---

73 Il tema dei falsi *equites* è frequente nel quinto libro di Marziale, ma qui sembrano tutti semplicemente degli abusivi, ovvero gente che finge con vari espedienti di avere il censo equestre per potersi sedere nelle prime 14 file della *cavea* o, viceversa, che siede lì per apparire cavaliere (non si parla esplicitamente di ex-*equites*). Sul tema, cf. Colton 1966, Malnati 1988 e, soprattutto, Canobbio 2002 e 2011 a.

74 Vd. Bellandi 2008a, 213 n. 4. Sul rapporto Marziale/G., specifici Anderson 1970–82, 362–395, e i numerosi saggi di Colton fino alla sintesi rappresentata dal volume del 1991.

75 Cf. Kajanto 1967, 246; Ferguson 1987, 161 («from bodily deformity»). Braund 1988, 261 n. 144 e 263 n. 167 connette la descrizione di Nevolo in 1–9 e 12–13 (incentrata sulla sua «bodily ugliness») con la volontà di creare «a pun on his name... a little mole». Sul «pun on names» in Marziale c'è una discreta bibliografia (vd., per es., Pavanello 1998; Grewing 1998 a; Watson-Watson 2003, 15, 17, ecc.) e si è molto indagato su questo aspetto dell'onomastica in Petronio (cf. la rassegna di Vannini 2007, 341–345). Per G., resta molto lavoro da fare (vd. un inizio in Pyne 1979 e Schmitz 2000, 69 e n. 18). Per la forma diminutiva di *Naevolus*, cf. Braund 1988, 134 e 240 n. 14. Accanto a nomi come quelli di *Cicero, Varus*, ecc., colpisce per Q. Fabio Massimo il Temporeggiatore il *cognomen* di *Verrucosus* (Cic., *Brut.* 57) o quello di *Macula* per un Pompeo (Macr., *Sat.* 2, 2, 9, cf. Cic., *fam.* 6, 19, 1).

76 È noto che *macula* «saepissime occurrit morali ratione», come dice *TLL* III 328 (cf. *ThlL* VIII 26, 21 ss. e 79 ss. e *OLD*² 1b e 5, con gli opportuni esempi). Come *verruca* (termine accostato a *naevus* in Lucil. 546 M. = 547 Kr. = 17, 4 Ch. = 543 Chr. e usato nel senso di 'difetto [morale]' in Hor., *sat.*, 1, 3, 74), così *naevus* assume valore di "imperfezione" (corporea e, per traslato, morale), per es., in Hor., *sat.* 1, 6, 67 o Ov., *trist.* 5, 13, 14 e di *vitium* (morale) in Tert., *carn.* 16, 4 (*naevum peccati*) e Simm., *epist.* 3, 34. Come negli *Scholia* il nome del v. 4 (*Ravola*) presenta anche la forma *Rabula* (vd. *ad l.*), così anche il nome di *Naevolus* appare trasformato talora (cf. Wessner 1931, 152 e 273) in *Nebulo* al nominativo e *Nebule* al vocativo (da *Nebulo/Nebulus*) per farne un 'dissipatore/dissoluto' (come, per es., il *vappa et nebulo* di Hor., *sat.* 1, 1, 104).

riusciti e spiritosi) e almeno in alcuni casi la sua intenzione di giocare con i nomi appare evidente dal contesto[77].

Dalla descrizione iniziale dell'Interlocutore (9–11) siamo informati che Nevolo è stato in passato un frequentatore assiduo di *convivia* (dove intratteneva il *pater cenae* e gli altri convitati con le sue battute da commensale spiritoso)[78] e anche un *moechus* molto 'noto' in città (22–26), impegnato a dar la caccia alle mogli degli altri, pronto, però, all'occasione a 'occuparsi' anche dei loro mariti[79]. Nevolo non nega affatto quest'ultimo dato (che sarebbe potuto essere imbarazzante, cf. 26: *quodque taces*), anzi lo conferma, parlando al presente, con qualche nota di malinconia, ma lamentandosi solo del fatto che non riesce a ricavarne quanto il suo impegno meriterebbe (27 s.). Nevolo smentisce, invece, l'Interlocutore su un punto: non ha affatto cambiato vita (20–21) e, anzi, conferma che sta continuando (= è tornato) a battere templi e zone malfamate per trovare clienti occasionali c o m e   p r i m a ... Ma prima di cosa? Nella domanda dell'Interlocutore e, poi, nella risposta di Nevolo è evidente la distinzione tra un prima e un poi: c'è un evento-'clou', una discriminante nella più recente storia di Nevolo (evidentemente un tassello ignoto all'Interlocutore, altrimenti così ben informato) che deve spiegare il suo stato attuale di trascuratezza e la sua *tristitia*, evidenti a prima vista. Con maggiore o minore fortuna (*casu vivendo*: cf. Mart. 3, 38, 14), Nevolo conduceva una vita in caccia di occasioni di sopravvivenza, cercando di sbarcare il lunario ora come *conviva*/*parasitus* o *scurra vagus*[80], ora come *adulter*

---

[77] Vd., per es., *Umbricius* in 3, 21 da *umbra* (cf., da ultimo, Manzella 2011, 66–68; Harrison 2016, 172; Grazzini 2016, 151 s.), *Lentulus velox* in 8, 187, *Larga* in 14, 25 o *Persicus* e *Corvinus* rispettivamente nelle satire 11 e 12, con evidente allusione al tema dei lussi orientali e della caccia ai testamenti. Probabilmente anche *Varillus* in 2, 22 va inteso come irridente diminutivo di *varus* (vd. l'opposizione *loripes*/*rectus* al v. 23 e cf. il valore gergale di 'bent' in inglese). Per il caso incerto e discusso di *Ravola*/*Rabula* in 9, 4, da connettersi con *ravis* e *rabies*, vd. ad v. 4, *Ravola*.

[78] *Conviva* (9) è certo meno di *convictor* (Hor., *sat*. 1, 6, 47; Plin., *epist*. 2, 6, 3; vd. Horsfall 1993, 81), ma Nevolo è, così, già più di quel che si illudeva di essere Trebio in 5, 161 (cf. Santorelli 2013, *ad l.*).

[79] Sul possibile valore 'allargato' di *moechus*, da "adultero" in senso proprio a "donnaiolo" e/o "gigolo" (anche 'multitasking' come il *Graeculus* di 3, 109–112), vd. ad 25, *notior Aufidio moechus*.

[80] L'interlocutore in 9 ss. lo chiama cortesemente *conviva* (vd. n. 78) e insiste con gentilezza sul suo stile di commensale alieno da volgarità, ma in sostanza Nevolo non era poi così distante dalla figura del *parasitus* (vd. *ad* 9–10 *conviva* e 59, *clientis*), del *captator* o *adsectator cenarum*, pronto a tutto pur di sfuggire alla sventura del *domicenium* (su cui Mart. 5, 47, con Canobbio 2011 a, 416 s., o 5, 78, 1; 12, 77, 6). Già Catull. 47, 6–7 presentava i suoi amici in modo non troppo dissimile come *quaerentes in trivio vocationes*. Per la definizione di *scurra vagus*, in cerca di un *certum praesepe*, vedi la descrizione del personaggio di Menio in Hor., *epist*. 1, 15, 26 ss. o di Mulvio in *sat*. 2, 7, 36.

publicus[81], senza pregiudizi quanto al sesso dei suoi clienti. Non ne ricavava granché, ma – se dobbiamo credere all'Interlocutore – egli sapeva accontentarsene (*modico contentus*, 9). Questa la vita di espedienti cui Nevolo era abituato, questa la vita cui ora si è visto costretto a tornare. Ma quel che prima non gli procurava *tormentum animi* (18), adesso lo angoscia. Come mai? Cosa è successo? È quanto Nevolo ci racconta a partire dai vv. 32 ss. (finalmente rispondendo alla domanda di fondo dell'Interlocutore). Nevolo ha incontrato sulla sua strada Virrone (35) e questo gli ha dato l'idea di aver 'svoltato': da *scurra vagus* alla sistemazione presso un *certum praesepe*, da *moechus* altrettanto *vagus*, a caccia per strada di prede occasionali, ad amante pressoché fisso o 'ufficiale' di un ricco signore o suo *concubinus*[82]. Nevolo ricorda il primo incontro avvenuto alle terme e anche le illusioni (*spes deceptas*, 125 s.) che si era fatto sulla base delle *tabellae* lusinghevoli del ricco corteggiatore (36 s.). La 'svolta' di Nevolo è stata, dunque, quella per cui egli è diventato *cliens* di Virrone: da *adsectator cenarum*, dunque, a *certus conviva*[83] con un posto fisso al desco del signore e con una sorta di stipendio, che non è la comune *sportula* degli altri clienti (gli *humiles adseculae* e *cultores* di 48 s.), ma non è nemmeno quanto si era atteso...[84] Si è detto che Nevolo non è veramente *cliens* di Virrone e che quel suo chiamarsi vistosamente così (per ben due volte: 59 e 72) è solo la proiezione auto-nobilitante di uno *scortum* che aspira ad elevarsi socialmente[85]. Ora, è certo che per Nevolo essere *cliens* di Virrone costituisce un avanzamento sociale che lo gratifica e illude. Ma non c'è nulla di strano nella assunzione di Nevolo al ruolo di *cliens*: basta pensare a come in Hor., *epist.* 1, 7, 46 ss. Vulteio Mena diventa cliente del ricco e potente Filippo. È sufficiente uno sguardo del gran

---

81 La definizione di *adulter publicus* è in 10, 311 ss., 318 s. (con Campana 2004, 320 ss.) a proposito di bei giovani pronti a vendersi a matrone danarose. Qui in 9, 22 ss. si specifica che si tratta di donne (...e dei loro mariti) trovate battendo per strada (nei pressi dei templi da loro frequentati).

82 Il *concubinus* per lo più svolgeva mansioni da *puer delicatus* (il caso più celebre in Catull. 61, 121 ss.), ma – vista la moderna 'fluidità' delle mansioni e dei ruoli sessuali (vd. n. 121) – la funzione svolta può essere anche attiva (cf. Sen., *epist.* 47, 7: *in convivio puer, in cubiculo vir*; Apul., *met.* 8, 26).

83 *Certus conviva* è in Hor., *epist.* 1, 7, 75: da un momento all'altro Vulteio Mena si trova ad essere *mane cliens... certus conviva... comes* di Filippo (cf. Cucchiarelli 2019, 319 ss.).

84 Sull'usanza e la storia della *sportula*, vd. sotto, *ad* 41–42, *sestertia... in rebus* Si può tentare un calcolo approssimativo del suo ammontare annuo, moltiplicando i 100 quadranti (= 6, 25 HS) per tutti i giorni dell'anno (ammettendo per ipotesi che la distribuzione fosse davvero quotidiana): in ogni caso si resta al di sotto dei 2500 HS (cf. Monti 1978, 99 = 2281 HS e 1/4). Così, i 5000 HS di 9, 39–42 sono da considerare in totale non molto di più che 2 anni di *sportula*, se consideriamo che il rapporto tra Nevolo e Virrone deve essere andato avanti almeno per un paio d'anni (vd. *ad* 83, *quod tibi... ex me?*).

85 Vd. Cecchin 1982, 130.

signore, sorto dalla curiosità (49 s.), e un invito a cena per creare un vincolo di clientela. Dalla strada e dal negozio di barbiere alla tavola del *patronus* (in Orazio), dalle terme al *cubiculum* del *dominus* (in Giovenale)... La storia di Nevolo e Virrone sembra insomma la versione degradata dell'incontro tra il modesto Vulteio Mena (*tenui censu*, 56) e il facoltoso Filippo, che lo trae via dalla sua semplice e tranquilla vita e lo fa suo *cliens* per il gusto di un esperimento stravagante (e non privo di qualche malignità)[86].

Neanche questa prima fase del rapporto, però, era stata all'altezza delle promesse di Virrone o delle aspettative di Nevolo, perché il patrono si era presto mostrato *mollis avarus* (38) e non aveva mai veramente allargato i cordoni della borsa neanche col suo dipendente 'speciale' (48 s.). Ma, detto ciò, il rapporto doveva essere andato avanti almeno un paio d'anni (due figli, 83; *post damnum temporis*, 125) e alla fine era stato interrotto unilateralmente dal patrono solo perché infastidito dalle richieste economiche ritenute esose (63) e allettato, d'altronde, dalla ricca offerta del mercato del sesso a pagamento (92).

Nevolo si lamenta molto della bassa paga di quand'era 'in servizio' (40 ss.), ma poi (90) vorrebbe essere 'riassunto' a completare il lavoro (fino a giungere al fatidico numero di tre figli). È dunque il 'licenziamento'[87] la *spes decepta* che lo ha ridotto di nuovo sulla strada: questo è lo 'shock' che ha devastato Nevolo e incuriosito l'Interlocutore...[88] Triste è la parabola dell'esistenza di Nevolo: dalla strada del 'battuage' e dai *convivia* occasionali di nuovo alla strada in attesa di *figere aliquid* (133 s.) che salvi l'imminente vecchiaia dallo squallore della miseria.... in attesa – masticando ruchetta – di una *spes maior* (di un nuovo Virrone, meno taccagno, o di una *femina*, magari una *vetula pruriens*, più generosa).

Secondo parte della critica[89], l'enigmatica espressione *agebas / vernam equitem* (9–10) alluderebbe al fatto che Nevolo nel passato avrebbe avuto davvero *census* e *status* di cavaliere Romano (si dovrà pensare, comunque,

---

86 Cf. Horsfall 1993, 80 s., 83 *ad* 79 e vd. ora anche Cucchiarelli 2019, 319 ss.
87 Si tratta di qualcosa di molto simile alla *iactura clientis* di 3, 125: *iactura* ha qui una valenza attiva, come il getto a mare di una zavorra (12, 52: *iactatur... damnum*, cf. anche 33), da intendersi come gesto consapevole, non come "perdita" generica o colposa.
88 Al di là dei giochi sornioni dell'Interlocutore, non si è trattato di alcuna conversione (pseudo-)filosofica (vd. *ad* 20–21). Nevolo rimpiange – nonostante tutto – il suo periodo con Virrone.
89 Un cenno appena in Friedländer 1895, 434; vd. soprattutto Courtney 2013², 376 s. e 390 e, sulla sua scia, anche Obermayer 1998, 210 s., 230 n. 39 e Armstrong 2012, 77.

al livello minimo: 400. 000 HS)[90], poi andati perduti[91], se nella preghiera finale (140 s.) tale censo equestre è fatto oggetto di una specifica richiesta (destinata a rimanere inesaudita).

Verna eques è *iunctura* davvero difficile da spiegare e nel commento se ne propone una interpretazione per cui *verna* = *scurra* ed *eques* (in senso figurato) = *honestior/elegantior* nel senso di "raffinato" o "di classe", senza riferimento specifico al possesso (ora perduto) del *census* di 400.000 sesterzi e, invece, con allusione ai *mores* di cultura e raffinatezza attribuiti spesso ai cavalieri[92].

Non solo nel testo non c'è alcun indizio che appoggi l'idea che Nevolo in passato sia stato davvero *eques Romanus*[93], ma la preghiera finale sembra

---

90 Era la mia posizione nel 1974, 288 s. n. 18 (= 2009, 482 s.), modificata in 2008a, 205 e 2009, 501 s.

91 Il tema della p e r d i t a del censo equestre non è frequente o davvero esplicito né in G. (chiaro solo in 11, 42 s.; per 3, 153–159, vd. sotto, n. 93), né tanto meno in Marziale (di sicuro solo in 2, 57, 7 e in 8, 5, con Schöffel 2002, 126 s.; per il quinto libro, cf. sopra, n. 73). Certamente non è possibile attribuire questo 'status' al Nevolo della sat. 9 solo sulla base del raffronto proposto ai vv. 6–8 con la *facies miserabilis* di Crepereio Pollione, che soltanto in un'altra satira (11, 42) di un altro libro (di là da venire: il IV) sarà caratterizzato come *eques* che ha perduto l'anello d'oro per il vizio della *gula* (Bellandi 2008a, 213 n. 3). Né è possibile attribuire il preteso raggiungimento (effimero) dello stato equestre alla generosità (ormai venuta meno) di Virrone: Nevolo si lamenta del suo patrono come di un *avarus* (38) e allude ad un pagamento in totale di 5000 sesterzi (41), cifra ben lontana dai 400.000 necessari per l'accesso all'*ordo equester* (vd. sotto, n. 98 e Canobbio 2011a, 244 *ad* 5, 19, 10 a proposito della figura del *non alienus eques*, del cavaliere, cioè, che deve il suo rango alla generosità concreta di qualche amico, che ha donato o integrato la cifra necessaria; cf. anche Mart. 14, 122). Non è, dunque, il 'licenziamento' subito a aver spodestato Nevolo dallo *status/census* di *eques*.

92 In ogni caso *agebas* sembra introdurre l'idea dell'"atteggiarsi a", "recitare la parte di..." (cf. *ad* 9–10, *agebas*), escludendo proprio il possesso reale di quel censo e di quello 'status'. Cf. anche Nappa 2018, 191 e n. 31.

93 Sulla scia di Courtney 2013², è questa l'idea anche di Armstrong 2012, 77 che – se definisce giustamente Nevolo «Umbricius's dark shadow» – non altrettanto correttamente ne fa «another marginal knight». Del resto, l'idea stessa di Umbricio come un cavaliere in bilico o a rischio («not sure of passing the next imperial census»: Armstrong 2012, 68) è del tutto incerta. 3, 153–159 si leggono meglio come la rimostranza di un *plebeius* non appartenente all'*ordo* che non come quella di un *eques* a rischio di espulsione dalle 14 file di Otone (in 3, 155 *non sufficit* non è accompagnato da *iam* e, dunque, non allude necessariamente a decadenza dal rango). L'ottica della protesta può benissimo essere quella del *plebeius* cui, magari, mancano 6000–7.000 HS per accedere allo 'status' di cavaliere (come in Hor., epist. 1, 1, 57 s., cui allude Mart. 5, 27, cf. anche 25). Sarkissian 1991 poneva un certo dislivello nella sat. 3 tra le condizioni sociali dello 'Speaker' (= 'Giovenale') e Umbricio (più in basso), ma anche se parte della critica (vd. in Armstrong, cit.) pensa che G. fosse un *eques*, non è detto affatto che egli lo fosse. A mio parere, è molto più convincente Gérard 1985, 280 ss. («Juvénal r ê v e de l'anneau d'or...»), secondo il quale il Satirico appartiene

proprio escludere una tale eventualità: se è certo, infatti, che Nevolo aspira al censo di *eques* (140 s.)[94], questa aspirazione sembra assai più riferirsi alla c o n q u i s t a di un bene soltanto vagheggiato che non alla r i c o n q u i s t a da ottenere di una condizione già goduta e poi perduta[95] e anche la 'rampogna' alla *Fortuna* in 148 ss. non ha niente a che vedere con il ben noto *topos* della Fortuna che, a suo piacimento, innalza e abbatte la sorte dei mortali (cf. soprattutto 7, 198 s.: *Si Fortuna volet, fies de rhetore consul; / si volet haec eadem, fies de consule rhetor*), che qui calzerebbe a pennello se Nevolo avesse avuto e poi perduto questa condizione (*ex equite plebs!*). Nel passo, invece, si insiste marcatamente sul fatto che la dea in questione non degna oggi e non ha degnato mai di alcun interesse l'*infelix* Nevolo, che infatti è sempre rimasto a stentare la vita per volontà di quel *Fatum* e di quei *sidera* (32 ss.) che, inesorabilmente, ne hanno stabilito la sorte dal momento della nascita in poi (cf. 7, 194–196).

Anche l'analogia evidente con la figura e la sorte di Trebio nella sat. 5 (su cui abbiamo prima insistito) esclude che Nevolo, il suo degradato omologo, abbia mai disposto in qualche momento del censo equestre. I vv. 9–11 alludono solo a un momento della carriera passata di Nevolo in cui egli svol-

---

verisimilmente «à la couche supérieure de la plebe». Men che mai sarà stato *eques* Umbricio.

94 Per la diversa esegesi di Saller 1983, vd. *ad* 140, *viginti milia fenus*.
95 Essere *eques* al minimo (come Nevolo richiede ai vv. 139 ss.) non significa per lui diventare 'ricco' (cf. *ad* 147: *quando ego pauper ero?*). Non a caso Nevolo considera questo censo equestre la base (minima, ma imprescindibile) per ulteriori passi in avanti da effettuarsi tramite l'esercizio dell'usura e di un'attività imprenditoriale. Occorre evidentemente entrare in un'ottica relativistica e di comparazione: per i *divites* e *praedivites* il censo equestre è roba da poco (Cic., *fam.* 9, 13, 4: *res familiaris v i x equestris*; in Petr. 45, 6, 400.000 HS sono considerati come una spesa insignificante per uno che dispone di un patrimonio di 30 milioni). Si deve pensare alle fortune (che potevano anche arrivare ai 400 milioni di HS) dei liberti imperiali, di Seneca ed altri (Trimalchione, in fondo, in 71, 12 sembra disporre di 'soli' 30 milioni, cifra su cui vd. Schmeling 2011, 184). Lo stesso Marziale (su cui vd. Tennant 2000 e Moreno Soldevila 2006, 123 e 303; Canobbio 2011a, 184 s.) fa talora affermazioni che suonano svalutative del censo equestre (cf. Mart. 4, 40, 4: *pauper eras et eques*; 5, 13, 1 s.: *pauper... sed eques*). Non mancano attestazioni relative alla vita da *eques* come vita modesta (Gell. 11, 7, 3: *eques Romanus inopi miseroque victu*; Sen., epist. 122, 12: *eques Romanus, M. Vinicii comes,... bonarum cenarum adsectator, quas improbitate linguae merebatur,* cf. Bodel 2015, 42), non sempre facilmente valutabili – in mancanza di informazioni adeguate – nel loro pieno significato sociale (esistono anche gli *equites* semplicemente *honorarii*). Lo stesso G. di 14, 322–324 non sembra considerare il censo di 400.000 sesterzi una cifra da capogiro ed essa è la prima che gli viene in mente in contrapposizione al regime di ascetico rigore filosofico di 316–321 (Gérard 1985, 177). Del resto, Umbricio si preoccupa e si identifica con quelli che chiama *tenues/exigui/pauperes* (3, 161; 163; 165), gente il cui problema, però, sembra più quello di *emergere* (3, 164) che non propriamente di sopravvivere (al di là di quel che con enfasi patetica talora viene detto, per es., in 3, 261–267).

geva funzione di *verna* (*scurra*) ai *convivia* dei signori: a tali banchetti egli veniva invitato soltanto perché rallegrasse con i suoi *sales urbani et faceti* il padrone di casa e quelli che erano i suoi veri *convivae* (i *reliqui Virrones* di 5, 149 e 161). Trebio – senza rendersene conto – svolgeva alla *cena Virronis* proprio la funzione dello *scurra* (5, 3–4)[96] e, addirittura, del *mimus* o *comoedus* (157 s.) per procurare divertimento al *pater cenae*. Per personaggi del tipo di Trebio e Nevolo (liberi, ma di basso stato sociale: *plebs*)[97] il censo equestre è un tale irraggiungibile miraggio – pressoché un *adynaton*! – che arrivarvi li trasformerebbe da quasi-schiavi (5, 170–173) o men-che-schiavi (9, 45–46) in *amici* e, addirittura, *fratres* del padrone di casa (5, 132 ss.). Per gente del genere, un tale evento (il raggiungimento o la concessione di un *census equester*) è ipotesi talmente fantastica che solo un *deus* o un *melior fatis homuncio* potrebbero effettuarlo, ma di certo né il Virrone di 5, né il Virrone di 9 hanno svolto tale funzione evergetico-soterica nei loro riguardi[98] e, infatti, né Trebio né Nevolo sono mai diventati *amici* del loro patrono, come solo quel censo potrebbe ottenere di renderli.

c) L'ex-patrono (Virrone)

Non tutti sono d'accordo nel ritenere che il *patronus* di cui Nevolo si lamenta nel corso della satira[99] si chiami Virrone, ovvero si debba identificare con il

---

96 Cf. in 5, 3–4 la menzione – come termini di confronto – degli *scurrae* Sarmento e Gabba (su cui vd. La Penna 1996; Santorelli 2013, 54 ss.), presentati come parassiti senza dignità (*viles*), ma se non altro invitati alla tavola imperiale di Augusto e considerati già un poco più orgogliosi di Trebio (*nec... tulisset*). Più che con questa sorta di 'élite' degli *scurrae* Trebio e il Nevolo di 9, 9–11 sembrano, in realtà, paragonabili a gente come Servilio Balatrone e Vibidio, *umbrae* di Mecenate al banchetto di Nasidieno (*sat*. 2, 8, 21 s.; 33 ss.; 64 ss.; 80 ss.), che si esibiscono in lazzi e battute certo di non eccelso livello (Bellandi 1996).
97 Cf. Hor., *epist*. 1, 1, 59 (*plebs eris* e non *eques*), da confrontare con Mart. 5, 27, 1–2 (*cetera plebis habes*), vd. Canobbio 2011 a, 304 ss. (e 182 ss.). Ma *plebeius* è termine che può designare sia uno a cui manca poco per arrivare al censo equestre che un vero e proprio nullatenente: Nevolo si presenta, spec. al v. 147, quasi come il Nestore di Mart. 11, 32 (cf. Kay 1985, 141 ss.), che non ha nulla e, dunque a s p i r a alla *paupertas* (e vorrebbe *in populo... habere locum*, 6).
98 Il Virrone di 5, 132 ss. vorrebbe addirittura farsi *captator* del proprio *cliens*, se questi diventasse *eques* (non certo per merito suo!) e il Virrone di 9, 41 s. con la sua elargizione di 5000 HS – distribuiti in un arco temporale di circa due anni (cf. n. 84) – è assolutamente lontano dal fornire le cifre che servono alla costituzione o integrazione del censo equestre (cf. Marziale 5, 19, 9–10 con Canobbio 2011 a, 244). In Mart. 4, 67 si parla di una richiesta al patrono di 100.000 per arrivare ai fatidici 400.000 (cf. 5, 25; 14, 122) e Plinio in *epist*. 1, 19, 2 ricorda di aver donato a un amico 300.000 HS per farlo arrivare al censo di *eques Romanus*.
99 Nevolo non usa il termine *patronus* per Virrone; del resto, G. non impiega mai questo termine, che risulta assai raro in poesia (vd. Bianconi 2005, 66 ss.). Ma per ben

personaggio di questo nome di cui si parla certamente nei vv. 35–37. Come tanti prima di lui, Highet lo dava per scontato (e sulla sua scia Ferguson, per es., e molti altri), ma Courtney nel suo autorevole commento lo ha negato risolutamente[100]: per lui il patrono di Nevolo è «a passive pervert» che resta «unnamed», mentre il Virrone citato in 35 è solo «an example of lust», citato 'en passant' per illustrare quanto si sta dicendo con un caso tipico; se il destino e le stelle non sono favorevoli, neanche il suscitare uno spasmodico interesse sessuale in un qualunque *cinaedus* (per es., in uno come Virrone) serve a nulla[101].

A mio avviso ci sono diverse ragioni per tornare all'interpretazione tradizionale. Innanzi tutto, c'è da tenere presente l'organizzazione formale del passo in cui si introduce il personaggio di Virrone: presentato come esempio di *libido* omosessuale passiva (siglata in clausola di 37 con il termine κίναιδος), egli non viene congedato in alcun modo, anzi il suo caso viene sviluppato e commentato con il v. 38 (*mollis* quasi glossa di κίναιδος), dove con l'avversativa *tamen* si nota appunto l'incongruenza paradossale per cui dopo tante moine epistolari per stabilire il contatto e avviare la relazione – presumibilmente con promesse (cf. 74; 82) soprattutto di natura economica – egli si è sorprendentemente rivelato come un *mollis avarus*, una sorta di contraddizione in termini per Nevolo (vd. *ad* 38, *quod tamen... mollis avarus*?)[102]. Lo scatto di indignazione (e stupore) del v. 38, espresso con il modulo consueto della interrogativa retorica e l'uso del termine-chiave *monstrum*, si spiega solo se il *tamen* si riferisce al comportamento pregresso di Virrone, così appassionato e 'innamorato' (*blandae... tabellae*) ma, ahimè, poi... così avaro! Insomma, il discorso su Virrone non si limita a 35–37, ma continua e fluisce naturalmente in 38 ss. (con un nesso puntuale di collegamento: *tamen*, cf. *quamvis*)[103]. Al v. 39, poi, si introduce improvvisamente

---

    due volte Nevolo si definisce suo *cliens* (59 e 72); vd. *ad* 59, *clientis* e anche *ad* 46, *dominum*.

100 Vd. Highet 1954, 117 ss. e Courtney 2013², 373.

101 Seguono questa idea di Courtney 2013² sia Winkler 1983, 139 n. 80 (che a p. 112, però, nota la stretta somiglianza tra il patrono di Nevolo e il Virrone evocato al v. 35; così anche Hendry 2000, 85 n. 2) che Braund 1988, 135 s. e 242 n. 32 (con qualche residuo di incertezza: «p r o b a b l y a type») e Santorelli 2013, 87 s. Netto contro Courtney, invece, Jones 1987, 149 e n. 3 (anche Green 1998, 178).

102 Non sarà un caso che a proposito del 'corteggiamento' di Virrone si parli solo dell'invio di *blandae tabellae* (36) e non degli indispensabili *munera* (i *munera* del *corruptor*, cf. 10, 304 s.): per pagarsi il *morbus* (49) non si può essere *avari* (in casi come questo la *prodigalitas* è necessaria).

103 L'incontro con Virrone sembra a prima vista un vero colpo di fortuna per Nevolo, ma le stelle *cessant* (33) e così il ricco appassionato che lo riempie di bigliettini – proprio perché Nevolo non è amato dagli astri – si rivela 'fatalmente' solo un *mollis avarus*. Tutto il passo è coerente e compatto: Virrone è un esempio eclatante che comprova il disinteresse degli astri e non ha senso moltiplicare i *molles avari* a di-

una prosopopea del *mollis avarus* che è difficile non attribuire al Virrone di cui si è parlato sin qui: come dovrebbe il lettore capire che viene introdotto un altro e anonimo personaggio (un mero 'doppione', in fondo, del Virrone di 35-37), destinato poi ad assumere – senza alcuna forma di 'introduzione' – ruolo assolutamente centrale in tutto il resto del discorso di Nevolo[104]?

I vv. 35-37 introducono, insomma, il personaggio-chiave della vita recente di Nevolo, partendo – come in fondo è naturale – dal momento topico del 'primo incontro': abbiamo qui una versione degradata della 'typische Szene' del 'colpo di fulmine'[105]. Qui inizia il racconto di Nevolo che, finalmente, comincia a rispondere alla domanda-base dell'Interlocutore: cosa ha sconvolto la sua vita fino a ridurlo nello stato penoso in cui lo si vede oggi?

Bisogna inoltre riflettere anche sul fatto che non avrebbe molto senso la violenta paura di cui fa mostra Nevolo in 93 ss., quando teme di aver fatto all'Interlocutore confidenze addirittura letali, se egli non avesse reso individuabile il suo patrono facendone – per un 'lapsus' dovuto all'incontenibile rabbia – il nome (ovvero il *cognomen* di *Virro*). Nevolo sa che ha detto troppo (93 ss., 97)[106] e proprio per questo raccomanda all'Interlocutore di mantenere rigorosamente il silenzio. Probabilmente un altro elemento individuante sarà da considerarsi nel v. 56 l'attribuzione al patrono di un cospicuo possedimento nel territorio di *Trifolium*, località evidentemente assai circoscritta. Segnalare il patrono come il più grande proprietario di vigneti della zona (58: *quis plura...?*) costituisce senz'altro un ulteriore e non trascurabile indizio per la possibile individuazione del personaggio. Se le altre informazioni sono meno compromettenti (trattandosi di luoghi ben noti della Campania, dove avevano possessi e ville moltissimi ricchi signori di Roma, e lo stesso vale e ancor più per la vasta Apulia), indicare qualcuno

---

    mostrazione di questa tesi. Per il problema costituito dal presente *sollicitent*, vd. *ad* 37.

104 G. è talora abbastanza abrupto nei passaggi tra le varie sezioni e scene, ma, per lo più, nei limiti della necessaria comprensibilità del testo: per es. in 6, 172-173 la prosopopea di Anfione è improvvisa e sorprendente (in forte contrasto formale con l'episodio precedente), ma viene subito spiegata con *Amphion clamat* al v. 174. Dopo quel che è detto di Virrone in 35-37, chi dovrebbe *computare et cevere* al v. 40 se non Virrone?

105 Per qualche appunto sulla storia letteraria del 'colpo di fulmine', vd. Bellandi 2011 b (per la formula *ut vidi, ut perii...*, cf. Timpanaro 1978). A sconvolgere d' 'amore', qui, non è lo sguardo ammaliante o qualche altro dettaglio romantico (il sorriso, la chioma, ecc.), ma la nudità e non quella 'sfumata' ed elegante di Ulisse con Nausicaa (Hom., *Od.* 6, 127 ss.; semmai, cf. *Priap.* 68, 25 s.) o quella di Dafni con Cloe (Long. 13, con Pattoni 2005, 76 ss.), ma quella clamorosa dell'incontro alle terme (9, 34-36). Se non attribuiamo i vv. 35-37 alla figura del patrono di Nevolo, manca l'inizio della storia, la premessa indispensabile del 'plot': l'incontro, le promesse, e l'insorgere delle speranze di Nevolo, destinate ad essere deluse (cf. 125).

106 Sul valore di 'lapsus' di *tamquam prodiderim quidquid scio*, vd *ad* 97, *tamquam prodiderim... scio*.

come il principale imprenditore viticolo dell'agro di *Trifolium* equivale in pratica a fornire l'identità del proprietario Virrone.

Se il *patronus* di Nevolo, dunque, si chiama *Virro*[107], dobbiamo ritenere che questi sia lo stesso Virrone della sat. 5? Abbiamo già notato il rapporto fondamentale che sia dal punto di vista formale che tematico lega la sat. 9 alla 5. Nevolo è sicuramente lo sviluppo estremo del personaggio di Trebio, simbolo – che sembrava definitivo – del degrado della relazione di clientela ma che ancora, in realtà, non lo era[108], e chiamare Virrone il patrono di 9 certamente vuol suggerire l'esistenza di un rapporto con quella satira-chiave, che nell'economia del libro I funzionava da punto di svolta per G., segnando il momento di distacco da ogni συμπάθεια o solidarietà piena verso i *clientes*[109]. Ma non c'è bisogno di identificare *stricto sensu* il Virrone *mollis avarus* di 9 con il Virrone di 5. Di certo il nome scelto costituisce un rimando voluto al "cattivo patrono" della 5, ma Virrone era solo uno dei tanti *reliqui Virrones* di cui lì si parlava (149)[110]. Non è l'*avaritia* il principale tratto della caratterizzazione del Virrone di 5: egli è di sicuro *avarus* con l'amico *cardiacus* (32), cui rifiuta un bicchierino di vino buono, ma non è propriamente la spilorceria a guidare il suo comportamento con Trebio, piuttosto una sorta di irridente sadismo legato al gusto del potere (159 ss.)[111]. Soprattutto (visto il tema di 9) bisognerà rilevare che nella sat. 5 non è sfruttato in alcun modo

---

107 Sul nome *Virro*, cf. Highet 1954, 262 n. 2 (che ne nota la rarità). Syme 1949–70, 76 s. segnalava un *S. Vibidius Virro* di età augustea (dalla moralità non cristallina), mentre Ferguson 1987, 244, seguito da Green 1998, 178, ne faceva un «provinciale» proveniente da zona non lontana da *Aquinum* (vd. sopra, n. 10). Su Virrone, i dati onomastici e storici disponibili sono raccolti e discussi, da ultimo, in Santorelli 2013, 87 s. Può darsi che nella scelta del nome abbia giocato per antifrasi una paretimologia con *vir* («he-man» secondo Braund 1988, 242 n. 32, che cita Mart. 1, 96, 6 e collega il gioco con ἄνδρα di 9, 37; cf. anche La Fleur 1975, 231 n. 1: «mr. Hero» o «Bigman»). Inconsistenti altre proposte, che pongono in qualche rapporto il nome con *viridis* di 9, 50 (come colore effeminato) e, addirittura, con *ver* di 51 (Braund 1988, 244 n. 42).

108 La schiavizzazione del *civis Romanus*, che pure è fornito dei suoi regolamentari *tria nomina* (5, 127), veniva predetta come inevitabile dalla *Vox docens* in 5, 170 ss. e poteva sembrare il culmine estremo del percorso di umiliazione e sottomissione di Trebio e del cliente romano in genere, ma in 9, 45 s. Nevolo finisce per sentirsi inferiore addirittura allo schiavo di più umile condizione (il *fossor*) della *familia rustica*.

109 Tennant 2003, 126 s. è senz'altro per l'identificazione dei due *Virrones* di 5 e 9. Sul rapporto tra le satire 1–3–5 del I libro e 7–9, cf. Bellandi 1974–5, 384–400; Cloud-Braund 1982.

110 È chiaro il valore simbolico che le figure di Trebio e Virrone rivestono nella sat. 5 quali rappresentanti-tipo delle categorie di *clientes* e *patroni*: a parte il cenno ai *reliqui Virrones* di 149, è vistoso l'oscillare dei pronomi (e delle persone verbali) tra il singolare di *tu/te* e il plurale di *nos/vos* (= *clientes*): 28, 51–52, 88, 103, 129, 166, 168, 169 (vd. Jones 1987, 151).

111 In 5, 39 ss., comunque, Virrone teme per il possibile furto delle sue gemme e si cautela ansiosamente, come di solito fanno gli avari diatribici (cf. 14, 303 ss.).

il tema delle voglie omosessuali di Virrone né passive né, sostanzialmente, attive[112]. L'unico vero punto di contatto tra i due Virroni, ma introdotto in 9 solo con allusione discreta (e soggettiva) da parte di Nevolo, è l'interesse per la *captatio testamentorum* (vd. *ad* 87–90)[113]. La scelta in 9 proprio di questo nome (marcatissimo in 5: vi appare per ben 7 volte, unico caso in tutto G. di tanta insistenza onomastica) non è che una spia (insieme all'uso del termine *cliens* in 59 e 72) di quale sia l'ambito tematico in cui si inserisce questa triste storia di una relazione degradata (stabilendo un nesso preciso con il tema-chiave delle satire 1–3–5–7).

4. Il tema omosessuale e il rapporto con la satira 2

Si prescinde naturalmente qui da una preliminare e approfondita analisi del termine e del concetto (moderno) di omosessualità in quanto applicato più o meno adeguatamente alle pratiche e alla concettualizzazione dell'antichità classica: la questione è stata ampiamente dibattuta negli ultimi decenni e qui basterà, dunque, rimandare ad alcuni testi che se ne sono occupati ap-

---

[112] Nonostante Tennant 2003, 126, il cenno in 5, 56 ss. a Ganimede e ai bei coppieri che servono al banchetto non dà luogo ad alcuna insistenza erotica (oltretutto l'eventuale interesse sessuale per i *formosi ministri* sarebbe 'attivo' e non 'passivo', come quello per cui è irriso il Virrone di 9): nella sat. 5 il *puer* coppiere è considerato principalmente come un 'oggetto' di lusso, ma non c'è alcun cenno e s p l i c i t o ai pensieri erotici che la sua bellezza e gioventù possano suscitare nel *pater cenae* o negli ospiti (Garrido Hory 1981 e 1997; per contrasto si pensi a Mart. 9, 25 e 10, 98) e in nessun modo si allude all'esistenza di un rapporto particolare di Virrone con il *minister* (con passaggio dal *convivium* al *cubiculum*: cf. Sen., *epist.* 47, 7). Il tema qui non è richiamato o 'attivato' e, comunque, una relazione di questo tipo sarebbe 'normale' per la mentalità romana o – come direbbe MacMullen 1982 – per «una» delle mentalità romane (vd. *ad* 9, 46–47; e sotto, § 4). Assolutamente nessun cenno, poi, è rintracciabile in 5 ad eventuali voglie 'passive' di Virrone. Del tutto inverosimile, a mio avviso, Hopman 2003 che – a proposito di 5, 141–145 – gioca sulla presenza del colore verde come segno di effeminatezza (cf. *ad* 50, *viridem umbellam*) e nel passo legge addirittura l'annuncio della «transformation of patronage into a perverted sexual relationship» (5 come preannuncio di 9 anche da questo preciso punto di vista). Oltretutto, non sarebbe Virrone il 'passivo' della situazione, ma il *parasitus infans*, l'ipotizzato figlio di Trebio.

[113] In 5, 132–146, invece, il tema è svolto sarcasticamente dalla *Vox docens*. Un altro sottile punto di contatto potrebbe anche essere l'interesse e il gusto consapevolmente coltivati dal ricco signore Virrone di 5 per la cucina e il banchetto (non si tratta solo di 'gourmandise', ma di una sorta di amore per lo spettacolo e lo sfarzo dell'evento mondano, cf. André 2009, 216 ss.), naturalmente a vantaggio esclusivo di sé e dei *reliqui Virrones*. In 9, 109 s. è citata la presenza di personale altamente specializzato addetto alla cucina e al servizio di tavola dei *divites* come Virrone (espressamente in comune appare il tema dei *carptores* e dello *structor*: 5, 120 ss.).

propriatamente[114]. Devo peraltro avvertire che in più di una occasione mi capiterà di servirmi dei termini 'omosessuale', 'omosessualità' – certamente anacronistici (un'invenzione del XIX secolo?) e, entro certi limiti, fuorvianti[115] – più che altro per ragioni di comodità pratica, che il contesto, spero, aiuterà a chiarire[116].

Per quel che riguarda il mondo greco, l'esercizio del ruolo 'attivo' da parte di adulti su fanciulli/adolescenti di 'status' libero era (o si dichiarava) in connessione con una funzione di tipo 'iniziatico' e/o (più o meno autenticamente) di tipo pedagogico[117]. Nel mondo romano – pressoché al contrario – lo stesso comportamento era considerato pratica corrente e normale, ma su schiavi da sottomettere in ossequio (anche) a un discorso di ruoli di potere[118]. Per lo schiavo romano (e, in parte, per il liberto) era pressoché ovvio il fatto di dover compiacere le voglie 'attive' del proprio padrone. Per non ricordare che alcuni passi emblematici, basterà rimandare a Catullo 61, 121 ss., da cui si deduce facilmente l'assoluta normalità della relazione con un *concubinus puer* per il maschio romano delle classi elevate prima del matrimonio e la difficoltà a staccarsene una volta celebrate le nozze (in part. 134–146)[119]; a

---

114 Mi sembra utile ad orientare sul dibattito tra «constructionists» ed «essentialists», tra Foucault e i «foucaultiani» e i loro 'avversari', lo studio di Richlin 1993, oltre che per la qualità dell'informazione e delle argomentazioni anche per la ragionevolezza delle posizioni assunte, sempre prudenti e non pregiudiziali. Su questi temi, vd. inoltre Veyne 1982-3; Larmour-Miller-Platter 1998; Williams 1999–2010, 4–9; Golden-Toohey 2003 (in part. i saggi di D. Halperin, D. Cohen e L. Foxhall, 131 ss.); Vattuone 2004, 26 ss.; Schmitz 2019, 77 e n. 21, nonché la bibliografia citata sotto, in n. 118.
115 Halperin 1990, 18 attribuisce il conio del termine 'omosessuale' all'anno 1892 e definisce 'omosessualità' ed 'eterosessualità' come «modern, Western, bourgeois productions» (citato e discusso in Richlin 1993, 526).
116 Così anche Nappa 1998, 91: «in order to save of certain amount of periphrasis».
117 Sull'omosessualità greca, dopo il fondamentale Dover 1978-85, vd. (fra i tanti) i contributi di Cantarella 1988, 15–126; Winkler 1990; Halperin 1990; Vattuone 2004; Janni 2004, 196 ss., ecc. Sul rapporto tra mondo greco e romano al riguardo, cf. MacMullen 1982 (con giustificate riserve nei confronti di Boswell 1980-9) e il saggio di Williams 1995 (sul «Greek love at Rome»), con le ulteriori riflessioni di 1999–2010, 67 ss.
118 Sull'omosessualità romana, vd. almeno Veyne 1982-3; Lilja 1983; Dalla 1987, 3–131; Cantarella 1988, 129 ss.; Obermayer 1998 e la importante sintesi di C.A. Williams del 1999–2010. Ricordo che Veyne 1978-90, 183 e Cantarella 1988, 130 definiscono la sessualità maschile romana 'tout court' come «sessualità di stupro», mentre Williams *ibid.*, 18 sottolinea opportunamente l'importanza del «Priapic model» per Roma (vd. sotto, n. 149). Giovenale non manca comunque di attribuire anche ai detestati *Graeculi* una *libido* sessuale parimenti indiscriminata, che non risparmia nessuno, men che mai i giovinetti romani l i b e r i (3, 110 s., 114 s.).
119 L'invito di Catullo a Manlio Torquato è il contrario di quello che G. rivolge a Postumo (*abstine*: 61, 136=143); cf. Richlin 1993, 534 s.; Bellandi 2003, 14 s.; vd. ora anche Fo 2018, 721 ss.

4. Il tema omosessuale e il rapporto con la satira 2   33

un celebre passo di Seneca Padre (*contr.* 4, *praef.* 10), secondo cui l'*impudicitia*, o passività sessuale, che per il cittadino nato libero è *crimen*, per il *servus* è *necessitas*, per il *libertus* è *officium*[120], o ai ricordi sessuali di Trimalchione in Petronio 75, 11 (*nec turpe est quod dominus iubet...*), ecc.[121]

Giovenale stesso in 6, 33–37 accenna con assoluta 'nonchalance' a questa pratica diffusa, evidentemente ritenuta accetta agli occhi dei più, e per 'boutade' non esita a farla sua. Il suo sarcastico consiglio al futuro sposo Postumo, infatti, è senz'altro quello di disporsi a intrattenere una tranquilla relazione sessuale con un *pusio* (cf. 377 s.)[122]: questo – si afferma – è senza dubbio meglio che sottostare ai fastidi e alle oppressioni del rapporto coniugale con una donna dispotica e impudica (*ferre potes dominam...?*). Ma in Giovenale si tratta, in realtà, solo di una provocatoria 'reductio ad absurdum', legata alla volontà evidente di dare uno sviluppo estremo al tema misogino e antimatrimoniale: in un contesto di attacco al prepotere e alla prepotenza delle mogli si capisce bene che per paradosso non si indichi come possibile scappatoia l'amore con un'altra donna (con una schiava, per es.), bensì si inviti al rapporto stabile con un fanciullo[123]. Ho già cercato di

---

120 Dalla 1987, 37 ss., 48 s.; Williams 1999–2010, 107. L'affermazione riferita da Seneca Padre è relativa all'oratore augusteo *Haterius*.
121 Sul rapporto tra liberi e schiavi sul piano delle relazioni sessuali, vd., per es., Martin 1978; Kolendo 1981a; Garrido-Hory 1981 e 1997; Cervellera 1982; Dalla 1987, 15 ss.; Cantarella 1988, 130 ss. Sul noto passo di Petronio 75, 11 ed altri di simile tenore, cf. Schmeling 2011, 318 s. Di solito questi rapporti ancillari vedono il padrone svolgere il ruolo attivo, ma non sempre (o non più) è così: cf. Sen., *epist.* 47, 7 o Mart. 3, 71. In Marziale 7, 62 (cf. Galán Vioque 2002, 361) la sbandierata 'attività' del padrone è solo una facciata.
122 Si tratta di una relazione essenzialmente sessuale, ma vista qui come assai meno impegnativa sul piano fisico per le minori pretese del fanciullo (*nec queritur quod lateri parcas...*), notazione questa che andrà ricollegata all'idea molto diffusa della sostanziale indifferenza dell'ἐρώμενος nel rapporto sessuale (cf. Ov., *ars* 2, 683 s.; Obermayer 1998, 145–189; Habermehl 2006, 117 e 122 s.). Naturalmente il cenno in questo contesto costituisce una forte 'malignità' antifemminile, colpendo l'eccesso di *libido* della moglie romana di oggi (6, 53 s. e *passim*). Su *pusio* (= *puer delicatus*), vd. Richlin 1993, 53; Garrido Hory 1997, 312; Watson-Watson 2014, 86 s. *ad* 6, 34.
123 In letteratura e in filosofia si era impostata addirittura una questione su quale fosse il preferibile tra i 'due amori' (vd. Del Corno 1986, 18 ss. nell'*Introduzione* a Plutarco, *Amatorius*; Foucault 1984–5, 193–209; Cantarella 1988, 79 ss.; Degani 1991, 21 ss. a proposito di Ps.-Luciano, *Amores*; Foucault *ibid.*, 210–225). Sottile l'ironia in G. 6, 272, dove si oppongono come possibili fonti di simulata gelosia per la matrona da una parte i *pueri* e, dall'altra, le *fictae pelices* (i *pueri* sono senz'altro veri!). Per gli epicurei, trattandosi di dare sfogo all'istinto fisico, nessuna differenza c'è da fare tra *pueri* e *puellae* (cf. Lucr. 4, 1053 s., con Brown 1987, 194 s.; Hor., *sat.* 1, 2, 116–118 con Gigante 1993, 89 ss.).

spiegare altrove[124] che è stato un equivoco non piccolo quello di prendere alla lettera o, comunque, tendenzialmente sul serio quanto si afferma in quel passo e parlare senz'altro di una omosessualità di Giovenale[125], intendendo con questo termine una tendenza pederastica in senso specifico ('classico') che ad occhi moderni potrebbe sembrare una spiegazione assai comoda della misoginia sciorinata *ad abundantiam* nel testo della sat. 6[126].

È invece molto interessante che, al di là di quella battuta feroce[127], noi possiamo poi trovare testimoniata in Giovenale – quando egli parla in prima persona con atteggiamento di *Vox docens* sapienziale e non più con intenti sarcasticamente provocatori – una posizione molto differente (pressoché opposta) rispetto a quanto affermato in 6, 33–37, e questo in netto distacco da quanto si credeva e si praticava comunemente nella società romana contemporanea (almeno nelle cerchie più alte di essa, secondo MacMullen)[128].

---

124 Cf. Bellandi 1995, 18–20 e 112, *ad l.*, e 2003,11–16; vd. ora anche Watson-Watson 2014, 86 s.
125 Highet 1954, 269 n. 17 ed altri sulle sue orme.
126 A questo riguardo è stata più volte notata l'ambiguità del cenno di Mart. 12, 18, 22–23 alle grazie del *vilicus* (*quem tu secreta c u p i a s habere silva*), rivolto appunto a Giovenale dal ritiro spagnolo (cf. Watson-Watson 2003, 143–150; Kelly 2018, 169 ss.). Certo colpisce che in tutti e tre gli epigrammi indirizzati a Giovenale (7, 24 e 91; 12, 18) non manchino spunti sessuali piuttosto espliciti, se non pesanti, che sembrano coinvolgere il destinatario. Ma qui non si sta tentando di allestire un'interpretazione psicanalitica di Giovenale nella sua realtà biografica (e *per rumores*): di certo Marziale parla per sé (sulle evidenti e marcate preferenze pederastiche di Marziale, vd. Sullivan 1979, 293 s.; 1991, 207 ss.; Obermayer 1998, 18 ss., spec. 20–29; La Penna 2000, 75 ss., 115 ss.; Canobbio 2011 a, 413) o, comunque, dà per scontato e/o proietta negli altri il tipo di desiderio che lui stesso prova e che sa comunemente provato (particolarmente chiari in questo senso, per es., gli epigrammi 9, 25 o 10, 98, cf. 9, 22, 11 s.). Giovenale 11, 145 ss., di cui ci occuperemo fra poco, potrebbe anche costituire una 'risposta' a Marziale 10, 98, 7–10 (e, magari, proprio a 12, 18, al cui ambiguo *vilicus* 'risponde' l'operosa *vilica* di G. 11, 69).
127 Da non sottovalutare, evidentemente, il fatto che l'invito alla pederastia viene subito dopo quello al suicidio (30–33): cf. Bellandi 2003, 16 e n. 42.
128 Proprio la sat. 11 presenta nei vv. 176–178 una sardonica condanna di quella che appare ormai come un'affermata stratificazione sociale dell'etica: sembrano esistere due morali (cf. Veyne 1978–90, 172 ss.) che in qualche modo rispecchiano le differenze di censo tra *praedivites* e *divites*, da una parte, e *mediocres* e *pauperes*, dall'altra. Per G. l'*adulterium* è diffuso endemicamente tra i ricchi ed è considerato da/per loro *hilare nitidumque*, come lo è l'uso dell'avorio o il consumo dei cibi più rari e costosi. Qualcosa del genere vale anche per l'amore per i *pueri*: già a giudizio di Catone il Censore (Pol. 31, 25, 5 Büttner-Wobst da Ateneo 274 f) era scandaloso spendere 300 dracme per un vaso di pesce salato del Ponto come acquistare dei bei giovinetti al prezzo che si pagherebbe per un terreno... Avere di questi gusti sessuali è come preferire il caviale a cibi più semplici e sani e meno costosi (sull'accostamento di sesso ed eccessi gastronomici, cf. Veyne 1982–3, 39): adulterio e pederastia fanno parte quasi allo stesso titolo del *locus de divitiis...* Se l'omosessualità attiva può essere dichiarata 'naturale', non è però 'necessaria' (vd. quanto si dice a

4. Il tema omosessuale e il rapporto con la satira 2

Mi riferisco ad un passo della satira 11 (145–161) molto importante proprio per capire come – in fatto di pretesa 'normalità' dei rapporti pederastici – il vento stia ormai cambiando direzione e proprio Giovenale si faccia per noi testimone di questo cambiamento in corso. Qui il Satirico si occupa della servitù di giovane età che sarà impiegata da Giovenale 'padrone di casa' durante la cena modesta (ma non trascurata o sordida), cui è invitato Persico.

Di particolare rilievo sono i vv. 149 ss.:

Idem habitus cunctis, tonsi rectique capilli
atque hodie tantum propter convivia pexi. 150
Pastoris duri hic filius, ille bubulci.
Suspirat longo non visam tempore matrem
et casulam et notos tristis desiderat haedos
ingenui vultus puer ingenuique pudoris,
qualis esse decet quos ardens purpura vestit, 155
nec pupillares defert in balnea raucus
testiculos, nec vellendas iam praebuit alas,
crassa nec opposito pavidus tegit inguina guto.

Si potrà discutere del senso (poco perspicuo) dei vv. 156–158[129], ma 154–155 sono lapalissiani nel loro significato.

In questo passo la *Vox docens* afferma a chiare lettere la sua netta ripulsa della pederastia (intesa alla Romana come interesse sessuale 'attivo' per i *pueri*, qui nella loro funzione di *ministri* o inservienti del banchetto), che sa ben diffusa nella società-bene del suo tempo. Quel che qui è nuovo è la risoluta affermazione della necessità della salvaguardia di un *pudor ingenuus* anche per i *pueri*-schiavi, quando tutto il costume (e la legislazione) insistevano invece sulla necessità di distinguere in modo assolutamente rigoroso (a

---

proposito dell'amore per i fanciulli in Epicuro, *Men*. 132, dove i παῖδες vengono citati insieme con le γυναῖκες, ma prima di loro): l'indulgere alla pederastia può apparire un *supervacuum*, una manifestazione di *luxus*, una lasciva sofisticazione, cui si deve resistere come a qualsiasi altra tendenza o passione che può complicare e non semplificare la vita.

129 Courtney 2013², 449 s. *ad l.* ne esagera forse la difficoltà (anche se alcuni dettagli sono effettivamente poco chiari); vd. Bracci 2014, 165 ss. e Godwin 2016, 169 ss. A mio avviso, G. ci dice cosa il *puer* al suo servizio n o n è e cosa n o n deve essere: non è un fanciullo ancora impubere (*pupillares* = "ancora da *pupillus*" e non "depilati" come proposto da Gutiérrez González 2008) e già corrotto dall'uso sessuale estremo che se ne è fatto (secondo il tipo del *puer vetulus*, che, reso *raucus* dagli eccessi sessuali, ha perduto la sua voce 'bianca') ma non è, nemmeno, ormai pubere (quando si ha l'apparire dei peli alle ascelle e lo sviluppo dei genitali, cf. Mart. 11, 22, spec. v. 8, con Kay 1985, 118 ss.) e perciò timoroso di perdere il posto di 'favorito' del padrone (cf. Seneca, *epist.* 47, 7 e, più delicatamente, Catull. 61, 121 ss.).

proposito di liceità o meno della passività sessuale) tra *servi*, da una parte, e *pueri ingenui*, giovinetti nati liberi e protetti in tutti i modi (sia dal costume che dalla legge positiva), dall'altra[130].

Giovenale non ne fa più una questione di *status* sociale e giuridico (basata sulla differenza rigorosa tra *ingenui* e *servi*)[131], ma un fatto 'assoluto' (secondo le linee di una morale che comincia a farsi 'universalistica')[132]: come la sua scelta di sobrietà sul piano del comportamento generale dimostra nei fatti (nell'assunzione di cibo e nell'astensione da qualunque sfarzo negli arredi della dimora: cf. 11, 56–57), così Giovenale attesta il suo rifiuto della pederastia esercitata sugli schiavetti della sua casa, che han da essere e s o n o altrettanto *pudici* (= sessualmente *intacti*) degli *ingenui*... (una sorta di vero e proprio paradosso per la morale romana corrente).

In questa ripulsa della pederastia 'classica' esercitata sugli schiavi di proprietà – ripulsa che non è oggetto di una solenne dichiarazione, ma è affidata senza particolare risalto a pochi versi tra gli altri – c'è una grande novità per quel che riguarda l'atteggiamento antico verso l'omosessualità, novità che è passata piuttosto inosservata – mi pare – forse perché si è dato molto rilievo, invece, a 6, 33–37, passo che s e m b r a v a fare propria l'opinione contraria e corrente.

Rispetto a questi pochi versi defilati, la vistosa durezza dell'invettiva indignata della sat. 2 (comunemente ma impropriamente definita «la satira contro l'omosessualità»)[133] risulta molto più conforme alle tradizionali ve-

---

130 Quel che colpisce in questo passo non è la denuncia della deprecabile immoralità dei giovinetti liberi e 'di buona famiglia' (*ingenui* e *praetextati*: cf. 1, 78 o 2, 170), ma – al contrario – l'invito dato con il proprio *exemplum* alla salvaguardia della *pudicitia* degli schiavetti (che si considerava, invece, del tutto 'normale' usare a scopo sessuale; vd. la bibl. cit. in n. 121): per G. la *pudicitia* non è più prerogativa dei ragazzi nati liberi. La ripetizione nel v. 154 del termine-chiave i n g e n u i è volutamente ed efficacemente enfatica (Facchini Tosi 2006, 195; Godwin 2016, 170 s.) e questo rende inopportuna la proposta di Nisbet 1999 di correggere la seconda parte del verso in i n g e n i t i que *pudoris*. Sul complesso valore non solo giuridico, ma morale di *ingenuus/ingenuitas*, vd. Agnati 2000.

131 Del tutto esplicita la dichiarazione di 'morale' di Plaut., *Curc.* 35–38: bisogna astenersi da mogli e donne di buona famiglia e – per quel che riguarda i maschi – da *iuventute et pueris* l i b e r i s...; per il resto, *ama quidlubet* (cf. Williams 1999–2010, 108 e 354 n. 21). Si aveva via totalmente libera con i propri schiavi (non con quelli degli altri, ma solo per un problema di diritto di proprietà); vd., al riguardo, la protesta controcorrente di Musonio Rufo in 66, 3 ss. Hense. Da considerare le virtuose dichiarazioni di Gaio Gracco in Gell. 15, 12: egli si astiene dal molestare sessualmente i giovani liberi e anche i *servuli* altrui (si tace su quel che si fa con i propri).

132 Veyne 1978–90, 186 ss.

133 È vero che (come dicono Konstan 1993 e Nappa 1998, contrari a una lettura in chiave di fuorviante semplificazione) la sat. 2 non si occupa partitamente del tema dell'omosessualità – e come potrebbe, del resto, se quel che noi occidentali moderni chiamiamo 'omosessualità' non esisteva in questi termini nel mondo classico (vd.

dute vigenti all'interno del sistema di pensiero romano in materia di sessualità (anche se, come vedremo, qualche segnale interessante di novità si rinviene anche in questa stessa composizione).

Nella sat. 2, infatti, l'Io parlante si configura come latore di una estrema e durissima condanna dell'omosessualità passiva (*muliebria pati*) dell'adulto libero[134], quando questi sia cittadino e, soprattutto, ricco e in posizione di potere, quando, cioè, faccia parte dei *proceres* (2, 121; cf. 58–60; 65 ss.; 109 ss.; 117 ss.; 129: *clarus genere atque opibus vir*; 145–148)[135]. Tale condanna si concentra con tratti ferocemente sarcastici su questo particolare aspetto del comportamento omosessuale (che è solo uno dei possibili comportamenti omosessuali) e, in fondo, culturalmente costituisce un assoluto luogo comune: sarebbe facile elencare una sfilza nutrita di passi che esibiscono la «beffa del cinedo» (ovvero dell'adulto – 'fuori età': non più *puer* – che si faccia penetrare da altri maschi o che solo lasci adito a un sospetto in questa direzione)[136]. I tentativi di interpretazione in chiave di 'wishful thinking' o

---

sopra, p. 32 e n. 115)? –, ma certo essa usa in tono fortemente aggressivo il tema più specifico della passività sessuale del maschio adulto di condizione libera (la cui condanna è data per assolutamente scontata) e lo fa all'interno di un articolato discorso relativo ai ruoli sociali (e sessuali) da rispettare (cf. sotto, n. 135) e nel più ampio contesto di una situazione di «decline of power». Ha sviluppato questi temi Nappa 2018 (spec. 93 ss.; 167 ss.).

134 Come si sa, vige a Roma un rigido «double standard» (Williams 1999–2010, 200 ss.) a proposito del giudizio sul comportamento omosessuale: solo per fare qualche es. ben noto e assolutamente chiaro in materia, vd. il caso di Catullo (appassionato pederasta attivo con Giovenzio e, insieme, sbeffeggiatore dell'adulto passivo Vibennio nel c. 33; vd. anche sotto, nn. 150 e 151) o – particolarmente significativo per G. – quello di Marziale, accanito pederasta (vd. sopra, n. 126), in cui la «beffa del cinedo» è continua (Obermayer 1998, 232–254).

135 Ai *proceres* non è certo lecito *subigi* ('roba' da schiavi [Dalla 1987, 15 s.] e, ovviamente, da donne, *pati natae*, cf. Seneca, *epist*. 95, 21). Secondo il pensiero rigidamente gerachico di G. (Reekmans 1971), quanto più si è collocati in alto nella scala sociale, tanto più si è tenuti al rispetto degli 'standards' di comportamento tradizionalmente attribuiti al proprio 'status' e all'esecuzione dei relativi doveri sociali, visto che in una morale basata sul sistema degli *exempla* (2, 65 ss., 78–81; sat. 14 nel suo complesso) è soprattutto verso l'alto della scala sociale che si guarda per ricavarne criteri di comportamento (6, 617: *quae non faciet quod principis uxor?*; 8, 25 ss., 138 ss., 209 s.). Del resto la morale sessuale antica è ufficialmente regolata sul sistema degli 'status' (Veyne 1978–90, 175, 186 s.) e la legge vi si conforma, se a determinati comportamenti sono tenuti esclusivamente i rappresentanti di *uterque ordo* (e le loro *matronae* e *virgines*) e per lo stesso reato si comminano pene diverse a seconda dello 'status' sociale del colpevole (Garnsey 1970). Si pensi solo al trattamento che le *leges Iuliae* riservavano agli adùlteri di basso stato (essi soli giustiziabili sul posto).

136 Cf. Richlin 1983–92, 220 ss.; 1993, 541 ss. (su G. *sat*. 2); Edwards 1993, 63–73; Obermayer 1998, 232–254; Williams 1999–2010, 191 ss. È interessante che la sat. 2 non insista troppo sul lato espressamente sessuale del comportamento in questione, sebbene, naturalmente, non manchino cenni – sia inequivoci che solo allusivi – in

'politically correct' che hanno cercato di contrapporre a questo dato di fatto una visione del mondo antico (prima del III–IV sec. d.C.) come età di lodevole tolleranza dei comportamenti considerati devianti e peccaminosi nelle età successive (e, in fondo, sino a solo pochi decenni fa)[137], vanno a cozzare contro una tale massa di testimonianze in senso opposto che difficilmente si potrà mettere in discussione l'interpretazione più diffusa (e meno gradevole ad un palato 'progressista')[138]. La sat. 2 si immette con tono particolarmente arrabbiato su questa linea assolutamente tradizionale di valutazione. Ma passa spesso inosservato che – a parte il cenno di 2, 50 sul *morbus uterque*, sulla cui interpretazione si è discusso e si discute[139] – nel finale della satira la condanna dei rapporti omosessuali (fin qui limitata alla passività sessua-

---

questo senso (ma forse meno numerosi e ampli di quel che ci si potrebbe aspettare): 12–13; 50–51; 95; 118; 165. È sull'*effeminatio* (gesti, *incessus*, trucco, vesti, ecc.) che cade l'attenzione maggiore, non solo perché essa è ritenuta prodromica alla passività sessuale vera e propria (82 s.), ma perché in fin dei conti non importa nemmeno poi troppo se all'*effeminatio* (come turbativa del 'gender role', che impone la rigorosa 'mascolinità' esteriore e simbolica del maschio) segua oppure no il (ritenuto) consequenziale 'sexual behaviour': quel che si legge in Gellio 3, 5 è molto chiaro in materia. Per la portata simbolica del 'mascolino' come valore da preservare ad ogni costo ed essenziale per una civiltà di conquistatori (la *rusticorum mascula militum proles* di Hor., *carm*. 3, 6, 37 s.), cf. Cantarella 1988, 130; Richlin 1993, 553 e vd. l'importanza della terminologia e delle metafore di ambito militare in sat. 2 (messe in rilievo nel loro potenziale antifrastico a partire da Anderson 1957–82, 209 ss.). Su queste tematiche, ci sono ormai lavori a vario titolo interessanti (Gleason 1990 e 1995; Walters 1997; 1998a e b; Rosen-Sluiter 2003; McDonnell 2006, ecc.).
137 Per alcuni esempi di lettura 'politically correct' delle satire 2 e 9 (e anche di 6), vd. sopra, n. 4. Ma è impossibile non riconoscere la carica profondamente omofobica (si direbbe oggi: Richlin 1993, 530, 541 ss.) delle satire 2 e 9 (vd. Konstan 1993; Nappa 1998, 98).
138 Spesso discutibile (cf. sotto, n. 158), sempre stimolante, Veyne 1978–90, 162 rileva che «ci si faceva beffe del cinedo, ma non lo si metteva al rogo», come avverrà nel IV o V sec. d. C. (cf. sotto, n. 156). L'«orrore» del cinedo (non più figura ridicola) nasce dai testi giudaici (Veyne *ibid*., 197 n. 6; Dalla 1987, 32, 142 ss.).
139 Il verso in questione suona: *Hispo subit iuvenes et morbo pallet utroque*. Secondo gli ultimi commentatori del passo (Monti 1978, 170 s.; Courtney 2013², 108 ; Braund 1996, 133 s.) si tratta di un'allusione alla pratica di *pati* e *inferre stuprum* (πάσχειν e πράττειν), di essere, cioè, ora *pathicus*, ora *pedicator* (per i termini greci, cf. Giannuzzi 2007, 312 s., 387 ss., in part. 389 s., 470 *ad* Strat., *epp*. LI, LXXVI, XCIX e Floridi 2007, 284 s. a *epp*. 51–52). Si alluderebbe, insomma, al cosiddetto *commercium mutui stupri* (Svet., *Cal*. 36, 1; cf. *Otho* 2, 2 sulla *consuetudo mutui stupri* tra Nerone e Otone; Sen., *epist*. 99, 13 *mutuo inpudici*; Hist. Aug., *Heliog*. 5, 1). In questa esegesi è *morbus* anche l'atto penetrativo. Secondo una diversa interpretazione, però, non si attribuisce qui a *Hispo* un'alternanza nel ruolo passivo e attivo, bensì una duplice passività (vd., per es., Nappa 1998, 99: «Hispo is passive both orally and anally»); così anche Winkler 1983, 87 s. e 133 n. 27; Richlin 1993, 552. Questa seconda interpretazione sembra a prima vista più adeguata al contesto incentrato sulla *effeminatio* e la passività dei *proceres*, ma il finale della satira, con la sua condanna anche del tribuno 'attivo', lascia dei dubbi (vd. sotto).

le del maschio adulto libero e 'upper class') si allarga improvvisamente e coinvolge tutti e due i membri anche di una coppia omosessuale sin qui considerata, invece, 'accettabile': per la chiusa della sua satira 2 (162–170), infatti, G. sceglie di dare gran risalto alla condanna di una relazione *amator/ ephebus*[140]. Per G. i due soggetti interessati sono entrambi colpevoli: tanto l'*amator* adulto che seduce il giovinetto, quanto l'*ephebus mollior* che si lascia sedurre e che, al suo ritorno in patria, sarà tramite della *contagio* che infetterà la sua nativa (e sin lì sana) Armenia[141]. All'interno della rappresentazione di un mondo sentito come in tragica deriva, la condanna espressa dal finale di 2 è rivolta proprio al tipo 'classico' di rapporto pederastico (tra adulto e minore d'età) tradizionalmente visto – a determinate condizioni (soprattutto di 'status') – con indulgenza, se non con favore[142]. Il finale della sat. 2 anticipa così clamorosamente 11, 149 ss. e conferma che agli occhi di G. la pederastia non è più tollerabile. Stupisce un poco che questo sia affermato (in gran rilievo: nel risalto del finale) in una satira che non sembrava affatto svolgere questo argomento: la condanna della *effeminatio* e/o passività dell'adulto libero – centrale nel corpo della composizione – non è la stessa cosa della condanna del rapporto pederastico classico esercitato da un *amator* 'attivo' su un *ephebus*. Con G., dunque, siamo ad una condanna

---

140 Il *tribunus* agisce da *amator/corruptor* dell'*ephebus* (cf. 10, 304–309, con Campana 2004, 315 ss.). *Ephebus* non ha qui valore molto diverso da *puer* (cf. *pueris* in 2, 168 e vd. Petr. 85, 3 e 5, con Habermehl 2006, 100). Del tutto fuori strada Winkler 1983, 106, che nella coppia *tribunus/ephebus* vede il tribuno svolgere il ruolo di 'passivo' e il *cunctis... mollior ephebis* Zalace il ruolo 'attivo'.

141 Zalace è un non-cittadino (venuto *puer* a Roma in qualità di *obses*) ed è evidentemente (molto) più giovane rispetto al *tribunus*: dunque parametri di età e di 'status' e, conseguentemente, di ruolo sessuale da esercitare all'interno del rapporto pederastico sono rispettati (anche se qui – a sfavore del tribuno – forse entra in gioco la categoria dell'abuso di potere da parte di un superiore in contesto militare, cf. Dalla 1987, 57–62 e 73–78). In quanto *mollis* (particolarmente *mollis*: cf. *cunctis mollior ephebis*) Zalace si concede (*sese indulsisse*) al militare romano (non si tratta, dunque, di *stuprum* con violenza). Eppure la condanna del Satirico verso e n t r a m b i i partners è evidente: l'*amator* attivo romano (il *tribunus ardens*, 165) è detto qui contaminare di un *morbus* l'ostaggio armeno che, così, porterà nella sua patria il bacillo della malattia, di cui già soffrono i *praetextati* romani (170, cf. gli spudorati di 11, 155: *quos ardens purpura vestit*). Su *morbus uterque*, vd. sopra, n. 139. Il rapporto pederastico condotto secondo parametri tradizionali non si salva più dalla riprovazione (in nessuno dei membri della coppia).

142 La passività del *puer* non è considerata 'problematica', naturalmente nel caso siano rispettati i parametri socialmente stabiliti (di età e di *status*), cosa che con i *praetextati* – giovinetti l i b e r i la cui *pudicitia* a Roma va rigorosamente preservata – non avviene. Sul passaggio del *puer* (prima in qualche modo assimilato a una donna: il *puer membris muliebribus* di Lucr. 4, 1053) alla nuova fase dell''attività' sessuale, vd. le osservazioni di Cantarella 1988, 272 ss. (sulle possibili turbe legate alla «necessità di passare, a un certo momento della vita, dalla parte di oggetto desiderato a quella di soggetto desiderante») e Richlin 1993, 533 s.

'tout court' di quello che noi chiamiamo comportamento omosessuale, senza più alcuna distinzione a favore del partner 'attivo', il cui agire era sin qui considerato 'normale' o accettabile (proprio se inserito in un rapporto dichiaratamente 'asimmetrico')[143].

Venendo ora alla nostra satira, quel che cambia in 9 rispetto a 2 è di certo l'atteggiamento dell'Autore che – scegliendo una forma dialogica del tipo che abbiamo visto e creando un Interlocutore defilato e ridotto al ruolo di 'spalla' ironica – rinuncia del tutto alla primitiva *indignatio*, a quel tono autoritariamente aggressivo che gli era consueto nella condanna del 'vizio'[144]. Ma se cambia il tono dell'enunciazione la condanna rimane, però, assolutamente la stessa che in 2 (solo espressa in altri modi) e riguarda un caso di comportamento sessuale (la passività di un uomo dell'alta società) che per il Romano 'medio' del tempo sarebbe stato passibile della stessa riprovazione esibita nel corpo di 2. Tale fattispecie di comportamento sessuale era pure sanzionata dal diritto: esisteva almeno dal III o II sec. a. C. una legge che non puniva l'omosessualità in sé (o in genere), ma determinati comportamenti omosessuali, attivi (se esercitati su giovinetti liberi) e passivi (se subiti da parte di adulti liberi). Anche se in dettaglio non ne sappiamo molto, la punizione della *Lex Sca*(*n*)*tinia* riguardava sicuramente anche il passivo: proprio Giovenale ce ne dà la certezza in 2, 44 attraverso le parole di Laronia, che ne lamenta la scarsa applicazione contro i *molles* del v. 47 (che, a loro volta, invocano a gran voce contro le donne la *Lex Iulia* contro l'adulterio). Probabilmente proprio per questo motivo (la sua scarsa incidenza, forse il suo essere addirittura caduta in disuso: Cloud 1989, 55) di questa legge non si parla a proposito di Virrone, sui cui timori di essere 'scoperto', pure, Nevolo si intrattiene con toni drammatici in 93–101: non è dei rigori della legge che il patrono si preoccupa, ma solo del suo "buon nome" (*fama*, 86;

---

143 Per Filone, *vit. cont.* 7, 59 (che pensa a Platone e al suo *Simposio*) la differenza d'età tra i due partners è, per così dire, costitutiva nel rapporto pederastico (Dalla 1987, 31 s.). Sulla diversa valutazione dei cosiddetti rapporti simmetrici e asimmetrici, vd. sotto, n. 152: a differenza che nel nostro tempo – almeno in Occidente, dove adulti consenzienti sono, per lo più, ritenuti liberi di agire sessualmente come vogliono – per gli antichi (o parte almeno di essi: MacMullen 1982) era proprio l'asimmetria di età che rendeva accettabile il rapporto pederastico (diversa in Grecia e a Roma, poi, la sensibilità per lo 'status sociale' del partner, vd. sopra p. 32 e n. 117).

144 Con la scomparsa della *Vox docens*, che assegnava esplicitamente e duramente le valutazioni, e con il 'trasferimento' a Nevolo dell'*indignatio*, il lettore deve orientarsi da solo per costituirsi la sua opinione morale. Ma non per questo, a mio avviso, è difficile capire quale sia il messaggio che l'autore ci vuol comunicare (vd. sopra, n. 65): esso è forse nichilistico (Nappa 2018, 191: «a kind of nihilism»), ma non così ambiguo da rendere impossibile «to decide where the 'meaning' of satirical poetry actually resides» (come vorrebbe Rosen 2007, 218 e ss.). Il messaggio non è molto diverso (e non molto più complesso) di quello espresso nella celebre sentenza programmatica di 1, 149 (*omne in praecipiti vitium stetit*).

4. Il tema omosessuale e il rapporto con la satira 2

cf. *rumoribus*, 111), pronto – secondo Nevolo (95 ss.) – ad arrivare fino al delitto pur di difendersi dalle dicerie maligne della gente[145].

Immancabilmente nella critica su questa satira si affaccia ad un certo momento il problema di quale dei due partners della coppia omosessuale di cui si parla (Nevolo e Virrone) sia per l'autore[146] il più colpevole o anche solo il più disgustoso... Le opinioni divergono, anche se per lo più si riconosce che sia Virrone l'oggetto della maggior riprovazione del Satirico[147]. C'è del vero

---

145 Sulla *lex Sca(n)tinia*, vd. almeno Monti 1978, 167 (ad 2, 43–44); Dalla 1987, 82 ss.; Cantarella 1988, 141–152; Fantham 1991, 285–289; Lilja 1983, 112–121; Richlin 1993, 554 ss.; Williams 1999–2010, 130–136, 214. Le testimonianze relative al periodo tra I e II sec. d.C. sono costituite da Quintiliano 4, 2, 69 (Cantarella 1988, 151; ma vd. le riserve di Grelle 1980, 352 n. 40 e di Richlin 1993, 565 e n. 99) e, sicuramente, da Giovenale e Svetonio. Marziale, stranamente, non ne parla, nemmeno in quel VI libro, dove esalta (più o meno sinceramente) le leggi 'moralizzatrici' del *princeps pudicus* contro l'adulterio e anche contro la castrazione/prostituzione degli *infanti maschi* (Grelle 1980, 341, 344 s., 347). Sembra che la legge punisse con una multa (10.000 HS?) lo *stuprum* (anche solo *adtemptatum*) sugli *ingenui* e l'*impudicitia* (= passività) dell'adulto di nascita libera *qui pedicaretur*. La testimonianza di Svetonio (*Dom.* 8: *quosdam ex utroque ordine condemnavit*), pur non dicendoci nulla di specifico sui comportamenti sanzionati dalla legge in questione, attesta: 1) che sotto Domiziano la legge trovò qualche applicazione (*quosdam*); 2) che – com'era da aspettarsi (vd n. 135) – il suo campo di applicazione riguardò le classi elevate della società (*uterque ordo*). Forse dopo questo 'exploit' sotto Domiziano, la legge – come dice Laronia (2, 43 s.) – cadde in dimenticanza sotto Traiano (sui cui gusti sessuali, vd. Boswell 1980–9, 101 e 105) e sotto Adriano che, com'è ben noto, addirittura divinizzò nel 130 d.C. il suo amasio Antinoo (Williams 1999–2010, 64–66).

146 L'Interlocutore sembra manifestare un'accondiscendenza benevola (che si usa definire ironica) per Nevolo e un corretto distacco nei confronti di Virrone (90 s.), verso il quale emette un primo 'verdetto' di colpevolezza presunta (provvisorio: *contra tamen ille quid adfert*?), senza uscire, però, in alcuna parola di aperta o particolare durezza. Si noti che in 90 s. l'aseticità dell'Interlocutore è massima: egli parla come se tra i due ex-partners fosse in corso una sorta di vertenza sindacale da esaminare e approfondire.

147 Per lo più si sostiene che – dovendo proprio fare una classifica di colpevolezza e disgusti – G. sia meno duro con Nevolo che con Virrone (Highet 1954, 119 ss.: «poor Naevolus» di contro a «a much more sinister figure... a disgusting monster»; Ferguson 1987, 161: «deeper contempt for Virro»; Tennant 2003, 125, 128; Rosen 2007, 235 ss.): traluce alla base il concetto che 'almeno' Nevolo è attivo, Virrone invece disgustosamente passivo... Si giunge addirittura a posizioni come quella di Winkler 1983, 107 e 211 (cf. 94 s.), secondo il quale Nevolo sarebbe visto con qualche tolleranza (*venia*: cf. 2, 15 ss.) perché *simplex* (cf. 2, 18) e non ipocrita, come è invece Virrone (9, 93 ss.; cf. anche Tennant *ibid.*, 124). Veramente – a questo riguardo – il *furor* (come attenuante) pertiene semmai a Virrone (v. 49) e non a Nevolo, che fa quel che fa esclusivamente per denaro (vd. sotto, n. 152). I motivi di quella che Green 1988, 179 chiama efficacemente una «uneasy sympathy» di G. per Nevolo stanno altrove: Nevolo è pur sempre «a lowly dependent» e non «a noble exploiter» come Virrone (Ferguson 1987, 161; cf. Winkler 1983, 128 sulla «sexual exploitation...

in questo, ma bisogna anche riconoscere che nella condanna – magari più accentuata – nei confronti di Virrone non c'è nulla di nuovo rispetto a quanto detto in sat. 2: Virrone è appunto un rappresentante di quella categoria di *proceres*, vergognosamente dediti alla passività sessuale, che era presa duramente di mira nella precedente composizione. Quel che è più interessante è il trattamento che in 9 subisce il personaggio di Nevolo, perché questi è il compiuto rappresentante di quella morale del «double standard» sin qui corrente nella società romana, che ora – a quanto pare – si avvia ad entrare in crisi.

Per Nevolo *futuere* e/o *pedicare* (esercitare il ruolo 'attivo' indifferentemente dal sesso dell'oggetto prescelto: 22–26, 128) è quello che fa di un maschio un *bene mas* o un *verus vir*[148]. Per lui la linea di 'rispettabilità' non passa per il tipo di oggetto sessuale prediletto (donna o uomo), ma per l'esercizio o meno del ruolo sessuale 'attivo'[149]. È questo che spiega il disprezzo implicito (ed esplicito) che Nevolo prova per i *parum viri* come Virrone (46 s.), che pure ha sfruttato e vorrebbe ancora sfruttare, e per il Gallo suo amico (62)[150].

Ma – e qui sta il punto – l'autore di 9 (non l'Interlocutore) – anche grazie alla scelta della rappresentazione dialogica 'pura' – sta sgretolando proprio

---

suffered by Naevolus»); vd anche sotto, n. 155. Isolata e poco convincente Braund 1988, 135 ss., secondo la quale G. (che per lei s'identifica senz'altro con l'Interlocutore) aggraverebbe la rappresentazione di Nevolo, presentandocelo come avido, rozzo, invidioso, geloso, irrispettoso (a p. 139 si arriva a dire che non possiamo simpatizzare con Nevolo perché non è abbastanza «respectful» nei confronti di Virrone, che in fondo è il suo patrono!).

148 Nevolo preferisce (od ostenta di preferire) le *puellae* (128); ma da 46 s. è facile capire che egli trova sessualmente attraenti – con tutta tranquillità – anche i *teneri* e *pulchri pueri* alla Ganimede. In questo non c'è nulla di inusuale: Nevolo è pienamente legato all'asimmetria della doppia morale, 'vigente' a Roma. Ma quel che fa di Nevolo un esemplare veramente notevole della 'priapica' virilità alla romana (come ci insegna il Catullo di 16, 13, che deve rispondere all'accusa di essere *male... mas*, cf. 4: *parum pudicus*) è che egli è uno capace di sottoporre a energico trattamento sessuale anche i *mali pueri* (cf. l'Aurelio di Catull. 15, 10 e il Catullo stesso di 16, 1–2 e 13–14 e vd. Petr. 140, 5): e questo lo dimostra proprio la sua relazione con Virrone (che *puer bonus* o *pulcher* certo non è: 46 s.). Il culmine iperbolico di questo atteggiamento si trova in *Priap.* 76 (con Callebat 2012, 295).
149 È quello che Williams 1999–2010, 18 chiama il «Priapic model» (del tutto evidente nei *Priapea*: si pensi solo a *carm.* 13 e 74 e, soprattutto, a 38, 3); ma vd. già Veyne 1978–90, 180 s. Nevolo è molto orgoglioso del suo 'super-pene' (34; 43 s., cf. Mart. 2, 51, 4 *nimio pene superbus*), anche se economicamente non ne ricava granché.
150 In questo Nevolo non è molto diverso da Catullo, che ama il bel Giovenzio e si sdilinquisce per lui non diversamente che per Lesbia (c. 48, cf. 5 e 7), ma disprezza acremente il cinedo Thallo (25) o le *nates pilosas* di Vibennio (33) o le più che sospette pratiche orali di Gellio (80) e aggredisce con disprezzo il *pathicus Naso* in 112. Su questi carmi di Catullo, vd. Arkins 1982, Campana 2012 e, ora, Fo 2018 (*ad ll.*).

questa posizione 'culturale' prevalente nella società, almeno fino ad allora. La condanna di Giovenale è per tutti e due i membri della coppia omosessuale: per il passivo Virrone (come sempre è stato in Grecia e a Roma), ma anche per l'attivo Nevolo (che, invece, crede di essere – secondo l'antica ottica – un *bene mas*)[151]. Se, come abbiamo visto, con G. si comincia a condannare anche l'omosessualità attiva sui giovinetti schiavi o, comunque, non-cittadini (11, 154 s.; 2, 162–170), a maggior ragione egli condanna quella esercitata su/tra adulti e liberi[152]. In realtà, proprio come nella sat. 5, i due partners sono *compares* e ciascuno è degno dell'altro (*tali dignus amico*: 5, 173) ed è dunque difficile fare una graduatoria nel disgusto che l'autore prova e che vuole comunicare al pubblico dei suoi lettori.

La satira non fa distinzioni di sostanza nel marcio che rappresenta; tuttavia il 'passivo' Virrone ha maggiori responsabilità in quanto appartenente alla 'upper class' (ai *proceres*, cf. 2, 121; 129). In quanto tale, egli sarebbe tenuto a un più rigoroso rispetto degli obblighi socio-morali[153]. Può anche darsi che la passività sessuale sia particolarmente repulsiva per G. (2, 78 ss.:

---

151 Per Nevolo il *morbosus* è Virrone, non certo lui (49), che si sente *sanus*... Nevolo, infatti, non è *moechocinaedus* (effeminato e passivo con gli uomini, virilmente attivo con le donne, cf. fr. O, 20 ss.) e non indulge al *commercium mutui stupri* (sopra, n. 139), quella pratica che fa di Cesare e Mamurra due *morbosi pariter* (Catull. 57, 6, con Fo 2018, 679 s.). Nevolo sembra presupporre come un dato di fatto scontato che la gente si beffi di Virrone passivo e non di lui attivo, ma attraverso l'ironia gelida dell'Interlocutore non si distingue più tra i due ruoli e li si condanna entrambi.

152 Quello che fa particolarmente scandalo nella sat. 9 – al contrario che per 'noi' – è proprio il rapporto tra due adulti (la relazione «simmetrica» di Vattuone 2004, 155 ss.), in cui, da una parte, abbiamo che chi sottostà al ruolo passivo è non un *puer tener et pulcher* (come si riteneva comunemente che 'dovesse' essere), ma un attempato e poco avvenente signore della buona società e, dall'altra, chi esercita il ruolo attivo lo fa non su un suo sottoposto socialmente (uno schiavo o un liberto, come imporrebbe la regola degli 'status'), ma sul suo patrono (sovraordinato), con duplice infrazione del πρέπον sociale. Sottomettere un avvenente schiavetto (di proprietà, non altrui) è concesso dalla legge e dal costume (Petr. 75, 11), sottomettere il proprio patrono ha qualcosa di eversivo, anche se è lui a volerlo e a chiederlo e l'ottiene con il denaro. Naturalmente non va dimenticato in tutto questo il ruolo disonorante che svolge il denaro: per Cic., *off.* 1, 150 già è disdicevole qualunque prestazione d'opera in cambio di un salario e, dunque, uno come Nevolo, che *corpore quaestum facit* e 'affitta' la sua *opera* (sessuale) come un *mercennarius*, è persona assolutamente spregevole.

153 Cf. sopra, n. 135. Certamente Virrone è *opibus clarus* (cf. 54 ss., 100), ma non possiamo dire se è anche – come il Gracco di 2, 129 – *clarus genere* (probabilmente no). Obermayer 1998, 210 s. si appoggiava su *Priap.* 25, 5 (*nobiles cinaedi*) per fare di Virrone un «aristokratischer Pathicus» e sulla *nobilitas* (in senso proprio) di Virrone insiste Tennant 2003 (anche per collegare più strettamente la sat. 9 con la satira 8, immediatamente precedente), ma Nevolo non accenna al tema in alcun modo, mentre batte e ribatte sulla ricchezza del patrono, che ne fa di certo un rappresentante della 'upper class', non necessariamente un *nobilis* o, addirittura, un *patricius* come Gracco.

contagio labem... scabie et porrigine)[154], ma quel che rende particolarmente colpevole Virrone è senz'altro il suo venir meno agli obblighi connessi al ruolo sociale che riveste[155].

Siamo con Giovenale agli inizi di quel II sec. d. C. che – dopo Adriano – vedrà l'inizio di un deciso cambiamento nella percezione e valutazione sociale delle pratiche sessuali[156]: la condanna dell'omosessualità anche attiva, di cui ci siamo occupati, si accompagna a (ed è parte di) una vistosa serie di mutamenti nella concezione della sessualità 'generale' con il diffondersi di una diffidenza (anche di origine medica) sempre più forte verso una concezione libera dei rapporti sessuali, con il concomitante affermarsi del mito della coppia coniugale e di una concezione prettamente procreativa degli ἀφροδίσια. Questa nuova morale non è un portato del cristianesimo, ma (come indicava Veyne) il prodotto di uno sviluppo interno al mondo tardo-pagano (e fondamentalmente di matrice stoica): essa trova in Giovenale, portatore di un moralismo diatribico per lo più stoicheggiante (con radici in Seneca, Musonio Rufo, Persio, e un parallelo in Epitteto)[157], uno dei primi

---

154 In 2, 78 s. è evidente il disgusto nell'uso stesso della similitudine (parodica di Virgilio: Martyn 1970; Braund 1996, 144 s.) per cui la *effeminatio* è accostata alla *scabies/porrigo porci* (ma l'idea viene verisimilmente da Mart. 4, 48, 3: *obscenae pruriginis* e 6, 37, 4: *scabie*, cf. 3 *prurit*). Sugli sviluppi di questo campo tematico e di immagini in Ausonio, a partire anche da Marziale e Giovenale, vd. Mattiacci 2011 (sullo scabbioso di *ep*. 115 Green).

155 Così nella sat. 7 – se anche nella contrapposizione tra *divites avari* e intellettuali/insegnanti questi ultimi non si possono definire integralmente 'senza colpa' (cf. sopra, p. 4 e n. 15) – la responsabilità maggiore è senz'altro quella dei ricchi signori, che dovrebbero agire da responsabile classe dirigente e non lo fanno (tema-chiave delle satire 2, 4, 8), cf. Bellandi 2008b e 2018, 421 ss. Nella sat. 9 le due linee tematiche di 1, 3, 5, 7 e di 2, 4, 8 si intrecciano producendo una sorta di 'climax' (Cecchin 1982; Tennant 2003).

156 Cf. Veyne 1978–90, 176; Boswell 1980–9, 93 ss.; MacMullen 1982, 502 («the turning point seems to lie in the death of Hadrian»); Williams 1999–2010, 64–66; Frier 1999, 6. Sulla svolta duramente repressiva a partire dal III–IV sec. d. C. (pene severissime, fino al rogo, per i 'sodomiti' sia attivi che passivi), cf. Dalla 1987, 135 ss.; Cantarella 1988, 221 ss., 224 ss.

157 Sulla scia degli studi di Veyne (vd. n. 158) e di Foucault (da ultimo 1984–5, 103 ss.), Rousselle 1983–5 ha rilevato l'espandersi di una concezione di 'sospetto' (su base più o meno medica) verso le pratiche sessuali di per sé, con relativa crescente esaltazione del 'moderato' eros matrimoniale, inteso come soltanto o essenzialmente procreativo. Sulla valorizzazione della coppia matrimoniale nell'ambito dello stoicismo imperiale (Musonio, Ierocle, ecc.), ma anche in Plutarco, vd. Bellandi 2003, 31 ss. (con bibl.). Sullo 'stoicismo' di G., preso molto sul serio da Ramelli 2008, 2211 ss., vd. Hellegouarc'h 1993, che – più credibilmente – parla di uno stoicismo «à l'epoque... dans l'air» e di un G. «stoicien sans le savoir» (sullo scarso spessore della 'filosofia' di G., vd. anche Gill 2003; Campana 2004, 39–44; Mayer 2005–7, 146 ss.; Bellandi 2011a, 178 ss. sul Satirico come un «orecchiante di filosofia»; Bartsch 2012, 235–238).

testimoni. Non aveva torto Veyne a prendere il nostro Satirico come l'esempio antonomastico del «plebeismo puritano», di quel «conservatorismo plebeo»[158] che sta per affermarsi – grazie anche a quella sorta di «epidemia moralizzatrice» che fu il Cristianesimo – dopo un'età come il I a. C./I d. C., in cui la libertà dei costumi si era certamente espansa, anche senza raggiungere (come è stato detto, di certo esagerando) livelli da età dei Lumi.

---

158 Veyne 1978–90 a, 161 ss., 192 (riserve in Brown 1988–92, 18). Ancora qui (Veyne a p. 190 ss.) si trova la definizione del Cristianesimo citata nel testo. Nonostante il tono talora apodittico e qualche formulazione senz'altro esagerata al fine di 'épater les bourgeois', lo storico francese non mi sembra meritare la vera e propria 'invettiva' che gli dedica Gramaglia 1988, 20 s.

Testo e traduzione

Premessa al testo

Alcune delle *Vitae* antiche – per quanto in sé di valore assai discutibile (Brugnoli 1963) – attestano per G. almeno una fase di grande successo in vita, parlando di *recitationes* affollate di pubblico (*magna frequentia magnoque successu bis ac ter auditus est*), ma poi, per i primi due secoli circa dopo la morte, le sue composizioni satiriche non sembrano aver goduto di molta fortuna[1]. Può darsi che ciò sia dovuto, in parte almeno, alla scarsa congenialità di testi del genere con la temperie culturale impostata dal movimento filoarcaizzante del II sec. (ma vd. la possibile allusione di Frontone, cf. *ad* 9, 100, *annona veneni*). Nella seconda metà del secolo, comunque, G. sembra senz'altro noto a Luciano, che mostra di conoscere le satire sul tema della clientela e, fra esse, anche la nona[2]. Tertulliano potrebbe aver desunto da G. qualche spunto sul tema della decadenza morale del mondo pagano (vd. *ad* 9, 24, *prostat*) e, in particolare, sulla degenerazione del costume femminile, ma i contatti finora rintracciati sono alquanto generici e, in definitiva, assai poco stringenti[3]. Una conoscenza sicura di Giovenale sembra riaffiorare solo agli inizi del IV sec., con una citazione dal finale della sat. 10 (365–366), nel cristiano Lattanzio (*inst.* 3, 29, 17). È nel clima di rinascita culturale di questo secolo che il satirico torna a diffondersi e, di certo, egli appare citato o utilizzato in Ausonio, Prudenzio e Claudiano[4], tanto che alla fine del secolo Ammiano Marcellino (28, 14, 4) può parlare della sua opera come 'cult

---

1 La trattazione più organica sulla fortuna di G. resta Highet 1954, 179 ss., cf. Richlin 2012, 485. Vd. ora anche Schmitz 2019, 207–232.
2 Sui rapporti tra G. e Luciano, vd. Courtney 2013², 551–555; Santorelli 2013, 25–33; Manzella 2013 e 2016 (per la nona satira, vd. qui, p. 188 s.). Quanto a eventuali rapporti con Apul., *met.*, giustamente prudente Schmitz 2019, 208.
3 Highet 1954, 183; Uglione 2001, 26–31. Per Minucio Felice (in part. *Oct.* 25, 11), vd. Highet 1954, 296 s. in n. 3, che comprensibilmente – in mancanza di indiscutibili «verbal resemblances» – è piuttosto scettico sulla possibilità di dimostrare la conoscenza del satirico da parte dell'apologista.
4 Su *The "Pagan" Literary Revival* (in cui rientra in parte anche la 'rinascita' di G.), vd. soprattutto Cameron 2011, 389 ss. Ausonio cita G. 2, 3 facendo espressamente il nome del satirico («*ut Iuvenalis ait*») in *Cento*, p. 139, 1–2 Green 1991; 1999, 153) e sembra conoscere bene la sat. 6 e, forse, anche il fr. di Oxford (Sosin 1999 e 2000; Parker 2012, 145 ss.; vd. anche Colton 1973–74 e Mattiacci 2011); per l'uso in *epigr.* 14, 3 di G. 9, 129, vd. *ad l.* Per Prudenzio, vd. Highet 1954, 298; Courtney 1975, 159 e 171; Paratore 1980, 66–67; Gnilka 1990; Garuti 1996, 33–34. Quanto a Claudiano, agli studi di Alan Cameron e J. Long 1996 (cit. in Parker 2012, 145) va aggiunto Citroni 1987, interessante proprio per il rapporto tra l'*Invectiva in Eutropium* di Claudiano e la nona satira di Giovenale.

book' presso certe cerchie di aristocratici della capitale (di cui dà peraltro un giudizio fortemente negativo)[5]. Nonostante il suo piglio da satirico aggressivo (Wiesen 1964), Gerolamo non fa un grande uso di G., di cui riecheggia solo qualche frase sentenziosa (per es. 1, 15), mentre è in Agostino (*epist.* 138, 16) che troviamo citati ben 9 versi della sat. 6 (Schmitz 2019, 215 ss.). Se nei grammatici precedenti la sua opera non era utilizzata come fonte di esempi (in Diomede G. non compare nel canone satirico, formato solo da Lucilio, Orazio e Persio), nel commento virgiliano di Servio G. approda allo 'status' privilegiato di *auctor* da citare e la sua 'autorità' è sovente impiegata nella spiegazione di Virgilio: egli risulta citato più di 70 volte (Monno 2009). Si è pensato a lungo che proprio nella cerchia di allievi di Servio (agli inizi del V sec.) sia stata approntata l'edizione-chiave del testo giovenaliano, di cui resta traccia in alcune *subscriptiones* di codici del ramo Φ^6, ma in tempi più recenti questa idea è stata opportunamente messa in discussione, riducendo la portata della figura di Niceo e della sua *emendatio* del testo delle satire (vd. sotto). Nel corso del IV secolo deve essere stato redatto anche il nucleo antico degli scoli (e delle *Vitae*)[7] e già a questo periodo risaliranno molte delle interpolazioni che appesantiscono il testo di G. (cf. *ad* 5: [*Nos... servo*]), non così numerose, tuttavia, come pretende la cosiddetta 'scuola interpolazionistica' (rappresentata – dopo Ribbeck – soprattutto da G. Jachmann e U. Knoche e, oggi, da J. Willis).

La tradizione manoscritta di G. è molto ricca (più di 500 codici)[8]. I testimoni più antichi sono alcuni *fragmenta* contenenti solo alcuni versi del poeta: il **fragmentum Bobiense** in capitale rustica (dal codice palinsesto, ora **Vaticanus latinus 5750**, che alcuni attribuivano al IV sec., mentre oggi si preferisce una datazione al VI); i *fragmenta Ambrosiana* oggi perduti (da un codice variamente datato tra V e VI sec.); il *fragmentum Antinoense* (un foglio di pergamena, trovato in Egitto, e scritto intorno al 500, cf. Parker 2012, 154 s.; Nocchi Macedo 2016).

Momento fondamentale per la storia del testo delle *Saturae* è la documentata presenza di Giovenale nella Biblioteca Palatina di Carlo Magno (Parker 2012, 155; Dimatteo 2014, 16 s.) e, poi, nei monasteri francesi. In questa fase si colloca l'attività esegetica di Heiric di Auxerre e del suo al-

---

5   Smith 1994; Den Hengst 2007, 171–173; Sogno 2012, 372–377. Vd. anche Herráiz Pareja 2004 (cf. Kissel 2013, 396).
6   La divisione in 5 libri appare come la riproduzione della divisione originaria dell'opera in 5 rotoli papiracei, corrispondenti a libri pubblicati indipendentemente (Dimatteo 2014, 15; Pecere 2016, 237 s.).
7   Wessner 1931; Bartalucci 1973; Cameron 2010.
8   Knoche 1940, 1–30; Munk Olsen 1982, 562–597 (codd. tra IX e XII); Tarrant 1986^2, 200: G. si attesta, dunque, addirittura al livello di Virgilio e Terenzio.

lievo Remi, cui risalgono i cosiddetti scolî carolingi (Grazzini 2011, xv ss., xxxi ss.).

Fra i testimoni completi, a lungo e non a torto (cf. Highet 1954, 207) ha goduto di una considerazione del tutto particolare il *cod. Montepessulanus bibl. med.* **125** (**P**), detto anche *Pithoeanus* dal nome di P. Pithou, che lo utilizzò per un'importante edizione di Persio e Giovenale pubblicata a Parigi nel 1585. Questo manoscritto, vergato in minuscola carolina nel IX sec., mostra meno di altri alterazioni deliberate del testo e sembra mantenere in molti passi la lezione genuina[9]. Allo stesso ramo appartengono i *fragmenta Aroviensia* (5 fogli di un codice del sec. X, conservati ad Aarau in Svizzera, con la stessa 'mise-en-page' di 29 versi per pagina di **P**: Courtney 1967, 47 s.; Tarrant 1986^2, 201); il *florilegium Sangallense* (costituito da 293 versi *excerpti* da G., contenuti nel *cod. Sangallensis* **870** del sec. IX, strettamente imparentato con **P**); i lemmi (**S**) degli scoli antichi presenti in **P**, *Arov.* e *Sang.*, mentre le note di commento (Σ) possono presupporre un testo diverso; il *cod. Parisinus lat.* **8072** (**R**) del sec. X (con tracce di contaminazione con l'altro ramo tradizionale, cf. Parker 2012, 156). Fa parte di questo ramo anche il *fragmentum Aurelianense* (costituito da due fogli rinvenuti nella rilegatura del *cod. Aurelianensis* **295** e attribuiti alla metà circa del sec. IX). Nell'*Opus Prosodiacum* del monaco Micone di Saint Riquier, redatto verso l'825, sono citati 32 versi di Giovenale.

Esiste una seconda classe di codici a lungo tenuta in minor conto rispetto a **P** (la cosiddetta *vulgata* o *recensio emendata*), che viene indicata con la sigla Φ nell'ed. di Clausen ed è oggi – soprattutto dopo i meritori lavori di U. Knoche (che la chiama Ω) – a vario titolo e in varia misura rivalutata: essa presenta interventi deliberati di alterazione del testo ed interpolazioni, ma è talora corretta dove la prima classe presenta corruttele[10].

Ad essa appartengono fra gli altri:

F   (*Parisinus lat.* **8071**, detto un tempo *Thuaneus*, dal nome del possessore J.A. de Thou, datato alla seconda metà del sec. IX)
G   (*Parisinus* **7900 A**, sec. X)
H   (*Parisinus* **9345**, sec. X–XI)
K   (*Laurentianus* **34, 42**, inizi del sec. XI)
L   (*Leidensis bibl. publ.* **82**, sec. X–XI)

O   (*Oxoniensis bibl. Bodleianae Canonicianus Class. Lat.* **41**, scritto a Montecassino, in caratteri beneventani, fine XI o inizi XII)

---

9   La seconda mano di **P** (cf. Grazzini 2011, xxvii s.) corregge sulla base di un manoscritto (di qualità inferiore) di Φ (Parker 2012, 155 s.).
10 Parker 2012, 152 rileva, comunque, che queste lezioni diverse e, magari, corrette non hanno valore maggiore di una emendazione.

T   (*Cantabrigiensis coll. Trinitatis* **O IV 10**, sec. X)
U   (*Vaticanus Urbinas lat.* **661**, inizi sec. XI)
Z   (*Londinensis mus. Brit. Add.* **15600**, fine sec. IX o inizi X).

In una posizione intermedia fra la prima classe e la seconda sono considerati **A** (*Monacensis* **408**, del sec. XI, cf. Parker 2012, 157) e **V** (*Vindobonensis Palatinus* **107**, fine sec. IX, cf. Parker 2012, 155). È dalle *subscriptiones* site in testa alle satire sesta (all'inizio del II libro) e settima (all'inizio del III libro) presenti in **KL** (*legi ego Niceus apud M. Serbiu(m) Rom(a)e et emendavi* in **K**; quasi identica la formula in **L**)[11] che si è voluto dedurre l'esistenza di un'edizione 'epocale' approntata a Roma agli inizi del V sec., nell'ambito della cerchia di Servio, ad opera di questo non meglio noto Niceo, alunno del *magister* Servio (ma questi fu probabilmente solo un revisore, cf. Pecere 1986 e 2016).

Le divergenze dal primo ramo tradizionale non sono di carattere fondamentale: la presenza di lacune, errori significativi, interpolazioni comuni rimandano ad uno stesso archetipo (con varianti?), dalla diversa utilizzazione del quale sembrano dipendere le principali differenze. Il fatto che la sat. 16 si concluda inaspettatamente con il v. 60 a mezzo di una frase ha fatto per lo più pensare che il nostro archetipo risalga a un precedente esemplare tronco di un fascicolo finale per ragioni meccaniche[12].

La scoperta nel 1899 ad opera di E.O. Winstedt dei *fragmenta Bodleiana* od *Oxoniensia* nel cod. **O** (costituiti da 34 versi, dopo 6, 365, e da altri due, dopo 6, 373) fa ritenere – se ne ammettiamo l'autenticità – che il redattore di **O** abbia inserito questi versi nel suo testo desumendoli per collazione da altro ms. indipendente dall'archetipo[13]. Esiste un 'fratello' di **O**, il *cod. Vaticanus Latinus* **3286** (anch'esso redatto a Montecassino nel sec. XI) che non contiene alcuna traccia dei versi recuperati.

Il testo alla base della traduzione e del commento qui da me proposti è essenzialmente quello di Clausen 1992² (riconosciuto generalmente e, credo, giustamente come uno dei più equilibrati nella scelta fra le varianti dei due rami della tradizione e nella costituzione del testo). I punti in cui me ne

---

11 Sul cod. *Cheltenhamensis* (**CH**), che contiene la stessa *subscriptio* e di cui si sono occupati V. von Büren 2010 e Grazzini 2011, xxv s., vd. anche Dimatteo 2014, 15 e 18 n. 25 e, ora, anche Gallo 2016 (che propone di chiamare **CH** *Delta* e lo considera superiore a **L**).

12 Dubbi in Courtney 1967, 38; 2013², 542 (per il quale la satira sarebbe stata lasciata in questo stato da G. stesso, morto prima di poterla concludere); vd. *contra*, Stramaglia 2017², 291–293; Parker 2012, 148 s.

13 Cf. Martyn 1980. Da ultimo si sono occupati della questione (con punti di vista divergenti sulla autenticità del frammento) Pecere 2016, 247 s. e Rota 2016 (con discussione della ricchissima bibliografia relativa). Vd. anche Braund-Osgood 2012, 451–453; Kissel 2013, 298–305.

distacco sono pochi e circoscritti: oltre a qualche differenza nella punteggiatura (vv. 12 e 60), ho preferito al v. 23 *sacrata... Matri* (con maiuscola) al *secreta... matris* dei codici, mantenuto da Clausen; al v. 74, anche se non del tutto convinto, ho stampato *nempe* (di Housman), preferendolo al *saepe* della trad. ms. concorde; al v. 105 ho scelto *tollito* di **GHU** rispetto a *tollite* di **PAKOTZ**; al v. 132 il presente *conveniunt* di **Φ** di contro al futuro *convenient* di **PAΣ**. Quanto alla difficile situazione dei vv. 133–134–134A, ho preferito espungere la seconda parte di 134 e, accettando lacuna dopo *spes superest*, mantenere a testo il v. 134 A, mentre Clausen lo espunge e mantiene, invece, 134.

Quanto all'ortografia, ho seguito per lo più Clausen (tranne che ai vv. 22 e 68 e nello stampare *v* per *u* davanti a vocale) e rimando all'ampia trattazione di Knoche 1940, 322–373 (da cui si discosta non rare volte Willis 1997, in modo non sempre convincente o sufficientemente fondato).

Conspectus siglorum

I *sigla* usati sono quelli di Clausen 1992² (in caso di mss. da lui non utilizzati il riferimento è all'edizione di Knoche 1950).

A	München, Bayerische Staatsbibliothek, Clm 408 (sec. XI)
Arov	Aarau, Staatsarchiv, Fragmentensammlung, s.c. (sec. X)
Aurel	Aurel. 295, Orléans, Bibliothèque Municipale, (sec. IX)
Bob	Vat. Lat. 5750, Città del Vaticano, Biblioteca Apostolica Vaticana (sec. VI)
CH	Cambridge, King's College, 52 (olim Philipps 16395; sec. IX)
F	Paris, Bibliothèque Nationale, lat. 8071 (sec. IX)
Fris	Florilegium Frisingense (Monacensis 6292) (sec. X–XI)
G	Paris, Bibliothèque Nationale, lat. 7900 A (sec. X)
H	Paris, Bibliothèque Nationale, lat. 9345 (sec. X)
K	Firenze, Biblioteca Medicea Laurenziana, Plut. 34. 42 (sec. XI)
L	Leiden, Bibliotheek der Rijksuniversiteit, B.P.L. 82 (sec. XI)
Lond	Cod. Londinensis Mus. Brit. Royal 15 B XVIIII (sec. XI)
Mico	Opus prosodiacum Miconis Centulensis, ed. L. Traube, MGH, PLAC III, 279–294 (sec. IX)
O	Canon. Class. Lat. 41, Oxford, Bodleian Library (sec. XI/XII)
P	Montpellier, Bibliothèque Interuniversitaire – Section de Médecine H 125 (sec. IX)
Pal 1708	Pal. Lat. 1708, Città del Vaticano, Biblioteca Apostolica Vaticana (sec. XIV/XV)
R	Paris, Bibliothèque Nationale, lat. 8072 (sec. X)
S	Lemmi degli scoli antichi di P, Arov. e Sang.
Σ	Note di commento degli scoli antichi
Sang	Sankt Gallen, Stiftsbibliothek, 870 (sec. IX)
T	Cambridge, Trinity College, O.4.10 (1241) (sec. X)
U	Urb. Lat. 661, Città del Vaticano, Biblioteca Apostolica Vaticana (sec. XI)
V	Vind. Pal. 107, Wien, Österreichische Nationalbibliothek (sec. IX)
Valent. 410	Valenciennes, Bibliothèque Municipale, 410 (sec. XI)
Vat. 3192	Cod. Vat. Lat. 3192, Città del Vaticano, Biblioteca Apostolica Vaticana (sec. XI)
Vat. 3288	Cod. Vat. Lat. 3288, Città del Vaticano, Biblioteca Apostolica Vaticana (sec. XI)
Z	London, British Library, Addit. 15600 (sec. IX)

Satura IX

Scire velim quare totiens mihi, Naevole, tristis
occurras fronte obducta ceu Marsya victus.
Quid tibi cum vultu, qualem deprensus habebat
Ravola dum Rhodopes uda terit inguina barba?
5 [Nos colaphum incutimus lambenti crustula servo.]
Non erit hac facie miserabilior Crepereius
Pollio, qui triplicem usuram praestare paratus
circumit et fatuos non invenit. Unde repente
tot rugae? Certe modico contentus agebas
10 vernam equitem, conviva ioco mordente facetus
et salibus vehemens intra pomeria natis.
Omnia nunc contra: vultus gravis, horrida siccae
silva comae, nullus tota nitor in cute, qualem
Bruttia praestabat calidi tibi fascia visci,
15 sed fruticante pilo neglecta et squalida crura.
Quid macies aegri veteris, quem tempore longo
torret quarta dies olimque domestica febris?
Deprendas animi tormenta latentis in aegro
corpore, deprendas et gaudia: sumit utrumque
20 inde habitum facies. Igitur flexisse videris
propositum et vitae contrarius ire priori.
Nuper enim, ut repeto, fanum Isidis et Ganymeden
Pacis et advectae sacrata Palatia Matri
et Cererem (nam quo non prostat femina templo?)
25 notior Aufidio moechus celebrare solebas,
quodque taces, ipsos etiam inclinare maritos.
'Utile et hoc multis vitae genus, at mihi nullum
inde operae pretium. Pingues aliquando lacernas,
munimenta togae, duri crassique coloris
30 et male percussas textoris pectine Galli
accipimus, tenue argentum venaeque secundae.

---

2 victus *libri* : vinctus *Jortin*; **5** *del. Guyet, agnoscit* Serv. *georg.* 3, 360; *Aen.* 7, 115; **6** erit **PAGU** : erat **SΦ**; **14** *bis exhibent scriptum* **GU** *(et post 13 et post 11)* | bruttia praestabat calida tibi **GU** *(post 11)* : brustia prestabat calidi circum P | praestabat calidi circumlita Φ *et* **GU** *(post 13)*; **17** torret *libri* : torquet *recc. aliquot, ut scripsit Wakefield*; **23** sacrata *Lubinus* : secreta *libri*; matri *Nisbet* : Matris *libri*; **25** celebrare Φ : scelerare P; **26** quodque taces **PSFGHO** : quodque taceo **U** : quod taceo atque **AKLTZ**; **29** *del. Ribbeck* | crassique *libri* : russique/rufique *Scholte* | coloris *libri* : solocis *H. Valesius*

Satira 9

Vorrei sapere perché tante volte, Nevolo, mi capita di incontrarti
con l'aria triste, la fronte aggrottata come Marsia al momento della sconfitta.
Che ha a che fare il tuo viso con quello che aveva
Ravola sorpreso a sfregare l'inguine di Rodope con la barba bagnata?
[noi affibbiamo un ceffone ad uno schiavo che lecchi dei pasticcini].   5
Non potrebbe far più pena della tua la faccia di Crepereio
Pollione che se ne va in giro, pronto a garantire un interesse triplo
                              di quello consueto,
e con tutto ciò non trova un fesso che ci stia. Come mai all'improvviso
tante rughe? Eppure di sicuro, contento di poco, facevi la tua parte
di buffone non volgare, convitato spiritoso dalla battuta frizzante   10
e forte davvero nelle facezie di stampo arciromano.
Ora tutto al contrario: volto severo, un'orrida selva di capelli
rinsecchiti, sulla tua pelle non più una traccia di quello splendore che
ti garantiva l'impacco caldo di vischio del Bruzio,
ma in un cespuglio germogliante di peli gambe trascurate e ispide.   15
E che mi significa questo aspetto emaciato da malato cronico,
                                che da lungo tempo
è bruciato dalla quartana, divenuta ormai una febbre di casa?
Si possono cogliere al volo i tormenti che affliggono un animo
nascosto nel fondo di un corpo malato, si possono cogliere anche le sue gioie;
è di là che il volto prende l'espressione confacente in
un senso o nell'altro. Dunque appare evidente che hai dato una sterzata   20
al tuo programma di vita e che vai proprio in senso opposto alla tua
                                esistenza di prima.
Fino a non molto tempo fa infatti – a quel che ricordo – solevi battere nei
                          paraggi del tempio di Iside e del Ganimede
della Pace e negli spazi del Palatino consacrati alla Madre arrivata via mare
e nei pressi del tempio di Cerere (c'è tempio in cui le donne
non si offrano?), adultero più conosciuto ancora di Aufidio   25
e – anche se tu non ne parli – solevi far piegare in avanti i loro stessi mariti!
"Sì, anche questo è un genere di vita che risulta proficuo per molti,
ma per me non ne vale davvero la pena! Ci ricavo di tanto in tanto
dei grossi mantelli da mettere a protezione della toga, di un colore rozzo
e volgare e mal lavorati dal pettine di un tessitore della Gallia,   30
qualche pezzo di argenteria sottile e di seconda scelta.

Fata regunt homines, fatum est et partibus illis
quas sinus abscondit. Nam si tibi sidera cessant,
nil faciet longi mensura incognita nervi,
35 quamvis te nudum spumanti Virro labello
viderit et blandae adsidue densaeque tabellae
sollicitent, αὐτὸς γὰρ ἐφέλκεται ἄνδρα κίναιδος.
Quod tamen ulterius monstrum quam mollis avarus?
"Haec tribui, deinde illa dedi, mox plura tulisti."
40 Computat et cevet. Ponatur calculus, adsint
cum tabula pueri; numera sestertia quinque
omnibus in rebus, numerentur deinde labores.
An facile et pronum est agere intra viscera penem
legitimum atque illic hesternae occurrere cenae?
45 Servus erit minus ille miser qui foderit agrum
quam dominum. Sed tu sane tenerum et puerum te
et pulchrum et dignum cyatho caeloque putabas.
Vos humili adseculae, vos indulgebitis umquam
cultori, iam nec morbo donare parati?
50 En cui tu viridem umbellam, cui sucina mittas
grandia, natalis quotiens redit aut madidum ver
incipit et strata positus longaque cathedra
munera femineis tractat secreta kalendis.
Dic, passer, cui tot montis, tot praedia servas
55 Apula, tot milvos intra tua pascua lassas?
Te Trifolinus ager fecundis vitibus implet
suspectumque iugum Cumis et Gaurus inanis
(nam quis plura linit victuro dolia musto?).
Quantum erat exhausti lumbos donare clientis
60 iugeribus paucis? Meliusne hic rusticus infans
cum matre et casulis et conlusore catello
cymbala pulsantis legatum fiet amici?

---

33 cessant **PGHUZΣ** : cessent **Φ**; **37** *vocabula Graeca varie depravata sunt (veritati propius* **PGU** *paucique alii, cf. Grazzini 2011, xxxi s.)*; **40** et cevet **GU** *et, ut videtur,* **SΣ** : atque cavet **Φ** *et in ras.* **P²**; **41** numera **P²Φ** : numeras **P¹Vat. 3192**; **48–49** *del. Ribbeck*; **54** tot praedia **PAGLU** : cui praedia **HKOTZ**; **55** lassas **GU** *(sicut coniecit Haupt)* : lassos **PSΦΣ**; **60** meliusne hic **PΦ** : melius nec hic **AL** : melius nunc *Housman* : melius dic *Castiglioni*; **62** legatum **PGHTΣ** : legatus **Φ**

Il fato governa la condizione degli uomini e c'è un fato anche
                              per quelle parti del corpo
che sono nascoste dal lembo inferiore della veste. Infatti, se le stelle
                              non muovono
un dito per te, non conterà un bel niente la misura senza precedenti
                              del tuo lungo membro,
anche se a Virrone nel vederti nudo sia venuta la bava alla bocca   35
e da allora ti tempesti senza tregua con bigliettini
fitti di lusinghe... "giacché è il cinedo che attira a sé il maschio".
E tuttavia che c'è di più mostruoso di un effeminato... tirchio?
«Ti ho assegnato questo, poi ti ho dato quello e, infine, ti sei preso
                              anche di più!».
Fa i suoi conti e sculetta. Ma allora facciamoli davvero questi conti,   40
qua i servi con l'abaco. Calcola pure cinquemila sesterzi
in totale, ma poi si calcolino a fronte tutte le fatiche da me affrontate.
Pensi che sia cosa facile e di tutto riposo spingere nelle viscere un pene
a norma di legge e lì imbattersi nei residui della cena del giorno prima?
Meno sventurato quello schiavo che scava il campo di quello che scava   45
il padrone! Ma tu certo ti credevi di essere tenero come
un fanciullo e bello e degno di servire ai banchetti del cielo!
Sarete mai, voi, generosi con un vostro umile dipendente, con uno ligio
al vostro servizio, voi che ormai non siete disposti a spendere nemmeno
                              per la vostra malattia?
Eccolo qua il bel tipo cui mandare in dono un ombrellino verde,
                              grosse sfere d'ambra,   50
ogni qual volta torna il suo compleanno o comincia la piovosa primavera
e lui, sdraiato su una lunga poltrona coperta di cuscini, accarezza
i doni ricevuti in segreto nel giorno delle calende consacrato alle donne!
Dimmi, passerotto, a chi riservi le tue tante montagne, i tuoi tanti
                              poderi in Puglia,
i tuoi pascoli che tanti nibbi percorrono fino a stancarsi, senza riuscire
                              a oltrepassarli in volo?   55
Il territorio di Trifolio, la montagna che sovrasta Cuma e il Gauro
scavato di grotte ti arricchiscono con i loro fecondi vigneti
(chi mai appronta più botti, impeciandole, per farvi invecchiare il mosto?).
Sarebbe stata poi così gran cosa ricompensare le reni spossate del tuo cliente
con pochi iugeri di terra? Sarà forse meglio se questo bimbo di campagna   60
con la sua mamma e le sue capannucce e il cagnolino compagno di giochi
finirà assegnato come legato testamentario ad un amico che percuote i cembali?

"Improbus es cum poscis" ait. Sed pensio clamat
"posce," sed appellat puer unicus ut Polyphemi
65   lata acies per quam sollers evasit Ulixes.
Alter emendus erit, namque hic non sufficit, ambo
pascendi. Quid agam bruma spirante? Quid, oro,
quid dicam scapulis puerorum Aquilone Decembri
et pedibus? "Durate atque expectate cicadas"?
70   Verum, ut dissimules, ut mittas cetera, quanto
metiris pretio quod, ni tibi deditus essem
devotusque cliens, uxor tua virgo maneret?
Scis certe quibus ista modis, quam saepe rogaris
et quae pollicitus. Fugientem nempe puellam
75   amplexu rapui; tabulas quoque ruperat et iam
signabat; tota vix hoc ego nocte redemi
te plorante foris. Testis mihi lectulus et tu,
ad quem pervenit lecti sonus et dominae vox.
Instabile ac dirimi coeptum et iam paene solutum
80   coniugium in multis domibus servauit adulter.
Quo te circumagas? Quae prima aut ultima ponas?
Nullum ergo meritum est, ingrate ac perfide, nullum
quod tibi filiolus vel filia nascitur ex me?
Tollis enim et libris actorum spargere gaudes
85   argumenta viri. Foribus suspende coronas:
iam pater es, dedimus quod famae opponere possis.
Iura parentis habes, propter me scriberis heres,
legatum omne capis nec non et dulce caducum.
Commoda praeterea iungentur multa caducis,
90   si numerum, si tres implevero.' Iusta doloris,
Naevole, causa tui; contra tamen ille quid adfert?
'Neglegit atque alium bipedem sibi quaerit asellum.

---

63 ait **PAGLOZ** : ais **HKTU**; **68** puerorum **PA** : servorum Φ | aquilone **PAGU** : mense Φ : algente *(sive* horrente*) Nisbet*; **74** nempe *Housman dubitanter*: saepe *libri* : paene *Watt*; **76** signabat *libri* : migrabat *Highet* : signabant *Eden*; **79–80** *del. Pinzger*; **81** *versus Guieto suspectus* | te *libri* : me *dubitanter suspicatur Bellandi*; **83** vel *libri* : aut **A** : quod *Schurzfleisch*; **84** libris *libri* : titulis Serv. *georg.* 2, 502; **89** iungentur **PGU** : iunguntur Φ

"Sei sfacciato quando avanzi le tue richieste", dice. Ma l'affitto
                                                                  da pagare grida
"chiedi!", ma reclama il dovuto il mio servitore, unico come l'ampio
occhio di Polifemo grazie al quale se la cavò quel furbo di Ulisse.   65
Bisognerà che me ne compri un secondo, questo qui certo non mi basta,
e tutti e due bisognerà sfamarli. Che farò al soffio gelido dell'inverno?
Che cosa, dimmi, ti prego, racconterò alle schiene e ai piedi dei servi,
quando a dicembre spirerà l'Aquilone? «Resistete e aspettate le cicale»?
Puoi anche far finta di nulla, anche lasciare da parte tutto il resto,   70
ma almeno che valore assegni al fatto che, se io non ti fossi cliente
ligio e devoto, tua moglie sarebbe ancora vergine?
Certo sai bene in che maniera e con quale insistenza tu mi hai richiesto
                                                                  di questo favore
e che cosa mi hai promesso in cambio. Allora io di certo
ho bloccato la tua giovane sposa che se ne stava fuggendo via, serrandola
                                                                  nel mio abbraccio;
addirittura aveva fatto a pezzi le tavole del contratto matrimoniale   75
                                                                  e già stava
per passare a nuove nozze: a stento sono riuscito ad evitarlo con il lavoro
                                                                  di un'intera nottata,
mentre tu piagnucolavi di fuori dalla porta. Me ne siete testimoni
                                                                  il lettuccio e tu stesso,
alle cui orecchie giunse il cigolio del letto e i mugolii della sposa.
Un matrimonio poco saldo, già in via di scioglimento,
anzi già quasi sfasciato, in molte case l'ha salvato l'amante!   80
Dove pensi di potertela svignare? Quali argomenti a tua difesa vorresti
                                                                  porre per primi o per ultimi?
Dunque non c'è alcun merito, o ingrato, o traditore, alcun merito
nel fatto che da me ti nasce un figlioletto o una figlia?
Tu li riconosci senz'altro come tuoi e godi nel disseminare negli atti dell'Urbe
le prove della tua virilità. Su, appendi corone alla porta: 85
ormai sei padre, ti abbiamo dato il modo di opporti alle male lingue.
Hai i diritti di chi è genitore, grazie a me puoi essere inserito nei testamenti,
hai il diritto legale di ricevere per intero tutti i legati a te destinati
                                                                  ed anche i dolci beni caduchi.
E molti vantaggi andranno ad aggiungersi ai beni caduchi se arriverò
a completare il numero di tre figli". Giusta è la causa   90
del tuo risentimento, Nevolo; ma lui cos'è che controbatte?
"Non se ne cura e si cerca un altro asinello a due zampe.

Haec soli commissa tibi celare memento
et tacitus nostras intra te fige querellas;
95 nam res mortifera est inimicus pumice levis.
Qui modo secretum commiserat, ardet et odit,
tamquam prodiderim quidquid scio. Sumere ferrum,
fuste aperire caput, candelam adponere valvis
non dubitat. Nec contemnas aut despicias quod
100 his opibus numquam cara est annona veneni.
Ergo occulta teges ut curia Martis Athenis.'
O Corydon, Corydon, secretum divitis ullum
esse putas? Servi ut taceant, iumenta loquentur
et canis et postes et marmora. Claude fenestras,
105 vela tegant rimas, iunge ostia, tollito lumen,
e medio fac eant omnes, prope nemo recumbat;
quod tamen ad cantum galli facit ille secundi
proximus ante diem caupo sciet, audiet et quae
finxerunt pariter libarius, archimagiri,
110 carptores. Quod enim dubitant componere crimen
in dominos, quotiens rumoribus ulciscuntur
baltea? Nec derit qui te per compita quaerat
nolentem et miseram vinosus inebriet aurem.
Illos ergo roges quidquid paulo ante petebas
115 a nobis, taceant illi. Sed prodere malunt
arcanum quam subrepti potare Falerni
pro populo faciens quantum Saufeia bibebat.
Vivendum recte, cum propter plurima, tum est his
[idcirco ut possis linguam contemnere servi]
120 praecipue causis, ut linguas mancipiorum
contemnas; nam lingua mali pars pessima servi.
[Deterior tamen hic qui liber non erit illis
quorum animas et farre suo custodit et aere.]
'Utile consilium modo, sed commune, dedisti.

---

96 qui *libri* : cui **GU**; **99–100** nec contemnas... opibus *del. Ribbeck*; **103** loquentur Φ *et* P *(e in rasura* P²*)* : loquuntur **Valent. 410 Vat. 3288** *paucique alii (cf. Knoche ad l.)*; **105** tollito lumen **GHUP²** *(coniecit Jortin)* : tollite lumen **PAKOTZ Sang** : tolle lucernam *Nisbet*; **106** face eant *Haupt* : taceant **P** : clament Φ; **107** secundi *libri* : secundum **P²GHL** *aliique (cf. Knoche ad l.)*; **109** libarius *anonymus apud G. Plathner* : librarius **P**Φ **Mico**; **117** saufeia **PGU** : laufeia *peiorave* Φ; **118–123** *del. Ribbeck*; **118** recte Φ : recte est **PA** | tum est his *Housman* : tunc est **PA** : tunc **GU** : tunc his Φ : tum ex his *Kenney* : tum vel *Jahn* : tum ista *Leo*; **119** *post* 118 *ponunt* **PA**, *post* 123 Φ, *om. pauci, del. Pithoeus* | possis *libri* : possim **AGKLU**; **120–123** *del. Jachmann* **120** causis *libri* : causa *Leo (qui legit fortasse recte 118/120* tum ista / praecipue causast*)* : cave sis *Lachmann* **121** nam Φ : nec **P**; **122–123** *del. Pinzger*

Ma di quel che ho confidato a te solo bada di non far parola e,
mantenendo il silenzio, serba sepolte dentro di te le mie lagnanze.
È infatti un pericolo mortale aver per nemico uno che si fa bello
                                  levigandosi con la pomice.   95
Non appena ti ha affidato il suo segreto, ecco che subito avvampa di odio,
come se io già avessi svelato tutto quel che so. Non esita a estrarre una lama,
a spaccarmi la testa a colpi di bastone, ad accostare alla mia porta la fiamma
di una candela. E nemmeno dovresti sottovalutare o prendere sotto gamba
il fatto che per uno con i suoi soldi il prezzo del veleno non è mai troppo alto.   100
Dunque serberai il segreto come fa il tribunale di Marte ad Atene".
O Coridone, Coridone, pensi davvero che possa esistere il segreto
di un ricco? Ammettiamo che i servi se ne stiano zitti, parleranno i suoi cavalli
e il cane e gli stipiti della sua porta e i suoi marmi. Chiudi le finestre,
con tende si copra ogni fessura, spranga ben bene la porta, via ogni lume,   105
fa' che tutti si levino di torno, nessuno ti dorma nelle vicinanze:
eppure quel che egli combina al secondo canto del gallo,
prima di giorno l'oste più vicino lo verrà a sapere e sarà anche informato
di quel che hanno architettato insieme il pasticciere, i capocuochi,
gli scalchi. Quale accusa, infatti, esitano a inventarsi   110
contro i loro padroni, quando con le malignità messe in giro si vendicano
delle cinghiate? E non mancherà certo chi ti abbordi nei crocicchi, anche
se tu non lo vuoi, e con il suo fiato di avvinazzato ti ubriachi le sventurate
                                  orecchie.
A costoro, dunque, chiedi quel che poco fa chiedevi
a me, siano loro a tacere. Ma preferiscono rivelare   115
un segreto che tracannarsi tanto Falerno rubato
quanto se ne beveva Saufeia officiante in nome del popolo di Roma!
Bisogna vivere rettamente – oltre che per moltissime altre ragioni –
[per questo motivo, perché tu possa non curarti della mala lingua
                                  del tuo schiavo]
soprattutto per questo motivo: potersi non curare delle male lingue   120
degli schiavi; davvero la lingua è la parte peggiore di un cattivo servo.
[Tuttavia ancor più spregevole sarà da considerare chi non è capace
                                  di essere libero
agli occhi di coloro che mantiene con il suo farro e il suo denaro].
"Il consiglio che mi hai appena dato è valido, sì, ma generico.

125 Nunc mihi quid suades post damnum temporis et spes
    deceptas? Festinat enim decurrere velox
    flosculus, angustae miseraeque breuissima vitae
    portio; dum bibimus, dum serta, unguenta, puellas
    poscimus, obrepit non intellecta senectus.'
130 Ne trepida, numquam pathicus tibi derit amicus
    stantibus et salvis his collibus; undique ad illos
    conveniunt et carpentis et navibus omnes
    qui digito scalpunt uno caput. Altera maior
134 spes superest *** [tu tantum erucis inprime dentem.]
134A gratus eris, tu tantum erucis inprime dentem.
135 'Haec exempla para felicibus; at mea Clotho
    et Lachesis gaudent, si pascitur inguine venter.
    O parvi nostrique Lares, quos ture minuto
    aut farre et tenui soleo exorare corona,
    quando ego figam aliquid quo sit mihi tuta senectus
140 a tegete et baculo? Viginti milia fenus
    pigneribus positis, argenti vascula puri,
    sed quae Fabricius censor notet, et duo fortes
    de grege Moesorum, qui me cervice locata
    securum iubeant clamoso insistere circo;
145 sit mihi praeterea curvus caelator, et alter
    qui multas facies pingit cito; sufficiunt haec.
    Quando ego pauper ero? Votum miserabile, nec spes
    his saltem; nam cum pro me Fortuna vocatur,
    adfixit ceras illa de nave petitas
150 quae Siculos cantus effugit remige surdo.'

126–127 velox.... brevissima *del. Ruperti*; **132** conveniunt Φ : convenient PAΣ; **134** *servant ex. gr. Friedländer, Clausen, deleto 134A* | tu... dentem *del. Clauss* | **134A** habent **PA**, *om.* Φ, *lacunam post* spes superest (134) *posuit Ribbeck* **136** gaudent *libri* : gauden P¹ : gaudet P²; **138** exorare *libri* : exornare *recc. pauci*; **143** Moesorum *libri* : mysorum P¹ : messorum A | locata Φ : locata** P : locatum *Heinrich*; **146** pingit PG : pingat Φ | sufficiunt *libri* : sufficient **Lond**; **148** vocatur PA : rogatur Φ; **149** adfixit PA : adfigit Φ; **150** effugit Φ : et fugit P : efugit A : ecfugit *Ribbeck, probante Housman*

Ma ora cosa mi suggerisci di fare, dopo lo spreco di tanto tempo e la
                                                delusione di tante 125
speranze? Non tarda infatti a scorrer via in gran fretta
il fiore effimero della giovinezza, la parte più breve della vita che è angusta
e infelice. Mentre beviamo, mentre chiediamo ghirlande, profumi, ragazze,
s'accosta strisciando, senza che ce ne accorgiamo, la vecchiaia".
Non farti prendere dall'agitazione, mai ti verrà a mancare un effeminato
                                                per amico 130
finché questi colli si ergeranno sani e salvi; da ogni dove qui si dirigono,
a bordo di carri e di navi, tutti coloro che si grattano la testa con
un dito solo. Hai davanti a te una seconda e migliore opportunità *** [tu
                                  non hai che da masticare la ruchetta] 134
avrai successo, tu non hai che da masticare la ruchetta.   134A
"Serba per chi è favorito dalla fortuna questi esempi. Ma la mia Cloto 135
e la mia Lachesi già fanno festa se con l'inguine riesco a sfamare
                                                la pancia.
O piccoli Lari della mia casa, che sono avvezzo a implorare
con una manciata d'incenso o con farro e una smilza corona,
quando finalmente infilzerò qualcosa che mi garantisca una
                                                tranquilla vecchiaia,
al sicuro dalla stuoia e dal bastone? Una rendita di ventimila sesterzi   140
garantita dai pegni ricevuti, dei vasetti di argento non lavorato,
ma tanti che Fabrizio li debba sanzionare con la sua nota di censore,
                                                e due schiavi forzuti
della razza dei Mesi, che mi affittino la loro cervice e così mi garantiscano
di potermene stare in salda posizione nel circo rimbombante di voci;
possa inoltre disporre di un cesellatore curvo sul suo lavoro e di un altro 145
artigiano capace di dipingere molte figure in poco tempo: questo mi basta.
Quando sarò finalmente povero? Richiesta davvero degna di commiserazione
                                                e, tuttavia,
nemmeno in questo voto posso sperare di essere esaudito; infatti, quando è
                                  a mio favore che la Fortuna è invocata,
ecco che già lei ha provveduto a spalmarsi le orecchie con la cera
                                        presa dalla famosa nave che
riuscì a sfuggire al canto delle Sicule Sirene, grazie alla sordità dei rematori". 150

Commento

1–2. Scire... victus: il primo e più lungo dei 4 interventi dell'Interlocutore anonimo (cf. *Introd.*, § 2 p. 5 e n. 18; § 3 a) nasce da un moto di curiosità di natura psicologica molto specifico. Non è la domanda convenzionale di saluto e di informazione che troviamo, per es., in Hor., *sat.* 2, 4, 1 (*unde et quo Catius?*; per la forma più estesa, cf. 1, 9, 62 s.: *unde venis et / quo tendis?*). L'Interlocutore si mostra subito ed esclusivamente interessato a conoscere la ragione di uno stato di tristezza che a lui, che incontra spesso Nevolo per strada, pare incontrovertibile, ma di cui gli sfugge la causa. L'approccio è decisamente diretto: nessuna formula di saluto o di cortesia, anche solo formale o convenzionale, accompagna e 'ingentilisce' la richiesta (cf., invece, per es., Plaut., *Cas.* 172: *s a l v e mecastor, sed quid tu es tristis, a m a b o*, o Catull. 55, 1 s.: *oramus, s i f o r t e n o n m o l e s t u m, demonstres...*; cf. Citroni 1975, 295 *ad* Mart. 1, 96, 1). Avanzando una serie di paragoni con personaggi dall'espressione simile (Marsia, 2; Ravola 3–4; Crepereio Pollione, 6–8; in crescendo: meno di 1 v., più di 1 v.; più di 2), l'Interlocutore fa delle larvate (e non troppo lusinghiere) supposizioni sulle possibili ragioni di uno stato del genere. La domanda-base, qui indiretta, si ripete subito altre due volte in forma diretta (3–4 e 8–9) e ancora più avanti ai vv. 16–17, alternandosi con inserti di descrizione – nel presente e nel passato (9–11; 13–14; 22–26) – del personaggio che suscita tanto interesse. Per un moto di curiosità simile, in apertura di componimento e all'esordio del dialogo tra due personaggi, vd. Calp. *ecl.* 4, 1–3: *quid tacitus, Corydon* (cf. G. 9, 102), *vultuque subinde minaci...?* (con *subinde*, cf. *OLD*² 2a, che allude alla ricorsività della situazione come *totiens*). – **totiens mihi... occurras:** nella sua genericità l'avv. è enfatico (cf., per es., 6, 94) e fa capire che si tratta di incontri casuali (*occurras*), ma decisamente frequenti. Qui il termine *occurras*, che può avere talora una connotazione di fastidio, è abilmente neutro. Nella lingua del Satirico il verbo ha non di rado un valore che sottolinea, insieme, la sorpresa dell'incontro inatteso e il senso di offesa alla sensibilità morale (1, 69: *occurrit matrona potens...*; 10, 48; ecc.), in connessione al tema frequente della scena satirica come luogo di una 'parade' dei viziosi (Bellandi 2018, 443). Il luogo degli incontri è lasciato del tutto indeterminato: i due possono essere vicini di casa o di *vicus*, che si imbattono tra di loro per la strada (6, 655 s.: *o c c u r r e n t multae tibi Belides atque Eriphylae / mane, Clytaemestram nullus non v i c u s habebit*) oppure conoscenti che per caso si incontrano, trovandosi in giro per la città, come accade, per es., in Hor., *sat.* 1, 9 (ma più per Aristio Fusco, che *occurrit* al v. 61, che non per il 'Seccatore' che, al v. 3, *accurrit*). Di certo l'Interlocutore sa il nome di Nevolo e conosce abbastanza bene le sue abitudini di vita (9–11; 13–14; 22–26), mentre quest'ultimo, senza chiamarlo per nome, manifesterà più avanti un certo rapporto di confidenza e fiducia verso di lui (cf. 93: *soli commissa tibi*). – **1. Scire velim quare:** per la *iunctura*: *scire* + *volo*, cf. 3, 113 (*scire volunt*; cf. 7, 157 *nosse volunt*; 13, 153). In Hor., *epist.* 2, 1, 35 *scire velim* è ugualmente iniziale di verso (cf. 1, 19, 35 *scire velis* e 2, 2, 193 *scire volam*). L'approccio è francamente diretto, ma con il suo ottativo di cortesia (cf. 5, 107) l'espressione è meno incalzante o impegnativa di *nosse/scire laboro* (Hor., *sat.* 2, 8, 19; *epist.* 1, 3, 2; notare anche in *epist.* 1, 7, 60 *scitari libet*). Sulla sfumatura colloquiale di *quare*, vd. Löfstedt-Pieroni 1911–2007, 374–376; Axelson 1945, 80 s. n. 67; Habermehl 2006, 84 *ad* Petr. 83, 9: in G. la particella non appare mai nella funzione di cong. conclusiva o esplicativa (vd. *ad* 20: *Igitur*), ma sempre per *cur* (in interrogativa diretta in 6, 136 e 492, indiretta qui; in 6, 202 nell'espressione idiomatica *nec est quare*...). – **Naevole:** sul nome *Naevolus*, vd. *Introd.*, § 3 b, p. 21 s. e n. 76. Il vocativo appare subito nel primo verso (come in 12, 1; 14, 1; 15, 1; 16, 1: in questi casi secondo i moduli dello stile epistolare, ispirato a Orazio, vd. Lindo 1974, spec. 26 s.). Nel quinto piede il vocativo di nome proprio (parola dattilica) si trova in 8, 1 (cf. 8, 179 e 6, 21, 28 e 377). *Naevole* sarà poi ripreso solo al v. 91 (questa volta in prima sede, come *Pontice* in 8, 75 o *Persice* in 11, 57). Dislocazione necessariamente diversa hanno i nomi di destinatari con differente struttura metrica (palimbacchio): *Corvine* (12, 1 e 93) o *Calvine* (13, 5). Nella sat. 5 *Trebius* non viene mai appellato al vocativo. – **tristis:** Nevolo non è *hilaris, laetus, festivus* come sarà stato altre volte nel suo passato di *conviva* (cf. 9–11: *contentus... facetus*), ma manifesta nell'espressione del volto (2: *frons*; 3 e 12: *vultus*; 6 e 20: *facies*) una qualche sorta di *tormentum animi* (18), che incuriosisce l'Interlocutore, che non a caso pone in rilievo *quare* in ces. pentemimere e *tristis* in clausola. *Tristis* potrebbe anche equivalere a "mesto" o "malinconico": gli agg. *tristis* e *maestus* nel loro spettro di significati (che è notevolmente più ampio dell'it. "triste" o "mesto") hanno anche un senso vicino al nostro "malinconico" (cf., per es., 11, 153: *tristis desiderat*), ma vedremo dalla successiva descrizione e dal primo intervento di Nevolo stesso che si tratta, in realtà, di un sentimento più 'forte' o acre, in cui ha sicuramente parte un moto di stizza o di rabbia (cf. in Calp. Sic., cit., *minax*; Verg., *ecl.* 2, 14: *tristis... iras* o Hor., *carm.* 1, 16, 9: *tristes... irae* o Sen., *de ira* 1, 1, 3: *furentium... minax vultus, tristis frons*). Vd. pure *ad* 12: *vultus gravis*. – **2. fronte obducta:** si spiega meglio l'impressione generale di *tristitia* messa in risalto dalla posizione dell'agg. nella clausola del v. 1: la fronte è *obducta*, "oscurata" o "annuvolata" (OLD^2 5c; *hapax* in G.) e il nesso rimanda a Hor., *epod.* 13, 5: *obducta solvatur fronte senectus* (con *senectus* = *senium* o "malumore", cf. Mankin 1995, 217; Watson 2003, 427; vd. anche *sat.* 2, 2, 125 *contractae seria frontis*). Le metaforiche 'nuvole' sono le rughe (cf. 9 e 13, 215 s.; Mart. 2, 11, 1: *frons* *nubila*, con Williams 2004, 59; per l'immagine, vd. anche Hor., *epist.* 1, 18, 94: *deme supercilio nubem*). Il verso 2 (con pentemimere attenuata da sinalefe: cf. Campana 2004, 366 *ad* 10, 358) ha una pesantezza spondiaca adatta al tema svolto e una certa durezza conferita dalla sonorità ricercata: vd. in part. il ricorrere di /ct/ in eftemimere e clausola (*occurras fronte obducta ceu Marsya victus*). – **ceu Marsya victus:** nella sua eleganza (sottolineata dalla particella comparativa *ceu*, tipica della lingua elevata e poetica, vd. appresso) il confronto con la figura mitologica di Marsia è soffuso di ironia (Braund 1988, 158 s.). Marsia è un satiro/sileno, di origine frigia, appartenente al corteggio dionisiaco, una di quelle figure miste umano-bestiali, con elementi equini e/o caprini (vd. De Rosalia 1997, 422–423; Palmisciano 1997, 482 ss.), di cui – vista la loro aggressività itifallica – si sottolineava la carica di accesa e violenta *libido* (Courtney 2013², 376 *ad l.*: «necessarily lustful»), ma anche la bruttezza e la salvatichezza (vd. spec. Apul., *Flor.* 3, 6–14, con Todd Lee 2005, 38–39, 72–77; La Rocca 2005, 82–84, 144–152). Egli osò sfidare con il flauto/aulo Apollo citaredo (versioni varie della storia in Hyg., *Fab.* 165 e 191, con Guidorizzi 2000, 442 ss., 472 ss.; Apollod. 1, 4, 2 [24], con Frazer 1995, 188 s.; Scarpi 1996, 440) e fu da lui sconfitto e orribilmente punito (scuoiato vivo, cf. Ov., *met.* 6, 382–400 (con Rosati 2009, 305 ss.). Il momento in cui è còlto il satiro è probabilmente quello dell'emissione del verdetto (ad opera della 'giuria', per lo più costituita dalle Muse, con/senza Minerva e/o altri) e dello stupore amaro della sconfitta, prima della comminazione della terribile pena, che lo sconvolgerà – com'è ovvio – ben più pesantemente di quanto non sia espresso da un aggrottamento di fronte. – **ceu:** «hochpoetisches Wort» (presente, per es., in Ennio, *Ann.* 352 Vahlen² = 361 Skutsch = 379 Flores), cf. Knox 1986, 30 (che ne segnala la presenza per 24 volte nell'*Eneide* di Virgilio); Urech 1999, 30–32, 218; Stramaglia 2017², 225, *ad* 7, 237. In G. compare ben 5 volte: oltre che qui e in 6, 573; 7, 237; 10, 231, anche in 10, 326 (verso assai discusso testualmente e sospettato talora di interpolazione, in un paragone – come nel nostro caso – con figure mitologiche), rispetto ai più comuni e prosaici *ut* (30 volte), *sicut* (6 volte), *velut* (6) con la sua variante arcaizzante *veluti* (1) e il frequente *tamquam* (8 con parola singola + 10 in proposizione comparativa o comparativo-ipotetica; vd. anche *ad* 97: *tamquam*). Per Axelson 1945, 88 s. *tamquam* è all'altro 'capo' della scala stilistica («unpoetisches Wort») rispetto a *ceu*. – **victus:** rimanda probabilmente a Ov., *met.* 6, 384 (in clausola; cf. *Schol.*, p. 153, 14 s. W.: *quem Apollo vicit*) e preannunzia il *victus... Aiax* di 10, 84 che, sconfitto nella celebre tenzone oratoria con Ulisse (a proposito della assegnazione delle armi di Achille), fu incapace di dominare l'ira (Ov., *met.* 13, 385 s.: *invictum virum vicit dolor*) e cercò furibondo la vendetta fino ad impazzirne e, infine, suicidarsi. Improbabile, perciò, il recupero ad opera di Willis 1997 dell'emendazione *vinctus* ('messo in ceppi' prima dell'esecuzione, in stato di detenzione quasi come la figura evocata in 2, 57) di Jortinus (XVIII sec., cf. Willis *ibid.*, p. 242), anche se Plin., *nat.* 35, 66 c'informa che un celebre quadro di Zeusi su questo tema era conservato in Roma (*in Concordiae delubro Marsyas r e l i g a t u s*). Rispetto a *vinctus*, puramente descrittivo, *victus* ha implicazioni psicologiche più adatte alla situazione di Nevolo (vd. quanto appena detto sull'ira del *victus Aiax*); su questo passo, vd. Pollmann 1996, 484 e, meglio, Schmitz 2000, 265 e n. 299. L'allusione a qualche rappresentazione figurativa del Satiro è comunque molto probabile ed è verisimile che si debba pensare alla celebre statua di Marsia collocata nel foro Romano, presso il tribunale pretorio, di cui parla Orazio (*sat.* 1, 6, 120 s., con Palombi 1996, 536; Coarelli 1999a, 364 s.), ricordandone l'atteggiamento d'ira o di disgusto (Braund 1988, 261 n. 147): a Orazio Marsia sembrava indicare col gesto la repulsa indignata (*ferre recusat*) nei confronti di un usuraio (Weis 1992b, 375, ma vd. anche Paribeni 1961, 378 s.). L'interpretazione (secondaria) dello *Schol.*, p. 153, 15 W., che identifica Marsia con un avvocato del tempo, si basa solo sul fraintendimento di Mart. 2, 64, 7–8 *Marsua causidicus* (con Williams 2004, 213 *ad l.*, anche per la grafia del nome), che è sullo stesso piano scherzoso di *iuris... peritus Apollo* di G. 1, 128 (cf. Monti 1978, 104 s. *ad l.*). Si conferma che *tristis* del v. 1 indica qualcosa di più che non 'mesto' o anche *severus/serius*: si tratterà di un sentimento di stupefazione rabbiosa per quel che gli è avvenuto (vd., sotto, il successivo paragone con Ravola e la caratterizzazione da *indignatus* che a Nevolo è riservata in 38 ss.). Estraneo all'*ethos* di Nevolo appare, invece, il 'senso di colpa' cui allude Braund 1988, 149 e 245 n. 48 («look of g u i l t y worry»): vd. *ad* 118–123: *Vivendum... aere]*.

3–4. Quid... barba?: all'elegante paragone del v. 2 con Marsia (non privo, tuttavia, di risvolti ironici) si aggiunge ora – con un crescendo esplicito di malignità e con forte contrasto di toni – quello con Ravola, sorpreso a praticare un *cunnilinctus* su Rodope. Ravola ha la barba e Rodope è eccitata dal vigoroso trattamento che subisce (*terit*) ed esprime la sua eccitazione con secrezioni vaginali che inumidiscono la barba del partner (non raro è l'interesse di G. per questi aspetti della fisiologia erotica del corpo; vd. *ad* 4: *uda*). Quale situazione – che G. dà come ben nota ai suoi ascoltatori/lettori – ci dobbiamo immaginare? Rodope potrebbe essere il nome di una moglie infedele sorpresa con il suo amante dal marito intervenuto inaspettatamente (*deprendo* è quasi termine tecnico per questo atto, vd. *ad* 3: *deprensus*). Il nome della donna per la verità non spinge in questa direzione (vd. *ad* 4: *Rhodope*), ma Rodope potrebbe anche essere come *Mycale* (o *Mygale*) in 5, 141 – rispetto a *Trebius*, nome latino (vd. Santorelli 2013, 170 s.) – nome greco di consorte liberta (o concubina), in questo caso poco fedele e alquanto disinibita. Se la situazione fosse quella di un vero e proprio *adulterium*, la sorpresa e la preoccupazione del colpevole sarebbero giustificate dalle possibili e gravi conseguenze, legali ed extra-legali, dell'atto in questione (cf. 10, 310–317 con Campana 2004, 320 ss. *ad l.*) e questo porterebbe a immaginare il *vultus* di Ravola – *moechus* còlto sul fatto – come agitato dal *metus* (così, per es., Achaintre 1810, I 348 s.): come osserva Campana 2004, 322 *ad* 10, 322 (*metuet*), «la paura è un elemento ricorrente nella rappresentazione dell'adultero» (cf., per es., Hor., *sat.* 2, 7, 46 ss.; 68). In effetti, si rischiava molto in base alla *lex Iulia de adulteriis coercendis*, da non molto richiamata in vigore da Domiziano (cf. 2, 29 ss., 37, 67 ss., con Monti 1978, 160 s.; Grelle 1980, 346; Rizzelli 1997; vd. Grewing 1997, 31–35 e 77 s. *ad* Mart. 6, 2; Canobbio 2011a, 549 ss. *ad* Mart. 5, 75, con bibl.). Ma aldilà delle sanzioni previste dalla legge, che pure, in determinate situazioni di flagranza e di *status* sociale del colpevole, permetteva ancora l'uccisione dell'adultero sorpreso sul fatto (Cantarella 1989, 569–574; Treggiari 1991, 277 ss.), c'era da fare i conti anche con le reazioni istintive e irrefrenabili dei mariti, incuranti di ciò che la legge permettesse o proibisse. Sulle crudeli punizioni che si arrivava a infliggere, cf. il celebre passo di Hor., *sat.* 1, 2, 37–46, 132 ss. (anteriormente alla legge), nonché Mart. 2, 60 (rischio di *castratio* per il *moechus*, con Williams 2004, 200 ss.) o 3, 85 e 92 (mutilazione o accecamento, con Fusi 2006, 501 s. e 521 ss.). In G. vd. anche 6, 44 *quem totiens texit perituri cista Latini*, detto di un adultero a rischio della vita. Del tutto esplicito, poi, in G. stesso il passo di 10, 314 ss.: *exigit autem / interdum ille dolor* [= ira mariti] *plus quam lex ulla dolori / concessit: necat hic ferro, secat ille cruentis / verberibus, quosdam moechos et mugilis intrat*. Se Ravola è un *moechus* spaventato di esser stato *deprensus*, l'Interlocutore leggerebbe sul volto di Nevolo questo sentimento di spavento: ma la paura che Nevolo rivela di nutrire all'altezza dei vv. 93 ss. sembra al momento prematura (nascerà solo più avanti dalla consapevolezza di aver detto troppo). Ma si potrebbe anche trattare di un adulterio solo scenico (Ov., *trist.* 2, 514: *scaenica... adulteria*): è stata avanzata da Braund 1988, 172 s. l'ipotesi che si tratti di attori del mimo impegnati nel cosiddetto *mimus de adulterio* (Ov., *trist.* 2, 499 ss.), che forse comportava anche scene di vero e proprio «live sex» (su tale mimo, vd. Canobbio 2011a, 483 s. *ad* Mart. 5, 61; Andreassi 2013; Dimatteo 2014, 213 *ad* G. 8, 197). In un discusso passo di Seneca (*nat.* 1, 16, 1) si dice che l'*obscenitas* di Ostio Quadra, molto amante della pratica dell'«oral sex», sarebbe stata portata *in scaenam* (vd. Vottero 1989, 276 n. 6; Parroni 2002, 499 s.; Berno 2003, 53–55); di certo il *cunnilinctus* era tema pruriginoso presente nelle battute (e forse nei *gestus* allusivi) dell'Atellana (cf. Svet., *Tib.* 45). In questo caso farebbe meno difficoltà il nome della 'moglie' còlta in flagrante... che sarebbe, in realtà, solo un'attrice, una sorta di porno-star, che fa la parte di una moglie scostumata. La mistione latino-greca dei nomi dei due *partners* potrebbe allora richiamare quella, per es., della celebre coppia mimica formata nell'età domizianea da

Latino e Timele: il celeberrimo mimo Latino in 6, 44 è, per l'appunto, impegnato come *moechus* in una scena di *deprensio* del genere, in cui rischia la vita (*periturus*) o, comunque, gravi conseguenze (Watson-Watson 2014, 90). Per la lascivia postribolare di Timele, sua collega come *uxor callida et impudica* in scena (cf. 8, 197) e fuori scena (cf. 1, 36; 6, 66), vd. Leppin 1992, 253 s., 306; Dimatteo 2014, 214; anche Fusi 2006, 506 *ad* Mart. 3, 86, 3. Ma tale ipotesi è in definitiva poco credibile: non ci sono cenni alla natura di «stage performance» del fatto (ovvero sesso recitato o, addirittura, praticato in scena) e – trattandosi di una scena-tipo del mimo – ci aspetteremmo piuttosto un presente di consuetudine (*qualem deprensus habet*: quando fa questa parte nel suo spettacolo, tutte le volte che impersona questo ruolo), mentre *habebat* sembra rimandare a un fatto reale avvenuto in un passato imprecisato, ma puntuale (un aneddoto preciso). Se invece Rodope è – come è più probabile, vd. *ad* 4 – nome da prostituta, il discorso si sposta sul piano di una 'figuraccia', senza rischio di ritorsioni fisiche o di pericolosi risvolti legali: il *dedecus* riguarderebbe l'atto in sé, considerato particolarmente indecente (vd. appresso e *ad* 4: *terit inguina*). La vergogna (il *vultus* ora diventa sede dell'espressione di questo sentimento e della stizza per essere stato *deprensus*) non riguarda evidentemente la prostituta (che sarà stata ben avvezza a questa e ad ogni altro genere di situazioni scabrose e, certo, non aveva problemi di *pudor*), ma chi è colto nell'atto di eseguire il *cunnilinctus*. L'atto in questione è considerato poco 'virile' in Marziale (7, 67, 17, cf. 14), praticato talora in sostituzione del coito per ragioni di impotenza (11, 47, 8, cf. 3, 73 e 3, 96) o per una patologica tendenza da «perverso sottomesso» (Grazzini 1997, 100 e n. 6; 112) e Ravola potrebbe avere dipinta sul *vultus* la vergogna e, forse, soprattutto la rabbia per esser stato còlto sul fatto. Questo scandalo sarebbe tanto più clamoroso e imbarazzante, se Ravola fosse un moralista che *deprenditur* in flagrante contraddizione con quanto proclama (vd. *ad* 4: *Ravola* e *barba*). In ogni caso, l'Interlocutore non è così discreto o gentile con Nevolo come vuol sembrare (Braund 1988, 151 e 157): il paragone, infatti, è prima con la smorfia di un satiro sconfitto e destinato ad essere scuoiato vivo e, poi, con il ghigno di sorpresa e di stizza di un uomo barbuto còlto in flagrante in un atto considerato molto sconveniente, forse addirittura a far qualcosa di pubblicamente e rumorosamente condannato da lui stesso. Nevolo, in ogni caso, non sembra accorgersene o farsene un problema... – **3. Quid tibi cum vultu**: espressione idiomatica della lingua d'uso, abbastanza frequente in Ovidio (cf., *e.g.*, *am.* 3, 8, 49 *quid tibi cum pelago?*; *ars* 1, 305; *fast.* 1, 353, ecc.); vd. anche, per es., Mart. 1, 76, 11, con Citroni 1975, 244; 3, 81, 1, con Fusi 2006, 482; 5, 38, 5, con Canobbio 2011a, 380, spesso come qui con ellissi colloquiale di *est* (cf. anche la sequenza di frasi nominali dei vv. 12–15). Il tono è quello spiccio del dialogo per strada. – **qualem deprensus habebat**: il fatto è avvenuto in un passato imprecisato, che pregiudizialmente Friedländer 1895, 434 *ad l.* riferisce all'età di Nerone o a quella di Domiziano come età particolarmente 'viziose', considerandolo senz'altro un evento di cronaca reale, che doveva aver fatto molto scalpore in città (cf. anche Grazzini 1997, 101 e n. 8; 113 e n. 59). *Habebat*, collocando il secondo esempio nel passato, lo disloca opportunamente tra il cenno al tempo mitico di Marsia e il presente del successivo esempio di Crepereio Pollione. G. lascia a noi di immaginare l'espressione del *vultus* di Ravola; si potrà pensare a sorpresa, vergogna e mal contenuta stizza, ma il confronto con Nevolo esclude che la reazione possa essere come quella di sfrontata *audacia* delle donne còlte in flagrante adulterio di 6, 284 s. (*nihil est audacius illis / deprensis: iram atque animos a crimine sumunt*): dentro di sé Nevolo non è privo di rabbia (nei confronti del suo ex-patrono), ma al momento in lui sembra prevalere (agli occhi dell'osservatore) uno stato depressivo, non sovreccitato o esaltato fino all'aperta provocazione, come nel caso delle mogli in questione. – **deprensus:** *deprendere* è pressoché tecnico nel senso di cogliere in flagrante delitto (cf., per es., Cic., *Verr.* 5, 111 *in manifesto scelere deprendi* o *Brut.* 241 *in facinore manifesto deprehensus*); in G., vd. 6, 640: *quae deprensa patent*. Si usa molto per gli adúlteri sorpresi sul fatto (vd. 6, 284 s. e, per es., Hor., *sat.* 1, 2, 131 e 134: *deprendi miserum est*; cf. *ThlL* V 604, 60 ss.; 605, 6 ss.). Per un diverso senso di *deprendere*, vd. *ad* 18–19: *Deprendas... deprendas*. – **4. Ravola:** dalla nota dello *Schol.*, p. 153, 19 s. W. (*a facto etymologiam nominis sumpsit poeta*) si dovrebbe dedurre che il nome è stato scelto o addirittura inventato (come 'cover name' nel caso che il fatto e i suoi protagonisti siano reali) da G. per adattarlo alla situazione di *cunnilinctus* descritta, ma non è chiaro il rapporto 'etimologico' tra il nome e l'azione in questione. La raucedine (*Ravola* da *ravis*) veniva talora messa in rapporto con l'eccesso di frequenza nel coito (Grazzini 1997, 101 s.), ma non ci sono testimonianze che – nonostante il coinvolgimento dell'*os* – mettano questo disturbo in connessione con la pratica del *cunnilinctus*. Lo *Schol.* non dice niente di più specifico; Grazzini (*ibid.*, 102) per spiegare tale affermazione dello scolio ha citato (tenendo conto che nel testo degli *Scholia* si legge anche la forma *Rabula* accanto a *Ravola*) un interessante passo di Paolo-Festo (339 L.): *Rabula dicitur in multis intentus negotiis paratusque ad r a d e n d u m quid auferendumque, vel quia est in negotiis agendis acrior, quasi r a b i o s u s*. Il testo citato fa riferimento nella prima spiegazione al rapporto paretimologico di *Rabula* con *radere* (cf. *radula*, "raschietto" in Colum. 12, 18, 5) da intendersi nel senso di *terere* ("strofinare con forza") e – nella seconda – con *rabies* in riferimento alla foga accanita dell'atto in questione. Ma tale tentativo di interpretazione del termine *Rabula* proposto da Paolo-Festo non sembra, alla fine, molto di più di un'elucubrazione autoschediastica. Svincolando il nome *Ravola/Rabula* dalla connessione etimologica con il *factum* del *cunnilinctus*, si può pensare, invece, ad un nome effettivamente 'parlante', ma che ha a che fare non più con tale specifico atto sessuale, bensì con la personalità complessiva del personaggio: nel testo del satirico il nome è *Ravola* (formato come *Scaevola* e in qualche assonanza con *Naevolus*) e si può dunque pensare ancora a Ravola da *ravis*, ma questa volta con riferimento a quella 'raucedine' in cui facilmente incorre chi urla o tiene, comunque, alta la voce nella sua aspra requisitoria contro i vizi (anche nella sua forma *Rabula*, attestata nello *Schol.*, il nome può essere adatto – tramite il facile nesso con *rabies* – ad oratori arrabbiati e vociferanti, cf. Grazzini 1997, 113 n. 60). È probabile, in effetti, che il personaggio caratterizzato dalla barba e dal nome 'parlante' sia un moralista (un falso filosofo, come quelli descritti in 2, 9 ss., o un oratore che, nelle sue arringhe arrabbiate, richiama con sdegno al rispetto di leggi moralizzatrici, cf. 2, 67, 72, 75), purtroppo per lui, però, còlto in flagrante nella sua ipocrisia. Opportunamente Grazzini *ibid.*, spec. 110 ss., ha messo in connessione il nostro passo con Marziale 9, 27 e, soprattutto, con Lucillio, *AP* 11, 155, il cui barbuto protagonista sembra "còlto" (ἑάλω... ἑάλω) proprio in una situazione di questo tipo (Floridi 2014, 540–544 *ad ep.**130). Da chi è *deprensus* Ravola? Da qualcuno che, appunto, lo conosce come veemente moralista alle prese con il vizio altrui e resta sorpreso di trovarlo in quella imbarazzante situazione (problema di *dedecus*). Di certo, comunque, non è lecito attribuire anche a Nevolo l'eventuale caratteristica di ipocrisia che sembrerebbe ravvisabile in Ravola (così fa Braund 1988, 142): Nevolo non finge assolutamente di essere altro da quel che è (sulla «frankness» di Nevolo bene – forse anche con qualche eccesso – Winkler 1983, 107). – **Rhodopes:** Rodope è per lo più considerato nome di prostituta, in qualche rapporto – secondo Ferguson 1987, 198 – con quello della celebre cortigiana *Rhodōpis* vissuta nel VI sec. a. C., di origini servili, riscattata dal fratello di Saffo, Carasso (le cui vicende ci sono note da Erodoto 2, 134–135, che accenna anche alla gran fama del suo nome). Si sa che nomi di artisti della scena (ballerini, cantori, ecc.) o di aurighi erano spesso tralatizi; non ci sarebbe nulla di strano, quindi, che una prostituta si chiamasse col nome di una sua fortunata collega del passato (sui nomi spesso greci delle prostitute a Roma, vd. Fusi 2006, 267 *ad* Mart. 3, 30, 4; 488 *ad* 3, 82, 3; Manzella 2011, 224 a G. 3, 136). Ma *Rhodopis* ha la penultima sillaba lunga, a differenza di *Rhodŏpe*, che nel mito è il nome di un'empia regina di Tracia dai deplorevoli costumi sessuali (incestuosa con il fratello), trasformata per punizione nella montagna omonima (su questa Rodope, vd. Bömer 1976, 32 *ad* Ov., *met.* 6, 87, con opportune considerazioni sulla onomastica). Vd. anche Grazzini 1997, 100 n. 6 e Giannuzzi 2007, 404 s. sul significato osceno di ῥόδον e sui nomi di etere collegati non di rado alla rosa (cf. anche Beta 1992, 111 s. a proposito di Luciano, *de salt.* 2, dove il nome di Rodope è usato al plur. per indicare per antonomasia donne μαχλόταται o "lussuriose"). Se Rodope è una prostituta, tutto il clamore dello scandalo ricade sulla figura di Ravola, còlto in un atto sconveniente per il suo *status* sociale e/o la sua figura pubblica. Il verso 4 con la sua oscenità segna uno scarto forte rispetto all'eleganza del paragone mitologico del v. 2; da notare anche l'effetto vistoso del rotacismo (iniziale nei due nomi propri, accostati nel primo emistichio per l'iperbato di *Rhodopes*; interno nel secondo emistichio: *terit... barba*). – **uda:** per *uda*, qui con valenza prolettica (Winkler 1983, 110), cf. *udis inguinibus* in 10, 321 (con Campana 2004, 330 *ad l.* e vd. Mart. 11, 16, 7–8) e, quasi certamente, *umida* in 11, 188 (con Bracci 2014, 196). In questo senso sessuale *uda* si oppone a *sicca* (cf. Ov., *ars.* 2, 686; *epist.* 15, 134 e Mart., 11, 81, 2). Questa drasticità nel riferimento sessuale (per la crudezza, cf. il discusso verso 6, 126) richiama la commedia aristofanea (vd., per es., *Pax* 885: τὸν ζωμὸν αὐτῆς... ἐκλάψεται). – **terit inguina:** *terit* è usato per il più delicato *lambit* (cf. 2, 49: qui come atto lesbico) per un'azione altrove espressa spesso da *lingere*, verbo che dà il *nomen agentis*: *cunnilingus* (tutti termini mai usati da G.). Sulla considerazione altamente negativa di questa pratica sessuale, che mette l'uomo al servizio del piacere femminile, cf. Parker 1997, 51–53 e vd. Citroni 1975, 246 ss. *ad* Mart. 1, 77, 6; Krenkel 1981–2006; La Penna 1992–2000, 92 ss.; Williams 2010², 218–224; Galan Vioque 2002, 382 ss. e 391 *ad* Mart. 7, 67, dove l'atto è considerato così *parum virile* come *fellare* (cf. vv. 13–17; ma *contra* vd. 3, 81, spec. v. 6). L'atto è condotto con molta foga e *terere* vale *fricare* con forza (Adams 1982–96, 227 s.) e, forse, *trusare* (Catull. 56, 6, su cui vd. Morelli 2017, 181; Fo 2018, 677 s.); cf. anche *dolare* in Mart. 7, 67, 3, con Galan Vioque 2002, 385. L'eufemistico *inguen* (Adams *ibid.*, 66; Urech 1999, 269) sta qui per *cunnus* (come in 6, 301 e 10, 322). *Cunnus* non è mai usato in G., mentre è presente ben 27 volte in Marziale (e *cunnilingus* 4 volte), cf. Citroni 1975, 248 s. *ad* 1, 77, 6. Al posto di questo termine sentito come molto volgare, G. usa *vulva* 2 volte (2, 32 e 6, 129, cf. Adams *ibid.*, 134 s.; André 1991, 185 ss., 189 s.) e 2 volte *vesica* (1, 39 e 6, 74; cf. Adams *ibid.*, 125 e 283; André 1991, 158 s. e 207). – **barba:** la *barba* dell'uomo austero e del moralista (ben diversa dalla *barbula* dei giovinastri effeminati, cf. Cic., *Cael.* 33, di quelli che Sen., *epist.* 115, 2 definisce *comptuli iuvenes, barba et coma nitidi*) doveva essere simile a quella degli antenati severi (16, 31 s.: *dignum barba dignumque capillis / maiorum*, con Stramaglia 2017², 308) e dei filosofi (cf. *barbatus magister* in Persio 4, 1 s. per Socrate e in G. 14, 12 per i pedagoghi). In Hor., *sat.* 2, 3, 35 (cf. 1, 3, 133) *sapientem pascere barbam* vale addirittura 'darsi alla filosofia' (vd. Zanker 1995–2009, 206 ss.; Moreno Soldevila 2004, 377 s. *ad* Mart. 4, 53. 3–4). Per Braund 1988, 251 n. 99 da questo particolare della descrizione di Ravola si dovrebbe dedurre che anche Nevolo, ora, ha una barba (incolta); vd. *ad* 14: *Bruttia... visci*.

5. [Nos... servo]: l'interpretazione si complica a causa della presenza di questo verso che – in sé perfettamente perspicuo – è difficile, però, connettere a quanto precede: esso è introdotto in asindeto e, dunque, nessuna particella espressa ci aiuta nell'interpretazione (non a caso Ruperti 1830–1831, II 353, propose di ammettere dopo il v. 4 una lacuna in cui fossero andati perduti i necessari nessi logici). Il verso introduce il tema dello schiavo punito perché sorpreso a leccare di nascosto dei pasticcini, evidentemente riservati al padrone o ai suoi ospiti. Qui il servo si limita a *lambere* i *crustula* perché non può mangiarli, probabilmente in quanto contati dal padrone avaro o previdente (cf. 14, 133: *numerata*). Ma perché l'Interlocutore se ne uscirebbe in questa osservazione? Si può pensare che sia per segnalare (in prima persona: *nos*) la gravità dell'atto di Ravola. Il nesso logico (che l'asindeto non ci fornisce) potrebbe essere quello individuato dallo Schol., p. 153, 23 s. W.: *servus, inquit, colapho percutitur a nobis, si placentam linguat*; *Ravola a u t e m cum lambiat inguina feminarum, i n p u n i t u s incedit*. Il verso suggerirebbe, insomma, che per chi parla si dovrebbe punire più duramente che con un semplice schiaffo Ravola, che *lambit* (anzi *terit*) ben altro che *crustula*: «e pensare che noi puniamo con un sonoro ceffone lo schiavo sorpreso a leccare dei pasticcini» (...mentre Ravola resta impunito del suo atto, ben più grave). Achaintre 1810, I 348, e Ruperti 1830–1831, II 352–353, pensarono anche ad un nesso diverso (non più *autem*, ma *cum etiam* / *nam*), quasi che il v. 5 dovesse servire a dare fondamento alla paura di Ravola còlto in fragrante, d a t o c h e (al contrario della precedente esegesi con *autem* avversativo) d i c e r t o la sua colpa è destinata ad andare incontro a punizione (più pesante di quella in cui incorre lo schiavo). Ma in entrambi questi tentativi esegetici resta poco accettabile il fatto che l'Interlocutore (*nos*) si presenti all'improvviso e così esplicitamente come latore di un'istanza morale (valutazione e giudizio dell'atto di Ravola), quando in tutto il resto della composizione egli si distingue proprio per l'assoluto 'aplomb' con cui accoglie il racconto di Nevolo, senza reagire in alcun modo, senza mai uscire in esternazioni moralistiche di sorta (vd. anche *ad* 25: *celebrare*). D'altra parte *nos* non può riferirsi ad altri che all'Interlocutore inteso come giudice o valutatore 'esterno' dello spregevole comportamento di Ravola (per alcuni tentativi di esegesi diversa, vd. appresso *ad*: *Nos*). Se non si riesce a capire come il verso, in sé senza pecca, si inserisca nel discorso in atto («sinnlos» lo definì Leo 1909, 611), non resta che pensare ad interpolazione insinuatasi indebitamente nel testo: in effetti il verso è stato più volte proposto per l'espunzione (Guyet [*ap*. de Marolles 1658, 129]; Pinzger 1827, 11; Markland [*ap*. Willis 1997]). Heinrich 1839, 354 pensava a verso citato in margine per illustrare *terit* (= *lambit*) e finito poi nel testo. Più sottilmente, per Jachmann 1943–82, 756–758 (cf. Högg 1971, 173) si tratterebbe di una «Dezenzinterpolation», ovvero di un verso composto da un lettore antico, affètto da 'pruderie', ma tutt'altro che incolto (vd. appresso *ad*: *lambenti crustula servo*), che, nelle intenzioni, doveva s o s t i t u i r e lo scandaloso v. 4 e, invece, è rimasto nel testo accanto a ciò che avrebbe dovuto rimpiazzare (per altri casi, più o meno plausibili, di «Dezenzinterpolationen», vd. Wiesen 1981 e Henke 1991, a proposito, rispettivamente, di 10, 326 e 1, 42–44). A questa spiegazione non fa vera difficoltà il fatto che il verso 5 sia citato due volte da Servio (*ad georg*. 3, 360 e *Aen*. 7, 115, cf. Monno 2009, 92 n. 44; 162 ss.) e sia oggetto di commento da parte dello *Schol*. Si sa che la citazione in casi del genere non esclude affatto la possibilità dell'interpolazione antica (cf. Courtney 1975, 159 e Nisbet 1988–95, 229 n. 2). Rispetto all'interpretazione di Leo (1909, 611–613) che pensava a una «Doppelfassung» di G. stesso (eliminato il v. 4, per Leo il passo rivisto doveva suonare: *qualem deprensus habet cum / nos*...), Jachmann 1943–82, 758 ebbe facile gioco a rilevare come G. non avesse motivo di autocensurarsi con l'eliminazione del cenno al *cunnilinctus*. In effetti, nel resto della satira non mancano certo passi altrettanto 'scandalosi' (per es. 34 s. o, soprattutto, 43 ss.), che G. non pensa affatto a sottoporre ad un intervento di «Purifizierung». – **Nos**: si è detto che *nos* si riferisce senz'altro all'Interlocutore come persona del tutto estranea alla vicenda di Ravola, che si pone vistosamente in atto di valutazione morale del *factum* descritto nel v. 4. Ma a partire da un lavoro di Weidner 1887 (tra la prima edizione del commento nel 1873, in cui il verso era espunto, e la seconda del 1889, dove appunto esso viene recuperato), si è voluto spostare il punto di domanda dal v. 4 alla fine del v. 5 (... *barba, nos... servo*?), facendo del v. 5 un'altra «*dum*-Satz», in asindeto, con il verbo al presente (*dum terit*... <*et*> *nos incutimus*). In questo modo cambia completamente il senso di *nos*. Dall'esegesi audace di Weidner 1887 fu interessato Housman 1931[2], che nell'apparato della sua edizione, pur *dubitanter*, spiegava il passo così: «n o s, q u i i n r u p i m u s, Ravolae colaphum incutimus t a m q u a m servo crustula lambenti'» (spaziature mie): così, egli faceva di *nos... servo* non più la frase di un Interlocutore che acremente commenta la scena che lui stesso ha evocato (come fosse un osservatore scandalizzato che la chiosa, comunque, dall'esterno), ma l'asserzione di chi (*nos*) è 'attore' o parte in causa della stessa situazione descritta (*qui inrupimus*): il proprietario della meretrice Rodope (sorpresa a sollazzarsi in prima persona – si dovrà pensare gratis – invece di svolgere i consueti servizi sessuali a pagamento con i clienti) o il consorte della moglie Rodope *in adulterio deprensa*. Anche per Courtney (2013[2], 376) – incurante della dura critica di Leo 1909, 611 n. 3 alle proposte di Weidner 1889[2] e Housman 1931[2] – chi *deprendit Ravolam* sarebbe il *nos* del v. 5, ovvero colui che vanta «proprietary rights» sulla cortigiana Rodope (in pratica, il suo *leno*). Non si capisce, però, come questa esegesi di *nos* si possa accordare con l'interpretazione, per lo più data per scontata, per cui l'Interlocutore si identifica con 'Giovenale' (esplicito in questo proprio Courtney, cf. *Introd.*, p. 5 e n. 18; § 3 a). Non senza ragione, dunque, questa linea esegetica, giudicata contorta («an obscure thought-connection»), è stata respinta da Braund 1988, 240 n. 13, che torna a espungere il verso (cf. Braund 2004; così anche Willis 1997), ma lo considera «un verso autenticamente giovenaliano finito fuori posto». Purtroppo, anche se l'Interlocutore in 9, 102–123 si occupa a lungo delle mancanze degli schiavi con atteggiamento padronale e non manca di accennare al tema della loro irrefrenabile tendenza al furto di alimenti (qui del vino: 115 ss.), non è possibile in alcun modo spostare in questa sezione della satira il verso 5, né trovargli sistemazione altrove nelle *Saturae*. La soluzione migliore resta, dunque, l'espunzione in quanto verso interpolato. – **colaphum:** *colaphus*, da cui il nostro "colpo" (cf. fr. *coup*), è un grecismo (*hapax* in G.), che proviene dal linguaggio della commedia (Urech 1999, 218: 5 occorrenze in Plauto e 1 in Terenzio; 1 anche in Pomponio) e appare poi alcune volte in scrittori di prosa del I d.C., per es. in Sen., *apocol.* 15, 2 e in Petr. 34, 2 (cf. Cavalca 2001, 129, s.v. *percolopare*). Il "ceffone" viene inferto con forza (per *incutere*, vd. 3, 246 e cf. *infringere* in Ter., *Ad.* 200: *colaphos infregit mihi*). L'Interlocutore usa un altro grecismo (molto più comune: *moechus*) al v. 25 e poi al v. 109 (*archimagiri*: *hapax* assoluto nel significato di "capocuochi") e, infine, al v. 130 (*pathicus*); per i grecismi usati da Nevolo, vd. *ad* 37: αὐτός... κίναιδος; 47: *cyatho* e 52: *cathedra*. In generale, sull'uso del greco e dei grecismi in G., vd. in calce alla n. *ad* 25 (*moechus*). – **lambenti crustula servo:** il tema del servo che ruba o lecca di nascosto il cibo (e viene per questo punito) pare essere stato uno spunto tradizionale nella satira precedente: a una situazione del genere sembra alludere Lucilio 585 M. = 587 Kr. = 23, 1 Ch. = 582 Chr. *iucundasque puer qui lamberat ore placentas*; cf. anche Orazio, *sat.* 2, 4, 79 *puer... furta ligurrit* e 1, 3, 80 ss. (sul *servus* messo in croce per aver leccato [*ligurrierit*] degli avanzi di pesce). In G. stesso il tema dei furti degli schiavi (duramente puniti) riguarda in 14, 22 dei tovaglioli, mentre il senso di 11, 142–144 (dove forse si parla di cibo sottratto) è molto discusso (vd. *ad* 116: *subrepti... Falerni*). Il diminutivo *crustulum*, *hapax* in G., compare in Lucil. 1183 M. = 1203 Kr. = H 110 Ch. = 1262 Chr. (*gustavi crustula solus*), come non manca di osservare lo *Schol.* (p. 153, 25 W.). Poi si trova due volte nelle satire di Orazio (1, 1, 25, con Porph. *ad l.*, e 2, 4, 47): come dice Braund 1988, 240 n. 13, «the word has a good pedigree in Roman hexameter satire». Sulla storia dei termini *crustum/crustulum*, vd. Monno 2009, 161 ss. La forma diminutiva della parola è considerata ormai «disespressivizzata» da Traina 1997b, 815.

6–8. Non... invenit: un terzo personaggio viene ora introdotto per paragonarne l'espressione del volto con quella di Nevolo, alla ricerca di una possibile interpretazione della *tristitia* di questi. Si tratta di un altrimenti ignoto *Crepereius Pollio* (cf. Ferguson 1987, 70 s., *s. v. Crepereius*), di cui si riparlerà verisimilmente nel libro successivo (11, 42–43, con Bracci 2014, 92 *ad l.*), individuandolo qui con il solo *cognomen* di *Pollio* (un diverso *Pollio* sembra, invece, il ricco citarista nominato in 6, 387 e 7, 176; Ferguson 1987, 184, *s. v.*). In 11, 43 Pollione è un *eques* che, a causa delle spese pazze sostenute per soddisfare la sua *gula*, ha perduto il *census* necessario e, dunque, il rango e l'anello di cavaliere. Si può anche pensare che i prestiti che egli chiede in 9, 6–8 siano dovuti alle spese impostegli dalla sua *gula* (ma questo non è detto esplicitamente). Senz'altro Crepereio Pollione rientra nel tipo dello 'scialacquatore', il *nebulo* o *nepos* (su cui vd. Fusi 2006, 168 *ad* Mart. 3, 10 e 401 *ad* 3, 62), che, inevitabilmente, non può che finire in mano agli usurai. Non è comune che G. dia di un personaggio *nomen* e *cognomen*, cf. 15, 1 (*Volusi Bithynice*) e, soprattutto, 8, 39–40 (*Rubelli / Blande*) e 12, 111–112 (*Histrum / Pacuvium*), con uguale divisione dei due elementi nominali tra clausola e *incipit* del v. sg. (ma in 12, 111 s. con lo spostamento del *nomen* – tetrasillabico come in 9, 6 – in 'rejet'); vd. anche 7, 204 s. (*Secundi / Carrinatis*). – **6. erit:** il futuro (in **P** e pochi altri testimoni: **AGU**) è un potenziale di probabilità (vd. 45, e cf. 1, 126, con Courtney 2013², 90; 2, 47; 3, 98 e 238, con Manzella 2011, 176 e 344 *ad ll.*; 7, 81, 90, 94, 104; 13, 184); *erat* presente nel resto della tradizione appare una normalizzazione, suggerita da *habebat* di v. 3 (Knoche 1940, 295 e 296 n. 1). Dopo il tempo mitico di Marsia (2) e il passato non meglio determinato di Ravola e Rodope (3–4), il terzo esempio è riferito al presente. – **hac facie:** c'è una sorta di *comparatio compendiaria* (cf. 3, 74, con Friedländer 1895, 200 s.; Hofmann-Ricottilli 2003, 347; Hofmann-Szantyr-Traina 2002, 236): *Crepereius Pollio* vale *facies Cr. Pollionis*, mentre *hac* – come annota lo *Schol.*, p. 153, 26 W. – è usato nel senso di *tua scilicet* (= *ista*). Su *hic* per *iste*, cf., per es., 10, 345 e 14, 58 e vd. *ThlL* VI 3, 2704, 35 ss. Lo stile di G. indulge non di rado a brachilogismi della lingua d'uso, a compressioni semantiche, a espressioni sommarie ma talora – proprio per la loro drasticità – efficaci (cf., per es., 6, 398, con Bellandi 1994–2003, 120, o 11, 194; 12, 117; 12, 128, con Stramaglia 2017², 288 s.; 13, 185; 14, 19). – **miserabilior:** questa volta si specifica meglio (rispetto a *ceu* di 2 o *qualem* di 3, che lasciano al lettore l'onere dell'immaginazione) l'effetto che la *facies* di Crepereio Pollione (e di Nevolo) opera su chi la vede. La parola è però volutamente ambigua: il sentimento appare di commiserazione per lo stato in cui Crepereio si è ridotto (*miserabilis = dignus misericordia*; *ThlL* VIII 1108, 57 ss.), ma è difficile non avvertire un velo di ironia e di giudizio critico, con *miserabilis* (qui al comparativo in un pesante esasillabo) che vale piuttosto *dignus contemptu* (cf. *ThlL ibid.*, 1109, 80 ss.). Per questo secondo significato, vd., per es., Mart. 10, 72, 1 s. (*Blanditiae... miserabiles*) e, soprattutto, 6, 77, 1: *miserabilis Iros* (a proposito dello sprezzevole mendicante che in Hom., *Od.* 18, 107 è definito λυγρός). Crepereio è pur sempre un truffatore che cerca di far soldi con espedienti meschini (senza nemmeno riuscirci). L'attuale situazione è come l'anticamera dello stato di *mendicitas* che lo aspetta in 11, 43 (*mendicat*), quando ormai Crepereio avrà rinunciato anche ai suoi tentativi di truffa e chiederà non più prestiti, ma direttamente l'elemosina. Vd. anche *ad* 45: *miser*; *ad* 147: *votum miserabile*. – **Crepereius:** per la clausola tetrasillabica in ionico a minore, costituita da nome proprio, cf. Highet 1951a–83, 221 s. e Santorelli 2013, 104 s. *ad* 5, 59 (vd. anche sotto, ai vv. 22 e 64). Per l'assonanza, cf. *Proculeius* nell'*explicit* di 7, 94. – **7. triplicem usuram praestare paratus:** Pollione cerca di ottenere denaro in prestito offrendo il triplo dell'interesse massimo consentito per legge (il 36 % annuo, dunque, rispetto al 12%, cf. Courtney 2013², 376 *ad* 6), ma ciononostante non riesce a trovare 'fessi' che caschino nella trappola. *Paratus* qui vale non tanto 'disposto' (ad accettare una richiesta in tal senso del *fenerator*; cf. *ad* 49: *parati*), quanto 'pronto' (a proporre lui stesso un tasso esorbitante a suo svantaggio; cf. 13, 108: *immo ultro... paratus*), perché tanto già sa che non pagherà (cf. 11, 9 ss., 17 ss., 46 ss.). Pollione non ha alcun pegno o garanzia da dare (nemmeno le suppellettili di casa: *lancibus oppositis*, 11, 18, cf. *ad* 141: *pigneribus positis*), ma solo chiacchiere. La clausola allitterante riprende il fonema iniziale della parola in *incipit* (cf. anche *triplicem*), mentre dopo la tritemimere si nota nel verso un marcato rotacismo (*triplicem usuram praestare paratus*). – **triplicem:** rispetto all'*usura* consueta (variabile tra il 4 e il 6 %; cf. Klingmüller 1909, 2195 ss.) o, più probabilmente, a quella massima tollerata dalla legge che, come si è detto, doveva essere il 12% (Gizewski 1997; Andreau 1999, 90–99 e 2002, 814 s.). È vero che Plinio in *epist*. 9, 28, 5 allude al 12% annuo (*centesimas*: 1% mensile) come al tasso più basso possibile (*num parcius possum*?), ma il tono è scherzoso e Sen., *benef.* 7, 10, 3 s. definisce addirittura *sanguinolentae* le *centesimae*. In Persio 5, 149 s. già il tasso dell'11% è definito esoso (*avidos... deunces*) rispetto al ragionevole 5% (*quincunce modesto*); sul passo, vd. Scivoletto 1961, 133 s.; Kissel 1990, 715 *ad l.* In Hor., *sat.* 1, 2, 13 ss. l'usuraio Fufidio chiede addirittura il 60% annuo (Maselli 1986, 139; Fedeli 1994, 323 s.; Desideri 1997, 613 s.; qualche riserva in Colantoni 1996). Sulla storia dell'usura e dei tassi d'interesse è importante il passo di Tac., *ann.* 6, 16 (con Martin 2001, 135–137 e 197–198; Lenaz 2003, 1252 s.). – **usuram praestare:** rispetto a *praebere* o *promittere*, il verbo ha in più una sfumatura di certezza e vale "garantire", assicurare che si pagherà con matematica certezza alla data fissata (cf. il pagamento regolare di 6, 480: *annua praestent*). Sul verbo, qui con sfumatura economico-legale, vd. *ThlL* X 2, 919, 20 e 924, 52 ss. e – a proposito della sua evoluzione semantica – Beikircher 1992; Dimatteo 2014, 188 s. Il riferimento nel testo è in particolare agli interessi passivi maturati (*usura*), ma si allude certo anche alla restituzione integrale della somma ricevuta in prestito (sulla distinzione tra *usura/merces* e *sors/caput*, cf., per es., Hor. *sat.*

1, 2, 14 e Mart. 5, 42, 3). I termini dell'offerta sono evidentemente allettanti, ma Pollione è troppo squalificato per trovare chi ci creda... *Usura* è *hapax* in G. e vale interesse passivo da pagare per il denaro preso in prestito, diventando *debitor* (16, 40 s.); per l'interesse attivo riscosso dal *creditor* (7, 108; 11, 10), ovvero il *fenus*, cf. *ad* 140. Per questa terminologia economica, vd. Canobbio 2011a, 398 *ad* Mart. 5, 42, 3. Il tema del prestito di denaro e dei problematici rapporti *debitores / creditores* è abbastanza frequente in Orazio (Venturini 1997) e in Marziale (vd. Citroni 1975, 239 *ad* 1, 75; Grewing 1997, 98 ss. *ad* 6, 5). – **8. circumit**: dal senso letterale di 'andare in giro/attorno' si passa facilmente a quello transitivo e figurato di cercar gonzi da truffare (o "raggirare"), cf. Plaut., *Pseud.* 899 o Ter., *Phorm.* 614 (*ThlL* III 1139, 28 ss.); vd. anche il senso talora ambiguo di *amb-ire* ("circuire, ingannare blandendo", per es. in Verg., *Aen.* 4, 283 o 7, 333) e l'uso del preverbio in verbi come *circum-scribere* ("truffare" in 10, 222; 14, 237; vd. anche *ad* 81: *quo te circumagas*). Sull'uso del verbo *circu(m)ire* e la sua connotazione stilistica ("umgangssprachlich"), vd. anche Schöffel 2002, 510 s. *ad* Mart. 8, 59, 13 s. – **fatuos**: il carattere truffaldino della promessa è troppo smaccatamente evidente e non riesce a ingannare nessuno (*fatuos* = *stultos/stolidos*, riferito ai *creduli* pronti ad abboccare all'amo, cf. Ov., *met.* 8, 858). L'agg. *fatuus* è usato altrove in G. solo in 6, 658 insieme con il sinonimo *insulsus*, riferiti per enallage alla bipenne come strumento di uxoricidio di sicuro effetto, ma 'stupido', troppo facile da scoprire come arma del delitto. Per un uso del tutto simile a quello del nostro verso, cf. Mart. 12, 53, 8 s.: *fatuos rudesque quaeris / inludas quibus auferasque mentem?* Vedremo (9, 141) che Nevolo è tutt'altro che *fatuus* in questo senso e che – se avesse *nummi* da *ponere in fenore* (Hor., *sat.* 1, 2, 13) – chiederebbe adeguati pegni a garanzia dei suoi prestiti. – **et**: per *et tamen* (cf. 1, 74; 7, 35 e 124; 13, 91; Monti 1978, 149 *ad* 2, 7). Segnala la sorpresa un po' stizzita di Crepereio per il fatto che non riesce – nonostante le sue mirabolanti promesse – ad abbindolare qualcuno con facilità.

8–9. Unde repente / tot rugae?: con rimando a *fronte obducta* del v. 2. Le rughe possono essere di preoccupazione, dovute a qualche problema puntuale che si presenta all'improvviso e fa corrugare la fronte (13, 215 s.; 14, 325), ma anche rughe di invecchiamento cutaneo (6, 144; 10, 191–195; 11, 203), trascurate e non trattate cosmeticamente (vd. *ad* 13: *nullus tota nitor in cute*). Del tutto improbabile che, come suggeriva Ruperti 1830–1831, II 353, l'Interlocutore voglia qui alludere all'invecchiamento che sarebbe prodotto dall'*impurum vitae genus* di Nevolo (cf. 129), secondo l'idea, cara ai moralisti, del *vitium* come *morbus* (vd. *ad* 49: *morbo*) che deteriora e distrugge – insieme all' *animus* – anche il corpo (vd., per es., Pers. 3, 88 ss.; 5, 57 ss.: *in Venerem putris*). Ma l'Interlocutore affètta generalmente un benevolo atteggiamento nei confronti del suo partner nel dialogo e ricorda come suo periodo 'felice' – a contrasto con il cupo presente – proprio quello del suo passato di *moechus* 'tuttofare' (22 ss.). La presenza della dieresi bucolica è qui particolarmente efficace per sottolineare lo stacco sintattico e l'urgenza della nuova domanda. Sull'uso della «ponctuation et articulation bucolique», vd. Soubiran 1965; Lucot 1965; Hellegouarc'h 1969–98; Pascucci 1985; Tartari Chersoni 2001; Manzella 2011, 97 *ad* 3, 37. Nella sat. 9 ne abbiamo 13 casi (vv. 8, 19, 27, 90, 96, 97, 104, 108, 131, 133, 135, 142, 146) dopo interpunzione forte: 4 dopo parola dattilica (8, 19, 104, 131), 6 dopo bisillabo pirrichio (27, 97, 108, 133, 142, 146), 3 dopo tetrasillabo ionico a maiore (90, 96 e 135); cf. Hellegouarc'h *ibid.*, 520 s. In altri due casi (105, dopo parola dattilica, e 109, dopo tetrametro ionico a maiore) la dieresi bucolica segna una pausa meno forte (tra *cola* o elementi di una enumerazione). Quanto alla struttura della clausola (su cui vd. Nougaret 1963, § 118; Hellegouarch *ibid.*, 521–523), solo 3 di queste (27, 135, 142) sono del tipo "*si bona norint*", che risulta il preferito di Persio (Tartari Chersoni 2001, 439); 6 (8, 19, 90, 104, 105, 133) appartengono al tipo "*conde sepulcro*" e 2 (97, 131) al tipo "*condere gentem*". Ad altri tipi più rari (Hellegouarch *ibid.*, 522) appartengono: 96 (*ardet et odit*); 108 (*audiet et quae*); 109 (*archimagiri*) e 146 (*sufficiunt haec*). Dal punto di vista della «liaison syllabique» (Soubiran cit.; Hellegouarch *ibid.*, 520 s.), su 15 casi 9 rientrano nella categoria consonante/vocale e 6 in quella vocale/consonante. – **8. repente**: sul valore stilistico di *repente*, qui in risalto nella clausola, più elevato o letterario rispetto a *subito* (e *statim*), cf. Löfstedt-Pieroni 1911–2007, 190–193 e Axelson 1945a, 32 s. (e 20). Tacito, per es., usa solo *repente* (una cinquantina di volte) e mai *subito* (che Orazio adopera 4 volte, ma solo nelle *Satire*, senza usare mai *repente*, cf. Bonfante 1937–94, 135 s.). G., che non presenta mai *statim*, cui preferisce *continuo* e *protinus*, usa due volte sia *repente* (qui e in 2, 83) che *subito* (3, 169 e 6, 65), ma impiega per 8 volte l'agg. *subitus* (talora in enallage, come in 3, 305 o fr. O, 17). Marziale preferisce *repente* (8 casi) a *subito* (6), ma usa spesso (17) *subitus* come agg. (anche in enallage).

9–11. Certe... natis: è il primo dei tre accenni al passato di Nevolo, messi a contrasto con il presente (cf. 13 s.; 22–26). Sul passo nel suo complesso, vd. Braund 1988, 158 ss.; Bellandi 2008a. – **9. Certe:** l'avv. ha valore insieme asseverativo e avversativo-restrittivo con una sfumatura di sorpresa ('eppure di certo'), cf. 6, 28 (*certe sanus eras*). In prosa l'elemento avversativo è più spesso esplicitato (vd., per es., Caes., *Gall.* 6, 31 *sed certe*; Cic., *Att.* 7, 7, 1 *certe tamen*; *Tusc.* 4, 70 *certe quidem*). – **modico contentus:** secondo l'Interlocutore, Nevolo si accontentava lodevolmente (cf. 14, 179) del poco che aveva. C'è nell'Interlocutore una sfumatura di approvazione connessa con la valenza etico-filosofica della *iunctura* (cf. Quint., *decl.* 268, 4 *philosophia modicis contenta est, ampliores opes non desiderat*), dove l'agg. sostantivato *modicum* (cf. *ThlL* VIII 1234, 7 ss.; in G. solo qui) vale il *parvum* (e il *modus*) cui Orazio invita costantemente a uniformarsi con quel senso di soddisfazione che è segno di reale saggezza: *vivere parvo* è una grande *virtus* (*sat.* 2, 2, 1) ed essere *contentus parvo* è comportamento da *sapiens* (2, 2, 110). Per l'Interlocutore Nevolo era dunque lodevolmente 'oraziano' (quanta l'ironia su questo *Naevolus frugi*?). Per l'elogio oraziano del *modus*, oltre i passi già citati, cf. la celebre *sententia*, divenuta proverbiale, di *sat.* 1, 1, 106: *est modus in rebus*, con quel che segue sul rapporto essenziale intercorrente tra *certi fines* e *rectum* (Citti 1997b, 890–893). Sulla morale di moderazione, esente da ogni estremismo, predicata da Orazio e ispirata all'ideale peripatetico della μετριότης ma non insensibile, talora, alle suggestioni dell'αὐτάρκεια, vd. La Penna 1968–93, 48 ss.; Gianotti 1979, 61 ss., 86 ss.; Battegazzore 1997; Laurenti 1997, nonché le stimolanti osservazioni di Veyne 2005–12, 101 ss., 107 ss. a proposito dell'adozione di questa morale oraziana da parte della «*plebs media*» della prima età imperiale. Riuscire a essere contenti di quel che si ha (non sempre o necessariamente poco o il minimo) è per Orazio una dote eticamente commendevole (*epist.* 1, 10, 44: *laetus sorte tua vives sapienter*). Sulla necessità di *se metiri ad... modum* (*paupertatis*) è d'accordo G. stesso (vd. 6, 357 ss. e tutta la prima parte della sat. 11 sulla necessità di conoscere la *mensura sui* anche in fatto di spese). Naturalmente Orazio insegnava anche che – nel fuggire dal *vitium* della *luxuria* – non si deve andare a finire in quello opposto della *sordities* (Hor., *sat.* 1, 2, 24) e, per es., in Tib. 1, 1, 25 l'auspicio di poter *contentus vivere parvo* s'iscrive in un quadro di *paupertas* sostanzialmente agiata o, almeno, non *turpiter* disagiata (vd. anche sotto, *ad* vv. 60 *iugeribus paucis* e 147 *pauper*). Tracce di questo ulteriore precetto oraziano vedremo presenti nella preghiera finale di Nevolo (137 ss.) che, se cerca di non esagerare nella portata delle sue aspirazioni, non chiede nemmeno il minimo 'filosofico' atto a garantire la sola sopravvivenza (14, 318–321: ... *in quantum sitis atque fames et frigora poscunt*). Come vedremo, l'aspirazione profonda di Nevolo, in realtà, è quella di potersi assestare al livello di un 'lindo' benessere senza eccessi, secondo parametri che noi definiremmo da vita 'borghese' (cf. Winkler 1983, 122). Vistosamente e paradigmaticamente ispirate al tema oraziano del giusto mezzo (*mediocritas*) saranno la rappresentazione della cena che 'Giovenale' stesso imbandisce a Persico nella sat. 11 e quella del sacrificio agli Dèi da lui offerto per il ritorno dell'amico Catullo nella sat. 12. – **modico:** a proposito del sintagma *modico contentus* si osserverà che in questo uso sostantivato di *modicum* sembra abbastanza frequente l'uso del plur. (Sen., *Contr.* 10, *praef.* 16 *modicis contentus*; Mart. 4, 77, 2 *contentus modicis meoque laetus*, con la ricca nota di Moreno Soldevila 2006, 494 *ad l.*; Quint., *decl.* 268, 4 (cit. sopra); Tac., *ann.* 14, 53, 5). Nel nostro caso il plurale avrebbe consentito anche di evitare il κακέμφατον (*modico contentus*). *Contentus modico* si trova in Sen., *nat.* 1, *praef.* 11 *animus... contentus mo-*

dico (ma vd. la proposta di Parroni 2002, 483 di leggere con **Z**: *se contentus*). Per l'Interlocutore, che certo non vuole farne un filosofo (cf. 14, 318 ss.), Nevolo 'si accontentava' del suo modesto livello di vita: ne era *contentus*, non *laetus* (13, 122 *Epicurum... exigui l a e t u m plantaribus horti*) o *beatus* (Hor., *epist.* 2, 1, 139: *agricolae prisci, fortes parvoque b e a t i*). – **agebas:** *agere* può valere 'condurre effettivamente vita da...' (facile versione brachilogica di *agebas vitam vernae equitis*; cf. *ThlL* I 1400, 3 ss.; 1124, 75 ss.) oppure (senza esserlo davvero) 'fare la parte di...' (espressione di origine teatrale che comporta finzione/apparenza, cf. *ThlL* I 1398, 8 ss. e 74 ss.; in G., vd. 3, 94; 8, 186 e 187; 13, 110) o ancora, con sviluppo a partire dall'idea del ruolo svolto in scena, 'comportarsi da/svolgere la funzione di' (vd., per es., Hor., *sat.* 2, 6, 111: *agit laetum convivam*). La scelta tra queste opzioni è legata, evidentemente, al senso che si dà all'oggetto *vernam equitem* (vd. Bellandi 2008a, 208 ss. e cf. appresso). Questo comportamento appartiene, comunque, ad un passato definitivamente trascorso. Qui non si dice da quanto tempo, ma vd. *nuper* al v. 22 (con *repente* al v. 8): la nuova e diversa vita di Nevolo è cominciata di colpo e non da molto. – **10. vernam equitem:** a mio parere (Bellandi 2008a, 208 ss.) va esclusa la ripresa inerte da Mart. 1, 84, 4, dove il nesso, mai attestato prima altrove, significava senz'altro 'figlio di un cavaliere e di una schiava' (cf. Citroni 1975, 263 e Howell 1980, 288 *ad l.*). Questa esegesi è stata accettata raramente per il passo di G. (per es. da Ruperti 1830–1831, II 353, *dubitanter*, e Weidner 1873[1], 212). A mio avviso, *verna* ha forza di sost. (con un senso vicino a *scurra*), ed *eques* svolge, come apposizione, funzione aggettivale con riferimento alle doti di raffinatezza e di carattere (*animus/ingenium* e *mores*) del "cavaliere" (cf. *ThlL* V 713, 26 ss.: «equites fere i.q. eruditi, elegantiores»): vedi in questo senso Hor., *sat.* 1, 10, 76 s.; *epist.* 2, 1, 182 ss. e soprattutto 1, 1, 57 ss. (*est animus tibi, sunt mores, est lingua fidesque, / sed quadringentis sex septem milia desunt: / plebs eris*). A quest'ultimo passo oraziano si rifà Mart. 5, 27, 1–2 (*ingenium studiumque tibi moresque genusque / sunt equitis, fateor: cetera plebis habes*, cf. anche 5, 13, 2 e 9 s.). In G. 9, 9 s. non c'è riferimento al *census* e *status* di "cavaliere", che Nevolo, in realtà, non ha mai avuto, ma sempre e soltanto desiderato (vd. *Introd.*, § 3 b, p. 24 ss.). Per il nesso di due sostantivi con forte tensione paradossale, cf., *e.g.*, *mulio consul* di 8, 148 o *citharoedus princeps* di 8, 198. Mentre il *mimus nobilis* di 8, 198 s. è un nobile che si abbassa indecorosamente al ruolo di *mimus* (cf. 190: *triscurria patriciorum*, detto di patrizi che si comportano peggio di *scurrae*, vd. Dimatteo 2014, 205 s. *ad l.*), Nevolo era un *verna* (vd. appresso) che in tale umile ruolo sapeva comportarsi da *eques*. – **vernam:** il termine designa solitamente lo schiavo nato in casa e non acquistato dal mercante o in altri modi (Quint. 5, 10, 67; Starr jr. 1942; Hermann-Otto 1994). Con lui il padrone poteva intrattenere un rapporto di confidenza familiare, talora caratterizzato da forte affettività (*loco filii*; cf. Stat., *silv.* 5, 5, 8 ss.), ma la relazione che intercorreva era anche, spesso, dichiaratamente sessuale (cf. Hor., *sat.* 1, 2, 117 s.: *tument tibi cum inguina... verna est praesto puer*). In particolare, durante il banchetto, il *verna* – appositamente addestrato – svolgeva una funzione di 'dinner entertainment' consistente, per lo più, in un gioco di aggressione verbale rivolto sia (o prima di tutto) al padrone di casa che, poi, agli ospiti (vd. Sen., *prov.* 1, 6 *vernularum licentia... horum ali audaciam*, da leggere con *const. sap.* 11, 3). L'impertinenza poteva suscitare il sorriso, ma anche risultare volgare nella sua mordacità (vd. Citroni 1975, 131 s. e Howell 1980, 193 *ad* Mart. 1, 41, 2; Bellandi 2008a, 209 e 211 n. 2; Lanzarone 2008, 134 *ad* Sen., *prov.* 1, 6; Canobbio 2011a, 229 *ad* Mart. 5, 18, 4, dove *vernulas* riferito ai *libellos* vale senz'altro 'sfrontati'). Quest'ultimo rischio (di una *procacitas* non *lepida*, ma *stolida*: Mart. 1, 41, 19) era forse sfiorato da Nevolo (*mordente*, 10), ma sempre schivato, almeno secondo l'Interlocutore. La funzione del *verna* al banchetto, in definitiva, era molto simile a quella di uno *scurra* (cf. Hor., *sat.* 1, 5, 51 ss.); vd. anche La Penna 1992b–93, 356 ss. (spec. 371 ss.); Saggese 1994, 57; La Penna 1996. Sulla presenza 'professionale' al convivio di *scurrae*, *cinaedi*, *moriones*, ognuno con la sua specialità di motteggio (*petulans* quello dello *scurra*), cf. Plin., *epist.* 9, 17, 1. Lo *scurra* originariamente aveva una provenienza sociale e uno *status* superiori a quelli del *verna* (di origine servile) ma, col tempo, i due termini finirono per appiattirsi a significare funzioni sostanzialmente simili nella cornice del banchetto. Sull'etimologia della parola *scurra* e la complessa storia di questa figura (con le sue non insignificanti variazioni dal tempo di Plauto e, ancora, di Catullo fino all'età imperiale), vd. Lejay 1911, 551–553; Corbett, 1986; Mazzoli 1987; Saggese 1994. Né lo *scurra* né, tanto meno, il *verna* erano, dunque, veri *convivae* alla pari di quelli invitati dal padrone di casa (5, 161, cf. 149), ma essi 'si guadagnavano' la cena svolgendo questa funzione di intrattenimento comico o apertamente buffonesco durante la serata. La differenza tra il Trebio cliente invitato a cena nella sat. 5 e il Nevolo di questo passo (per come ce lo presenta l'Interlocutore) è che il primo durante la tanto agognata *cena* svolge la funzione del buffone senza rendersene conto (5, 3–4, con citazione di *scurrae* famosi del passato, e 158 s.), il secondo ne ha fatto del tutto consapevolmente una professione, che cerca di svolgere con una sua dignità. Il nesso con *eques* ha sicuramente un valore paradossale, quasi ossimorico («bouffon gentilhomme», tradussero De Labriolle-Villeneuve 1932[2]), spiegato, quasi glossato, da quanto segue immediatamente (vd. *ad* vv. 10–11). Secondo una diversa interpretazione (Courtney 2013[2], 376 *ad* 9, 10 e 390 *ad* v. 140 e Armstrong 2012, 77; cf. *Introd.*, p. 25 e n. 93), sarebbe invece *verna* ad essere usato come apposizione in funzione aggettivale (al posto della forma propriamente tale, che sarebbe *vernaculus*), mentre *eques* avrebbe il suo valore comune di sost., ovvero "cavaliere" (in quanto appartenente al secondo *ordo* dello stato; cf. Wiseman 1970; Canobbio 2011a, 141 ss. *ad* Mart. 5, 8, con altra bibl.). Come agg., *verna* avrebbe, dunque, il senso di "locale", "del posto" (= ἐπιχούριος, αὐτόχθων, ecc.). Alcuni esempi sicuri di questo significato sono rintracciabili in Marziale (per es. 1, 49, 24: *vernas apros,* con Citroni 1975, 167 *ad l.*, o 10, 30, 21: *lupos vernas,* o 3, 1, 5–6: *verna liber,* ovvero *domina... natus in urbe,* con Fusi 2006, 111 s.) e tale uso non è sconosciuto a G. stesso in altri passi (cf. Bellandi 2008a, 208 s.; Santorelli 2013, 141 *ad* 5, 105). Dunque, secondo questa esegesi, *verna eques* equivarrebbe qui in definitiva alla dizione ufficiale di *eques Romanus* o, più colloquialmente, a *eques nostras*, "nostrano/delle nostre parti" (cf. Bellandi 2008a, 210). In questo caso, G. alluderebbe nel v. 10 al fatto che Nevolo in passato sarebbe stato cavaliere (con il relativo censo di almeno 400.000 HS) e, con marcata enfasi, cavaliere R o m a n o, non *municipalis eques* (8, 238) o, addirittura, *advena* o *advectus* (3, 83; 9, 23) come, per es., i disprezzati *equites Asiani* di 7, 14. Ma questa particolare tematica polemica che lo opporrebbe come genuinamente Romano ai *parvenus* greco-orientali, arrampicatisi avventurosamente sulla scala sociale, non è presente nella satira 9 e non avrebbe, dunque, funzione nel contesto. La polemica in questione è importante altrove in G. (cf., per es., 1, 102 ss., con Stramaglia 2017², 79 ss.; vd. anche appresso), ma il pallido cenno del v. 62, che pure si presterebbe (vd. *ad l.*), non viene sviluppato in questo senso. – **equitem:** se Nevolo non è mai stato cavaliere e le aspirazioni in tal senso, espresse nella finale preghiera ai Lari e alla Fortuna, sono solo l'utopia di un sogno ad occhi aperti (vd. *ad* 140, *viginti milia fenus*), quando egli si lamenta della sua precaria condizione economica (non è nemmeno *pauper*!: 147), non è, dunque, un ex-*eques* o *decoctor* (Manzella 2011, 243 e Canobbio 2011a, 144) che rimpianga il suo perduto *status* come il Pollione di 11, 42 s. ed altri, che han perso il diritto all'anello d'oro e alla proedria in teatro (cf. *Introd.*, p. 25 e n. 91). *Eques* in questo passo non rimanda al *census*, ma ai *mores*, qui da intendersi essenzialmente come raffinatezza esteriore di modi (non si tratta, evidentemente, di quelle doti di integrità morale di cui si parla, invece, in 3, 140 s., 153 ss., cf. Manzella 2011, 227 s., 241 ss.), sì che il nesso *verna eques* equivale in sostanza a un ossimoro come *verna non vernilis* o *scurra non scurrilis*. Giuste, dunque, le antiche esegesi: *scurra honestus* (Heinrich 1839, 355) o *scurra elegantior* (Weidner 1889², 188). – **10–11. conviva... natis:** si tratta di un'apposizione, riferita a *tu* sogg. sottinteso di *agebas,* che svolge la funzione di espansione esplicativa (quasi = *agebas vernam equitem in conviviis*; Bellandi 2008a, 207), illustrando le due componenti in tensione nel nesso precedente, che non possono non aver suscitato la curiosità del lettore, e 'localizzandole' nella loro sede naturale, quella del convito (Cic., *Cael.* 67 *in conviviis faceti*). Nevolo svolgeva nei banchetti l'umile funzione di *verna* = *scurra* (come, inconsape-

volmente, il Trebio di 5, 3–4), ma lo faceva con i modi e il gusto urbano dell'*eques*, riuscendo a conciliare felicemente la *mordacitas* del *verna* con l'*urbanitas* dell'*eques*. Grazie a questa capacità di 'self-control' (cf. Hor., *sat*. 1, 10, 13 s.) – secondo l'Interlocutore – Nevolo evitava gli estremi della maldicenza indiscriminata (o, comunque, volgare) dello *scurra*, mentre per il suo essere *modico contentus* riusciva a distinguersi dalla figura-tipo del parassita, caratterizzato da insaziabile *edacitas* (Hor., *epist*. 1, 15, 26 ss.; 2, 1, 173). L'impalpabile ironia dell'Interlocutore impedisce naturalmente di capire quanto tutto ciò corrisponda alla realtà (vd. *ad* 9: *modico contentus*).
– **conviva:** più che vero *conviva* (cf. 5, 161), Nevolo era in sostanza un *parasitus* (vd. anche *ad* 59: *clientis*), ma l'Interlocutore evita qui il termine non lusinghiero e ingentilisce volutamente la situazione. *Parasitus* è presente in 1, 139; 5, 145 (con Santorelli 2013, 175) e 14, 46: in quest'ultimo passo il termine risulta particolarmente spregiativo (perché messo in connessione stretta con le *puellae lenonum*). Sulla figura del parassita, vd. Avezzù 1989; Canobbio 2011a, 404 s. *ad* 5, 44 (con bibl.), mentre sul processo di degrado per cui nel tempo si è passati dalla figura onorevole del *cliens* a quella spregevole del parassita, vd. Damon 1997, 181 ss. Il *convivium* era la 'scena' (cf. *agebas*) in cui si svolgeva la vita 'professionale' di Nevolo: qui egli veniva invitato perché rallegrasse la compagnia dei veri *convivae* (i *reliqui Virrones* di 5, 149) con il suo umorismo urbano. – **ioco mordente facetus:** le *facetiae* di Nevolo durante il banchetto erano sicuramente pungenti, come previsto dall'umorismo italico-romano, che è ispirato tradizionalmente a *fel*/*acetum* (diversamente da quello Attico, ispirato a più raffinata χάρις: cf. Schöffel 2002, 116 *ad* Mart. 8, 3, 19; Canobbio 2011a, 82 *ad* 5, 2, 4). Ma lodevolmente si doveva cercare di non andare al di là dei limiti del *iocus urbanus* o *liberalis*: così *mordens* (= *mordax*/*dicax*; Braund 1988, 262 n. 156) vale sì "irridente", ma – almeno tendenzialmente – in un senso più ironico-allusivo ("pungente") che non acremente sarcastico (se ci si vuol mantenere nei limiti della *urbanitas*) e, infatti, il termine è significativamente 'costretto' tra *ioco* e *facetus* a ben specificare che Nevolo nel suo passato di *conviva* sapeva non infrangere, con le sue battute spiritose, i limiti del decoro richiesti nella buona società. L'Interlocutore vuol segnalare insomma che a Nevolo, in passato, riusciva quel piccolo miracolo di equilibrio tra raffinatezza urbana e spirito acre, che non riesce invece, per es., al Cecilio di Marziale 1, 41 (1–2: *urbanus tibi, Caecili, videris:* / *non es, crede mihi. Quid ergo? verna*, con al v. 19 l'accusa di *stolida procacitas*; vd. Citroni 1975, 131 s.) o al Calliodoro di 6, 44 (sulla pretesa *festivitas* conviviale di questo personaggio, fatta, in realtà, di *dicteria... in omnis,* vd. Grewing 1997, 311 ss.). Tracce di questo spirito si possono forse rinvenire – accanto a patenti cadute di stile – in alcune battute successive del discorso di Nevolo (per es. al v. 37 o 64 s. o 69). Troppo severa al riguardo, a mio avviso, Braund 1988, 157 ss., che

sottolinea, invece, la costante, sgradevole *rusticitas* del personaggio (definito addirittura «a pompous ass» a p. 256 n. 122). Più nel giusto Winkler 1983, 124, ma vd. già Ruperti 1830-1831, II 362 che, a proposito dei vv. 67-69, giudicava positivamente il modo di esprimersi di Nevolo («facete... lepide... lepida verba»); vd. anche Schmitz 2000, 263 s. – **11. salibus vehemens intra pomeria natis:** è un'amplificazione esplicativa e iperbolica dell'espressione precedente: Nevolo è 'bravo', anzi 'eccelle' nei *sales* (= *facetiae*; cf. Fusi 2006, 550 s. *ad* Mart. 3, 100, 3) e questi motti di spirito sono *urbani*, anzi 'più che urbani' (siamo aldilà delle stesse forme superlative di Cic., *Cael.* 36: *urbanissimus*; *Brut.* 239 e altrove: *perurbanus*). *Intra pomeria natis*, infatti, va oltre *natus in urbe* di Mart. 3, 1, 5 e vale "nati nel cuore stesso della città antica", addirittura quello delimitato dall'arcaico rituale di fondazione, la zona originaria racchiusa all'interno del tracciato romuleo delle mura sul Palatino. Sul concetto di *urbanitas* (e sue variazioni nel tempo da Cicerone e Catullo fino a Domizio Marso e Quintiliano), vd. Ramage 1963 e 1973; Braund 1988, 157 ss.; Barbieri 1997, nonché Bellandi 2007, 34 ss. (con bibl. in nn. 57 e 59). – **vehemens:** dovrebbe valere *efficax, validus, promptus*, con abl. di limitazione, o forse meglio *fortis/strenuus* nel senso di *eximius/excellens*. Lo *Schol.*, p. 154, 3 s. W. spiegava riduttivamente in senso solo quantitativo con *abundans* (*facetiis urbicis*). Il significato più comune di *vehemens* (= *acer/asper*) potrebbe far pensare ad una ripresa di *mordens* (cf. *Schol.*, p. 154, 6 s. W.: *solebas in conviviis iocis omnes fatigare*; vd. Viansino 1990, 351: «aspro»), ma così si corre il rischio di rompere l'equilibrio – sapientemente e vistosamente ricercato in tutto il passo – tra spirito frizzante e moderazione urbana: se si vuol essere *urbani*, bisogna assolutamente evitare che il *iocus* cada nella malignità subdola (cf. Hor., *sat.* 1, 4, 78 ss.) o, facendosi *saevus*, degeneri *apertam in rabiem* (Hor., *epist.* 2, 1, 149 s.). Il senso tecnico-retorico di *vehemens* (= ἁδρός) o 'sublime' (presente in 11, 34: *orator vehemens*) qui non c'entra, ma si allude comunque ad un livello di eccellenza nel possesso di una qualità che ha a che vedere con l'abilità nel parlare. Axelson 1945a, 60 valuta l'agg. (e l'avv. *vehementer*) come prosastici e legnosi («hölzern»). – **intra pomeria:** il *pomerium* (*pomeria* è plur. poet., *metri causa*, cf. *ad* 23: *Palatia*; Citroni 1975, 25 *ad* Mart. 1, 3, 3) è lo spazio *utrimque* attorno al tracciato delle mura più antiche della città, non edificabile né arabile (cf. Varro, *ling.* 4, 32; Liv. 1, 44, con Ogilvie 1965, 179 s.; Gell. 13, 14). Il *pomerium* nel corso del tempo fu sottoposto a vari ampliamenti (Andreussi 1999; Giardina 2000, 25-34), ma qui per iperbole si deve certamente pensare a quello più angusto delle origini (per l'Interlocutore Nevolo è *urbanissimus*).

12-15. Omnia... crura: ora all'improvviso (cf. *repente*, 8) tutto è cambiato, anzi ribaltato. La *hilaritas festiva* del *conviva facetus* (9-11) si è trasformata in *tristitia* (1) e *gravitas* (12), la *cura sui cultus frontisque decorae* come la definisce Manil. 5, 146 (in un interessante passo [140–156] relativo ai "seguaci di Bacco e Venere", frequentatori assidui e azzimati dei banchetti; cf. Feraboli-Flores-Scarcia 2001, 460–464) ha lasciato il posto ad una trascuratezza tutt'altro che *urbana*. Braund 1988, 157 ss. insiste a ragione (ma anche con qualche eccesso) sullo stato di *rusticitas* in cui attualmente versa Nevolo. – **12. Omnia nunc contra**: *sc. (facta) sunt*, ma non è indispensabile supplire, perché il sintagma dà avvio a un susseguirsi incalzante di frasi nominali, dettate da efficace *Sparsamkeitsellipse*. Notare l'uso predicativo dell'avverbio (per *contraria*; cf. 21), posto in forte rilievo in cesura pentemimere. – **12. vultus gravis**: il *conviva facetus* è scomparso, ha assunto un'espressione scontrosa e severa, se non minacciosa (cf. *gravis occursu, taeterrima vultu* in 6, 418; anche 13, 197); vd. *ad* 1: *tristis*. Non si tratta, comunque, come qualcuno ha voluto interpretare, dell'adozione volontaria e ostentata di un cipiglio aggrottato da moralista, di una *constricta frons* da Catone (Petr. 132, 15, v. 1), o di quella *tam severa tristitia* per cui Eumolpo viene preso per un filosofo dalla ingenua madre del fanciullo di Pergamo (Petr. 85, 2). L'Interlocutore si limita a notare la 'serietà' della nuova espressione di Nevolo e la sua svolta 'filosofico-morale' non è più che un'ipotesi ironica, su cui si giocherà più avanti con qualche allusione sapidamente terminologica (20–21; vd. *ad l.*). Sapremo presto dal diretto interessato (27–31) che Nevolo non ha affatto cambiato vita, volgendosi alla filosofia e/o a un tipo di esistenza severa, come una sorta di *mutatus Polemon* di oraziana memoria (*sat.* 2, 3, 253 s.; Diog. L. 4, 16; Gantar 1996), che dalle gioie e dagli eccessi del banchetto passò ad una vita di rigorosa ascesi filosofica, o anche – più semplicemente – come il Damasippo di *sat.* 2, 3, 33 ss. Nevolo non è diventato uno *Stoicida* (2, 65), un falso Stoico come quelli di 2, 8 ss. (così credeva Frassinetti 1955, 409 ss., che ne faceva un *tristis obscenus*), né un trasandato cinico (sul serio o per finta) come suggeriva Braund 1988, 151; 157; 252 n. 103 (sul tipo del Cinico straccione, vd. Moreno Soldevila 2006, 373 ss. *ad* Mart. 4, 53 e Fusi 2006, 530 *ad* 3, 93, 13). È vero che ora (v. 15) egli ha *hispida membra* (come i filosofi ipocriti di 2, 11 ss.), ma non c'è in lui alcuna intenzione di *promittere atrocem animum*, secondo il tema dello pseudo-moralista che *Curios simulat* e *Bacchanalia vivit* sviluppato nella prima parte della sat. 2. È questo un luogo comune effettivamente molto diffuso (anche nell'epigramma, cf. Citroni 1975, 82 ss. *ad* Mart. 1, 24), ma qui il tema non è attivo. L'unico moralista del nostro contesto è, probabilmente, il Ravola del v. 4, mentre Nevolo non ha assunto e non esibisce un atteggiamento esteriore per fingersi diverso da quel che è (cf. *ad* 4: *Ravola: in fine*). Se nel corso del suo successivo intervento Nevolo adotterà toni decisamente critici nei confronti dell'ex-patrono, non per questo egli diventa un «Satirist» con pretese moralistiche di ordine generale (Braund 1988, 169 s.: «Naevolus' position is very similar to that of the archetypal satirist»), una specie di *cinaedus scribens saturam* (4, 106; vd. *Introd.*, p. 17 n. 60): le connotazioni in questo senso dell'acquisita *gravitas* (solo suggerite tra le righe) sono unicamente in funzione dell'ironia dell'Interlocutore sul personaggio. – **12–13. horrida siccae / silva comae:** la chioma, prima ben curata e impomatata, ora è diventata una foresta arruffata di capelli rinsecchiti. Per Braund 1988, 251 n. 99 *siccae... comae* non è gen. sing., ma nom. plur. in un complesso intreccio apposizionale col nom. sing. *horrida silva* (= *siccae comae* [*nunc sunt*] *horrida silva*). Ma così la disposizione degli elementi diventa forse troppo ricercata, andando anche oltre il cosiddetto «schema Cornelianum» quale quello presente in celebri versi di Virgilio come, per es., *ecl.* 1, 57 (*raucae tua cura palumbes*) o 2, 3 (*densas umbrosa cacumina fagos*); cf. anche 3, 3; 7, 21; 9, 9, (con Solodow 1986; Schmitz 2000, 198 s.; Cucchiarelli 2012, 160, 177, *ad ll.*). In G. avremmo la differenza che nell'iperbato ci sarebbe una disposizione degli epiteti in parallelo (anziché in chiasmo come in Virgilio) e la loro distribuzione tra due versi (con il consueto 'enjambement', molto amato dal satirico). Su questo tipo di ricercati intrecci o 'incastri' di parole in G., vd. Stramaglia 2017², 175 *ad* 7, 117–118 e 120; Manzella 2011, 110 s. *ad* 3, 48. Meglio, probabilmente, intendere che *horrida silva* (Verg., *Aen.* 9, 381 s.: *silva... horrida*, segnalato da Schmitz 2000, 266; Livio 22, 16, 4: *per horridas silvas*) è un nom. sing. 'intrecciato' iconicamente col suo gen. epesegetico (*sc. est tibi*, al sing., come con gli altri soggetti sing.: *vultus* e *nitor*) ad indicare da cosa è costituita tale foresta, ovvero da *coma sicca*. G. preferisce il plur. di *coma* (cf. 2, 96; 6, 496; 11, 189, anche *metri causa* per evitare la sinalefe), ma per l'uso del sing. (abbastanza frequente, per es., in Marziale), cf. 2, 15 e vd. *ThlL* III 1746, 37–41. Sull'uso e la valutazione stilistica di *coma* (rispetto a *crinis*/*capillus*), vd. Knox 1986, 33 e 45 n. 50. Contribuisce alla raffinatezza del passo anche l'allitterazione sillabica dei termini in clausola e in *incipit* (*siccae... silva*) e l'alternanza regolare degli omeoptoti (-*a* -*ae* / -*a* -*ae*). *Siccus* (propriamente = "all'asciutto di profumi ed essenze") è il contrario di *madidus*/*udus* (per es. *madidu... cirro* in 13, 165 o *udus amomo* in 8, 159; vd. Canobbio 2011a, 498 *ad* Mart. 5, 64, 3: *pinguescat nimio madidus mihi crinis amomo*). Ai maschi era consentito profumarsi il capo in occasione del banchetto (cf. *ad* 128: *unguenta*), ma i *luxuriosi* andavano ben al di là dell'uso permesso in queste particolari occasioni sociali (cf. 2, 40–42; 4, 108 s.; 8, 86 e 159, con Dimatteo 2014, 112 s. e 180; in generale Lilja 1972). Se ne deduce che in passato Nevolo usava tenere i capelli ben acconciati e unti di essenze profumate e non sappiamo se solo in occasione del *convivium* (10). – **13. nullus tota nitor in cute:** è stata trascurata ogni cura cosmetica e, dunque, come *sicca* è la *coma*, così è svanita ogni lucentezza o splendore della pelle (cf. *splendida... cutis* in Mart. 2, 36, 2) . L'operazione del *curare cutem*, messa in atto da un maschio per apparire *nitidus*, può dare adito a qualche sospetto:

cf. Hor., *epist.* 1, 4, 15 *nitidum bene curata cute* riferito a sé (con un voluto tratto di autoironia verso il tipo del 'gaudente epicureo'). Più aperto l'elemento di critica in *ibid.* 1, 2, 28 s. (*in cute curanda plus aequo operata iuventus*, detto dei molli Feaci), anche se qui e altrove (per es. in Hor., *sat.* 2, 5, 38 *pelliculam curare* e, forse, in Persio 4, 18, con Kissel 1990, 522) l'espressione vira verso il senso traslato (e più generale) del "trattarsi (troppo) bene" (*ThlL* IV 1501, 70–76; cf. Schmitz 2019, 85 n. 42). Ma in G. 2, 105 l'espressione (*curare cutem*) è adoperata in senso proprio e con aperto dileggio a proposito del *pathicus Otho* (2, 99), che si faceva impiastri emollienti di mollica di pane sulla faccia dopo la quotidiana rasatura (Svet., *Oth.* 12, 1) e non vi rinunciava nemmeno prima della battaglia (v. 107), più femmineo delle regine guerriere Semiramide e Cleopatra. I due agg. (*nullus tota*) posti a immediato contatto sono termini estremi o assoluti («blanket words»: Braund 1988, 131), come è tipico di G. data la sua spiccata predilezione per il procedimento dell'antitesi: non c'è un'attenuazione del trattamento cosmetico della pelle, ma la totale dismissione di esso. Sulla critica moralistica della depilazione e/o cosmesi (in specie maschile: Sen., *nat.*, 7, 31, 2 o Plin., *nat.* 14, 123; 29, 26), vd. Dimatteo 2014, 141 *ad* 8, 114 e anche Fusi 2006, 316 e 409 *ad* Mart. 3, 43 e 3, 63, 6. In G. 14, 193 ss. vediamo un padre che si preoccupa per l'auspicata carriera militare del figlio e gli raccomanda di ostentare inoppugnabile virilità, con l'esibizione di *caput intactum buxo naresque pilosas... et grandes... alas*, mentre Marziale in 10, 65, 5–9 si contrappone da rude spagnolo – con i suoi capelli arruffati, le gambe e le guance irsute (*hirsutis ego cruribus genisque*) – all'effeminato Carmenione di Corinto, che incede *flexa nitidus coma... levis dropace... cotidiano*. L'eccesso *circa corporis curam* (depilazione compresa) era oggetto di tradizionale *exprobratio* (Svet., *Caes.* 45, 2) e Ovidio, *ars* 1, 505 ss. (cf. 3, 433 ss.) invitava i maschi a non eccedere in questo senso (arricciare i capelli o depilare i *crura*), se non volevano dar adito al sospetto di *effeminatio* (*cetera lascivae faciant, concede, puellae / et si quis male vir quaerit habere virum*, 523 s.).
– **14. Bruttia... visci:** per depilarsi Nevolo usava una fascetta o benda calda, intrisa di crema al vischio. Il *viscum* (più raramente *viscus*) era una pianta parassita (di cui si parla anche in un celebre passo di Verg., *Aen.* 6, 205; Maggiulli 1990b), che forniva una materia appiccicosa, una specie di colla usata anche per 'invischiare' e catturare gli uccelli nell'*avicupium*. In 6, 463 sono le donne ad essere cosparse di queste creme appiccicose, da cui finiscono imbrattati e "impaniati" (*viscantur*) i disgraziati mariti. Di solito in questi contesti relativi alla depilazione si parla di *pix* e *resina* (cf. anche G. 8, 114), che provenivano da *pineta* famosi come, appunto, quelli del Bruzio, odierna Calabria (cf. Plin., *nat.* 16, 53; Calp. *ecl.* 5, 80 s.). Alla resina e ad altre sostanze di origine vegetale usate a scopo depilatorio si accenna in Marziale 3, 74 (con Fusi 2006, 458 ss.), dove si usano anche i termini tecnici di origine

greca *psilothrum* e *dropax* per designare i mezzi impiegati allo scopo (che lo *Schol.*, p. 154, 8 s. W. riprende per spiegare il nostro passo). *Bruttia* sembra solo un *epitheton ornans* che individua il materiale usato a questo fine come proveniente dalla zona più rinomata (ricca di *pineta*) per la produzione di resina e pece: è probabile, insomma, che G. estenda al vischio questa provenienza solo per nobilitarne l'origine (il vischio di per sé non è una resina e attecchisce su altre piante che non il pino). Nevolo usava questa sostanza depilatoria su tutto il corpo (*tota... in cute*; probabilmente, dunque, anche sulla faccia, cf. Mart. 3, 74, 1). Non è detto qui espressamente, ma è probabile (anche per il paragone del v. 2 con Marsia satiro irsuto, in Apul., *Flor.* 3, per es., definito *illutibarbus*) che al posto della sua 'bella' faccia di un tempo, rasata e ammorbidita come quella di Otone, ora Nevolo abbia una barba *immissa* o incolta come quella di Ravola al v. 4 (Braund 1988, 158 s.). In ogni caso, l'Interlocutore si sofferma non sulla peluria del viso, ma su quella delle gambe (vd. *ad* 15: *fruticante... crura*). In alcuni mss. in luogo dell'epiteto *Bruttia* si legge *circumlita* (accettato, per es., dalle antiche edizioni di Prateus 1684, 282 e Achaintre 1810, I 350), che sa decisamente di spiegazione glossematica (oltretutto per un forse più esatto *circumposita*, riferito a *fascia*). Gli attributi del v. 14 sono anteposti (in parallelo) rispetto ai loro sostantivi (**abAB**) per iperbato e c'è almeno un'enallage, se non due (= *calida fascia Bruttii visci*), cf. Manzella 2011, 75 *ad* 3, 25; sulla «doppia enallage», Calboli 1985a. Al v. 95 Nevolo alluderà all'uso da parte di Virrone di un altro e ben noto mezzo depilatorio, la pietra pomice, su cui vd. *ad l.* – **15. fruticante... crura:** l'esempio più vistoso di questa generale mancanza di *nitor in cute* è quello delle gambe, ormai invase da una vera e propria 'sterpaglia' di peli germoglianti. L'ispirazione per l'immagine viene probabilmente da Persio 4, 39 ss., dove si parlava di *plantaria* e *filix* a proposito della folta peluria da estirpare dagli *arcana lumbi* di un effeminato. Dunque, secondo l'Interlocutore, Nevolo era fino a poco tempo prima un uomo che si acconciava e profumava i capelli, si faceva la maschera cosmetica per il viso e il corpo come una donna (6, 461 ss.) e – non diversamente dai *pathici* (Otone in 2, 105 e 107 ss.) – si curava la pelle e depilava le gambe (8, 114 s.: *resinata iuventus cruraque... levia*). Nevolo, insomma, non si presentava alla sua 'clientela' come un forzuto *draucus* (Citroni 1975, 297 *ad* Mart. 1, 96, 12; Galan Vioque 2002, 387 *ad* 7, 67, 5), ma come un *homo bellus* (vd. Mart. 1, 9, con Citroni *ibid.*, 47 ss. e Howell 1980, 127 s. *ad l.*; 3, 63, con Fusi 2006, 406 ss.). Senza voler insinuare nulla di più (cf. 22 ss.: Nevolo è un rinomato *amator*), l'Interlocutore fa comunque della sottile ironia sull'effeminatezza della precedente vita di Nevolo, il quale, invece, – con sprezzo virilistico da 'macho' – presto attribuirà queste mollezze solo al suo effeminato patrono (vd. *ad* 95: *pumice levis*). L'*homo bellus* e l'*effeminatus* – categorie distinte, ma con appariscenti e 'pericolosi' punti di contatto (Herter

1959, 628 ss.), donde l'equivoco di chi prende Nevolo per un *cinaedus* (*contra*, giustamente, Nappa 2018, 194 n. 52) – tenevano molto, in particolare, alla depilazione e levigatezza delle gambe (vd. sotto *ad*: *neglecta et squalida crura*). In realtà, gli *homines belli*, pur facilmente sospettabili di inclinazioni e/o pratiche omosessuali (nel ruolo passivo), avevano un loro specifico 'mercato' presso le donne: esistevano infatti le *glabrariae*, donne appassionate per gli uomini *glabri* (cf. Mart. 2, 62, 1–3: *pectus... crura ... bracchia vellis... amicae*, con Williams 2004, 206 ss.; 4, 28, 7: *vae glabraria*, cf. *tenero* al v. 1, con Moreno Soldevila 2006, 247 ss.; in G. stesso, vd. 6, 356, 383 e 548), e in Sen., *contr.* 2, 1, 6 si stigmatizza duramente il 'giovane d'oggi' che si muove e si atteggia *feminā mollius* ma *ut feminis placeat*. Del resto, in Petr. 126, 1–2 la descrizione che Criside fa di Encolpio/Polieno è quella di un prostituto per donne mollemente atteggiato e truccato non diversamente da un effeminato (*flexae pectine comae... facies medicamine attrita...*, *eqs.*). Con ironia maliziosa l'Interlocutore sottolinea dunque, senza parere, che il Nevolo del recente passato non era certo un campione di cespugliosa virilità come quella degli intonsi e barbuti antenati di Roma (8, 17: *squalentis... avos*; 16, 31: *dignum barba dignumque capillis maiorum*), a cui ora si trova per qualche ignoto motivo ad assomigliare. – **fruticante pilo**: la stessa metafora in Calp. *ecl.* 6, 37 (*fruticat late caput*, detto a proposito delle corna di un cervo). Le gambe diventano, così, quasi un *fruticetum* o 'macchia d'arbusti' (il termine appare in Hor., *carm.* 3, 12, 11 a designare il 'nascondiglio' dei cinghiali; cf. già *silva* al v. 13). *Pilo* è sing. collettivo (cf. Mart. 2, 29, 6 o Svet., *Aug.* 68 citato appresso) in evidente tensione con il significato dell'agg. participiale (cf., *e.g.*, 13, 215 *densissima ruga* e vd. Friedländer 1895, 154 *ad* 1, 120 s.: *densissima... lectica*). L'immagine sarà poi ripresa da Sid. Apoll., *epist.* 1, 2, 2, ma 'normalizzata' col plurale (*pilis... fruticantibus*). – **neglecta et squalida crura**: *et* ha valore epesegetico, non semplicemente cumulativo: è la trascuratezza (*neglecta*) che genera lo *squalor* dei *crura* (su questo valore di *et*, vd. Manzella 2011, 110 *ad* 3, 48; altri ess. in Courtney 2013[2], 567 s.v. *et*). I *crura* sono propriamente gli "stinchi" ma, più spesso, la parola designa le "gambe" nel complesso (cf. André 1991, 111 e 257, nonché Williams 2004, 136 s. e 208 *ad* Mart. 2, 36, 5–6 e 62, 1) o – più specificamente e allusivamente – la loro parte superiore vicina all'*inguen*: i *femina* o le *coxae* (cf. in greco la distinzione tra κνῆμαι e μηροί, su cui Giannuzzi 2007, 341 *ad* Strat. LXI 4 = *AP* 12, 220, 4). L'accurata depilazione dei *crura* era eroticamente un 'must' per cinedi e *homines belli*. Ancora una volta queste due categorie sono 'pericolosamente' convergenti in tale particolare della *cura corporis*: se la moglie di Mariano in Mart. 5, 61, 6 è evidentemente una *glabraria* e ama i *crura... nullo... violata pilo* del suo giovane e riccioluto (*crispulus*) amante (vd. Howell 1985, 143 ss. e Canobbio 2011a, 486 s.), già Scipione Emiliano (*ORF* 17 Malcovati in Gellio 6,

12, 5) se la prendeva con i *femina subvulsa* di un *adulescentulus virosus* e *cinaedus*, ed eloquente è il sarcasmo di Catull. 54, 2 a proposito di una imperdonabile 'defaillance' (*rustice semilauta crura*) in materia di igiene e/o depilazione in contesto omosessuale (cf. Tandoi 1976–92, I 299 ss.; Fo 2018, 662 ss.). Esplicito sulla depilazione come atto propedeutico al rapporto (omo-)sessuale risulta Svet., *Galb*. 22. Da ricordare anche il sarcasmo di Mart. 9, 27, 1–5 (in part. 4: *nec vivat ullus in tuo pilus crure*, con Henriksen 1998, 1, 145) su un acceso moralista, molto depilato e assai poco morale. Nel capitolo dedicato alle accuse di *effeminatio* rivolte al giovane Ottaviano (*Aug.* 68), Svetonio registra anche la diceria (sparsa ad opera di Lucio Antonio) che egli fosse solito *crura suburere nuce ardenti, quo mollior pilus* (al sing.) *surgeret*. Seneca in *epist*. 114, 14 – mentre auspicava che non ci si trascurasse *plus iusto*, non depilando nemmeno le ascelle – deplorava chi se *plus iusto colit... et c r u r a... vellit*.

16–21. Quid... priori: nuova ipotesi dell'Interlocutore, che evidentemente procede a tentoni nel suo sforzo di interpretazione: Nevolo, *tristis* (1) e con il *vultus gravis* (12), trascurato nell'aspetto e nella *cura sui* (12–15), non sarà – invece che preda, per ignoti motivi, di un oraziano *veternus* (*epist*. 1, 8, 10, cf. 7) – per caso afflitto da una vera e propria malattia (organica)? o tutt'e due (cf. *ad* 18–20)? La magrezza estrema, che altrove può derivare dalle sofferenze d'amore (cf. 6, 138; Schmitz 2000, 234 e n. 209) o dall'eccessivo impegno nel lavoro e nello studio (7, 29) o da un'astensione più o meno volontaria o forzata dal cibo (14, 146; 15, 101), qui appare essere quella del malato cronico, di chi è afflitto da lungo tempo da un morbo (per es., appunto, dalla febbre quartana). L'insistenza sulla cronicità della malattia è triplice: *veteris*; *tempore longo*; *olim domestica* (16–17); per questo tipo di ridondanze, vd. pure *ad* 126–127: *Festinat... flosculus*. Si tratta di un improvviso (ed ironico) *exploit* patognomico dell'Interlocutore. – **16. Quid macies aegri veteris:** *sc. est* (= *quid sibi vult/significat ista tua macies?*), variazione rispetto a *Quid tibi cum vultu?* del v. 3 (vd. *ad l.*). Per l'espressione *aeger vetus*, costituita da quelli che sono originariamente due aggettivi, vd. *mollis avarus* al v. 38 e cf. Dimatteo 2014, 86 *ad* 8, 49: *aeger* svolge qui funzione di sostantivo (come in 4, 57; 12, 122; 13, 124) e *vetus* quella di aggettivo, come tecnicismo della lingua della medicina (con il valore di χρονιχός o χρόνιος), cf. 7, 170 *iam veteres ... caecos* e 8, 34 *scabie vetusta* (vd., per es., Cels. 3, 16, 1–2 *vetus quartana*; *OLD*² 3b) in opposizione ad ὀξύς / *acutus* (*ThlL* I 466, 68 ss.). Si dovrà ritenere che G. abbia pensato ad *aegrotus vetus* in Persio 3, 83, riferito probabilmente al 'malato cronico' Epicuro, cf. Scivoletto 1961, 74 s. *ad l*. (riserve non decisive in Kissel 1990, 463 s., che intende *vetus* come sost. [= *senex*] e, comunque, ritiene anche lui che il passo giovenaliano sia probabile imitazione di quello di Persio). *Aegri veteris* è un gen. di pertinenza ('[magrezza] da malato cronico'): *est aegri* *veteris tam macrum esse...* – **16–17. quem... febris:** la febbre è considerata quasi una sorta di compagna di vita del malato, come la *Febris* che in Sen., *apocol.* 6, 1 accompagnò Claudio durante il corso della sua esistenza (*tot annos cum eo vixi*) e lo seguì perfino in cielo. Alla macilenza lo *Schol.*, p. 154, 12 W. aggiunge plausibilmente il pallore (*decolor*), cf. 15, 101 (*pallorem et maciem*). Courtney 2013², 377 ricorda che l'espressione perifrastica (più corposa del breve *diu*) è l'antenata del francese 'longtemps', cui si avvicina ancora di più *longo... tempore* in 11, 152 (con Bracci 2014, 172). – **17. torret:** qui la malattia "brucia" il paziente (cf. 10, 217 s.: *sanguis / febre c a l e t sola*; *calor* per *febris* in 12, 98; vd. Ov., *epist.* 21, 171 *t o r r e n t u r febribus artus*), ma in Hor., *sat.* 2, 3, 290 la *quartana* è *frigida* (per i forti brividi che provoca, cf. Cels. 3, 3); vd. anche Petr. 17, 7 (*frigida tertiana*), con Schmeling 2011, 50 s. Essa è qui presentata come morbo altamente fastidioso e, verisimilmente, pericoloso. In 4, 57 (*iam quartanam sperantibus aegris*), però, i malati ci sperano come in un segno di relativo miglioramento (cf. Cels. 3, 15, 6: *quartana neminem iugulat*), evidentemente rispetto alla *tertiana* ed ad altro tipo di febbri più violente e, talora, immediatamente micidiali (Mart. 10, 77, 3: *saeva nocens febris saltem quartana fuisses!*, con Baumbauch 2004, 278 s.); vd. Courtney 2013², 181 e Santorelli 2012, 96, *ad* 4, 57. *Torret* (unica forma di *torreo* presente in G.) è migliore di *torquet* (*torqueo*: usato 3 volte), proposto da Wakefield (*ap.* Willis 1997) e attestato in qualche ms. (Courtney mantiene nel testo *torret*, ma nel commento parafrasa con «to torture»). Un'analoga oscillazione nella trad. ms. tra *torquet* e *torret* (presente in alcuni *recentiores*) troviamo in Prop. 4, 9, 21 (*torquet/torret sitis*), su cui vd. Hutchinson 2006, 210; Coutelle 2015, 875. *Torret* è parola spondiaca in *incipit* (Stramaglia 2017², 78 *ad* 1, 100); in questa sat. 9, vd. anche 35, 97 e 114. – **quarta dies:** *dies* è qui di genere femminile (cf. Courtney 2013², 476 *ad* 13, 23) ed è sottinteso *quaeque* (cf. 7, 160 s.: *sexta quaque die*). Si tratta di un'espressione metonimica di stampo elevato che basterebbe a designare la *quartana* (*febris*), una febbre con attacchi intermittenti ogni tre giorni (due giorni pieni di tregua). Ma qui c'è una sorta di endiadi che reduplica ed enfatizza il concetto (= *quem iam pridem torret quartā quaque die febris* o semplicemente *febris quartana*). Per altri casi di endiadi in G., vd. Friedländer 1895, 145 s. *ad* 1, 72, che inserisce nella sua lunga lista sia questo passo (erroneamente designato come 5, 17) che 9, 47 (*dignum cyatho caeloque*; cf. *ad l.*); vd. anche le precisazioni di Monti 1978, 74, che riduce i casi a 1, 72 e 144; 3, 11 e 55; 10, 112; 13, 167, e la lista ancora diversa di Courtney 2013², 567 (s.v. *hendiadys*). In generale, sul discusso concetto di endiadi, vd. Kroll 1988³, 30 ss.; Calboli 1985 b; Maurach 1990, 20 ss.; Hofmann-Szantyr-Traina 2002, 159 s. – **olimque domestica:** = *iamdudum familiaris, sueta* (cf. 15, 64); vd. anche 13, 229: *vigili cum febre* (per lo meno nell'interpretazione di Lewis 1882², II 350, di cui discute Ficca 2009, 157:

"incessante"); cf. *OLD*² 1b, che cita tra gli altri il caso di Verg., *Aen.* 4, 200 (*vigilem... ignem*). Per questo senso durativo di *olim*, vd. Manzella 2011, 253 *ad* 3, 163.

18–19. Deprendas... gaudia: ma l'Interlocutore non attribuisce 'tout court' lo stato di *tristitia* e di trascuratezza di Nevolo alla ipotizzata malattia o, per lo meno, non soltanto ad essa: con un certo atteggiamento di superiorità un po' saccente (Braund 1988, 150), qui enfatizzato dall'anafora, egli si lancia ora in una *sententia* di ordine generale (rivolta non a Nevolo, cui finora si è indirizzato con il suo discorso, ma a un tu generico) che deve attestare le sue doti di esperto fisiognomico e diagnosta, in un esercizio a cavallo tra psicosomatica e patognomonica (vd. le introduzioni e i commenti di André 1981 e Raina 1993 alle operette dello Pseudo-Aristotele e dell'Anonimo Latino *De physiognomonia*; Swain 2007). L'eventuale stato di malattia di Nevolo (*aegri... in aegro corpore*) consentirebbe all'esperto di cogliere al volo lo stato psicologico del paziente, perchè questi non riuscirebbe a dissimulare quel che si cela nel suo animo – quand'anche lo volesse (*latens* con possibile sfumatura conativo/concessiva) – allorché il *corpus* che lo ospita è *aegrum*. In situazioni del genere si colgono senza difficoltà *tormenta et gaudia animi* perché queste emozioni si trascrivono immediatamente e senza alterazioni sulla faccia del malato: *tormenta* e *gaudia* costituiscono una coppia di opposti polari per indicare con i soli due termini estremi tutta la gamma dei possibili stati d'animo (liste più articolate di sentimenti/emozioni in 1, 85–86; 6, 189 s.; 10, 51 s.: *gaudia* è presente in tutti e tre i passi, per *tormenta*, invece, sono indicati *timor, ira, curae, lacrimae*). Nel caso presente non c'è sicuramente alcuna traccia di *gaudium* sulla *facies* di Nevolo (solo Macleane 1867², 213 sembra cogliere la relativa stranezza della presenza di un termine come *gaudia* in questo contesto, ma già Guyet [*ap.* de Marolles 1658, 130] aveva proposto di leggere *in ipso* al posto di *in aegro*) e, invece, lo stato di *tormentum* è del tutto evidente (cf. 90: *doloris*): l'ipotizzato stato morboso-febbrile, insomma, impedisce ogni tentativo di finzione e rende facile capire che egli è in preda a un *tormentum animi* (in teoria potrebbe anche trattarsi di *tormenta... amantis*, 6, 209). Si torna, così, alla domanda iniziale: *quare... tristis*? con un sottinteso *noli dissimulare* ("tanto è inutile... ti si legge in faccia"). Giovenale si è ispirato evidentemente ad un passo di Lucilio (638 M. = 682 Kr. = 26, 65 Ch. = 678 Chr.: *animo qui aegrotat, videmus corpore hunc signum dare*), ma lo ha decisamente complicato. Lucilio fa una dichiarazione strettamente psicosomatica (il *morbus animi* produce *signa corporis*: la psiche ammala il corpo e questo esibisce i sintomi relativi); G. dice solo – in modo un po' contorto – che quando si è malati (*in aegro / corpore*: non è detto per ragioni psicosomatiche, bensì, per es. [16], per un accesso di quartana) è arduo tener celati i propri sentimenti (quali che essi siano). G. sembra aver oscillato tra il verso luciliano (che tira in ballo lo stato di malattia) e il diffuso luogo comune (Tosi 1991–2017, 601 s. n. 827) secondo il quale il volto e gli occhi svelano ineluttabilmente i sentimenti dell'animo a prescindere dallo stato di salute (Cic., *de orat.* 3, 59, 221; *orat.* 18, 60: *ut imago animi vultus est, sic indices oculi*; cf. Plin., *nat.* 11, 145: *profecto in oculis animus habitat*, con *tristitiae/laetitiae* tra gli altri *animi indicia* disvelati dallo sguardo). *Latentis*, riferito ad *animi,* può per enallage intendersi = *latentia* riferito a *tormenta* (da estendersi al seguente *gaudia*); ma *latentis* potrebbe anche alludere al fatto che l'animo (solitamente allogato nel *pectus*: Lucr. 3, 140) è in sé invisibile alla vista e sede di emozioni e pensieri nascosti (*animi secreta*, 6, 190). – **Deprendas... deprendas:** il ripetuto *deprendas* (cf. 8, 112 e 114: *despicias... despicias*) è un cong. potenziale che non comporta alcun'ombra di dubbio ma, al contrario, una qualche sfumatura di sufficienza (quasi = *facile cuivis deprendere*, cf. 10, 31). Per questo senso di *deprendere*, "capire (con certezza e di colpo)", cf. 4, 142 e vd., per es., Quint. 11, 3, 66 (*animalium*) *ira laetitia adulatio et oculis et quibusdam aliis corporis signis deprenditur.* In questo senso *deprendo* si avvicina a *colligo* (11, 198 e 13, 191): vd., per es., Petr. 126, 3 (*ex vultibus... hominum colligo mores*). *Deprendere* ha anche un uso in ambito strettamente medico-diagnostico (*ThlL* V 1, 610, 46 ss.), cf. Cels. 2, 7 (*omnis etiam suppuratio quae nondum oculis patet sic deprehendi potest*) o Sen., *nat.* 4B, 13, 11 (*febris est... nec in cutem effuso calore deprenditur, sed cor ipsum excoquit*). – **19–20. sumit... facies:** *sententia* in asindeto (*sc. nam*). Il volto assume immediatamente (cf. 3, 105 s.) o l'una o l'altra espressione (*habitus*) – di gioia o di pena (*Schol.,* p. 154, 18 s. W.: *et laetitiae et aerumnarum*; cf. anche *Schol. ad* Stat., *Ach.* 1, 167) – e lo fa *inde*: ossia a partire dall'*animus* che – pur *latens* – si disvela sul viso senza possibilità di infingimenti. In Sen., *Ag.* 128 (*licet ipsa sileas, totus in vultu est dolor*, con Tarrant 1976, 198 *ad l.*), è la passione (malattia dello spirito) a disvelare sul volto quanto si vorrebbe tener nascosto (cf. anche *Phaedr.* 362: *quamvis tegatur, proditur vultu furor*, con Coffey-Mayer 1990, 124, e *Herc. Oet.* 704 s.: *licet ipsa neges, vultus loquitur quodcumque tegis*). In G., invece, è la malattia del corpo (esemplificata con la quartana) a disattivare ogni capacità di dissimulazione (in teoria anche di una gioia che si volesse tener nascosta). Interessante – a proposito del problematico *gaudia* – la traduzione di Ceronetti 2008, 195, che fa di questa strana "gioia" in un corpo afflitto da grave malattia la «speranza» («Si legge bene in un corpo malato / l'ambiguità segreta, speranza e pena, / che il volto stampate porta»). *Utrumque* sta per un più esatto *utrumlibet* o *alterutrum* o, meglio, per un metricamente possibile *utrumvis*. Per queste imprecisioni di stampo colloquiale, cf., per es., *quisque* per *uterque* in 1, 41 (con Stramaglia 2017², 45) o casi di *alius* per *alter* (6, 437 o 7, 114; vd. anche sotto, *ad* v. 92).

20–21. Igitur... priori: lo stato di evidente prostrazione psicologica, la visibile trascuratezza della persona, l'eventuale stato morboso indiziato dalla magrezza rendono indiscutibile per l'Interlocutore che un clamoroso cambiamento è intervenuto nella vita di Nevolo. La ragione ancora non è chiara: un evento disastroso a livello della vita materiale, che lo ha spinto in uno stato di grave sconforto (una bancarotta, per es., come quella che in Hor., *sat.* 2, 3, 18 ss., 37 s., porta Damasippo al suo tentativo di suicidio)? una malattia schiettamente organica? o una crisi puramente spirituale? Qui si ipotizza (per ironia) che Nevolo, indotto da qualcuna di queste cause, possa aver deciso di cambiar vita volontariamente, rivoluzionando (*contra*, 12; *contrarius*, 21) il proprio precedente "programma" esistenziale. L'ironia è evidente nella scelta del «lessico della discussione etica» (Santorelli 2013, 57 s., *ad* 5, 1–5). – **20. Igitur:** iniziale di frase, come in 6, 210 (verso di discussa autenticità, cf. Watson-Watson 2014, 140); 10, 285; 16, 18 (con Stramaglia 2017², 304 *ad l.*), mentre di solito è al secondo posto nella frase e anche oltre (ne discute Quint. 1, 5, 39; sull'uso in poesia di *igitur* e *ergo*, vd. Axelson 1945, 92 s.; Knox 1986, 37–38). Urech 1999, 295 rileva che quest'uso iniziale (notoriamente caro a Sallustio, vd. Garbugino 1998, 142; Mariotti 2007, 136 s.) è prevalentemente prosastico, tranne qualche caso in Plauto e Fedro (cf. *OLD*² 2a). In G. si fa ampio uso di *igitur* (21 volte) ma di contro a 55 casi di *ergo* (mai *itaque*; per *quare*, vd. *ad* 1: *Scire velim quare*). Nella sat. 9, di contro a quest'unico caso di *igitur*, abbiamo 3 occorrenze di *ergo* (vd. *ad* 82: *ergo*). – **flexisse:** è sufficientemente ambiguo per poter indicare un semplice cambiamento oggettivo (prodottosi da sé sulla spinta dei fatti) o un più soggettivo e volontario *inflexisse*: come un auriga che guida il suo cocchio (cf. 1, 20), Nevolo potrebbe aver volontariamente effettuato un'inversione completa sul suo percorso di vita. Di qui l'idea di alcuni di una 'conversione' filosofico-morale (seria o ipocrita) di Nevolo (vd. *ad* 12: *vultus gravis*), come, per esempio, quella del Damasippo oraziano. Ma si tratta solo di una suggestione sorniona dell'ironia dell'Interlocutore. – **videris:** in mancanza di un dat. relativizzante (*mihi*), *videris* può significare qui – più che "mi sembra che tu..." – un oggettivo (e ironico) *liquet*/*patet*/*palam est* (cf. in Petr. 83, 7 *facile apparet*): "è chiaro che tu..." (cf. 16, 58 *certe... videtur*; Catull. 22, 10 s. *rursus videtur,* senza dat. espresso). Sul valore, non sempre facile a precisarsi, di *videri*, vd. Maselli 1990, 536 s. – **21. propositum:** è termine connotato eticamente o filosoficamente, cf. 10, 324 s. (*grave propositum = propositum gravitatis*, ovvero *castitatis*, trattandosi di Ippolito) e soprattutto 5, 1, dove il termine vale *ratio vivendi* o βίου προαίρεσις (come oggetto di una scelta meditata, cf. *electio vitae* in Tac., *ann.* 6, 22, 2) e dove esso suona già vistosamente beffardo, in quanto applicato alla scelta di una degradata vita clientelare. L'allusione è alla nota questione – antichissima (già presente in Pindaro e Bacchilide), ma codificata filosoficamente dalla scuola peripatetica – della scelta del miglior tipo di vita («τίς ἄριστος βίος;»). Si tratta di scegliere tra le diverse opzioni possibili (φιλήδονος, φιλάργυρος, φιλότιμος, φιλόσοφος βίος, ecc.), passando in rassegna e valutando i vari «Lebensbilder» (Ghiselli 2001³, 41 ss.; Guglielmo 2001, 71 ss.). Nella poesia latina il caso forse più celebre di componimento interamente dedicato a questo tema è costituito da Orazio, *carm.* 1, 1 (cf. Fraenkel 1957–93, 317 ss.; La Penna 1963–74, 203 ss.; Nisbet-Hubbard 1970, 1–3; Grilli 1997). Per il collegamento tra *propositum* e *genus vitae*, vd. anche Phaedr. 3, *prol.* 15: *mutandum tibi propositum est et vitae genus.* In G. 3, 24 s. *proponimus... ire* designa proprio la volontà irrevocabile (e ben meditata) di Umbricio di mutare *propositum* o *genus vitae*, di *ingredi vitae diversum iter* (7, 172). Esile traccia del tema della scelta del miglior modo di vivere anche in 3, 228 (Manzella 2011, 333 s.). Nel verso 21 è notevole l'allitterazione a cornice (*propositum... priori*), che si accompagna al rotacismo del secondo emistichio (*contrarius ire priori*), forse a designare lo sforzo del nuovo cammino intrapreso. – **vitae contrarius ire priori**: l'immagine è quella, alquanto comune, dell'*iter* o *semita vitae* (10, 363 s. con Campana 2004, 370 s.; vd. anche Habermehl 2006, 89 *ad* Petr. 84, 1): cf. 7, 172 *vitae diversum i t e r ingredietur* (cambiamento) o 14, 121 s. *illa / i r e v i a pergant* (proseguimento). L'immagine del cammino/sentiero dell'esistenza era antichissima (ὁδός/οἶμος in Hes., *op.* 288; 290) e quasi necessariamente rimanda al momento topico della scelta al bivio tra virtù e vizio (la lettera 'pitagorica' di Pers. 3, 56 s., con Kissel 1990, 435 s.): l'Interlocutore vuol alludere i r o n i c a m e n t e al fatto che Nevolo potrebbe aver cambiato vita ed esser tornato sul 'sentiero della virtù' (il *rectum iter vitae* di Sen., *ben.* 3, 31, 5)? Per *vita prior*, cf. Hor., *epist.* 1, 7, 95 *vitae me redde priori*, con analogo ma non identico iperbato (detto da un *cliens* pentito delle sue ultime e avventate scelte e desideroso di tornare al suo precedente, e più congeniale, *genus vitae*).

22–26. Nuper... maritos: nel ricordare come fosse Nevolo prima dell'intervenuto cambiamento, l'Interlocutore afferma che questi per sbarcare il lunario non *agebat* solo il ruolo del *verna eques* nei *convivia*, ma 'batteva' i luoghi più adatti al fine di rinvenire 'clienti' per la sua attività di 'gigolo' per signore (22–25). Per la verità, non è detto ancora che Nevolo si fa pagare dalle donne che riesce a rimorchiare; anzi *prostat* al v. 24 può far pensare il contrario, ma sarà presto Nevolo stesso a chiarire (in 27–31) che – vero e proprio 'sex worker' – egli fa sesso in vista di un guadagno (che, purtroppo, non è soddisfacente). Solo alla fine del suo intervento giunge (26), come vero e proprio ἀπροσδόκητον, la botta più maligna dell'Interlocutore, destinata, peraltro, a lasciare del tutto tranquillo Nevolo che, anzi, svilupperà senza alcun imbarazzo proprio questo tema (senza più parlare di donne): l'adultero o 'gigolo' per donne più noto in città, in realtà, si prodiga sessualmente anche per i mariti delle donne che seduce, 'multitasking' come il *Graeculus* di 3, 109 ss. (che, comunque, in fatto di maschi ha interessi più circoscritti e propriamente 'pederastici': *sponsus levis... filius ante pudicus*). – **22. Nuper:** l'avverbio indica espressamente che il cambiamento osservato non risale a molto tempo addietro (cf. anche *repente*, al v. 8), nonostante l'insistenza di 16–17 sulla durata cronica della quartana (attribuita a Nevolo, però, solo per ipotesi). – **ut repeto:** *sc. memoria* (*OLD*² 6b): non tanto, forse, "come ricordo", ma "per quel che ricordo", con sfumatura limitativa; cf. 15, 45 (*quantum ipse notavi*), con Courtney 2013², 530 («so far as...»). Solo Friedländer 1895, 435 *ad l.* interpretava *repeto* come "ripetere", non riuscendo a capire il senso dell'espressione e attribuendo, così, al poeta una «trascuratezza» inesistente («eine grosse Nachlässigkeit»; cf. *ibid.*, 56). *Repeto* recupera la quantità lunga originaria della *-o* a causa dell'arsi in cesura pentemimere (*erō*, 147; cf. *ut videō*, 13, 118; *quod videō*, 6, 395; anche 6, 223: *iubeō* o 11, 130: *caveō*). – **fanum Isidis:** i templi di Iside erano ben noti come luogo di incontri o appuntamenti amorosi per le donne in genere e, dunque, anche per le ragazze di famiglia o le spose in vena di trasgressione (Ov., *am.* 2, 2, 25; *ars* 1, 77 s.: *multas illa* [*sc. Isis*] *facit quod fuit ipsa Iovi*, con riferimento alla sua identificazione con Io, fanciulla divenuta amante di Giove, cf. Ov., *ars* 3, 393 e 635; Mart. 11, 47, 4; G. 6, 526). In 6, 489 (cf. Watson-Watson 2014, 232 *ad l.*) la matrona ha un appuntamento amoroso al tempio di Iside – già fissato, però, non casuale o 'al buio' – con il suo amante (*si constituit... iamque expectatur... apud Isiacae... sacraria lenae*). Secondo G. le donne sono molto devote alle pratiche superstiziose del culto isiaco, cf. 6, 522 ss. (ai vv. 528 s. si accenna a quello che era il suo tempio più noto, l'*Isaeum* del Campo di Marte; Coarelli 1996b). Il culto di Iside veniva dall'Egitto (all'assurdità delle cui pratiche religiose è dedicata l'intera sat. 15) e si era diffuso a Roma a partire dalla fine del II sec. a. C. (già Catull. 10, 26 parla della devozione della *non inlepida puella* per Serapide e si è discusso di un qualche interesse di Licinio Calvo, autore di un poemetto intitolato *Io*, per la dea e i suoi misteri, cf. Castorina 1952; Isetta 1977), ma non senza incontrare resistenze e generare aspri contrasti. Il suo pieno successo era venuto – dopo le misure restrittive di Augusto e Tiberio – con Caligola e Domiziano. Sul culto degli dèi egizi e, in part., di Iside in G. (e più in generale nel mondo romano) – dopo il classico Cumont 1909–13, 101 ss. – vd. Witt 1971; Heyob 1975; Gérard 1976, 395–405; Turcan 1989, 77–127, nonché la bibl. e i testi raccolti, con commento, in Scarpi-Rossignoli 2002, II xxxv–xli; 155–257 e 468–532; ora anche Rolle 2017, 123 ss. (su Varrone, ma utile anche più in generale) e Sanzi 2018. Come è noto, Iside ha un ruolo fondamentale nelle *Metamorfosi* di

Apuleio (Griffiths 1975) e a Iside e Osiride ha dedicato una sua operetta Plutarco (cf. Froidefond 1988; Lelli 2017, 2631 ss.). – **22–23. Ganymeden / Pacis:** deve essere una statua di Ganimede (ma lo *Schol.*, p. 154, 22 W., citato appresso, parla al plurale; la statua sarebbe citata, comunque, solo qui) che doveva essere presente nel tempio vespasianeo della Pace nel Foro (1, 115; cf. Coarelli 1999b, che pensa al celebre Ganimede di Leocare; Fraioli 2012, 294 s.). *Pacis* è epesegetico e brachilogico per (*situm*) *in templo Pacis*. Dell'ampio numero di opere d'arte raccolte in questo luogo parla Plin., *nat.* 34, 84; 36, 27. Courtney 2013², 378 s., *ad l.*, ricorda opportunamente come spesso nell'antichità i templi fungessero da musei o gallerie d'arte e cita al riguardo la pinacoteca di Petr. 90, 1 che è, per l'appunto, situata in un tempio. Si può aggiungere che qui – tra i q u a d r i a tematica omoerotica ammirati da Encolpio e Eumolpo (83, 3) – c'è anche un dipinto dedicato al rapimento di Ganimede ad opera dell'aquila di Giove. Il nome stesso di Ganimede divenne antonomastico nel senso di *puer delicatus* (cf., per es., Petr. 92, 3 o Mart. 9, 73, 6), anche con il passaggio dalla forma del nome proprio *Ganymedes* a quella – foneticamente influenzata dall'etrusco – dell'appellativo *catamitus* (*DELL* 105; Maltby 1991, 114: Serv. *ad ecl.* 8, 30; Serv. Auct. *ad Aen.* 1, 28). Forse la menzione dell'amasio per eccellenza del mito costituisce la prima velata allusione ad incontri di tipo anche omosessuale: in effetti è alquanto sorprendente questa citazione di Ganimede in mezzo a figure di 'Grandi Madri' care alle donne. Ma, se è così, il cenno è molto discreto (cf. *Schol.* p. 154, 22 W.: *statuae ad quas conveniebant cinaedi*, come se ciò fosse usanza diffusa e ben nota), certo per preparare, ma non sciupare l'ἀπροσδόκητον del v. 26. Su Ganimede, *puer Iliacus* in 13, 44 (appartenente alla dinastia regale di Troia, ma dalla storia evidentemente poco commendevole per la morale quiritaria), vd. Bellandi 1985; 1991a, 919 ss. e sotto, *ad* v. 47; cf. anche Canobbio 2011a, 455 ss. *ad* Mart. 5, 55 (in relazione ad un gruppo figurativo, più probabilmente scultoreo, raffigurante Giove, aquila, Ganimede). Improbabilmente Willis 1997 (come già Henninius 1685, 251 ed altri, che pensavano, per lo più, alla presenza di una statua del fanciullo in un *templum Iovis*) pone virgola dopo *Ganymedem*, staccandolo da *Pacis*: così da gen. epesegetico collocato in 'rejet' *Pacis* diventerebbe un gen. sullo stesso piano del prec. *Isidis* o del tràdito *Matris* (ma vd. appresso su questa lezione), retto forse come quest'ultimo (entrambi in risalto agli estremi del verso) da *secreta palatia*. Ma aldilà dell'assoluta normalità in G. di una collocazione di *Pacis* in 'rejet', bisogna rilevare che *secreta Palatia* (o *palatia*), lezione tràdita che Willis 1997 mantiene, si può forse applicare (nonostante qualche difficoltà: vd. appresso) a Cibele, assai difficilmente a Pace. Sulla clausola tetrasillabica con ionico a minore, vd. *ad* v. 6 (in 5, 59 si tratta dello stesso nome: *Ganymeden*). Qui e al v. 64, il nome proprio greco (cf., per es., 3, 217 o 8, 103 o 13, 197) è preceduto da monosillabo (vd. Manzella 2011, 221 *ad* 3, 133). – **23. advectae sacrata Palatia Matri**: nella trad. ms. si legge *secreta... matris*. L'espressione (ricercata anche per la frequenza della dentale sorda /t/, presente in ogni parola, e per la disposizione in iperbato e chiasmo [abBA] degli epiteti participiali assonanti) è molto discussa ed risulta effettivamente poco chiara (vd. Braund 1988, 265 n. 184, che, comunque, finisce per propendere per *secreta*). Lasciando *Pacis* con *Ganymeden* (vd. *ad* 22–23: *Ganymeden* / *Pacis*), si dovrà pensare al *templum* di Cibele (o *Magna Mater Deum Idaea*), inaugurato il 10 aprile del 191 a. C. sul Palatino (Pensabene 1996 e 2006; Papi 1999, 24; D'Alessio 2006; Bruno 2012, 225; Coarelli 2012, 247 ss.). Qui si tenevano regolari cerimonie sacre (sotto stretto controllo poliziesco: Cumont 1909–13, 73 ss.). Tra queste cerimonie vi sarebbero stati anche riti segreti riservati a sole donne, se ha ragione lo *Schol.*, p. 154, 22–24 W., che intende *secreta* = *mysteria* per donne e pensa, probabilmente, ad *orgia* (2, 91), a qualcosa, cioè, di simile ai famigerati *Bonae s e c r e t a Deae* di 6, 314; in questo caso *secreta Palatia* = *secreta Palatina* (o *Palatii*). Ma quest'esistenza di riti per sole donne collegati con il culto di Cibele non risulta da altre fonti. Per questo, pur *dubitanter*, si è scelto qui di stampare la lieve correzione di Lubinus 1603, 332, che propose di intervenire sul testo emendando *secreta* in *sacrata*, con riferimento a celebri passi come Prop. 4, 1, 3 (*ubi Navali stant sacra Palatia Phoebo*) e, soprattutto, Ov., *ars* 3, 389 (*visite laurigero sacrata Palatia Phoebo*), passi che spingerebbero anche a correggere il gen. tràdito *Matris* in *Matri* dativo (*Matris* potrebbe essersi originato dall'incipitario *Pacis* e/o da *Isidis* nel v. prec.; ma per il gen., cf. anche Catull. 55, 5: *in templo summi Iovis sacrato*). Nisbet 1988–95, 250 proponeva, invece, di mantenere *secreta*, interpretandolo, però, come part. perf. di *secerno* ("riservare", "assegnare", costruito con il dat.), e di correggere *Matris* in *matri* (*advectae secreta Palatia matri*), con allusione alla zona del Palatino riservata al culto della (Grande) Madre (con «a hint of mystery»). Il contatto parodico con i passi citati di Properzio e, soprattutto, di Ovidio è senz'altro suggestivo: il sottinteso polemico sarebbe che la "immigrata" Cibele ha usurpato sul Palatino il posto di dèi nostrani (o, almeno, sentiti come tali in quanto meglio integrati nella cultura romana), un po' come Iside in 6, 528 s. si è trovata scandalosamente ad avere il suo tempio accanto ai *Saepta* (l'antico *ovile* di Romolo) o come il sacro bosco di Egeria e di Numa in 3, 12 ss. si è visto dato in affitto ai mendicanti Ebrei. Non conta che, di fatto, il tempio di Cibele sia anteriore di non poco al tempio di Apollo Palatino consacrato nel 28 a. C. (citato, peraltro, nel modello allusivo ovidiano addotto sopra e non nella ripresa di G.). Qui ciò che conta è *Palatia*: il colle in questione è quello originario e 'sacro' della storia di Roma, il colle scelto da Romolo per la fondazione augurale della città (cf. *ad* 11: *pomeria*) ed ora su di esso c'è il tempio consacrato a una divinità *advecta*, divenuta centro di turpi commerci sessuali. Cibele è la prima divinità esotica orientale (ma pur sempre proveniente dalla Frigia degli 'antenati' Troiani, cf. Borgeaud 2006, 112) che sia stata introdotta e accolta a Roma, nel 204 a.C. (Burton 1996; D'Alessio 2018). In 3, 137 s. G. sembra parlarne con maggior rispetto, anche se il rispetto, in realtà, è forse più per la *sanctitas* di Nasica, *hospes numinis Idaei* (cf. Manzella 2011, 225 s.), che non per la dèa stessa. Ma di solito in G. il giudizio sulla dea e il suo culto, i suoi devoti e, in specie, il suo clero è – come qui – assai acre (Gérard 1976, 405–412). Sulla particolare, e deplorevole, devozione ad essa delle donne G. si sofferma in 6, 511 ss., dove la dea frigia appare in accoppiata con la Cappadoce (Mã-)Bellona (cf. 4, 124 s.) in un culto con movenza processionale fatto di urla, musica orgiastica, *furor* (cf. Catull. 63, 9 s., 21 ss., 27 ss.; Lucr. 2, 618–620; Ov., *fast*. 4, 181–186, con Summers 1996; vd. anche sotto, a *cymbala*, 62). In particolare, G. detesta i sacerdoti della dea (i *Galli*) effeminati e, addirittura, evirati (cf. 2, 111 ss. e sotto, *ad* v. 62). Su Cibele, oltre ai classici Graillot 1911 e Cumont 1909–13, 73 ss., vd. Wiseman 1984; Arrigoni 1984 (cf. Casali 2017, 343 s.); Turcan 1989, 35–75; Beard 1994; Lane 1996; Sfameni Gasparro 1997 e la bibl. e i testi (commentati) raccolti in Scarpa-Rossignoli 2002, II xlii–xliii, 259–347, 533–546, nonchè il recente contributo di Rolle 2017, 25–122. – **advectae:** la sacra pietra nera, simbolo aniconico della Dea, era effettivamente arrivata via mare da Pessinunte, sbarcando infine ad Ostia (in Livio 29, 10, 5: *advecta*; 29, 14, 10 e 14: *de nave accipere*). Per la sua lunga navigazione attraverso i mari dall'Asia a Roma e il suo travagliato accoglimento allo sbarco dalla nave, vd. il celebre racconto di Ov., *fast*. 4, 275 ss. È vero che – come vuole Courtney 2013[2], 378 – il termine *advectae* è «almost technical... in this connection», ma in G. esso acquisisce inevitabilmente una sfumatura del tutto negativa ed equivale a "immigrata", "(intrusa) arrivata via mare"; cf. 3, 83: *advectus Romam quo pruna et cottana vento*, detto del *Graeculus* arrivista e disonesto che si oppone al Romano dell'Aventino, nutrito di bacche Sabine, del v. 85. La Dea (definita *migrans*, per es., in Val. Max. 7, 5, 2) è, in fondo, *Asiana* come i disprezzabili *equites Asiani* di 7, 14. – **Palatia:** altrove in G. (2, 106 e 4, 31; cf. *Palatino* in 6, 117) il termine ha a che vedere – per sineddoche – col palazzo imperiale sul colle del Palatino. Qui *Palatia* è plur. poet. *metri causa* (come *Capitolia* in 10, 65 e 14, 191; cf. *pomeria* ad 11) per indicare il colle (*OLD*[2] 1; vd. Ammerman-Tagliamonte-Papi 2012), ovvero quella parte di esso consacrata (*sacrata*: Lubinus 1603, 332) o riservata (*secreta*: Nisbet 1988–95, 250) alla *Magna Mater*. Per la prosodia di *Palatia*, in G. sempre con la prima sillaba breve, vd. Citroni 1975, 228 *ad* Mart. 1, 70, 5. – **24. et Cererem (nam... templo?):** il quarto luogo che Nevolo usava frequentare a caccia di donne sposate è il *templum Cereris*, sulle pendici dell'Aventino sovrastanti il Circo Massimo (Coarelli 1993; Bariviera 2012, 426). Questo suscita la particolare reazione dell'Interlocutore, espressa in una corrucciata domanda retorica in parentesi (Dimatteo 2016a, 107 n. 15), simile per il tema e il tono sarcastico a 6, 345 (*sed nunc ad quas non Clodius aras?*). Si noterà che, comunque, l'Interlocutore se la prende con la scandalosa scostumatezza delle donne, non con Nevolo. In questo egli fa mostra di un sentimento religioso (e di un piglio misogino) non dissimili da quelli dello stesso G., per la cui devozione a Cerere, cf. 6, 50 s.; 14, 218 s.; 15, 140 ss. e, soprattutto, 3, 320. Su quest'ultimo passo, particolarmente importante, vd. Taegert 1978; Manzella 2011, 418 ss.; Grazzini 2016, 165 s., anche per quel che riguarda la discussa epigrafe votiva a Cerere, dedicata da un *Iuvenalis*, rinvenuta ad Aquino nel XVIII sec. e oggi perduta (cf. Monti 1965). La scostumatezza femminile negli altri templi (Iside, Pace, Cibele) non suscita la stessa riprovazione che in quello di Cerere, divinità italico-romana, identificata poi con Demetra (Schirassi Colombo 1984; Scarpi 1997). Legata alla vita agreste e alla feracità della terra, donatrice all'uomo dei cereali, essa fa parte di quei *numina ruris* (14, 182), che sono cari all'arcaizzante ideologia religiosa di G. (Jefferis 1939, 231; Beaujeu 1966; Gérard 1976, 364 s.). Come divinità legata all'origine stessa e ai progressi della 'civiltà' (agricoltura e leggi), Cerere è talora considerata anche dea dell'unione matrimoniale (Lic. Calv. fr. 6 Blänsdorf[4], *ap.* Serv. Auct. *ad* Verg., *Aen.* 4, 58: *haec cara iugavit / corpora conubiis*, cf. Courtney 2003[2], 204), di cui salvaguarda la fecondità e la castità, ovvero la fedeltà (cf. Stat., *silv.* 4, 3, 11: *casta Ceres*). Ma le svergognate *feminae* (qui individuabili come *uxores*; vd. sotto *ad*: *femina*) di oggi ormai 'peccano' anche nel suo tempio, dove un tempo, invece, durante le feste in onore della dea (i *Cerealia*), le *matronae* facevano veglie di castità (il *Cereris castus* di Ov., *met.* 10, 431–436). Con malignità alquanto felpata in 14, 262 s. i ludi di Cerere sono inseriti tra quelli di Flora e di Cibele. Su Cerere e il suo culto, vd. Le Bonniec 1958; Chirassi Colombo 1981; Spaeth 1996. – **prostat:** per *prostare* nel senso proprio di "prostituirsi" (*pretio prostare* in Ov., *am.* 1, 10, 17; *ThlL* X 2, 2239, 28 ss.), cf. 1, 47; 3, 65 (con Manzella 2011, 130 s.); 6, 123 (vd. *aera poposcit*, al v. 125). È tema caro a G. che ormai le mogli romane siano sessualmente più sfrontate delle stesse prostitute (cf. 6, 320 ss.; fr. O, 14–16). In 6, 114 ss. (spec. 121–132), è addirittura l'imperatrice, Messalina, che 'gioca' a prostituirsi in uno squallido bordello per pochi soldi (*meretrix Augusta*, 118), mentre in 3, 132 s. le matrone si fanno effettivamente pagare e molto (cf. Bellandi 2003, 10 e Manzella 2011, 220). Ma qui *prostant* sembra solo un modo provocatorio di dire (*ThlL ibid.*, 2239, 74 ss.) che le *mulieres* ormai *habent pudicitiam in propatulo* (come aveva scritto Sallustio in *Cat.* 13, 3) e, dunque, "si mettono in mostra", "si offrono a disposizione" (Sen., *benef.* 1, 9, 3), perfino nei luoghi sacri. In realtà, scopriremo presto (27 ss.) che ormai sono le donne che – invece di prostituirsi – pagano o ricompensano gli uomini con cui si accompagnano. Non mi sembra che ci sia alcun cenno alla pratica della prostituzione sacra, come sostenuto da Ramelli 2008, 2497 (vd. McGinn 2011, 645), o alla «vergognosa e dissacrante presenza delle prostitute nei luoghi sacri del rito» (Manzella 2011, 131). Il tema della profanazione sessuale dei luoghi consacrati sarà ripreso da Minucio Felice (*Oct.* 25) e da Tertulliano (*Apol.* 15, 3: *in templis adulteria componi, inter aras lenocinia tractari*), non è facile dire se su ispirazione giovenaliana (vd. *Introd.*, p. 47 e n. 3). – **femina:** anche se il termine è in sé generico e indica tutte le donne (senza distinzione di *status*) in opposizione ai *mares* (cf. 2, 88 s.), individuandole quali l'*alter sexus* (6, 341, cf. 337–340), il riferimento al tempio di Cerere e, soprattutto, l'uso di *maritos* nel v. 26 fanno intendere che queste donne sono *uxores/matronae* (cf. l'uso di *femineis* al v. 53 in riferimento ai *Matronalia*) e *moechus* sembra, perciò, mantenere il suo senso pieno di 'adultero' ricostituendo il fondamentale trio del 'proemio' della sesta satira, che è dedicata al degrado dell'istituzione matrimoniale (vd. 5: *uxor*; 10: *marito*; 24: *moechos*; tutti nel risalto della clausola). Questo nel nostro contesto pone qualche problema (vd. *ad* 25: *moechus*), che si risolverà probabilmente ipotizzando una reticenza ironico-eufemistica da parte dell'Interlocutore. Questi affetta di ignorare che Nevolo non è un semplice adultero, a caccia di prede per il suo piacere, bensì un vero e proprio 'gigolo' *qui corpore quaestum facit* (sarà Nevolo stesso a dichiararlo subito dopo, senza alcun imbarazzo). Sull'uso di *femina* (rispetto a *mulier*), vd. Axelson 1945, 20 e 53–57; Adams 1972, spec. 234–249, e Santoro L'Hoir 1992, 29–40 e *passim*; Hindermann 2013. Watson-Watson 2014, 95 *ad* 6, 60 parlano di *femina* come di un «honorific term... ironized by the context», ma non in ogni caso la sfumatura sembra questa (Adams 1972, 238: 'lady'; *femina* quasi = *domina*). Del resto, nella sat. 6, la scelta tra *femina* (5 casi), *mulier* (3), *uxor* (3), *matrona* (3), *coniunx* (al femm. 3 volte) appare dettata più dal desiderio di *variatio* e dall'opportunità metrica che non da vere differenziazioni di senso tra i termini in questione e tale oscillazione è anche abilmente funzionale a conferire una più generale carica misogina a una satira ufficialmente impostata sul tema della misogamia (Bellandi 1995, 13 ss. e n. 5). Comunque, già Axelson 1945, 54, rilevava i due possibili e 'dissonanti' usi di *femina*: uno strettamente sessuale (e non di rado svalutativo o francamente spregiativo) e uno 'sociale' a designare «merkwürdigerweise... eine hervorragende Dame». Di certo, in diversi passi di G. (per es. 10, 323 o 13, 192) il termine sembra usato per riferirsi con marcato disprezzo – al di là di ogni possibile distinzione sociale – proprio all'essenza (percepita come fortemente negativa) della donna, intesa quale 'femmina' nella sua natura prettamente sessuale e biologica. Il più chiaro di questi passi è forse 6, 327: *tum femina simplex* (cf. Bellandi 2003, 42 e nn. 109 e 110). Per alcuni celebri casi in cui la parola equivale senz'altro a *mulier* ("donna") e ha tono acremente spregiativo, vd. *e.g.* Verg., *Aen.* 4, 569 s. (*varium et mutabile* *semper femina*) o 11, 734; Hor., *epod.* 9, 12; Prop. 3, 11, 1. – **25. notior Aufidio moechus**: Aufidio doveva essere un adultero e/o un "donnaiolo" (un *mulierarius* o *mulierosus*) ben noto in città, più o meno come l'Ursidio di 6, 38 ss. (*moechorum notissimus*): un «Casanova» per Braund 1988, 265 n. 185. Ma – se il paragone con Nevolo va portato fino in fondo – si dovrà sospettare che anche il seduttore Aufidio operi a pagamento (cf. il *conductus* di 6, 332 o l'*adulter publicus* di 10, 311 s., 319 ss., entrambi attivi con le *matronae*). Questo lo differenzia probabilmente dal suo 'omologo' Ursidio, che sembra solo un accanito appassionato di matrone (magari uno come il Crispino di 4, 4 che *viduas tantum aspernatur adulter*; cf. Hor., *sat.* 1, 2, 28 s., 35 s.) e non un mercenario che vende i propri 'favori'. Per il successo di tali personaggi tra le signore, cf. 6, 404: *quis diripiatur adulter* (sul senso di questo *diripere* – "disputarsi" o "contendersi" – vd. Galan Vioque 2002, 432 *ad* Mart. 7, 76, 1). *Notus* è *vox media*, perfetta per l'uso ironico necessario qui, dove vale un ambiguo "rinomato" (*notus* è del tutto squalificato, invece, in 2, 10 e in 6, 38 o 308, dove vale senz'altro *famosus/infamis*, e – al contrario – teneramente affettivo in 11, 153). Non è detto che Aufidio sia lo stesso personaggio che appare in Mart. 5, 61, 10, ovvero *Aufidius Chius,* che sembra un serio uomo di legge (cf. Ferguson 1987, 30), ma – dato il contesto dell'epigramma in questione, tutto incentrato sul tema dell'adulterio – non è da escludere il malizioso doppio senso indicato da Canobbio 2011a, 487 *ad l.* (che, appunto, propende per l'identificazione del giureconsulto in questione con l'adultero giovenaliano). Una Aufidia (anch'essa *moecha*) appare in Mart. 3, 70 (il nome è un antico gentilizio plebeo, vd. Fusi 2006, 447). – **moechus**: questa definizione che l'Interlocutore dà di Nevolo non è perfettamente confacente al quadro che di sé farà subito appresso (27 ss.) lo stesso Nevolo: Nevolo è, in buona sostanza, un 'gigolo' e non un adultero 'di vocazione', che come il Cupiennio oraziano di *sat.* 1, 2, 35 s. abbia specifica o esclusiva predilezione per le donne sposate (cf. 1, 4, 27: *hic nuptarum insanit amoribus*). Più che di ignoranza dell'Interlocutore (che già ha fatto un uso sfasato di *prostat*, se egli sa che Nevolo si fa ricompensare per i suoi servigi) si tratterà di ironia. Può anche darsi che come *moecha* dal suo senso proprio di 'adultera' passa a significare 'tout court' 'prostituta' (Fusi 2006, 494 *ad* Mart. 3, 82, 28; 531 *ad* 3, 93, 15; cf. G. 2, 68–70, con Courtney 2013², 110 *ad l.*; Williams 2004, 143 s. *ad* Mart. 2, 39), anche *moechus* col tempo abbia assunto valore più generale di "donnaiolo" o addirittura, come in questo caso, di 'gigolo' a pagamento (cf. *ThlL* VIII 1324, 82 ss.: «latiore sensu de... quolibet fornicatore», quasi = πόρνος). In Mart. 3, 96, 2, per es., *moechus* equivale senz'altro a *fututor* e nella sordida situazione descritta da Ausonio nell'*epigr.* 107 Green, vd. al v. 7: *incipient operas conducti vendere moechi.* Poco chiara in questo senso la definizione dei *sessores* della *salax taberna* catulliana del c. 37 (vd. spec. 16: *omnes pusilli et semitarii moechi,* cf. 6 ss. e 58, 4), che potrebbero anche essere, appunto, degli amanti a pagamento ("da quattro soldi"). In 79–80, comunque, Nevolo sembra inserirsi nella (benemerita) categoria degli *adulteri* in senso proprio (ma con riferimento alla situazione, tutta particolare, di 70 ss.). Sull'uso di tale parola greca in G. e il suo più basso livello stilistico rispetto al latino *adulter*, vd. *ad* 80. Più in generale, sull'utilizzazione del greco (anche non translitterato) e dei grecismi, cf. Thiel 1901 e Bracciali Magnini 1990 (sul caso particolare dei grecismi dotti, spesso di provenienza omerica), nonché Watson-Watson 2014, 48 n. 266 e 136 (*ad* 6, 195) e Bracci 2014, 81 s. (*ad* 11, 27) su due brevi sintagmi in lingua greca, di poco più estesi della singola parola; vd. anche sotto, *ad* 37. – **celebrare:** *celebrare* di Φ (= *adire frequenter, frequentare*; *ThlL* III 744, 8; *OLD*² 2), senso qui sottolineato da *solebas*, è preferibile a *scelerare* di **P** (= *polluere/contaminare*; termine poetico ed elevato, cf. Knoche 1940, 312 s.), accettato a testo, ad es., da Weidner, da Housman 1931² e da Labriolle-Villeneuve 1932². *Scelerare* introdurrebbe nelle parole dell'Interlocutore una troppo marcata condanna moralistica, inaccettabile in un contesto che – pur non privo di spinte ironiche – non può farsi così esplicitamente negativo (vd. anche quanto detto sopra, a proposito del v. 5). Il termine, inoltre, sarebbe davvero appropriato solo in riferimento al culto dell'ultima divinità citata (Cerere), verso la quale, come si è detto, G. nutre rispetto e devozione, molto meno a quello delle altre divinità (o figure) di origini esotiche, che sono per lo più da lui disprezzate. Abbiamo qui uno zeugma per cui *celebrare* regge come oggetto due nomi relativi a luoghi (*fanum/Palatia*) e due nomi propri in metonimia (Ganimede/Cerere). Non va neanche trascurata la valenza ironica insita di per sé nell'uso di *celebrare*, che per lo più vale *adire/frequentare* luoghi sacri (o cerimonie) con intenti di culto e di omaggio religioso (*ThlL* III 742, 23 ss.; *OLD*² 3a e d; 4; cf., per es., Ov., *met*. 10, 431: *festa piae Cereris celebrabant annua matres*), dunque per ragioni di *pietas*, che di certo non sono quelle di Nevolo e delle sue donne al tempio. – **26. quodque taces**: Nevolo non dice (*taces*) dei suoi affari con i mariti – evocati subito appresso dall'Interlocutore (*ipsos... maritos*) –, non certo per pudore (di cui vedremo presto che Nevolo è totalmente sprovvisto), ma solo per una sorta di 'serietà professionale' e, soprattutto, per timore di ritorsioni, dato che i mariti non avranno gradito far saper in giro le loro segrete inclinazioni (cf. 86: 93 ss.). Diversa la *reticentia* sorniona di Trimalchione (*Sat*. 75, 11), che non fa mistero di essere stato l'amasio del padrone per *necessitas* (*nec turpe est quod dominus iubet*), ma affètta di voler tacere sui suoi trascorsi con la padrona (*scitis quid dicam: taceo*)... per non apparire vanaglorioso (*quia non sum de gloriosis*). Anche se Nevolo tace su queste faccende, l'Interlocutore lo sa...: il personaggio tradisce qui la sua 'onniscienza' autoriale o – restando nei limiti della messinscena dialogica – svela solo la sua competenza di vecchio conoscente con gli occhi ben aperti? –

inclinare: il verbo vale "piegare in avanti verso il basso" (= *pronum obvertere ad stuprum inferendum*: *ThlL* VII 1, 943, 38; *OLD*² 5; cf. *Schol.*, p. 18, 17 s. W. [*ad* 2, 22] *inclinatum ad stuprum et sustinentem*; Adams 1982–96, 236 s.), per sodomizzare da dietro, cf. 10, 224 (in Mart. 11, 43, 5 *incurvare*), diverso da *resupinare* in 3, 112 (detto, però, a proposito di una *avia*), che vale "rovesciare" o "stendere all'indietro" (su un letto o superficie piana) per possedere da davanti (qualche allusione in questo senso osceno forse anche in 8, 176 *resupinati... Galli*; vd. *ad* 62). G. non usa mai il più esplicito e volgare *pedicare* (5 volte in *Priap.* e ben 18 in Marziale, cf. Fusi 2006, 544 *ad* Mart. 3, 95, 13). Per il "piegare" o "piegarsi" in questo senso erotico-sessuale, cf. l'uso di *ocquiniscere* (Adams *ibid.*, 237 s. e 289) nel *Prostibulum* di Pomponio (*CRF* 148–149, p. 247 Ribbeck = Frassinetti 1967, 59, cf. pp. 107 e 129; Squintu 2006, 182 e 164) o di *ingeniculare* in Hist. Aug., *Heliog.* 5, 4. In Stratone 63, 2 (= *AP* 12, 222, 2, con Giannuzzi 2007, 345 s. e Floridi 2007, 320 s.) troviamo γνάμπτω (cf. v. 5: ἀνέκλινεν), ma qui il linguaggio di riferimento è quello tecnico della lotta o del pancrazio (cf. 47, 1 = *AP* 12, 206, 1 κατακλίνας, con Giannuzzi, *ibid.* 294; Floridi, *ibid.* 267 s.).

27–91. 'Utile... adfert?: Nevolo non risponde direttamente alla domanda *quare... tristis* (1 s., con le sue varianti), ammettendo e, magari, soffermandosi a illustrare la sua condizione sul piano psicologico, ma va subito al sodo. Il suo malessere, che non intende affatto negare, è dovuto a ragioni molto concrete di impellente bisogno economico: il 'lavoro' non rende abbastanza (27–31). A questa motivazione di fondo, però, che fra i tre esempi fatti poco sopra lo accosta un po' più da vicino al caso di Crepereio Pollione (6–8), subito si aggancia un più vasto senso di insoddisfazione di sé e del proprio modo di vita, presente e passato, che si apre, come vedremo, all'ansia economico-esistenziale per il futuro (63 ss.; 125 ss.) e ad altri timori (93 ss.). Solo più avanti (vd. 33 ss., 70 ss. e 92) ci verrà detto che la sua condizione di disagio è anche legata ad un evento specifico, che si tratta, dunque, di una specie di depressione reattiva da 'licenziamento', dovuta alla perdita di un 'posto di lavoro' che assicurava una certa stabilità economica (una sorta di *certum praesepe* come quello di cui si parla in Hor., *epist.* 1, 15, 28) e che egli si era illuso potesse essere 'fisso' (125 s.: *post damnum temporis et spes / deceptas*). – **27. 'Utile... genus:** Nevolo si riallaccia senz'altro a quanto detto dall'Interlocutore nell'ultima parte del suo intervento (20–26) e, in particolare, – almeno da 35 ss. – proprio al cenno 'sorprendente' del v. 26. – **utile:** *sc. est*. L'aggettivo vale "proficuo", "redditizio", cf. 7, 96 *utile multis* (con *par... pretium*, "ricompensa adeguata", nel contesto); 7, 135 (verso di discussa autenticità): *est illis hoc utile* (cf. 6, 240 s.); vd. anche *ad* 124. *Utile* è la prima parola detta da Nevolo ed è evidentemente significativa del suo modo di considerare l'esistenza, che è da lui intesa come ossessiva ricerca di sostentamento e di lucro (cf. Braund 1988, 154, che, però, indulge a qualche eccesso, quando insiste sull'«insatiable greed» da cui Nevolo sarebbe affètto: vd. *ad* 9: *modico contentus*, e anche *ad* vv. 124; 140 ss.). In realtà, il pensiero di Nevolo non è rivolto a grandi lussi, ma solo a quanto a lui appare il puro necessario ad una sopravvivenza 'decorosa', secondo i parametri di vivibilità di una mentalità che potremmo definire 'piccolo-borghese' (Bellandi 1974–2009, 480 ss.; Winkler 1983, 122: «an acute case of middle-class aspirations toward social respectability»), non estranea altrove, peraltro, all'Autore stesso e al suo 'spokesman' Umbricio (cf. le satire 1, 3, 5, 7, dedicate alla denuncia delle difficili condizioni di vita dei *clientes* in stato di bisogno). È importante, però, che in 3, 182 s. Umbricio – a differenza di Nevolo – abbia piena consapevolezza di essere sottoposto come chiunque altro a dei 'falsi bisogni' (*commune id vitium est: hic vivimus ambitiosa / paupertate o m n e s*). Solo in 5, 1–11 (spec. 6 ss.) la *Vox docens* adotta per iperbole un tono estremistico di rifiuto di ogni bene superfluo, ispirandosi a un rigoroso pauperismo di matrice cinica (cf. 14, 308–314, poi smentito dal buon senso di stampo 'borghese' di 14, 316 ss.). – **multis:** attorno a Nevolo c'è evidentemente tutt'un mondo, non esiguo, fatto di gente che vive di espedienti come lui, di veri e propri 'sex workers' (cf., per es., Mart. 1, 58; 6, 50; 9, 63) e alcuni di questi 'guadagnano' anche assai bene... (vd. 1, 58, 5–6; 6, 50, 3–4): questi esempi sono relativi al 'mercato' dei cinedi (per quello delle donne, vd. *ad* v. 133 s.). Egli ritiene questi (non pochi) 'colleghi' dei beniamini del fato (antitesi *multis... mihi*, sottolineata dall'allitterazione), mentre egli si sente – se non proprio un perseguitato – come uno che dal fato è decisamente trascurato (32 ss.). Per questi *felices* (135) Nevolo ha qualche moto di invidia (ma non aggressiva, semmai un po' sconsolata). In 7, 189 ss., 194 ss., è la Voce autoriale a presentare proteste non dissimili contro la ingiusta sperequazione dei destini che non tiene alcun conto dei meriti (cf. 6, 605–609 e 3, 38–40, questi ultimi versi detti da Umbricio). Il *felix* nel passo citato della sat. 7 (spec. 190 ss.) diventa addirittura un'acre versione, paradossale e perversa, del *sapiens* di stoica memoria (vd., per es., Hor., *sat.* 1, 3, 124 ss.; *epist.* 1, 1, 106–108). Per certi versi il discorso di Nevolo è un amaro controcanto ironico – fino alla 'reductio ad absurdum'– delle satire precedenti sui disagi e le ingiustizie della vita di *clientela* (vd. *Introd.*, § 1). – **et hoc... vitae genus:** con lucido disincanto, Nevolo allude al fatto che esistano a n c h e (*et = etiam*; per Dubrocard 1976, 66, ben 64 casi di contro a 908 di *et* nel suo senso più comune) altri possibili stili di vita e modi diversi di guadagnarsi il pane (di *pascere ventrem*, 136), ma visto il suo pessimismo fatalistico (32 ss.) non sembra che ciò lo riguardi più di tanto: a lui è questa condizione che è toccata in sorte... Nevolo riprende volutamente (ma senza coglierne l'ironia) il tema e i termini di 20–21, detti dall'Interlocutore: lì si impiegava la terminologia della vita morale, implicante necessariamente il concetto delle s c e l t e esistenziali (*igitur flexisse* *videris* / *propositum et vitae contrarius ire priori*). Qui *vitae genus* riprende quel linguaggio, relativo alla discussione sulla scelta tra i vari tipi di βίοι, filosoficamente intesi, ma solo in superficie: il suo, in realtà, – più che un *genus vitae* – è semplicemente un *genus* di *quaestus* (si diceva *corpore quaestum facere* per l'esercizio della prostituzione). La terminologia della vita etica, che Nevolo riecheggia dal discorso precedente, risulta applicata ad un modo di vivere che di morale – vista l'ideologia professata – non ha, né può avere nulla: per Nevolo tutto è stabilito indefettibilmente dal *fatum* e questo esonera da ogni senso di responsabilità o di colpa (2, 16 ss.: *fatis... ve - niam*; 13, 156: *adversis innoxia fatis*, cf. 10, 129; Bracciali Magnini 1990, 44 ss., 50 ss.). Nevolo, comunque, risponde a quella battuta dichiarando di non aver affatto cambiato modo di vita, smentendo, dunque, su questo la sicumera del suo interlocutore (20: *Igitur... videris*). Ciò costituisce un'ammissione del fatto che Nevolo sta vivendo ancora nel presente (in 27 s. è sottinteso per due volte *est*, cf. *accipimus*, 31) proprio come ha detto l'Interlocutore in 22–26 (riferendosi a un passato che sembrava superato, sia pur *nuper*), con l'aggiunta della valutazione economica (del tutto negativa) di tale sorta di attività. Nevolo non smentisce 26, anzi da 34 in poi si concentrerà proprio sulla sua storia con uno di questi *mariti* da *inclinare*. Per la dieresi bucolica in pausa forte, vd. *ad* 8–9: *Unde repente* / *tot rugae?* – **27– 28. at mihi... pretium**: *sc. est*. Per il concetto e la sottesa protesta, applicata poi anche al caso specifico del suo 'rapporto di lavoro' con Virrone, cf. 40 ss., 67 ss., 70 ss., 82 s. Evidente il contatto amaramente ironico con 3, 22 (*nulla emolumenta laborum*) o 5, 13 (*mercedem solidam veterum capis officiorum*), dove a protestare per l'inadeguatezza delle ricompense a petto delle fatiche affrontate dai *clientes* sono Umbricio e la Voce Satirica stessa. L'espressione *est operae pretium* è antica: a giudicare da Persio 6, 9, dove appare nella forma ellittica *est operae*, si doveva trovare già in Ennio (forse nelle *Saturae*, almeno secondo Housman, ma più probabilmente negli *Annales*, vd. Scivoletto 1961, 147 s.; Kissel 1990, 776 ss., in part. 778 s. con n. 47; Gigante 1993, 63 s. *ad* Hor. *sat.* 1, 2, 37–38: *audire est operae pretium*); entra poi nella lingua comune di registro colloquiale, ma non basso (*ThlL* X 2, s.v. *pretium*, 2072, 19 s.), se, ad es., la troviamo in Sall., *Cat.* 12, 3 (Mariotti 2007, 318 s.) e come prima frase della celebre *Praefatio* di Livio. G. la varia in 6, 474 s. (*est pretium curae...*), 14, 281 (*grande operae pretium est*) e in 12, 127 (*grande operae pretium faciat*, con Stramaglia 2017², 287 s., *ad l.*). Nevolo vuol dire che dal suo impeccabile impegno 'professionale' non ricava l'adeguata ricompensa e questo è l'unico parametro di giudizio che gli interessa (enfasi di *nullum* in clausola, cf. 82). Per il senso sessuale di *opera/opus*, cf. Adams 1982–96, 199 s. e vd. anche *ad* 42: *labores*.

28–31. Pingues... secundae: Nevolo elenca due tipologie di oggetti che riceve in dono (si tratta di capi di abbigliamento e di suppellettili in argento), ma che sono da considerare quali emolumenti (affatto inadeguati) del suo 'lavoro'. Non si tratta di veri pagamenti, ma di 'regali', che fungono eufemisticamente da ricompensa per l'opera svolta (vd. n. a *donare*, 49; 59). Non è detto da chi Nevolo riceva questi donativi, che considera miserevoli: per ora dobbiamo pensare che essi provengano anche dalle signore che ha incontrato nei pressi dei citati templi. Le donne ricompensano i loro 'gigolo' con lasciti testamentari (cf. 1, 38–42), ma anche 'cash', sborsando *nummi* e, magari, lasciandosi depredare dei loro gioielli (10, 318 ss.; cf. 6, 355 ss., dove si parla appunto di doni in argento fatti da una donna ai suoi amanti). Ma da qui in avanti il discorso verterà solo sul rapporto con gli uomini (26; 34 ss., almeno fino a 133 s., dove vd. *ad* 133–134: *Altera maior / spes superest* *** [*tu tantum*...) e Nevolo svelerà presto (e si concentrerà poi esclusivamente su questo fatto) che egli era riuscito a instaurare un rapporto di clientela *sui generis* con un ricco patrono che l'aveva messo a libro paga (39 ss.). Ma qui non si tratta ancora di questo tema di là da venire (nonostante Braund 1988, 135 o Schmitz 2019, 124), ma dei doni che Nevolo riceve come emolumento 'mascherato' per i suoi servigi occasionali di *moechus*/*pedicator vagus*: quelli di *nuper* e quelli a cui è stato costretto *nunc* a ritornare, dopo che il rapporto col suddetto patrono è ormai finito (*Introd.*, pp. 8 ss. e 22–23). Nevolo si sofferma di più sul primo tema (28b–30: abbigliamento) che sul secondo (31b: argenteria). A quanto pare, egli è molto sensibile al tema dell'*habitus nitor* (3, 180) come 'status symbol', anche in questo simile a Umbricio (3, 147 ss., con Manzella 2011, 234 s.). Evidentemente Nevolo non ama andare in giro con indosso questi capi di pessima fattura e di gusto grossolano, che lo fanno sentire *ridiculus* (3, 153) e non *nitidus* (3, 157). In lui, però, non appare alcun cenno critico (e auto-critico), come invece in Umbricio, che in 3, 170 ss. rappresenta, appunto, il *cliens* che dolorosamente si rende conto dell'assurdità/immoralità della vita secondo i criteri imposti dalla *prodiga Roma* (3, 134–138: proprio a proposito di abbigliamento di lusso) e, perciò, se ne allontana (Bellandi 1974–1975, 435 s.; 1980, 53 ss.).

– **28. Pingues... lacernas:** la *lacerna* era un mantello (originariamente militare), che si portava per lo più sopra la *toga*, specie nei giorni di freddo intenso e di pioggia (in 1, 62 per la corsa sul carro: Stramaglia 2017[2], 56 *ad l.*). Su questo capo di abbigliamento, cf. Kolb 1973; Citroni 1975, 288 *ad* Mart. 1, 92, 7; Leary 1996, 195 *ad* Mart. 14, 131; 133; 135 (dove appare come uno dei doni tipici dei *Saturnalia*); Canobbio 2011a, 148 s. *ad* Mart. 5, 8, 5; Manzella 2011, 236 *ad* G. 3, 148; Bongiovanni 2012, 333 s. Non è detto che nel nostro passo si tratti di un *pluralis pro singulari* come sembra a Stramaglia *ibid.*, 312 (casi più sicuri sono 1, 27 e 16, 45; sull'uso, non sempre perspicuo, del plur. di questo termine in Marziale, vd. anche Schöffel 2002, 164 e n. 3 *ad* Mart. 8, 10, 1 e Canobbio cit., 148): nel nostro passo potrebbe anche essere plur. effettivo (con valore distributivo) ad indicare i

capi ricevuti di volta in volta da parte dei/delle 'clienti' (cf. 6, 118 *cucullos*).
– **Pingues:** allude prima di tutto all'alto spessore del tessuto che con la sua pesantezza lo rendeva caldo (cf. Svet., *Aug.* 82, 1: *hieme quaternis cum pingui toga tunicis... muniebatur*; G. non usa *spissus*), ma anche alla sua bassa qualità e al suo gusto grossolano (cf. Hor., *epist.* 2, 1, 267: *pingue munus*). Non credo, invece, che *pinguis* valga *unctus/sordidus* (nonostante 3, 247: *pinguia... luto*, cf. 7, 131), ad indicare che la *lacerna* era già stata usata, anche se in Hor., *epist.* 1, 19, 38 *tritae munere vestis* (ripreso – con applicazione proprio al nostro tipo di mantello – da Persio 1, 54: *comitem horridulum trita donare lacerna*, con Kissel 1990, 180) si parla proprio di questo genere particolarmente squallido di doni usati o riciclati (cf. Mart. 10, 11, 5 s.). Per Ferguson 1979, 250 vi sarebbe voluta ambiguità tra «greasy» e «thick-woven». In 3, 148 ss. Umbricio insiste sullo stato di sporcizia e degrado della *lacerna* (*foeda et scissa*) e della *toga* (*sordidula*), ma si tratta solo delle conseguenze del lungo e travagliato uso da parte del cliente (cf. Mart. 7, 92, 7), non di vesti mandate in dono già in questo stato. Di certo, comunque, non si tratta di *lacernae* raffinate e costose (come, per es., quella preziosa, purpurea e in tessuto sottile per l'estate, di cui fa sfoggio lo spregevole Crispino di 1, 27; cf. Monti 1978, 47 s.). Marziale distingue in 6, 82, 9–12 tra *malae* e *bonae lacernae*, da chiedere in dono, e parla in 4, 61, 4 s. di *lacernae* così preziose da costare 10.000 HS (qui come dono da parte di una donna, non sappiamo a che titolo). – **aliquando:** l'avv. (con -ŏ finale, cf. 3, 184, nella stessa sede metrica, e 6, 360; *si quandŏ* in 3, 173; 5, 40; 8, 80; 12, 23; Hartenberger 1911, 93) sottolinea la discontinuità e la capricciosa discrezionalità (= *interdum*, evidentemente *raro* e non *saepe*) di questi doni con funzione di *emolumentum*. Non ci si può certo contare per la necessaria regolarità del bilancio (cf. 1, 117–120). In 5, 14 ss. il *cibus* che il cliente riceve dal patrono come *fructus* della *magna amicitia* è *rarus* e si parla di inviti a cena a scadenza (nella migliore delle ipotesi) bimestrale (*duos... post menses*). – **29. munimenta... coloris:** il verso può anche apparire come una sorta di glossa dell'espressione precedente *Pingues... lacernas* e, perciò, è stato sospettato da Markland (*ap.* Willis 1997) ed espunto da diversi editori a partire da Ribbeck 1859 fino ai recenti Willis 1997 e Braund 2004: *munimenta togae* illustrerebbe la funzione protettiva della *lacerna* nei confronti della *toga* (cf. 16, 45) e il notevole spessore del mantello (cf. Svet., cit. sopra: *muniebatur*), mentre *duri crassique coloris* specificherebbe, enfatizzando, il senso di *Pingues* (se si dà a *coloris* il senso di *fili*: vd. sotto *ad: coloris*). Chi espunge è disturbato anche dalla *variatio* costituita dal gen. di qualità (*duri crassique coloris*) che si inserisce tra gli accusativi *Pingues* e *male percussas*. Ma G. non rifugge affatto da simili *variationes*: vd. subito sotto al v. 31 e, per es., 3, 48 (*mancus et extinctae... dextrae*, su cui cf. Manzella 2011, 110 s.) o 11, 74 (*aemula Picenis et odoris mala recentis*) o 96 (*nudo*

latere et parvis... lectis, con Bracci 2014, 131). – **munimenta togae:** il verso comincia con una pesante parola tetrasillabica con la prosodia di un epitrito IV, forse iconica della funzione stessa (cf. fr. O, 11 *munimenta umeri*, stessa sede iniziale, ma con sinalefe). Si noti che Nevolo (che con una certa voluta insistenza si definirà in 59 e 72 *cliens*) riceve in 'dono' la *lacerna* e subito la considera come capo da abbinarsi inevitabilmente con la *toga*, che costituiva appunto la montura ufficiale del *cliens* (1, 96 *turbae... togatae* e 119, con Stramaglia 2017^2, 76 s., 87 s.; 3, 127, 149, 172, con Manzella 2011, 237; vd. anche Fusi 2006, 134 s. *ad* Mart. 3, 4, 6). – **duri crassique coloris:** non è affatto detto che l'espressione sia solo un'ulteriore (e ridondante) spiegazione o 'glossa' del precedente *Pingues* (come lo è di certo *munimenta togae*, apposizione epesegetica, normale peraltro per lo stile non certo 'asciutto' di G.: vd. *ad* 43). Perchè sia così e si dia motivo all'espunzione del verso, è necessario intendere *coloris* come metonimia per *fili* o, addirittura, *generis* (vd. sotto *ad*: *coloris*): è in questo modo che si torna ancora sulla qualità ruvida e spessa del tessuto della *lacerna*. Ma *duri crassique coloris* introduce un elemento nuovo e tutt'altro che insignificante, se intendiamo *color* nel suo senso più naturale di "colore", e *durus/crassus* non sono affatto epiteti inapplicabili al concetto di colore, come si è sostenuto (vd. appresso *ad*: *duri crassique*). Se *color* mantiene il suo senso base, si dovrà pensare che sia proprio la tinta delle *lacernae* ricevute in dono a disturbare il ricercato gusto estetico di Nevolo. Come (ex-)*homo bellus*, Nevolo avrà amato i colori sgargianti alla moda, ma – dato che ironizza sul verde per Virrone (50) – per sé avrà pensato al colore 'forte', ma per lo più socialmente apprezzato, della *purpura* o del *coccum* (Reinhold 1970, 46–61, spec. 55; Casartelli 1998, 110 ss.; Kuhn 2015b, 17 ss.). Se anche i *coccinati* non vanno esenti da critiche malevole (cf. Mart. 1, 96, 6), la porpora è pur sempre il colore della distinzione sociale e del potere politico (*ThlL* X, 2, 2702, 54 ss.; 2703, 56 ss.) e vestirsi di vesti di tale colore dà credibilità agli occhi della gente (7, 134 ss.): si veda il già citato caso della sottile e p u r p u r e a *lacerna* ostentata da Crispino in 1, 27 (cf. 4, 31) o il *coccum* che caratterizza come ricco e rispettato il personaggio di 3, 283 e 'consiglia' di starsene alla larga. Anche Umbricio in 3, 170 notava che a Roma si faceva molto più caso che non in 'provincia' al colore delle vesti (*v e n e t o duroque cucullo*); qui *venetus* sembra designare un blu di tonalità alquanto scura, poco apprezzata dagli elegantoni e/o effeminati, che gli preferiscono il *caeruleum* o turchino (cf. 2, 97; sul significato di *venetus*, vd. Manzella 2011, 262 s. [anche sulla questione della maiuscola] e Urech 1999, 164 n. 6). – **duri crassique:** nell'interpretazione per cui *color* = *filum* o *genus*, i due epiteti hanno il comune valore – *in primis* materiale – di "ruvido" e di "spesso", riprendendo così in modo decisamente ridondante il senso del precedente *Pingues* (donde l'idea del verso glossematico da espungere). Ma *durus* e *crassus* passano facilmente dal loro senso primario e concreto a quello traslato di "rozzo" e "grossolano" (*ThlL* V 2309, 72 ss. per *durus* e IV 1105, 46 ss. per *crassus*; cf., per es., Mart. 4, 55, 9: *nomina duriora* e 12, 18, 12: *crassiora nomina*) e, dunque, sono tranquillamente riferibili anche a *color* inteso nel suo senso proprio di 'colore'. Per risolvere queste ambiguità (tornando a dare a *color* il suo senso più naturale) Scholte 1873, 74 proponeva di correggere *crassique* in *russique* o *rufique*. Ma *durus* è sostanzialmente ambiguo anche in *venetoque duroque cucullo* (3, 170). – **coloris:** dopo C.F.W. Müller (*ap.* Friedländer 1895, 436 s. *ad l.*), anche secondo Courtney 2013[2], 379 *color* sarebbe da intendersi qui nel senso traslato di «type/quality», come chiarirebbero – appunto – gli epiteti (cf. *ThlL* III 1717, 48 ss. o *OLD*[2] 5: vd., per es., Sen., *epist.* 52, 3 s., dove certamente *color* = *sors* o *genus*). Così talora avviene anche con *filum*, usato in senso translato (*OLD*[2] 5). Ma in G. *color* mantiene di solito il suo senso primario: vd. 5, 75 (cf. 70: *niveus* e 14, 128: *caerulei*); 12, 90; anche 14, 294 (cf. *nigra*), nonostante quanto sostenuto in *ThlL* III 1717, 51. A parte stanno, ovviamente, i casi di 6, 280 e 7, 155, dove *color* ha senso di tecnicismo retorico. Interessante appare la correzione proposta da H. Valesius (e ricordata da Willis 1997 *ad l.*) di *coloris* in *solocis*, parola rarissima (facile perciò a corrompersi e banalizzarsi), ma di tradizione comica e satirica (Titinio nel *Barbatus CRF* 3, p. 133 Ribbeck = Daviault 1981, 92 = Guardì 1985a, 31 s. e 106: *ego ab lana soloci ad purpuram data*) e, soprattutto, Lucilio 1246 M. = 1263 Kr. = H 148 Ch. = 1300 Chr. (*pascali pecore et montano, hirto atque soloce*): *solox* si dice proprio della lana grezza e ispida (P. Fest. 387 L.: *lana crassa*). Ma fa difficoltà il fatto che *solox* è usato solitamente come agg. (= *hirtus*, in Lucil., cit.) e si trova come sostantivo «pro veste ex lana» solo in Tertulliano (*de pall.* 4, 4; *ThlL* IV 412, s.v.). – **30. male percussas:** lavorate al telaio (*percussas* = *textas* in *Schol.*, p. 155, 10 s. W.), senza l'adeguata cura artigianale che renderebbe le *lacernae... pexae* e chi le indossa *pulchre pexatus* (Mart. 2, 44, 1 e 2, 58, 1). Il verbo *percutere* (*ThlL* X, 1, 1243, 55 s.) rimanda al colpo sonoro del *pecten* che addensa il tessuto, dopo che la spola ha inserito la trama nell'ordito (cf. Ov., *fast.* 3, 819 s.: *illa etiam stantis radio percurrere telas / erudit et rarum pectine denset opus*). Nelle scene di tessitura descritte in letteratura a partire da Omero (per es. *Od.* 5, 61 s.; 10, 221 ss.) si sottolinea spesso l'aspetto sonoro del lavoro, per di più accompagnato, talora, dal canto ('chanson de toile'): vd. Verg., *georg.* 1, 293 s. *arguto... percurrit p e c t i n e telas*; *Aen.* 7, 11–14 (di Circe) *arguto tenuis percurrens pectine telas* (cf. anche Tib. 2, 1, 65 s.: *textrix... et adpulso tela s o n a t latere*). In questo passo G. sembra tenere presente in particolare Ov., *met.* 6, 58 (*subtemen... percusso paviunt insecti pectine dentes*, con Bömer 1976, 21 ss.; Rosati 2009, 255 s.), dove troviamo la *iunctura* allitterante *percusso... pectine*, che riproduce l'analoga allitterazione virgiliana *percu-* (*-rrit/-rrens*) *pectine*. In G. *percussas* si riferisce, comunque, a *lacernas* e *pectine* è abl. strumentale (*textoris pectine Galli* = *pectine a textore Gallo*). – **textoris pectine Galli:** il *pecten* (*ThlL* X, 1, 903, 10–15; *OLD*² 2a) serve a raddensare e rendere ben compatto il tessuto (cf. Ov., *fast*. 3, 820, cit. sopra), che in questo caso invece (*male*) resta rado e facile a sfilacciarsi e rompersi. La manifattura tessile in Gallia era nota soprattutto per i *cadurci* (economici teli e copri-materasso, cf. 7, 221, con Stramaglia 2017², 219 s.; 6, 537), non certo per le vesti raffinate e sottili come le Coe o tinte di porpora come quelle di Fenicia (Mart. 6, 11, 7 *te Cadmea Tyros, me p i n g u i s Gallia vestit*, con riferimento al rozzo *sagum*, cf. Grewing 1997, 132; vd. anche Schöffel 2002, 496 ss. *ad* 8, 58, 1: *crassae... lacernae... Sagarim*). G. varia rispetto a Mart. 4, 19, 1, sostituendo la *textrix* di Gallia (*Sequanica*) con un *textor* (Colton 1991, 352 s.; 641). Curioso l'interesse di Lucrezio 5, 1354 ss. per la primordiale preminenza maschile anche nel processo di lavorazione della lana. Ma in G. 8, 43 (*quae... texit*) il mestiere 'torna' femminile. – **31. accipimus:** ha il senso comune di "ricevere", "accettare", ma qui quasi = "incassare" (cf. 3, 133 o 7, 165 e 243) come ricompensa *sub specie doni* per il proprio faticoso lavoro (sessuale), come in 1, 42 (*accipiat sane mercedem sanguinis*; cf. Catull. 110, 2 *accipiunt pretium*). In 9, 27 ss. si tratta solo dell'invio e dell'accettazione di doni in genere (o, anche, di regali recapitati nell'occasione specifica e con la 'scusa' dei *Saturnalia*). Ma *accipimus* richiama anche la valenza economico-finanziaria che troviamo nell'espressione *nomen*/*codex a c c e p t i* vs. *dati*/*expensi* (vd. Stramaglia 2017², 171 s. *ad* 7, 110, dove si richiama l'opposizione *lucrum*/*damna* in 6, 571): questo è, insomma, tutto quello che Nevolo può *in acceptum referre* o "segnare all'attivo" (*ThlL* I 321, 56 ss.; cf. G. 1, 118) e considerare come 'entrate' della sua attività di 'gigolo', da inscrivere nella colonna dell'*acceptum* o *lucrum* (cf. anche Petr. 45, 13: *computa et tibi plus do quam accepi*; Plin. *epist*. 2, 4, 3; Minaud 2005, 120). Dopo *mihi* di 27, Nevolo usa ora il 'pluralis maiestatis' (cf. 86 e 94). Quanto al presente, sembra trattarsi di un presente di consuetudine ma, comunque, esso costituisce un'ammissione che Nevolo è al momento impegnato nella (= è tornato alla) sua attività occasionale di *moechus* e *amator*/*pedicator* (25 s.), dopo che la sua *spes* di aver trovato *certum praesepe* (Hor., *epist*. 1, 15, 28) presso il patrono di cui ci sta per parlare (vd. *Introd*., p. 9 s.) è risultata *decepta*. Il verbo *accipimus* è in coda al *colon* iniziale, tra il primo oggetto (molto più esteso: 28b–30) e il secondo (solo 31b, introdotto in asindeto). – **tenue argentum:** mentre la *lacerna* è spessa, l'argenteria (*argentum* è metonimia comune per 'oggetti in argento', specie per la tavola: cucchiai, tazze, vassoi, ecc., vd. *ThlL* II 525, 76 ss.; Strong 1966; Monti 1978, 76 *ad* 1, 76; Pirzio Biroli Stefanelli 1991) è "sottile". In *tenue* (= *subtile*, agg. che G. non usa) è possibile un riferimento allo spessore della *crusta* che costituisce la lamina di rivestimento degli oggetti che, certo, non sono in argento massiccio (cf. Weidner 1889², 189 *ad* *l.*). Ma *tenue* potrebbe anche più semplicemente rinviare alllo scarso p e s o dei doni in argento ricevuti (cf. *Schol.*, p. 155, 13 s. W. *modicum aut lĕve, non grave*; vd. *graciles... ligulae* in Mart. 5, 18, 2), tema su cui insiste continuamente l'epigrammista quando protesta o si lamenta per i modesti doni in argento ricevuti in occasione dei *Saturnalia* (Mart. 5, 18, 1–4 e 19, 11, con Canobbio 2011a, 226 ss. e 245; 8, 71; 10, 15, 8; 10, 57; 11, 105: *libra, selibra, scripulae*, ecc.). In Petr. 31, 10 e 52 si sottolinea il fatto che l'argenteria di Trimalchione porta inciso il *pondus argenti* (Schmeling 2011, 113). **– venaeque secundae:** il genitivo di qualità (in variazione [cf. *ad* 29: *munimenta togae*] rispetto all'acc. *tenue*) dice che l'argento non è di buona qualità (*Schol., ibid. = aerosum*); vd. anche *ad* 141: *argenti vascula puri*. Per *vena* come *vena metalli*, vd. OLD^2 6 e – in G. – 7, 53, con Stramaglia 2017^2, 149. Per il senso negativo di *secundus* come ordinale (sempre in clausola in G.), vd. OLD^2 11c e cf. Hor., *epist*. 2, 1, 123 (*pane secundo*); equivale al prosastico *secundarius* (cf., per es., Svet., *Aug*. 76, 1 *secundarium panem* o Plin., *nat*. 33, 119 *secundarium minium*). In 4, 88, 3 e 8, 71, 6 Marziale parla di un'argenteria particolarmente scadente, definita *Septiciana* (cf. Schöffel 2002, 597 s. e Moreno Soldevila 2006, 538 *ad ll.*).

32–37. Fata... κίναιδος: Nevolo non ha colpa dello scarso successo che gli tocca, perchè tutto è opera del fato (la precisazione è introdotta con *sententia* asindetica). La dichiarazione di fatalismo astrale (cui sembra accordarsi altrove anche la Voce Satirica, vd. soprattutto 7, 194–196: *sidera*; 199–200: *sidus... fati*; 16, 1 ss., con *sidere... fati* in 3–4) ha un tono sentenzioso e apparentemente pacato, ma è piena di sconforto (come si vede soprattutto da 135 ss.). Nevolo ritiene che le stelle non gli siano favorevoli: sono ben disposte verso altri (*multi*, 27; *felices*, 135), ma quando si tratta di lui *sidera cessant* ("sono completamente inerti"). Il fatalismo astrale qui professato è simile a quello proclamato e messo in versi da Manilio, d'impronta stoica, basato sul concetto di εἱμαρμένη (Schröder 1966; Pötscher 1978; Bianchi 1985; Andreoni Fontecedro 1990; Lanzarone 2008, 159 s. *ad* Sen., *prov*. 2, 4, con bibl.; Magris 2016^2, 208 ss., 425 ss.). Si cita in part. *Astron*. 4, 14 (*fata regunt orbem, certa stant omnia lege*, con Maranini 1994; Ferraboli-Flores-Scarcia 2001, II 299, cf. anche *Astron*. 1, 53 ss. e 478–479), ma la *iunctura* è già in Ov., *met*. 9, 434 (*me quoque fata regunt*), posta sulle labbra di un Giove che si dichiara costretto a sottostare ai voleri del fato (cf. anche Ps-Sen., *Oct*. 81 s.: *meos... casus... fata regunt*; per il concetto, anche Ov., *met*. 5, 532, 534). Si tratta, in realtà, di facili e diffusi 'loci philosophoumenoi' (quasi frasi fatte) cui ricorre altrove G. stesso (cf., per es., oltre ai passi già cit. sopra, anche 2, 16–19; 12, 62 ss. sul *fatum* e le sue ministre, le *Parcae*; 14, 248–250 e vd. *ad* 135–136: *at mea Clotho / et Lachesis gaudent*). Frassinetti 1955 prendeva l'esternazione di Nevolo troppo sul serio, come un segnale di esibita adesione allo stoicismo, che farebbe di Nevolo un ipocrita *Stoicida* (2, 65), ma si tratta solo dell'uso corrivo di un luogo comune e di linguaggio banalizzato (cf. anche *ad* 148: *Fortuna*). Nevolo non ha un vero 'pensiero' filosofico o un'ideologia precisa: le sue sono soltanto «philosophical platitudes delivered in an attempt at elevated style» (Braund 1988, 132) e servono essenzialmente allo scopo di scaricare la coscienza da ogni senso di responsabilità (Bracciali Magnini 1990, 46 ss.). Quanto al rapporto di G. con le credenze astrologiche (Gérard 1976, 370 ss.; Barton 1994, 33 e, più in generale, 41–63), di sicuro il Satirico ne stigmatizza l'uso per fini ignobili e l'abuso bassamente venale da parte dei ciarlatani: vd. il netto rifiuto di Umbricio in 3, 42 s. (*motus astrorum ignoro*), che pone anche l'imperversare di tali pratiche tra i motivi del suo abbandono della città, e la sarcastica critica di G. alla vera e propria mania ossessiva delle donne in 6, 553–591 (con Watson-Watson 2014, 250 ss.). Ma Nevolo non è che un 'average man' (cf. anche *ad* v. 144, *securum iubeant*) e crede senz'altro al potere incoercibile delle stelle, come Trimalchione (Petr. 35 e 39). – **32. Fata... fatum:** l'anafora con poliptoto di numero (dal generale al particolare: *suum cuique fatum...*) segna un'escursione molto forte: dalla visione cosmica di Manilio (*orbem... omnia*) si passa in G. agli *homines* come genere umano nel suo complesso (6, 556) e, infine, a «lo membro che l'uom cela» (Dante, *Inf.* 25, 116). Rispetto a *fata ducunt* e, soprattutto, *trahunt* del celebre fr. di Cleante così come viene presentato nella traduzione di Seneca (*epist.* 107, 11 v. 5: *ducunt volentem fata, nolentem trahunt*; cf. Setaioli 1988, 70 ss.; 2000, 233–242; Lanzarone 2008, 353; Marino 2016, 1290, con bibl.; Tosi 1991–2017, 749 n. 1056), *fata regunt* (= *gubernant*) indica un moto regolare che guida sicuro alla mèta, senza scosse e strattoni violenti. L'idea di fondo è quella di un *rector* che *movet mundum* ad un fine certo secondo un piano determinato (Manil. 1, 63: ... *totum aeterna mundum ratione moveri*), in opposizione polare rispetto alla concezione casualistica di stampo epicureo (vd. G. 13, 86 ss.: *sunt in fortunae qui casibus omnia ponant / et nullo credant mundum rectore moveri, / natura volvente vices et lucis et anni*). Sia in 32 che in 33 si nota la presenza di pentemimere come 'Interpunktionzäsur'. – **32–33. partibus... abscondit:** la perifrasi eufemistica, adatta alla *sententia* universale, indica i *genitalia* (6, 514; Herter 1978), ovvero i cosiddetti *obscena/veretra* (= τὰ αἰδοῖα) o *partes velandae* (cf. 14, 300 *velantes inguina panni*; Plin., *epist.* 6, 24, 3 *circa velanda corporis*; Phaedr. 4, 16, 5 *naturae partis veste quae celat pudor*). Anche l'uso del plur. *partes* (Ov., *met.* 13, 479 *partes tegendae*), come *membra* rispetto a *membrum* (in Ov., *am.* 3, 7, 65) o *nervi* rispetto a *nervus* (cf. Ov., *ibid.*, 35 e vd. Brown 1987, 188 *ad* Lucr. 4, 1043), aumenta la carica eufemistica rispetto al più comune *pars* al sing., che individua subito (καθ'ἐξοχήν, per così dire) il κῶλον o *membrum virile* (Petr. 129, 1; 132, 12; Priap. 1, 7 *parti... tegendae*; 9, 1; 30, 1; 37, 8 s.; 48, 1; cf. *ThlL* X 1, 468, 33–64; André 1991, 161 s.; Adams 1982–96, 63 ss.

ecc.; vd. anche Fusi 2006, 502 *ad* Mart. 3, 85, 2, dove la *pars,* però, è chiamata subito dopo, al v. 4, *mentula*) e contribuisce a rendere – per ora – l'allusione più discreta. In Petr. 132, 12 si dice trattarsi di *ea pars* che gli *homines severioris notae* non sanno nemmeno di avere... (sembra parodico di espressioni come Ps.-Sall., *ad Caes.* 2, 9, 2: [*ea, sc. membra*] *quae honeste nominari nequeunt*). Sallustio, che in *Cat.* 14, 2 non teme di usare *pene*, in *Iug.* 85, 41 usa invece l'eufemistico *turpissumae parti corporis*. Vd. anche *ad* 34: *longi mensura incognita nervi*; 43: *agere... penem / legitimum*; 136: *si pascitur inguine venter*. – **33. sinus:** si tratta del lembo inferiore della *vestis* (cf. Petr. 24, 7: *manum... demisit in sinum* a cercare i *vascula*; Sen., *contr.* 4, *pr.* 11: *inter puerilis condiscipulorum sinus lasciva manu obscena lusisti*). Svetonio (*Iul.* 82, 2) ricorda che, al momento dell'aggressione, Cesare *sinistra manu s i n u m ad ima crura deduxit, quo honestius caderet etiam i n f e r i o r e corporis p a r t e velata. Sinus* fa pensare in particolare alla *toga* (cf. *ad* v. 29): essa è il capo di abbigliamento tipico del *civis Romanus* (ai *sinus* della *toga* è dedicato un intero e minuzioso capitolo [11, 3, 137] di Quintiliano, che ci fornisce la storia dei mutamenti della moda al riguardo, anche a proposito della opportuna lunghezza del lembo inferiore). Nevolo non è – né è stato mai – *eques*, ma è cittadino libero (*Introd.*, § 3 b p. 25 ss.): appartiene, dunque, alla *plebs togata* (8, 47 ss., con Dimatteo 2014, 86 s.; Bellandi 2017, 516) e, se Nevolo è stato *cliens* di Virrone (59 e 71 s.), di questo capo di abbigliamento si sarà regolarmente servito per la sua vita di *cliens togatus* (vd. Canobbio 2011a, 277 s. *ad* Mart. 5, 22, 11; 303 *ad* 5, 26, 4). – **si tibi sidera cessant:** ancor più forte e negativo di *si tibi sidera non favent* o *si te non adiuvant*: se si tratta di gente nata *dis... adversis fatoque sinistro* (10, 129) – così si sente Nevolo – le stelle non sono solo pigre o lente, ma addirittura "fuori servizio" (6, 67: *aulaea recondita cessant*; 6, 555: *Delphis oracula cessant,* detto qui dell'attuale *defectus* dell'oracolo di Delfi, che condanna alla *caligo futuri* il genere umano; cf. Lucan. 5, 147; *ThlL* III 960, 60 s.). Si tratta, dunque, di perfetta indifferenza e di inattività assoluta da parte degli astri (che, pure, altrove sono personificati come vigili e attenti testimoni dell'agire umano: 8, 149 s.). Forse si gioca con il concetto fisico-astronomico delle stelle 'fisse' (così *ThlL ibid.*, 961, 29 ss., dove è schedato il nostro passo; *OLD*² 3c): il verbo in questione è usato, per es., in Lucr. 4, 391 per designare la loro immobilità assoluta (*sidera c e s s a r e ... adfixa... videntur*). Ma, dato il senso comune di "oziare" o "non fare il proprio dovere" di *cesso* (14, 59; *ThlL* III 959, 1 ss.; *OLD*² 3), c'è qui probabilmente un'ombra di rimprovero nei confronti delle stelle... 'fannullone' (cf. il valore negativo dell'epiteto *cessator*: *ThlL* III 956, 77 ss.; Opelt 1965, 66). A tanta immobilità e indifferenza corrisponde l'inevitabile conseguenza estrema: nonostante le ottime potenzialità della 'strumentazione' anatomica di cui si dispone (34: *longi mensura incognita nervi*), essa non potrà arreca-

re alcun vantaggio (*nil faciet*: futuro di certezza). Nel v. 33 abbiamo una triplice allitterazione sillabica in *si*(-). – **tibi:** Nevolo usa *tibi*... (e *te* al v. 35) come seconda pers. generica o retorica, ma con immediato e trasparente riferimento a sé stesso (cf. 50; Braund 1988, 133). – **sidera:** sulla terminologia relativa ai corpi celesti, vd. Le Boeuffle 1977; 1987; 1989, nonché Montanari Caldini 1979 e De Meo 1983, 243–247. Giovenale non usa mai *stella* e presenta *sidus* 10 volte e *astrum* 4; su 9 casi di *signum*, nessuno riguarda gli astri. – **cessant:** sull'inferiorità della variante *cessent*, vd. Knoche 1940, 295 e n. 3: l'indicativo della realtà qui è necessario (Nevolo non ha dubbi in materia). Vd. anche *ad* 146: *pingit* (caso in cui si può essere più incerti). –
34. nil faciet: colloquiale per *nil proderit* o *conferet* (cf. 8, 1: ...*quid faciunt*? *quid prodest*...?, con Dimatteo 2014, 44 s. *ad l.*). Sull'uso colloquiale di *facio* come verbo 'tuttofare', vd. Hoffman-Ricottilli 2003, 335 ss.; Citroni 1975, 197 s. *ad* Mart. 1, 59, 2 (forse dalla lingua medica); cf. anche Persio 2, 69 (*in sancto quid facit aurum*?). Per il senso sessuale di *facio*, vd. *ad* 107: *facit*. – **longi... nervi:** ecco la *pars* (il *penis*, 43) che interessa a Nevolo come suo imprescindibile strumento di lavoro (cf. 136: *si pascitur inguine venter*). Nevolo è evidentemente *nimio pene superbus* come il personaggio cui si allude in Mart. 2, 51, 4 (che, però, sa farne strumento di arricchimento, vendendo ad alto prezzo i suoi servigi al destinatario dell'epigramma). Anche qui dove il discorso si fa più esplicito, non si scende, però, ad un linguaggio di livello veramente scurrile (vd. *ad* 43–44: *agere... penem* / *legitimum*). *Nervus* per "pene" si ripresenta nel contesto crudo, ma non volgare, di 10, 205 (Campana 2004, 258) e ricorre, per es., in Hor. *epod.* 12, 19 (per *epod.* 8, 17, vd. Mankin 1995, 158 *ad l.*; Watson 2003, 294 s. *ad* v. 2: *enervet*) o in Petr. 129, 5 (con Schmeling 2011, 493 s.). Nella smargiassata virilistica di Ov., *am.* 2, 10, 23–28 la terminologia usata non si spinge, comunque, oltre *latus* / *vires* e, appunto, *nervi* (al v. 24). In generale, sull'uso di *nervus* per *penis*/*mentula*, vd. Adams 1982–96, 39, che lo riconduce alla metafora della corda dell'arco da tendere (a proposito di Ov., *am.* 1, 8, 47 s.; *Priap.* 68, 33, con Callebat 2012, 277 s.; Apul., *met.* 2, 16, 6 *arcum... nervus*); ma *nervus* può anche essere inteso come sineddoche al pari di *vena* (usato in questo senso, per es., da Persio 6, 72 e Marziale 4, 66, 12 o 6, 16, 5). G. non usa mai *mentula*, che Adams *ibid.*, 27 ss. definisce (cf. *Priap.* 29) come «l'oscenità archetipale» o primaria, e che, invece, ricorre assai spesso in Marziale (di contro all'assenza di *nervus*, ben 48 occorrenze di *mentula*, cf. Citroni 1975, 116 s. *ad* Mart. 1, 35, 5; Galan Vioque 2002, 128 *ad* 7, 14, 10; anche Fusi 2006, 439 s. *ad* Mart. 3, 68, 7 s.). Serve ad innalzare ironicamente la dizione anche lo stilema perifrastico, con schema **aBbA** (per *nervus longus incognitā mensurā*), che è di tipo nobilmente epicheggiante, come *Hadriaci spatium admirabile rhombi* di 4, 39 (cf. anche 81 e 107, con Courtney 2013[2], 177 e Santorelli 2012, 82 *ad l.*). – **longi mensura... nervi:** l'eccezionale dato ana-

tomico riguarda qui la *longitudo* come in Mart. 7, 14, 9 s., dove il discorso verte su una *mentula sesquipedalis* (poco meno di 45 cm., cf. Galan Vioque cit.), più di *Priap.* 11, 3 o 28, 3, dove si parla di *conto / fascino pedali* (sul tema, vd. anche Giannuzzi 2007, 404 s. *ad* Strat. LXXX = *AP* 12, 242 e Floridi 2007, 370–373 ad *epp.* 83 e 84). In G. 11, 158, invece, si tratta di *crassa... inguina* (cf. il verso luciliano cit. *ad* 43: *intra viscera*, nonché *Priap.* 80, 1 ss.: *longa bene... bene mentula crassa...*, con *mensura* al v. 3, e 11, 3, almeno nell'esegesi di Bianchini 2001, 108). In G. 1, 40–41 la *mensura inguinis* vede contrapposti due *inguina* in un rapporto di 11 a 1 o ancor più (visto il sarcastico diminutivo *unciolam*); ma qui la *mensura inguinis* pare relativa al peso del membro (vd. Stramaglia 2017², 44 s., *ad l.*). Di certo è così in Mart. 10, 55, dove Marulla misura il pene del suo compagno in termini ponderali (cf. 2: *pensavit... m e n s a est*; 6: *libras... levior*; 7: *statera*); vd. anche Petr. 92, 8 (con Habermehl 2006, 232). Nel nostro passo, invece, si parla espressamente di estensione nello spazio (*longi*) e del senso della vista (36: *viderit*). I Romani sembrano piuttosto ossessionati da questo «Priapic model of masculinity» (Williams 2010², 18, che alle pp. 94–102 dedica uno specifico paragrafo alla «fascination with oversized penises», cf. anche Habermehl 2006, 234). In G. il tema ricorre anche in 6, 337 s. (*penem / maiorem quam sunt duo Caesaris Anticatones*) e 374 ss. Per Marziale, vd. almeno 2, 51, 4 (con Williams 2004, 180 s.); 6, 54 (con Grewing 1997, 358 ss.); 9, 33 (con Henriksén 1998, 1, 171); 11, 51 (con Kay 1985, 179 s.). – **incognita:** il termine è *hapax* in G. Friedländer 1895, 437 *ad l.* rimandava a 12, 74 *n u m q u a m   v i s i s triginta clara mamillis* o a Apul., *met.* 8, 4 e Gell. 3, 9 per *invisitatus* (detto di un *aper immanis*) e *invisitata* (detto della *magnitudo* di un cavallo). Ma qui l'enfasi è ancora maggiore: non si tratta solo di qualcosa di 'mai visto prima' (*Schol.* 155, 17 W.: *ante non visa*), ma di *quiddam* di talmente spropositato e favoloso (*Schol.*, *ibid.*, 17 s.: *quae excedat opinionem hominum*) che di una cosa del genere non si è nemmeno mai sentito parlare (per il contrario, cf. 12, 26 o 13, 9: *casus multis hic cognitus*). In definitiva, dunque, siamo più vicini al senso di *ignotum* (6, 637) o di *inauditum* (cf. Sen., *nat.* 1, 16, 4 *inaudita atque incognita*). Per un epiteto riservato al pene di Nevolo, altrettanto orgoglioso ma in una prospettiva diversa (di ironica omologazione e non di eccezionalità favolosa), vd. anche *ad* 44: *legitimum*. Il verso è dotato di un'elegante allitterazione a cornice (*nil... nervi*), mentre /n/ è presente in quasi tutte le parole (tranne *faciet*). – **35–36. quamvis... Virro... viderit:** sul nome di Virrone, fatto qui per una sola volta, ma che riprende quello del patrono della sat. 5 (in cui è nominato ben 7 volte a partire da 5, 39), vd. *Introd.*, § 3 c, p. 27 ss., dove si discute se si tratti o meno della stessa persona della sat. 5 e si conclude che questo non è strettamente necessario, anche se c'è sicuramente un nesso allusivo: i due *Virrones* appartengono entrambi alla stessa categoria (quella dei *mali patro-*

ni). Per diversi critici il nome di Virrone sta qui a indicare un qualunque cinedo che possa capitare di incontrare (Courtney 2013², 373; Winkler 1983, 139 n. 80; Braund 1988, 135 s. e 242 n. 32; Santorelli 2013, 87 s.), senza alcun rapporto con il personaggio del *mollis avarus* di cui si comincerà a parlare subito dopo. Ma il nome di Virrone non è quello di un esempio generico (o *fictum*) per indicare il cinedo-tipo (vd. *Introd.*, § 3 c, p. 28). In realtà, è qui che comincia il racconto della storia-chiave, causa puntuale dello stato di prostrazione economico-esistenziale in cui versa il 'povero' Nevolo. Da questo momento in poi Virrone diventa *in absentia* il personaggio-chiave della vicenda. Non c'è alcuno stacco tra il Virrone introdotto in 35–37 e la figura del *mollis avarus* di cui si comincia a parlare da 38 ss. e che ossessiona Nevolo e, anzi, v'è transizione precisa all'interno di un discorso unitario (vd. *ad* 39: *tamen*). Invece, un segnale che si tratti di figura diversa sarebbe stato indispensabile (specie in considerazione dell'improvvisa prosopopea che interviene col v. 39). Con efficace plausibilità psicologica, il nome del patrono *mollis* e *avarus* viene così ad essere pronunciato per una volta sola in una proposizione secondaria, quasi per caso, senza volere... Nevolo si comporta in fondo come il *garrulus* di Hor., *epist.* 1, 18, 69 ss. (*nec retinent patulae commissa fideliter aures / et semel emissum volat inrevocabile verbum*). Si tratta, insomma, di una sorta di 'lapsus', di cui più avanti Nevolo si pente impaurito: il nome del patrono deve essere stato fatto, altrimenti non si spiega la forte paura cui si dà espressione in 93 ss. Alla diversa interpretazione di Courtney ed altri, cui si accennava sopra, deve aver contribuito la non immediatamente perspicua presenza di *sollicitent* al tempo presente, che può far pensare che Nevolo stia parlando in generale (normale il cong. perf. *viderit* a segnalare l'anteriorità), come se si trattasse di un presente di consuetudine: «questo è quel che suole accadere quando u n (qualunque) cinedo voglioso ti vede nudo, se sei superdotato come me». Ma più probabilmente si tratta di una specie di presente storico, dettato da volontà di ἐνάργεια, come avviene in 83 ss. (*nascitur... tollis... gaudes... suspende*) o 142 (*notet*): Nevolo comincia a raccontare la storia dal principio c o m e s e si svolgesse viva davanti ai suoi occhi (per un più esatto *quamvis te visum Virro sollicitaverit tabellis*). – **35. nudum:** l'incontro con Virrone non ha avuto luogo – come ci si poteva aspettare in base a 22–26 – presso i templi 'battuti' da Nevolo in cerca di donne (utile occasione per conoscere anche i loro mariti) o presso la statua di Ganimede, intesa come specifico punto d'incontro tra omosessuali (*Schol.*, p. 154, 22 W.), ma è avvenuto evidentemente alle terme, dove scene del genere (ispirate ai temi pruriginosi e speculari dell'esibizionismo e della cosiddetta *skopophilia*, cf. Sullivan 1968–77, 235 ss.; Gill 1973; Krenkel 1977a–2006; 1977b–2006; Fagan 2011) non dovevano essere infrequenti: del famigerato Ostio Quadra Seneca dice (*nat.* 1, 16, 3) che *in omnibus quidem balneis agebat ille dilectum et aperta mensura legebat vi-*

ros (con Vottero 1989, 277 n. 13; Berno 2003, 31 ss., 37 s.). Da vedere al riguardo spec. Petr. 92, 6–11 (con Habermehl 2006, 235 s.; Schmeling 2011, 381 s.) e Mart. 1, 23 (con Citroni 1975, 81 s.); 1, 96, 10–13 (Citroni, *ibid.*, 296); 11, 63; ecc. Interessante per la diversa prospettiva (non irrisoria o moralistica ma – come è stato detto – «dall'interno») l'accenno al tema presente in Stratone *ep.* 48 = *AP* 12, 207, con Floridi 2007, 271 s. In G. il tema della nudità al bagno ricorre anche in 11, 156–158 (su cui *Introd.*, p. 35 e n. 129). In 6, 374 ss. troviamo illustrato addirittura il caso particolare del castrato reso tale dalla padrona (*a domina factus spado*) che – in paradossale antitesi con 373A–B, versi costituenti il secondo framm. di Oxford – *intrat balnea conspicuus longe cunctisque notabilis* proprio in riferimento alle dimensioni del pene (capaci – nonostante l'operazione – di sfidare lo stesso Priapo). Per una diversa ipotesi sul ruolo delle terme nella svolta dei rapporti tra Nevolo cliente e Virrone, vd. anche *Introd.*, p. 9 s. n. 38. Il v. 35 è costituito di tutti spondei (tranne al quinto piede), forse ad esprimere una sorta di silente fascinazione; *nudum* è volutamente nel risalto della cesura pentemimere come parola-chiave del verso. – **spumanti... labello**: Virrone va in visibilio davanti alla *longi mensura incognita nervi* ed esprime la sua voglia *spumanti... labello*, con labbra schiumanti di saliva (siamo aldilà del nervosismo espresso dalla umettazione delle labbra in Mart. 1, 96, 12 s., cit. appresso). La disgustosa immagine corporale non ha a che fare con gli inconvenienti dell'età avanzata (cf. 6, 623: *longa manantia labra saliva* del vecchio Claudio): la sua 'acquolina in bocca' (*Schol.*, p. 155, 19 W.: *salivosus*; cf. Sen., *epist.* 79, 4: *salivam movet*; Petr. 48, 2) è *saliva libidinis*, come la *saliva mercurialis* di Persio 5, 112 (Kissel 1990, 682 s.) è dovuta all'*appetitus avaritiae* di fronte alla vista di una monetina, di cui si spera di impadronirsi. Il dato segnala che Virrone aspira alla *fellatio* (cf. Mart. 1, 96, 12 s.: *spectat oculis devorantibus draucos / nec otiosis mentulas videt labris*). La fascinazione è puramente e brutalmente sessuale, non è indicato alcun altro elemento di attrazione; si pensi, per contrasto, alla delicatezza – pur nella condanna – con cui Persio in 3, 110 s. descrive il turbamento sensuale dinanzi alla vista di una *candida puella* ammiccante: *cor tibi rite salit*? A Virrone non batte forte il cuore, ma spunta la bava alla bocca. In G. il tema della *fellatio* (Krenkel 1980–2006) non è molto frequente: è appena accennato qui (e forse in 59, ma vd. *ad l.*) e in 2, 95 (in forma simbolica: *vitreo bibit ille Priapo*). Anche per la *fellatio* operata da donne (10, 223) non si va in G. molto oltre l'allusione (6, 49 e 301; 10, 238). G. non usa né il sost. *fellatio*, né il verbo *fellare* (su cui Adams 1982–96, 172 ss.), termini che sono abbastanza frequenti, invece, in Marziale (cf. Fusi 2006, 495 s. *ad* 3, 82, 33 e anche 194 *ad* 3, 17; sul tipo dell'*impurus ore*, vd. in part. Obermayer 1998, 214–231). – **spumanti:** l'affluire della *spuma* (o bava) alla bocca denota forte passione ed animalità irrefrenabile (cf. Verg., *Aen.* 4, 158 s. *spuman-*

tem... aprum, ripreso in altro contesto da G. 5, 116) e segnala che Virrone è del tutto sopraffatto dalla spinta della *libido* (St., *Ach.* 1, 316 s.: *per ora / spumat amor*, detto di un giovane toro in calore; Plin., *nat.* 10, 181: *sues... coitu spumam ore fundere*). Rispetto a *saliva* ed altri fluidi corporei (cf. Catull. 23, 16 s.: *sudor... saliva... mucus... pituita*), *spuma* (detto della secrezione salivare, ma anche dell'acqua di mare: *OLD*² 1a e b) è senz'altro più elegante (vd. in *OLD*² s.v. *spumo*, 2a l'uso tutt'altro che raro in scrittori anche del genere epico; Schmitz 2000, 274). Il verbo *spumare* è, per es., abbastanza frequente nell'*Eneide* virgiliana (per il participio, vd. 1, 324 e 4, 158 [cit. *supra*]) e si nota in Ov., *met.* 4, 97 *spumantes... rictus* (di una feroce leonessa): invece di *rictus* (usato con sprezzo a proposito di esseri umani da G. in 10, 230 e 272) o del più neutro *os*, non a caso qui si fa la scelta di usare *labellum*. – **labello:** si nota in clausola il diminutivo, spiazzante al sing. (cf. 3, 285 e 14, 325) e sarcasticamente galante. Il lessema (sia al sing. che al plur.) è in poesia esametrica sempre in fine di verso (*ThlL* VII 2, 767, 27). In G. *labellum* ha costantemente sfumatura ironica o sarcastica (rispetto a *labrum/labium*, cf. *ThlL ibid.*, 775). Sull'uso del termine, vd. anche le osservazioni di Monti 1978, 125 e Stramaglia 2017², 110 a proposito di 1, 160, dove *labellum* è usato invece di *labrum* (qui il sing. non è imposto dal metro) e dove l'intenzione nell'uso del diminutivo non è del tutto perspicua (sottolineatura ironica della fragilità dopo e in contrasto con la sparata un po' da smargiasso di 153 s.?). Nel nostro passo il diminutivo affettivo rimanda al 'sermo amatorius' (cf. 6, 276) ed è stravolto in irrisione fortemente beffarda, probabilmente su modello di Catullo 80, 1: *rosea... labella* (di un *fellator*). A proposito dell'uso dei diminutivi in G., specifico Di Lorenzo 1972 (29–30 su *labellum*); cf. anche Schmitz 2000, 76–88 e 2019, 189–192; Manzella 2011, 80 *ad* 3, 28 (con bibl.). Sulla scia di Anderson 1961–82, 433 n. 102, Braund 1988, 133 s. e 240 s. nn. 13 e 15 e 263 n. 161 osserva che nella sat. 9 ne abbiamo un'alta percentuale (1 diminutivo ogni 15 versi contro una media di 1 a 40 in tutto G.) e che tali diminutivi sono tutti sulla bocca di Nevolo (tranne *crustula* in 5, verso probabilmente da espungere). Non credo, tuttavia, che tale vezzo stilistico voglia avere l'effetto di far apparire Nevolo «uncultured» (Braund *ibid.*): qui, per es., Nevolo vuole ironizzare sull'effeminatezza di Virrone e lo fa con rimarchevole efficacia (paragonabile alla malignità con cui G. stesso usa, per es., *ocellus* in 6, 8; 109; 578). Vd. anche sopra, *ad* 10–11, *ioco mordente facetus*. – **36–37. et... sollicitent:** alla violenza dell'istinto sessuale, però, segue una pratica di corteggiamento almeno in apparenza più 'romantica', fatta di bigliettini 'amorosi' per convincere l' 'amato' a concedersi (cf. 6, 233 *tabellis* e 278 *tabellas*, sempre in clausola, e 14, 29 s. [*ceras... pusillas*]; vd. Fusi 2006, 410 *ad* Mart. 3, 13, 9). Si tratta di parole adatte alla 'Werbung' (Fedeli 2005, 133 s.), funzionali a una precisa strategia seduttiva. La collocazione di *tabellae* in clausola produce una leziosa quasi-rima con *labello* (cf. anche 6, 276–277: *labellis/tabellas*): per l'effetto di effeminato sdilinquimento causato dal fonema /*ll*/, vd. Catull. 25, spec. 1–2, 4 e 10–11 (a proposito del *cinaedus Thallus*), ripreso per es. da *Priap.* 64, 1. Le missive d' 'amore' ancor più che numerose sono incessanti, pressoché senza soluzione di continuità (*adsidue* quasi = *continenter*), e scritte fitto fitto (*densae*: cf. 14, 29 s., con *implet*, ad esprimere la piena del 'sentimento'): soprattutto, sono eroticamente intriganti (*blandae*). Nevolo vuol forse far capire che non si è concesso subito, ma solo dopo molte insistenze e, soprattutto, dopo molte p r o m e s s e (cf. 74, 82, 125 s.). Nella sostanza quello che è intervenuto tra le 'parti' non sarà stato molto di più di un accordo o transazione commerciale, ma con una fase di attesa si sono volute ingentilire le cose, conducendo elegantemente le 'trattative'. In Petronio 92, 10, invece, l'*infamis eques Romanus* che adocchia alle terme il superdotato Ascilto se lo porta immediatamente a casa, senza perder tempo in chiacchiere (Schmeling 2011, 381 s.), e in Marziale 9, 27, 13 basta un solo cenno all'intesa del cinedo con il *draucus* (*nutu vocatum ducis*). Qui c'è parodia del corteggiamento eterosessuale (il *corruptor* con le sue *tabellae* cerca di sedurre la donna cui non dovrebbe avere accesso, cf. 6, 233 s. o 277) o, più probabilmente, della θεράπεια pederastica (Dover 1978–85, 85 ss., 96 ss.; Vattuone 2004, 95). In quest'ultima, però, – a differenza che in questo caso, dove a corteggiare con insistenza è il *vir mollis* – doveva essere rigorosamente l'ἐραστής a rivolgere le sue attenzioni (e i suoi doni) all'ἐρώμενος per ottenerne il χαρίζεσθαι, ovvero gli eufemistici "favori" (basti pensare all'episodio del «fanciullo di Pergamo» in Petr. 85 ss.). Anche la donna corteggiata sempre *rescribit* (6, 141 e 234) e non *scribit*, prendendo indebitamente l'iniziativa. – **36. blandae... tabellae:** l'aggettivo designa il carattere lusinghevole o senz'altro erotico del linguaggio scelto da Virrone per i suoi biglietini (cf. *ThlL* II 2038, 79 ss.; *OLD*² 2a). In G. si può confrontare *blanda* in 6, 125 (a proposito di Messalina 'prostituta', che ci tiene ad essere eroticamente suadente per attrarre clienti; Watson-Watson 2014, 113) e 196 s. (a proposito delle vecchie ancora *prurientes*): *quod enim non excitat inguen / vox blanda et nequam? Digitos habet* (cf. *lascivum* al v. 194), con Watson-Watson cit., 136 (vd. anche Mart. 12, 97, 8: *vocibus e x c i t a t a blandis*). È interessante che l'agg. in questo senso passi anche ad essere usato sul piano del discorso legale: *blanda oratio* è presente come espressione tecnica nell'editto del pretore a designare un comportamento corruttivo sul piano sessuale, passibile di sanzione legale (Ulpiano, *Dig.* 47, 10, 15, 20; cf. Cantarella 1988, 153 s.). Il verso 36 presenta una 'Sperrungszäsur' attenuata, però, dalla sinalefe in pentemimere (cf. Campana 2004, 366 *ad* 10, 358); la *iunctura* (*blandis... tabellis*) si ritrova con analogo, ma non identico iperbato in Ov., *met.* 14, 707 a proposito del corteggiamento di Iphis (dopo il 'colpo di fulmine' del v. 700) nei confronti di Anaxarete. La ripresa della *iunctura* ovidiana potrebbe veicolare un sottile risvolto sarcastico. Il verso appare ricco del suono della dentale sonora (quasi in ogni parola) e presenta suggestivamente i suoni *b/l* nei termini in iperbato (*blandae... tabellae*). Per quanto qui ci si riferisca evidentemente a lingua scritta, può esserci maligna allusione ai suoni strascicati e molli della *lingua blaesa* dell'effeminato, vd. Mart. 10, 65, 10 *os blaesum tibi debilisque lingua est* (cf. vv. 6, 8, 15). A questa caratteristica della pronuncia del cinedo può esservi allusione anche in fr. O, 9 se si accetta – con Watson-Watson 2014, 188 – la correzione *psellus* di Housman 1931[2] (con *euphono*) al posto del tràdito + *psillus* (con +*eupholio*). Sulle affettazioni o i veri e propri difetti di pronuncia di una *blaesa... lingua*, vd. Priap. 7, 2, con i passi addotti da Goldberg 1992, 83 s.; Bianchini 2001, 92 s. e Callebat 2012, 86 s. *ad l.* Per il fenomeno della cosiddetta 'r moscia', cui forse G. allude nel nostro passo, attribuendolo a Virrone, cf. Ter. Scaur., *Orth.* 13, 10 (= *GLK* 7, 13, 10–12): *balbi qui 'r' exprimere non possunt, aut 'l' dicunt aut 's'*, e le celebri testimonianze al riguardo in Aristoph., *Vesp.* 44 s. (ironia sui vezzi di pronuncia di Alcibiade effeminato, che pronuncia *l* per *r*) e in Cic., *de or.* 1, 260 (incapacità di Demostene di pronunciare la *r*). – **37. sollicitent:** in 'rejet' come *viderit*. *Sollicitare* indica un corteggiamento insistente (e illecito), ai limiti dello 'stalking' (quasi *vexare*, come in un assedio), cui è difficile resistere (cf., per es., Ov., met. 7, 721: *donis pudicam sollicitare fidem*, o epist. 16, 4: *legitimam nuptae sollicitare fidem*; Petr. 83, 10, v. 4: *sollicitat nuptas*; vd. *OLD*[2] 5c). Qui niente doni però, che pure erano essenziali nella pratica della seduzione erotica (Campana 2004, 316 s. *ad* 10, 304–306: *prodiga corruptoris improbitas... in muneribus*): solo bigliettini (Virrone è *avarus*!). – αὐτὸς... κίναιδος: citazione in greco, con forte torsione parodica, di Hom., *Od.* 16, 294 e 19, 13 (αὐτὸς γὰρ ἐφέλκεται ἄνδρα σίδηρος), dove la frase sta in un discorso di Ulisse a Telemaco a proposito delle armi di casa da sottrarre per prudenza alla vista dei Proci. Questa citazione parodica è il caso più esteso di uso del greco in G. (quasi tutto un verso, dalla cesura tritemimere; vd. anche *ad* 25: *moechus*). Si tratta della parodia di un verso famoso tratto dall'*Odissea*, che vedremo anche altrove (64 s.; 149 s.) particolarmente cara a Nevolo. Si discute del senso preciso della battuta: in Omero ciò che attrae per sua natura (spontaneamente e irresistibilmente) gli uomini (i maschi guerrieri) è il "ferro", ovvero, con metonimia destinata a divenire comunissima (cf. *ad* 97–99: *Sumere... dubitat*), le armi. L'espressione, che già in Omero rovesciava sapidamente un giro di frase di stampo proverbiale (Russo 1985, 224 a *Od.* 19, 13), giocava con la nozione per cui è, invece, il ferro ad essere attirato irresistibilmente dalla calamita o pietra di Magnesia (*magnes*); cf. Lelli 2006, 428 s. (a proposito di Zenobio IV 22) e Lelli 2013, 656. La nozione è tanto conosciuta che può essere usata come 'adynaton' in Prop. 4, 5, 9 (*illa velit, poterit magnes non ducere ferrum*); vd. Coutelle 2015, 635 s.; Fedeli-Dimundo-Ciccarelli 2015, 732 *ad l*. L'espressione omerica era diventata molto nota, a sua volta quasi proverbiale: compare in traduzione, per es., in Val. Flacc. 5, 541 (*namque virum trahit i p s e chalybs*) e in Tert., *pall*. 4, 4 (*i p - s u m ferrum... virum attrahit*). Vi si ispira anche Tac., *hist*. 1, 80 (*visa arma... cupidinem sui movere*). In Valerio Flacco e Tertulliano si constata che ἐφέλκεται viene reso con *ad-/trahit* (*Schol*. p. 155, 25 s. W.: *ipse ad se trahit*). Il rovesciamento 'aprosdoketico' ottenuto con la sostituzione di **κίναιδος** a σίδηρος è clamoroso e sottolineato – oltre che dall'omeoptoto – dalla più generale somiglianza fonica dei termini (oltre che necessariamente isometrici, proparossitoni e assonanti in /i/ e /d/): qui ciò che è detto attrarre a sé indefettibilmente i maschi è il cinedo, l'effeminato. Si tratta di un 'bon mot' non alieno dalla caratterizzazione data nei vv. 10–11 di Nevolo come *conviva facetus*, capace di *sales* più che *urbani* (cf. anche 64 s.; 69; 149 s.). Nevolo gioca abilmente sull'ambiguità delle parole che usa: non può voler dire sul serio che i maschi sono attratti irresistibilmente dall'effeminato, come per sua natura il ferro è attirato dalla calamita, a meno che – come suggerisce Ceronetti 2008, 197 *ad l*. («verum, eccitat masculas libidines sodomizabilis quisquam») – il maschio non debba essere visto come priapicamente «allectus» da «sodomizabile quidque». L'uso dell'immagine del magnete c'è davvero in poesia pederastica, ma relativamente alla forza di irresistibile seduzione esercitata da un 'bel fanciullo' su un ἐραστής (vd. *AP* 12, 152, forse di Meleagro, cf. Gow-Page 1965, II 574) e Virrone non dispone certo delle caratteristiche indispensabili a renderlo così attraente (cf. 46 s.). Dire 'tout court' che, come un tempo il maschio guerriero era attratto dalla sola vista delle armi, oggi lo è dall'effeminato (così già Ruperti 1830–1831, II 356: «sua enim sponte ac vi cinaedus tamquam magnes virum ad se trahit» e ora, per es., Paolicchi 1996, 549: «per natura infatti il cinedo attira il maschio» o Braund 2004, 353: «for the man can't help being attracted by the -pathic») appare sorprendente, perchè un'affermazione del genere contrasta con tutto quello che Nevolo pensa e dice del suo 'datore di lavoro' (da cui non è attratto in alcun modo, ma disgustato: 46 s.). Ma probabilmente con questa espressione ambigua si vuol dire che i 'sex workers' maschi e sessualmente 'attivi' come Nevolo sono attratti dal cinedo che sembri (o si presenti) come fonte di buon guadagno (al che potrebbe alludere il *tamen* del v. 38, espressivo di delusione), così come i cacciatori sono irresistibilmente attratti da una preda interessante (cf. *ad* 139–140: *quando ego figam aliquid*). In questo caso la parodia omerica segnalerebbe anche la decadenza del costume virile dai tempi di Omero (Courtney 2013², 379; anche Winkler 1983, 123 s., con qualche eccesso): allora ad attirare i maschi erano le armi, oggi a farlo è il cinedo... facoltoso (cf. Mart. 6, 50, con Grewing 1997, 343 ss.). Per l'uso di materiali omerici in questo senso (a segnalare, cioè, l'intervenuto degrado del genere umano dai tempi mitici), fatto dalla *Vox docens*, cf. 15, 65 ss. (spec. 69–71). Ma l'αὐτὸς γὰρ (= *ipse enim*) della citazione aggancia strettamente la frase anche al microcontesto, proponendola come spiegazione puntuale e sarcastica di quanto precede immediatamente: ἐφέλκεται appare, dunque, come una ripresa e una sorta di glossa in greco di *sollicitare*. Il cinedo attira (ovvero cerca di trarre a sé, di conquistare o accaparrarsi il maschio), come ha fatto Virrone con la sua operazione di studiato e insistente corteggiamento (αὐτὸς = *ipse*, con valore fortemente oppositivo) con rovesciamento dei ruoli tradizionali della θεράπεια pederastica, di quel rituale seduttivo che indefettibilmente deve essere portato avanti dal partner attivo della coppia (così si comporta, per es., Coridone con Alessi in Verg., *ecl*. 2 con le sue dichiarazioni amorose e le sue profferte di doni, cf. vv. 44 e 56, o Eumolpo con il fanciullo nella prima parte della vicenda di Pergamo). Αὐτὸς, dunque, vale non solo "per sua natura" ovvero "automaticamente", "irresistibilmente", ma lui (*ipse*) e non l'altro (con ἐφέλκεται con sfumatura conativa: "cercare di attrarre a sé"): qui il *corruptor* che manda i bigliettini seduttivi (6, 233) è – paradossalmente – chi deve 'concedersi' (*se indulgere*: 2, 165)! Il 'bon mot' è particolarmente denso e sfaccettato anche perchè dal contesto è chiaro che la vera 'calamita' è il maschio che, con il suo «amplum peculium» (Ruperti 1830–1831, II 357), esercita sul cinedo un'attrazione irresistibile (34–36a). Quanto alla tecnica dell'inserto parodico in lingua originale – sulla base di quanto dice Orazio in *sat*. 1, 10, 20 ss. (cf. Gowers 2012, 317 ss.) – un uso frequente del greco (e di Omero) in questa funzione si può ipotizzare per Lucilio (sui grecismi di Lucilio e la loro provenienza, dalla lingua viva e colloquiale ma anche da Omero, cf. Mariotti 1960, 50 ss., 80 s.; Baier 2001). Nei frammenti a noi arrivati, per es., c'è un caso patente di citazione puntuale dell'originale omerico (*Il*. 20, 443: τὸν δ'ἐξήρπαξεν Ἀπόλλων) in Lucilio 231 s. M. (= 238 s. Kr. = 6, 2 Ch. = 256 s. Chr.). Per altri casi, vd. Chahoud 1998, 319: per es. possiamo leggere in 463 M. (= 465 Kr. = 14, 7, 2 Ch. = 462 Chr.) un intero verso in greco (da *Od*. 11, 491), citato con intenti ironici, ma senza alterazioni. Orazio rifuggirà puristicamente da questo tipo di mistioni e provvederà a 'correggere' Lucilio 231 M., latinizzando la citazione in *sat*. 1, 9, 78: *sic me servavit Apollo* (cf. Gowers 2012, 303 s.; De Vecchi 2013, 281). Casi paragonabili di uso del greco o di Omero (citato e/o parodiato nella lingua originale), in effetti, non sono presenti nelle satire di Orazio e di Persio. Un certo impiego di singole parole o giri di frase in greco e, in particolare, di citazioni omeriche nella forma originale, con intento ironico e scherzoso, è presente negli epigrammi di Marziale, vd. Citroni 1975, 148 ss., 171 s. e Howell 1980, 207 s., 227 *ad* 1, 45, 2 e 1, 50; Canobbio 2011a, 378 s. e 561 *ad* 5, 38, 3 e 5, 78, 3, nonché 2011 b (anche 7, 57, 2; 9, 11, 15; 9, 94, 4). L'uso di parole ed espressioni in lingua greca (sia translitterate che nella grafia originale) e di puntuali citazioni da poeti greci (Omero soprattutto) era invece di casa nella tradizione della *sa-*

tura Menippea (per Varrone, vd. Courtney 1962, spec. 90; Salanitro 1990, 67–122; Fucecchi 2003, 91 ss., 98–115; Cèbe a partire da 1972, 62 e 122 s., con gli specifici indici alla fine di ogni volume, e in part. per il *Sesqueulixes*, 1996, 1847 ss.; per Seneca, ancora Fucecchi *ibid.*, 115 ss.). Nell'*Apocolokyntosis* (che G. sembra conoscere: vd. 6, 620 ss. e, forse, anche 3, 238, con Manzella 2011, 345) le citazioni omeriche introducono una nota fortemente ironica o sarcastica nella narrazione, ma per lo più il testo citato non è alterato (o solo a causa di errori – non particolarmente significativi – di memoria): vd. 5, 4 (cf. *Od.* 1, 170); 5, 5 (*Od.* 9, 39 e 9, 40); 11, 1 (*Il.* 1, 591); 14, 1 (*Il.* 9, 385). Per un esempio di battuta omerica (ma senza alterazione del testo) in senso osceno, vd. Svet., *Vesp.* 23, 1 (da Hom., *Il.* 7, 213), dove ἔγχος viene usato per alludere al *penis* (in una maniera che il biografo giudica *tempestive satis*). Un intero componimento dei *Priapea* (il c. 68) è dedicato (vv. 9–18 per l'*Iliade*; 19–36, quasi il doppio, per l'*Odissea*) a una «rilettura sessuale dell'opera di Omero» (Callebat 2012, 268–278, cf. Goldberg 1992, 322 ss.; Bianchini, 2001, 304 ss.; sulla «Homerparodie», Buchheit 1962, 102–105). – κίναιδος: sull'uso del termine *cinaedus* in G. (soltanto qui in greco per poterlo inserire nella citazione omerica; il termine traslitterato in 2, 10; 4, 106; fr. O, 3; 14, 30), cf. Rota 2016, 274 ss., in part. 278 s. e n. 109, e Manzella 2016, 196 s. Il sostantivo aveva originariamente un senso molto specifico, quello di ballerino di danze rituali e/o oscene (vd. Kroll 1921; Adams 1982–96, 239; Williams 2010², 193 ss.). In G. resta traccia di questo senso antico solo nel fr. di Oxford, nei vv. 3 e 19 s. (cf. Bellandi 1995, 151 s. *ad ll.*). Qui il sost. vale semplicemente *vir mollis*, come è illustrato immediatamente dal v. 38 con una sorta di glossa (per il sinonimo *pathicus*, vd. *ad* 130). Sull'uso del termine *cinaedus* (frequente in Plauto, cf. Williams *ibid.*, 385 n. 84; 2 volte in Lucilio, cf. Mariotti 1960, 64; 8 volte in Catullo, 3 nei *Priapea* e ben 22 in Marziale), vd. Citroni 1975, 135 *ad* Mart. 1, 41, 13 e 296 *ad* 1, 96, 10; Cavalca 2001, 158 s. (s.v. *spatalocinaedus*); Fusi 2006, 457 *ad* 3, 73, 4–5. Bisogna distinguere tra *cinaedus* = *vir mollis*/*pathicus* (anche come puro insulto, cf. Opelt 1965, 97 n. 35, 122, ecc.) e la figura 'tecnica' del *cinaedus* 'di professione' (fr. O, 1–2: *professus obscenum*), che svolge al pari di *scurrae* e *moriones* funzione di intrattenimento ai banchetti come, per es., in Livio 33, 28, 3 o in Plinio, *epist.* 9, 17, 1 (la sua specialità sembra l'eloquio *molle*, che si distingue da quello *petulans* e *stultum* dei suoi due 'colleghi'). In Marziale si gioca talora sull'esistenza di una qualche distinzione tra il *cinaedus* che 'si limita' ad essere oggetto di *pedicatio* e il caso, considerato più 'grave', dell'*impurus ore* (*fellator*, ma anche *cunnilingus*; MacMullen 1982, 491 s. e n. 27; Parker 1997, 53 s.): cf. 2, 28 (con Williams 2004, 108 ss.), 3, 73 (con Fusi 2006, 455 ss.) e 4, 43 (con Moreno Soldevila 2004, 319 ss.). La presenza di quasi un intero verso in greco ha provocato inevitabili difficoltà nella trad. ms. e nella relativa scoliastica (cf.

Knoche 1940, 102 e 229; Grazzini 2011, xxvii s. e 2018, 99). Più vicini al testo originale risultano **U** e **G** (cf. Housman 1931² *ad l.*). Tra le varie versioni corrotte del verso ce n'è una (ΑΙΤΟC ΓΛΙΚΟΥ ΑΝΔΡΑ ΚΙΝΑΙΔΟC) che è accompagnata dalla glossa «mores dulces viri mollis», forse a spiegare perchè – secondo il testo inteso a prima vista – il *cinaedus* attrae i maschi come una calamita.

38. Quod... avarus?: la sorpresa indignata di Nevolo riguarda il fatto che il cinedo – dopo tutti i bigliettini insistenti e, verisimilmente, ricchi di promesse di 36 s. (cf. pure 74: *pollicitus*) – si è rivelato *avarus* (vd. *ad* 48–49: *Vos... parati?*). Questo appare inconcepibile, perchè la *mollities* (a meno di essere quella di un *puer tener* e *pulcher*, cf. 46–47) comporta la necessità di pagarsi il soddisfacimento del *morbus* (49) e in questo non si può certo badare a spese. Un buon esempio di *mollis non avarus* è il Gracco di 2, 117 ss., che non esita a dare 400.000 HS di dote al suo *cornicen* per diventarne la 'sposa'. – **ulterius:** Nevolo usa il lessico dell'oltranza indignata, tipico altrove della Voce Satirica (Braund 1988, 131): cf. 1, 147 s. (*nil erit ulterius...*); 6, 190 (*quid ultra?*); 8, 199 (*haec ultra quid erit...?*); 15, 118 (*ulterius nil aut gravius*); vd. anche *vitia ultima* (meglio di *omnia* di **P**) in 2, 34. – **monstrum:** è tra le parole più tipiche del lessico dell'*indignatio* (cf. *ThlL* VIII 1446, 4 ss.; 1452, 15 ss.: «per contumeliam de hominibus improbis»; Opelt 1965, 143 s.). La usa *e.g.* Cicerone per Verre in *Verr.* II 2, 2, 79 e 2, 4, 47 (*monstrum aut prodigium*) e per Catilina in *Cat.* 2, 1 (*monstrum atque prodigium*; cf. *Cael.* 12). Per Ostio Quadra, scatenato 'mostro sessuale', l'adopera Seneca in *nat.* 1, 16, 6 (cf. Solimano 1998, 243 ss. sul «mostro etico»). Nei primi 2 libri di G. il termine è sempre usato dal Satirico in prima persona per esprimere il suo sdegno morale di fronte agli eccessi del *vitium,* giunto ormai a dimensioni apocalittiche (1, 147-149). In 2, 122 e 143 G. se ne serve proprio davanti a casi di scandalosa passività omosessuale; poi in 4, 2 e 115 per i grandi 'criminali' Crispino e Catullo; in 6, 286, 645 e 647 per le enormità sessuali (e non solo) compiute dalle donne. Solo in 4, 45 la parola non è usata in senso morale (qui indica le dimensioni del prodigioso rombo; cf. 14, 283: *Oceani monstra*). Sull'uso di questa parola forte, a valenza ominosa, vd. Anderson 1962–82, 278 e 287; Bellandi 1973, 58 s. e n. 3; Moussy 1977; Cloud-Braund 1982, 81; Stok 1987; Braund 1988, 131 e 239 n. 6; Solimano 1998; Plaza 2006, 305–337; Santorelli 2012, 48 s. Qui il termine risulta 'prestato' con effetti decisamente stranianti alla tirata arrabbiata di Nevolo contro il suo patrono: la reazione appropriata di fronte al *monstrum* (in questo caso un *mollis avarus*) è *horror* (2, 122) e/o *admiratio* (6, 646; cf. 13, 65: *miranti*), la stupefazione inorridita, che porta necessariamente a interrogarsi sul significato dell'apparizione 'sconvolgente'. In questo III libro la parola è *hapax* (cf. Ferguson 1979, 250). Assente dal IV libro, essa riaffiorerà per 4 volte nel V libro, due volte con l'antico significato di repulsa morale (15,

121 e 172), una volta – con sarcastico rovesciamento di senso – riferita per amaro paradosso all'*egregius sanctusque vir* (13, 65, cf. 62: *prodigiosa fides*). L'altra occorrenza nel V libro è in 14, 283, su cui vd. sopra. In 6, 84, con un'efficace endiadi, G. usa *prodigia et mores Urbis* per designare i "mostruosi costumi" di Roma. Il *monstrum* o *prodigium* è un *omen* bisognoso di interpretazione (vd. il rapporto etimologico con *moneo*: Plaza *cit.*, 307) e, possibilmente, di *procuratio* (ci vuole l'*haruspex*, non il *censor*: 2, 121).
– **mollis avarus**: come in *dives avarus* di 7, 30, *avarus* svolge funzione di aggettivo, mentre *mollis* è il sostantivo (quasi glossa di κίναιδος di 37; cf. 2, 47): così, giustamente, Braund 1988, 139 e 241 n. 18 contro Courtney, *Index III* (s.v. *adjectives as nouns*), 643 (diverso il caso di 14, 178). Per questo senso di *mollis* (= *pathicus/cinaedus*), vd. *ThlL* VIII 1379, 26–52 e sul tipo del *vir mollis*, cf. Citroni 1975, 296 *ad* Mart. 1, 96, 10; Pitcher 1993; Fusi 2006, 456 *ad* 3, 73, 4; Canobbio 2011a, 391 *ad* 5, 41, 2; Williams 2013. Il nesso con *avarus* è sentito come fortemente ossimorico, una sorta di stridente contraddizione in termini: i cinedi solitamente pagano profumatamente chi si presta al loro servizio (Mart. 6, 50; cf. 1, 58, 5–6 e 2, 51). Allo stesso titolo per Mart. 7, 75 è *res perridicula* il fatto che una *anus* ancora vogliosa sia avara e creda di poter *futui gratis* (cf. *ad* 133–134: *Altera maior / spes superest*** [*tu tantum...*]). Significativa l'allitterazione sillabica in *mo*- tra le due parole-chiave del verso (anche se, in realtà, per Nevolo la 'mostruosità' di Virrone sembra stare più nell'*avaritia* che non nella *mollities*).

39. "**Haec... tulisti**": prosopopea di Virrone, cui Nevolo cede improvvisamente la parola per un verso intero (cf. 63, dove, però, l'intervento è meno esteso e appare un esplicito *ait* a segnalarlo). La funzione di *ait* la svolge qui l'icastico *computat et cevet* (= *ait computans et cevens*). Non ci è detto chi sia il personaggio che è introdotto a parlare ed è possibile comprendere senza difficoltà lo scarto nell'impianto di locuzione e capire chi sia a intervenire in questa forma diretta solo se non si pone alcuno stacco tra 35–37 e il resto: i vv. 38 ss., dunque, non possono riferirsi che a 'Virrone', come segnala chiaramente anche il *tamen*. La cong. avversativa sottolinea la paradossalità del passaggio tra la leziosaggine dell'insistente corteggiamento portato avanti da Virrone e, appunto, la successiva rivelazione della sua contraddittoria natura di *avarus*. – **tribui... dedi... tulisti**: a due prime persone sing. che designano l'azione volontaria segue in clausola – con marcata *variatio* – la seconda pers. di *tulisti* a indicare che la terza dazione (la più consistente: *plura*) fu per Virrone pressoché un furto da parte di Nevolo, che non si meritava tanto. Per Virrone si trattò di un esborso quasi estorsivo, di una sorta di *rapina* (cf. in Mart. 3, 16, 2 l'opposizione fra *tribuit* e *rapit,* con Fusi 2006, 402). *Tribui* si riferisce probabilmente a quanto Virrone considera ragionevolmente "dovuto" (cf. Cic., *off.* 1, 15: *tribuendo suum cuique*); invece *dedi*, sentito come più vicino a *donavi* (*ThlL* V 1, 1662, 31 ss., 69 ss.) che non a *reddidi* (nel comune senso di "dare ciò che si deve", cf. *OLD*² 8 e 9a; in G., 1, 93), allude a dazioni considerate un 'di più' generosamente elargito rispetto a quanto strettamente dovuto. *Tulisti* è 'simplex pro composito' per *abstulisti* (Wilson 1900, 214; cf. *ThlL* VI 1, 556, 23 ss.; 557, 1 ss.: Catull. 110, 4 *nec das et fers saepe*; Sen., *apocol.* 11, 2 *caput tulit*, opp. a *nomen reddidit*) ed è usato nel senso che *aufero* ha in Mart. 5, 42, 1 (*nummos fur auferet*). Sul crescendo dei tre *cola* (1 piede e 1/2 > 2 > 2 e 1/2), vd. Braund 1988, 242 n. 28. In tutto il verso (che è un elegante esametro περιοδικόν [**dsdsds**], cf. Manzella 2011, 114 s.) c'è marcata insistenza sul suono della /i/ – con le prime due desinenze verbali nel risalto dell'arsidieresi in tritemimere ed eftemimere – a segnalare il puntiglio della piccata precisazione. I termini allitteranti in dentale sorda e sonora sono disposti in chiasmo (*t- de- de- t-*), mentre in *deinde... dedi* (cf. 1, 101) si osserva il cumulo delle sonore in successione (con il κακέμφατον evitato dall'inserzione di *illa*). Gli oggetti in accusativo sono sempre anteposti regolarmente ai relativi verbi come addendi in colonna di una operazione di somma o di registrazione sul *codex expensi* (per il «bundle of 'number' words», vd. Braund 1988, 241 n. 19, che richiama Catullo 5, 7–9, e 7 «but in a far from romantic context»). Si tratta di *dona* (Ruperti 1830–1831, II 357) o di *nummi*? Verisimilmente degli uni e degli altri, di qualsiasi cosa considerabile come dazione (cf. 42: *omnibus in rebus*). Il Virrone di 5, 14 ss. calcolava l'equivalente in denaro anche del *cibus* e delle *cenae*. Nonostante Braund 1988, 135, qui non c'entrano, invece, i 'doni' di 28–31.

40. Computat et cevet: la simultaneità delle due azioni (sottolineata dall'allitterazione dei verbi e dall'omeoteleuto in /t/) è sconcertante; cf. 2, 21, dove a *cevere* (= *clunem agitare*) sono addirittura quelli che hanno appena parlato *de virtute*: il farlo anche mentre si è impegnati nei conti rivela che il *mollis* non può proprio farne a meno. Non c'è, però, almeno qui (a differenza, forse, che in Mart. 3, 95, 13) riferimento puntuale ai movimenti fatti durante il rapporto anale per facilitarlo (così *Schol.* p. 18, 16–18 W. *ad* 2, 21; Heinrich 1839, 359; Monti 1978, 154 s.; Braund 1996, 125; Morelli 2017, 174 ss., 182, dove si parla di «cooperazione nella copula»; *contra*, a proposito di *crisare*, Richlin 1984, 493: «a s i f in intercourse, not in intercourse»). Si tratta piuttosto di un moto irriflesso che accompagna sempre il *vir mollis*, secondo la 'topica' abusata della polemica moralistico-omofobica (cf. G. 2, 17 *i n c e s s u fatetur*, con Courtney 2013², 104 *ad l.*; vd. anche Manil. 5, 153 *ficti... ad mollia g r e s s u s*, con il comm. di Feraboli-Flores-Scarcia 2001, 460 ss. al verso in questione e a tutto il brano 5, 140–156). Dell'*incessus* o *gressus* come segno rivelatore di *impudicitia* parla anche Sen., *epist.* 52, 12 (che aggiunge *manus mota... flexus oculorum*; per un altro segnale, vd. anche *ad* 132–133: *omnes... caput*); 114, 3: *si ille* (sc. *animus*) *effeminatus est, in ipso i n c e s s u apparere mollitiam*. Si tratta essenzialmente di un modo di *ambulare* (cf. Fedro, *app.* 10, 1–3: ... *ambulando molliter famam certissimam traxerat cinaedi*; 5, 1, 13: *veniebat gressu delicato et languido*, con *cinaedus* al v. 15; Petr. 119, 25: *fracti... enervi corpore gressus*; Quint. 5, 9, 14 sul *fractus incessus* come *parum viri signum*; Luc., *Rhet.* 11: διασεσαλευμένον βάδισμα; Firm., *math.* 8, 7, 2: *molliter ambulantes*). Sul tema, vd. Gleason 1995, 50 ss.; Corbeill 2004, 120 ss.; O' Sullivan 2011, 21 s., 26 s. In G. il tremolio sospetto avviene non solo quando Virrone cammina, ma anche quando è fermo, mentre si fanno i conti! – **Computat:** quasi con il valore di *imputat* in 5, 14 e 15, cf. Bellandi 1974–2009, 471 s.; Braund 1988, 243 n. 38; Santorelli 2013, 66 s. Questa ossessiva attenzione ai conti è un tratto che accomuna il Virrone di 5 e quello di 9 (cf. *Introd.*, § 3 c, p. 30 s.). – **cevet:** sul significato del verbo che vale "sculettare" (= *clunem agitare*, 2, 21), il corrispondente al maschile del *crisare* delle donne (*Schol.* p. 156, 6 W.: in G., cf. 6, 322), vd. Mussehl 1919; Fraenkel 1920–64; Adams 1982–96, 18, 178 s., 236, 239; Urech 1999, 177–180; Butrica 2006, 25 ss., in part. 30–35. G. sembra essersi ispirato a Pers. 1, 87 (*an, Romule, ceves?*, con Kissel 1990, 227), dove a sculettare impropriamente (e, così, a 'tradirsi') è un personaggio impegnato in un'arringa fondamentale per la sua difesa giudiziaria, e a Mart. 3, 95, 13, dove il personaggio che *cevet* è un Nevolo (cf. Braund 1988, 243 n. 39 e Fusi 2006, 544). Braund 1988, 139 osserva acutamente che *computat et cevet* è una sorta di «version in verbs of *mollis avarus*» (l'*avarus computat*, il *mollis cevet*): si noti allora la disposizione chiastica degli elementi (*mollis* A / *avarus* B vs. *computat* B / *cevet* A). Invece di *et cevet,* in parte della trad. ms. (**P** in rasura e **Φ**) – presumibilmente per 'pruderie' – si trova *atque cavet*, che dovrebbe essere allusivo alla diffidenza tipica del patrono che, temendo di essere ingannato dai suoi sottoposti, si cautela nella distribuzione delle retribuzioni o della *sportula* (cf. 1, 97 ss.), curando attentamente il registro dei conti. Willis 1997 la definisce una *misera lectio* e si stupisce che qualcuno (per es. Schurzfleisch e, prima, non a caso Prateus 1684, 283 nella sua pudibonda edizione «in usum delphini») l'abbia presa in considerazione.

40–41. Ponatur... pueri: se si fanno i conti, allora che li si facciano perbene, non a memoria e ad arbitrio del patrono. *Ponatur* è un caso di 'simplex pro composito', fenomeno frequente in G., specie con *pono* (vd. Wilson 1900, 206 s. e la discussione sull'esegesi di alcuni casi controversi in Gnilka 1969; Griffith 1971; Gnilka 1973). Qui probabilmente il 'simplex' sta per *adpono* o *dispono* nel senso di "mettere/disporre sulla tavola" le pietruzze per poterle usare nelle operazioni di calcolo: se c'è la *necessitas computandi*, bisogna chiedere *calculos tabulamque* (Plin., *epist.* 6, 33, 9). Più ricercato è l'uso del sing. *calculus* per il necessario *calculi*, dato che i *lapilli*, ovvero le "pietruzze" necessarie al calcolo, sono evidentemente molti (per l'uso del *singularis pro plurali* in G., vd. Friedländer 1895, 210, *ad* 3, 142 *multa paropside*, ma qui e in molti altri casi del genere c'è *multus* o *densus* o un agg. indicante, comunque, pluralità; vd. anche *ad* 15: *fruticante pilo*). Per fare i calcoli si usava la *tabula ratiocinatoria sive calculatoria*, detta anche *abacus* (Persio 1, 131), un tavoliere con le pietruzze per fare le operazioni aritmetiche (*DS* I 1–3, s.v.), e i *pueri* sono gli schiavi specializzati addetti in particolare a questa mansione (*servi calculatores*). G. usa una sola volta *abacus* nelle sue Satire (3, 204), ma in tutt'altro senso, quello di "credenza" (Manzella 2011, 307 s.). Si trova, però, anche la locuzione *calculum* (sing.) *ponere* (per es. in Colum. 3, 3, 7 *calculo posito*; Plin., epist. 1, 14, 9; 5, 2, 1; *pan*. 20, 5) per indicare l'operazione di "fare il conto" (*ThlL* X 1, 2655, 48 ss., s.v. *pono*), con *calculus* che dal suo senso originario e concreto di "pietruzza" è passato a indicare in astratto l'atto della *computatio* o conteggio (così lo *Schol.*, p. 156, 5 W.: *fiat computatio*). – **adsint... pueri:** *adsint* può equivalere semplicemente a un verbo di moto (con valore resultativo rispetto a *veniant*, cf. *OLD*² 6b o 9; in G., per es., vd. 1, 102 o 5, 62 s.: *pervenit... adest*) o avere un senso più specifico: nell'operazione di calcolo portino il loro contributo di esperti (= "ci assistano") gli schiavi specializzati proprio in questo (*OLD*² *ibid.*, 11). Ci si riconnette al problema dell'esegesi di *ponatur calculus*: se l'espressione ha senso astratto, l'ordine delle azioni è rispettato (prima l'invito a fare i conti, poi la convocazione e l'assistenza dei servi *calculatores*); se, invece, *calculus* è la "pietruzza", c'è 'hysteron proteron' (prima dovrebbero venire i *pueri* con l'*abacus*, poi su questa *tabula* si dovrebbero disporre e usare i *calculi*). La presenza in una *domus* di *servi calculatores* è naturalmente segno di grande opulenza. Nella casa del suo ricco *dominus* Trimalchione aveva svolto dapprima proprio una funzione simile a questa (29, 4 *cum ratiocinari didicisset*). – **41. numera:** ai congiuntivi esortativi segue un imperativo rivolto al patrono (cf. 54; 85) con atteggiamento quasi di sfida (*numera* è lezione migliore di *numeras*, nato in **P** da dittografia della *s* di *sestertia* e ancora preferito da Jahn 1851). L'indicativo varrebbe con tono puramente descrittivo "tu conteggi", come chi registri un neutro dato di fatto; invece l'imperativo *numera* ha una sfumatura provocatoria e equivale a "su, abbi il coraggio di calcolare", "calcola pure (al massimo)". Bücheler in Friedländer 1895, 438 cita una glossa interlineare di **P**: «licet non dederis tantum». – **41–42. numera... numerentur:** i due termini in poliptoto si corrispondono 'in colonna', venendo entrambi dopo la cesura pentemimere. Si tratta di elencare in bell'ordine (come addendi di una operazione o note di una registrazione ufficiale: *haec... deinde illa... mox plura*) da una parte il *datum* o *expensum* e, dall'altra, l'*acceptum* o *lucrum* (cf. il passo di Seneca, *epist.* 81, 6, cit. *ad* 42: *numerentur*). Secondo Ruperti 1830–1831, II 357 la *tabula* non sarebbe l'*abacus* ma, appunto, il *codex accepti et expensi* (cf. 7, 110). Per un'operazione di calcolo matematico relativa al conteggio di introiti e perdite, cf. Persio 6, 66–68 (con Kissel 1990, 547 s.), con un tono di sarcasmo molto simile. – **sestertia... rebus:** la cifra di 5000 sesterzi (*sestertium* usato come nom. sg. = 1000 HS, cf., per es., 2, 117; 4, 16 e 29 o 7, 185 s.) è da calcolarsi *omnibus in rebus*, come totale, considerando, cioè, tutti i pagamenti e doni fatti (lo spazio di tempo deve essere all'incirca quello di un paio d'anni: cf. *ad* 83: *quod tibi... ex me?*). Braund 1988, 135 pensa anche ai «gifts» di 28–31, ma per la verità in questi versi non si parla di regali di Virrone, bensì di 'donativi' legati ad un diverso giro d'affari di Nevolo (frequentato sino a poco prima – *nuper*, 22 – dell'incontro con Virrone e anche attualmente, dopo il *discidium* da lui). Quanto all'entità della cifra, della sua effettiva esiguità si potrebbe anche discutere. In Hor., *epist.* 1, 7, 80 s., per es., si parla del dono di 7000 HS a Vulteio Mena da parte del patrono Filippo (cf. Horsfall 1993, 83 s. *ad l.*) come contributo (parziale: altrettanti sesterzi sono dati in prestito) per l'acquisto di un pezzo di terra (*agellus*); si deve anche tener conto dell'inflazione intervenuta dai tempi di Orazio ai primi decenni del II d. C. Più utile sembra por mente all'importo attuale della *sportula* del cliente ordinario, considerata una vera miseria nel suo ammontare a 100 quadranti (1, 120 s.; cf. Mart. 1, 59, 2: *ista fames*), ovvero 25 assi o 6, 25 HS al giorno (cf. Monti 1978, 87 s.; Stramaglia 2017^2, 75 s. e 88; Manzella 2011, 358 s.). Il totale annuo di una elargizione regolare sarebbe meno di 2500 annui (cf. Monti 1978, 99). Era solo in occasioni speciali che la *sportula* poteva arrivare a 12, 24, 30 o 36 HS (vd. Citroni 1975, 197 a proposito di Mart. 8, 42, 1; 9, 100; 10, 27; Plin., *epist.* 10, 116, 1). Per il caso particolare e discusso di Mart. 4, 26, cf. Moreno Soldevila 2006, 240. Dunque per due anni di duro 'lavoro' Nevolo avrebbe ricevuto poco più di quella 'elemosina' che prende un *cliens* 'ordinario' per i suoi servigi tradizionali (sulla *sportula*, vd. anche Campana 2004, 118 *ad* 10, 46; Vössing 2010 e, ora, Schmitz 2019, 27 n. 57, con ulteriore bibl.). Per capire l'insoddisfazione di Nevolo, bisognerà tenere in considerazione il fatto che egli non si sente un *humilis adsecula* o *cultor* come gli altri *clientes* (48 s.) e ha tutt'altre aspirazioni di ordine economico (da misurarsi rispetto al livello minimale di 1, 119 s.: *toga, calceus... panis fumusque domi*). Al v. 140 Nevolo rivelerà di ambire senz'altro a un patrimonio equestre (minimo), da cui ricavare un reddito di 20.000 sesterzi all'anno (da integrare con altri introiti, 145 s.). Per farsi almeno un'idea della consistenza di queste cifre, si potrà fare riferimento a passi come 7, 186–189 in cui si parla dei 2000 HS annui assegnati dai privati a Quintiliano per il suo insegnamento di retorica e considerati evidentemente poca cosa (*ut multum... sufficient*), almeno rispetto agli introiti eccezionali di altro tipo e origine, di cui potè godere il grande retore (189 ss.). Egli fu infatti stipendiato con 100.000 sesterzi annui da Vespasiano (Suet., *Vesp.* 18) e, poi, passò al servizio diretto di Domiziano, che ne fece il precettore dei nipoti (da cui, presumibilmente, i *saltus* cui si allude al v. 189). In 7, 122 si parla di 1 aureo (= 100 HS) come modesto onorario dell'avvocato che ha sostenuto 4 udienze in tribunale e da 7, 242–243 un grammatico appare ricevere annualmente 400/500 HS per il suo insegnamento (come un gladiatore, peraltro, ad ogni singola vittoria). Su questi passi, vd. Courtney 2013², 320, 330, 333 *ad* 7, 122, 217, 243; Stramaglia 2017², 227 s. *ad* 7, 242–243. Rispetto ai 2000 sesterzi annui assegnati a Quintiliano (qui considerato ancora come retore qualunque, senza tener conto dei suoi *nova fata*) e, per es., ai 1200 HS del soldo militare annuo (Le Bohec 2001, 696 s.) e, ancor più, ai 400/500 dei grammatici, l'emolumento concesso a Nevolo potrebbe anche non essere considerato poco, ma l'ottica è evidentemente del tutto soggettiva... Tra quelli citati, il dato di confronto più significativo è naturalmente quello con la *sportula* dei *clientes* ordinari, da cui Nevolo non si differenzia in modo per lui soddisfacente. È interessante quanto si legge in Mart. 10, 11, 6, dove proprio 5000 sesterzi rappresentano una cifra notevole agli occhi di chi li dona, scarsa, invece, a giudizio di chi li riceve. – **omnibus in rebus:** equivale a *in summa*, che in 3, 79 è usata da G. anche come espressione idiomatica (cf. *OLD²* 7c). Si tratta di un'anastrofe 'leggera' consistente nella sola anteposizione dell'agg. alla preposizione (Hofmann-Szantyr-Traina 2002, 17 ss.; Maurach 1990, 116 s.; Powell 1999, 324: «trivial type»), cf. *omnibus in terris* in 10, 1 (sempre ad occupare il primo emistichio dell'esametro); per la tipologia *rebus in arduis*, vd. Kroll 1988³, 33 s. e n. 35 (con bibl.). Virrone considera la cifra di 5000 HS, data a Nevolo, come la *merces s o l i d a* (*omnium*) *veterum officiorum* (tale per il Virrone di 5, 13 è addirittura la *iniuria cenae* del v. 9). – **42. numerentur:** si torna ora al cong. esortativo con forte asindeto avversativo ("ma poi si mettano in conto, dall'altra parte, le fatiche da me affrontate"). Si deve – come dice Sen., *epist*. 81, 6 – *utrosque calculos ponere* (fare il conto del *datum* e quello dell'*acceptum*); cf. anche Petr. 45, 13 (*computa et tibi plus do quam accepi*). – **labores:** *labor* (cf. *opera*, 28; *meritum*, 82) è parola connotata positivamente quando si riferisca ai *labores* per eccellenza della tradizione romana, il *labor* agricolo (vd. Biotti 1994, 211 s. *ad* Verg., *georg*. 4, 248 ss.) e quello militare (vd., per es., 14, 164: *merces haec sanguinis atque laboris* [cf. *meritis* al v. 165], dove il termine si riferisce al *labor castrorum* o *militiae* di 14, 198 o 16, 52 ss.). Ma qui la parola è degradata dall'uso che se ne fa per designare le particolari fatiche che vedremo presto (43–46) descritte in impietoso dettaglio (sul fenomeno della sarcastica degradazione del lessico più in generale, vd. Canali 1967, 44 ss.). *Labores* sono dette altrove le incombenze tradizionali dei *clientes*, considerate da essi molto impegnative e addirittura 'usuranti' (*lassi... clientes* in 1, 132; cf. Mart. 3, 36, con Fusi 2006, 290 ss.) e, soprattutto, scarsamente ricompensate, cf. 3, 22 *nulla emolumenta laborum* (dove *labores* sono appunto chiamati gli *officia clientis* di 3, 126, con *meritum* al v. 127; Manzella 2011, 70). Nevolo degrada la protesta di Umbricio, al pari del quale, evidentemente, egli sembra considerare il proprio 'lavoro' come una *ars honesta* (3, 21), cui non corrisponde, però, un *par pretium*. Vd. anche *ad* 59: *exhausti*. Sull'uso di *labor* (*opus, opera...*) in senso sessuale, vd. Adams 1982–96, 199 s., nonché Habermehl 2000, 234 e Schmeling 2011, 382 *ad* Petr. 92, 9 (dove *laboriosus = libidinosus*); cf. anche Mart. 11, 81, 3–4 (*operi... labor*). Probabilmente esagerano Winkler 1983, 115 e Braund 1988, 243 n. 34 a intendere *labores* come allusivo, addirittura, ai *labores Herculis* (10, 361). Per l'ironia autoriale inevitabilmente sottesa all'uso di questo tipo di terminologia 'sfasata', vd., per es., Tac. *ann.* 13, 42, 3 s., laddove lo storico riferisce delle rimostranze avanzate dal *terribilis ac venalis* Suillio contro Seneca e le presenta in un discorso indiretto che, volendo riprodurre le parole stesse del personaggio, descrive la ricchezza acquisita così come la vede l'interessato (*praemium honestae operae adsequi... sibi labore quaesitam et modicam pecuniam esse*).

43. An facile et pronum est...?: *an* per *num* (cf. 6, 75; 13, 18 e 153; 14, 265; vd. *ad* 60: *meliusne*) è «vettore di polemica e sarcasmo» (Stramaglia 2017², 205 *ad* 7, 179 e 185 *ad* 7, 141; cf. anche Braund 1988, 131 e Manzella 2011, 172 s.) e avvicina con amara ironia lo stile della requisitoria di Nevolo a quello 'indignato' del Satirico stesso (*an melior...*, detto da Umbricio, in 3, 93; *an exspectas...*, 6, 75). L'enfasi sulla difficoltà e la fatica del compito da svolgere si esprime con la ridondanza sinonimica (cf. 13, 75 *tam facile et pronum est*, con Ficca 2009, 83; Sall., *Iug.* 80, 4; Quint., *decl.* 339, 8; per questo senso di *pronus*, vd. *OLD*² 7b). È un vezzo cui G. indulge spesso, qualche volta con felice effetto di enfasi come qui (cf., per es., 6, 21 *antiquum et vetus*, rovesciato in 15, 33 *vetus atque antiqua*, con Urech 1999, 140), qualche volta, si direbbe, solo per caricare artificiosamente le tinte o per completare il verso con una facile zeppa o 'cheville' (per es. 14, 31 *velocius et citius*; 15, 130 s. *pares... et similes*, particolarmente goffo, ecc.). Sul cumulo sinonimico, vd. Kroll 1988³, 32 s. e Hofmann-Szantyr-Traina 2002, 164 ss. e (in part. per la latinità postclassica) 169 s., mentre per questa peculiare tendenza di G. alla «enflure et redundance» di stampo declamatorio, cf. De Decker 1913, 137 ss. Sul versante metrico, Braund 1988, 131, 133 e 245 n. 48 osserva che abbiamo nel verso ben 3 elisioni (il massimo per G., cf. Courtney 2013², 40; Jones 2008, 360) e ancora altre 3 nel successivo a segnalare lo stato d'animo di forte agitazione di Nevolo, donde il ritmo di 'presto' del suo discorso arrabbiato («angry haste to get his words out»). – **43–44. agere... penem / legitimum:** l'oscenità dell'immagine è potente, ma resta comunque in limiti verbalmente contenuti (Courtney 2013², 34s.; Braund 1988, 245 n. 48): *penis* è il termine anatomico dovuto, vd. Adams 1982–96, 53 ss. («un'espressione ardita in un parlare educato»). André 1991, 167, 236 s. osserva, peraltro, che *penis* non si trova nei testi medici, che sembrano preferire *veretrum* (tranne in Marcell., *Med.* 7, 20; 33, 2; 33, 35, cf. Callebat 2012, 83 ad *Priap.* 6, 2). Si noti che Cicerone in *fam.* 9, 22, 1 s.

giudica *suum nomen* la parola *mentula* e – almeno in origine – eufemistico (*tectius*) l'uso di *penis*, che significava *cauda* (*DELL* 496). In G. il termine appare ancora in 6, 337 (*penem*, con *testiculi* al v. 339). La qualifica di *legitimum* (parola coriambica nel risalto del 'rejet', marcata dunque da doppia ictazione davanti a tritemimere) indica che la qualità del 'bene' o servizio fornito da Nevolo è tale che contro di esso non si può levare 'reclamo'. Il *nervus* dalla *mensura* favolosamente *incognita* di 34 diventa ora – secondo un'ottica diversa e con qualche sfumatura burocratica – "a norma di legge", conforme allo statuto richiesto (*iuxta legem*): vd. *OLD*[2] s.v. *legitimus*, 4b («prescribed by the rules of art») e cf. *iustus* in Mart. 1, 103, 2 o 4, 67, 4. Esistono puntuali prescrizioni legali, idonee a regolare la *definitio* di un bene o di una prestazione, che dunque non possono essere riscontrate inferiori agli 'standards' stabiliti e/o alle misure dovute. La legge 'vigila' che non ci siano truffe (*de mensura ius dicere* e *vasa minora frangere*, per es., è il compito dell'*aedilis* in 10, 101 s.), ma di certo Nevolo non ha nulla da temere: è perfettamente in regola e si sente aldilà di ogni possibile reclamo. – **43. intra viscera:** anche qui l'espressione non si spinge verbalmente al massimo della tensione oscena: G. usa l'elegante *viscera* (Axelson 1945a, 52) e non *culus*, che è parola da lui evitata come da Orazio e Persio (ma presente in Catullo 6 volte, in Fedro 1, in *Priap.* 4 e ben 16 in Marziale, cf. Citroni 1975, 289 *ad* 1, 92, 11). G. si permette *podex* in 2, 12 (cf. Williams 2004, 156 *ad* Mart. 2, 43, 1 e 180 *ad* 2, 51, 2). Sull'uso di questi termini (e di *nates/clunes*), vd. Adams 1981 e 1982–96, 149 ss. Quanto all'impiego di *viscera* (in contesto sessuale), cf. *Priap.* 25, 6 (*hoc sceptrum*) *intra viscera furis ibit* (con Goldberg 1992, 152; Bianchini 2001, 161 n. 5; Callebat 2012, 143 s.) e 66, 4 (*intra viscera*, con Adams 1982–96, 128). Il concetto è espresso iperbolicamente, e ancor più rozzamente, in *Priap.* 6, 3–6. Per un'espressione non meno colorita, cf., probabilmente, Lucilio 72 M. = 69 Kr. = II 11 Ch. = 69 Chr. (*si natibus natricem inpressit crassam et capitatam*); ma sul passo luciliano, vd. anche le osservazioni e le riserve di Adams 1982–96, 49. Non meno forte nella sostanza, ma espresso con più ironica eleganza, il concetto in Persio 1, 20 s.: *...cum carmina lumbum / intrant et tremulo scalpuntur ubi intima versu* (dove *lumbum = culum* e *intima = viscera*). – **penem:** nella sua interessante discussione su termini osceni ed eufemismo (*fam.* 9, 22) Cicerone si sofferma su *penis* (§2) e osserva che la parola (un tempo eufemistica, ma *hodie... in obscenis*; Uria Varela 1997, 334 ss.) fu usata da Pisone Frugi nei suoi *Annales* (fr. 40 Peter *adulescentis peni deditos*). La usa nella sua prima monografia storica anche Sallustio (*Cat.* 14, 2), 'assolto' per questo da Agostino (*dial.* 7). Il termine appare 2 volte in Catullo (15, 9 e 25, 3), che usa *mentula* in senso proprio solo in 37, 3 e più volte, invece, come soprannome offensivo (*Mentula*, cf. spec. 94, 1 e 115, 8). Il termine *penis* appare poi 1 volta in Hor. (*epod.* 12, 8) e 2 in Persio (4, 35 e 48), che al pari di G. non usano mai *mentula*; poi in Marziale 8 volte (contro ben 49 occorrenze di *mentula*) e in *Priap.* 6 (contro 26 di *mentula*). È rispetto a quest'ultimo termine – *sordidum et vulgare nomen* secondo Aug., *dial.* 7 – che si misura l'oscenità relativa di *penis* (cf. van den Hout 1999, 347 *ad* Fronto 145, 19–21: *quamquam parum pudicum, non indecorum*). Vd. anche *ad* 32–33: *partibus... abscondit*; *ad* 34: *longi... nervi*; *ad* 136: *si pascitur inguine venter*. **– 44. atque... cenae?:** il lato scatologico è molto sgradevole (cf. Lucil. 1186 M. = 1205 Kr. = H 71 Ch. = 1204 Chr.: *haec inbubinat, at contra te inbulbitat <ille>*, dove *inbulbitare* vale *puerili stercore inquinare*; per *ThlL* VII 1, 427 = *concacare*). Sul tema, vd. Adams 1982–96, 214 ss.; Giannuzzi 2007, 353 ss. *ad* Strat. LXVI = *AP* 12, 225 e anche il commento di Floridi 2007, 328 ss. allo stesso epigramma (nr. 68). Nevolo non vuole tanto esprimere il suo disgusto (Jenkins 1982, 200) o scandalizzare chi ascolta quanto riferire con impeccabile precisione 'professionale' (Bellandi 1974–2009, 473) gli inconvenienti del suo 'mestiere', per cui, però, vorrebbe esser ricompensato adeguatamente: il vero scandalo per lui è il sotto-pagamento (cf. *ad* 38: *mollis avarus*). In fondo, l'espressione è eufemistica: per contrasto, vd. l'oscenità aperta di *Priap.* 68, 8 *pediconum mentula merdalea est* (con Goldberg 1992, 328; Bianchini 2001, 308 s.; Callebat 2012, 269); 69, 4 *est tibi mentulam cacandum* (con Goldberg 1992, 346 s.; Di Brazzano 1999; Bianchini 2001, 314 s.; Callebat 2012, 280), nonché *CIL* 10, 4483 (*caca ut possimus bene dormire et pedicare nates candidas*). Anche in Mart. 11, 88 (con Kay 1985, 249) e 13, 26 (con Leary 2001, 76 s.) si accenna al tema chiaramente (vd. anche 9, 69, 2, con Henriksén 1999, 2, 78 s.; cf. Obermayer 1998, 183–189), ma pur sempre per via allusiva, senza arrivare al livello di cruda oscenità dei *Priapea*. Non affatto certo, anche se a prima vista suggestivo, il rimando a Petr. 76, 11 (*intestinas meas noverat; tantum quod mihi non dixerat, quid pridie cenaveram*) suggerito da Winkler 1983, 144 n. 37. Sul lessico relativo alle funzioni corporali, vd. Adams 1982–96, 297 ss. G. non usa mai *merda*, che in poesia appare 1 volta in Hor. (*sat.* 1, 8, 37: *merdis... inquiner*) e in Fedro (4, 19, 25) e per 2 volte in Marziale (cf. Citroni 1975, 262 *ad* Mart. 1, 83, 2; Fusi 2006, 196 *ad* 3, 17, 6) e nemmeno usa *cacare* (in Orazio solo in *sat.* 1, 8, 38; 7 casi in Marziale). G. allude chiaramente al verbo, però, in 1, 131 (dove usa *meiere*). Nella nostra satira è questo l'unico cenno (*qualis... tamen!*) – da parte di *Naevolus cliens* – al tema della *cena* con il *patronus*, così importante nella vita di relazione tra patrono e cliente in 1, 132 ss. e in tutta la sat. 5.

45–46. Servus... dominum: la singolare *sententia* sposta ora su un piano generale (con riferimento agli schiavi della *familia rustica*) quanto riguarda il *cliens* Nevolo. Ci si aspetterebbe: "meno sventurato è lo schiavo che scava il campo di me, che scavo il padrone" (*minus miser servus qui fodit agrum quam ego sum, qui fodio dominum*) oppure – in forma di sentenza – *miserius* *est fodere dominum quam agrum* (come fa il *fossor*), con separazione chiara dei due ambiti 'lavorativi' pur messi in contatto dal paragone. Ma a causa della compressione brachilogica della *sententia* (e dello zeugma di *fodio*) Nevolo finisce per annullare la distanza tra le due situazioni, con il risultato che il cliente sembra diventare un collega del *servus fossor*, ma di ancor più basso rango perchè tenuto a *fodere* il *dominum* invece che l'*agrum*. L'effetto è, comunque, quello di sottolineare la natura faticosa (e squalificante) del servizio che Nevolo come *cliens* rende al patrono, mettendolo al di sotto del (più umile) lavoro schiavile. Nota giustamente Braund 1988, 141 che Nevolo descrive il suo rapporto con il patrono «in terms which are far from flattering to either party» (cf. anche *ad* 92: *bipedem... asellum*). Umbricio in 3, 124 s. non aveva esitato a paragonare gli *officia* imposti dalla *clientela* a gente come lui a quelli imposti dalla condizione servile (*servitium*) – usando subito dopo (126 ss.) termini non dissimili da quelli usati dal Satirico stesso per Trebio in 5, 19–23 (cf. 76–79) – e in 188 s. aveva alluso con amarezza alla umiliante subordinazione del cliente (che, pure, è *civis Romanus*, cf. 3, 84 s.; 5, 127; 161 ss.) ai *servi culti* della *domus* (cf. 5, 72–75). Ma qui si va oltre: Nevolo arriva a sentirsi addirittura inferiore ad uno schiavo della *familia rustica,* anzi al di sotto del *servus* forse più in basso – il *fossor* – all'interno di essa (vd. Bracci 2014, 119 s. *ad* 11, 80). Gli schiavi di città temevano molto il passaggio alla squadra di campagna, cf. Hor., *sat.* 2, 7, 117 s. (*accedes opera agro nona Sabino,* come minaccia a Davo, servo di casa) e vd. per es. Plaut., *Most.* 15 ss. Sull'uso (evidentemente assai degradante) del lessico schiavile per il rapporto patrono/cliente, cf. Fusi 2006, 291 *ad* Mart. 3, 36, 2. Il cupo finale della sat. 5 di G. (170–173), con la inevitabile (ma volontaria) trasformazione in schiavo del cliente (cf. Santorelli 2013, 191), aveva già introdotto il tema sotto forma di facile profezia per il futuro: questo accostamento che Nevolo opera tra sé e il *fossor* costituisce ora la 'climax' assoluta del percorso di degrado del *cliens*. – **45. erit:** il futuro con valore di potenziale di probabilità (cf. *ad* 6) attenua la perentoria certezza del pres. gnomico *est*, che ci si poteva attendere, lasciando un qualche margine di discrezionalità all'affermazione («si potrebbe dire, forse, che è...»). – **miser:** Nevolo, dunque, si sente *miser* e l'Interlocutore al v. 6 aveva còlto nel segno paragonando la sua espressione alla *facies miserabilis* di Crepereio Pollione (cf. v. 147). Vd. anche Braund 1988, 138. – **foderit:** per *fodere* che, riferito al patrono per zeugma, assume il senso di *pedicare,* cf. *Priap.* 52, 8 (con Goldberg 1992, 271 e Callebat 2012, 233); Mart. 1, 92, 11–12 (*culum... fodiam,* con Citroni 1975, 289; Howell 1980, 302) e – per l'immagine suggerita – vd., in G. stesso, l'uso di *fossa* in 2, 10 (Adams 1982–96, 118 s. e 194; Winkler 1983, 140 n. 83). Può darsi che G. sia stato influenzato da Mart. 12, 16 (cf. v. 3: *pedicas... tres agellos*). L'uso del lessico agricolo per gli atti della vita sessuale era antichissimo (vd. Brown 1987,

240 s. *ad* Lucr., 4, 1107 e 368 s. *ad* 4, 1272 s.). Per il coito eterosessuale si usava spesso la metafora dell'"arare" col pensiero alla fecondità del campo e della donna ingravidata (cf., per es., Lucr. 4, 1272 s.: *sulcum... vomeris... seminis ictum*, con Adams *ibid.*, 197; Landolfi 2013, 188, cf. 67). Nel caso del rapporto anale tra maschi non c'è questione di fertilità (cf. l'ironia di 2, 137 ss.) e la metafora crudamente sarcastica del *fodere* risulta più adeguata (cf. anche l'uso di *excavare* in *Priap.* 51, 4, con Adams cit., 194 e 282). –
46. dominum: il termine si riferisce in prima battuta al padrone del *servus*, ma tramite lo zeugma finisce per riverberarsi su *Naevolus cliens* (59; 71 s.) che, evidentemente, considera il patrono un *dominus*, non potendo certo considerarlo un *amicus/sodalis* (vd. *ad* 62: *amici* e *ad* 95: *inimicus*). Sull'uso di questa cruda terminologia di potere per designare i rapporti nell'ambito della relazione clientelare, sono da vedere Bianconi 2005, 67 ss., spec. 70, e Santorelli 2013, 96 e 166 *ad* 5, 49 e 137 s. Ancora più marcato in senso umiliante è l'impiego dell'espressione *dominus et rex* per designare il patrono (in G. presente in 8, 161, cf. Dimatteo 2014, 182; ma vedi il solo *rex* per il Virrone della sat. 5 ai vv. 14, 130, 137, 161). Per questa terminologia del linguaggio clientelare in Marziale (e più in generale), vd. Citroni 1975, 344 *ad* 1, 112, 1 e anche Fusi 2006, 159 *ad* 3, 7, 5 e Canobbio 2011a, 234 s. *ad* 5, 18, 9. Si noterà che G. non usa mai il termine *patronus*, che risulta, del resto, assai poco presente in poesia: solo due volte (nell'ambito dello stesso componimento) in Orazio, *epist.* 1, 7, 54 e 92 (con Horsfall 1993, 70 e 80 s.) e 13 volte in Marziale (cf. Bianconi *ibid.*, 65 ss., 90; anche Citroni *ibid.*, 299 *ad* 1, 97, 2). Se qui Nevolo applica il termine *dominus* (nel senso pieno di 'padrone') al suo patrono, perché 'trasportato' dal paragone con il *servus fossor*, al v. 78 chiamerà con tutta naturalezza *domina* la moglie di Virrone (ma per la peculiare densità di tale denominazione, che ha molte sfaccettature di senso, vd. *ad l.*).

46–47. Sed tu... putabas: *sed tu* introduce un'apostrofe (*diversio*) rivolta a Virrone, dettata dalla rabbia, e questa riprende l'approccio diretto di *numera*, imperativo del v. 41. Nevolo insiste sull'inconsapevolezza di Virrone (inconscia giustificazione della sua grettezza?), che a quanto pare non si rende conto della spiacevolezza del compito affidato al cliente. Virrone ha una falsa idea di sé stesso e si crede un bel fanciullo, sessualmente appetibile, addirittura un Ganimede (vd. *ad* 22–23: *Ganymeden / Pacis*; e *ad* 102: *O Corydon, Corydon*, dove l'ironia dell'Interlocutore – facendo di Nevolo Coridone – implicitamente fa di Virrone un *formosus Alexis*). Con questa osservazione, Nevolo rivela con assoluta 'nonchalance' di trovare attraenti i bei fanciulli come, del resto, è del tutto scontato per i *bene mares* o maschi 'attivi', alla cui categoria egli appartiene (cf. *Introd.*, § 4 p. 32 s.). L'enfasi del pron. pers. soggetto *tu* in ces. pentemimere è rincalzata dal *te* in clausola (l'allitterazione è rinforzata da *tenerum*). Mi sembrano sostanzialmente ingiustificati i dubbi su chi sia il *tu* del v. 46 espressi – dopo vari commentatori antichi – da Ferguson 1979, 250 («Who is addressing whom? Naevolus Virro? Naevolus himself? Virro Naevolus? or Juvenal Naevolus?»), che finisce poi per accettare l'idea che Nevolo si rivolga a se stesso. *Tu* riprende l' 'Anrede' diretta al patrono di 41 e precede quella di 54, e il sarcasmo pesante ha veramente senso solo sulle labbra di Nevolo in riferimento a Virrone. Così anche Braund 1988, 133, che trovava una sorta di conferma di ciò anche nel fatto che tutte le clausole monosillabiche della satira sono assegnate al personaggio di Nevolo (46, 51, 78, 99, 146). Successivamente, però, la studiosa (2004, 354) ha cambiato idea: il passo sarebbe da assegnare non a Nevolo, ma *locutori alteri*. Non mi pare, però, che la dichiarazione abbia senso se non pronunciata da Nevolo e riferita a Virrone: Nevolo – per quanto con un passato da *homo bellus*, prono ai dettami più leziosi della moda estetica maschile (vd. *ad* v. 13 s.) – non si sarebbe mai potuto credere (*putabas*) un Ganimede o rivolgersi a sé stesso («Naevolus himself», come intende Ferguson) come a un *puer tener* ecc., neanche per amor di battuta, lui che tanto vistosamente tiene al suo ruolo attivo nel sesso. Virrone, d'altra parte, avrebbe potuto rinfacciargli di non essere un *draucus* all'altezza (Mart. 1, 96, 12, con Citroni 1975, 297), ma certo non avrebbe ironizzato sul fatto che egli non fosse un bel *puer* o *pusio*. Neanche avrebbe molto senso questa battuta di aperto sarcasmo sulle labbra dell'Interlocutore, che non adotta mai con Nevolo un tono troppo esplicito: tanto più che per lui Nevolo è stato un notorio *moechus* (25) e *amator/pedicator* (26), ma certamente non un *puer delicatus*. – **46. sane**: particella asseverativa con forte valenza ironica, cf. 1, 42; 12, 24 (Stramaglia 2017², 45), come altrove *certe* (vd. *ad* 9). Nel suo 'mood' amaramente sardonico – che qui, nella sua 'requisitoria' contro Virrone, Nevolo riproduce – anche il Satirico fa ampio uso di questo tipo di particelle: vd. *nimirum* (2, 104; 7, 78; 10, 248; 14, 54); *scilicet* (*e.g.* 5, 76 o 6, 239); *nempe* (vd. *ad* 74–75: *Fugientem... rapui* e *ad* 74: *nempe*) o *quippe* (*e.g.* 5, 64; 6, 11; 7, 175; 13, 189). – **tenerum**: come ἁπαλός o ἁπαλόχροος o ἁβρός nella poesia pederastica (Giannuzzi 2007, 290 e Floridi 2007, 264 *ad* Strat. XLVI 1 = *AP* 12, 205, 1), *tener* indica la morbidezza della pelle del *puer*, che non deve certo essere *durus* come un campo da arare o scavare... Si diventava *duri* con la comparsa della barba e dei peli sul corpo (cf. 6, 377 s.: *iam durum... iamque tondendum*; Mart. 11, 22, 1–2 e 7–8, con Kay 1985, 120). Priapo dedica la sua *ars amandi* pederastica (in Tib. 1, 4) *tenerae puerorum turbae* (9, cf. 13: *teneras... genas*; 58: *tener puer*). G. usa più volte *tener* in senso sarcastico con riferimento all'effeminatezza (1, 22; 6, 383; fr. O 24; 8, 16; 12, 38 s.; vd. Braund 1988, 243 n. 40). – **puerum**: unico sostantivo della lista con valore di aggettivo (= *puerilem*), nel senso di (*in*) *puerili aetate*, quella adatta all'*usus formosorum*, come si dice in Petr. 85, 2 (cf. *ThlL* X 2, 2515, 72 ss.; *OLD*² 3). Sui limiti d'età inferiore e superiore dei

pueri (o παιδες) nella pratica pederastica, cf. Vattuone 2004, 61 ss., con il rimando al noto epigramma di Stratone, *AP* 12, 4 (su cui vd. anche Giannuzzi 2007, 99 ss. e Floridi 2007, 129 ss.): l'età 'giusta' è limitata alla fascia tra i 12 e i 17 anni (con qualche preferenza per i sedicenni e diciassettenni). Ma la soglia in cui il *puer* cessava di essere appetibilmente tale era segnata di caso in caso dall'apparire dei peli della barba e del corpo (Catullo 16, 9–11, con Bellandi 2007, 126 ss.; Morelli 2017; Fo 2018, 494 ss.). In Catull. 61, 136 ss. *glaber* è usato direttamente per *puer* nel senso di *delicatus* (*ThlL* VI 2, 1999, 10–24). Sul tema, specifico il contributo di Tarán 1985; ma vd. anche Vattuone 2004, 63, 231 ss.; Giannuzzi 2007, 125 ss. *ad* Strat. X (= *AP* 12, 10) e 222 ss. *ad* XXXII (= *AP* 12, 191) e *passim*; Floridi 2007, 148 ss., 215 ss. Altrove in un senso sostanzialmente analogo G. usa anche *ephebus* (10, 304, cf. al v. 312: *puero*, con Campana 2004, 316) o *praetextatus* (in 2, 170, cf. al v. 168 *pueri*). Qualche commentatore (per es. già Heinrich 1839, 357) ricava senz'altro dal sarcasmo dell'espressione che Virrone sia un *senex*, cf. Courtney 2013², 380: «old and ugly» (cf. anche Cecchin 1982, 127; Winkler 1983, 112 s.), il che può naturalmente essere. Ma a rigore ciò non è strettamente o anagraficamente necessario: basta che egli sia adulto o maturo, cf. Petr. 140, 5, dove si parla di Encolpio, non più *puer* ma di certo non attempato (127, 1), come oggetto della concupiscenza di Eumolpo (*tam frugi erat ut illi etiam ego p u e r viderer*). Un *puer* diventava presto *malus puer* (Catull. 15, 10), passando da *adulescens* a *exoletus* (vd. *ad* 72: *uxor tua virgo maneret?* e *Introd*. p. 42 n. 148). – **te:** in clausola monosillabica (Viparelli 1997; Campana 2004, 349 s. *ad* 10, 342–9; Manzella 2011, 72 s. *ad* 3, 23 [schema monos. + trisillabo + monos.]; Ceccarelli 2008, 97), a dividere simmmetricamente le due serie binarie di epiteti predicativi all'accusativo. Sull'uso del monosillabo in clausola, vd. anche sotto, *ad* 51; 78; 99; 146. –
47. pulchrum: come καλός in greco (si pensi al titolo dell'opera di Fanocle Ἔρωτες ἢ καλοί, dedicata agli amori pederastici del mito; e vd. Dover 1978–85, 18; 71 ss. e *passim*; Giannuzzi 2007, 123 *ad* Strat. IX 1 = *AP* 12, 9, 1) e come *formosus* (Verg., *ecl*. 2, 1 e 17; Petr. 85, 2: *de usu formosorum*) o *speciosus* (Petr. 41, 6; 74, 8), *pulcher* esprime qui la bellezza adolescenziale (5, 61: *puer sed forma, sed aetas digna supercilio*) che attira – talora pericolosamente (10, 289 s., 306 ss.) – l'attenzione dei pederasti. Il termine aveva acquisito anche valenza apertamente dispregiativa o ironicamente beffarda (cf. *ThlL* X 2, 2560, 63 ss.; 2562, 45: «cum contemptu de exoleto»). In Serv. Auct., *ad* Verg., *Aen*. 3, 119 si legge: *pulchros enim a veteribus exoletos dictos, nam et apud Lucilium Apollo pulcher dici non vult*. Celebri in questo senso anche le battute a proposito di P. Clodio *Pulcher* (Catull. 79, 1, con Fo 2018, 1081 e 1175; Cic., *Att*. 1, 16, 10: *pulchellus puer*, cf. 2, 1, 4 e 22, 1). Braund 1988, 244 n. 40 nota l'uso sarcastico che G. fa di *pulcher* in diversi luoghi (1, 127 e 137; 16, 57), ma questo è l'unico caso in cui il ter-

mine è usato dal Satirico con sottinteso (ped-)erotico. – **dignum cyatho caeloque:** chiude il marcato polisindeto (*et... et... et*) l'ultimo elemento in 'climax' formale e sostanziale. Si allude a Ganimede (vd. *ad* 22–23: *Ganymeden / Pacis*), il più bello dei mortali per Hom., *Il.* 20, 233 s., rapito in tenera età al cielo per svolgere la funzione di coppiere ai banchetti *super nubes* (cf. 5, 59 ss. e 13, 42 s.: *puer Iliacus... ad cyathos*) ma, soprattutto, quella di fanciullo amasio del sovrano degli dèi. In Fusi 2006, 308 *ad* Mart. 3, 39, 1 sono elencati anche tutti i casi in cui il nome di Ganimede vale senz'altro come antonomasia per *delicatus puer*; vd. anche Giannuzzi 2007, 239–243 e Floridi 2007, 227 ss. *ad* Strat. XXXV = *AP* 12, 194, nonché Canobbio 2011a, 458 s. *ad* Mart. 5, 55, 4 e Callebat 2012, 70 a *Priap.* 3, 5–6. *Dignum... caelo* rimanda al tema nobilitante dell'apoteosi acquisita per i propri meriti (11, 62 ss.; per la bellezza, vd. Ov., *epist.* 18, 168 s.: *c a e l o d i g n a puella / d i g n a quidem c a e l o*; cf. *ThlL* III 88, 62 ss., s.v. *caelum*), ma qui l'anteposizione del termine *cyatho* svuota preventivamente l'espressione di ogni solennità (è una sorta di paradossale *hysteron proteron*: Schmitz 2000, 222). La coppia di termini, allitterante e in omeoptoto, è molto densa e forma una sorta di endiadi beffarda (= *dignus qui in caelo receptus minister ad cyathos* [in realtà = *concubinus*] *esses Iovi*). Su questa discussa figura dell'endiadi in G., cf. quanto detto sopra *ad* 17, *quarta dies* e vd. anche sotto, *ad* 56–58, *suspectum... Cumis* e *ad* 88, *nec non et*. Sulla funzione erotico-sessuale di *pueri* e *ministri* all'interno del banchetto romano, vd. almeno Garrido Hory 1981 e 1997, nonché Giannuzzi 2007, 151 (con bibl.) *ad* Strat. XVI (= *AP* 12, 175). Su queste mansioni specifiche dell'*Iliacus puer*, G. non è mai così esplicito come Marziale, per es., in 10, 98, 1 s. (*minister / Idaeo resolutior c i n a e d o*; cf. 2, 43, 13 *Iliaco... c i n a e d o*) o 11, 43, 3–4 (con Kay 1985, 164) o 104, 19–20, per non parlare di *Priap.* 3, 5–6 (cf., al v. 9, *da pedicare*).
– **cyatho:** qui indica il mestolo per servire il vino dal cratere alle coppe (cf. 13, 44; Hor., *carm.* 1, 29, 7 s.: *puer... capillis ad cyathum unctis*, con Nisbet-Hubbard 1970, 341) e, per metonimia, la mansione di *minister* al *convivium* celeste. Sul termine, che in 5, 32 vale "piccola quantità", "bicchierino", vd. Santorelli 2013, 82 (cf. anche Citroni 1975, 233 *ad* Mart. 1, 71, 1 e Urech 1999, 158 e 226). Si tratta del primo grecismo in bocca a Nevolo (dopo l'ampia citazione parodica di v. 37), seguito al v. 52 da *cathedra* e al v. 62 da *cymbala*. Braund 1988, 133 s. considera questi grecismi funzionali all'espressione della rabbia di Nevolo «for they convey his scornful disapproval of effeminacy» (cf. Adams 2003, 405: «effeminacy was distinctively Greek»). Per i grecismi usati dall'Interlocutore, vd. *ad* 5: *colaphum* (in verso probabilmente spurio); *ad* 25: *moechus*; *ad* 130: *pathicus*.

48–49. Vos... parati?: con una ulteriore apostrofe in patetica anafora («a spasm of anger», secondo Courtney 2013[2], 380; cf. Braund 1988, 131), *Vos* introduce un improvviso allargamento di destinazione. *Vos* significa "voi patroni come Virrone" (cf. *reliqui Virrones* di 5, 149), ovvero *molles avari* (38), sarete mai capaci di qualche generosità con i clienti 'ordinari' – quelli di basso stato e bisognosi di soccorso economico (1, 119 s., 134), quelli a cui tocca solo la *sportula* e non altro (cf. Canobbio 2011a, 270 s. *ad* Mart. 5, 22), a cui è difficile anche solo vedere il patrono (cf. G. 3, 184 s.) e di certo non ne ricevono i doni – visto che ormai (*iam*) non siete disposti a *donare* (= pagare o spendere quel che c'è da spendere) nemmeno per la vostra "malattia" e vi sottraete all'obbligo di remunerare adeguatamente i clienti 'speciali' che si prestano a soddisfare le vostre voglie? Il passo presenta diversi problemi esegetici che hanno condotto taluni editori alla proposta di espunzione. Ribbeck 1865, 133 s. fu il primo ad essere disturbato dal distico per la sua posizione (lo avrebbe visto meglio dopo il v. 62 che qui) e per la ragione che così, secondo lui, Nevolo sembra quasi identificarsi con il *morbus* di Virrone («als ob unser Naevolus sich selbst als 'morbus' bekennen würde»). Ma Nevolo intende sicuramente *morbo* come *morbo vestro*, vedendo se stesso come del tutto estraneo alla situazione morbosa, semmai, anzi, come il *minister* che allevia la malattia o, forse, il *medicus* stesso che la 'cura' (cf. Petr. 17, 7 *medicinam ... petii... iussaque sum vos perquirere atque impetum morbi... lenire*; Apul. 10, 19, 3: *vesanae libidini medelam*). Knoche 1950 lasciava a testo i due versi, ma annotava in apparato «melius abessent». Sulle orme di Ribbeck, come al solito, espunge la coppia di versi anche Willis 1997, che trova intollerabile la sequenza *tu... vos... tu* di 46, 48, 50 con referenti diversi (ma vd. *ad* 50: *tu*, le considerazioni a difesa di Högg e Courtney). Braund 2004, 354 s. distingue i due versi in due domande separate (*Vos... cultori? iam nec morbo donare paratis?*), emendando *parati* in *paratis* («are you unwilling to spend money even on your sickness now?»). Ma per questa via non si ottiene alcun miglioramento e *paratis* ("vi accingete a") introduce indebitamente la dimensione temporale del futuro (che è da lasciare a *indulgebitis*): questa avarizia del *mollis* è g i à stata sperimentata nel passato (da Nevolo in prima persona con il prototipo, per così dire, dei *Virrones*) e non è qualcosa da attendersi a partire da ora innanzi per il futuro. *Parati*, dunque, come agg. al nom. con valore esplicativo ("dato che voi vi siete dimostrati nei fatti ormai non più disposti a spendere nemmeno per la vostra malattia"), è necessario per spiegare con il comportamento pregresso quello che ci si può aspettare, ora e in futuro, con i clienti 'ordinari' e di basso stato. Non credo poi che Nevolo si riferisca strettamente a se stesso con le espressioni *humili adseculae* e *cultori* (come vuole Braund 1988, 141, che parla di un moto di «self-condemnation»), perchè qui si vuole appunto operare una distinzione tra i clienti 'ordinari', a cui non è richiesta alcuna particolare prestazione sessuale, e i clienti come Nevolo stesso, che sono addetti al servizio 'particolare' del patrono in apparente posizione di 'privilegio' (come *deliciae domini* o "favoriti"). Si tratta di uno schema argomen-

tativo *a fortiori* («argumentum a maiori ad minus», Heinrich 1839, 360; cf. Courtney 2013², 101 *ad* 2, 65 ss.), cui G. ricorre altrove anche in prima persona (*quid facient comites*... 1, 119; 6, 617; 8, 198) e che qui presta all'*indignatio* del proprio personaggio. La giusta interpretazione già in Ruperti 1830–1831, II 358, che, però, attribuiva i due versi ad una «exclamatio poetae Virronem eique similes alloquentis» e non a Nevolo (giustamente contestato in questo da Heinrich, *ibid.*). Questi osservava infatti che – mentre la battuta si adatta perfettamente all'*ethos* di Nevolo che in questa sezione della satira è indignato – essa non si confà alla «keine affektvolle Person» dell'Interlocutore (che anche per lui è senz'altro il poeta). Dato che i *Virrones* non sono più disposti a spendere per la loro "malattia" (comportamento ampiamente dimostrato nel passato e sperimentato in prima persona da Nevolo stesso), quale atteggiamento di generosità concreta ci si potrà aspettare in generale (*unquam*: "ora e mai"; qui anche nel futuro, cf. *indulgebitis*) a proposito dei clienti meno 'interessanti' per il *mollis patronus*? La commiserazione di Nevolo parte da sé, ma si estende 'generosamente' anche agli altri membri del personale di servizio del ricco avaro, più che altro per poterlo fare oggetto di un più ampio 'cahier' di accuse. Nevolo fa mostra comunque di un 'buon carattere', interessandosi dei colleghi *clientes* di rango inferiore, così come mostra lodevole considerazione del benessere degli schiavi e qualche pietà per le loro sofferenze (in 45 s. per lo schiavo della *familia rustica/fossor*; in 68 s. per i suoi stessi *pueri*). L'atteggiamento dell'Interlocutore al riguardo degli schiavi, come vedremo in 102 ss., sembra più duro (indizio di una mentalità più dichiaratamente o tradizionalmente padronale).
– **48. humili:** pertiene solo a *adseculae*, ma si riferisce ἀπὸ κοινοῦ anche al seguente *cultori*, così come *indulgebitis* per zeugma vale anche per il primo *colon* della frase. *Humilis* è da intendersi in senso strettamente sociale (cf. 6, 287; 8, 44; *ThlL* VI 3106, 8 ss., in opposizione agli *honesti* o *honestiores*) e indica che il tipo di cliente in questione non è nemmeno lontanamente confrontabile con un (vero) *amicus* (vd. *ad* 62) del suo *dives patronus* (cf. 5, 132 ss.). Per Braund 1988, 141 e 246 n. 49 *humilis* si riferisce, invece, a «b o t h rank and m o r a l status». Ma Nevolo è in sintonia con la *humilitas* – prettamente sociale – dei suoi 'colleghi' (*Quando ego pauper ero*?, 147) e non ne considera le eventuali 'defaillances' morali (prospettiva a lui affatto estranea). Esistevano tipologie di clienti socialmente molto differenziate: accanto alla massa degli *humiles* (1, 119 s. e 132–134) ci sono anche clienti titolati e ricchi o, almeno, non indigenti (cf. G. 1, 101 ss. e 117–118; anche 3, 128–130) e non sono pochi quelli che alla distribuzione della *sportula* arrivano in *lectica* (1, 121). Marziale svolge questo tema in 2, 18 (Williams 2004, 83 ss.) e in 10, 10 (cf. Faust *ap*. Damschen-Heil 2004, 68 ss.). – **adseculae:** il termine *adsecula* è *hapax* in G. e molto raro per indicare il *cliens* (non appare, per es., in Marziale, né altrove in poesia). A differenza dell'*anteambulo*,

che precede nell'uscita pubblica il patrono (Mart. 2, 18, 5; 3, 7, 2, con Fusi 2006, 156 s.; 10, 74, 3), *adsecula* è – etimologicamente (Mazzoli 1987, 74; 76 e n. 21) – colui che lo s e g u e nel corteo della *deductio*. Non è termine rispettoso come almeno originariamente – prima di banalizzarsi – è *comes*, che indica chi va insieme o di fianco al patrono: il compagno di viaggio, l'accompagnatore nei viaggi di lavoro o di diporto o anche in provincia come membro della *cohors praetoria* o *cohors amicorum*, ecc. (Manzella 2011, 109 s. *ad* 3, 47). Il termine *adsecula* (*ThlL* II 849, 35–70) indicava spesso l'accompagnatore in pubblico in un senso specifico in quanto "seguace" o sostenitore politico (cf. *adsectator* in *Comm. Pet.* 37; Horsfall 1993, 64) o l'"accolito"' (da ἀκολουθέω: "andar dietro a"), anche nell'umile mansione di galoppino o scagnozzo fino al ruolo violento di sgherro o 'picchiatore' (quasi *stipator* o *satelles*; Hellegouarc'h 1963–72, 90). La valenza del termine non è dunque onorevole (cf. Braund 1988, 141: «a strongly uncomplimentary word», cf. Fest. p. 20 L.: *sordidi adseculae*). Tutti gli editori stampano la forma piena originaria (*adsecula*; Willis 1997: *assecula*) e non quella sincopata della lingua parlata (*adsecla* o *assecla*; vd. Powell 1999, 328 a proposito di 3, 263 *striglibus*; Coleman 1999, 38 ss.): il v. 48 è, così, ancora più ricco del suono cupo della /u/. – **indulgebitis:** *indulgere*, diverso da *tribuere* di v. 39 e ripreso subito dopo da *donare* (49), significa qui essere *benigni/largi* facendo regalie e donativi (cf. 5, 110: *largiri*), sottolineando, però, sempre il moto di concessione dall'alto (Högg 1971, 174 ss. e n. 2; *OLD*^{2} 5). Nonostante quanto asserito da Braund 1988, 139 s., non c'è qui alcuna allusione al senso sessuale di *se indulgere* (2, 165); infatti, gli *humiles adseculae* e *cultores* sono esenti da qualunque 'double-entendre' omosessuale, come si è accennato sopra, proprio in forza della contrapposizione istituita nell'immediato contesto (*iam nec...*). Bene lo Schol. p. 156, 17 s. W.: *tenui clienti quemadmodum donabis, qui libidini tuae conferre dubitas*?
– 49. cultori: nel risalto del 'rejet' come molosso (Lucot 1967), in un verso cupo rotacizzante e fatto tutto di spondei (tranne in quinta sede), con tritemimere in funzione – se non di 'Interpunktionzäsur' vera e propria – almeno di stacco dal successivo *colon*. *Cultor* è un altro termine raro o, almeno, non comune per indicare il *cliens*, con probabile allusione ad una delle credute etimologie del termine (cf. Maltby 135, che cita Serv. *ad* Verg., *Aen*. 6, 609: *clientes quasi colentes sunt*; Lyd., *De mag.* 1, 20; Isid., *Orig.* 10, 53; vd. anche Fusi 2006, 304 *ad* Mart. 3, 38, 11 s. e Canobbio 2011a, 243 s. *ad* 5, 19, 8). Altre etimologie accostavano, invece, *cliens* a *clueo* o *clino* (*LEW* 233; *DELL* 127; de Vaan 120). Nonostante ciò sia non di rado affermato (cf., per es., Högg 1971, 174 o Braund 1988, 141), con l'uso del termine *cultor* non ci si ricollega alla oscena metafora agricola del v. 45 (*fodere*): questi clienti *humiles* (*adsecula* e *cultor*) sono introdotti proprio in opposizione a chi 'soddisfa' il patrono nel suo *morbus*. *Cultor* ha qui semplicemente il senso

che ha in *Laus Pisonis* 109 e 133 (cf. Di Brazzano 2004, 249) o in Mart. 9, 84, 4 *ille tuae cultor amicitiae* (vd. anche l'astratto in Hor., *epist.* 1, 18, 86 *cultura potentis amici*). Per il verbo *colere* usato nel suo significato consueto, senza doppi sensi, vd. Mart. 6, 50, 1 *cum coleret puros... amicos* (proprio in opposizione a *obscenos... curare cinaedos* del v. 3). Nel termine c'è, talora, una sfumatura di ufficialità (cf. Mart. 2, 55, con Williams 2004, 189 s., dove è opposto ad *amare*); questa connotazione, invece, non c'è in Sen., *epist.* 47, 17 s., dove a prevalere è il senso affettivo e l'opposizione è con *timere* (*colant* [*sc. servi*] *potius te quam timeant... colant tamquam clientes, tamquam salutatores? Qui colitur et amatur: non potest amor cum timore misceri*). In G. 7, 36 s. (*iste quem colis...*), riferito a un patrono che è un *dives avarus*, viene messo in risalto, invece, quel che di eccessivo c'è nel termine, se di esso si ricorda la valenza anche religiosa (cf. subito accanto: *et Musarum et Apollinis aede relicta*). – **nec:** intensivo, vale *ne... quidem*, cf. 147 e 2, 152; 11, 7; 12, 43 e 52; 13, 211 (anche *necdum* in 6, 130). Sulla 'prosaicità' del nesso *ne... quidem*, cf. Axelson 1945a, 92 e per quest'uso enfatico di *nec*, che spesso in poesia lo sostituisce, vd. Fusi 2006, 127 s. *ad* Mart. 3, 2, 12. – **morbo:** *sc. vestro*, con una presa di distanze piena di disprezzo. Più che come immagine o traslato per designare un *vitium... inveteratum et durum* (Sen., *epist.* 85, 10; Borgo 1998, 134 ss.), *morbus* sarà da intendere sulle labbra di Nevolo come termine proprio, nel senso di vera e specifica "malattia", con origine e riscontri organici. Del resto, i confini tra metonimia e metafora nel caso di *morbus* = *vitium* sono difficili da stabilire: si pensi solo al finale della satira terza di Persio a partire da 88 ss. (vd. Vegetti 1989, 230 ss., spec. 234). Diversa cosa è la 'malattia d'amore', che è una 'perversione' di carattere prettamente psicologico (fissazione morbosa sull'oggetto d'amore); vd., per es., Catull. 76, 20 ss. (*pestem perniciemque... ut torpor,* cf. 25 *taetrum... morbum*), su cui Bellandi 2012, 18, 26, 35, 60 ss. (con bibl.). Non diversamente da Nevolo, G. stesso definisce la p a s s i v i t à sessuale del maschio *morbus* in 2, 17 (*furor* al v. 18) e attribuendola ai *fata* (16 s.; cf. Manil. 4, 518 ss.; 5, 146–156; Firm., *math.* 7, 25) pare considerarla – in quanto di origine genetica (diremmo noi) e non frutto di una scelta volontaria di *vitium* – degna di compassione (*miserabilis*, 18) e di perdono (*venia*, 19), almeno in confronto con quella degli ipocriti, che la nascondono e, però, rinfacciano agli altri la loro stessa immoralità. L'atteggiamento è assai meno tollerante in 2, 50, dove si condanna il comportamento di *Hispo* con l'espressione *morbo... utroque* di controversa interpretazione (cf. *Introd.*, § 4, 38 e n. 139). Per alcuni si dovrebbe intendere che con l'uso di questo termine G. condanna sia l'omosessualità attiva che quella passiva; per altri, invece, che egli insiste con acre disprezzo sulla sola passività, specificando la duplicità degli atti in cui essa si esprime (passività anale e orale). Nella medesima sat. 2 (vv. 78–81), l'omosessualità passa per forza di immagine – in virtù della similitudine con la *scabies* e la *porrigo* dei porci (vd. *Introd.*, p. 44 n. 154) – da malattia mentale (*furor*, 18) a malattia corporea e visibile, nonché ripugnante e pericolosamente contagiosa. Nel finale della satira, poi, l'episodio del *tribunus* e dell'*ephebus* (2, 162–170) chiude il componimento con una paritaria condanna dei due membri della relazione omosessuale, senza più distinguere (quanto ai livelli di 'colpa') tra attività e passività dei ruoli (cf. *Introd.*, § 4, p. 38 s.), ma, se vogliamo, con un'accentuazione delle responsabilità del tribuno 'attivo' (in forza del suo ruolo sovraordinato). Quando Nevolo con intento evidentemente spregiativo definisce *morbus* la passività di Virrone – sentendosi, evidentemente, del tutto *sanus* in quanto 'attivo' – si rifà a parametri di giudizio correnti nella società antica in fatto di sessualità maschile (il «double standard» di Williams 2010[2], 200–203; cf. il passo eloquente di Cael. Aur., *acut.* 3, 180 s., p. 848, 19–20 Bendz-Pape, con Schrijvers 1985, 7 s.), che non sono, però, più quelli di G.: donde il sapore inevitabilmente ironico che l'affermazione assume sulla bocca di Nevolo. Sull'omosessualità (passiva) come "malattia", vd. Aristotele *EN* 7, 6 (1148 b); Ps.-Arist., *Probl.* 4, 26, nonchè la tradizione medica che per noi culmina in Cael. Aur., *chron.* 4, 9, 131, p. 848, 28 ss. Bendz-Pape (con Schrijvers 1985, 26 e 31 e Gourevitch 1999, 195 ss.). Per caratterizzare il comportamento di quelli che chiama *molles* o *subacti*, Celio usa espressioni come *corruptae mentis vitia*... e – con rimando esplicito, ma verisimilmente scorretto a Sorano, celebre medico del tempo di G., cf. Mazzini 1995, 354 e n. 33; Vázquez Buján 1999, 135 – *malignae ac foedissimae mentis passio* (cf. Williams 2010[2], 234–239). Sul tema della passività sessuale come "malattia", vd. anche Dalla 1987, 33–37; Obermayer 1998, 228 ss.; Williams 2010[2], 197–200 e 234–236 (in part., su Ps.-Arist., *Probl.* 4, 26, Berrettoni 2002, 293 ss.; 319 ss.). Quanto al tipo di stato morboso che Nevolo attribuisce a Virrone, è probabile che egli pensi in particolare a quell'eccesso di *libido* che affligge il passivo e lo rende insaziabilmente voglioso (cf. *ad* 54: *passer*). Si veda la cruda rappresentazione della sessualità del cinedo in Mart. 4, 48 (cf. *obscena prurigo* al v. 3) e in 6, 37 (*prurit... o quanta scabie miser laborat* ai vv. 3–4), epigrammi che hanno ispirato G. per 2, 78 ss. Proprio l'insaziabilità, infatti, è uno dei principali parametri su cui si misura lo stato di malattia: si pensi solo alla vera e propria ossessione – *insatiabile malum* – di Ostio Quadra in Sen., *nat.* 1, 16, 3 (e vd. Cael. Aur., *morb. chron.* 4, 9, 131: *nullus cupiditati modus, nulla satietatis spes est*). L'eccesso di *libido* (nella passività) accomuna indebitamente il cinedo alla donna, la cui sessualità G. considera pericolosamente inesauribile (cf. 6, 36 s., 53 s., 64, 314 ss., 475 s., ecc., fino al caso estremo di Messalina ninfomane in 128–130: *lassata viris, necdum satiata,* cf. Gourevitch 1995; 1999, 193–195), mentre il *vir* in quanto 'attivo' ha una *libido* dai limiti (*fines*) ben precisi (vd. Ov., *ars* 1, 281 s., 341 s.; Bellandi 1995, 31 s. e 2003, 41 ss.). Interessante in questo senso *Priap.* 46, 2, dove una *puella* è definita *m o r b o s i o r omnibus cinaedis* (cf. anche l'uso dell'agg. *pathicus* sempre riferito a donne in 25, 3; 40, 4; 48, 5; 73, 1; vd. *ad* 130), con Goldberg 1992, 235 e 150; Bianchini 2001, 232 s.; Callebat 2012, 208 e 143. – **donare:** Braund 1988, 244 n. 41, richiamando la corretta resa di Lewis 1882², II 273: «to spend money on» (*donare* inteso come *inpendere/inpensam facere*), nota il carattere «actually very compressed» dell'espressione (cf., per es., Plaut., *Bacch.* 1080: *scortum habui dedi donavi*). Sull'uso assoluto del verbo *donare*, cf. *ThlL* V 1, 2004, 60 ss. e vd. Citroni 1975, 50 *ad* Mart. 1, 10, 2, che ne nota la relativa frequenza nell'epigrammista (una decina di casi, fra cui, per es., 4, 9, 3: *et donas et amas*). Su una certa predilezione di G. per l'uso ellittico-assoluto di verbi transitivi, vd. *ad* 92: *neglegit*. Per *donare* usato in relazione a spese ed elargizioni all'interno di rapporti di carattere sessuale, vd. 59; 3, 133; 6, 356 e 7, 75 (cf. Hor., *sat.* 1, 2, 56 e Mart. 4, 9, 3, cit. sopra, o 4, 28, 1). In G. 14, 235, invece, *donare* ad un *amicus* (in senso proprio, senza sottintesi sessuali) è atto lodevole (che in 7, 74 si oppone, appunto, al *donare amicae*). – **parati:** diversamente dal v. 7, dove equivale a *promptus* (cf. 6, 245 e *ThlL* X 1, 425, 3 ss.), qui *paratus* vale "disposto a" (a malincuore o recalcitrando: cf. 12, 106 e *ThlL ibid.*, 426, 80 ss.). Su 9 occorrenze del termine (tutte in clausola), ben sette reggono il verbo all'infinito, che immediatamente precede (3, 106; 6, 245; 9, 7 e 49; 12, 106; 13, 108; 15, 102).

50–54. En... kalendis: Nevolo ha un soprassalto di rabbia al pensiero dei doni che come cliente è in qualche modo tenuto a mandare al suo patrono in occasione di determinate festività (il compleanno e la festa delle... matrone). – **50. En cui... cui:** *en* è particella deittica, spesso usata come modulo di *indignatio*, cui qui contribuisce anche l'anafora del relativo e l'ellissi del referente, che sarà da immaginarsi all'accusativo (cf. 2, 72 *en habitum...* e 6, 531 *en animam et mentem...*). Altrove si trova anche il nom., per es. in Verg., *Aen.* 4, 597 (*en dextra fidesque!*), detto con amaro sarcasmo da Didone a proposito di Enea fedifrago (su questo valore di *en*, Lepre 1985, 995 e vd. anche Calboli 1997, 859). In G. *en* è sempre iniziale di verso e sarcastico (Monti 1978, 181 *ad* 2, 72), mentre *ecce*, che ricorre 7 volte (anche in posizione non incipitaria, cf. 2, 129; 8, 203; 12, 24), presenta varie sfumature di significato, dalla transizione alla focalizzazione (per G., vd. Schmitz 2000, 26 s.; in generale Lepre *ibid.*, 995–996 e Calboli *ibid.*, 858 s.; Dionisotti 2007). Sulla prosodia di *cui*, bisillabo pirrichio invece che monosillabo lungo, vd. Schöffel 2002, 450 e n. 7 *ad* Mart. 8, 52, 3 (con bibl.), per il secondo piede dattilico del falecio, ma anche le riserve di Manzella 2011, 112 s. *ad* G. 3, 49 sulla possibile presenza della scansione di *cui* come pirrichio nell'esametro dattilico. – **tu:** questa volta il *tu* generico (Courtney 2013², 380 *ad l.* e 109 *ad* 2, 61) si riferisce prima di tutto a se stesso (cf. 33 e 35) e solo in seconda battuta a tutti quelli eventualmente in situazione analoga, dopo il *tu* di 46 rivolto al patrono e il *vos* di 48 ai *reliqui Virrones*. Högg 1971, 175 s. e, poi, Courtney osservano che i vv. 48–49 (anche perciò da conservare) servono altresì a distanziare i due *tu* di 46 e 50 con referenti diversi. – **viridem umbellam:** il termine *umbella* (da *umbra*, con semplificazione consonantica, cf. *DELL* 745: *umbrella* risulta ricondotto alla sua etimologia solo in glosse) rimanda all'uso dell'attrezzo come parasole (così anche Urech 1999, 168), anche se il cenno al *madidum ver* del v. 51 può far pensare al parapioggia (sarebbe questa l'unica menzione di tale uso per Courtney 2013², 380 *ad l.*; Weeber 1995–2003, 291). *Umbella* in poesia si trova altrove solo in Mart. 11, 73, 6 (nella sua n. *ad l.* Kay 1985, 227 cita T.S. Crawford, *A History of the Umbrella*, New York 1970) e nel titolo di 14, 28, mentre nel testo del v. 1 si legge: *accipe quae nimios vincant u m b r a c u l a soles*. Entrambi i termini (uno con suffisso strumentale *-culum*; l'altro, che è o sembra un diminutivo, qui con marcata sfumatura di leziosaggine: "ombrellino") sono colloquiali della vita quotidiana (cf. *OLD*² s.v. *umbraculum*, 1b: due volte in Ovidio, *ars* 2, 209; *fast.* 2, 311). L'ombrellino parasole (per preservare l'apprezzato *candor* della pelle) è oggetto di stretta pertinenza femminile, fonte di beffa quando in uso a un maschio, già da Anacr. 82, 11 s. Gentili = 388, 11 s. Page (σκιαδίσκην, con la stessa doppia variazione ironica, che introduce il diminutivo e il genere femminile, rispetto a σκιάδειον, cf. De Martino-Vox 1996, 939) ed è qui attribuito a Virrone come in Mart. 3, 82, 11 è messo in relazione con l'effeminatissimo Zoilo il *prasinum flabellum*. Il colore verde (o giallo-verde: André 1949, 148–150) è uno di quei colori chiari e sgargianti che apparivano decisamente sospetti, se usati da un uomo, come indizio di effeminatezza (cf. *caeruleus* e *galbinus* in 2, 97; *croceus* in fr. O, 22), tanto da ispirare la metonimica e sprezzante espressione di Mart. 1, 96, 9 (*galbinos... mores*) per designare il comportamento da cinedo; vd. Casartelli 1998, 120 s. e Canobbio 2011a, 281 *ad* Mart. 5, 23, 1 (*herbarum... indutus... colores,* cf. anche Stat., *silv.* 2, 1, 133: *herbas imitante sinu*). L'uomo 'vero' e il moralista (più o meno ipocrita) prediligono o, almeno, ostentano nel vestire i colori scuri (Mart. 1, 96, 4 e 9: *amator... tristium lacernarum... fuscos colores*, con Citroni 1975, 294 ss.). Secondo Sen., *nat.* 7, 31, 2 ci sono *colores meretricii* che non dovrebbero indossare le matrone, ma che invece sono ormai portati dai *viri*. Ma in G. 5, 143 e 11, 198 il verde rimanda solo (senza particolari sottintesi) a uno dei colori della casacca degli aurighi del circo (il *prasinus* o verde porro); cf. Santorelli 2013, 174 *ad* 5, 143 contro Hopman 2003, 566 ss., che vorrebbe vedere anche in quest'ultimo passo allusione al tema dell'*effeminatio* (cf. *Introd.*, § 3 p. 31 n. 112). Anche Trimalchione in Petr. 27, 2 ama il verde, in una sgargiante combinazione col rosso sentita come pacchiana, un contrasto forte ripetuto anche da Fortunata in 67, 4 (cf. Casartelli 1998, 118). Si tratta dei «colori della casa» per Schmeling 2011, 87 e 266, ma Virrone assomiglia di più – nella rappresentazione che ne dà Nevolo – allo Zoilo di Marziale (3, 82, 5 e 11, con Fusi 2006, 488 s.; Hopman 2003, 572). – **50–51. sucina mittas / grandia**: sono sfere d'ambra profumata, cf. 6, 573 *in cuius manibus ceu pinguia sucina tritas / cernis ephemeridas*, con *pinguia* (= 'appiccicose') per la loro natura resinosa (cf. Mart. 4, 59, 2 s. *sucina gemma... pingui... rore*, con Moreno Soldevila 2006, 417 s.). Le donne usavano tenerle in grembo per sfiorarle di tanto in tanto e profumarsi così le mani (cf. Mart. 3, 65, 5 *sucina trita* – in un epigramma incentrato sul tema del profumo – con Fusi 2006, 420; vd. Plin., *nat.* 37, 43 *pineus in adtritu o d o r*). Sul tema, vd. anche Watson 1992. A proposito dell'uso dell'ambra, Canobbio 2011a, 368 s. *ad* Mart. 5, 37, 11 ricorda anche la forte deplorazione moralistica di Plin., *nat.* 37, 30 e 49: questi ne nota l'esclusiva utilizzazione da parte delle donne (ma... *adhuc*), senza alcun'altra motivazione che non sia l'esibizione stessa del lusso (*in sucinis sola deliciarum conscientia*, da cf. con Tac., *Germ.* 45, 4–5, con Oniga 2003b, I 945). Non si tratta – come vorrebbe lo *Schol.*, p. 156, 19 W., ripreso da Ruperti 1830–1831, II 359 e Heinrich 1839, 360 – di *gemmata dextrocheria* o di *armillae* (bracciali o altri gioielli indossati per ornamento), come invece, probabilmente, in Ov., *met.* 2, 365. Sull'uso del termine *sucinum*, vd. *OLD*[2] («probably a foreign loan-word [cf. Lith. 'sakas', resin] perhaps assimilated to *sucus*»), nonché Braund 1988, 244 n. 42 e Urech 1999, 198: si tratta di parola «unpoetisch» (prima di G. solo in Marziale). Per designare l'ambra G. usa altrove una poetica espressione metonimica (*Heliadum crustas*, 5, 38), con riferimento alla sua mitica origine dalle lacrime delle figlie del Sole e sorelle di Fetonte (vd. Santorelli 2013, 86 *ad l.*). In 14, 307 si è incerti se *electrum* designi l'ambra o la lega oro/argento che la ricordava per il colore (vd. *ThlL* V 2, 331, 46 ss.; Tabarroni 1985). Notare il chiasmo *viridem umbellam / sucina grandia*. – **50. cui... mittas**: cong. di tipo consecutivo (= *vere dignum cui... mittas*), cf. 6, 531 (*en animam et mentem cum qua di nocte loquantur!*) e vd. Cic., *Verr.* II 1, 37, 93 *e n c u i tuos liberos committas*. Per *mittere* (*sc. muneri*), vd. 3, 45; 4, 20; 5, 32 e 108; 7, 74, con Monti 1978, 231 *ad* 2, 169, dove, però, il senso di *mittentur* è incerto (vd. *ad* 70). – **51. grandia**: nel risalto del 'rejet', sottolinea che Nevolo non fa – lui – regali da taccagno come quelli che riceve da chi ne sfrutta occasionalmente i servigi sessuali (cf. 28–31) o, peggio, come quelli che n o n ha mai ricevuto da Virrone (cf. 36 n.; 38 ss.; 49). Strano non è tanto che il cliente faccia regali al patrono, come sembra a Winkler 1983, 112 (che parla addirittura di una sorta di sorprendente «*sportula* alla rovescia») o a Braund 1988, 138, che vi vede un'inattesa «inversione di ruoli», quanto che il patrono non ne faccia a sua volta (e, sperabilmente, di pari o maggior pregio, cf. Mart. 5, 59, 3; 6, 65, 5): tra patrono e cliente c'era la tradizione consolidata di uno s c a m b i o di doni in occasione, soprattutto, dei *Saturnalia* (vd., per es., Mart. 4, 88, con Moreno Soldevila 2006, 537 ss.; Spisak

1998). Qui si nota solo la sproporzione paradossale: il cliente povero fa doni costosi, il patrono ricco non ne fa alcuno o solo di miseri (se sono tutti compresi nelle spese cui si allude nei vv. 41 s.). Sull'uso di *grandis*, cf. *ThlL* VI 2, 2179, 26 ss. (a proposito della differenza da *magnus/immanis*: 51–57): il termine è in uso a partire già da Catone e Plauto (*ThlL* cit., 57–72; *LEW* 617 s.; *DELL* 291: «plus concrète que *magnus*») e, poi, risulta in espansione nel *sermo cotidianus* fino alla prevalenza nel romanzo (Löfstedt 1956², II 286; 339 s.; Bonfante 1937–94, 95–98). Sull'utile lavoro specifico di Castellano 1961, vd. qualche riserva in Tandoi 1965/66–92, 391 e n. 17. Si tratta di termine originariamente del linguaggio rustico per Väänänen 1982, 145 n. 155 («sostenuto da *grossus* e *crassus/grassus*»; cf. Löfstedt-Pieroni 1911–2007, 77: «colorito popolare»), ma di uso via via sempre più diffuso. A proposito del rapporto di *grandis* con i 'sinonimi' *ingens*, *magnus* e *immanis* sono interessanti le notazioni di Brown 1987, 257 (cf. 179 e 287) *ad* Lucr. 4, 1126, dove – con qualche analogia col nostro passo – si parla di *grandes... zmaragdi* (enormi gioielli come assurdi e rovinosi doni 'd'amore'): come scrive Brown, «the epithet is satirically exaggerative» (proprio come è qui). L'uso in Virgilio appare significativo: di contro a 373 casi di *magnus* e 199 di *ingens* (Nardo 1985; Zaffagno 1987; Grillo 1987), *grandis* occorre solo 10 volte (2 in *ecl.*; 5 in *georg.* e 3 in *Aen.*). In Orazio si osserva la prevalenza netta di *magnus* (91 vs. 15), con *grandis* usato anche nella poesia lirica (5), ma – come rileva Bonfante cit., 98 – di più (il doppio) nei *sermones* (10). Di contro al sostanziale equilibrio di Persio (8 casi di *grandis* contro 9 di *magnus*) e all'uso esteso di *grandis* da parte di Marziale (ma inferiore a quello di *magnus*: 43 vs. 99), si nota in G. la netta sproporzione a favore di *magnus* (94 vs. 22 di *grandis*): *magnus* risulta addirittura la parola più usata da G., dopo *et*, *qui*, *-que*, *sum*, *hic*, *quis*, *in*, *si*, *ille*, *tu*, *non*, *sed*, *nec*, *atque*, cf. Dubrocard 1976, 121–123, ss. vv., e *Liste de mots* 1, dove per arrivare al totale di 143 occorrenze (+ 4) è computato – con *magnus* – anche l'uso di *maior/ maximus* (mai in G. *grandior/grandissimus*). In taluni contesti giovenaliani si può constatare il permanere dell'originario valore fisico-concreto del termine (cf., per es., *grandi... lauru*, 6, 79; *grandia... crystallina*, 6, 155; *grandia... ostrea*, 6, 302; *grandia... ova*, 11, 70 s.; *grandia... pocula*, 13, 147 s.; *grandes... ollae* in 14, 171, accanto a *magnis fratribus* di 169). Per Nadeau 2011, 440–443 *grandis* sarebbe sempre usato «in mock-grand contexts», ma non di rado l'alternanza *grandis/magnus* sembra dovuta a un semplice desiderio di *variatio* (Schöffel 2002, 422 *ad* Mart. 8, 49, 9): in G. vd., per es., 6, 168 s. o 11, 123. – **natalis quotiens redit:** la prima delle due occasioni in cui è consuetudine mandare regali al patrono è il compleanno (*natalis*, *sc. dies*, cf. 12, 1; l'agg. sostantivato anche in 5, 37), quando gli uomini festeggiavano il proprio *Genius* (cf. Pers. 2, 1–4, con Kissel 1990, 289, 293 ss.). *Quotiens redit* mette qui in rilievo la ciclicità fastidiosa dell'evento agli occhi del donatore (vd. Hor., *sat.* 2, 2, 60–61 *n a t a l i s aliosve dierum festos albatus celebret* e 83 *sive diem festum r e d i e n s advexerit a n n u s*). In Ovidio, *ars* 1, 405 s. (*sive dies suberit natalis sive Kalendae...*) sono indicati il compleanno e le *Kalendae* di Aprile come giorni in cui è consuetudine fare regali alle ragazze. Sul tema del compleanno come festa da celebrare, vd. Fusi 2006, 146 s. *ad* Mart. 3, 6; Bongiovanni 2012, 301 ss. *ad* 10, 87 (che segnala il nesso esistente tra *dies natalis* e l'interesse astrologico per l'oroscopo), nonché Navarro Antolín 1996, 96 s. *ad* Lygd. 2, 1 e Bracci 2014, 123 (*ad* G. 11, 84). Interessante il fatto che in *dig.* 24, 1, 31, 8 (Pomponio) si accostino come canoniche occasioni di *donationes* (alla moglie) *Kalendis Martiis aut natali die*. A questa occasione del compleanno come giorno di regali G. dedica molto meno spazio che alla successiva. – **51–53. aut... kalendis**: la seconda occasione è costituita dalla festività dei *Matronalia* il 1° di Marzo (*femineis... kalendis*; cf. Hor., *carm.* 3, 8, 1: *Martiis... kalendis*, con Nisbet-Rudd 2004, 122 ss., 125), all'inizio della primavera piovosa, su cui G. si sofferma molto di più. I *Matronalia* erano dedicati a Giunone (in part. a *Iuno Lucina*), dea del matrimonio e del parto (cf. *DS* III 2 s.v. *Mars*, 1619 e III 1 s.v. *Juno*, 684; Weinstock 1930; Gagé 1963, 66 ss.; Scullard 1981, 86 s.; Sabbatucci 1988, 90–93; Boëls-Janssen 1993, 309–319; Freyburger 1999), il che può far pensare che Virrone sia uno di quegli uomini che – invece di venerare doverosamente il proprio *Genius* – onoravano la 'propria' *Iuno* (2, 98: *per Iunonem domini*). Sentendosi 'matrona', Virrone si attende i doni di spettanza in questo giorno. In questa occasione le donne si abbigliavano in modo particolarmente curato (Tib. 3, 8, 1: *Sulpicia est tibi c u l t a tuis, Mars magne, kalendis*; Scullard. cit., 87: «dressed up»). Probabilmente a ragione, però, Braund 1988, 174 e 244 n. 43 respinge l'idea che qui si voglia alludere a forme di travestitismo casalingo (più o meno rituale: cf. 2, 82 ss.) da parte di Virrone, come si è voluto credere (Weinstock *ibid.*, 2307 ss.) a partire da tarde testimonianze (cristiane) sulla festa in questione (cf. ancora Boëls-Janssen cit., 315 ss.) e sulla base di un fr. dell'atellana di Pomponio intitolata *Kalendae Martiae* (*CRF* 57–60, p. 234 Ribbeck = Frassinetti 1967, 53–56, 103; cf. Squintu 2006, 101–103), dove si allude ad un maschio che deve fingersi donna alterando la voce (una situazione da 'pochade' con sviluppi sul tipo di quelli della *Casina* plautina?). Sul travestitismo, cf. Courtney 2013[2], 112 *ad* 2, 83 ss.; Manfredini 1985; Dalla 1987, 18–23; Krenkel 1990–2006; Campanile-Carlà Uhink-Facella 2017. Il patrono festeggia dunque questa ricorrenza originariamente riservata alle donne sposate (*dies proprie festus matronis*, in Ps.-Acro *ad* Hor., *carm.* 3, 8, 1): erano attesi *munera* da parte dei parenti (Plaut., *mil.* 691) e, soprattutto, dei mariti (che, in tale occasione, *pro conservatione coniugii supplicabant*, Ps.-Acro *ibid.*). Nevolo si trova in qualche modo nella condizione obbligata di *agere maritum*, provvedendo all'invio dei regali che Virrone si aspetta. Sulla relativa durata della relazione tra i due (nulla di ufficialmente 'matrimoniale', però, come in 2, 134), vd. *ad* 83: *quod tibi... ex me?*. Per evidenti ragioni di ironia, i doni che qui il cliente Nevolo fa al patrono non sono quelli – più consueti (e non *secreta*) – che tra *cliens* e *patronus* ci si scambiava in occasione dei *Saturnalia*, in dicembre. Si deve anche ricordare che i *Matronalia* erano intesi talora come una sorta di *Saturnalia* delle donne (cf. Svet., *Vesp.* 19, 1 e vd. Canobbio 2011a, 592 s. *ad* Mart. 5, 84, 9–11). – **51. madidum ver:** G. presenta solitamente la primavera come fortemente piovosa (4, 87 s.: *nimboso / vere*; 5, 78 s.: *fremeret saeva cum grandine vernus / Iuppiter et multo stillaret paenula nimbo*; anche 5, 116 s.: *ver... et... optata tonitrua*). A parte sta solo il cenno di 11, 203 ai piacevoli tepori del *vernus sol*. In connessione con la festività dei *Matronalia* la descrizione dell'arrivo della primavera appare in Ov., *fast.* 3, 235 ss. (ma in chiave di gioioso avvento della stagione calda e feconda). Qui la rappresentazione risente piuttosto di Verg., *georg.* 3, 429 *dum / v e r e m a d e n t udo terrae ac pluvialibus austris* e di 1, 313 *cum ruit imbriferum ver* (per la disposizione di *ver* monosillabo in clausola, vd. anche G. 5, 116 e 7, 208; e *ad* 46: *te*). Sulla diversa rappresentazione della primavera in Virgilio e Orazio, vd. Boella 1988 e 1997, 748 s. e anche Heckel 1998, 839 s.: G., come si è detto, appare più vicino ad alcuni passi di Virgilio. – **51–52. ver / incipit:** sarà da intendersi in senso generico (*quotiens... incipit* per dire *vere novo*, "nel corso dei primi giorni di primavera"). Probabilmente, non c'è bisogno di pensare che l'espressione indichi il giorno di inizio ufficiale della stagione primaverile, che in questo caso sarebbe identificato con il primo giorno dell'antico anno romuleo di 10 mesi al 1° di marzo (cf. Lygd. 1, 2, con Tränkle 1990, 66 s. e, soprattutto, Navarro Antolín 1996, 96 ss.). La primavera astronomica aveva inizio più tardi, nel segno dell'Ariete (vd. *OLD*² s.v. *aequinoctium*: il 25 di marzo, per Colum. 9, 14, 1). Secondo altri calcoli, la primavera cominciava nei primi giorni di febbraio nel segno dell'Aquario (per Varro, *rust.* 1, 28, 1 il 7 di questo mese; per Plin., *nat.* 2, 122, il giorno successivo; in Ovidio, *fast.* 2, 150 il 9 di febbraio; vd. Le Boeuffle 1987, 258 s.; 1989, 84), mentre in *fast.* 4, 87 ss. si presuppone che l'avvento della stagione primaverile cada in aprile (il nome del mese da alcuni viene etimologicamente connesso al verbo *aperire*: *quia ver aperit tunc omnia*). – **52. strata positus... cathedra:** il patrono è mollemente disteso su una poltrona (che talora poteva essere usata anche come *sella*, cf. 1, 65, con Monti 1978, 69 s.) di forma allungata (una «chaise longue»: così De Labriolle-Villeneuve 1932²), tipicamente femminile (vd. appresso *ad*: *cathedra*). Per *positus*, cf. *ThlL* X 1, 2641, 3 ss. e, in part., Prop. 2, 34, 59 (*positum languere*), con Fedeli 2005, 987 («sdraiato»). Qui il part. ha più o meno il valore negativo di *supinus* in 1, 66, riferito all'effeminato Mecenate (cf. Stramaglia 2017², 58 e vd. anche *resupinatus* di 8, 176): la posa abbandonata e languida sulla poltrona segnala la *mollities* del cinedo che festeggia le

Kalendae... femineae. Più ancora che il Trimalchione di Petr. 32, 1 (*positus... – "*messo a sedere" ad opera dei servi *– inter cervicalia minutissima*, cf. 78, 5), Virrone ricorda l'effeminatissimo Zoilo di Mart. 3, 82, 5 ss. (*i a c e t ... in lecto... effultus ostro Sericisque pulvillis*). *Sternere* in questo senso di "allestire" o "preparare ricoprendo" sta per il composto *consternere* (vd. *OLD*² 2a), cf. 16, 44 s. o 6, 5 (*torum cum sterneret frondibus et culmo*). Qui la *cathedra* sarà da immaginarsi ricoperta di *pulvini, pulvilli* o *cervicalia*, presumibilmente di *pluma* (1, 159; 6, 88; 10, 362); vd. lo *Schol.*, p. 156, 23 W. (*cervicalibus stratis*). – **cathedra:** poltrona con schienale ricurvo e braccioli, di uso tipicamente, ma non esclusivamente femminile (*ThlL* III 612, 9 ss.: «imprimis de mulieribus»; 66 ss. «aliter»: per es. Mart. 12, 18, 18 o G. 7, 203). È spesso citata come segno di lusso eccessivo e di mollezza (vd. 6, 91 *apud molles... cathedras,* cf. 88, e Mart. 3, 63, 7 *inter femineas... cathedras,* con Fusi 2006, 409, cf. anche 12, 38, 1). Per la parola, un prestito dal greco di uso quotidiano, funzionale al dileggio, vd. Urech 1999, 47 e, soprattutto, Citroni 1975, 245 *ad* 1, 76, 14: il termine non si trova mai in poesia elevata e appare 1 volta in Hor. (*sat.* 1, 10, 91: *discipularum... cathedras*), Prop., Phaedr., Calp. Sic. (7, 27: *inter femineas... cathedras*); 7 volte in Mart., 5 in G. (cf. Colton 1983, 255 e 263). In G. è sempre in clausola e con *e* lunga (per allungamento davanti muta+liquida), cf. *ThlL ibid.*, 78–84. – **53. munera... tractat secreta:** tra i *munera* ci si riferirà in particolare alle sfere d'ambra, che Virrone accarezza e sfiora consumandole (cf. *tritas* in 6, 573; Mart. 3, 65, 5 *sucina trita*), con allusione a un sottile compiacimento, anche sensuale (cf. 6, 102, con Watson-Watson 2014, 106 s.; 14, 254; anche *tenere* in 6, 70 e 383 s.), ma solo in segreto per evitare il dileggio (cf. 86; 93 ss.). *Secreta* in riferimento a *munera* vale *secreto* (1, 95) *missa/accepta*, ma per enallage si dovrà intendere anche *secreto tractat*. Il v. 53 è – come di frequente in conclusione di sequenza (Kenney 2012, 129) – un *versus aureus* (schema: AbVaB). Su questo tipo di *versus* e le sue possibili varianti, vd. Schmitz 2000, 148 s. e n. 3 e 2019, 193 s. e n. 54; Campana 2004, 215 *ad* 10, 158 e Manzella 2011, 311 *ad* 3, 205–206 (con bibl.). Cf. anche *ad* 150: *remige surdo*. – **femineis... Kalendis:** in risalto, grazie alla disposizione in 'Sperrungszäsur' (vd. *ad* 59: *clientis*). Tutte le *kalendae* (*dies festi* legati al novilunio; Sabbatucci 1988, 6; 87 ss.) erano sacre a Giunone (cf. Macr., *Sat.* 1, 15, 18), ma qui si allude in part. alla festa dei *Matronalia* del 1° di marzo (*ThlL* VII 2, 755, 74 ss.; su *Kalendae Martiae*, 757, 27 ss.). *Femineis* è qui solo un modo di far riferimento alle *matronae*, evitando con un agg. di prevalente uso poetico (*ThlL* VI 1, 465, 14 ss.; Axelson 1945a, 20 e 56) i più pesanti *matronarum* o *matronalibus* (per il senso di *femineus = a feminis celebratus,* vd. *ThlL ibid.*, 466, 49–52, col rimando a Prop. 4, 9, 25). Ma la festa, in origine dedicata specificamente alle donne sposate, col tempo si era allargata – se non a tutte le *feminae* (come un'anacronistica 'festa della donna') – almeno alle *puellae amatae* (su questo aspetto della questione, vd. Navarro Antolín 1996, 96 s. *ad* Lygd. 1, 1–4, nonché Henriksen 1999, 2, 132 s. *ad* Mart. 9, 90, 15). Qui, comunque, la valenza spesso deprezzativa di *femineus* non vuol colpire le matrone o le donne, con cui notoriamente G. è tutt'altro che tenero (cf. 6, 246 e vd. *ad* v. 24), ma l'*effeminatus* che le imita (*ThlL ibid.*, 466, 53 – 467, 12). – **tractat:** è la lezione di **P¹ G** Serv., mentre in **Φ** si legge *tractas*. La seconda pers. sembra un semplice errore meccanico di scrittura, suggerito dal seguente *secreta* (e, soprattutto, da *mittas* al v. 50). Non appare possibile prenderlo in considerazione, né si vede come la correzione *tradas* di Heinecke 1804, 93 possa apparire «non male» a Willis 1997 *ad l.* (cf. pp. 239, 256 s.), se non si interviene su *positus* (vd. già Ruperti 1830–1831, I 164: «praestitisset saltem... 'posito'»). – **Kalendis**: il termine è *hapax* in G. (che non usa mai né *nonae,* né *idus*). *Kalendae* compare 3 volte in Orazio e in *carm.* 3, 8, 1 proprio a proposito del primo di marzo, ricorrenza dei *Matronalia* (negli altri due casi il riferimento è alle scadenze dell'usura: *sat.* 1, 3, 87; *epod.* 2, 7). La parola compare 15 volte in Ovidio (di cui, come era da attendersi, 12 nei *Fasti*; vd., per es., 1, 55, con Bömer 1957, 13) e ben 21 volte in Marziale, sempre in clausola (sulla storia della parola e il suo uso in poesia, vd. Navarro Antolín 1996, 99 *ad* Lygd. 1, 1; Bongiovanni 2012, 313–315 *ad* Mart. 10, 87, 1).

54. Dic...: un altro imperativo (dopo 41 e prima di 85) rivolto in apostrofe sarcastica (vd. appresso) a Virrone (cf. anche *ad* 46–47: *Sed tu... putabas*). Per il piglio aggressivo di *dic*, vd., per es., 6, 393; 8, 56; 13, 33 (*dic, senior bulla dignissime*); 14, 211 (*dic, o vanissime*). Nevolo è formalmente impegnato in un colloquio con l'Interlocutore, ma è con Virrone che si svolge il più importante dialogo a distanza, in toni incalzanti, quasi ossessivi. Il v. 54 è tutto spondiaco, tranne al quinto piede. – **passer:** è termine affettivo del *sermo amatorius* (Winkler 1983, 140 n. 88; Braund 1988, 244 n. 45; Dickey 2002, 152 ss.; cf. Fordyce 1961, 87 ss. a Catull. 2); da notare, in questo senso, Plaut., *Asin.* 666 e 693 (*passerculum putillum*) o *Cas.* 138 (*pullus passer*): 'tesoruccio' o 'darling' (Nappa 2018, 180). Ma qui esso è stravolto a uso fortemente sarcastico (cf., per un uso paragonabile, Pers. 3, 16 *tenero... columbo*). Come termini di insulto si trovano non di rado nomi di animale applicati beffardamente ad esseri umani (Opelt 1965, 248–250), cf. al v. 92 *asellum*. Per l'uso al voc., vd. *vipera* in 6, 641 e *uruca* ('bruco' o verme) in 6, 276: a proposito di quest'ultimo verso si è discusso – oltre che del senso dello stesso termine *Uruca/uruca* – sul valore della variante *curuca*, che sarebbe appunto nome di uccello (*ThlL* IV 1542, 12 s.; sulla questione, vd. O'Mara 1979; Grazzini 1993; Santorelli 2008, 645; Kissel 2013, 292; Watson-Watson 2014, 157 s.). Nel nostro passo – dietro alla sarcastica tenerezza di "passerotto" – il pensiero è rivolto al *passer* come uccello particolarmente lascivo e promiscuo: sulla notoria *voluptas* e *salacitas* del *passer*, cf., rispettivamente, Cic., *fin.* 2, 75 e Plinio, *nat.* 10, 107 (*ThlL* X 1, 606, 11 ss.). Di sicuro non c'entra qui il doppio senso osceno che si rintraccia in Marziale 11, 6, 16 (con Kay 1985, 75 s.) o in 7, 14, 4 (con Galan Vioque 2002, 122 s.) e che la cosiddetta «pornocritica» ha voluto trasferire da Marziale a Catullo (vd. Fo 2018, 402 ss.; ma anche Lorenz 2012, 80 ss., 93 ss.). L'oscenità si baserebbe sull'intendere *passer* = *mentula* (vd. Adams 1982–96, 50 s.; André 1991, 173; Moreno Soldevila 2004, 186 *ad* 4, 14, 14), nel suo senso proprio e denigratorio e non certo nell'accezione affettuosamente scherzosa che *purissimus penis* ha nel noto passo di Svetonio relativo a Orazio (*Vita Hor.* 24, ed. Borszak) o *salaputtium disertum* in Catull. 53, 5 (cf., da ultimo, Fo 2018, 662), ma difficilmente quest'accezione potrebbe essere adatta a Virrone *fossa* (cf. 2, 10 e 9, 45 s.). Virrone non è Mamurra/*Mentula* (115, 7–8: *ipse est... mentula magna minax*) che è sì cinedo (Catull. 57, 1–2, 6, 10), ma anche accanito *moechus* (57, 8 e c. 94). Ancora più sforzato, però, il nesso indicato da Winkler 1983, 140 n. 88 tra *passer* e *passus* (nel senso di *pathicus*). Semmai, dato il contesto (incentrato sulle ricchezze di Virrone, presentate da Nevolo come enormi), si potrebbe forse pensare a Quint. 6, 3, 93, dove si parla di una battuta di Domizio Afro: «*p a s s e r redde quod debes*» (a proposito di un *dispensator qui dicebat subinde*: «*non comedi: pane et aqua vivo*»). Per sarcasmo il patrono sarebbe presentato come un ricco avaro (*mollis a v a r u s*, 38) che vive assai modestamente 'di briciole' – diremmo noi – (quasi come i taccagni di 14, 126 ss.) per risparmiare e per lasciare i suoi beni a chi non li merita (cf. 55: *s e r v a s*; 62: *amici*). In definitiva, però, resta più probabile l'allusione sarcastica alla *libido* incoercibile del passero (cf. *Priap.* 26, 5: *passeribus vernis s a l a c i o r*); vd. anche *ad* 49: *morbo*, sulla insaziabilità erotica comunemente attribuita al *cinaedus*. – **cui... servas:** *servare* è qui usato nel senso di *relinquere/reservare parcendo*, "accantonare per lasciare in eredità" (vd. *OLD*² 8a). Nevolo non sembra pensare che di fatto – proprio grazie a lui (82 ss.) – Virrone ha ora degli *heredes sui* o legittimi (10, 237), cui il suo patrimonio è destinato; o, meglio, egli sta pensando ai *legata* e sta preparando la battuta maligna del v. 62. Si ha qui un'eco della tematica diatribico-satirica della 'follia' dell'avaro che – più o meno consapevolmente e/o sinceramente – giustifica la sua morbosa avarizia con il "pensiero dell'erede" (Hor., *epist.* 1, 5, 13: *parcus ob heredis curam... adsidet insano*, cf. *carm.* 2, 14, 25–28, con Nisbet-Hubbard 1978, 237 ss.; Persio 6, 55 ss., spec. 71–74, con Kissel 1990, 759 ss.). – **54–55. tot... lassas?:** la triplice anafora di *tot* sottolinea la grande quantità di possessi fondiari che Nevolo attribuisce a Virrone, usando un'efficace 'climax' formata da tre elementi in crescendo. L'uso di *tot montis* è molto enfatico, dato che poi i monti citati saranno in tutto soltanto due, se non, addirittura, uno solo (cf. *ad* 57: *suspectum iugum Cumis*). Il termine *praedium* è *hapax* in G. (che altrove usa *rus*; *fundus*; *villa*; *ager*; *arvum*; *campus* per designare possessi fondiari agricoli): è probabile qui una reminiscenza da Pers. 4, 25, dove si parla di *Vettidi praedia*, in un quadro fortemente sarcastico del tipo dell'avaro, subito seguito da quello di un effeminato (Braund 1988, 241 n. 17). Il 'rejet' di *Apula* dovrebbe dare risalto alla collocazione in territorio economicamente pregiato di tali possessi (i *praedia* con le loro coltivazioni di frumento e i *pascua*). In Mart. 10, 74, 8 proprio *Apuli campi* sono citati come l'oggetto del desiderio di un *lassus cliens* (nell'epigramma si citano altri luoghi r i n o m a t i come Ibla in Sicilia, famosa per il suo miele, e l'Egitto ferace di grano o i vigneti di Sezze); sul pregio di questi terreni di Puglia, in specie per la lana che vi si produceva, vd. anche 2, 43, 3 e 46, 6, con Williams 2004, 159 e 168. Il termine *pascua* allude appunto agli estesi pascoli per gli allevamenti ovini, per cui andava famosa l'Apulia (Mart. 14, 55: *velleribus primis Apulia*, con Leary 1996, 217; Mele 1997). In 6, 150, per es., la moglie avida chiede al marito *pastores et ovem Canusinam*, che saranno da intendersi sullo stesso piano di eccellenza dei vigneti del Falerno (che la donna anche richiede, accostando come qui Apulia e Campania). In 4, 26 s. G. non sembra apprezzare il pregio degli *agri* dell'*Apulia* (cf. Courtney 2013², 175; Santorelli 2012, 71 *ad l.*), ma il cenno in questione allude più che altro al dato oggettivo della diversa metratura (e relativo prezzo) degli appezzamenti di terra necessari per una coltura di tipo estensivo, quale quella consentita dal clima e dalla conformazione geografica della regione. – **54. montis**: gli editori (per esempio Housman 1931², Clausen 1992², Courtney, ma non Knoche 1950 e Willis 1997) stampano quasi tutti la forma di acc. plur. in *-is* (Geymonat 1984, 13 s.; Fusi 2006, 169 *ad* Mart. 3, 10, 2; 502 *ad* 3, 85, 1). Per Friedländer 1895, 439 e Courtney 2013², 381 i *montis* di v. 54 non sono quelli della Campania, tenuti a vigneto, di cui si parla al v. 57 (così invece, esplicitamente, Ruperti 1830–1831, II 359 o Heinrich 1839, 361), ma quelli del Sannio, dove dall'Apulia si portavano in estate le greggi ovine nel sistema della transumanza (Varro, *rust.* 2, 1, 16; Pasquinucci 1979, 114; Giardina 1989 b, 91–99; Waldherr 1999). Ma qui si parla di *montes* di proprietà (di cui, soprattutto, si vuol sottolineare il rilevante pregio economico) e non di semplice uso, come quelli dove si portano le pecore a pascolare nella stagione calda, pagando magari un affitto. – **praedia:** l'uso del termine è molto limitato in poesia (dopo Plauto e Terenzio, solo in Hor., *sat.* [3 casi], e in Persio [1], poi in Marziale [7] e G. [1], cf. *ThlL* X 2, 578, 7 s.). *Praedium*, per es., non è termine usato da Virgilio (né in *ecl.*, né in *georg.*) e non si presta ad usi pittoreschi o affettivi; sul valore in origine strettamente economico-legale della parola, vd. *DELL* 532, s.v. *praes* («proprement, garanties en immeubles»); Garsterer 2001, 241. Per questo valore schiettamente economico, vd., per es., Plin., *epist.* 3, 19, 8 (*sum... totus in praediis, aliquid tamen fenero, nec molestum erit mutuari*). In 7, 189 per designare fondi di valore (a proposito dei possessi terrieri di Quintiliano) G. usa *saltus* (cf.

Catull. 114 e 115, con l'analisi che della terminologia relativa ai possessi fondiari, presente in questi carmi, fa Harvey 1979; vd. anche Fo 2018, 1195 ss.). *Apula* (v. 55) è riferito in 'rejet' a *praedia*, ma è da riferirsi ἀπὸ κοινοῦ anche a *pascua*. – **55. tot milvos... lassas:** il nibbio era proverbialmente citato come uccello capace di percorrere a volo grosse distanze (cf. Pers. 4, 26 *quantum non milŭus errat*, con Kissel 1990, 534 s.; Petr. 37, 8 *ipse Trimalchio fundos habet quantum milvi volant, nummorum nummos*, con Schmeling 2011, 139; Otto 1890, s.v. *milvus*, 4; Ihm 2000). G. va oltre Petronio e anche oltre la già iperbolica espressione negativa di Persio (Kissel 1990, 534 n. 100), moltiplicando i nibbi dal sing. ad un plur. indefinito e alto: sono moltissimi – *tot* – i nibbi che non riescono a percorrere a volo i *pascua* di Virrone (ce li dobbiamo immaginare in una sorta di fantastica e fallimentare staffetta?). Come dice lo *Schol.* p. 157, 1 W., i pur resistentissimi uccelli non ce la fanno a *transvolare eas* (*sc. possessiones*) e finiscono, così, per restare spossati *intra*. L'ultimo elemento della triplice climax è poi efficacemente straniato: invece di *servas... tot pascua*, così estesi che i (tanti) nibbi non ce la fanno a sorvolarli, sorprendentemente sono i nibbi stessi a diventare oggetto del lascito ereditario. Sulla prosodia di *milvus*, qui per la prima volta bisillabo, se consideriamo *Hal*. 95 non ovidiano (e post-giovenaliano), cf. Axelson 1945 b, 26 s.; Richmond 1968, 349 s.; *ThlL* VIII 985, 44–51; Courtney 2013², 381 *ad l*. In parte della tradizione manoscritta di Persio 4, 26 si legge *oberrat* (per *errat*) con *milvus* trocaico, ma vd. Kissel cit. e Nikitinski 2002, 187 *ad l.*, anche a proposito di casi come Mart. 9, 54, 10 *milŭus/milvus ad* (su cui Henriksén 1998, 2, 32 s.), e Ov., *met*. 2, 716 (*milŭus/milvus in* o *milvius*). – **lassas:** il femm., presente solo in **GU** (come aveva congetturato Haupt [*ap*. Willis 1997]), è accettato da Clausen 1992² e dai principali editori moderni (*lassos*, invece, è accolto per es. in Friedländer 1895 o in De Labriolle-Villeneuve 1932² ed è ancora preferito, più recentemente, da Colton 1991, 358 e 643 n. 36). Da notare, peraltro, anche *servas* di v. 54 in corrispondenza colonnare (che potrebbe aver influenzato la trasformazione di *lassos* in *lassas*). Sulla questione «de genere» del nome *milvus* (esiste anche il femm. *milva*), cf. *ThlL* VIII 985, 39–44, dove, giustamente, non si crede al genere femm. di *milvus* in Ov., *met*. 2, 716 (*volucris... rapidissima milvus*, cf. 719: *avidus*), e *Anth*. 729, 4 (*rustica milvus avis*), dato che l'aggettivo al femminile si riferisce a *volucris* o *avis* in apposizione. Da tener presente anche la complessa situazione degli *Scholia* al riguardo, dove *milvi* è solo correzione di Pithoeus, per il tràdito *milv(a)e* di **PS** (cf. p. 156, 27 ss.–157, 1 W. [e p. 274]; Knoche 1950, 88 *ad l*. e *ThlL ibid.*, 986, 40 e 75, che stima «fortasse recte» *milv(a)e* nello scolio): se così fosse, lo *Schol.* doveva leggere *milvas... lassas* al posto di *milvos... lassos*.

56–58. Te Trifolinus... musto?): dopo la menzione dei poderi e dei pascoli in terra di Puglia, Nevolo accenna in modo decisamente più puntuale ai possedimenti terrieri di Virrone in Campania, in particolare attribuendogli la proprietà dell'*ager Trifolinus* o, quanto meno, di parte di esso (cf. lo *Schol.* p. 157, 3 W.: *nomen possessionis*). *Ager* accompagnato da toponomastico può significare "territorio" (1, 107 *Laurenti... in agro,* cf. *Turni... agro* in 12, 105; *ThlL* I 1300, 28 ss.; *OLD*² 1a), ma anche, in un senso più ristretto, "podere" o "appezzamento di terra" (*OLD*² 2), come nel caso dell'*ager Nomentanus* di Marziale e, forse, dell'*ager Tiburtinus* di G. 11, 65 (cf. Bracci 2014, 108). Si noterà che una tale indicazione è passibile di far individuare il Virrone di cui si sta parlando: Nevolo ne ha già detto il nome (35) e ora ci dà un elemento ulteriore di identificazione (cf. *Introd.*, § 3 c, p. 29): è il maggior produttore vinicolo della zona (58), che è evidentemente circoscritta. Il Lazio del sud e la Campania settentrionale sono zone di produzione di vini pregiati (Cecubo, Massico, Falerno, ecc.; cf. Fedeli 1997b), ma il vino *Trifolinum* per Mart. 13, 114 è solo al 7° posto nella scala del pregio (vd., con qualche cautela, Leary 1999, 37; 2001, 180 s.). Plin., *nat.* 14, 69 sembra darne un giudizio relativamente più positivo (*inter p l e b e i a et Trifolinis g l o r i a t a, sc. Campania*). In Ateneo I 26e–f, dove si parla dei vini d'Italia, il Trifolino è paragonato sfavorevolmente al Sorrentino (citato da G. come buon vino in fr. O, 15) e collocato nella trattazione tra il vino di Formia e lo Statano di Cales (cf. comm. di Gambato 2001, 77 ss.). Nel contesto si parla anche del vino del Gauro (sembra considerato il migliore, anche se scarso in quantità: ὀλίγος) e di quello di Cuma (chiamato Οὐλβανός). Nella lista di Marziale, il *Trifolinum* è in mezzo tra il *Fundanum* di 13, 113 e il *Caecubum* di 13, 115 (*Fundanis... Amyclis*): per ipotesi si potrebbe anche pensare che l'agro Trifolino fosse sempre in Campania, ma più vicino a Fondi che non a Napoli, come si dice di solito (Prateus 1684, 285 ne osava una identificazione con Monte di S. Martino, «haud procul Neapoli»). La testimonianza di Galeno XIV (871), p. 19 Kühn, a proposito dei metodi di conservazione del vino nel tempo, fa riferimento a un «colle» chiamato Τριφύλλιννον e parla solo di luogo «nelle vicinanze» della zona di Napoli (distinguendolo propriamente, però, da ἐν τοῖς περὶ Νεάπολιν). Con comprensibile prudenza, Tchernia 2016², 203 rinuncia ad azzardare una localizzazione puntuale (tutte le testimonianze sul *Trifolinum* elencate a p. 334 s.) e ricorda solo che due anfore di tale vino sono state ritrovate a Pompei (una con datazione consolare al 60 d. C.). – **56. fecundis vitibus:** *fecunda vitis* è in Hor., *carm.* 3, 23, 6 (per le occorrenze di questa *iunctura* in Columella e Plinio *nat.*, cf. *ThlL* VI 1, 418, 12 ss.): inutile emendare in *fecundus* (con *ager*), seguendo Markland (*ap.* Willis 1997). – **implet:** "arricchisce" (per *ditat* o *locupletem facit*). In questo senso preciso non compare altrove in G.: su 17 occorrenze del verbo solo 6, 546 e 14, 327 hanno a che fare con il denaro. C'è probabilmente una sfumatura dispregiativa (quasi *saginat, farcit* o *inflat*). *Implet* al sing. si estende per facile zeugma anche ai soggetti del v. 57 (cf. 2, 45, con Monti

1978, 168). – **57. suspectum iugum Cumis:** il monte che sovrasta Cuma, che si vede dal basso da Cuma (*suspicere* = "guardare dal basso in alto", come, per es., in Verg., *Aen.* 1, 438: *Aeneas... fastigia suspicit urbis*; *OLD*² 1). Colton 1991, 360 richiama l'immagine in qualche modo inversa di Mart. 10, 74, 10 s.: ...*quae paludes delicata Pomptinas / ex arce clivi spectat uva Setini* (cf. anche Plin., *nat.* 14, 64: [*vineta*] *a monte Gaurano Puteolos Baiasque prospectantia*). In G. *suspicio* si trova usato solo in 13, 123 (in senso traslato = "riverire"; *OLD*² 2), mentre i 5 casi di *suspectus* valgono sempre "sospetto" e mai "visto" o "visibile" (= ὁρατός), senso talora possibile per i participi in *-tus* (= *-bilis*), ma non comune (*HS* 392; Ronconi 1959, 196 s.): vd. la discussione a proposito del senso di *vix fractum* in 5, 68 (Courtney 2013², 205; Santorelli 2013, 109 s.). Heinrich 1839, 362 propone perciò di correggere in *subiectum* nel senso di "vicino" (a Cuma, dativo). *Cumis* può essere considerato un semplice abl. di luogo ("in" o "da Cuma") oppure un dativo con la metonimia *Cumis* = *Cumarum incolis*. L'immagine è diversa per il tempio di Venere che sovrasta Ancona (*ante domum Veneris, quam Dorica s u s t i n e t Ancon* in 4, 40). Per Friedländer 1895, 439 e Tchernia 2016², 276 lo *iugum* di cui si parla sarebbe il pendio occidentale del Gauro stesso (il che renderebbe il plur. *montis* di 54, con *tot*, ancora più iperbolico); vd. anche Courtney 2013², 567, che interpreta *et* di 57 come epesegetico. Per *Cumae*, vd. 3, 2–3, con l'ampia nota di Manzella 2011, 36 s. Ruffo 2010, 276 ss. ricorda che il cosiddetto "monte di Cuma" (collina dell'acropoli a N–O) è alto soltanto 80 m. circa, mentre anche il monte Grillo ad est non supera di molto i 110 m. Questo renderebbe l'eventuale interpretazione di *suspectum* come "sospetto" (= "minacciosamente incombente") fortemente iperbolica; la suggeriva Ruperti 1830–1831, II 359 («iugum Cumis imminens et ruituro simile»), in riferimento, però, al *Misenum promunturium* (che è alquanto distante). In questo senso (ma con le medesime riserve quanto all'iperbole) si potrebbe forse pensare a *suspensum* (cf. Verg., *Aen.* 8, 190: *saxis suspensam rupem*). – **iugum:** *iugum* (*Schol.* p. 157, 5 W.: *valde altum*) per *mons* è usato da G. (con alquanta enfasi) per le modeste alture di Bolsena in 3, 191 e, più adeguatamente, per lo scosceso *clivus* di 6, 649 s. Il termine è frequente nel linguaggio poetico, per es. in Virgilio (cf. *ThlL* VII 2, 639, 34 ss.; 644, 25 ss.); vd. anche Coutelle 2015, 557 *ad* Prop. 4, 3, 47. – **Gaurus inanis:** il monte (per lo più identificato con l'odierno Monte Barbaro, cf. Courtney 2013², *ad l.*) da Stazio è presentato come ricco di vigneti (*silv.* 3, 1, 147: *Icario n e m o r o s u s palmite Gaurus*; 3, 5, 99: *Bacchei vineta madentia Gauri*), ma qui è definito problematicamente *inanis*. Pare difficile che si voglia alludere all'aspetto del monte spoglio di a l t r a vegetazione che non sia la vite (*Schol.* p. 157, 9 s. W.: *ab omni arbore expoliatus est et solis vinetis vacat*) o alla mancanza di insediamenti umani (con *inanis* nel senso che *vacuus* ha in 3, 2: *vacuis... Cumis*). Più probabilmente il riferimento sarà alla natura geomorfologica del luogo, di origine vulcanica e scavato di grotte (cf. *Schol.* p. 157, 8 W.: *quia vaporiferos specus habet*). La spiegazione più verisimile è che *inanis* valga *(con-)cavus* (cf. *ThlL* VII 1, 820, 81 ss.; in part. 822, 77–79), a designare le pareti della montagna come qua e là incavate o corrose, dalla superficie irregolare e crepata (cf., per es., Verg., *georg.* 4, 44 *pumicibus... cavis* = "anfratti di roccia", o Sen., *epist.* 41, 3: *specus saxis penitus exesis... non manu factus, sed naturalibus causis... excavatus*). Oltre alle tre già accennate, lo *Schol.* dà anche un'altra spiegazione – la meno credibile – relativamente al *transactum vindemiarum tempus*, ovvero ciclicamente "spoglio" dopo la vendemmia. Knoche 1950, 88 in apparato rimandava a *Aetna* 489 (da intendersi, credo, come 487–490): nel poemetto si parla della mancanza di ogni ostacolo al fluire libero della lava, ma il monte campano non è più un vulcano attivo, i cui pendii siano devastati e resi desolati dalle eruzioni (sul Gauro come «olim ignifluus mons... tunc temporis extinctus», vd. Achaintre 1810, I 356 s.). Courtney 2013², *ad l.* pensava semmai a *Aetna* 186 o 195, dove *inanis* appare in clausola, come qui, ma in un senso (per la verità poco chiaro, tanto che i due versi sono per lo più espunti, cf. Goodyear 1965, 144 s.) comunque difficilmente accettabile per G. Forse andrebbe citato *Aetna* 117 s. (*quis enim non credat i n a n i s / esse sinus penitus... hiatu*, con *vorago* al v. 124 e *cavernis* al v. 126). Willis 1997, 126 *ad l.* ricorda alcuni tentativi di emendazione di *inanis* (= *in imis* o *in annis*), ma nessuno appare una soluzione nemmeno lontanamente probabile. In ogni caso, l'agg. non deve avere valore negativo (così Heinrich 1839, 362: «minus uber», pensando all' «exigua copia» del vino Gaurano, di cui ci testimonia Ateneo; per Grangaeus 1614, 348 *inanis = tibi inutilis*), perchè Nevolo sta magnificando il valore economico dei terreni posseduti da Virrone. Nevolo non pensa ai possessi campani di Virrone come 'ville di *otium*', ma come 'ville rustiche', produttive di un ampio profitto (per questa terminologia, cf. D'Arms 2003, 351–383). – **58. (nam... musto?)**: come imprenditore vinicolo di successo (*fecundis... implet*), Virrone è tenuto ad approntare un altissimo numero (per iperbole più di qualsiasi altro produttore: *nam quis plura?*) di giare o botti in legno o in terracotta (in 14, 308 il *dolium* in cui vive Diogene è una *testa*) per conservare il mosto (10, 250; vd. Urech 1999, 279) e permettergli di fermentare nel tempo fino a diventare vino stagionato e di buona qualità. *Linit* si riferisce all'impeciatura della botte (cf. Colum. 12, 18, 6: *omnes dolii partes pice linantur*; Plin., *nat.* 16, 53; Mart. 11, 18, 24: *mustum nuce condimus picata*), che serviva all' impermeabilizzazione del recipiente, per rimediare, cioè, alle sue possibili *rimae* (cf. *rimosa ad dolia*, 6, 614; in verso, però, spurio). Courtney 2013², 381 s. osserva che così il vino poteva acquisire un particolare sapore, simile a quello della 'retsina' greca (sul *vinum picatum*, vd. Mart. 13, 107, con Leary 2001, 171 s., e sui *vina resinata* come opposti all'alta qualità del Falerno, cf. Fusi 2006,

472 *ad* Mart, 3, 77, 8). Meno probabile che si alluda alla chiusura ermetica delle *amphorae* o dei *cadi* con tappi sigillanti: il *dolium* è contenitore più grande (cf. Hilgers 1969, 171 ss.) e serve per la stagionatura del prodotto prima dello smercio al consumo. – **victuro... musto:** dat. di vantaggio, col part. fut. con valore finale da *vivo*, non da *vinco* (come sostenuto da Ferguson 1979 *ad l.*); cf. *Schol.*, p. 157, 11 W.: *multum duraturo*. Per l'immagine, vd. Petr. 34, 7 *diutius v i v i t vinum*: il vino *vivit* e *vetustescit* (Colum. 1, 6, 20) fino alla sua pregiata *senectus* (G. 5, 34 e 13, 214). Sull'uso assoluto del part. fut. (al di fuori della perifrastica attiva), abbastanza frequente in G., vd. Santorelli 2012, 59 *ad* 4, 10. – **dolia:** *dolium* è parola poco usata in poesia (*ThlL* V 1, 1832, 24 ss.), se non per il mito delle Danaidi e il loro *dolium pertusum* (*ibid.*, 1834, 37 ss.: vd., per es., Hor., *carm.* 3, 11, 27; Tib. 1, 3, 80, ecc.; G. 6, 614, spurio). Per il *dolium* come specifico contenitore del *mustum*, dopo la fase del *lacus* o tino (cf. Cato, *agr.* 113, 1: *de lacu quam primum vinum in dolia indito*; Tib. 1, 1, 10), vd. *ThlL ibid.*, 1833, 44 ss. La stessa clausola che in G. è presente in Prop. 3, 17, 17 e in *Aetna* 267 (*dolia musto*).

59–60. Quantum erat... paucis? Housman 1931[2], Knoche 1950, Clausen 1992[2] (cf. Braund 1988, 132 e 239 n. 8) danno intonazione esclamativa (in senso sarcastico) alla frase, forse per non far seguire (da 58 a 62) una accanto all'altra tre interrogative. Ma l'interrogativa (Courtney 2013[2], 381 s. e 1984, seguito da Willis 1997) sembra più naturale e qui serve – in un martellamento lamentoso da *querulus cliens* – ad esprimere recriminazione dolente. Vd. anche Mart. 2, 46, 9–10: *quantum erat, infelix...?* in riferimento alla possibilità (colpevolmente non messa in atto dal patrono avaro) di donare qualche capo di vestiario a un cliente (è uno degli epigrammi rivolti a un Nevolo). Ugualmente discussa, ma preferibilmente interrogativa l'intonazione anche in 6, 151 (per *quantulum in hoc?*). Williams 2004, 169 *ad l.* intende *erat = sit*, ma in G. 9, 59 – vista la già intercorsa rottura tra i due (cf. 92) – è senz'altro meglio interpretare *erat = fuisset* (cf. Ruperti 1830–1831, II 360: «quantula res fuisset?»). – **59. exhausti... clientis:** Nevolo, che qui per la prima volta si definisce *cliens* di Virrone (cf. 71 s.), protesta per l'avarizia del patrono che, pur così ricco (54 ss.), non pensa di poter/dover far dono di pochi iugeri di terra al cliente esaurito dalle fatiche sessuali della relazione (43–46). Ritorna sulle labbra di Nevolo una protesta caratteristica della categoria dei *clientes* di ceto modesto, affaticati dallo svolgimento dei loro *officia* (1, 132 *lassi*; 3, 22; 5, 19–23, 76–79; cf. Mart. 10, 74, 1 s. e vd. *ad* 42: *labores*). In questi passi, naturalmente, si tratta di stanchezza per gli sforzi affrontati al fine di compiere le comuni mansioni clientelari (*salutatio*, accompagnamento al foro, ecc.; vd. Goldbeck 2010). – **exhausti:** *exhaustus* (cf. Mart. 13, 63, 1 *exhausto... inguine*) può essere semplicemente un equivalente ancor più patetico di *lassus*, ovvero "sfinito", "stremato" per "stanco". Per il sesso inteso come attività faticosa (per lo più per il maschio, ma non solo: 6, 130 *lassata*; cf. *Priap.* 78) con conseguente fisiologica spossatezza (talora anche a causa di partners troppo focosi o poco apprezzati), vd., per es., Catull. 11, 20 e 80, 7–8; Mart. 3, 71, 1; Petr. 81, 6 *mutuis libidinibus attriti* (cf. 87, 8–9: *inter anhelitus sudoresque tritus... gaudio lassus*); Apul., met. 2, 17, 4 (*lassis animis et marcidis artubus... defetigatus*) e cf. Adams 1982–96, 241; Watson-Watson 2014, 87 *ad* G. 6, 36–37 (*lateri parcas... anheles*). G. non usa mai *fessus* (su cui Axelson 1945a, 29 s.; Watson 1985, 441 e 443) e rifugge dalla volgarità aperta di termini come *ecfututus* (Catull. 6, 13 *tam latera ecfututa*, con Fo 2018, 433 s.; *Priap.* 26, 7 s.) o *diffututus/defututus* (Catull. 29, 13). Al loro posto, usa una parola elegante, ma passibile di veicolare un'allusione oscena: *exhaustus*, infatti, potrebbe anche alludere più specificamente – come fosse *exsorptus* – alle *fellationes* subite (cf. 10, 223 s. e sopra, *ad* v. 35 s.; vd., soprattutto, Catull. 80, 5–8). – **lumbos... donare:** i *lumbi* sono i "fianchi" come sede del *robur* virile (*Schol. Pers.* 1, 20: *dicitur... libido lumbis immorari*) e, per un es. di *lumbi soluti*, destinati perciò ad essere aiutati da altri e più vivaci *lumbi*, cf. Petr. 140, 6 ss. Sull'uso di questo termine, paretimologicamente connesso con *libido*, vd. Adams 1982–96, 66 s., 125 s.; Richlin 1984, 493; Brown 1987, 364 *ad* Lucr. 4, 1267; André 1991, 166; 230 s.; Uria Varela 1997, 340; Canobbio 2011a, 568 *ad* Mart. 5, 78, 28; Callebat 2012, 130 a *Priap.* 23, 6. In 6, 314 s. (*lumbos incitat*) il termine sembra usato anche per le zone erogene delle donne che, secondo Isid., *orig.* 11, 1, 98 hanno piuttosto a che vedere con l'*umbilicus* (*lumbi ob libidinis lasciviam dicti, quia in viris causa corporeae voluptatis in ipsis est, sicut in umbilico feminis*; cf. Hier., epist. 22, 11); ma, per una diversa esegesi di 6, 314 s., che vi vede un «invito alla danza», vd. Watson-Watson 2014, 171 (per l'uso erotico di *incitare* = *excitare*, comunque, cf. *Priap.* 47, 6 e 82, 44). Più elegante o più sfumato sarebbe forse l'uso di *latus* come in G. 6, 37 e, per es., in Ov., *ars* 2, 413 s. (*lateri ne parce tuo*); 2, 673 (*latus et vires operamque adferte puellis*) e *am.* 2, 10, 23–28, dove appaiono uno accanto all'altro *nervi, vires* e, appunto, *latus* (Ovidio non usa *lumbus* in riferimento all'attività sessuale). La costruzione di *donare* (qui = *remunerari*, cf. anche *ad* 49) con l'accus. del ricevente + abl. della cosa donata (*ThlL* V 1, 2004, 14 ss. = *praemio afficere*; 2010, 66 ss.: «agris, terris») ha un effetto fortemente straniante, dato che l'ogg. di *donare* – invece di *clientem* – sono i suoi *lumbi* (l'effetto è di umiliante reificazione della persona o, quanto meno, di sua tendenziale disumanizzazione, cf. *ad* 92: *bipedem... asellum*). Nevolo esprime un sentimento di frustrazione che non è sconosciuto neanche ai clienti 'ordinari', quelli addetti alle mansioni più consuete, e a cui altrove è G. in prima persona a dare rilievo, cf., per es., 7, 44: *magnas comitum disponere voces,* con Bellandi 1974–75, 388 s. (per altri casi di amara o beffarda «Reduktion der Menschen auf das entscheidende Detail», cf. Schmitz 2000, 150–161). - **clientis:** G., che non usa mai *patronus* (cf. *ad* 46: *dominus*), impiega 8 volte il termine *cliens*, 5 volte nelle satire 'dispari' del I libro (1, 132; 3, 125 e 188; 5, 16 e 64), dove il tema del rapporto clienti/patroni è fondamentale; mai nel libro secondo (nonostante la veloce allusione di 6, 312 s. allo *status* di *cliens* di uno degli 'sventurati' mariti della satira); e solo due volte qui nel terzo libro, sempre sulle labbra di Nevolo (in riferimento a sé). Può stupire di non trovare il termine nella sat. 7, ma ivi si tratta di un particolare tipo di clientela, quella intellettuale, per cui la parola, sentita ormai come poco onorevole, sarebbe stata particolarmente inappropriata. Nel IV libro il termine appare per l'ultima volta in 10, 161 in un'accezione francamente ironica, riferito com'è al grande Annibale ridottosi, in esilio, all'umile condizione di 'cliente' del re di Bitinia. *Cliens* è sempre nel rilievo della clausola (come *amicus*, su cui vd. *ad* 62), tranne in 10, 161. Sul valore dichiaratamente gerarchico dei termini *patronus/cliens*, che segnalano in modo esplicito il dislivello sociale esistente tra i membri della relazione (perciò non usati volentieri e sostituiti spesso con sinonimi più cortesi, pertinenti alla sfera dell'*amicitia/sodalitas*), vd. Hellegouarc'h 1963–72, 54 ss.; Gérard 1976, 157 ss.; White 1978, 79 ss.; Saller 1982, 8 ss.; Horsfall 1993, 80 s. *ad* Hor., *epist.* 1, 7, 75; Lintott 1997; Bianconi 2005, 65 ss. (per *patronus*); 86 ss. (per *cliens*); Bongiovanni 2012, 324 (con ulteriore bibl., cui ora va aggiunto Ganter 2015). Nevolo ha usato nei vv. 48 s. i termini *adsecula* e *cultor* (su cui vd. *ad l.*) per i 'colleghi' per cui protesta, ma da cui si vuole anche distinguere. Per esprimere il concetto di *cliens* G. impiega altrove anche *comes* (cf. Hellegouarc'h *ibid.*, 56 ss.; Manzella 2011, 109 *ad* 3, 47) e *togatus* (vd. *ad* 29: *munimenta togae*). Quanto a *parasitus* (vd. *ad* 10: *conviva*), esso è forse il termine più degradato che si può usare per designare la condizione, un tempo onorevole, del *cliens*. Interessante, dunque, che la titolatura della satira nei codici **ZKH** rechi «loquitur (sc. poeta) ad p a r a s i t u m quendam qui s e r v i e r a t regibus» e, dunque, definisca Nevolo *parasitus* (*serviens!*) e non *cliens* come, pure, lui stesso ci tiene a definirsi per ben due volte nel corso della satira (59 e 72). Sul senso di orgoglio con cui Nevolo si presenta come *cliens* di Virrone e su come si debba interpretare l'uso di questo termine all'interno della storia tra i due, vd. *Introd.*, § 3 b, p. 23 s. *Exhausti... clientis* è uno dei non molti casi di 'Sperrungszäsur' presenti nella satira 9 (23, 26, 52, 53, 62, 92, 94, 113, 127, 138; cf. 55); vd. Manzella 2011, 37 *ad* 3, 2, con bibl. (stilema di largo uso nella poesia esametrica di tono elevato). – **60. iugeribus paucis?:** *sc. agri* o *soli*. È il primo segnale della (relativa) modestia delle aspirazioni economiche di Nevolo, su cui vd. anche *ad* 136: *si pascitur inguine venter*; *ad* 140: *Viginti milia fenus* (non si può parlare per lui di «insatiable greed», come fa Braund 1988, 135 s. e *passim*). Come Tibullo, che in 1, 1, 25 si dichiara *contentus vivere parvo* (cf. *ad* G. 9, 9: *modico contentus*), Nevolo non vuole *iugera multa soli* (Tib. 1, 1, 2: *alius... teneat culti iugera multa soli*). Per questo vagheggiamento di una sorta di 'tibulliana' *paupertas* (in realtà alquanto agiata, cf. Hor., *epist.* 1, 4, 7: *di tibi divitias dederunt artemque fruendi*; Tennant 2000, 139 e n. 1), vd. anche sotto, *ad* v. 147 (*Quando ego pauper ero?*). La 'iunctura' *iugera pauca* è un'espressione stilizzata che individua «the ideal of moderate means for a happy life», vd. Moreno Soldevila 2006, 436 *ad* Mart. 4, 64, 1 e 36; questi ricorda opportunamente come con *pauca... iugera* si definisca anche l'esigua estensione di terra di cui sa saggiamente a c c o n t e n t a r s i l'operoso vecchio di Corico di Verg., *georg.* 4, 127 s. (vd. Biotti 1994, 119 ss.). Un *iugerum* misurava poco più di 2500 mq. (*ThlL* VII 2, 627, 60–67); per la sua valutazione economica tra Repubblica e prima età imperiale, vd. Horsfall 1993, 84 (*ad* Hor., *epist.* 1, 7, 80 s.), mentre sul prezzo di mercato al tempo di Plinio il Giovane, vd. le considerazioni di Scarcia 1985a, 291 e 303, che calcola un prezzo da 1000 a 1500/2000 HS per iugero fino al picco di 2500/3000 (per un *ager pulcherrimus*); vd. anche de Neeve 1990, 371 sulla opportuna relativizzazione che va operata sul noto passo di Colum. 3, 3, 8, che appare assegnare un valore medio di circa 1000 HS a iugero. Come scrivono giustamente Nisbet-Hubbard 1978, 244 *ad* Hor. *carm.* 2, 15, 1, «the word (*iugera*) had emotive associations of frugal peasants, allotments to veterans, etc.» (eloquente in questo senso proprio il passo di G. 14, 163, citato subito sotto): Nevolo sente di meritarsi almeno questa modesta ricompensa per le 'fatiche' generosamente affrontate al servizio del patrono. Il dono di un appezzamento di terra da parte del patrono ai propri clienti non era una pratica infrequente (White 1978, 90 s.; Saller 1982, 122 s., 125 s. e 1983 a, 251, 254) e costituiva talora il coronamento stesso del rapporto clientelare (cf. il desiderio che Calpurnio Siculo fa esprimere al suo Coridone in 4, 153–155: *si quando... dicar h a - b e r e Larem... n o s t r a ... pascua*, in opposizione al precedente regime di puro e semplice sostentamento in vita, di cui si parla in 31–33 e 37). Un esempio di patrono generoso in questo senso (ma con i suoi schiavi e solo quanto alla dichiarazione di intenti relativa al testamento) è il Trimalchione di Petr. 71, 2 (*fundum lego*; cf. Veyne 1961–90, 12 s.). Marziale in 9, 2, 8 protesta duramente contro il patrono avaro che paga a carissimo prezzo le notti di un'*amica* e, invece, non sa regalare un po' di terra al *sodalis* (*non sua desertus rura sodalis arat*; cf. *cliens*, 10; *amicus*, 12), mentre dedica un epigramma fortemente grottesco (11, 18) al minuscolo, miserevole podere che dice di aver ricevuto in dono da un patrono fantasticamente taccagno. Ma sul caso personale di Marziale e del suo podere di *Nomentum* (forse ricevuto in dono da Seneca o dai suoi eredi e, probabilmente, non così esiguo come dice il poeta, che in 10, 92, 13 ne parla come di un *agellus... parvulus*), cf. Citroni 1975, 321 *ad* 1, 105; Canobbio 2011a, 185 e 253 s. *ad* 5, 13, 1 e 5, 20; Bongiovanni 2012, 348. Naturalmente, il caso più noto (e in qualche modo prototipico in letteratura) di cliente 'premiato' con un possesso fondiario è quello di Orazio, che ebbe in dono da Mecenate la villa Sabina (*sat.* 2, 6, 1–15: *hoc erat in votis... modus agri n o n i t a m a g n u s*). In Hor., *epist.* 1, 7, 80 ss. leggiamo che il patrono Filippo aiuta con 7000 HS di donativo (e altrettanti di prestito) Vulteio Mena, suo cliente da poco tempo, nell'acquisto di un *agellus* (vd. Horsfall 1993, 83 s., *ad l.*). In 14, 163 G. ricorda con toni di vivida esaltazione il buon tempo antico in cui *vix iugera b i n a* si davano ai cittadini-soldati *pro multis... vulneribus* e questi se ne sapevano lodevolmente accontentare (Courtney 2013², 509 *ad l.*; Viglietti 2014). In Val. Max. 4, 8, 1 il valore di un *fundus* esteso solo per 7 iugeri (*utpote septem iugeribus*) è definito *pretium parvum*; ma – secondo Columella, *praef.* 12–15 – a Cincinnato nel V sec. a. C. bastarono 4 iugeri di terra da coltivare e a Fabrizio Luscino (vd. *ad* 142) e a Curio Dentato, nel III, ne furono sufficienti 7, mentre quest'ultimo (sempre a detta di Colum. 1, 3, 10–12) rifiutò l'offerta di 50 iugeri, fatta per onorarlo, e si accontentò di 7 alla pari di tutti gli altri cittadini. Nevolo non specifica quantitativamente il suo *desideratum*, ma egli – *modico contentus* (9) – non si presenta come afflitto da una brama smodata di possesso (da un *adquirendi... insatiabile votum*, 14, 125). Nevolo mostra di non aspirare al possesso di grossi appezzamenti di terra e così non sembra uno di quelli che valutano le persone solo sulla base dei loro possedimenti fondiari (*Quot possidet agri iugera?* 3, 141, cf. 4, 7). Come al solito, Nevolo assomiglia piuttosto a Umbricio (3, 223 ss., 230 s.) che mostra il comprensibile desiderio di possedere in proprio una modesta casa e un p i c c o l o appezzamento di terra fuori Roma (per l'espressione di questo tipo di modesti desideri, cf. anche Mart. 1, 55, 1 ss.: *esse s u i n e c m a g n i ruris arator*). Ma se Nevolo sembra qui desideroso di farsi *rusticus* come l'Alfio dell'epodo 2 di Orazio, vedremo da 140 s. che, in realtà, il suo vero desiderio è quello di diventare – proprio come il personaggio oraziano (*epod.* 2, 66–70) – *fenerator*.

60–62. Meliusne... amici?: dalla menzione del puro dato economico (un pezzo di terra costituito da *iugera pauca*) si passa ad un moto di intenerimento (e subito dopo di dispetto) al pensiero del lato antropico del sognato atto di generosità: su quei pochi iugeri di terra, che vorrebbe in dono dal patrono, Nevolo si immagina che viva una famigliola di schiavi contadini, costituita da una *mater* e dal suo unico *rusticus infans* (per questa *iunctura* in clausola, connotata come qui in positivo, vd. 3, 176, sulle labbra di Umbricio; cf. Manzella 2011, 271 e 134 s.). Non vi è alcuna menzione di una figura maschile adulta, però; nell'immaginazione di Nevolo dovrebbe essere lui a porsi come il *pater ipse glebulae* (cf. 14, 166 ss.). Il podere desiderato da Nevolo è ancor meno popolato della *glebula* in questione (costituita da 2 iugeri scarsi di terreno, cf. 163: *vix*), per la quale si parla di *infantes quattuor* (*unus vernula, tres domini*), intenti a *ludere* nei pressi del casolare come fanno usualmente i bambini di campagna (11, 98, cf. 153): questo, probabilmente, per suggerire la sobria modestia delle aspirazioni di Nevolo *cliens*, che non è *avidus* e si accontenta proprio del minimo. L'intenerimento viene dal concentrarsi della fantasia sul piccolo bambino che gioca con le sue capannucce e il cagnolino (immagine che vale a ingentilire e velare la pur relativa brama economica di Nevolo). L'uso di *infans* (in 3, 176 *in gremio matris*; prima della soglia dei 7 anni, cf. 14, 10 s. e *ThlL* VII 1, 1348, 9–14) elimina ogni possibile ambiguità di *puer* (46 s.; cf. *ad* 64) – **60. Meliusne**: sull'uso di *–ne* per *num*, in domanda retorica espressiva di incredulità indignata, cf. Monti 1978, 35 *ad* 1, 1 (*nunquamne...?*) e 86 *ad* 1, 92 s. (*simplexne furor...?*); vd. anche Stramaglia 2017², 73. G. non usa mai *num* (che sembra in via di progressiva sparizione, cf. *HS* 542 s.) e due sole volte *numquid* (2, 51 e 11, 56). – **hic:** ad Housman 1931², seguito da Courtney 2013², 382 *ad l.* e Nisbet 1989–2009, 59 fa difficoltà *hic* come avv. locale (non siamo a Roma!) e si è voluto perciò correggere in *nunc* (dandogli il valore di *nunc/ sic stantibus rebus*, come in 5, 141), anche se per un analogo valore di *hic* (= "a questo punto", "in questa situazione") si potrebbe far riferimento, per es., a 1, 150 o 6, 280. Un'altra proposta di emendamento è stata *Melius dic*, avanzata da L. Castiglioni nell'ediz. di Vianello 1935 e recuperata, ora, da Braund 2004 (per *dic*, cf. *ad* 54). Ma non si deve neanche trascurare la costante tendenza all'ἐνάργεια di G. (cf. Dimatteo 2014, 6 s.), qui prestata al suo personaggio. *Hic* può essere aggettivo con accentuata forza deittica funzionale al *pathos*: come se fosse lì davanti a lui (cf. *hic* in 1, 46 e 47), il fanciullo si presenta con vivida forza alla mente di Nevolo, che gli dedica una pennellata affettuosa, piena di commiserazione per il suo destino (ben altra sarebbe stata la sua sorte se il patrono lo avesse destinato a lui!). Da tener presente anche il valore di *hac* (= *ista tua*) al v. 6 (vd. *ad* 6: *hac facie*): *hic* potrebbe qui significare, appunto, *iste tuus*. – **61. casulis:** Friedländer 1895 intendeva *casulis* come "la sua capanna" o abitazione (cf. 14, 167 *casa* e, per il diminutivo, 179: *vivite contenti casulis* e 11, 152 s.: *suspirat... matrem / et casulam et notos tristis desiderat haedos... puer*), ma qui l'uso del plurale fa inevitabilmente pensare alle casette costruite per gioco (vd. Hor., *sat.* 2, 3, 247 e 275 *c a s a s*; Tib. 2, 1, 23 s.: *ex virgis... c a s a s...*); cf., comunque, anche Schmeling 2011, 179 *ad* Petr. 44, 5. Bracci 2014, 172 nota la estrema rarità di *casula* in poesia (solo 2 volte in *App. Verg.*: sempre nel *Moretum*, ai vv. 60 e 66): in G. se ne hanno ben tre occorrenze. – **conlusore catello:** il cagnolino è il fedele compagno di giochi del bimbo. *Conlusor* è *hapax* in G. e molto raro in generale (un caso in Lucil. 1134 M. = 1150 Kr. = H 86, 1 Ch. = 1226 Chr.): è *nomen agentis* a designare l'abitudinarietà del fatto; cf. il cenno affettuoso ai capretti in 11, 153 s. (*notos*), cit. sopra. Cagnolino e capretti sono anche i surrogati dei *pares pueri* con cui il bimbo amerebbe giocare (cf. Hor., *ars* 159 *puer... gestit paribus conludere*). Il verso

61 è vistosamente allitterante in /c/ (*cum... ca... con-... ca...*). Su *catellus*, "cagnolino" (G. non usa *catulus*), vd. anche 6, 551 (con *pueri* al verso seguente, quasi una coppia fissa) e, al femm., in 6, 654, sempre in clausola. Qui il diminutivo mantiene il suo pieno valore affettivo, mentre in 6, 654 *catella* è affettivo per la signora e sarcastico per il Satirico, che vede da lei anteposta la cagnolina alla vita del marito. Ma qui si tratta di un amabile cagnolino di campagna, non di un viziato 'pet' di lusso (cf. Citroni 1975, 262 e Howell 1985, 287 *ad* Mart. 1, 83). Courtney nota lo statuto ambiguo tra apposizione ed aggettivo di *conlusore* (*catello*), facendo qualche esempio analogo (4, 62: *miratrix turba* o 5, 21: *salutatrix turba*), cui anche per la somiglianza fonica in clausola aggiungerei *captatore macello* di 6, 40. – **62. cymbala... amici**: l'immagine, teneramente e sapientemente costruita, del fanciullo e del suo cagnolino viene fatta ora scontrare con la triste sorte che li aspetta: essi diventeranno il lascito ereditario (*legatum*, cf. 88 e *ad l.*; *servas*, 54) – invece che di Nevolo, come sarebbe giusto – di un "amico" suonatore di cembali, dunque di uno spregevole seguace del culto di Cibele, di un evirato *Gallus*. Su queste figure screditate del corteggio della Grande Madre (*secti* e *cinaedi*), cf. Svet., *Aug.* 68 (su un *Gallus tympanizans*) e vd. Citroni 1975, 119 *ad* Mart. 1, 35, 15; Fusi 2006, 481 s. *ad* 3, 81; Canobbio 2011a, 392 s. *ad* 5, 41, 3; Henriksén 1998, 1, 67 *ad* 9, 2, 13; D'Alessio 2013 e 2018, 106 ss. Si tratta di un suonatore della fragorosa banda, costituita da flauti, timpani e cembali, che accompagna la processione della dea (cf. *ad* v. 23 *advectae ... Matri*). Deve trattarsi di uno di quegli *obsceni m i n o r e s*, di cui si parla in 6, 513 e 515 s. (uno qualunque della *rauca cohors*): egli, dunque, non è nemmeno il capo della banda di Cibele, come la figura in qualche modo carismatica dell'*ingens semivir* di 512 s. (*facies reverenda*; cf. 2, 112–114), cui si contrappone il resto della squadra che, infatti, gli cede il passo (cf. *tympana cedunt / plebeia* in 6, 515 s.). Fra i passi dedicati con acre disprezzo da G. ai Galli (cf. Richard 1966) appare particolarmente interessante (anche per il richiamo allo strumento musicale) 8, 176, dove *resupinati cessantia tympana Galli* alluderà non solo allo stato di ebbrezza scomposta in cui versa il 'tamburino' di Cibele (Dimatteo 2014, 192 s. *ad l.*), ma (probabilmente) anche alla sua indecente disponibilità a *muliebria pati*: vd. l'interpretazione di Adams 1982–96, 237 (*resupinatus* non solo = *ebrius*, ma anche = *turpia patiens* o *pati paratus*, cf. *Schol.*, p. 146, 14 W.). Nevolo, come Umbricio e G. stesso, detesta i culti orientali (cf., invece, il cenno affettuoso al culto dei *Lares* in 137–138, e *ad ll.*) e prova sostanziale avversione per gli effeminati, cui si accompagna solo per 'lavoro'. La *sententia* disgustata di Laronia in 2, 47 (*magna inter molles concordia*) – sostanzialmente condivisa dal Satirico (2, 64 s.) – varrà a spiegare l'amicizia tra Virrone e il Gallo (solidarietà tra *pathici*/*cinaedi*, compagni di orge come quelle descritte in 2, 110–116, a cui i Galli e il loro *sacrorum antistes*

sembrano partecipare come 'consulenti'). Pare cosa diversa la 'complicità' di cui parla Catull. 57, 1 e 10 (*pulchre convenit improbis cinaedis*), che probabilmente (cf. v. 8) allude anche a consuetudini di *mutuum stuprum* tra i due (vd. *Introd.*, p. 38 e n. 139). Il Gallo, che è *sectus* o *praecisus* (cf. 2, 110–116 e vd. Fusi 2006, 241 s. sul termine *Gallus* usato come antonomasia per "evirato"), non può essere un *amator* di Virrone, sarà solo un *mollis* suo compagno di deboscia (Parker 1997, 58). Sembra sforzato voler introdurre qui il tema particolarmente pruriginoso della «sexual prowess of eunuchs», come propone Winkler 1983, 140 s. e n. 90, pensando a passi come Mart. 6, 2, 6; 6, 67; Quint. 6, 3, 64; G. 1, 22 (?); 6, 366–68; 377–78; sul tema, vd. anche Floridi 2007, 353 ss. *ad* Strat., *ep.* 77 (= *AP* 12, 236). È vero, comunque, che in fr. O, 20 ss. G. mostra di conoscere la figura del *moechocinaedus*, effeminato soltanto nei modi o attivo con le donne e passivo con gli uomini (Bellandi 1995, 155 s.; 2003, 161 ss.; Watson-Watson 2014, 194 s.). – **cymbala pulsantis:** G. usa *cymbalum* solo qui; altrove preferisce far riferimento ai *tympana* o tamburelli (6, 515; 8, 176; cf. anche 3, 64). Il cembalo (*DS* I 2, 1697 s.) è uno strumento in metallo (cf. Mart. 14, 204, 1: *aera*; il termine *cymbalum* solo una volta anche in Marziale, nel titolo dell'epigramma), accuratamente descritto in Cassiod., *in psalm.* 150, 5 (*ThlL* IV 1588, 66–69). In *Priap.* 27, 3 i *cymbala* (con crotali e timpani) sono definiti *pruriginis arma* (vd. Goldberg 1992, 161 s.; Callebat 2012, 154, *ad l.*). *Pulsare* per la percussione di metalli, atta a produrre suono, anche in 6, 441 s. (*pelves ac tintinnabula... pulsari*): cf. *ThlL* X 2, 2607, 16 ss. (Lucr. 2, 637: *pulsarent aeribus aera*; Ov., *fast.* 4, 213: *cymbala... tympana pulsant*). In altri testi al derivato di *pello*, si preferiscono in questo senso i composti *impello* o *repello* (Ov., *met.* 4, 29: *impulsa tympana* o Tib. 1, 3, 24: *aera aere repulsa*, cf. Ov., *am.* 1, 8, 76 o *met.* 3, 533, con il *kakemphaton* appositamente ricercato). Questo genere di sonorità orientali e barbariche è fortemente detestato da G. (cf. 3, 63 ss., con Manzella 2011, 128 ss.; Gérard 1976, 407 s., 409). – **legatum fiet amici?:** = *legabitur amico*, col «gen. legatarii» (*ThlL* VII 2, 1122, 2 s., 17, 33, 56 s.). Da *ThlL ibid.*, 1121, 81 ss. apprendiamo che il termine *legatum* non appare in poesia se non in G. (qui e al v. 88) e in Commodiano (*apol.* 740, con Salvadore 2011, 169 s.). Sull'istituto giuridico del *legatum*, vd. almeno Berger 1953, 539 ss.; Voci 1963, 223 ss. e 2004[6], 609 ss.; Astolfi 1969; Manthe 1999; Santalucia 1999[2], 173–207; per l'età adrianea, in part., Gonzalez Roldán 2014, 75 ss. Nel caso specifico sembra trattarsi di un *legatum instrumenti* (Berger cit., 540), ovvero del lascito di un *fundus instructus* (comprensivo anche del personale schiavile di pertinenza). La variante *legatus* di Φ è preferita da Achaintre 1810, I 357 s. e ampiamente discussa da Heinrich 1839, 363–366, ma difficilmente difendibile (si dovrebbe alludere alla futura e infelice funzione del *puer* come *internuntius* del Gallo). – **amici:** il termine *amicus* è – in questo contesto – molto impegnativo e, dunque, sarcastico (in pungente antitesi con *clientis* del v. 59, in clausola anch'esso). Il *cliens* aspirerebbe a essere considerato "amico" del suo patrono (sull'uso – spesso ironico o addirittura sarcastico – del termine in ambito clientelare, cf. Braund 1988, 141 e 246 n. 54; Nauta 2002, 14 ss.; Campana 2004, 119 *ad* 10, 46; Fusi 2006, 290 ss. *ad* Mart. 3, 36; Winterling 2008; Stramaglia 2017², 100 *ad* G. 1, 146; Canobbio 2011a, 234 s. *ad* Mart. 5, 18, 9; Manzella 2011, 34 *ad* G. 3, 1, con bibl.), ma per assurdo questo può capitare, appunto, solo a personaggi degradati come il cembalista castrato (sul degrado del termine. *amicus*, cf. anche *ad* 130). Weidner 1873, 214 *ad* 9, 60 e Viansino 1990, 363 pensavano che la presenza di tale personaggio nell' 'entourage' di Virrone fosse dovuta alla propensione della moglie di Virrone (di cui, però, si parlerà solo tra poco: 72 ss.) per persone di questo tipo e, più in generale, per le religioni orientali. Il tema in questione è ampiamente sviluppato in 6, 511 ss. a proposito delle donne in genere e qui, nei vv. 511–521, G. si sofferma proprio sulla mania femminile per il culto di Cibele (e Bellona); ma nella satira 9 non c'è traccia alcuna di questo preteso interesse della *uxor Virronis*. Il passo di 22 ss., spec. 23 – dove si accenna a Iside e a Cibele – non ha a che fare con la moglie del patrono: lì si tratta delle 'clienti' di un tempo di Nevolo (e di quelle cui è tornato ora, dopo il *discidium* da Virrone) e, d'altra parte, la sposa di Virrone era *virgo* (72) e, dunque, non una frequentatrice abituale di *fana* equivoci. Sarà piuttosto Virrone che – nella sua propensione per tutto ciò che è femminile (cf. 50–53) – mostra per queste religioni e i loro cultori lo stesso interesse morboso che, di solito, mostrano le donne.

63. "Improbus... ait: un altro e più contenuto intervento diretto di Virrone dopo 39, munito questa volta della 'glossa' *ait* (cf. 5, 18: *'una simus', ait*). Virrone si irrita per quella che ritiene una mancanza di *urbanitas* di Nevolo (Braund 1988, 158 e 261 n. 146), ma Nevolo si trova in un impellente stato di necessità e non può rispettare le norme del 'bon ton' clientelare, quelle dettate, per es., da Hor., *epist.* 1, 17, 43 s. (*coram rege suo de paupertate tacentes / plus p o s c e n t e ferent*). – **improbus:** meno forte che in 4, 106 ("sfrontato"), sembra avvicinarsi qui al senso di *improbulus* di 5, 73, ripreso al verso seguente, con marcata 'climax', da *audax* (Santorelli 2013, 113 e 115): è *improbus* (con qualche enfasi) lo "screanzato" che non conosce le regole del corretto comportamento in società (cf. l'uso di *ineptus*, *infacetus*, *insulsus*, ecc., in Catullo, per es. in 12, 4–5 o nel c. 22; Bellandi 2007, 34 ss.). Ma sulla gamma di significati, piuttosto varia (anche in ambito erotico: *ThlL* VII 1, 691, 51 ss.), dell'agg. *improbus*, vd. Manzella 2011, 385 s. *ad* 3, 282; Fusi 2006, 213 s. *ad* Mart. 3, 20, 5; 507 *ad* 3, 86, 4. L'idea-base veicolata dal lessema sembra quella dell'eccesso (cf. Bessone 1997, 272; Borgo 1998, 88 ss.). Qui si potrebbe anche pensare a *improbus* = "instancabile", "incessante", come nella celebre e discussa espressione *labor improbus* di

Verg., *georg.* 1, 145 s., dove Servio spiega l'agg. con «indefessus, assiduus, sine moderatione» (cf. Formicola 1985; Thomas 1988, I 92 s.): in effetti, per Virrone Nevolo è negativamente *impiger* nel *poscere* (sulla «notio rapacitatis» in *improbus,* cf. *ThlL ibid.*, 691, 72 ss.; *OLD*² 4) e, dunque, Nevolo è *improbus* = *procax* come una *meretrix avara* (Catull. 110, 7), mai sazia nel chiedere denaro. **– ait:** sull'uso rispettivamente di *aio/inquam,* vd. Monti 1978, 155 *ad* 2, 22 (solo 4 casi di *aio* vs. 14 di *inquam*). La lezione *ais* di Φ sembra influenzata da *improbus* e, soprattutto, da *es... poscis* che immediatamente precedono e da *sed* che segue (per la 3. pers., esplicativa dopo prosopopea, cf. 40: *computat et cevet*). La stessa oscillazione si riscontra in 8, 44 tra *inquis* e *inquit* (Dimatteo 2014, 81); vd. anche Braund 1988, 242 n. 27. Nel verso si nota forte cesura eftemimere ('Interpunktionzäsur') dopo pentemimere femminile.

63–64. Sed pensio clamat / "posce": con ardita prosopopea, parla ora la personificata *pensio,* l'affitto da pagare, *hapax* in G., ma cf. Mart. 7, 92, 5 (*pensio te coram petitur clareque palamque,* con *appellat* al v. 3). Il passo di G. sembra uno sviluppo della situazione di questo epigramma, con la personificazione di *pensio* e l'uso di *clamat* suggerito da *clareque palamque* del modello (Colton 1991, 361 s.). Sull'uso del termine (che in poesia appare solo in Marziale e G.; *ThlL* X 1, 1103, 39 ss.), cf. Fusi 2006, 266 *ad* 3, 30, 3 (*fuscae pensio cellae*) e 301 s. *ad* 3, 38, 6. La *pensio* impone "urlando" (*clamat*) a Nevolo di chiedere soldi a Virrone. Nevolo evidentemente non ha casa di proprietà a Roma (è un *inquilinus civis*): vivrà in uno di quegli *hospitia miserabilia* che a Roma costano tanto (3, 166, con Manzella 2011, 255 ss.) o in un *cenaculum* (10, 18, con Campana 2004, 94 s.) o in un *meritorium* (3, 234, con Manzella, *ibid.*, 340 s.) o, addirittura, in una *parva cella* (7, 28; cf. 3, 200 ss.), nella soffitta di uno di quegli ampi caseggiati che si chiamavano *insulae.* Si ricordi anche il caso di Marziale, che in 1, 117, 7 dichiarava di vivere in uno di questi appartamenti disagiati (*tribus scalis habito, sed altis*), prima di avere una sua casa di proprietà sempre nella zona del Quirinale. Nella sua preghiera finale (140 ss.), però, Nevolo non include nella lista dei suoi 'desiderata' una casa, mentre Umbricio in 3, 223–225, 230–231 – proprio pensando all'esosità degli affitti a Roma – insiste molto sulla importanza di possedere – ovunque sia – una casa di proprietà e un piccolo orto da coltivare. Per la personificazione/prosopopea (*pensio clamat*), vd. 1, 12 *marmora clamant* e, sotto, ai vv. 103 ss. **– 64. "Posce", sed... Polyphemi:** l'anafora patetica del *sed* (cf. 5, 61 o 8, 149) serve qui ad esprimere l'urgenza del bisogno. Si osserva il chiasmo del soggetto in allitterazione (*sed appellat puer*) rispetto a *sed pensio clamat* di v. 63 (Facchini Tosi 2006, 187); nel verso c'è inoltre allitterazione sillabica a cornice (*posce... Polyphemi*), rinforzata dalla presenza di *puer* al centro, dopo pentemimere, e da *appellat*. **– appellat:** "reclama", "protesta", con uso del verbo tecnico per indicare le legittime richieste del creditore (cf. 7, 158: *mercedem appellas*? con Stramaglia 2017², 195; Sen., *epist.* 21, 11: *venter praecepta non audit: poscit, appellat... non est tamen molestus creditor* (cf. anche 119, 4); Mart. 7, 92, 3: *appellat rigida tristis me voce* (di un usuraio che esige la restituzione del suo denaro); Cic., *Phil.* 2, 71 (*appellatus es de pecunia quam... debebas*); Sen., *ben.* 4, 39, 2 (*debitorem ad diem appellare*); Tac., *ann.* 6, 17, 2 (*creditores in solidum appellabant*) e vd. *ThlL* II 274, 21 ss. (= «monere, maxime de pecunia») e *OLD*² 5a. Inutile, perciò, la correzione proposta da Schrevel 1648 (*appellit*). L'unico schiavo di Nevolo ha le sue sacrosante esigenze di sopravvivenza (come Nevolo gli riconosce) e le esterna con decisione come farebbe un creditore. – **puer unicus:** avere un solo schiavo è indizio di *status* sociale indecorosamente basso (chi ha soltanto un servo è *inops*, cf. Mart. 12, 87, 3, e chi non ne ha nemmeno uno, come il Furio di Catull. 23, 1 e 24, 8 e 10, è una figura 'fantasticamente' miserabile); vd. Fusi 2006, 543 *ad* Mart. 3, 95, 11 s.; Manzella 2011, 228 s. *ad* G. 3, 141. Orazio, che pure si presenta – non senza qualche affettazione – come esempio di vita sanamente modesta, ne ha in *sat.* 1, 6, 116 almeno 3 al suo servizio personale (e 8 al lavoro nella villa Sabina, cf. *sat.* 2, 7, 118). In G. 3, 286 s. Umbricio, costretto a governare il lume della sua candela da solo, sembra non avere nemmeno un *pedisequus* (cf. Hor., *sat.* 1, 9, 10 o *epist.* 1, 7, 52), ma il *pauper* di 3, 261 ss., di cui Umbricio lamenta la misera condizione di vita (e che non possiede nemmeno un obolo per pagarsi il passaggio sulla barca di Caronte dopo la tragica morte), ha tuttavia una *familia* di servitori che lo aspettano a casa, intenti a preparargli il bagno (vd. *ad* 147: *Quando ego pauper ero?*). Anche Virgilio in 7, 69 ha un solo *puer* (e un *tolerabile hospitium*, per il cui affitto non deve preoccuparsi), ma lì la sua condizione è presentata come invidiabile in ragione dell'antitesi con la condizione miserevole dei poeti moderni, del tutto abbandonati a sé stessi dai patroni avari. Ruperti 1830–1831, II 361, credeva che qui *puer* equivalesse a *pusio* di 6, 34 (= *catamitus*). Ma a differenza – forse – che nel caso di Virgilio (vd. *ad* 102), qui non c'è nel termine *puer* (d'uso normale per "schiavo", cf. *ThlL* X 2, 2517, 64 ss. e vd. Maurin 1975; Fusi 2006, 449 *ad* Mart. 3, 71, 1, con bibl.) nessun sottinteso erotico: Nevolo, che pure mostra di aver ben chiara la differenza tra Virrone e un bel fanciullo (46), non si lascia andare a notazioni di carattere erotico o sessuale al di fuori di quanto riguarda il suo meticoloso impegno 'professionale'; vd. anche *ad* 60–62: *Meliusne... amici?* Rispetto, per es., a *servulus unus* (14, 67) o *unus vernula* (14, 168 s.), *unicus* ha qui una marcata sfumatura di enfasi, vd. 8, 20 *sola atque unica*; 8, 111; 10, 364 (cf. anche la 'climax' in Catull. 73, 6: *unus atque unicus*). – **64–65. ut... Ulixes:** *ut* si riferisce naturalmente a *unicus*, non a *appellat* (*sc. clamans*), come volevano Heinrich 1839, 366 s. o Macleane 1867², 216 ed altri (per i precursori di questa interpretazione, vd. l'ampia nota di Achaintre 1810, I 358 s. al riguardo), che pensavano allo strepito immane del Ciclope accecato (Hom., *Od.* 9, 395–399 σμερδαλέον δὲ μέγ'ᾤμωξεν, περὶ δ' ἴαχε πέτρη... μεγάλ'ἤπυεν; Verg., *Aen.* 3, 672 ss.: *clamorem immensum tollit... immugiit...*). Abbiamo qui un'altra allusione omerica e, di nuovo, all'*Odissea*. Dopo la citazione parodica di v. 37 e prima di vv. 149 s., Nevolo si richiama ora al celeberrimo episodio dei Ciclopi (*Od.* 9, 105–566), facendo i nomi dei due mitici protagonisti della storia, che pone entrambi nel risalto della clausola (per questa collocazione del nome di Polifemo, cf. *Od.* 9, 407 e 446; mai così in Virgilio od Ovidio). Il nome di *Polyphemus* ritorna in clausola di 14, 20 usato come antonomasia per indicare l'uomo crudele, mentre in 15, 18 ancora in clausola compaiono i Ciclopi in genere. Questi, definiti *immanes* come i Lestrigoni, sono presentati – parimenti a loro e a tante altre figure del racconto ad Alcinoo – come invenzioni fantastiche e inattendibili di quel greco ingannatore e mendace (*Ithacus*, 15, 26, cf. 10, 174; 14, 240), che è *Ulixes* (15, 14, in clausola, come ancora in 11, 31). Per l'uso parodico di materiali omerici in G., cf. Manzella 2011, 383 s. *ad* 3, 279–280. Come Umbricio (cf. 3, 198 s. e 279 s.), come le signore 'à la page' di 6, 434 ss. e come il loro stesso autore, Giovenale (11, 171 ss.), Nevolo mostra di conoscere a menadito il 'codice' omerico-virgiliano (vd. anche *ad* 69: *"Durate atque expectate cicadas"?*) e di saperlo usare per infiorettare il suo discorso; e questo non certo a caso, dato il suo passato di *conviva facetus* (10). Le citazioni e allusioni letterarie erano considerate un elemento indispensabile della conversazione elegante e in particolar modo erano apprezzate durante il banchetto (cf. Sen., *epist.* 27, 7). D'altra parte, tutti conoscevano bene Omero (cf., per es., Plin., *epist.* 2, 14, 2) e il suo emulo Virgilio, perché familiari con questi testi sin dagli inizi della loro formazione scolastica (Bonner 1977–86, 272 s.; Gianotti 1989, 443 ss.; per Virgilio nell'insegnamento scolastico, vd. lo stesso G. di 7, 225): esplicita la testimonianza di Quint. 1, 8, 5 (*optime institutum est ut ab Homero atque Vergilio lectio inciperet... neque enim semel legentur...*). Da questo punto di vista, potrebbe essere interessante fare un confronto tra Nevolo e Trimalchione, che è affetto da una vera e propria mania omerico-virgiliana e che – a suo modo, naturalmente – può definirsi un accanito 'omerista' e 'virgilianista' (29, 9; 39, 3; 48, 7; 52; 59; vd. Schmeling 2011, 206 e, in generale, per l'uso di Omero/Virgilio in Petronio, Coccia 1988; Conte 1997; Cugusi 2001 e Schmeling *ibid.*, 611 e 619, risalendo dalle voci "Homer" e "Virgil" dell'*Index*). Ma a differenza di Nevolo, che tutto sommato maneggia disinvoltamente il materiale epico che cita, Trimalchione mostra una cultura omerica a dir poco traballante (più di una volta fino al grottesco): in particolare, per la deformazione della scena nell'antro del Ciclope, vd. 48, 7 (l'episodio in questione è poi ampiamente sfruttato in 97, 5; 98, 5; 101, 5; 101, 7, cf. Schmeling cit., 395). *Polyphemi* costituisce una clausola tetrasillabica (ionico a minore), preceduta da monosillabo, come al

v. 22 *et Ganymeden,* cf. Manzella 2011, 221 *ad* 3, 133 e 232 *ad* 3, 144 (dove la parola in *explicit* è ancora un nome proprio greco: *et Samothracum*). **– 65. lata acies:** l'uso di *acies* per *oculus* è ricercato: la metonimia usa la funzione – la capacità visiva o lo sguardo (cf., per es., Cic., *Tusc.* 4, 38 *aciem intendere*) – per designare l'organo, l'occhio (Maurach 1990, 100 n. 64; 210; *ThlL* I 400, 73 ss.; *OLD*² 4b): vd., per es., Verg., *Aen.* 6, 788 (*huc geminas nunc flecte acies*). Può anche darsi che G. voglia rendere *Od.* 9, 390 (γλήνης καιομένης) con *acies* per "pupilla" (cf. Cic., *nat.* 2, 142: *acies = pupula*; *ThlL ibid.*, 401, 49 ss.). In Verg., *Aen.* 3, 635 ss. nella descrizione di Polifemo (*lumen... i n g e n s , quod torva s o l u m sub fronte latebat,* cf. 663) si usa *lumen*, ricorrendo a un poetismo di uso corrente (*ThlL* VII 2, 1817, 54 ss.), che anche G. usa altrove (in 13, 93 e 164). *Latus* per *ingens/amplus* ecc. sembra particolarmente adatto alla forma circolare o tondeggiante della pupilla o dell'occhio stesso (cf. 1, 157; 11, 122; 14 308). Sul tema della «monoftalmia» dei Ciclopi ("dall'occhio rotondo", secondo l'etimologia), su cui insiste di più Virgilio di quanto non faccia Omero, vd. Heubeck 1983, 191 s. **– per quam:** il fatto che Polifemo avesse un solo occhio impedì al Ciclope – nel momento dell'accecamento – di poter far uso dell'altro per individuare Ulisse e punirlo (per il tema del solo occhio a disposizione, anche in chiave grottesca, cf. 6, 53 s. e 10, 227). Così *per quam* equivale a *propter cuius unicitatem* (grazie al fatto che l'*acies* era unica), con un'espressione un po' sbrigativa, di tipo brachilogico, come non è certo raro in G. (vd. *ad* 6: *hac facie*). **– sollers evasit Ulixes:** l'eroe se la cavò, confermando la sua leggendaria astuzia, capace di trarlo fuori dalle situazioni più pericolose (per *evasit,* cf. *effugit* al v. 150, detto della nave, salva anch'essa grazie all'inventiva dell'eroe, per la verità aiutato in questo caso dai suggerimenti di Circe). *Sollers* (che è un composto di *sollus* e *ars*, vd. *DELL* 49 e 633, il cui senso si avvicina spesso a τέχνη; μηχανή; δόλος; cf. πάντεχνος; πάνσοφος; πάνδεινος, ecc.) si trova riferito a Ulisse in Ovidio, *ars* 2, 355 (*sollers... Ulixes*) e in *Pont.* 4, 14, 35 (indirettamente in *met.* 13, 35), nonché in Stat., *Ach.* 1, 784 (cf. anche Homer. 204: *Ithaci... sollertia*). Gli epiteti tradizionali di Ulisse (cf. Gigante 2003, 170 ss., che rimanda soprattutto a Markwald 1999; vd. anche Nicosia 2003, 19 e Di Benedetto 2010, 57 ss.) insistono spesso – oltre che sulla sua capacità di sopportazione delle difficoltà e dei pericoli (πολύτλας, cf. *Il.* 8, 97 o *Od.* 7, 1, da cui, per es., *patiens* in Hor., *epist.* 1, 7, 40) – sull'ingegnosità e versatilità dell'eroe (πολύμητις, cf. *Il.* 1, 311 e *Od.* 21, 274, con δολοφρονέων; πολυμήχανος, cf. *Il.* 2, 173; ποικιλομήτης, in *Il.* 11, 482 o *Od.* 3, 163; 13, 293). Più ambiguo è πολύτροπος usato nella sede di massimo risalto di *Od.* 1, 1 o anche in 10, 330 (vd. Stanford 1968², *passim*, in part. 259 n. 7; Ronconi 1973, 68; West 1981, 182) e reso con *vorsutus* da Livio Andronico, fr. 1 Blänsdorf⁴ (Perutelli 2005; Kruschwitz 2008; Paladini in Paladini-Manzella 2014, 16 s.). Ulisse stesso, che in *Od.* 9, 19 parla con orgoglio dei suoi δόλοι, al v. 414 definisce l'efficace stratagemma messo in atto con il Ciclope μῆτις ἀμύμων. Come è ben noto (cf. spec. *Od.* 13, 291 ss.), l'ingegnosa inventiva di Ulisse volge non di rado al discutibile versante della frode (Hor., *sat.* 2, 5, 3 *doloso*; cf. *astutus,* al v. 23, e vd. in Ov., *met.* 4, 776 *sollerti... astu*) o della *duplicitas* (in Hor., *carm.* 1, 6, 7, con Nisbet-Hubbard 1970, 85 s.), tanto che si è potuto definire Ulisse «a Janus-like figure» (Stanford 1968[2], 144). A proposito dell'atteggiamento di Nevolo nei confronti del personaggio di Ulisse, Frassinetti 1955, 409–412 parlava senz'altro di una sua «ammirazione» per l'eroe virtuoso degli Stoici (Motto-Clark 1991), così facendo di Nevolo un ipocrita da porsi sullo stesso piano degli *Stoicidae* di 2, 65, mentre Bracciali Magnini 1990, 52 e n. 105, più sottilmente, osservava che «l'ironia dell'Autore... fa chiamare in causa dallo stesso protagonista un personaggio simbolico il cui confronto lo danneggia irrimediabilmente». In effetti, lungi dal paragonarsi euforicamente all'eroe del mito come fanno certi servi plautini (Perutelli 2006, 11 ss.) o Trimalchione (Petr. 39, 3), Nevolo con il suo rassegnato fatalismo e il suo stato 'depressivo' non mostra traccia alcuna proprio della celebrata capacità di reazione e di intervento di Ulisse (cf. Lowery 1979, 132: «no such ingenuity or courage»). Qui la menzione di Ulisse non è molto di più che un *flosculus* da *conviva facetus* (v. 10); appena diverso il caso di v. 69, dove la parodia virgiliana consente un minimo di identificazione tra Nevolo ed Enea (vd. *ad l.*). A titolo di curiosità, si può anche ricordare che taluni critici (per es. Schmitz 2000, 264 s. o Rosen 2007, 235) interpretano l'Ulisse *sollers* della sat. 9 come una figura che agli occhi di Nevolo richiamerebbe il suo «stingy patron» Virrone per la sua capacità di *evadere* (65) o *effugere* (150) le pressanti richieste del suo *cliens*. Sulla caratterizzazione del personaggio di Ulisse nell'arte e nella letteratura greca e latina, cf., tra gli altri, Stanford 1968[2]; Andreae 1986; Fedeli 1997c; Perutelli 2006, mentre sull'inesauribile interesse che questa figura continua a esercitare, vd. da ultimo, per es., Boitani 2016, Guidorizzi 2018, Harari 2019.

66–67. Alter... pascendi: un servo solo non basta, ma Nevolo non ha aspirazioni esagerate (cf. *ad* 60, *iugeribus paucis* e *ad* 140, *viginti milia fenus*, un passo dove, pure, si sta abbandonando al sogno ad occhi aperti). Qui non si allarga oltre la *spes* modesta dell'acquisto di un secondo schiavo e già – con 'serietà' – si preoccupa di come poterli mantenere entrambi (*alter* e *ambo* in rilievo agli estremi del verso, con allitterazione a cornice). Sul prezzo degli schiavi a Roma, vd. 4, 25 s.; 5, 56 ss., 60 (con Courtney 2013[2], 175) e, soprattutto, Duncan-Jones 1982[2], 348–350; Citroni 1975, 193 s. (e Howell 1980, 243 s.) *ad* Mart. 1, 58, nonché Williams 2004, *ad* 2, 63, 1; Fusi 2006, 402 *ad* 3, 62, 1. In alcuni di questi passi si parla di schiavi acquistati anche per 100.000 e più sesterzi, ma per lo più si tratta di bellissimi schiavi di origine orientale da esibire al banchetto e da tenere come amasii (veri e propri «objects de luxe»; Garrido Hory 1981 e 1997) o di *servi litterati*, cólti e specializzati nel fornire opportune citazioni letterarie al padrone durante il convivio (Sen., *epist.* 27, 7). Nella sua ragionevole 'moderazione', Nevolo penserà verisimilmente a schiavetti non di lusso, ma acquistabili a cifre assai più modeste, cf., per es., Hor., *sat.* 2, 7, 43 (dove Davo sostiene di essere costato 500 dracme = 2000 HS). Ancor meno (300 denarii = 1200 HS) costa lo schiavo di Petr. 68, 8 (Habermehl 2006, 290; Schmeling 2011, 283), cf. Mart. 10, 31, 1. – **66. namque:** G. usa questa forma rinforzata 7 volte (3, 242, probabilmente spurio; 5, 110; 7, 181; 11, 50, 161, 176; incerto il caso di 7, 100), rispetto a *nam* (67) ed *enim* (53). *Etenim* (su cui vd. Brown 1987, 221 *ad* Lucr. 4, 1076) è certo solo in 16, 4 (discussi 8, 111 e 14, 38). Nel nostro passo *namque* serve («per parenthesin», cf. *ThlL* IX 1, 33, 60 ss.) a dare spicco e rincalzo – con un qualche effetto di puntiglio – all'argomentazione giustificativa. – **hic:** "quello che ho" (in opposizione all'*alter emendus*): non vuol dire che il solo schiavo di Nevolo sia presente al discorso (una presenza defilata come quella del *pedisequus* di Hor., *sat.* 1, 9, 10 ?). Vd. anche *ad* 60: *hic*. – **67. pascendi:** nel risalto del 'rejet' (con molosso davanti a ces. tritemimere, cf. 76 e 126). Il 'buon padrone' si preoccupa di dar da mangiare ai suoi schiavi fornendoli di razioni adeguate di cibo (diversamente da come fa l'avaro di 14, 126) e Nevolo sa che – come dice Umbricio in 3, 166 s. – *magno / servorum ventres* (cf. Mart. 11, 108, 3: *pueri... diaria poscunt*). È vero che talora *pascere* riferito agli schiavi indica il mantenimento più in generale, cf. 3, 141 *quot pascit servos*? dove *pascere = possidere* (verbo che subito segue in riferimento agli *agri iugera*); ancora più diretto Petr. 57, 6 *viginti ventres pasco et canem* (cf. *ThlL* X 1, 594, 55 ss.; 595, 6 ss.). Ma siccome subito dopo il pensiero va all'abbigliamento necessario (67–69), è chiaro che qui si deve pensare proprio alle razioni di cibo (vd. anche *ad* 122–123: *illis... aere*, dove si distingue tra la razione di cibo e il denaro indispensabile per le altre necessità). *Pasco* si usa comunemente per la pastura degli animali (7, 76; 12, 105; 14, 80) e Manzella 2011, 228 osserva che «il verbo conserva sempre una nota di disprezzo» (cf., per es., Sen., *ben.* 6, 12, 2 *pascit et... saginat*). Qui fa pensare al minimo indispensabile per mantenersi in vita, cf. 9, 136 (di sé stesso); 7, 93; 12, 28 (come *se tueri* in 14, 302). Sul tema delle *rationes* da assegnare agli schiavi, vd. Knoch 2005. – **Quid... spirante?:** Nevolo si chiede premurosamente come farà ad affrontare il freddo dell'inverno, pensando – più che a sé come il Trebio di 5, 76–79 – ai bisogni degli schiavi, nel pensiero già diventati e numerati al plurale/duale (*puerorum*, 68). – **bruma:** è propriamente *brevuma dies*, il giorno del solstizio d'inverno (cf. in 6, 153 *mense... brumae* = dicembre) e, poi, più in generale l'inverno (3, 102) e il freddo (14, 273). È termine poetico (*ThlL* II 2208, 23 ss.), cf. Citroni 1975, 165 *ad* Mart. 1, 49, 19; Canobbio 2011a, 343 *ad* 5, 34, 5. – **spirante?:** qui si applica a *bruma* il termine adatto a indicare il soffiare forte dei venti freddi (cf. 7, 111, a proposito dello sbuffo possente dei polmoni, visti come mantici; per l'uso del verbo riferito propriamente ai venti, vd. *OLD*² 5). Altrove in G. il verbo è usato transitivamente (6, 453) o in assoluto (2, 41; 7, 208) per indicare l'emissione di profumo o di odore. In 4, 58 s., pensando ai venti che *urguent*, si fa riferimento alla sensazione uditiva dello *stridere* dell'*hiems*. – **67–68. Quid, oro, / quid dicam...?:** l'anafora del *quid* esprime l'intensa agitazione del pensiero (Braund 1988, 131), accentuata dall'uso parentetico di *oro*. Wills 1996, 86 cita a riscontro l'enfasi di 12, 48 (*sed quis nunc alius, qua mundi parte quis audet...*) e, soprattutto, Mart. 9, 25, 3 *(quod, rogo, quod scelus est...* ?), nonché 7, 86, 3 o 10, 41, 3, sempre con *rogo* parentetico. Per quanto usato talora come formula di cortesia alquanto convenzionale (al livello di *rogo* o *quaeso*; cf. Kay 1985, 230 *ad* Mart. 11, 75, 2 e Fusi 2006, 325 *ad* 3, 44, 9), *oro* qui mantiene invece un suo livello di inciso patetico (cf. Verg., *Aen*. 4, 319, detto da Didone); vd. Hofmann-Ricottilli 2003, 284 e 379. *Dicam* si riferisce alle eventuali risposte di Nevolo alle *appellationes* dei *pueri* (64). Ma viene naturale che – dopo aver menzionato la (im-)possibile a z i o n e (*agam*, 67) – si pensi a quanto almeno poter d i r e a giustificazione della propria inerzia o impotenza ad agire. – **68–69. scapulis puerorum... et pedibus?:** Nevolo pensa preoccupato al suo obbligo di rifornire di vesti e calzature gli schiavi (*vestiarium*: Cato, *agr*. 59; *calciarium*: *Schol*., p. 157, 27 W.). Analogamente G. e Umbricio pensavano alla toga e alle calzature necessarie per i clienti (*toga, calceus* in 1, 119; per *lacerna* e *toga* 3, 147 s., per il *calceus*, 3, 149–151), senza però dimenticare di protestare o preoccuparsi per gli schiavi stessi (cf. 1, 92 s.: *simplexne furor... horrenti tunicam non reddere servo* o 11, 145: *puer a frigore tutus*). Nevolo si presenta come un padrone attento e responsabile verso chi dipende da lui. *Scapulae* appare solo qui in G. (che usa *umerus* in 10, 227, in un elenco di membra, e per un totale di 6 volte) ed è termine piuttosto raro in poesia (André 1991, 83 s.). La parola appare alcune volte in Seneca (*epist*. 17, 9; 63, 11; *vit. beat.*, 25, 2: *nudis scapulis*), in contesti in cui si parla della necessità di *frigus effugere* (interessante in 17, 19 *ventri et scapulis suum reddet*). Nevolo si preoccupa che le spalle scoperte dei *servi* possano subire i rigori del freddo invernale; nella commedia (per es. in Plaut., *Cas*. 956; *Poen*. 153, ecc.; Ter., *Phorm*. 76; cf. *OLD*² 1b; André *ibid*.) o in Varro, *Men*. 8 Astbury (*scapulae metuunt virgidemiam*, con Cèbe 1972, 36 s., 56), invece, le *scapulae* sono viste come la sede per eccellenza delle sferzate di punizione riservate allo schiavo. – **68. Aquilone Decembri**: il vento freddo per eccellenza dell'inverno (*sc. spirante*, dal v. 67), con ribadito riferimento al *tempus brumae* in senso proprio, cf. Canobbio 2011a, 156 *ad* Mart. 5, 9, 3. Al posto di *aquilone* di **PAGU**, Φ legge *mense* (che appare una glossa, come s*ervorum* al v. 68 per *puerorum* di **PA**): cf. Knoche 1940, 301. L'insistenza è tutta sul tempo inclemente del dicembre e del solstizio invernale, ma non è esclusa una sotterranea allusione alla festa decembrina dei *Saturnalia* (spesso indicata in Marziale appunto con espressioni quali *tempore brumae* o simili: cf., per es., 8, 41, 2; 8, 71, 1; 10, 15, 7; 12, 81, 1; 14, 72), quando si faceva festa anche con gli schiavi e si riservava loro un trattamento speciale (Macr., *Sat.* 1, 12, 7 *servis cenas adponebant... domini Saturnalibus*): qui, invece, per essi (e per il loro padrone) solo miseria e freddo. – **Aquilone:** *hapax* in G. per il freddo vento del Nord (cf. Mart. 1, 49, 19–20: *at cum December canus et bruma inpotens / Aquilone rauco mugiet*; vd. anche 10, 82, 3 *stridentes... feram flatus Aquilonis iniqui*; Colton 1991, 362 s.). Marziale lo chiama anche col nome mitologico greco di Borea (7, 36, 5: *horridus, ecce, sonat Boreae stridore December*, con Galan Vioque 2002, 250 s.; cf. Mesturini 1997, 207 ss., in part. 209). Eccessivi appaiono forse i dubbi di Nisbet 2002, 64 che – su uno spunto di Ruperti 1830–1831, I 164, che voleva interpungere: *Quid agam bruma? Spirante... aquilone Decembri*, cui già rispose Heinrich 1839, 367 – ha proposto *algente* (o *horrente*) *Decembri* (considerando *Aquilone* una glossa su *spirante* del verso precedente); *contra* Kissel 2013, 338. A giustificare l'uso di *December* come aggettivo (non limitato al nesso con *mensis* o con *Kalendae, Nonae, Idus*), già basta Hor., *sat.* 2, 7, 4 (*libertate Decembri*) o Calp. *ecl.* 2, 82 (*sole Decembri*). – **69. "Durate atque expectate cicadas"?:** l'incoraggiamento, parodico di Verg., *Aen.* 1, 207 (*durate et vosmet rebus servate secundis*), detto da Enea ai compagni, ha il grottesco effetto di trasformare Nevolo in una sorta di degradato duce dell'epica, che ha la responsabilità, alta e insieme penosa, di pensare al bene dei suoi *socii*... L'apostrofe è rivolta non ai *pueri*, ma (con sineddoche personificante) direttamente alle loro parti più esposte al gelo. I "tempi migliori" (il caldo estivo) sono qui indicati con la metonimia *cicadas* (Verg., *ecl.* 2, 13 *sole sub ardenti resonant arbusta cicadis*; cf. Lucr. 4, 58 *aestate cicadae* o Ov., *ars* 1, 271: *prius taceant... aestate cicadas*; ThlL III 1045, 74 ss.). Questa ipotetica e sorprendente apostrofe rivolta alle spalle e ai piedi dei servi si inserisce – come abbiamo visto (cf. 46 ss.: *tu... vos... tu...*) – in un tessuto molto mosso dell'impianto allocutivo. Come al v. 37 con Omero, la parodia virgiliana si deve attribuire all'abitudine di Nevolo *conviva facetus* (10) di infiorettare di citazioni più o meno spiritose e riuscite il suo eloquio (cf. anche sopra, *ad* v. 64 s.) e Virgilio è ormai il classico dell'epica latina, fonte di usi e riusi di ogni genere; cf., per es., le citazioni virgiliane in Petr. 39, 3 (da Verg., *Aen.* 2, 44) e 68, 4 (da *Aen.* 5, 1) sulla bocca di Trimalchione (Cugusi 2001, 129 ss.). Sull'uso similare, in chiave parodica e irriverente, di elementi del mito e, in part., dell'epica virgiliana in Marziale, vd. Citroni 1987a, 398 ss.; Fusi 2006, 503. Per le riprese, più o meno parodiche, da Virgilio in G., vd. la bibl. raccolta in Manzella 2011, 298 s. *ad* 3, 199, dove, con l'amara ironia che l'Autore presta al suo personaggio, Umbricio si rifà, citando Ucalegonte, a *Aen.* 2, 310 ss.

70. Verum: non aggettivo neutro sostantivato (= *veritatem*; cf. 3, 171 *si verum admittimus*; 4, 91; 6, 143 e 325; 8, 125; 16, 33) e oggetto di *dissimules* (così *ThlL* V 1, 1484, 26 e alcune traduzioni: per es. Barelli 1960; Frassinetti-Di Salvo 1979; Ramelli 2008, che non pongono virgola dopo *verum* e presuppongono un chiasmo nell'espressione); ma congiunzione fortemente avversativa (altrove solo in 12, 97, con rincaro nell'argomentazione, quasi = *immo*) e con funzione di passaggio (dopo l'apostrofe alle *scapulae* e ai *pedes* dei *pueri* al v. 69, Nevolo torna ora a rivolgersi direttamente al patrono). – **ut dissimules, ut... cetera:** *ut* ha valore concessivo (10, 240; 15, 117; cf. *ad* 103: *servi ut taceant*, con sfumatura anche suppositiva); l'anafora è patetica (cf. 90: *si... si*; 63 s.). *Dissimules* sarà da intendersi più probabilmente in uso assoluto come in 16, 9 ('far finta di niente') – per l'atteggiamento evasivo, cf. *neglegit*, 92 – che non con *cetera* come oggetto in ἀπὸ κοινοῦ (così Heinrich 1839, 367). Per l'uso del lessema nell'ambito dei rapporti clientelari e amicali – in senso negativo rispetto a richieste di compenso o di aiuto – vd. Mart. 5, 16, 14; 25, 11 (cf. *dissimulator* in 4, 88, 10); 36, 2: *dissimulat quasi nil debeat,* con Canobbio 2011a, 219 e 353 s.; 11, 108, 4: *taces dissimulasque?* – **mittas:** *mittere* qui come 'simplex pro composito' (Wilson 1900, 206) per *omittere* o (*silentio*) *praetermittere* (secondo Braund 1988, 239 n. 2, un uso «vernacular»). Per esprimere questo concetto G. altrove usa più volte *transire* (3, 114; 6, 602; 7, 190; 10, 273). Di contro a 25 occorrenze di *mitto*, G. non usa mai *omitto* (cf. Axelson 1945, 22 s.); discusso il caso di *mittentur* in 2, 169 che per alcuni vale "mandare in dono" come in 9, 50 (Monti 1978, 231), per altri, forse più probabilmente, *dimitto/omitto* (Courtney 2013², 125 *ad l.*, anche sulla base degli *Scholia*). – **cetera:** tutti gli altri servizi ricevuti, relativi al piacere personale del patrono e già segnalati senza risparmiare dettagli (43 ss.). – **70–71. quanto... quod:** "che valore (economico) attribuisci al fatto che". Per Nevolo è questione di *opera* (27), di *labores* (42) e di *merita* (82) e, dunque, di *pretium* (= *merces/emolumentum*, cf. 27 s.) da quantificare esattamente e da assegnare in misura adeguata allo sforzo affrontato (39 ss.; cf. 7, 96 *par pretium*). – **71–72. ni... cliens:** Nevolo ribadisce il suo *status* di *cliens* (cf. 59) e vanta la propria assoluta efficienza e dedizione quanto agli *officia clientelae* (3, 126): solo che qui l'*officium* a vantaggio del patrono si identifica paradossalmente proprio con l'*adulterium* con la giovane moglie del patrono stesso, ovvero – in un mondo non 'à l'envers '– con uno dei casi più gravi che si possa immaginare di *perfidia* o *fraus*; vd. Manzella 2011, 194 *ad* 3, 110 (sul cliente 'Greculo' che, infido, corrompe la *matrona laris*), con il rimando a Mart. 4, 5, 5 (*uxorem cari corrumpere amici*). Nel suo 'galateo' del buon cliente (in *epist.* 1, 18, 72–74) Orazio invitava il sottoposto a non alzare lo sguardo nemmeno sugli schiavi di casa per non mettere in imbarazzo il patrono. – **71. ni:** solo 3 volte in G. (cf. 3, 321 e 10, 339) di contro a 17 occorrenze di *nisĭ* (la scelta sembra poggiare su motivazioni essenzialmente metriche). Sul rapporto stilistico tra le due forme, vd. Knox 1986, 30–31, che definisce *ni* senz'altro «arcaico e poetico» (nell'*Eneide* virgiliana 21 casi di *ni* vs. 2 soli di *nisi*); cf. anche *DELL* 433 (s.v. 2° *nē*, n. 5). Va comunque notato che *ni* (già presente nelle XII Tab.) appare abbastanza di frequente nelle *Satire* e nelle *Epistole* di Orazio (14 casi di *ni* contro 34 di *nisi*, cf. Muecke 1997, 758), mentre si legge 1 sola volta sia negli *Epodi* (1, 8; cf. Mankin 1995, 53: «colloquial») che in *Carmina* (4, 6, 21, con Fedeli-Ciccarelli 2008, 309). In Persio troviamo *ni* una sola volta (5, 142) contro 7 di *nisi*, mentre *ni* non compare mai in Marziale e una sola volta in *Priapea* (57, 5); per l'uso in Petronio, vd. Petersmann 1977, 285 s. La particella, ormai trascurata dalla lingua parlata, non passa nel romanzo, dove (al posto di *ni*/*nisi*) si afferma, invece, *si non* (in G., vd. 6, 243 e 614; 13, 60 e 97; 14, 145). – **71–72. deditus... devotusque:** i termini in allitterazione sillabica, omeoptoto e isosillabismo sono participi usati come aggettivi e suonano per Nevolo come assolutamente positivi, corrispondendo per lui a *verus, certus, fidus* (cf., per es., Mart. 4, 5, 1 e 9) e attestando il livello scrupoloso della sua *fides* di *cliens* (cf. *veteri fidoque sodali* in 2, 43, 15 e 5, 19, 9, con Canobbio 2011a, 244). Ma le parole in questione hanno in sé qualcosa di eccessivo o umiliante: così il *cliens* perde il suo *status* di *liber homo* (5, 161) e la *clientela* diventa *servitium* (3, 124 s.). *Deditus* rimanda infatti allo stato di schiavitù (*ThlL* V 1, 267, 72–268, 9; 269, 46–58; *OLD*² 1); per l'uso traslato cf., per es., Tib. 1, 2, 99 s. (*dedita servit mens mea*) e, in tale senso figurato, l'aggettivo designa una dedizione illimitata, colpevole o malata (cf. Calp., fr. 40, p. 137 Peter *peni deditos*; Catull. 61, 98 *in mala deditus vir adultera*; Svet., *Cal.* 55, 2 *prasinae factioni... addictus et deditus*). In G. stesso sono da considerare 6, 181 e 206 ss., dove l'agg. *deditus* si applica all'atteggiamento indecorosamente svirilizzato del marito *uxorius* (*summitte caput cervice parata / ferre iugum*; Nardo 1973, 59), mentre l'*hapax devotus* dal senso solenne e originariamente religioso di 'consacrato alla morte con il rito della *devotio*' (*ThlL* V 1, 881, 50 ss., s.v. *devoveo*; *OLD*² s.v. *devotio*, 1) acquista qui qualcosa del senso fortemente peggiorativo di *obnoxius,* ovvero "sottomesso/indecorosamente asservito" (*ThlL* ibid., 883, 29 ss.; IX 2, 124, 25 ss.; *OLD*² s.v. *obnoxius*, 2). Interessante, in questo senso, risulta la presenza di *deditus*/*devotus* in una lista di sinonimi di *obnoxius* insieme a *obstrictus, obligatus... dicatus* (Char., p. 436, 13 s. Barwick). L'enfasi ricorda quella del solenne (e umiliante: Sen., *epist.* 37, 1) giuramento degli *auctorati*, uomini liberi che si vendevano come gladiatori ad un *lanista* in una sorta di schiavitù temporanea, che comportava ubbidienza assoluta fino alla morte (cf. 11, 8, con Bracci 2014, 64 ss., e Manzella 2011, 88 s. *ad* 3, 33 e 248 *ad* 3, 158, *lanistae*). In part., vd. la parodia di tale linguaggio in Petr. 117, 5 (*tamquam legitimi gladiatores domino corpora animasque religiosissime addicimus*, con Schmeling 2011, 446). Non a caso Seneca in *benef.* 3, 5, 2 caratterizza proprio questi due termini (*deditus/devotus*) come *humilia verba* per indicare chi vuol *se obpignerare* (vd. anche Braund 1988, 141). Solo che Nevolo nella sua perversa 'ingenuità' non se ne rende assolutamente conto e usa i termini senza alcuna cognizione della loro possibile sfumatura negativa (visto l'ambito cui egli li applica). La sottesa ironia dell'Autore ricorda quella di Catullo in 67, 19–30, dove il caso del padre che con la nuora fa le veci del figlio impotente è sarcasticamente definito *mira pietas*. – **72. uxor tua virgo maneret?:** il matrimonio di Virrone è stato consumato, ma non dal *maritus*, bensì dal suo *cliens* come *officium* per evitargli il divorzio e con esso il discredito sociale (cf. *fama*, 86; *rumoribus*, 111) ed altre spiacevoli conseguenze patrimoniali, ovvero la restituzione della dote (Gardner 1985; Treggiari 1991, 350 ss.; Fayer 2005, 698–714). Sul valore di *virgo* (= *puella adhuc intacta*), vd. Watson 1983, 133; Manzella 2011, 194 *ad* 3, 110. In Petr. 75, 11 (cit. al riguardo come caso parallelo da Braund 1988, 244 n. 46; sul passo, vd. anche Pomeroy 1992), non siamo proprio nella stessa situazione: Trimalchione, che è schiavo e non cliente, è amasio (passivo) del padrone, ma se la fa (evidentemente di nascosto: 69, 3) anche con la moglie di lui (per i rischi dell'adulterio *domina/servus*: Petr. 45, 7; Tac., *ann.* 12, 53, con Franco 2003, 1353 s.). Trimalchione lo racconta solo a molta distanza di tempo dai fatti ed è orgoglioso di questa antica tresca con la padrona (*non sum de gloriosis*...), mentre sente di doversi giustificare della sua passività col padrone (*non est turpe*...). Più vicina al nostro caso appare la situazione descritta in Mart. 12, 91, dove moglie e marito hanno un amante in comune (*communis exoletus*) probabilmente – ma non necessariamente – 'attivo' con tutti e due (come in G. 9): *exoletus* indica uno schiavo non più in età propriamente adolescenziale (*ThlL* V 2, s.v. *exolesco,* 1543, 2 ss.; Williams 2010², 90–93), che può continuare ad essere passivo con il padrone e, insieme, essere attivo con la sua signora (come Trimalchione in Petronio) oppure svolgere la funzione attiva con entrambi (come fa Nevolo). In Marziale, poi, con ulteriore complicazione romanzesca, sembra che la donna (in quanto *uxor dotata*?) tema di essere eliminata con il veleno dal marito tramite il coppiere: la donna non è usata, dunque, come copertura sociale dal *vir pathicus* ed entra in scena un quarto personaggio (di solito sessualmente connotato come il *minister*). In G. 2, 58–61 abbiamo una sorta di 'ménage à trois' tra un ricco marito, un liberto e una giovane sposa (*puella*) che sembra, però, esclusa dal rapporto erotico che intercorre solo tra i due maschi (*d o r m i t* ; vd. *ad* 74–75: *Fugientem... rapui*). Quanto ai tempi verbali usati da Nevolo, se *maneret* (= *etiamnunc esset*) è corretto, *essem* per *fuissem* è una lieve imprecisione (attrazione da *maneret*?; cf. *Schol.*, p. 158, 1 W: *nisi... fuissem*) ed è spia che il cliente non ha ancora psicologicamente accettato la nuova situazione di 'licenziamento' (per questa sfumatura emotiva del discorso, cf. anche sotto, *ad* vv. 89–90 *iungentur... implevero* e 92 *sibi quaerit*).

73–74. Scis... pollicitus: Virrone non può *dissimulare* (70) perché Nevolo sa che egli sa (*Scis certe*) come si sono svolti i fatti: è lui che ha chiesto insistentemente l'*officium* in questione ed era personalmente presente al suo svolgersi. *Ista* non è nom. sing. riferito alla *uxor* (così Weidner 1873, 215, con improbabile ellissi di *desierit virgo esse*), ma acc. plur. neutro (oggetto di *rogaris*), riferito al complesso delle richieste avanzate da Virrone in relazione alla moglie (per il plur. neutro, Courtney 2013², 383 rimanda a *plurima* di 118). Corretto lo *Schol.*, p. 158, 2–4 W.: *nosti quemadmodum me rogasti ut h o c facerem*. Nevolo vuol ricordare al patrono le modalità poco dignitose («*suppliciter*» [Ruperti 1830–1831, II 362], cf. anche sotto, 77 e n.) e la frequenza (*quam saepe*) delle preghiere con cui lo ha scongiurato di 'intervenire' in sua vece presso la consorte e, soprattutto, le promesse fatte in quel frangente. Secondo Courtney, *pollicitus* non sottintende *sis*, con *et* che collega a *rogaris* (così pare intendere lo *Schol.*, p. 158, 4 s. W., ma con l'indicativo: *pollicitus e s mihi* in ψ, *mihi e s* in μ), ma è part. passato predicativo, coordinato, dunque, come terzo elemento di una elencazione non con *rogaris*, ma con: 1) *quibus modis...* 2) *quam saepe...* 3) *et quae pollicitus* (= *quibus cum promissis*). È anche vero, però, che dare autonomia a *quae pollicitus* (sc. *sis*), mettendolo sullo stesso piano di *rogaris* (cf. Braund 1988, 242 n. 23), conferirebbe maggior risalto a quel che interessa davvero a Nevolo, ossia le promesse ricevute (cf. 82: *perfide*; 125 s.: *spes deceptas*), con un efficace bilanciamento polare tra "quel che hai chiesto" e "quel che hai promesso" (per avere quello che chiedevi). *Polliceri* è *hapax* in G. rispetto a 10 occorrenze di *promittere*, che ha uno spettro di significati più ampio (anche "promettere in voto" o "prevedere", cf. *ThlL* X 2, 1862, 14 ss.; 1863, 61 ss.; Reeb 1916, 85–87). Anche Marziale usa solo 4 volte *polliceor* di contro a 18 casi di *promitto*. Ora, è chiaro da casi come, per es., Ov., *ars* 1, 443 s. (*promittas facito... promittere... pollicitis*) e Mart. 8, 49, 9 s. (*grandia pollicitus... promissa est*) che i due verbi sono per lo più sentiti come pienamente sinonimi (cf. Cic., *fam.* 7, 5, 1 o Ov., *epist.* 21, 139 s.). Certo, se il verbo *polliceri* etimologicamente rimandasse davvero al senso di "promettere contrattando" (cf. *DELL* 356, s.v. *liceo/liceor*; De Vaan 2008, 340 s.v. *licet/licere*), esso con la sua connotazione 'commerciale' risulterebbe particolarmente adatto al nostro contesto (cf. Plaut., *Merc.* 439, in una scena che richiama una sessione di asta). D'altra parte, *polliceor* sembra usato con preferenza nell'iperbolica espressione proverbiale *maria montisque polliceri* (per es. in Ter., *Phorm.* 68; Sall., *Cat.* 23, 3; Tosi 1991–2017, 1577 n. 2295), donde si potrebbe anche pensare a un suo uso colloquiale nel senso enfatico di "fare grandi promesse" (con *quae* = *quanta* / *quam* *magna*), senza bisogno d'aggiungere altro. Sull'impotenza di Virrone con la moglie, che lo spinge a chiedere l'intervento di Nevolo, vd. Mart. 7, 58 (con Galan Vioque 2002, 343 ss.) a proposito dei numerosi cinedi che si sposano senza riuscire a 'consumare' il matrimonio. In G. stesso si inveisce contro uno *spado* che prende moglie (1, 22, con Stramaglia 2017², 34 s.), ma non ci viene detto di più sulla situazione e le sue motivazioni. In questo nostro caso, comunque, l'impotenza sarà dovuta solo al diverso orientamento sessuale: Virrone non è un *sectus* o *castratus*, il che avrebbe impedito la *actio rei uxoriae* (cf. Dalla 1978, 255 ss., 272–275; Astolfi 2014, 300–306, spec. 304), cui – sia pur da lontano – si allude nel testo.

74–75. Fugientem nempe puellam / amplexu rapui: la *puella* se ne stava già fuggendo dalla casa maritale, quando Nevolo la bloccò col suo abbraccio (e, poi, col suo amplesso). Il perf. *rapui* indica che ci si riferisce ad un atto puntuale del passato, a quella volta precisa in cui la signora aveva deciso di porre fine al suo falso matrimonio, abbandonando per sempre il tetto coniugale, e fu fermata sulla porta con la opportuna decisione dal *cliens*; *rapere* per *arripere* (cf. *ThlL* XI 2, 102, 18 ss.) vale "afferrare" per *sistere* (cf. *OLD*² 13), ma con qualche violenza (quasi "abbrancare" o "ghermire"): la donna era infatti *fugiens*, non più tranquillamente *decedens* o *discedens*. Si sta descrivendo una precisa scena avvenuta in una notte determinata (cf. 76: *tota... nocte, sc. illa*), come indicano anche *ruperat* di v. 75 (piuccheperfetto dell'anteriorità) e *redemi* di v. 76 e *pervenit* di v. 78 (perfetti dell'azione puntuale). Dunque *saepe* (concordemente tràdito dai codici e confermato dallo *Schol.*, p. 158, 9 W.: *saepius revocavi*) va considerato con Housman 1931² una goffa ripetizione del *saepe* di 73 e forse sostituito con un più congruo *nempe* (per un caso ben noto di confusione nella trad. ms. tra *nempe* e *saepe*, cf. Pers. 3, 1 con Clausen 1956, 14 e Kissel 1990, 374 s.). Se *saepe* di v. 74 è vistosamente inaccettabile, non tutto, comunque, è perfettamente perspicuo anche correggendo in *nempe*: lo stesso Housman 1931² lasciò la sua correzione in apparato con *fortasse* (essa passa a testo solo in Courtney 1984, Willis 1997, Braund 2004). Qui il senso di *nempe* dovrebbe essere "di sicuro", con una qualche sfumatura di orgoglio ma, soprattutto, di amara autoironia, da confrontare puntualmente con la funzione di *scilicet* in 5, 76, come se Nevolo dicesse: almeno per quel che mi riguarda ("ovviamente", quasi "of course") io ho rispettato la mia parte dell'accordo stipulato, mentre tu.... Watt 2002 in luogo di *saepe* ha proposto *paene* (cf. 79), che avrebbe anche il pregio di produrre nel verso una elegante clausola allitterante (*paene puellam*). La soluzione prospettata è attraente, anche se forse smorza inopportunamente la foga della donna, che dal contesto sembra molto marcata. Il clamoroso gesto di rottura della sposa di Virrone non assomiglia ai periodici allontanamenti da casa di Messalina (6, 116 ss., con *cum* = *quotienscumque*, cf. Watson-Watson 2014, 110 s.) o della moglie di Persico (in 11,

186 ss., con *solet*), che finiscono per tornare al tetto coniugale dalle loro avventure fuori casa (notturne o diurne). – **puellam:** *puella*, che si dice comunemente anche di una giovane sposa (6, 258; fr. O, 32; cf. Mart. 10, 35, 1–4; 10, 87, 13; 12, 97, 1: *uxor... puella*; per l'idea di gioventù, vd. Citroni 1975, 211 *ad* Mart. 1, 64, 1), qui mantiene, però, maliziosamente il suo senso proprio di "fanciulla intatta", dato il *virgo* di v. 72 (sui due termini, vd. Watson 1983; 1985, 433 s.; Knox 1986, 54; Dickey 2002, 200 ss.). Probabilmente non è un caso che anche la giovane sposa di 2, 58–61 (in una situazione parzialmente analoga a quella della moglie di Virrone: vd. sopra, *ad* 72, *uxor tua virgo maneret*) sia chiamata *puella* (nulla appoggia l'idea di *Schol.*, p. 21, 20–22 W. che il liberto sia anche l'amante della moglie, *quae dormit tertia*, cf. Monti 1978, 174). Nell'uso del termine *puella* (74), come anche in quello di *domina* al v. 78, è comunque presente una sapida reminiscenza della poesia elegiaca (cf. 6, 30; 191, ecc.; vd. Nardo 1973; Garbarino 1987; Watson 2007a; anche Canobbio 2011a, 485 s. *ad* Mart. 5, 61, 3): essa suona inevitabilmente molto ironica, dato che, nel nostro contesto, di 'amoroso' non c'è proprio nulla. Per un altro uso marcatamente ironico del termine, vd. 4, 35 s.: *puellae... puellas* (con Santorelli 2012, 78 s.), in riferimento alle antiche e 'venerande' Pieridi o Muse, di alcune delle quali, nel mito, si conoscevano amori e figli. – **74. nempe:** per lo più la particella asseverativa *nempe* ("di sicuro"), con marcata enfasi sull'ovvietà dell'enunciato, è usata da G. con sfumatura ironico-sarcastica, talora in apertura della risposta a una precedente interrogazione retorica (cf. Campana 2004, 242 s. *ad* 10, 185 e 333 ss. *ad* 10, 326; vd. anche Manzella 2011, 175 *ad* 3, 95 e Dimatteo 2014, 92 *ad* 8, 57). Sull'uso e il valore stilistico di *nempe* in poesia, vd. Knox 1986, 38 s. («c o l l o q u i a l particle to add emphasis to emotional high points»): in Orazio compare 9 volte su 10 nei *Sermones* (e l'altra in *Epodi*), mai nei *Carmina*; in Virgilio una sola volta (in *georg.* 3, 259). La particella è alquanto frequente in Ovidio (23 casi nelle opere in distici) e compare anche nelle *met.* (12), ma quasi sempre in dialoghi o in parti 'parlate' (significativo l'uso, per es., in 7, 53 per due volte sulle labbra di Medea nel corso del suo agitato monologo); cf. anche Brown 1987, 295 *ad* Lucr. 4, 1173. Per l'ampio ricorso da parte di G. a questo tipo di particelle (in senso ironico o amaramente sardonico), vd. anche *ad* 9: *Certe*; 46: *sane*. – **75. amplexu:** *amplexus* (al sing.) prima di tutto è relativo all'abbraccio con cui Nevolo trattenne la donna sulla soglia di casa impedendole la fuga (*OLD*² 3) e, poi, naturalmente agli *amplexus* amorosi veri e propri (Adams 1982–96, 225), che seguirono e risolsero la situazione. Per l'uso di *amplexus* in senso erotico, cf. 6, 65 al sing. (*sicut in amplexu*, in verso ritenuto spurio da diversi editori, ma non da Nadeau 1982, 68 s.; 2011, 83); in 6, 279 compare *complexus* al plur. Per indicare l'"amplesso", altrove G. usa *coitus* in 10, 204 e più volte *concubitus* (2, 30; 6, 318 e 536, cf. 6, 191 e 406), mentre l'unico caso di *amplecti* (10,

141) ha il significato astratto di "aderire a/scegliere" (con ogg. *virtutem*). – **tabulas quoque ruperat:** la situazione era giunta a un punto irreversibile. La fuga non aveva le caratteristiche dell'allontanamento occasionale o effimero: trascinata dalla stizza, infatti, la sposa aveva infranto le tavole del vecchio contratto nuziale e, addirittura, già si apprestava a passare ad altro matrimonio, con la stipula di un nuovo contratto. Delle due spiegazioni dello *Schol.*, p. 158, 10 s. W. (*sive alio ut nubat, sive alium volens facere heredem*), è valida solo la prima. *Rumpere* è ancora più forte del *delere* di 12, 123, che, in questo caso detto di un testamento, può indicare per traslato anche solo il "cambiare completamente" o "annullare" (cf. 14, 55: *tabulas mutare*, senza distruzione materiale del supporto del documento). Qui, invece, la donna irata ha fatto propriamente a pezzi le tavolette (*Schol.*, p. 158, 8 W.: *dotales tabulas frangentem*; per la *iunctura*, cf. Tac., *ann.* 11, 30, 2 *rumperet... tabulas nuptiales*, con Mullach 2013, 427 s.). Per *tabulae* nel senso di "contratto matrimoniale" in G., vd. 2, 119 (*signatae tabulae*, cf. *dotem*, 117) e al diminutivo 6, 200 (*tabellae*); cf. anche Manzella 2011, 157 *ad* 3, 82 (*signabit*). Sull'impotenza maritale come giusta causa di *repudium*, vd. Dalla 1978, 250 ss., 290 ss.; Astolfi 2014, 367. – **quoque:** per questo senso enfatico di *quoque* = "addirittura" (Heinrich 1839, 368: «immo, quin etiam»), cf., per es., 4, 93 (con Santorelli 2012, 117) e 115; 7, 202 (*corvo quoque rarior albo*); 13, 224. – **et iam:** sul doppio monosillabo in clausola, cf., in questa stessa satira, ai vv. 77, 83, 108, 125, 147. È fenomeno caratteristico dei generi medio-bassi (frequente, per es., nei *sermones* di Orazio); vd. Campana 2004, 197, *ad* 10, 144–145; Manzella 2011, 44 *ad* 3, 6, nonché Ceccarelli 2008, 96 e Ficca 2009, 41 *ad* 13, 2. Qui *et iam* in clausola produce effetto di 'suspence' (cf. 6, 574 *et iam* o 5, 47 *ac iam*), attirando l'attenzione sul verbo che apre in 'rejet' il verso successivo (*signabat*), costituito da molosso davanti a cesura tritemimere (Lucot 1967). – **76. signabat:** *sc. novas*. Ha suscitato qualche perplessità perché, propriamente, non era la sposa a *signare* le *tabulae nuptiales* o *dotales*, ma i testimoni (cf. *signatores* in 10, 336, con Campana 2004, 343; Astolfi 2014, 101 ss.), donde l'idea di Eden 1985 di correggere in *signabant*, che, però, sposta inopportunamente l'attenzione dalla *puella* (su cui è centrato il 'focus' della scenetta). Una certa fortuna ha avuto la proposta di Highet 1952–83, 211 s. di correggere *signabat* in *migrabat* (cf. Courtney 2013[2], 383 *ad l.*, anche con opportune precisazioni su alcune inesattezze di dettaglio in Highet; così anche Ferguson 1979 e Willis 1997). Highet rimandava a 6, 171 (*migra*) e nell'uso di questo verbo avvertiva 'climax' rispetto a *fugientem*: se ne stava andando non solo la persona, ma con lei tutte le sue cose, il corredo e... la dote (Treggiari 1991, 350 ss.; Fayer 2005, 698 ss.). Vi sarebbe sottile allusione alla formula consuetudinaria del divorzio romano che invitava ad andarsene raccogliendo le proprie "cose" (Levy 1925, 5–8; Treggiari *ibid.*, 435–482, in

part. 446 s.: *tuas res tibi habeto*), già richeggiata sarcasticamente da G. in 6, 146 s.: *collige sarcinulas... et exi... exi* (con Bellandi 1995, 128 e 131 *ad l.*; Manzella 2011, 250 s. *ad* 3, 161; Watson-Watson 2014, 120). Nei commentatori di questo passo, comunque, vi è talora qualche eccesso di insistenza sul tema della dote della *uxor*, cui il marito non vorrebbe rinunciare (vd., per es., Winkler 1983, 115 s.). Nel nostro passo non è affatto messa in rilievo la ricchezza della donna (secondo Winkler, *ibid.*: «she possesses practically everything») e nella satira Virrone è presentato come ricchissimo di suo (54 ss.; 100: *his opibus*). Per lui sembra senz'altro più importante il tema della *fama* da preservare (86) che non quello della dote da *retinere*. La proposta di Highet (*migrabat*) è senz'altro ingegnosa e attraente, ma *signabat* potrebbe anche essere una di quelle espressioni a carattere brachilogico, un po' sbrigative (con valore causativo [Heinrich 1839, 368] o riassuntivo), da cui G. è tutt'altro che alieno (cf., in questa stessa satira, *per quam* al v. 65 o *scriberis heres* al v. 87 o, per es., in 6, 398 *sed cantet potius...*, ecc.; vd. anche *ad* v. 6, *hac facie*). Quanto alla velocità grottescamente iperbolica del processo di trasferimento in altro domicilio coniugale tramite divorzio («hardly conceivable» per Courtney 2013[2], 383), basta considerare la scena tratteggiata in 6, 224–230, dove secondo il Satirico – in mancanza di qualunque valido motivo – le donne vanno (e vengono) dal tetto coniugale in un lampo, senza alcuno scrupolo o indugio (fino a totalizzare 8 mariti in 5 anni; cf. Mart. 6, 7). Astolfi 2014, 369 s. ricorda che il *divortium* poteva essere significato 'tout court' anche con la semplice contrazione di un nuovo matrimonio (senza bisogno dell'invio in precedenza del *libellus repudii*, su cui Robleda 1982, 385 s.; Treggiari 1991, 451; vd. anche Cantarella 1989, 584 ss.; Franciosi 2003, 206 s.). Quanto fosse ormai facile porre fine al matrimonio romano, sembra mostrarlo la celebre vicenda (non del tutto chiara, peraltro, nei dettagli: Treggiari *ibid.*, 458) delle nozze di Messalina e Silio: in questo caso pare che il nuovo matrimonio si celebri con tutti i crismi formali (G. 10, 329–345 ss., in part. 333–338, con Campana 2004, 338 ss.; Nappa 2010; Cenerini 2010) senza che il precedente marito (l'imperatore!) ne sia nemmeno informato. Per il racconto tacitiano dell'episodio (Tac., *ann.* 11, 27 ss.), vd. ora Mullach 2013, in part. 392–398 (con bibliografia). – **76. tota vix hoc ego nocte redemi:** per valorizzare i propri meriti, Nevolo naturalmente sottolinea la difficoltà (*vix*) dell'operazione di 'salvataggio' da lui operata: fu necessaria una notte intera (e bastò a stento) per placare l'ira e il desiderio sin lì frustrato della *puella* (cf. *Schol.*, p. 158, 12 W.: *satisfaciens*). Per Nevolo si tratta di una 'nottata' di lavoro (cf. 1, 37 s. *merentur / noctibus*, con Stramaglia 2017[2], 43): è come una *nox* della prostituta (*OLD*[2] 3c), da *promittere / dare* in cambio di denaro (cf. Adams 1982–96, 222), ed egli ne parla come un altro parlerebbe di una dura 'giornata di lavoro' (cf. Apul., *met.* 10, 22, 5: *operosa et pervigili... nocte*). – **tota... nocte:** l'uso dell'abl. semplice per indicare il tempo continuato è comune in poesia (vd. Fedeli 2005, 278) e in G. appare più volte (6, 183; 7, 235; 10, 206: *tota... nocte* e 239; 11, 53 e 72), ma qui prevale senz'altro la sfumatura strumentale. Al riguardo, Braund 1988, 241 n. 21 cita Verg., *Aen*. 6, 121 (*si fratrem Pollux alterna morte redemit*), col verbo ugualmente in clausola. – **redemi:** nell'unico altro caso in cui troviamo il verbo (4, 2 s.: *monstrum nulla virtute redemptum / a vitiis*), G. usa *redimere* in un senso morale decisamente positivo, come il nostro "redimere" o "riscattare" (*OLD*[2] 3b; cf., per es., Sen., *nat*. 6, 23, 2: *crimen aeternum quod nulla virtus... redimet*). Qui con *hoc* come oggetto ("questa situazione incresciosa" o "questo guaio") *redimere* sembra significare "risolvere" o "rimediare", ma con una sfumatura di orgogliosa soddisfazione per la meritoria 'impresa' compiuta (cf. anche *ad* 79–80 *instabile... adulter*). *Hanc* (messo a testo da Prateus 1684, 287) riferito alla *puella* banalizzerebbe in qualche misura il senso del passo ("ho ripreso o recuperato costei"). Il verbo *redimere* ha spesso un concreto senso finanziario-legale, ovvero "ricomprare" qualcosa che si sia venduto in precedenza o "riscattare" qualcosa che sia stato impegnato o che sia comunque caduto in potere di altri, cf. *OLD*[2] 1 e 5 (*redemptor* è anche chi – ponendosi come intermediario tra le parti – fa operazione di recupero crediti per altri). L'azione che viene presupposta si esplica per lo più con lo strumento di una transazione economica (cf., per es., *redimere litem* in Cic., *S. Rosc*. 35, ovvero "porre fine a un processo tramite un accordo finanziario"). Qui il mezzo di scambio utilizzato per l'operazione di 'riscatto' (il *pretio... meo* di Ov., *ars* 2, 172) è una nottata di sesso. – **77. te plorante foris:** al di là delle apparenze puramente esteriori, non si tratta di parodia della situazione dell'*exclusus amator*, che geme di dolore e di rabbia di fronte alle porte chiuse dell'amata, come dice, per es., Courtney 2013[2], 383 *ad l.*, con un fuorviante rimando a 14, 45 s. Tale non è Virrone. Nella satira, per ironico paradosso, è semmai più vicino alla figura dell'*exclusus amator* Nevolo stesso («as the satirical *reductio ad absurdum* of the *exclusus amator* of drama»: Braund 1988, 171 s.), che – messo alla porta dal patrono – è impegnato in aspre *querellae* (94) dettate dal *dolor* (91). L'allusione al *paraklausithyron* è dunque altrove (cf. Highet 1954, 274; Goodyear 1982–92, 66; Winkler 1983, 115 e 141 n. 93; Braund *ibid.*; per un poco convincente tentativo di trovare una soluzione di compromesso, vd. Hendry 2000, 86 ss.). Con questa notazione Nevolo vuole solo rimarcare la totale mancanza di dignità del ricco patrono, che si dispera gemendo *muliebriter* alle soglie della camera degli 'amanti' non certo spinto da gelosia per l'atto sessuale che vi si sta consumando (vd., per es., Prop. 1, 16), ma per la paura che qualcuno possa accorgersi di quel che sta avvenendo (su sua insistente richiesta) o che l'operazione possa non avere l'esito sperato e, dunque, non risparmiargli il discredito sociale del divorzio e la restituzione della dote (un caso di pianto dunque – in questo secondo caso – più vicino a 13,

134 che non al pianto 'amoroso'). *Ego* espresso con enfasi (76) in contrapposizione a *te* (77) mette in antitesi chi agisce e rimedia alla situazione e chi non sa far di meglio che piagnucolare (vd. anche Braund 1988, 265 s. n. 189). Hendry *ibid.*, 88 fa un'osservazione avventurosa, ma non priva di qualche interesse, per escludere l'infelice esegesi di Courtney: più che di *exclusus amator*, nel caso di Virrone, bisognerebbe parlare di *exclusus amatus* (*sive* ἐρώμενος). Ma che Virrone sia geloso di Nevolo e invidioso della propria moglie, impegnata eroticamente con lui, è pura speculazione, di cui nel testo non c'è traccia. È Virrone che ha chiesto al cliente l'"intervento' in questione e sui meandri dell'inconscio di lui non ci viene detto nulla... – **plorante:** sul valore e l'uso di *ploro*, vd. *ThlL* X 1, 2444, 23 ss., dove si rileva il senso di *cum voce flere* (cf. Bonfante 1977, 99 s., che cita *Diff.*, ed. Beck, p. 66, 3: *lacrimare levis strictura cordis est, flere gravioris affectus, plorare violentioris*). Quanto al senso enfatico del verbo, cf. anche Sen., *epist.* 83, 1: *lacrimandum est, non plorandum* (con Löfstedt 1956², II 41 s.; Löfstedt-Pieroni 1911–2007, 371 s.) e, in G., vd. il contesto di strepito in cui si svolge il pianto di 13, 130 ss. (*ploratur*, 134, cf. *planguntur*, 131). Ma qui, forse, più che a un pianto rumoroso si dovrà pensare a un gemere o guaire lamentoso come quello di cui parla Lucr. 5, 1072 in riferimento a cani bastonati (*canes plorantes summisso corpore fugiunt plagas*). Si nota che – mentre in Marziale *fleo* prevale su *ploro* (20 *vs* 14; Citroni 1975, 280 *ad* 1, 89, 3) – in Persio e Giovenale avviene il contrario (rispettivamente 0 *vs* 2 e 3 *vs* 8). In Orazio l'uso è più o meno paritario (13 a 12; Bonfante 1937–94, 120), mentre *ploro* – come osserva Axelson 1945a, 28 s. – manca del tutto in Virgilio (come in Catullo, Seneca tragico, Lucano, Valerio Flacco, Silio Italico, Claudiano, ma non in Stazio, anche nella *Tebaide*). Sull'uso di questi verbi in G., cf. Monti 1978, 61 *ad* 1, 50 (*ploras*) e Manzella 2011, 180 *ad* 3, 101 (*flet*). – **foris:** G. conosce solo questo avv. di stato (in 5, 126 usato con valore resultativo). Esso è frequente in commedia e non raro in Lucrezio (*ThlL* VI 1, 1034, 73 ss., s.v. *foras*), mentre altrove, in poesia dattilica, compare solo 3 volte in Lucilio e due (come in G.) nelle *Satire* di Orazio (vd. anche un caso nell'esametro di Ov., *ars* 3, 639). Marziale usa *foris* 4 volte (sempre nell'espressione *cenare foris*). Axelson 1945a, 96 rilevava il carattere di *sermo vulgaris* di questa parola e di *foras* (che in G. non compare); vd. anche McKeown 1989, 326 *ad* Ov., *am.* 1, 12, 5–6 (*foras*).

77–78. Testis... vox: Nevolo vede attiva in Virrone una volontà di dimenticare o, almeno, di dissimulare (70) quanto accaduto, dato che il ricordo o l'ammissione gli imporrebbe una indesiderata gratitudine verso il suo 'salvatore' (*Schol.*, p. 158, 21 s. W.: *tantorum beneficiorum quae in te contuli gratia vel vices*). Di solito, chi è o si sente oltraggiato senza possibilità di rivalsa chiede pateticamente l'intervento in soccorso degli dèi o, almeno, la loro testimonianza del torto subito (vd. *OLD*² s.v. *testor* 1 *a* e *b*; cf., per es., Verg., *Aen.* 4, 518 s.: *testatur moritura deos et conscia fati / sidera*). Qui Nevolo non si rivolge agli dei, ma più pragmaticamente – come in un processo (16, 29 ss.) – si appella a dei testimoni che possano parlare a favore della bontà della sua 'causa' (vd. anche sotto, *ad* 90–91). Purtroppo questi *testes* sono solo il *lectulus* (oggetto inanimato e in sé incapace a rendere testimonianza, ma cf. 63 s. e le successive proposopee di 103 ss.) e l'accusato stesso, che dovrebbe testimoniare contro sé stesso (cf. *tu* in clausola, dopo *te* in *incipit*) e che, appunto, fa finta di niente... Il teste oculare in 7, 13–14 o 16, 30 usa la formula canonica '*vidi*': Virrone potrebbe almeno dire '*audivi*' (78)! – **lectulus... lecti:** la personificazione del *lectus* aveva una sua tradizione nella poesia epitalamica e amorosa. Importante qui il ricordo del fr. 1 Blänsdorf⁴ di Ticida: *felix l e c t u l e talibus / sole <testis> amoribus*, con *testis* che è integrazione, per lo più accettata, di G.B. Pighi (cf. anche le diverse proposte *conscie* di Housman o *arbiter* di Scivoletto [*ap.* Blänsdorf⁴], sempre termini in qualche modo di ambito giudiziario: ma vd. anche le riserve di Courtney 2003², 229). Al v. 77 G. adopera il diminutivo affettivo-erotico *lectulus* (*hapax* nelle sue satire; Schmitz 2000, 224 n. 179), che certo suona fortemente sarcastico, perché usato di solito nelle nostalgiche rievocazioni delle notti d'amore degli amanti appassionati, spesso insieme con la *lucerna*, testimone silente delle ardenti fatiche d'amore. Il 'locus classicus' è Prop. 2, 15, 1–4 (*o tu l e c t u l e deliciis facte beate meis... lucerna*); poi Mart. 10, 38, 6–8 (*felix l e c t u l u s et lucerna vidit*; cf. 14, 39: *conscia l e c t u l i lucerna... tacebo* e anche 11, 104, 5–6; sul tema, vd. Mattiacci 1993, 262 ss.). Letto e lucerna stanno dalla parte degli amanti proprio con il loro silenzio, non tradendo all'esterno il loro dolce segreto (cf. Asclepiade *AP* 5, 181, 12 = Gow-Page 1965, 931, 12 [κλίνη μάρτυς] e, soprattutto, Filodemo *AP* 5, 4 = Gow-Page 1968, 3164–5 = Gigante 2002, XVIII, dove si insiste sul gioco sottile di complicità che deve intercorrere fra amanti e letto/lucerna [σιγῶντα... συνίστορα... φιλεράστρια], con Eros che, al v. 3, non ama la μαρτυρίη). Qui Nevolo, invece, avrebbe bisogno proprio della rottura di questa 'complicità' e della testimonianza del *lectulus*! Non vi è, però, da parte sua nessun indugiare della fantasia sui piaceri della notte amorosa trascorsa con la *puella* (Courtney 2013², 383: «as if he is caressing the memory», cf. Schmitz 2019, 190; *contra* Winkler 1983, 115 e 141 n. 95, che giustamente parla di «a surely over-interpretation»). Per Nevolo (che, pure, al v. 128 ci tiene ad esibire il suo trasporto per le *puellae*: qui, però, le cortigiane da festino, frequentate in orario, per così dire, ricreativo) la notte d'amore è solo una nottata di duro lavoro (cf. *ad* 76: *tota vix hoc ego nocte redemi*). La piccolezza del letto non ha evidentemente nulla a che fare con quella del letto di Cordo in 3, 203, «simbolo di una modesta condizione sociale» (Manzella 2011, 304), ma semmai – sardonicamente – con il *castus... l e c t u l u s* da vergine e da 'single' (Catull. 64, 87 s.) in cui giace la trascurata moglie di Virrone, che non *dormit tertia* – connivente per interesse – *magno... lecto* come la *puella* di 2, 59–61 (nel grande letto matrimoniale che l'accoglie insieme con il marito e il liberto, amante di lui). L'alternanza nello stesso contesto di un diminutivo e del termine-base, senza variazione del lessema, come avviene invece in Catull. 6, 7 e 10 e ancora in 61, 107 e 108 (*cubile... lecti*) e in G. stesso 6, 21 s. (*lectum... fulcri*), è comunque uno stilema per variare almeno parzialmente la ripetizione lessicale ed è presente anche altrove in G. (cf. 3, 226 e 228: *hortulus... hortus*; 6, 56 s.: *ager... agellus*). Su alcuni ricercati effetti fonici del v. 77 (*te plorante for*is, *tes*tis mihi *lectulus et tu*), vd. Facchini Tosi 2006, 187. Lo sconquassare il letto (come in 6, 21 s., ancora per una relazione adulterina) indica la possanza degli assalti amorosi di Nevolo (cf. Catull. 6, 10 s., dove si insiste di più sul movimento: *tremuli... quassa lecti argutatio inambulatioque*). Qui ci si sofferma solo sul suono: *lecti sonus* (suggerito da *argutatio* di Catullo, cf. *clamat* al v. 7), cui risponde un altro elemento sonoro, il gemito di piacere della *uxor* che, ora, finalmente e paradossalmente – proprio grazie all'adulterio – diventa la *domina* della *domus Virroniana*. *Domina* ha un significato fortemente enfatico: rimanendo nella *domus* e – dopo la deflorazione – generando dei figli (qui non importa come o con chi), la *puella* diventa a tutti gli effetti *matrona laris* (3, 110) e acquisisce uno *status* che ha anche degli aspetti di forte potere sulla casa e sulla *familia* (vd. Bianconi 2005, 85 s., n. 69; ne era simbolo lo *ius clavium*, cf. Cic., *Phil.* 2, 28, 69, con Astolfi 2014, 372 e n. 36). La «Morgengabe» *prima pro nocte* di 6, 203–205 significa probabilmente anche questo: non solo la ricompensa «for the loss of virginity» (Watson-Watson 2014, 139 *ad l.*), ma anche una cerimonia di riconoscimento dell'incipiente *status* matrimoniale e dei connessi privilegi/doveri della *matrona* (cf. Catull. 61, 149 ss.: *quae* [= *domus... potens et beata viri tui*] *sine t i b i s e r v i a t* ..., con Fedeli 1972–83, 105 ss.; Thomsen 1992, 76). – **78. dominae vox:** sono i gemiti di piacere della donna durante la nottata d'amore (cf. *gannit / sicut in amplexu*, 6, 64 s.), piuttosto che – come vorrebbe lo *Schol.*, p. 158, 12–15 W.: *in coitu non tacentis aut quod virgo erat... aut cum virginem imitatur* – grida di dolore (più o meno autentiche) per la deflorazione in corso. Qui la verginità c'è, ma la fanciulla vuole solo liberarsene e godere dei piaceri dell'amplesso. La *iunctura* in altro senso è in 6, 530 (*dominae... voce*, cf. 14, 63), ma qui si tratta dei mugolii della *libido* (6, 318 *quae vox saltante libidine!*, cf. 11, 174 *vocibus obscenis*, distinte dai *verba* di 172), qualcosa di simile alle *voces* e agli *heiulatus* di cui *ad* 106, *prope nemo recumbat*. La 'signora' è definita *domina* anche in quanto consorte del *dominus* (= *patronus*) di v. 46 (vd. *ad l.*). Il v. 78 è costituito tutto di sillabe lunghe fino alla cesura eftemimere: poi 'prende il volo' con i dattili fino alla clausola monosillabica, che ha un effetto quasi 'liberatorio'.

79–80. Instabile... adulter: una *sententia* paradossale (molto ben costruita in 'climax') che trascrive in sostenuti termini generali (ma non iperbolicamente universali: *in multis domibus*; cf. Högg 1971, 177 e n. 3) quanto illustrato sin qui con il caso particolare del 'ménage' familiare di Virrone, sul punto di andarsene in pezzi e salvato in pratica solo dall'intervento tecnicamente adulterino del fedele *cliens*. Dopo Pinzger 1827, 11 e Weidner 1889², (che pensava a «Parallelstelle» scritto in margine e finito nel testo), anche Knoche 1950 e Willis 1997 vorrebbero l'espunzione dei due versi (*contra*: Högg 1971, 176–179; Schmitz 2000, 284), mentre Courtney 2013², 384 li difende, pur giudicandoli «pleonastic». Ma una tale *sententia* non è estranea all'*ethos* del personaggio di Nevolo, che non si sente affatto in colpa per la vita che conduce (cf. *ad* 3 e *ad* 118: *vivendum recte*, e *ad* 137: *parvi nostrique* [*in fine*]) e, anzi, qua e là sdottoreggia con aria moralistica (per es. 32 s., 38, 45 s., 95). Nevolo, a quanto pare, ritiene di aver svolto una funzione del tutto positiva, che avrebbe meritato e meriterebbe la riconoscenza concreta del beneficiario del servizio fornito, nonché una considerazione favorevole da parte della società stessa, visto il contributo dato alla salvaguardia della stabilità della fondamentale istituzione matrimoniale (*quasi seminarium rei publicae*: cf. Cic., *off.* 1, 54 e 1, 11; *fin.* 3, 64; Krenkel 1988–2006; Treggiari 1991, 11–13; Dixon 1992, 61–71; Fayer 2005, 354 e n. 89). Il carattere paradossale e altamente (ma inconsciamente) provocatorio della *sententia* (in questo del tutto 'giovenaliana': Wiesen 1989, 719) si coglie a pieno solo se si pensa alla considerazione fortemente negativa che comunemente si aveva del *flagitium* e/o *crimen adulterii* e questo non solo a livello 'culturale', nella tradizione moralistica e satirica (da Hor., *sat.* 1, 2, prima degli interventi legislativi in materia di Augusto, fino all'amplissima requisitoria costituita dalla sat. 6 dello stesso G.), ma nelle concrete misure repressive disposte dalla legge. In base alle *leges Iuliae de adulteriis coercendis* (richiamate in vigore da Domiziano, vd. *ad* 3–4: *Quid... barba?*), per es., un marito connivente o, semplicemente, che non divorziasse dalla moglie adultera era passibile dell'accusa di lenocinio (Stumpp 1998, 197–205; McGinn 1998, 171 ss.) e, dunque, di gravi sanzioni (cf. 1, 54; 6, 140 s., con Watson-Watson 2014, 118). L'*adulterium* era considerato «among sexual offences perhaps the most threatening to a patriarchal society» (Williams 2004, 202 s. *ad* Mart. 2, 60, 4, cf. Edwards 1993, 34–62). Per Nevolo, invece, l'adulterio tiene lodevolmente insieme le famiglie sul punto di sfasciarsi... La sentenza esibisce un canonico e solenne perfetto gnomico (su cui vd. Courtney 2013², 111 s. *ad* 2, 83; Manzella 2011, 250 *ad* 3, 160) ed è formalmente asindetica (cf. 19 s.). Essa ha valore conclusivo rispetto alla narrazione precedente; non si deve collegarla (come hanno fatto alcuni: cf. Högg 1971, 179 e n. 1) troppo direttamente con il v. 81, che dà, invece, inizio ad una nuova fase del discorso (vd. *ad l.*). La 'climax' è sia formale che sostanziale: I) *instabile* (1 parola, 4 sillabe) designa il legame senza fondamento sufficientemente solido già di partenza (sulla base di 6, 200 ss. si può pensare alla mancanza di *amor*); II) *dirimi coeptum* (2 parole, 5 sillabe) descrive la fase successiva, in cui si produce e poi comincia ad avanzare il processo di crepatura dell'edificio matrimoniale, basato all'origine su un volontario accordo delle parti (dopo l'iniziale *consensus* vacilla l'*affectio maritalis*); III) *iam paene solutum* (3 parole e 6 sillabe, anch'esse disposte in crescendo: 1>2>3): la sconnessura delle parti che avrebbero dovuto *cohaerere* nel *coniugium* è giunta quasi al momento finale della disgregazione, ma proprio allora avviene il salvifico intervento dell'*adulter* (una sorta di apparizione all'ultimo momento del *deus ex machina*). – **79. Instabile:** l'aggettivo (*hapax* in G.) è alquanto raro in poesia (cf. *ThlL* VII 1, 1963, 66 ss.) e, riferito a nozze, sembra trovarsi solo in Firm., *math.* 6, 26, 5. La *stabilitas* del *matrimonium*, peraltro, era una caratteristica costitutiva dell'istituto, che alle origini era tendenzialmente indissolubile se non per gravi colpe della moglie. Il primo divorzio 'senza colpa' della consorte, quello di Sp. Carvilio Ruga, avrebbe avuto luogo nel III sec. a.C. per *sterilitas* (o *vitium corporis*) della moglie (Robleda 1982, 355 ss.; Cantarella 1989, 584 ss.; Franciosi 2003, 204 s.; Fayer 2005, 374 e 699 s.). Il *conubium s t a b i l e* di una bellissima ninfa (*omnis ut tecum... annos exigat*) è promesso a Eolo da Giunone in Verg., *Aen.* 1, 73 ss. per ottenerne l'aiuto. Forte il sarcasmo – a proposito della salda 'unione' di Antonio e Curione jr. – in Cic., *Phil.* 2, 18, 44 (*in matrimonio s t a b i l i et certo*). – **dirimi:** *dirimere* (termine proprio della lingua giuridica) si riferisce innanzi tutto alla ufficiale messa in discussione del contratto matrimoniale (il *conventum... pactum* e le *legitimae tabellae* di 6, 25 e 200, qui al momento degli *sponsalia*; cf. Razzini 1912, 37 ss.; Treggiari 1991, 138–146 e 165; Hersch 2010, 123–131; Astolfi 2014, 86–92; Watson-Watson 2014, 85 e 138). Secondariamente (e, nel caso, con ammiccamento sornione) *dirimi* potrebbe anche alludere al matrimonio inteso come *bellum*, come incessante zuffa tra i coniugi (6, 268 ss., cf. 35), che può trovare termine solo nella separazione. *Dirimere* si usa per la dissoluzione di *societates, foedera*, ecc. (*ThlL* V 1, 1258, 37 ss.), in part. per il *conubium/matrimonium* (*ibid.* 1258, 76 ss.), mentre per *dirimere bellum, certamen, litem*, ecc., vd. *ibid.* 1259, 10 ss. (in G., cf. 6, 164). – **solutum:** *solvere matrimonium* (qui *coniugium*) è espressione formale, tecnico-giuridica, cf. *ThlL* VIII 477, 52 ss. (a differenza, evidentemente, del pittoresco *tabulas rumpere* di v. 75). Nella celebre (e discussa) definizione giuridica di Modestino (*Dig.* 23.2.1; cf. Franciosi 2003, 167 ss.; Fayer 2005, 350 ss.) il matrimonio è *coniunctio maris et feminae et consortium omnis vitae, divini et humani iuris communicatio*, con triplice sottolineatura del 'composto' che qui viene a 'sciogliersi'. – **80. coniugium... adulter:** *coniugium* (in efficace 'rejet') per l'inutilizzabile *mātrĭmōnium* è di tono sostenuto (vd. 10, 352, nel solenne finale parenetico della satira, e così anche 11, 29; cf. Tac., *ann.* 15, 37, 4 *in modum sollemnium coniugiorum*) come, del resto, è più elevato *coniunx* rispetto a *uxor* (Axelson 1945a, 57; Watson 1985, 431; Urech 1999, 275 s.): *coniugium* è dunque adatto a una *sententia* che vuole essere nobilmente atteggiata. La parola in *incipit* si contrappone al sorprendente *adulter* in clausola. Sulla coppia sinonimica *moechus/adulter*, cf. Courtney 2013², 378 *ad* 9, 25, che fa della scelta tra i due termini essenzialmente una questione di *metri necessitas* per l'impossibilità di usare *adulter* in poesia esametrica aldilà del nom. sing. (così, sicuramente, si spiega l'alternanza dei due termini, per es., in 14, 25–26). Ma tra il grecismo colloquiale e la parola propriamente latina c'è non di rado anche una chiara distinzione di registro stilistico (vd. Citroni 1975, 112 *ad* Mart. 1, 3, 3; 238 s. *ad* 1, 74, 1; Grewing 1997, 83 *ad* 6, 2, 5; Urech 1999, 271; Williams 2004, 144 *ad* 2, 39, 1) e G. sa ricavare effetti notevoli di senso e di stile dall'alternarsi dei due termini diversamente connotati: vd., per es., l'uso differenziato delle due parole in 2, 27 e 29 (dove *moechos* designa gli adulteri in genere e *adulter* è riferito all'imperatore in un contesto che sottolinea la tragicità della paradossale situazione) e in 10, 317 e 318 (dove *moechos* è riservato alla menzione della sordida punizione inflitta ai colpevoli di adulterio, cf. Campana 2004, 327, e *adulter* si riferisce invece – alzando ironicamente il tono – alla figura mitologica di Endimione). Del resto, si sa che *moechus/moecha* è usato con intenti fortemente spregiativi in Catullo (per il femm.: 42, 3, 11 s., 19 s., cf. 68, 103; per il masch., 11, 17 e 37, 16: *pusilli et semitarii moechi*, cf. 94, 1 *moechari*; vd. Ronconi 1971², 137 s., 142 s.; Fo 2018, 582 e *ad ll*.) e si distingue per questa sua nota rispetto al più sostenuto *adulter/adultera* (presente in 57, 7 e 61, 98). Non a caso, il termine *moechus* non figura mai in Virgilio, mentre *adulter* compare due volte nell'*Eneide* (10, 92 e 11, 268; Zaffagno 1984). È assai eloquente anche la ripartizione dell'uso in Orazio: *moechus* nei *sermones*, *adulter* nei *carmina* (tranne una singola eccezione per entrambi i termini: *adulter* in *sat*. 1, 3, 106 in un contesto sostenuto di tono legale; *moechus* in *carm*. 1, 25, 9, con precisi intenti espressivi, cf. Nisbet-Hubbard 1970, 296). Fusi 2006, 447 *ad* Mart. 3, 70, 1 calcola nell'epigrammista 29 casi di *moechus/moecha* di contro a soli 4 di *adulter/adultera*. In G. l'uso è più equilibrato: *adulter* 13 (+ 1 *adultera*) in confronto a *moechus* 12 (+ 2 *moecha*). Nel nostro passo la scelta di *adulter* (in 'pendant' con quella di *coniugium*) è voluta per conferire tono elegante alla *sententia*. – **in multis domibus:** qui *domus* è da intendersi come casa ricca e signorile (cf. 3, 113 *secreta domus* e ibid., 72 *magnarum domuum* e 212 *magna... domus*; 6, 607 *domibus... altis*). In 11, 177 s. G. farà sarcastiche osservazioni sul fatto che l'*adulterium* è *turpe* solo per i *mediocres* e, invece, normale ed elegante – quasi "di moda" (*nitidum/hilare*) – nelle case dei ricchi (vd. *Introd*., p. 34 n. 128).

81–85. Quo... viri: dopo che la *sententia* di 79–80 ha opportunamente chiuso – con un certo tono di orgoglio – il racconto della deflorazione della *uxor virgo*, riparte l'onda dell'*indignatio* di Nevolo con una nuova serie di interrogazioni retoriche. Braund 1988, 245 n. 46 ha notato la presenza di uno stesso 'pattern' in 70 ss. e 81 ss.: ad una prima fase di interrogazione retorica (70–72 = 81–83) ne segue una seconda di sarcastica asseverazione (*certe* [73]*... enim* [84]*...*). Sull'analogia formale tra 70 s. (*quanto metiris pretio q u o d ...*) e 82 s. (*nullum ergo meritum est... q u o d ...*), vd. anche Schmitz 2000, 225. – **81. Quo... ponas?:** il verso 81 appariva sospetto a Guyet (*ap.* de Marolles 1658, 134) ed in effetti esso non è così tranquillamente perspicuo (vd. *infra*) come può sembrare a prima vista. – **Quo te circumagas?:** sulle orme dello *Schol.*, p. 158, 19 W. (*quo te vertas*?), si dovrà intendere "dove pensi di potertela svignare?", ovvero "come penseresti di cavartela?". G. usa il verbo in questione altre due volte (vd. Urech 1999, 195): in 5, 22 s. (in forma riflessiva per *se flectere*, cf. Santorelli 2013, 72 s.) e in 7, 164 (transitivo con ogg. *cohortes* per "far girare attorno" al fine di evitare un pericolo). Forse l'espressione, che vale *se vertere* o *flectere* con l'idea della fuga o dell'evitamento come atti risolutivi di un rischio (= *quo confugias?*), è dizione tecnica della lingua militare per designare una conversione a scopo difensivo (Livio 4, 28, 2; 33, 9, 10; 44, 35, 8; cf. *OLD*² 5b; *ThlL* III 1120, 54 ss.). Altrimenti, poiché in Hor., *sat.* 1, 9, 16 s. (*nil opus est te circumagi*) l'uso del verbo nella forma mediale vale "fare un giro largo" per arrivare alla mèta, perdendo del tempo, l'espressione potrebbe equivalere a *quo tendis* (*tendas*) *te circumagendo?* ("dove credi di andare girando attorno al problema [e non affrontandolo di petto]?"), pensando all'uso pretestuoso a propria difesa di tortuosi (e vani) g i r i di parole. Nevolo, probabilmente, si immagina Virrone che farfuglia alla ricerca di qualche scusa valida prendendo tempo (cf. Cic., *Q. Rosc.* 37: *huc atque illuc tergiversantem*), invece di *aliquid contra adferre* o ribattere direttamente alle accuse (cf. al v. 91: *contra... ille quid adfert*?). Quanto ai congiuntivi *circumagas* e *ponas*, certo si tratta di congiuntivi deliberativi alla seconda persona sing., che non descrivono – come farebbe un indicativo – il comportamento in atto di Virrone, ma riproducono per ipotesi (e sarcasticamente) il congiuntivo alla prima persona che Nevolo immagina sulle labbra di Virrone in quella circostanza di imbarazzo: *quo me circumagam? quae prima aut ultima ponam?* Per la situazione psicologica di dubbio angoscioso che è presupposta, qui si fa la parodia di Verg., *Aen.* 4, 283 ss. (*heu quid aga t ? Quo nunc reginam a m b i r e furentem / audea t adfatu? Quae prima exordia suma t ?*), trasformando Virrone in una sorta di Enea timoroso di affrontare Didone e le sue rimostranze (Bellandi 1974–2009, 496; Schmitz 2000, 225). Per il sentimento d'imbarazzo, cf. anche in G. stesso *quid agam... quid, oro, quid dicam* di 67 s. (dove, però, si tratta di futuri). Altrove Nevolo immagina che Virrone possa far finta di nulla (*ut dissimules*, al v. 70; cf. *neglegit*, 92). Se invece *circumagere* contiene l'idea del "circuire", del "raggirare" con l'inganno (vd. *ad* 8: *circumit* e cf. l'uso di *c i r c u m d u c o , circumscribo, circumve-*

nio nel senso di *decipere*: *ThlL* III 1134, 74 ss.; 1162, 35 ss.; 1179, 82 ss.; anche *ambire* in *ThlL* I 1850, 29 ss.) potrebbe essere opportuno correggere *te* in *me*: "pensi forse di riuscire a prendermi in giro?", "credi di darmela a bere con qualche sotterfugio"? – **Quae prima aut ultima ponas?:** s'intende *verba* o *argumenta* (di *excusatio* o di *defensio*), cf. *Schol.* 158, 19 s. W. (*ad haec quae dicturus es*?). L'accorta *dispositio* dei *verba* e degli *argumenta* nella frase e nell'*oratio* (*ThlL* V 1, 1421, 48 ss.), con *pono* 'simplex' per il 'compositum' tecnico *dispono* (*ibid.*, 1423, 68 ss., s.v. *dispono*), è fondamentale nell'organizzazione del discorso suasivo/difensivo, ma Nevolo dichiara la inefficacia di qualunque strategia retorica di fronte a una realtà che non tollera infingimenti e travestimenti verbali, tanto è palese. Si tratta di una frase fatta, di stampo ormai retorico, che ha, comunque, lontane radici nell'epica e ancora una volta nell'*Odissea*, che Nevolo sembra conoscere così bene (*Od.* 9, 14: τί πρῶτόν τοι ἔπειτα, τί δ'ὑστάτιον καταλέξω; detto da Ulisse agli esordi del suo racconto ad Alcinoo, cf. G. 15, 13 ss.). Su questa figura retorica della (*ad*)*dubitatio* o διαπόρρησις informa Courtney 2013², 384 *ad l*. Forse più spesso ci si concentra sull'inizio del discorso (cf., per es., *S. Rosc.* 29: *quid p r i m u m querar aut unde potissimum, iudices, o r d i a r... petam*; Verg., *Aen.* 4, 284: *quae p r i m a e x o r d i a sumat?* [cf. *adfatu*]; 677 *quid p r i m u m deserta loquar?*). Alla *dispositio* degli elementi del discorso si allude anche in *Aen.* 4, 371 *quae quibus anteferam?* (= *quae primo loco ponam et quae ultimo?*, detto dalla disperata Didone). Ma in Quint. 9, 2, 19 si prendono in considerazione entrambi i 'luoghi' del discorso (...*dubitatio, cum simulamus quaerere nos unde i n c i p i e n d u m, ubi d e s i n e n d u m*), così come in un passo patetico come Sen., *Ag.* 649 si dà rilievo anche agli argomenti finali (*quid nunc p r i m u m, dolor infelix, quidve e x t r e m u m deflere paras?*), da cf. con Eur., *Iph. Aul.* 990: ἀρχὰς...τέλη e 1124 ss.: τίν' ἂν λάβοιμι τῶν ἐμῶν ἀρχὴν κακῶν; Ἅπασι γὰρ π ρ ώ τ ο ι σ ι χρήσασθαι πάρα κἂν ὑ σ τ ά τ ο ι σ ι κἂν μ έ σ ο ι σ ι πανταχοῦ (dove sono presi in considerazione anche gli argomenti "mediani"). Pare improbabile che – come voleva Heinrich 1839, 368, ancora seguito da Viansino 1990, 355 e 364 – qui si faccia ricorso all'immagine del *ponere* come "mettere in gioco" (cf. 1, 90). Il verso è sapientemente articolato dalla pentemimere come 'Interpunktionzäsur' e dall'omeopoto dei due *cola* che lo compongono.

82. Nullum... nullum: il *meritum* di cui Nevolo passa ora a vantarsi non è più quello di aver semplicemente salvato il matrimonio di Virrone, consumandolo per lui, ma quello di avergli fatto avere dei figli, che era poi la finalità stessa dell'istituzione (Krenkel 1988–2006; per l'esplicita formula matrimoniale della tradizione: *liberorum creandorum/quaerendorum causa*, vd. Bellandi 2003, 6 e n. 19; Fayer 2005, 371–374; Mullach 2013, 409 *ad* Tac., *ann.* 11, 27). La figura del κύκλος o *redditio* (qui con «blanket word»: *nullum*) sottolinea fortemente il *pathos* della recriminazione; vd. Lausberg

1990–8, 317 s. §§ 625–627 (in generale) e, a proposito di G., Facchini Tosi 2006, *passim* (vd., per es., 1, 15, 87, 100; 2, 81, 127; 4, 27; 6, 342, 457: *nil... nil,* e 458; 7, 10, 223; 8, 105; 10, 308; 11, 52; 12, 62; 14, 139, 239; 15, 7; cf. anche 8, 64: *nil... nulla*). *Meritum* e *merere/mereri* sono parole di solito connotate molto positivamente (cf. 14, 165 per gli eroici *merita* degli antichi soldati di Roma) e l'illustrazione dei *merita* acquisiti può servire a fornire la base ineccepibile per rivendicazioni o richieste da avanzare. Si tratta, dunque, di un'altra di quelle parole o frasi di valore positivo che, sulla bocca di Nevolo, risultano inevitabilmente sfasate o stravolte, come *opera* al v. 27 o *labor* al v. 42 (vd. *ad ll.*). Da 3, 126 s. si ricava che in ambito clientelare il *meritum* è in connessione con il lodevole espletamento di un *officium* (si noterà in questo passo della sat. 3 la corrispondenza colonnare delle due parole in pentemimere; sui due termini, vd. Manzella 2011, 211 s. e 213 s.). Evidentemente Nevolo sente di aver ottemperato lodevolmente ai suoi *officia* di buon cliente (71 s.) e di poterne vantare con tutta l'enfasi del caso il conseguente *meritum*. Non è infrequente, invece, nel Satirico l'uso ironico o apertamente sarcastico di *mereo/mereor* (cf., per es., 6, 532 o 12, 124 e, soprattutto 1, 37: *testamenta merentur noctibus*). Per un ulteriore significato ('amoroso') di *meritum*, vd. *ad* 83: *filiolus vel filia nascitur*. – **ergo:** qui con vocale lunga nell'arsi della cesura tritemimere. È l'unico caso di *ergō* in G. di contro a ben 53 casi di *ergŏ*, se con molti editori espungiamo 3, 281 (cf. Courtney 1975, 154, a cui fa difficoltà nel verso la presenza di *ergō* in un senso vicino a *nam* e con l'allungamento in tesi e non in arsi, come è più consueto; vd. anche Manzella 2011, 384 s. e, più in generale, l'esauriente nota di Campana 2004, 126 s. *ad* 10, 54). Naturalmente, nel fare questi calcoli prosodici, bisogna anche considerare che ci sono 4 casi di *ergo* in clausola e 17 in sinalefe. Da notare in Mart. 11, 75, 7 *ergo* verisimilmente spondiaco (caso unico nell'epigrammista su 54 occorrenze della parola), come spondiache sono tutte le altre 'basi' del falecio in questione. Sull'uso di *ergo* in G., vd. anche Marache 1969, che mette in discussione l'esegesi del *ThlL* (V 2, 770, 67–78), secondo cui in taluni casi la congiunzione avrebbe «insolenter» il senso di *scilicet* (1, 15; 3, 104 e 281; 4, 99; 11, 21 e 99). Per il critico francese, *ergo* in questi esempi non si discosterebbe, in realtà, dal consueto valore conclusivo o di constatazione ed egli mette in rilievo anche l'uso della particella per riprendere il discorso dopo una parentesi o un inciso (funzione di «coup de barre», 242). Se questo può non applicarsi in modo ugualmente convincente a tutti i passi in discussione, sembra invece valere senz'altro per il nostro caso, dove *ergo* serve a riallacciare il discorso alle recriminazioni di 70 ss. Nel *ThlL* cit., 760, 26 ss. si trova una tabella sull'uso nei vari autori di *ergo/igitur/itaque*: in G. su 55 casi di *ergo*, 27 sono in prima posizione nella frase (16 anche nel verso, con i casi particolari di 4, 73 e 14, 323, che hanno *ergo* nella prima posizione di verso, ma non di frase; 7 in dieresi bucolica), 19 in seconda e 9 in terza, mentre su 21 casi di *igitur* solo 3 risultano certamente in prima posizione di frase (vd. *ad* 20: *Igitur*). In Marziale su 54 casi di *ergo* (51 secondo il *ThlL*), 14 sono in prima posizione (11 nel verso), mentre su 12 di *igitur* nessuno si trova ad inizio di frase (o di verso). Laddove G. non usa mai *itaque* (sul cui carattere sostanzialmente «unpoetisch», vd. Axelson 1945a, 92 s.), Marziale lo adopera 2 volte (1 in prima posizione e una in seconda), ma solo nella prosa delle *epistulae* del II e VIII libro. – **ingrate ac perfide:** l'ingratitudine (economica) del patrono di fronte a *merita* così esimî è evidente (cf. Mart. 5, 19, 8: *ingratas colit pauper amicitias*), ma *perfide* aggiunge l'accusa più specifica (e più grave) di aver infranto la *fides*. L'ingratitudine è segno palmare di una colpevole carenza di *fides* (cf. 14, 165: *ingratae curta fides patriae*) e la *fides* dovrebbe costituire l'imprescindibile base giuridico-morale del rapporto tra *cliens* e *patronus* (vd. Hellegouarc'h 1963–72, 23 ss., 275 ss.; Horsfall 1993, 89 *ad* Hor., *epist.* 1, 7, 94; cf. anche Serrao 1985, a proposito di Verg., *Aen.* 6, 609: *fraus innexa clienti*). Il legame infranto da Virrone è rispettato, invece, scrupolosamente da Nevolo (71 s.: *deditus... devotusque cliens*). Si noterà al riguardo la patetica specularità delle due coppie di agg.: alla indefettibile dedizione dell'uno (*deditus/devotus*) corrisponde la *fraus* dell'altro (*ingratus/perfidus*). Naturalmente in questo contesto degradato l'uso degli epiteti al vocativo *ingrate ac perfide* – in quanto tipici del lamento delle eroine innamorate e abbandonate (vd. Opelt 1965, 33–38; Schmitz 2000, 20 ss., 225 ss.) – immette una marcata nota ironica (vd. *ad* 83: *filiolus vel filia nascitur*). Per *ingrate* al vocativo («in re amatoria»), cf. *ThlL* VII 1, 1561, 77 ss. e, per es., vd. Prop. 4, 7, 31, Ov., *met.* 8, 119: *nos, ingrate, relinquis* (cf. 135), detto da Scilla a Minosse, che al v. 140 viene anche appellato come *meritorum oblite meorum* (cf. anche 8, 108: *quo fugis... meritorum auctore relicta*?), fino a Sen., *Med.* 1021 (*ingrate Iason*). Per *perfide,* i celeberrimi modelli da piegare all'ironia sono naturalmente Catull. 64, 132 e 133 e Virgilio, *Aen.* 4, 305 e 366; vd. anche Prop. 4, 7, 13 (cf. 70). In Catull. 64, 139 s., Teseo è accusato da Arianna di aver tradito i *blanda promissa... voce*, in G. Nevolo rinfaccia a Virrone la *perfidia* di non aver dato seguito alle promesse (*pollicitus*, 74), espresse anche nelle *blandae... tabellae* di 36. Quanto ai *merita/officia* delle eroine abbandonate e recriminanti, basti rimandare *e.g.* all'Arianna ovidiana (*epist.* 10, 124: *officiis... meis* o 141 s.: *per meritum... gratia*) e, soprattutto, alla Medea dello stesso autore (*epist.* 12, 21: *est aliqua i n g r a - t o   m e r i t u m   exprobrare voluptas,* cf. 82; 192: *per meritum;* 197: *merui*); vd. Bessone 1997, 90 ss. e *ad ll.* («sulla scia della Didone virgiliana»). – **83. quod tibi... ex me?:** Nevolo con il suo impegno di *amator* ha fatto avere due figli a Virrone (un maschio e una femmina): dunque la storia è andata avanti nel tempo almeno per un paio d'anni all'incirca, se si esclude, naturalmente, l'eventualità di una *proles gemella*, di *pignora bina* (Ov., *epist.* 6, 121 s.).

In realtà, il numero di d u e figli serve a caricare di *pathos* e spessore la 'storia d'amore', come nel caso di Ipsipile in Ov., *epist.* 6, 121 s. e 155 (*destituor coniunx materque d u o r u m*) o quello (paradigmatico) di Medea in Ov., *epist.* 12, 135 (*iussa domo cessi natis comitata d u o b u s*); 192 ss. (*per meritum et natos, pignora nostra, d u o s, redde torum... adde fidem dictis*..., con Bessone 1997, 197 s., 260 s.), con poi gli imprescindibili «Schimpfwörter» (*improbe*, 204... *ingratus*, 206... *infido*, 72 e 210). – **filiolus vel filia nascitur:** non è che Nevolo non sappia se i figli che ha 'dato' a Virrone siano maschi o femmine. Il problema si eliminerebbe correggendo *vel* in *quod*, emendamento di Schurzfleisch (*ap*. Willis), ripreso ora da Braund 2004 (per altri casi di simile anafora patetica, cf. i vv. 70: *ut... ut...* e 90: *si... si*). Ma il fatto è che la cosa gli è del tutto indifferente, come è del tutto indifferente per il patrono padre-putativo, per cui conta solo la certificata e divulgata esistenza dei figli (84 s.) e, semmai, il loro numero, come vedremo subito sotto. Su tutto il passo, che parodia gustosamente il *pathos* tragico della situazione di Didone abbandonata da Enea, vd. Bellandi 1974–2009, 494 ss. Per reminiscenze da altri testi (per lo più di impianto monologico) sul tema della *relicta*, vd. *ad* 82: *ingrate ac perfide* e cf. Winkler 1983, 117; Braund 1988, 136 e n. 22. La parodia virgiliana di questo passo giovenaliano sarà ripresa e variata da Claudiano, *Eutr.* I 66–77 (Citroni 1987b). In particolare, per il rinfaccio dei meriti rimasti senza la dovuta riconoscenza, cf. *Aen.* 4, 316 ss. (*si bene quid de te m e r u i, fuit aut tibi quidquam / dulce meum*...). Soprattutto interessante risulta poi *Aen.* 4, 327–330, per la menzione di una prole capace di costituire il legame tra gli amanti (*saltem si qua mihi de te suscepta fuisset / ante fugam suboles, si quis mihi p a r v u l u s aula / luderet A e - n e a s, qui te tamen ore referret, / non equidem omnino capta et deserta viderer*). La certezza dell'allusione è data dal fatto che G. aveva già sfruttato con intenti parodici questo pateticissimo passo virgiliano in 5, 138 s. (*nullus tibi p a r v u l u s aula / luserit A e n e a s nec f i l i a dulcior illo*): è l'ipotesto virgiliano che spiega la presenza in 9, 83 di un *filiolus* (= *parvulus Aeneas* di G. 5, 138 s. e Verg., *Aen.* 4, 338 s.), mentre ritroviamo qui quella stessa *filia* che G. aveva aggiunto al testo virgiliano in 5, 138 s. In Virgilio, naturalmente, i figli sono solo evocati per patetica ipotesi (per questo tema in altra chiave, vd. anche la lettera di Didone ad Enea in Ov., *epist.* 7, 133 ss., con Piazzi 2007, 248); qui i figli, invece, sono effettivamente nati e già ufficialmente "riconosciuti" (*tollis enim*, 84). Richiamandosi ai due figli (quasi *pignora amoris*, cf. 2, 138) Nevolo parla, insomma, come se fosse una donna spietatamente abbandonata con i pargoletti dal marito fedifrago (cf. Ov., *epist.* 12, 192 ss., cit. in n. prec., e vd. *ad* 90: *doloris*). L'ambiguità dell'espressione è massima nella scelta di *ex me* (cf., per es., Cic., *fin.* 3, 20, 69: *velle e x e a liberos*) al posto di un più logico *per me* (cf., sotto, *propter me*, 87) o, almeno, di un 'ambivalente' *de me* come in 6, 76 e 627 (detto di nascita da donna) o Verg., *Aen.* 4, 327 (detto della paternità di Enea). Winkler 1983, 142 n. 99 fa un po' troppo la psicanalisi del personaggio («Naevolus as a slighted woman»), quando da queste parole vuol dedurre «a latent streak of effeminacy in him». In realtà, si tratta solo di una gustosa oscillazione tra i 'gender roles' giocati in commedia da Nevolo e da Virrone: il cliente svolge funzione di 'marito' con Virrone (43 ss. e 59; in 50 ss. anche 'culturalmente') e lo fa con accentuate pose da 'macho', ma economicamente è in posizione subordinata e fragile proprio come quella di una donna abbandonata dopo la 'seduzione' (ruolo sessuale e ruolo sociale non sono in piena corrispondenza). Sottili e opportune, in questo senso, le osservazioni fatte da Nappa 2018, 185 e 194 n. 49 sul ruolo fortemente destabilizzante, e talora francamente paradossale, che il fattore-denaro svolge a proposito della valutazione sociale del tasso di 'virilità' dei due personaggi. Nevolo è un donnaiolo (25, cf. 128: *puellae*) che 'per lavoro' si accompagna anche a gente come Virrone (per cui nutre disprezzo: 38; 46 ss.). Se un tempo egli si presentava con i tratti 'sospetti' dell'*homo bellus* è solo perché a certe donne piacciono questi amanti azzimati e damerini (sull'esistenza delle cosiddette *glabrariae*, vd. *ad* 15: *sed fruticante... crura*). Naturalmente, Nevolo pensa solo al lato economico della sua situazione di abbandono, ma G. sfrutta abilmente le sfumature affettivo-sentimentali presenti nell'ipotesto virgiliano per conferire *pathos* altamente ironico al modo di esprimersi del suo personaggio. *Filiolus* è diminutivo molto affettivo (cf. 6, 390, anche se la sfumatura in questione riguarda, in realtà, solo i medici impietositi e non la madre); per un simile rovesciamento in chiave affatto sarcastica vd. 5, 138 (*parvulus*), cit., e 6, 241 (*filiolam*). Sull'abile uso dei diminutivi da parte di Nevolo, vd. *ad* 35: *labello*. *Nascitur* è un presente storico che, con intenti di ἐνάργεια, rappresenta l'evento, appartenente al passato, come attualmente in corso davanti agli occhi del patrono (così anche *tollis... gaudes...* e l'invito *suspende* in 84 s.); cf., invece, il solenne perfetto *dedimus*, al v. 86.

84. Tollis enim: "li riconosci senz'altro", con *enim* asseverativo. Il padre, se voleva, alzava da terra il figlio che si era provveduto a deporre al suolo davanti a lui, in attesa del suo gesto (cf. Ov., *trist.* 4, 3, 46; Svet., *Nero* 6, 1), e questo equivaleva, dunque, ad una forma di riconoscimento ufficiale (pubblico, ma forse non 'giuridico') della loro legittimità (cf. 6, 38 s.: *tollere dulcem / cogitat heredem*, detto del losco Ursidio). Su questa antica usanza romana, vd. Opelt 1962, 1143; Binder 1973, 115 s.; Courtney 2013², 384; Franciosi 1992, 58 s.; Beltrami 1998, 119 (con bibl.); Fayer 1994, 179 ss.; Voci 2004⁶, 547 e n. 2. Diversamente, Watson-Watson 2014, 89 *ad* 6, 38 sostengono che *tollere* significherebbe semplicemente "allevare" (con rimando agli studi di Köves-Zulauf 1990 e Shaw 2001). Ma G. usa *educere* in 10, 236 per designare l'atto di "tirar su" o "educare" dei figli (Campana 2004, 275), mentre qui risulta essenziale l'allusione all'antica c e r i m o n i a (non importa, in fondo, se non più attuale nelle sue forme canoniche) come momento in cui un evento della vita privata della famiglia si fa dichiaratamente 'pubblico'. Un'altra e sottile allusione (in chiave grottesca) a questa usanza antica è rintracciabile, forse, in 5, 141 s. (*sed tua nunc Mycale pariat licet et pueros tres / in gremium patris fundat simul*), ma bisogna ammettere che il passo resta per vari aspetti problematico (vd. Bellandi 1990, 101 s., in part. n. 45). Dunque, qui *tollere* ha senz'altro il valore di "riconoscere" d a v a n t i a t u t t i, come dimostra il prosieguo immediato del discorso con il cenno alla sbandierata 'divulgazione' delle nascite tramite gli *acta*. *Tollere* equivale al gesto puntuale e altamente simbolico di *suscipere* o "prendere in braccio sollevando verso l'alto". Un'allusione a questa usanza c'è probabilmente anche in 6, 606 s., dove l'atto di pertinenza squisitamente paterna viene simbolicamente attribuito a *Fortuna* che, pur essendo 'donna', usurpa le funzioni del genitore, che decide lui dello *status* sociale del neonato e della sua stessa sopravvivenza: essa *fovet... involvitque sinu* gli *infantes suppositos* (appena sollevati *e spurco lacu*) e così li inserisce fraudolentemente come 'l e g i t t i m i ' all'interno delle più nobili famiglie. In Pers. 5, 36 il verbo *suscipio*, equivalente di *tollo* (in uso traslato con *Socratico... sinu*), vale "accogliere" qualcuno, riconoscendolo – proprio grazie a questo tipo di gestualità – ufficialmente e paternamente come allievo 'legittimo' o 'figlio' spirituale. A differenza di altri padri 'putativi' della satira giovenaliana (come, per es., il Lentulo di 6, 76–81), Virrone è ben consapevole che i figli non sono suoi, ma ne è ben lieto (*gaudes*, 84). – **84–85. et libris... viri:** il sedicente padre gode a dar notizia a tutta la città del lieto evento che riguarda la sua *domus*. Gli *acta* sono gli *acta diurna populi Romani* o *acta Urbis* (*ThlL* I 1409, 54 ss. s.v. *ago*; *RE* I 293, 56–295, 47; *DS* I 49–50; *OLD*² s.v. *actum*, 3; Baldwin 1979; Weeber 1995–2003, 189 s.), dove si inscrivevano e, dunque, si rendevano 'pubblici' gli eventi di cronaca ritenuti di qualche interesse per la Città, anche matrimoni o divorzi di rilievo (cf. Sen., *benef.* 3, 16, 2; Svet., *Cal.* 36: *iussit... in acta referri*, a proposito di *repudia*) o, come qui, nascite. L'ironia richiama il ben più forte sarcasmo di 2, 136 ss. (*cupient et in acta referri*), detto a proposito del caso di nozze tra maschi (Monti 1978, 215; Courtney 2013², 121; Williams 2010², 279–286). Da 7, 104 (*acta legenti*) sembra di capire (cf. Stramaglia 2017², 168) che dagli *acta* si redigessero estratti che potevano così circolare facilmente ed essere fatti oggetto di lettura nelle case, quasi come una odierna rivista di gossip (vd. il sussiego di Tac., *ann.* 13, 31, 1 per il tipo di notizie raccolte in questi *acta*). Improbabile, invece, che il *diurnum* di G. 6, 483 sia da riferirsi a questi estratti dagli *acta diurna* (vd., comunque, anche la diversa opinione di Baldwin cit., 199 s.). Servio nel suo comm. a Verg., *georg.* 2, 502 (a proposito di *populi tabularia* o "archivi pubblici") cita il verso giovenaliano, ma con *titulis* al posto di *libris* (vd. Knoche 1940, 302). Verisimilmente

Monno 2009, 31 n. 10 e 95 n. 49 pensa che si tratti solo di una imprecisa citazione a memoria. Servio, tuttavia, sta parlando dell'*aerarium* del *templum Saturni, in quo... reponebantur acta quae susceptis liberis faciebant parentes*, mentre G. sembra pensare agli *acta diurna* esposti nel Foro alla vista di chi volesse leggerli e destinati poi ad essere archiviati (in forma di *libri*). Tale sorta di comunicazione alla cittadinanza era atto privato e volontario (Weidner 1889², 192) e cosa affatto diversa dalla *professio liberorum* (Astolfi 1996⁴, 313–316; Fayer 2005, 586 s. e n. 1013), che era l'o b b l i g a - t o r i a iscrizione dei nuovi nati in appositi registri ufficiali (*album professionum liberorum apud praefectos aerarii Saturni*), a cui allude chiaramente, invece, il succitato passo di Servio (Lanfranchi 1951, 77 ss.; Fraschetti 2008, 145). Perciò si sottolinea qui il compiacimento (*gaudes*) con cui Virrone si affretta a disseminare negli *acta* le prove della sua virilità: significativo l'uso di *spargere* (per *dispergere*) come se i nuovi nati fossero tanti (il ricorso a tale verbo è chiaramente e ironicamente enfatico nel caso di 2 soli figli, cf. Ruperti 1830–1831, II 363). Come si vede dai luoghi di Svetonio e di G. stesso citati sopra, il verbo tecnico per questa operazione era (*in acta*) *referre*; e la volontarietà di simili 'pubblicazioni' è evidente da passi come Sen., *benef.* 2, 10, 4 (*beneficium in acta non m i t t o* ; cf. *ThlL ibid.*, 1409, 63 ss.: «i.e. non mando publicandum») o Plin., *pan.* 75, 1 (*in publica acta m i t - t e n d a*). Si noterà che a Virrone non è attribuito alcun moto sentimentale di gioia per la surrogata paternità (a differenza di quanto si dice in 2, 137–142 a proposito dell'intenso e frustrato desiderio di maternità degli omosessuali *nubentes*, che, se arriveranno un giorno a poter *referre in acta* la notizia del loro matrimonio, di certo non avranno, però, la gioia di potervi annunciare la nascita di un figlio *ex se*). Tramite i figli, le *novae nuptae* di quel passo aspirerebbero soprattutto a conservarsi i 'mariti' (*partu retinere maritos*, 138); Virrone non ha sdilinquimenti sentimentali di alcun genere: egli gioisce solo pensando alla salvaguardia del suo buon nome (86), da cui appare ossessionato (cf. 93 ss.). – **84. libris:** sembra un ablativo di stato in luogo senza preposizione (come spesso in poesia, cf. Fedeli 2005, 127): *in libris = per libros* (vd. sopra, per l'ironica enfasi di *spargere*), ma potrebbe avere anche valore strumentale. – **gaudes:** il termine ha valore pieno e serio per Virrone, ma beffardo per Nevolo e per G. (per quest'uso ironico-sarcastico di *gaudere*, cf. 6, 597: *gaude infelix...*, detto a un padre [virtuale] di bastardi). Sulla costruzione di *gaudeo* + infinito, vd. Dimatteo 2014, 236 *ad* 8, 225 s. – **85. argumenta viri:** *vir* qui è concreto per l'astratto *virilitas* (nel senso di *potentia coeundi et generandi*), ovvero «propter me potes demonstrare te esse virum et non cinaedum» (cf. Plaut., *Poen.* 1318). Vd. in 6, 593 *nutricis* usato per l'astratto *nutricationis* o *nutriendi* (Watson-Watson 2014, 260). Per *vir* = *virilitas*, cf. Ov., *ars* 1, 688; Manil. 5, 151; (forse) Petr. 119, 27 (cf. anche 119, 21, se si accetta la ragionevole correzione di Shackleton Bailey

1987, 463: *virum desectaque*); Sen., *Phaedr*. 925; Arr., *EpictD*. 2, 10, 17 (τί ἀπολλύει ὁ τὰ τοῦ κιναίδου πάσχων; τὸν ἄνδρα): vd. anche Tarrant 1976, 228 *ad* Sen., *Ag.* 299. Sul fenomeno in generale del concreto per l'astratto (per lo più tipico della lingua poetica), cf. Hofmann-Szantyr-Traina 2002, 108 s. – **Foribus suspende coronas:** per questi imperativi ironici, cf. 6, 597 (cit. sopra) e, soprattutto, 6, 51 s. (*necte coronam / postibus...*); anche 8, 230. In confronto con quest'ultimo passo colpisce l'enfasi del plurale (non dovuto a ragioni metriche). Qui si tratta di cerimonie di festeggiamento con addobbo delle porte di casa per la nascita di un figlio, cf. Binder 1973, 86 e 115 (per manifestazioni analoghe, ma in occasione della cerimonia nuziale, che darà luogo a sicura nascita di bastardi, cf. 6, 78–81: *ornentur postes et grandi ianua lauro*, 79). Per la menzione di *ornatas... fores*, vd. anche 6, 227. – **86–87. iam pater... Iura parentis:** *pater* e *parens* sono, come è evidente, normalmente sinonimi (Fedeli 2005, 600 *ad* Prop. 2, 20, 13–18; in G. vd., per es., 8, 243 s.: *parentem... patrem patriae*); ma qui il primo termine (*pater*), mentre riprende e conferma *viri* di v. 85, ha il senso specifico e tecnico-legale di "non (più) *orbus*" (cf. 12, 98 *pro patre*) e – più che avere una sfumatura ironicamente affettiva («daddy»: Braund 2004, 357) – ha una qualche solennità autorevole che, data la situazione (*Virro* come *pater familias*! cf. Nappa 2018, 190), acquista sapore caricaturale. Il secondo termine, invece, è connotato in senso più propriamente legale (*parens* = "genitore", cf. *iura*) ed è riferibile, infatti, anche alla madre, che anch'essa aveva vantaggi di legge dall'esser divenuta tale (cf. *ThlL* X 1, 352, 61 ss.; 353, 21 ss.: «patrem... ad virilem sexum referimus, parentes etiam ad matres»; vd., per es., l'enfasi di Ov., *epist*. 12, 198: *cum quo sum pariter facta parente parens*, detto da Medea a Giasone). G. non usa mai il più sostenuto *genitor* (su cui Watson 1985, 442) e solo una volta (16, 6) *genetrix*, con sfumatura ironica, per Giunone, madre di Marte. I due termini in allitterazione sillabica *pater/ parens* (dopo *iam... iura*) si corrispondono quasi in colonna. – **86. dedimus... possis:** la gioia per la paternità (surrogata) di Virrone sembra dovuta soprattutto al fatto che, così, egli dispone finalmente di un *argumentum* per difendersi dalla *fama* di *mollis*. Virrone teme i *rumores* (111) della gente: per le chiacchiere su argomenti del genere, cf. Catull. 80, 5–6 (*fama* al v. 5); Mart. 6, 56 (con *famae* al v. 2) e 7, 62; Phaedr., *app.* 10, 3 (*famam cinaedi traxerat certissimam*). Virrone non sembra avere alcun pensiero per le sanzioni della *Lex Sca(n)tinia* (2, 44; vd. *Introd.*, § 4, p. 40 s. e n. 145): non ha, dunque, paura dell'*infamia* in senso tecnico come provvedimento ufficiale che, al termine di un processo e dopo la condanna, imponeva una minorazione di capacità giuridica al sanzionato, dichiarandolo ufficialmente *infamis* (cf. Monti 1978, 58 s. *ad* 1, 48 e Manzella 2011, 244 *ad* 3, 156; con le precisazioni di Dimatteo 2016b, spec. 51 ss.). In 2, 22 *infamis* è detto del notorio cinedo Varillo (forse condannato per legge quale *scortum masculum*, cf.

Monti *ibid.*, 155), ma per *infamis* nel senso atecnico di *impudicus* o *cinaedus*, vd. *ThlL* VII 1, 1341, 41. La paura di Virrone è insomma limitata ai *sermones*, alla *bucina famae* (14, 152) e non riguarda il rigore delle pene minacciate dalla legge e le conseguenze della condanna (Edwards 1997, 69–76; Lendon 2011, 381 e n. 18). Non sempre è facile distinguere nei testi tra il senso tecnico o meno della parola (Edwards cit., 70) e incerto fra questi due significati (legale e no) appare anche il caso di Petr. 92, 10, dove si trova la figura di un cavaliere romano (*ut aiebant infamis*), che dalle terme si porta a casa il superdotato Ascilto (cf. *ad 35–36 quamvis... Virro... viderit*). Nel verso si nota l'allitterazione in /p/, sottolineata in clausola dall'ictazione *opponere possis* (cf. al v. 44 *occurrere cenae*). – **dedimus:** vero e proprio 'pluralis maiestatis', che insieme con il perfetto storico segnala l'orgoglio di Nevolo per l'impresa compiuta (cf. *ad 76: redemi; ad 79–80 instabile... adulter*). Per l'uso del plur. da parte di Nevolo, cf. 31 (*accipimus*) e 94 (*nostras*). Per il caso meno perspicuo di *nostri*, al v. 137, vd. *ad l.* Diverso il caso di 128 s. (*bibimus... poscimus*), dove *nos* vale piuttosto *nos homines*. L'Interlocutore usa il 'pluralis maiestatis' solo una volta, al v. 115. – **87–88. Iura... caducum:** ma Nevolo attribuisce a Virrone anche un altro motivo di compiacimento e di gioia per la nascita dei figli: in base alle *leges Iuliae de maritandis ordinibus* del 18 a.C. e, poi, alla *Lex Papia Poppaea* del 9 d.C. gli uomini tra i 25 e i 60 anni non sposati (*caelibes*) o quelli sposati senza prole (*orbi*) venivano penalizzati nel caso fossero destinatari di lasciti testamentari: una parte dell'eredità e dei *legata* (i cosiddetti *bona caduca*) passava ai cointestatari del testamento che, invece, avessero figli (Gaius, *inst.* 2, 206: *deficientis portio caduca fit et ad eos pertinet qui in eo testamento liberos habent*) o (in mancanza di questi) all'*aerarium* e, più tardi, al *fiscus*. Con questa marcata insistenza sul tema della possibilità di ereditare sembra che Nevolo voglia alludere all'attività di *captator testamentorum* di Virrone, un campo che – ora non più *orbus* – gli si aprirebbe più redditizio (disponendo di figli a impedire la sanzione decurtatoria prevista dalla legge). Analogo in qualche misura appare il caso di Ursidio in 6, 38 ss. che – dopo una lunga carriera da scapolo adultero – si vuole infine sposare e desidera dei figli, ma solo per passare, evidentemente, da *captatus* a *captator* (cf. Bellandi 1995, 112 *ad l.*; 2003, 104 ss.). La presenza di figli evidentemente allontana i *captatores testamentorum* che con i loro doni e servigi corteggiano gli *orbi* (5, 140: *iucundum et carum sterilis facit uxor amicum*, con Santorelli 2013, 168 s.; cf. 6, 39 s.: *cariturus... captatore macello*), ma – se uno fa il *captator* e ha figli – può ereditare dalle vittime che riesce ad accalappiare senza alcuna decurtazione. Secondo una rigorosa e perversa dialettica, il mondo appare inesorabilmente diviso tra *captatores* e *captati* (come nella Crotone di Petr. 116, 7, gli uomini *aut captantur aut captant*, con Schmeling 2011, 443). L'insistenza con cui Nevolo batte sul tema induce a sospettare in tal senso di

Virrone, ma non possiamo sapere se ciò corrisponda alla realtà: potrebbe anche essere solo un'idea maligna di Nevolo, una sorta di proiezione del suo modo di vedere la vita. Tuttavia, appare significativo che l' 'altro' Virrone (quello di 5, 132–145) sia presentato dal Satirico come fortemente interessato all'eventuale eredità del suo cliente Trebio, se questi, per ipotesi, fosse divenuto *eques* con la disponibilità del relativo censo (vd. *Introd*., § 3 c, p. 31). Sulla figura del cacciatore di testamenti, vd. Champlin 1991, 87–102 e 201–202. G. vi accenna più volte (1, 37–44; 3, 128–130; 4, 18 ss.; 5, 97 s., 137–140; 6, 39 s.; 10, 202; 16, 54–56) e svolge poi a lungo il tema della *captatio testamentorum* in 12, 92 ss. (vd. Stramaglia 2017², 231 e 274 ss.); cf. anche Canobbio 2011a, 374 *ad* Mart. 5, 37, 23–24; Manzella 2011, 217 s. *ad* G. 3, 129; Woods 2012. – **87. propter me scriberis heres:** non è una dizione del tutto scrupolosa: è come se Nevolo 'si allargasse' nell'attribuirsi meriti. Non è che Virrone sia scelto come erede grazie al fatto di avere dei figli, procuratigli dal suo devoto cliente. La presenza dei figli è solo il presupposto auspicabile della fase successiva ad una eventuale nomina ad erede: la possibilità di ottenere tutta l'eredità senza decurtazioni. Per la *iunctura*, cf. 3, 161 *quis pauper scribitur heres*? e, prima, Hor., *sat*. 2, 5, 48 s.; Mart. 10, 97, 4; 12, 48, 3 s.: *scribere heredem* – più spiccio del formale *instituere*, cf. *ThlL* VII 1, 1988, 11 ss. – è di uso comune (vd. *ThlL* VI 2, s.v. *heres*, 2651, 49–79, cf. 2653, 41; 2655, 35). – **propter:** la preposizione *propter* appare 18 volte in G. contro un solo caso di *ob* (in 12, 15, cf. Stramaglia 2017², 244). Il termine fu caratterizzato come «popolare» (rispetto al «letterario» *ob*) da Löfstedt 1956², II 291 (cf. Löfstedt-Pieroni 1911–2007, 251–253: *ob* mai in *Per. Aeth*., rispetto a ben 20 casi di *propter*). Ma su *propter* e i suoi 'concorrenti', vd. anche Axelson 1945a, 78 ss.; *HS* 246 s. Anche in Marziale troviamo 11 casi di *propter* contro uno solo di *ob* (cf. Citroni 1975, 261 *ad* Mart. 1, 82, 11), mentre in Persio *propter* non compare e si hanno 3 casi di *ob* (tutti nella sat. 6: 16, 44, 48). Anche in Orazio prevale *ob* (13) su *propter* (4), che appare sempre nei *Sermones*, mentre *ob* è usato una volta anche nei *Carmina* (3, 16, 12). – **heres:** si distingue da *legatarius*, alla cui figura si allude subito sotto (il termine *legatum* già al v. 62). Si prendono in considerazione entrambe le fattispecie di lascito ereditario (cf., per es., Svet., *Dom*. 8: *probrosis feminis... ademit ius capiendi legata hereditatesque*). Sull'*heredis institutio*, vd. Berger 1953, 485; Voci 1963, 110 ss.; D'Orta 1996; Manthe 1998 e 1999. – **88. legatum omne capis:** *capere* non equivale semplicemente ad *accipere* (Wilson 1900, 204), ma ha il senso tecnico-formale di "avere lo *ius capiendi*", ovvero disporre della piena capacità legale di "acquistare" (cf. 1, 55 s.: *accipiat... capiendi / ius*, con Monti 1978, 64 ss.; Stramaglia 2017², 53 s.). *Omne* vale forse genericamente *quodvis/ quodlibet* ("tutti i legati" o "ogni sorta di legato che ti sia assegnato da un testatore"), con riferimento a tutte le possibili fattispecie di *legata* (cf. Berger 1953, 539 ss. sulla classificazione dei numerosi tipi e vd. Voci 1963, 343 ss. e Grelle 1980, 355 e n. 49 sulla disciplina relativa anche ai fedecommessi di eredità), ma nella situazione in questione – dove il problema è costituito dalle decurtazioni ereditarie stabilite dalle *leges Iuliae* – forse *omne* vale *totum* ovvero *solidum/integrum* (cf. Ruperti 1830–1831, II 362; Heinrich 1839, 369, che però intende, improbabilmente, che Virrone sia stato nominato *heres ex asse*), ovvero "puoi acquistare nella sua integrità ciò che ti sia stato lasciato come legato" (appunto senza quella decurtazione della metà che sarebbe intervenuta per Virrone nel caso fosse stato ancora *orbus*). In G. ci sono diversi casi in cui si usa *omnis* per *totus* (e viceversa), cf. 1, 59 s. (con Monti 1978, 67); 3, 260 (forse); 5, 93; 6, 61 (forse), 438 e 606 (con Friedländer 1895, 357); 8, 255 s.; 14, 230 (con Zullo 2016, 60 s.); 16, 54. Per tale uso colloquiale, vd., per es., Catull. 76, 22 (*ex omni pectore*; cf. 68, 25 *tota de mente*), mentre un discreto numero di casi si rintraccia in Orazio (per es.: *sat.* 2, 1, 32 ss.: *omnis... vita senis* o *epist.* 1, 16, 18: *omnis... Roma*), cf. Bo 1966, 112 β e, in generale, *ThlL* IX 2, 612, 26 ss.; 69–81. Naturalmente con *omne* = *totum* il valore dell'agg. varierebbe da attributivo a predicativo. Per una possibile, diversa interpretazione, vd. appresso. – **nec non et:** con l'uso del litotico (cf. 3, 64: *nec non*, con Manzella 2011, 129) e pleonastico *nec non et* (Schmitz 2000, 104 n. 147) si dà enfasi estrema al concetto (= "e addirittura"). Questo porta forse a preferire all'interpretazione sopra indicata, lievemente ridondante, quasi una endiadi epesegetica ("puoi acquistare ogni legato – o il legato nella sua integrità – che ti sia stato assegnato da un testatore senza perdere il [tuo] dolce caduco", ovvero senza dover rinunciare a quella parte – la metà – del legato a te spettante, che avresti perduto essendo *orbus*), la molto più enfatica "puoi acquistare ogni (o tutto il) legato a te assegnato dal testatore e i n p i ù – 'addirittura' (dando il dovuto risalto all'enfasi marcata di *nec non et*) – il *caducum* dei *coheredes* senza figli, che secondo la legge (Gaius, *inst.* 2, 206, cit.; Fayer 2005, 577 s.) viene appunto devoluto all'*heres* con figli. *Caducum* è agg. sostantivato, *sc. bonum caducum* (si diceva anche *pars* o *portio caduca*), cf. *ThlL* III 36, 14–48 s.v. *caducus* (in poesia solo in G.). Sulla regolamentazione relativa ai *caduca* o *bona vacantia*, vd. Astolfi 1969, 235 ss., 262; Fayer 2005, 572. – **dulce caducum:** la parte del proprio *legatum* che sarebbe andata perduta in mancanza di figli del legatario è particolarmente e ironicamente *dulce* (vd. 6, 38, dove *dulcis* è riferito all'*heres* che è tale, in realtà, solo perché permette al *captator* di ereditare *in toto*; cf. Plut., *de am. prol.* 2). Nell'esegesi che tira in ballo i *coheredes*, invece, il *caducum* risulta *dulce* anche perché tocca inaspettatamente in più rispetto ai *legata* destinati specificamente al legatario. Il fatto di avere ora dei figli fa diventare la legge per Virrone da potenzialmente dannosa, che era, inaspettatamente proficua (a scapito degli altri *coheredes*, se *caelibes* o *orbi*): invece di incorrere in una decurtazione, il novello padre

può sperare in un inatteso ampliamento dell'eredità... I termini legali si collocano in risalto in *incipit* e clausola (sia in 88 che in 89, cf. 87). Nel v. 88 l'allitterazione sillabica unisce i due termini in cesura pentemimere e clausola (*capis... caducum*), mentre quelli in *incipit* ed *explicit* sono isosillabici e in omeoptoto, nonché disposti in chiasmo rispetto ai rispettivi aggettivi. –
89. Commoda... multa: si tratta di vantaggi particolari (= *privilegia, praemia*, cf. Tac., *ann.* 3, 28: *privilegia parentum*; Plin., *pan.* 26, 5: *praemia*), ovvero *commoda priva* (a differenza di 16, 7: *commoda communia*), che si aggiungeranno a quelli di tutti i padri di 1 o 2 figli (come al momento è Virrone), qualora sia raggiunto il numero di tre. Nevolo allude allo *ius trium liberorum*, che concedeva una serie di vantaggi o prerogative speciali (per es. nel diritto ereditario o negli avanzamenti di carriera o in certe esenzioni); vd. Zablocka 1988; Fayer 2005, 582; Canobbio 2011a, 186 *ad* Mart. 5, 13 (con bibl.); Santorelli 2013, 171 s. *ad* 5, 141. In G. 5, 141 s. e 12, 95, comunque, non mi pare più come un tempo (Bellandi 1990, 101 s.; ma il passo di 5 è particolarmente problematico) che ci sia specifico riferimento allo *ius trium liberorum*: lì il numero sembra indicare solo un alto numero di figli che vale a garantire il padre da casi di premorienza (cf. Hor., *sat.* 2, 5, 45–50) e, perciò, scoraggia il *captator*, facendogli perdere ogni speranza di poter ereditare per intervenuta mancanza di eredi legittimi. *Iungentur* è 'simplex pro composito' per *adiungentur* nel senso di *addentur/cumulabuntur* (vd. *ThlL* I 705, 25 ss.); al v. 105 *iungo* valeva *coniungo*. Nel v. 89 si ha un'allitterazione a cornice tra termini isosillabici, mentre tra 88 e 89 si ha forte insistenza – grazie alla ripetizione in epifora poliptotica – sul termine-chiave del passo: *caducum/caducis* (cf. Facchini Tosi 2006, 187 s.). Come mi suggerisce *per litteras* A. Perruccio, *commoda praeterea* ad inizio di verso sembra una reminiscenza inconscia di Lucil. 1337 M. = 1353 Kr. = H 23, 12 Ch. = 1130 Chr., anch'esso in *incipit* di esametro (nel celebre fr. sulla *virtus*). –
89–90. iungentur... implevero': l'uso del futuro semplice e, poi, anteriore è significativo: Nevolo ancora si propone di completare l'opera intrapresa e rimasta interrotta a soli due figli (vd. *ad* 72 *uxor tua virgo maneret*). Per Braund 1988, 132, 136, 242 n. 25, si tratta dell'ultimo tentativo di smuovere Virrone e di farlo tornare indietro dalla sua decisione di 'licenziare' Nevolo (vd. anche *ad* 92: *sibi quaerit*). *Implere* vale qui "completare" una serie o "eseguire fino in fondo" (= *explere*) un compito assegnato (cf. 6, 249, ancora con *numeros*, ma qui nel senso di "mosse"; OLD^2 12b). – **90. si... si**: anafora patetica che sembra moltiplicare enfaticamente l'obiettivo da raggiungere (*numerum... tres*, invece di *numerum trium*); vd. Braund 1988, 132 e 242 n. 25. Sulla storia dell'interpretazione del passo, interessante Yans 1940.

90–91. Iusta... adfert?: brevissimo intervento dell'Interlocutore (1 v. e 1/3, dalla dieresi bucolica; unico caso di ἀντιλαβή in tutto il dialogo), che affètta di condividere le rimostranze di Nevolo (vd. Braund 1988, 151 s. e 252 n. 104 sulle possibili affinità tra l'Interlocutore e il personaggio dell'εἴρων in Teofrasto, *Char*. 1, 2), ma nello stesso tempo (*tamen*) ci tiene a dimostrarsi corretto – come una sorta di *arbiter aequus* – nel voler essere informato anche delle ragioni e della replica della 'controparte'. Sulle doverose caratteristiche di imparzialità e correttezza dell'*arbiter* nel giudizio di cause relative a spartizioni di beni o a valutazione di prestazioni fornite, vd. Dimatteo 2014, 107 s. *ad* 8, 79–80 (*arbiter... integer*). Dopo la 'requisitoria' di Nevolo (cf. *ad* 94: *nostras... querellas*) Virrone si configura quasi come una *diversa pars* o controparte processuale (13, 136, cf. 7, 156, con Stramaglia 2017[2], 193), che in teoria avrebbe diritto a dire la sua (al di là degli interventi in prosopopea di 39 s. e 63, presentati evidentemente nell'ottica interessata di Nevolo). Anche lo stile è equilibrato: il vocativo *Naevole* (cf. *ad* 1) si colloca in *incipit* di verso, ma al centro di una dislocazione simmetrico-chiastica (**aBAb**: agg. sost./sost. agg.) degli elementi nominali (con ellissi di *est*). – **Iusta doloris... causa tui:** tenendo conto dei toni rabbiosi esibiti da Nevolo nel suo precedente intervento, *dolor* vale qui quasi *ira*, cf. 10, 315, dove *dolor... dolori* è detto del 'comprensibile' risentimento e della brama di vendetta di un marito tradito che poi, però, nella punizione del colpevole si spinge oltre quanto concesso dalla *lex* (vd. Campana 2004, 325 s., *ad l.*). Per questo senso di *dolor* vicino ad *ira* (*ThlL* V 1, 1841, 25 ss.: «passio orta ex iniuria»; *OLD*[2] 3), vd., per es., Val. Max. 6, 1, 13 (*dolor... ira*); Plin., *epist*. 6, 33, 10 (*indignatio... ira... dolor*) e, in part., Verg., *Aen*. 8, 501 (*iustus... dolor... merita ira*); cf. anche Sen., *Herc. O*. 284 s. *iratae dolor / nuptae* (di Deianira, tradita per Iole). L'Interlocutore riconosce così in prima battuta a Nevolo il fatto di aver subito *iniuria* (Ov., *met*. 9, 151 *iniuria... femineusque dolor*, ancora di Deianira tradita) e attribuisce, pertanto, al suo risentimento la qualifica legale di *iustus dolor*. Tuttavia, come un buon *arbiter* o *iudex*, vuole saperne di più, perché la 'causa' sia condotta in modo davvero ineccepibile (vanno magari escluse o concesse eventuali 'attenuanti'). Anche in 13, 12 l'Interlocutore dell'irato Calvino si preoccupa che il *dolor viri*, pur giustificato, non sia *flagrantior aequo... nec volnere maior*. Per l'espressione *iusta doloris... causa tui*, cf. 16, 18 s. (*nec mihi derit / ultio, si iustae defertur causa querellae*), dove *si iustae defertur causa querellae* per enallage equivale a *si iusta est causa querellae a me delatae* e questo riconoscimento dà diritto ad *ultio* secondo i dettami della legge. In altre parole, l'uso da parte dell'Interlocutore della dizione *iusta* (*sc. est*) *causa doloris tui* equivale al riconoscimento all'*ira* di Nevolo dello *status* giuridico di *iustus dolor* e questo comporta accesso alle forme legalmente dovute di *ultio* (assoluzione in caso di "delitto d'onore", risarcimento, ecc.). Si può confrontare l'espressione di sapore legale in Petr. 109, 2 *iniuriam tibi factam... queri* che – con Habermehl 2006, 460 s. – vale *iniuriam tibi factam queri posse* ("avere il diritto legale di presentare querela per un torto subito"). Naturalmente in G. si gioca sull'ambiguità grottesca della situazione, in cui i 'gender roles' svolti dai personaggi subiscono un voluto e gustoso ondeggiamento (vd. sopra, p. 198): per un verso, Nevolo è marito tradito in quanto egli nella coppia è il partner 'attivo' e il padre dei figli, abbandonato per un *bipes asellus* (come sapremo subito dal v. 92) e, dunque, *iustus dolor* è concetto che gli compete pienamente perché sul piano legale esso si applica normalmente al coniuge maschio 'offeso' dall'adulterio della moglie (cf. Tac., *ann.* 11, 35, 2, a proposito di Claudio tradito, o anche Hor., *sat.* 2, 7, 61 s.; vd. Cantarella 1972–76, 189 ss.); per l'altro – come parte socialmente subordinata ed economicamente debole della coppia – Nevolo è anche 'moglie' tradita e abbandonata di un marito fedifrago, del tutto dimentico dei suoi *merita* (vd. *ad* 82 *nullum... nullum*): *iustus dolor* è usato, per es., da Medea in Ov., *epist.* 12, 133 per definire il proprio giusto risentimento di donna abbandonata dal coniuge (Bessone 1997, 195 s.). – **90. doloris:** grazie al racconto di Nevolo l'Interlocutore è finalmente riuscito a stabilire in cosa consistesse il misterioso *tormentum animi* del v. 18. Anche in 5, 157–160 il *dolor* di Trebio, umiliato scientemente dal patrono, si esprime con un pianto che mostra tutte le caratteristiche proprie dell'*ira* (*effundere bilem*); cf. Santorelli 2013, 185. – **91. contra... adfert?:** il linguaggio è aseticamente e burocraticamente forbito: *adferre* è termine tecnico per indicare la presentazione di argomenti e controdeduzioni difensive in sede di discussione giudiziaria (*ThlL* I 1198, 9 ss., 1203, 12 ss.; *OLD*² 13): cf., per es., Cic., *de orat.* 2, 132 e 215 (*adferendum est in contrariam partem quod sit aut gravius aut aeque grave*) o Plin., *epist.* 3, 4, 4 (*desino... putare me iustas excusationis causas attulisse*); vd. anche Braund 1988, 266 n. 190.

92. Neglegit: *neglegit sc. me* (= *dedignatur refellere me accusantem*) o, forse meglio, in assoluto, quasi *assis non facit* (cf. Catull. 42, 13 o *Priap.* 8, 3; *Schol.*, p. 159, 10 W.: *non curat*; Paolicchi 1996, 557: «se ne frega»), con riferimento allo stesso atteggiamento di indifferenza sprezzante espresso da *dissimules* al v. 70 (cf. 3, 124 s. *limine summoveor... nusquam m i n o r e s t iactura clientis*). Su una certa predilezione di G. per l'uso ellittico-assoluto di verbi transitivi, vd. Stramaglia 2017², 257 *ad* 12, 52–53 e cf. *ad* 48–49 (*indulgebitis... donare*). – **alium:** quasi = *quemvis* (*forte*/*casu*), con una marcata sfumatura di disprezzo (e dispetto), che però finisce per rovesciarsi anche su chi parla: l'uso di *alium* comporta, evidentemente, che anche Nevolo non è stato in precedenza che un 'qualunque' *asellus* (cf. Romano 1979, 155). L'espressione ricorda Verg., *ecl.* 2, 73 (*invenies alium... Alexin*), con la stessa 'Sperrungszäsur' (cf. *ad* 59: *exhausti... clientis*) dei termini allitteranti in /a/ e assonanti in /l/ (in G. si aggiunge l'omeoptoto). Sull'uso di *alius* per *alter* (*HS* 207 s.; Setaioli 1980/1–2000, 73–75), in poesia spesso dovuto solo a ragioni metriche (ma non sempre), cf. Courtney 2013², 193 *ad* 4, 138 e Stramaglia 2017², 173 *ad* 7, 114 (*parte alia* per *altera*, come in 6, 437). Qui certamente dalla 'metri necessitas' nasce un risultato espressivo (per un altro esempio di *alius* usato con valore spregiativo in G., vd. 1, 10). *Alter* con il suo valore individuante e oppositivo designa spesso nel linguaggio amoroso il 'Rivale', l''Altro' per eccellenza (vd. Fedeli 2005, 245 s.), mentre qui *alius* è efficace nel mettere in rilievo la serialità del comportamento di Virrone. Il verso 92 è costituito di tutti dattili, forse a descrivere ironicamente lo slancio della 'nuova' vita di Virrone. – **bipedem... asellum:** l'asino (*naturae dedecus* secondo il leone di Phaedr. 1, 21, 11; Opelt 1965, 249 s.) è noto come animale stupido e ostinato (Tosi 1991–2017, 415 ss.), ma anche è conosciuto per la sua caratteristica di essere *pene prominens* (vd. Hist. Aug., *Comm.* 10, 9, dove si parla, appunto, di un *homo pene prominens ultra modum animalium* – carissimo all'imperatore – *quem o n o n appellabat*; cf. anche *ibid.*, *Heliog.* 8, 7 sui *viriliores*, rintracciati ai bagni e detti *o n o - beloi*; cf. Apul., *met.* 10, 22, 1: *tam vastum genitale*). La natura vivacemente lussuriosa dell'asino garantisce poi adeguate prestazioni sessuali (cf. *Priap.* 52, 9–10: *salax asellus nilo deterius mutuniatus,* con Callebat 2012, 233 s.; vd. anche Courtney 2013², 384 *ad l.*; Braund 1988, 151; Watson-Watson 2014, 177 s.). Non a torto, però, Hendry 2000, 88–90, sottolineava anche la notoria forza di sopportazione dell'asino come bestia da fatica (Griffith 2006), dotato di una grande capacità di lavoro (da applicarsi qui a vantaggio di Virrone). In effetti, *asellus* ha una certa ambivalenza: nell'ottica del patrono fa pensare alla *mensura inguinis* e alla forte carica di *libido* (la 'resistenza' di Petr. 92, 9 *o iuvenem laboriosum*...), in quella di Nevolo (e del suo anonimo 'sostituto') alla gran fatica del 'lavoro' che all'asino in questione tocca di affrontare (cf. vv. 43–46, in part. *ad* 42 *labores*). A proposito della menzione dell'asino in contesti sessuali, vd. anche Petr. 24, 7 (*post asellum diaria non sumo*), ma sul passo, non del tutto perspicuo (*asellus* è anche nome di un pesce), cf. Aragosti-Cosci-Cotrozzi 1988, 120 s.; Aragosti 1995, 182 s. e Schmeling 2011, 73 s. Non a caso l'asino è animale connesso al culto dell'iperdotato Priapo e a lui sacrificato (vd. Ov., *fast.* 1, 391 ss., con Bömer 1957, 47; 6, 345 s.). Ad esso ricorrono per le loro orge in 6, 333 s. – in mancanza di uomini – le donne infoiate chiamate *Maenades Priapi* (*mora nulla per ipsam / quominus imposito c l u n e m s u m m i t t a t asello*). Virrone, che già sappiamo cosa guardi in un uomo (34 s.) e perché (43 s.), non è detto sostituire facilmente un *cliens* con un altro (una *neglegentia clientis a parte patroni* di cui si lamenta anche Umbricio in 3, 124 s.; cf. 5, 16), ma procurarsi solo un altro (e non meno dotato) strumento di piacere. Così dicendo, ma senza tanto rendersene conto – a differenza dell'Umbricio di 3, 126, che ne ha lucida coscienza (*ne nobis blandiar*) – Nevolo non fa sconti neanche a se stesso (cf. Ferguson 1979, 251 *ad l.*; Braund 1988, 134: «contemptuous of himself as much as his patron»; vd. *ad* 45–46 *servus*...

dominum). Il sarcastico sintagma *bipedes asellos* ritorna in Hier., *epist.* 27, 3 (forse proprio da G., cf. Wiesen 1964, 10; Adkin 1994, 70). Quanto all'aggettivo composto *bipes*, che è presente già in Nevio tragico (*TRF* 31, p. 10 Ribbeck) e in poesia esametrica a partire da Verg., *georg.* 4, 389 (cf. *ThlL* II 2003, 8 ss.), esso oppone sarcasticamente l'uomo (Plin., *nat.* 11, 243: *terrestrium animalium solus homo bipes*; cf. *ThlL ibid.*, 2003, 30 ss.) all'animale *quadrupes* (Cic., *dom.* 48). G. usa altre formazioni composte in *bi-*, sempre come *hapax*: *bidens* (3, 228) e *bipennis* (6, 657) e gli agg. *bilibris* (6, 372) e *bimembris* (13, 64, cf. Urech 1999, 73); altri composti in *-pes* sono *loripes* (2, 23; 10, 308), *segnipes* (8, 67) e *planipes* (8, 191). Sui composti nominali nella lingua latina a partire dall'uso in Virgilio e Orazio, vd. Colonna 1984 (su *bipes*, 865 ss.) e Traina 1997a (con bibl.); in part., sul tipo dei composti in *-pes*, cf. Leumann 1988³, 171. – **sibi quaerit:** singolare la scelta del verbo o del suo tempo (per il composto *acquirit* [= *parat/invenit*] o *quaesivit*), perchè *quaerit* caratterizza la ricerca, invece, come ancora in corso (cf. 6, 46 o 333). Quanto al tempo verbale, si può pensare ad uno sprezzante presente di consuetudine ("...come è solito fare"). Ma l'uso del presente indica forse che Virrone non ha ancora trovato quanto va cercando perchè la rottura con Nevolo è molto recente e questo, probabilmente, spiega anche i futuri di 89 s. (vd. *ad* 89–90: *iungentur... implevero*). Con questo solo verso (92) Nevolo chiude (per ora) il discorso sul suo contenzioso economico con il patrono e passa ad altro argomento (così farà di nuovo al v. 124; vd. *ad l.*). – **asellum:** il sostantivo ricorre altre due volte in G., in 6, 334, cit. sopra, e 11, 97 (cf. anche il femm. *asella* in 6, 469), ogni volta in clausola, come quasi sempre, del resto, nei poeti augustei (cf. Traina 1997b, 817, che segnala una sola eccezione su 18 casi). Il satirico non usa mai *asinus*, che Housman 1930–72 e Axelson 1945a, 44 s. caratterizzarono come parola dotata di «coloritura prosastica» (di fatto appare poco in poesia: per es., in Catull. 97, 10, in un passo molto volgare). Ma qui – più che per la sua comodità metrica (Hofmann-Szantyr-Traina 2002, 148) – il termine sembra scelto per poter giocare ironicamente sul contrasto tra la forma diminutiva originariamente ipocoristica o vezzeggiativa (cf., per es., la sfumatura di autocommiserazione in Hor., *sat.* 1, 9, 20) e la sua sarcastica applicazione al nuovo *admissarius* (o "stallone"), necessariamente *salax* e *mutuniatus* (*Priap.* 52, 9 s., cit. sopra, con la nota di Callebat 2012, 233 s.: «*asellus* conserve... la fonction connotative attachée à son suffixe»).

93. Haec soli commissa tibi: almeno a stare a quanto affermato qui da Nevolo, l'Interlocutore è il solo a cui egli abbia fatto tali scottanti rivelazioni (*soli* e *tibi* spiccano in arsidieresi – cf. *ad* 39: *tribui... dedi... tulisti* – nel risalto della cesura tritemimere ed eftemimere), il che (se vero) fa presupporre tra i due l'esistenza di un rapporto di conoscenza (cf. *ad* 1–2: *totiens mihi... occurras*) e di confidenza non insignificante, se non di vera e propria amicizia (*Schol.*, p. 159, 12 W.: *amico*): Nevolo non racconta a tutti di questo tipo di faccende (*quod... taces*, 26). Come dice la 'Voce' satirica a Silio in 10, 337, quel che è *secretum* dovrebbe essere *paucis commissum*, ma spesso in questo ci si sbaglia o illude: *haec tu secreta et paucis commissa credebas?* Da ricordare il verso di Lucilio 651 s. M. (= 598 s. Kr. = 26, 13 s. Ch. = 659 s. Chr.): ...*clandestino tibi quod commissum foret, neu muttires quicquam...* – **celare memento:** l'imperativo futuro *memento* (talora molto solenne, cf. Verg., *Aen.* 2, 549 e, soprattutto, 6, 851, con Norden 1927[3], 338 e Horsfall 2013, 584; Hor., *carm.* 1, 7, 17 o 3, 29, 32) è in G. (e in poesia esametrica) sempre in fine di verso (5, 71; 6, 572) e detto dalla *Vox docens* (sull'uso dell'imp. fut., vd. anche *ad* 105: *tollito lumen*); cf. Fusi 2006, 192 *ad* Mart. 3, 16, 5. Qui esso sottolinea la forte preoccupazione di Nevolo e la serietà dell'ammonimento, subito enfaticamente ribadito con altre parole. In Hor., *sat.* 1, 4, 81–91, caratteristica precipua del vero amico (e cliente) deve essere proprio quella di saper *commissa tacere* (cf. anche 2, 6, 40 ss., 50 ss., 58; *carm.* 3, 2, 25 ss., con Nisbet-Rudd 2004, 31 s., e, soprattutto, *epist.* 1, 18, 37 ss.: *arcanum... commissumque teges* [cf. G. 9, 101] *et vino tortus et ira*). – **94 et tacitus... intra te fige:** l'insistenza sulla necessità del silenzio è forte: l'Interlocutore deve tacere su quanto gli è stato rivelato e, addirittura, custodire come 'inchiodate' nel suo intimo le lamentele di Nevolo (per *figere*, cf. 11, 28; Verg., *Aen.* 3, 250 o 10, 104). In questi casi, però, *figere* vale "conficcare" nel profondo per non dimenticare (= *imprimo*), mentre il significato qui è diverso, quasi opposto, con *figere* che significa *premere/coercere* o, addirittura, *obsignare* o *sepelire obliviscendo* (vd. anche Braund 1988, 266 n. 191). Per il senso, vd. Sen., *Herc. O.* 477 (*precor... quidquid arcani apparo*) *penitus recondas et fide tacita premas*, mentre per l'immagine suggerita dal verbo, cf. Petr. 75, 7: *clavo tabulari* (o *trabali*) *fixum est* (vd. *OLD*[2] s.v. *clavus*, d). – **nostras... querellas:** *querella* è parola abbastanza ambigua da potersi riferire sia ai lamenti di Nevolo 'abbandonato' in quanto *limine summossus* o "messo alla porta" (*exclusus,* cf. 6, 214) dal suo patrono (per ironia, come una sorta di *exclusus amator*, vd. sopra, *ad* 77: *te plorante foris*, e anche vv. 81 ss.), sia alle rimostranze o rivendicazioni di ordine economico avanzate sin qui, con 'overtones' legali (90 s.). Per la prima sfumatura di significato, vd., per es., Lucr. 4, 1182, con Brown 1987, 302; Catull. 64, 130 e 195; Verg., *Aen.* 4, 360 *querellis*, in claus. (cf. al v. 553 *questus*); Prop. 1, 16, 13 e 39; Tib. 1, 2, 9. Per la seconda (di ordine legale), cf., invece, 13, 71 *quereris* e 135 *fora plena querella* e, soprattutto, 16, 18 s. (*nec mihi derit / ultio, si iustae defertur causa querellae*). – **95. nam res... levis:** si conferma la tendenza sentenziosa dell'eloquio di Nevolo (cf. *ad* 79–80: *instabile... adulter*); questa volta la *sententia* è introdotta da *nam* (cf. v. 121), mentre in 79 s. era asindetica. Sull'uso in questa funzione predicativa e 'definitoria' o 'classificatoria' di *res est* (cf. 15, 94), vd. Traina 1987[4], 86 s. n. 1; Fusi 2006,

177 s. *ad* Mart. 3, 12, 3: qui si tratta di dare una sorta di *definitio* di quell'essere strano e pericoloso (*monstrum*, 38) che è il *mollis vir*. – **res mortifera**: perifrasi generalizzante, adatta alla universalizzazione della *sententia* (cf. 8, 198 s.: *res haut mira tamen*...), per il più semplice *mortifer* o, anche, per un possibile *mortiferum* (cf. *triste lupus stabulis* di Verg., *ecl*. 3, 80 o il celebre *varium et mutabile semper* / *femina* di *Aen*. 4, 569 s.). *Res mortifera* si legge in Sen., *epist*. 121, 19 (Schmitz 2000, 228 n. 198). *Mortifer*, aggettivo composto in *-fer* (usato in 4, 113 per il terribile *monstrum* Catullo Messalino), è di tono letterariamente sostenuto (cf. Verg., *Aen*. 6, 279; Sen., *Med*. 688, 717, 731) e serve a dare 'serietà' e qualche solennità alla dizione di Nevolo impaurito (cf. 10, 10 *mortifera... facundia*, con Campana 2004, 89; 14, 221 *mortifera cum dote*; vd. Canobbio 2011a, 71 s. *ad* Mart. 5, 1, 6, con bibl.; Hofmann-Szantyr-Traina 2002, 113 s.). *Mortifer*, tuttavia, è meno solenne di *letifer* (che appare solo in 4, 56; Urech 1999, 72). – **inimicus**: l'espressione è molto densa perché qui l'*inimicus* non è un semplice estraneo divenuto "nemico", ma un ex-*amicus* (almeno nel senso degradato che la parola ha al v. 130). Ma anche: Nevolo, che come tutti i *clientes* (59 e 71 s.) avrebbe voluto che il patrono gli fosse *amicus gratus* (= "generoso"; cf. *ad* 62: *amici*), rischia di trovarselo adesso spietato *inimicus* solo perchè questi gli ha affidato il suo segreto (96) – paradossalmente proprio come si usa fare tra amici veri (vd. *ad* 93: *Haec soli commissa tibi*) – e, perciò, comincia ad avere paura e a odiare il suo 'confidente'. – **pumice levis**: l'effeminato è visto come depilato e levigato dalla pietra pomice, cf. 8, 15 s. (*quantumvis mollior agna... tenerum attritus Catinensi pumice lumbum*, con Dimatteo 2014, 58 s.); vd. anche 8, 114–115 e soprattutto – per la somiglianza anche fonica dell'espressione in clausola – 2, 12 *podice levi* (con Courtney 2013^2, 103 *ad l*.). Il fatto è che *lēvis* (*ThlL* VII 2, 1222, 44 ss.) si deve essere *aetate*, non *pumice* (Mart. 14, 205, 1: *sit nobis aetate puer, non pumice levis*, con Colton 1991, 363 e Leary 1996, 273) e questo, appunto, non è il caso di Virrone, come Nevolo aveva già sardonicamente dichiarato in 46 s. (*sed tu sane tenerum et puerum*...). In Manilio 5, 150 s. nella «topica caricaturale accumulata nel tempo» sui tratti esteriori dell'omosessualità maschile (Feraboli-Flores-Scarcia 2001, II 463 s.) non manca la depilazione e lisciatura del corpo con la pomice (*pumicibus... cavis horrentia membra polire*), intesa come *odisse virum* (= *odium virilitatis*). In 8, 114 ss. – al contrario di qui – si sostiene l'assoluta e sprevevole i n n o c u i t à di chi sia *resinatus et lēvis* e, dunque, necessariamente *inbellis*, ma la pericolosità dell'effeminato è di tipo diverso e paragonabile a quella femminile (vd. *ad* 96: *ardet et odit*; *ad* 100: *annona veneni*). Qui Nevolo, ovviamente, non tiene conto del fatto che anche lui stesso è stato fino a poco tempo prima *lēvis*: non conta poi molto se *visco* e non *pumice* (cf. 13 ss., con nn.). Ma alcuni dei passi appena citati alludono alla diversa ed eloquente dislocazione delle zone oggetto di depila-

zione. Per Virrone, evidentemente, si tratta delle zone inguinali e, soprattutto, anali (gli *arcana lumbi* di Persio 4, 35–41; cf. Mart. 9, 27, 1 ss.). In Mart. 2, 62 si distingue malignamente tra la depilazione di *pectus/crura/bracchia/mentula* per l'*amica* e quella del *culus*, evidentemente per un *amator*. Del tutto fuori strada Obermayer 1998, 124, per cui con *inimicus pumice levis* si dovrebbe intendere «un più giovane rivale» di Nevolo, capace di 'spodestarlo' presso Virrone.

96. Qui modo secretum commiserat: l'espressione fa pensare alla semplice comunicazione verbale di un segreto (come in 93 e cf. 3, 49–52 *conscius... particeps secreti*), ma qui si tratta di ben di più, di complicità fattiva nel 'delitto', non soltanto di parole dette e ascoltate (cf. Ruperti 1830–1831, II 364: «quod... secreto o p e r a mea usus sit»): Nevolo, in effetti, non è solo *conscius* nel senso di chi *scit* qualcosa di compromettente (come può sembrare dal v. 97; cf. 3, 113: *scire volunt secreta domus atque inde timeri*), ma è *conscius* in quanto *socius* o (*ad-*) *minister* del *factum* (3, 46). Per questo senso 'fattivo' di *conscius* (proprio a proposito della frequentazione a pagamento di *obsceni cinaedi*), cf. Mart. 6, 50, 3 e 5, con Grewing 1997, 343 ss. – **Qui:** è fortemente enfatico (= *idem ipse qui*...). In **GU** si legge *cui*, ma l'espressione, in sé non impossibile (basta sottintendere l'antecedente *hunc/illum* [*cui*...] come oggetto di *ardet et odit*), diventerebbe così più ricercata, rendendo, poi, ancora più forte lo stacco tra la terza persona (*hunc/illum*) e la prima (*ego*) del v. 97 (vd. *ad l.*: *tamquam prodiderim... scio*). Un caso celebre di incertezza nella scelta tra le forme *qui/cui* è quello di Verg., *ecl.* 4, 62 (*qui non risere parenti / quoi* [*cui*] *non risere parentes*), su cui vd. Coleman 1977, 148 e, da ultimo, Cucchiarelli 2012, 277 s. Trappes-Lomax 2001 ha recentemente proposto (a proposito di G. 1, 161) di correggere il tràdito *qui* in *cui*. – **modo:** allude all'instantaneità paradossale del cambiamento: tra la rivelazione del *secretum* (in realtà, qui, compartecipazione o complicità nel fatto 'delittuoso') e il moto di avversione che ne scaturisce non c'è un sottile e graduale insinuarsi del sospetto, ma un passaggio repentino, senza alcuna soluzione di continuità. *Modo*, "or ora" – più vicino a *nunc* che a *nuper*, cf. Dominicy 1974 – sostituisce nella relativa un avv. come *continuo/ilico* nella principale; cf. 7, 152 s. (*quaecumque sedens modo legerat, haec eadem stans perferet*...). Vd. *ThlL* VIII s.v. *modus*, 1305, 13–30 e Courtney 2013[2], 388 *ad* 9, 124. – **commiserat:** per l'uso del piuccheperfetto al posto del perfetto, vd. Courtney 2013[2], 384 s. *ad l.* e Santorelli 2013, 116 *ad* 5, 76 (gli altri casi in 6, 281; 7, 152; 10, 272; 15, 16); vd. anche Setaioli 1980/1–2000, 27 s. e Fusi 2006, 136 *ad* Mart. 3, 4, 8. Se non è usato per semplice necessità metrica, il piuccheperfetto sottolinea con enfasi lo stacco temporale tra le azioni (vd. Manzella 2011, 253 *ad* 3, 163, con *olim*, cf. 6, 281), ma qui questo effetto è escluso dalla presenza di *modo* (cf. 14, 298). In questo caso bisognerà piuttosto percepire il valore aspettuale dell'azione, interamente e fulmineamente compiutasi nel passato appena trascorso. Qui e in 10, 337 *committo* vale *concredo* (cf. 93; ThlL III 1908, 51 ss.: vd., per es., Quint., *Decl. Mint.* 345, 15 a proposito di un *secretum periculosum*), mentre altrove in G. (13, 1; 104; 125) il verbo viene usato nel senso di *admitto*, "commettere" o "perpetrare" (6, 494; 10, 255 e 340; 13, 237; ThlL *ibid.*, 1909, 21 ss.) o di *comparo* ("mettere a confronto": 6, 434). Con sottigliezza (forse eccessiva), Schmitz 2000, 228 n. 196 avverte nell'uso di *commiserat* una sorta di implicita minaccia di Nevolo all'Interlocutore (cf. 93: *commissa tibi*): tradire un segreto può essere pericoloso... – **ardet et odit:** "avvampa d'odio", probabilmente una endiadi enfatica per *ardet odio* o *ardenter odit* (cf. 1, 45: *siccum iecur ardeat ira*), con allusione anche al forte sentimento di vergogna per il rischio della rivelazione. In 10, 328 s. (*mulier saevissima tunc est, / cum stimulos odio pudor admovet*) si nota la miscela esplosiva costituita da *odium* e *pudor*, detto a proposito della donna eroticamente respinta e ansiosa di vendicarsi anche perchè teme per il possibile danno alla sua reputazione. Questo aspetto mortalmente vendicativo dell'effeminato lo avvicina decisamente al carattere femminile come descritto da G. in 13, 189–192 e in 6, 647–649, con Watson-Watson 2014, 278. In forza dell'allusione senecana di cui sotto, Schmitz 2000, 123 vede Virrone trasformato in una sorta di Medea, minacciosa coi suoi veleni (vd. pure *ad* 100: *annona veneni*). Per l'espressione *ardet et odit*, cf. 8, 202 *damnat et odit* (in verso, peraltro, fortemente sospetto: Dimatteo 2014, 220 s.) e 15, 71 (*ridet et odit*), sempre in clausola, con lo stesso κακέμφατον di *-et / et* (su cui Manzella 2011, 171 *ad* 3, 92 *licet et*, con bibl.; cf. anche 3, 284 *iubet et*, nonché Campana 2004, 83 s. *ad* 10, 1–2). Ma qui nell'accostamento delle due forme verbali non c'è intenzione di paradosso (come in *ridet et odit*; vd. sotto l'interpretazione di Watt 1972), semmai di ridondanza enfatica come in *damnat et odit*. Sulla storia di questo tipo di *iunctura* fino a G., vd. Watt 1972, Bishop 1976, Borgo 1995: viene spesso citato a riscontro *exarserit odit* di Ov., *met.* 2, 613, senza dire che qui l'ogg. di *odit* è *se* (il che rende il contatto relativo o solo superficiale); il passo più vicino risulta senz'altro Sen., *Med.* 582, dove *ardet et odit* è nel risalto dell'adonio (riferito a Medea, *coniunx viduata taedis* e pronta per vendicarsi all'uccisione dei figli; cf. Kissel 2013, 338). Nonostante l'interpretazione di Watt, *ardet* non allude qui ad una paradossale – 'catulliana' (*odi et amo*, 85, 1) – mistione di amore e odio: qui Virrone avvampa solo di odio (scatenato da *metus* e *pudor*). È stato notato (Winkler 1983, 107 e 125 o Braund 1988, 170, secondo un'esegesi poi esasperata in Rosen 2007, 217 ss.; vd. *Introd.*, p. 17 n. 60) che la reazione d'ira e di brama di vendetta attribuita da Nevolo a Virrone è alquanto simile a quelle che il Satirico stesso in 1, 166–168 attribuisce ai colpevoli smascherati dalla parola satirica (*rubet... sudant... inde ira et lacrimae*): anche lì non si trattava di salutare rimorso, ma solo di vergogna e di rabbia, forieri di pericolosi intenti di vendetta. Nota giustamente Braund 1988, 138 che la relazione tra patrono e cliente è ormai ridotta a «one of mutual fear and distrust». **–97. tamquam prodiderim... scio:** di colpo, dopo la *sententia* generale, si passa alla prima persona singolare: per introdurre il caso particolare ed ipotetico Nevolo non usa – come ci si potrebbe aspettare – il *tu* generico o retorico, ma subito applica (quasi in un 'lapsus') quanto detto a se stesso. Braund 1988, 152 nota che la frase è «disingenuous» («Naevolus has told all he knows»). La ragione metrica che impone il cong. perfetto *prodiderim* (cf. 13, 67 ss.) al posto dell'impossibile *prodidissem* (cf. 4, 149), che varrebbe a smentire l'accusa, finisce per contribuire a questa impressione di 'lapsus'. L'uso del verbo *prodere* sottolinea trattarsi di un atto di colpevole 'tradimento' di quella *fides* che deve necessariamente intercorrere nel rapporto tra *amici* e/o tra *cliens* e *patronus* (vd. *ad* 82: *ingrate ac perfide* e cf. Hor., *sat.* 1, 4, 84 s.: *commissa tacere qui nequit, hic niger est*; 1, 3, 94 s.: *quid faciam... si prodiderit commissa fide?*). Si osserverà che, mentre in 3, 49–57 (e in 113, se il verso non è spurio) Umbricio lamenta il fatto che avere parte nei segreti dei ricchi signori è ormai diventato fonte di un ampio e perverso potere in quanto possibile arma di ricatto (ma vd. anche Manzella 2011, 118 s. *ad* v. 56 sui rischi di morte comunque sottesi anche a tale situazione), questo tema non appare affatto nella sat. 9, né a proposito di Nevolo, né a proposito dei *servi* di 102 ss. (nessuno di loro pensa di approfittare di quanto sa per impostare un ricatto): Nevolo teme essenzialmente che Virrone possa considerarlo *niger obliqua garrulitate cliens* (Mart. 7, 62, 4; Hor., *epist.* 1, 18, 67 ss.), ovvero un malaccorto che si lascia sfuggire un segreto per leggerezza (*culpa*, non *dolo*), oppure un semplice maldicente, che gode a malignare e spargere *rumores* (*laedere gaudes* in Hor., *sat.* 1, 4, 78), ma non pensa di poter essere preso per un ricattatore. Bisogna comunque rimarcare che tutto questo timore non avrebbe molto senso, se Nevolo non avesse fatto in precedenza (cf. *ad* 35 e *Introd.* p. 29) il nome del suo ex-patrono. **– tamquam:** è usato sia per introdurre una singola parola (cf. *ad* 2: *ceu*) che, come qui, una proposizione comparativo-ipotetica senza *si* (cf. 13, 67 e 69, come *velut* = *velut si* in 6, 363). La particella serve a esprimere ragioni addotte, sottolineandone la marcata soggettività: "come se" (*quasi* in G. solo in 13, 225; *ut si* in 7, 238); vd. Manzella 2011, 110 *ad* 3, 47–48 e 328 *ad* 3, 222 (su *tamquam* in dipendenza da un verbo di sospetto, come spesso in Tacito), nonché Fusi 2006, 183 *ad* Mart. 3, 13, 3. Nevolo vuole stornare da sé la possibile e temuta accusa del patrono, ma sulla sua cattiva coscienza, che lo tradisce, vd. quanto detto sopra a proposito di *prodiderim* (persona e tempo verbale).

97–99. Sumere... dubitat: ecco i mezzi (disposti in un efficace *tricolon* a estensione crescente; Braund 1988, 151) che sono adottati dal *pumice levis* per procurare la morte al suo nemico (si noterà che G. non usa qui nessuno dei verbi solitamente da lui utilizzati per esprimere il concetto di "uccidere", tra cui prevale *occido*, cf. Manzella 2011, 96): 1) *sumere ferrum* = "prendere" per "sfoderare" o "adoperare" la spada/il pugnale (*sumo* è più generico per *promo*, composti entrambi di *emo*: cf. *promere ferrum / audet* in 15, 73–74) e *ferrum* è comunissima metonimia per *arma* di metallo (*gladius/ ensis* o *pugio/culter/sica* ecc.; *ThlL* VI 1, 584, 45 ss.). Canobbio 2011a, 434 *ad* Mart. 5, 50, 2–3 (*me... potes stricto medium transfigere ferro*) rileva il tono parodicamente epico dell'atto in questione, mentre per il nostro passo giovenaliano Braund 1988, 252 n. 106 parla di «epic flavour», di «military overtones», ma stilisticamente l'espressione resta di stampo colloquiale (se la si confronta con la più sostenuta *ensem stringere* di 1, 165); 2) *fuste aperire caput*: "spaccare la testa a colpi di bastone" (*fuste*, cf. 6, 416). Sul valore di *fustis*, vd. l'ampia n. di Callebat 2012, 102 a *Priap.* 11, 1; l'allusione è ironicamente al *fustuarium* o *supplicium militare supremum* (*ThlL* VI 1, 1660, 60 ss.). *Aperire* qui ha il senso di "fracassare" a forza di colpi, mentre in 4, 110 e 6, 392 il verbo valeva "squarciare" (con arma da taglio); in 8, 247 abbiamo un'immagine opposta: *frangebat vertice vitem* (qui è la testa che spezza il bastone della punizione inflitta al soldato poco solerte). 3) *candelam adponere valvis*: "appiccare il fuoco alla casa per mezzo di una candela accostata alla porta"; per la piaga degli incendi dolosi, vd. 13, 145 s. (*incendia sulpure coepta / atque dolo, primos cum ianua colligit ignes*). Il particolare fornito in 13, 145 (la presenza di un'esca incendiaria: *sulpure*) spiega come qui la *candela adposita* riesca senz'altro ad appiccare il fuoco alla porta (in Svet., *Nero*, 38, 1 si parla di *stuppa taedaque* degli incendiari). Gli incendi dolosi si potevano non di rado mimetizzare, data l'alta frequenza anche spontanea di tali disastrosi incidenti a Roma, cf. 3, 7 e 197 ss. (con Manzella 2011, 45 e 295 ss.); Mart. 3, 52 (dove l'incendio al v. 2 è definito *nimium casus in urbe frequens*), con Watson-Watson 2003, 301 s. e Fusi 2006, 362, e ancora Mart. 5, 7, 1, con Canobbio 2011a, 134. Può darsi che tramite la menzione dell'incendio della porta si voglia alludere (con forte carica ironica) alla pratica dell'appicare il fuoco alla casa sbarrata dell'amata/o da parte dell'*exclusus amator* furente di passione (Courtney 2013[2], 385; vd. anche Floridi 2007, 391 s. *ad* Strat. 94, 1–2 [= *AP* 12, 252] o Giannuzzi 2007, 437 ss. allo stesso ep. numerato come XC). L'effeminato sembrerebbe mostrare 'virile' determinazione e coraggio nel vendicarsi e far fuori il nemico (almeno nei casi 1 e 2), ma si dovrà anche pensare a senso causativo dei verbi: lui è solo il mandante e le azioni saranno svolte attraverso *grassatores* (3, 305: *ferro*) e *latrones conducti* (13, 145) o *percussores* (Sen., *de ira* 3, 33, 1) o, più semplicemente, *servi* (cf. 6, 416 s., con *iubet*, e vd. l'uso dei *calones* in Hor., *sat.* 1, 2, 44). Notare il chiasmo (anche nello schema allitterativo: *aperire ca<u>p</u>ut, candelam ad<u>p</u>onere*) del v. 98. Quanto a *non dubitat*, Dimatteo 2014, 211 *ad* 8, 194 nota la frequente sfumatura di impudenza presente nell'uso di questa locuzione (cf. 1, 103 e vd. *ThlL* V 1, 2095, 63-75): qui si tratta dell'implacabile determinazione del ricco signore a salvare la propria *fama* (86), al di là di qualunque scrupolo morale o legale e al di là di qualunque spesa (nonostante la sua *avaritia*, 38).

99-100. Nec... opibus: l'espressione è espunta da taluni editori come «Binneninterpolation» (Ribbeck 1865, 134; Willis 1997; Braund 2004; *contra*: Högg 1971, 173), ma la ridondanza funzionale all'enfasi è tutt'altro che rara in G. (vd. *ad* 43–44, *an facile et pronum est...*:, e per es. cf. 15, 89: *ne quaeras et dubites*). *Nec* ricollega i due congiuntivi esortativi o iussivi negativi ("e non dovresti inoltre..."; cf. 3, 302, con Manzella 2011, 403; 8, 188 s., con Dimatteo 2014, 204) con gli imperativi di 93 s. (*memento... fige*). *Aut* qui equivale a *vel/et*, dato il carattere ampiamente sinonimico dei due verbi (cf. 1, 103: *cur timeam dubitemv e*; 15, 89: *ne quaeras et dubites*; cf. anche *ad* 138: *aut farre*). In uno stile più sorvegliato ci sarebbe stato *neu* (cf. 14, 201 ss.: *nec te ... subeant... neu credas*), ma G. usa assai di rado *neu* (solo nel passo cit. di 14 e, forse, in 12, 93). I due verbi accomunati dall'omeoptoto (ma non da isosillabismo o isoprosodia, in quanto il primo costituisce un molosso, il secondo un coriambo) sono usati in coppia asindetica, per es., da Cic., *Verr.* II 1, 47, 123: *contempserit despexerit* (qui però perfettamente equivalenti anche nella forma). La eventuale espunzione di *his opibus* eliminerebbe inaccettabilmente un riferimento specifico e necessario alla ricchezza di Virrone, che riprende 54 ss. e prepara 102 (*divitis*). Inoltre, l'espunzione avrebbe il deprecabile effetto di ridurre la parte finale del v. 100 a una *sententia* universale, che resterebbe (senza il necessario referente: *his opibus*) sostanzialmente sospesa in aria. Il v. 99 inizia e termina con un monosillabo (cf. 46; 77; 83; 146) e quello finale è preceduto da parola coriambica (vd. Campana 2004, 349 s. *ad* 10, 346–349; Manzella 2011, 168 s. *ad* 3, 90); *quod* in clausola (dichiarativo e non causale, come voleva Weidner 1889[2], *ad l.*) è uno dei tanti casi di monosillabo articolatorio in fine di verso atti a creare aspettativa nei confronti del verso che segue (cf. *ad* 75: *et iam*; 108 s.; per *quod*, vd., per es., 6, 36 e 413; 8, 54). – **100. his opibus:** si tratta di una metonimia per *his* (= *talibus*) *praedivitibus* (per Nevolo, Virrone è solo questo: *opes*; sull'immagine dei *magnorum domini patrimoniorum* come semplici *accessiones illorum et appendices*, vd. Sen., *epist.* 87, 18), con un dativo di relazione. L'espressione richiama 3, 235 (*magnis opibus dormitur in Urbe*), dove *magnis opibus*, infatti, mi sembra dativo d'agente con personificazione, più che abl. di prezzo = *magno pretio* (come sostenuto da Manzella 2011, 341 *ad l.*). Su *opes* (parola di tono più elevato rispetto a *pecunia/nummi*), cf. Axelson 1945a, 108 e Urech 1999, 131; vd., per es., Verg., *georg.* 4, 132: *regum... opes* e in G. 6, 88 (*in magnis opibus*). – **cara:** su *carus* nel senso di "costoso" (alto di prezzo), vd. Citroni 1975, 337 *ad* Mart. 1, 109, 4 («piuttosto raro in poesia»). L'aggettivo è di uso frequente, pressoché tecnico, con *annona* (*ThlL* II 110, 72 ss.). Per il senso affettivo (con voluta ambiguità), vd. G. 5, 140 (*iucundum et carum sterilis facit uxor amicum*). Per difendere la sua *fama* – come si vede – il *mollis avarus* di v. 38 è disposto a spendere senza alcuna esitazione. – **annona veneni**: *venenum* appare quasi sempre in clausola in G. (7 volte su 8) e qui si nota una certa assonanza con il termine che precede. *Annona* appare soltanto qui nel Satirico e sostituisce *pretium* con una sfumatura amaramente ironica e decisamente inquietante. Il termine, dalla connotazione istituzionale, si usava ufficialmente per indicare il mercato calmierato del frumento cui sovrintendeva uno specifico *praefectus* (cf. Petr. 44, 1 e 10: *annona mordet*, con Schmeling 2011, 173 s.) e, dunque, il prezzo del pane. Così si suggerisce che a Roma il veleno ormai si cerca e si vende come il pane (cf. Fronto, p. 213, 12 van den Hout, dove *annona et spectaculeis* – come possibile allusione puntuale a *panem et circenses* di G. 10, 71, vd. van den Hout 1999, 485; Parker 2012, 144 – presenta l'esplicita equivalenza *annona* = *panis*). È probabile che il suggerimento per l'uso straniato venga da Hor., *epist*. 1, 12, 24 (*vilis amicorum est annona*). A Roma esiste, dunque, un fiorente 'mercato' del veleno con un suo prezzario (cf. 8, 17 *emptor veneni*, con Dimatteo 2014, 60 sul veneficio come costoso «*crimen* da ricchi»; 13, 154 *artifices mercatoremque... veneni*). Sul dilagare delle pratiche di veneficio a Roma, cf. Tandoi 1979–92, II 725–726, a proposito del fr. 1 di Turno relativo alla celebre avvelenatrice Lucusta (citato da *Schol*. p. 8, 16 ss. W. *ad* G. 1, 71); Kaufman 1932; Laudizi 1986 e 1997; Berrino 2001; Manzella 2011, 106. Altrove G. insiste molto sul fatto che la *cupido inmodici census*, causa di ogni misfatto, spinge gli uomini al delitto attraverso gli strumenti del *venenum* o del *ferrum* (13, 25; 14, 173). Nel caso di Virrone i mezzi presi in considerazione per l'omicidio sono pressoché gli stessi, ma non è l'avidità di denaro o l'avarizia a spingerlo al delitto (il timore, per es., di dover cedere ad un ricatto e sborsare denaro), bensì il desiderio di salvare il buon nome (*fama*, 86). Se, come si è detto, i primi due modi di dar la morte scelti da Virrone sono piuttosto 'virili' (arma bianca e aggressione fisica; ma vd. sopra), già col terzo (incendio doloso) siamo passati all'inganno furtivo e vigliacco (*dolo* in 13, 147) e con l'ultimo – non a caso in risalto – siamo al *veneficium*, metodica per eccellenza subdola, attribuita alla *infirmitas* e alla *perfidia* delle donne (cf. 1, 69–72; 6, 133 s., 627 ss., 638 ss., con Bellandi 1995, *ad ll*., e 2003, 53 e 56) e, dunque, più adatta alla vendetta dell'effeminato (cf. anche 8, 15–18, dove l'*emptor veneni* è un nobile quanto mai *mollis*). In Cic., *Cat*. 2, 22–23 si rileva che gli effeminati (*impuri impudicique*) compagni di Catilina *etiam sicas vibrare et spargere venena didicerunt*.

101. teges: il futuro esprime un invito fermo, ma in tono di cortesia («a polite imperative», Courtney 2013[2], 385 *ad l*.) dopo gli imperativi *memento... fige* di 93 s.; sul futuro iussivo, vd. anche Fusi 2006, 142 s. *ad* Mart. 3, 5,

10. Ma è anche come se si tirassero le conclusioni logiche del ragionamento fatto (cf. *Ergo* e vd. Dimatteo 2014, 76 *ad* 8, 37 s.: *ergo cavebis et metues*). Casi analoghi, per es., in Hor., *epist*. 1, 7, 71 (*ergo... venies*, con Horsfall 1993, 78) e, soprattutto, 1, 18, 37 s. (*arcanum neque tu scrutaberis illius unquam, / c o m m i s s u m que t e g e s et vino tortus et ira*). – **Curia Martis Athenis'**: si allude alla severa impenetrabilità dei giudici e alla proverbiale segretezza delle sedute notturne e rigorosamente al buio (cf. Luc., *Herm*. 64: ἐν νυκτὶ καὶ σκότῳ; Macr., *Sat*. 7, 1, 17: *tacentes iudicant*) del tribunale ateniese per i delitti di sangue, detto Areopago dalla sua sede sulla "collina" o "rupe di Ares" (per le espressioni proverbiali, cf. Lelli 2006, 481 a proposito di Diogeniano I 8 [στεγανώτερος Ἀρεοπαγίτου] e II 91 [Ἀρεοπαγίτης: ἐπὶ τῶν σκυθρωπῶν καὶ σιωπηλῶν καὶ ὑπερσέμνων]). Con questo riferimento al celebre e temuto tribunale ateniese, che giudicava di delitti di sangue e casi di veneficio, si drammatizza al massimo anche la gravità degli *occulta* che debbono esser tenuti segreti. Seneca (*tranq. an.* 5) e Tacito (*ann.* 2, 55, 2) chiamano l'Areopago *iudicium* o "tribunale", ma la veneranda istituzione nella sua lunga storia aveva svolto anche funzione di altissimo consiglio deliberativo (formato dagli ex-arconti) e questo spiega il nobilitante uso di "Curia" nel nostro passo. *Curia*, usato normalmente in 8, 91 per la sede delle riunioni del senato e, in metonimia, per il senato stesso (cf. *ThlL* IV 1482, 6 ss.), rende qui a calco la denominazione ufficiale dell'istituzione ateniese come ἡ ἐξ Ἀρείου πάγου Β ο υ λ ή. Per il calco giovenaliano, vd. anche *ThlL ibid.*, 1483, 73 ss., dove si rileva che l'espressione dopo il satirico viene ripresa in Hier., *epist*. 70, 2 *in Martis curia* (vd. *ad* 92: *bipedem... asellum*) e in Mart. Cap. 9, 999. Sulla complessa storia dell'Areopago, vd. da ultimo De Bruyn 1995; Irwin 2011.

102–123. O... aere]: la risposta all'invito a tacere non contiene alcun impegno esplicito in questo senso da parte dell'Interlocutore e diventa, piuttosto, una severa requisitoria contro i *servi* del *dives* inevitabilmente chiacchieroni, ai quali soltanto, dunque, si invita a rivolgere la richiesta di mantenere il silenzio (114 s.). Mentre in Marziale 6, 56, 5 (*scis multos dicere multa*) si parla di una tendenza generale della gente a spargere chiacchiere (cf. Petr., fr. 28, 1–5 sull'impossibilità per i *mortales* di *secreta tegere*) e mentre in Marziale 7, 62 l'accusa di far pettegolezzi su temi analoghi (passività sessuale del *dominus/patronus*: vv. 5–6) è rivolta in modo più articolato a *servi* e *liberti* della casa ma anche, se non soprattutto, al *niger obliqua garrulitate c l i e n s* (vv. 3–4), l'Interlocutore si concentra qui con qualche astio sulla sicura ed esclusiva colpevolezza in materia del personale schiavile di servizio nella casa del ricco. Anche in questo l'Interlocutore manca di identificarsi senza scorie con 'Giovenale' (cf. *Introd*., § 3 *a* p. 18 n. 61 e *ad* 111–112: *quotiens... baltea*). Braund 1988, 152 s. insiste molto su «the virtually didactic pose, the dogmatism or sense of superiority» dell'Interlocutore in questo passo (per lei senz'altro = «Juvenal»), ma l'intervento (oltre ad essere sorprendentemente e marcatamente prolisso) è, in realtà, – come vedremo in 118 ss. – di scarso spessore 'morale'. – **102. O... Corydon:** l'Interlocutore si rivolge a Nevolo chiamandolo Coridone, ossia come il pastore che nell'*ecl.* 2 di Virgilio si lamenta in un disperato monologo d'amore di non essere contraccambiato da Alessi, *puer formosus* (2, 1 e 17). Nel contesto l'ironia si incentra su un passo preciso del modello (v. 69: *A! Corydon, Corydon, quae te dementia cepit?*) e mette dunque in risalto soltanto la *dementia* di Nevolo che, nella sua ingenuità, pare credere che il segreto di un ricco possa mantenersi tale (cf. *Schol.*, p. 159, 26 W.: *o stulte*; vd. Gioseffi 2008, 336 s.). In Virgilio si trattava di una patetica autoallocuzione del pastore (una 'Selbstanrede' di sapore catulliano: *carm.* 8, 1 e 19; 76, 5; ecc.), nel tentativo di richiamarsi alla ragione e di cessare dal folle amore che lo devasta; in Giovenale la forma geminata di vocativo diventa antonomasia 'nobilitante' ed è rivolta a Nevolo con intento decisamente ironico. Ma il rimando a Coridone va evidentemente al di là della battuta puntuale del testo virgiliano che è richiamata: l'ironia dell'Interlocutore, che riprende la tendenza di Nevolo stesso a usare spiritosamente o amaramente passi omerici (37; 64 s.; poi 149 s.) e virgiliani (69), mette sornionamente in burla il tono lamentoso e para-sentimentale della protesta di Nevolo (*querellas*, 94 n.), che usa in modo inconsapevole e stridente anche moduli e stilemi del linguaggio d'amore per esprimere un disagio che di sentimentale non ha nulla (cf. *ad* 83 *filiolus vel filia nascitur*, dove si sono visti sapidamente adoperati elementi patetici, ispirati al personaggio virgiliano di Didone e alla sua tragica storia con Enea e ad altre eroine *relictae* della letteratura). La sola menzione di Nevolo quale Coridone comporta virtualmente – ma inevitabilmente – la complementare trasformazione di Virrone in un grottesco Alessi (cf. Courtney 2013[2], 385; Braund 1988, 152 s., 155, e vd. anche *ad* 92: *alium*; *contra*: Schmitz 2000, 230; Gioseffi 2008, 337 e n. 16) e innesca un implicito e gustoso richiamo ad alcuni elementi di somiglianza e di contrasto tra le due storie, relative entrambe a un rapporto omosessuale: Coridone è l'aspirante *amator* di un bel fanciullo di città, che altezzoso gli sfugge e rifiuta i suoi doni (*ecl.* 2, 44 e 56); Nevolo è l'*amator* messo alla porta (ma dopo l'"uso': 43 s., 92) da un patrono attempato che s'illude soltanto di essere un *tener* e *pulcher puer*, un Ganimede (46–47). Anche il tema dei rituali doni del corteggiamento pederastico riceve in 9, 50–53 uno spiritoso ri-utilizzo in un contesto, ovviamente, stravolto: Virrone non li rifiuta affatto e li apprezza anzi molto, ma poi non si mostra in alcun modo grato verso chi li manda... Non credo, invece, particolarmente attivo qui il tema della *rusticitas* di Coridone come «rozzezza inurbana», su cui insiste Braund 1988, 157 ss. e 261 n. 145, facendo leva su Verg., *ecl.* 2, 56 (*rusticus es Corydon*) e con specifico riferimento anche alla descrizione dei vv. 1–26. Se di *rusticitas* si vuol parlare in questo contesto a proposito di

Nevolo, essa sarà da intendersi solo come una forma di 'ingenuità' (per un uso traslato di *rusticus* accostabile a *rudis*, vd. 6, 66). Come Nevolo, anche il Coridone virgiliano è rigorosamente 'bisessuale', come diremmo noi con qualche approssimazione (Cantarella 1988, 175 ss., ma cf. sotto, *ad* 128: *serta, unguenta, puellas*): vd. in *ecl.* 2, 14 ss., 43 s. il cenno al suo rapporto con Amarillide e, forse, con Testili. Sui due personaggi di Coridone e Alessi, vd. anche Caviglia 1984 e Della Corte 1984. – **O:** è una interiezione patetica per attirare l'attenzione di un destinatario (anche modulo liturgico, cf. 137), che nelle satire è usata spesso per esprimere *indignatio* (cf., per es., 2, 121 e 126; 15, 10 = *en*), qui espressiva di un sentimento di beffarda commiserazione, molto vicino a quello espresso in 6, 222 (*o demens, ita servus homo est?*), 14, 211 (*dic, o vanissime...*) e, con l'accus., 13, 140 (*ten, o delicias,... censes?*). Nel passo parodiato di Virgilio (2, 69; cf. anche 2, 60 *a demens!* e 6, 47 *a virgo infelix! Quae te dementia cepit?*; Lepre 1985, 995; Cucchiarelli 2012, 349 s.) l'interiezione è la ben più patetica *a* (che Weidner 1889² avrebbe visto con favore restaurata anche nella satira), ma essa è di tono troppo elevato e commosso (in G. appare solo nella solenne ἀπόρρησις di 14, 45; cf. Courtney 2013², 385 e 501). Sul valore stilistico di *a!*, vd. Knox 1986, 31–32. – **Corydon, Corydon:** la 'geminatio' del nome di Coridone ricorre in forte risalto (non al vocativo, però) anche nel verso di chiusa di Verg., *ecl.* 7 (v. 70); cf. Wills 1996, 53. Un Coridone è personaggio importante anche delle *Bucoliche* di Calpurnio Siculo (vd. *ad* 1–2). G. allude forse ad Alessi in 7, 69 (cf. Stramaglia 2017², 154 s.), ma in ogni caso senza farne il nome e, semmai, come fanciullo amasio di Virgilio stesso, non come personaggio dell'*ecl.* 2, dove compare come *puer amatus* di Coridone. Marziale non cita mai Coridone e nomina, invece, spesso Alessi, sempre come amasio di Virgilio (Citroni 1987a, 398); in 6, 68, 6 *Alexis* è usato in antonomasia per *amor* (= ἐρώμενος), cf. Grewing 1997, 442 s. – **secretum divitis:** il problema è la 'privacy' consentita a un ricco (54 ss.) che abbia al suo servizio molti schiavi (cf. *ad* 100: *his opibus*). Nevolo ha un solo *puer* (64) e – ai suoi stessi occhi – non è nemmeno *pauper* (cf. *ad* 147: *Quando ego pauper ero?*). – **102–103. ullum / esse:** con il «blanket word» nel risalto della clausola, l'espressione dichiara l'assoluta impossibilità di "esistere" del segreto (non si dice di *manere* o di *durare* nel tempo). Per il valore predicativo di *esse*, cf. 13, 90 *hic putat esse deos*.

103. Servi ut taceant: quest'allusione iniziale quasi in parentesi (con *ut* concessivo-suppositivo in anastrofe: "ammesso e non concesso che..."; cf. 15, 117 s.) all'improbabile ipotesi del silenzio della servitù stupisce un poco, dato che il tema dell'inevitabile indiscrezione del personale di servizio sarà al centro (e a lungo) della sezione seguente (108 ss., cf. 115: *taceant illi*). Anche la 'prosopopea' fantastica che segue (*iumenta loquentur... et marmora*, 103 s.) con la sua portata dichiaratamente iperbolica sembrerebbe adatta a costituire la 'climax' finale di un discorso: invece poi si ritorna da capo al tema delle chiacchiere irrefrenabili degli schiavi di casa (che poteva sembrare sbrigato nella subordinata iniziale). – **iumenta loquentur:** sono i cavalli o le mule (4, 5; 7, 180 s.; 8, 154, con Dimatteo 2014, 174; Manzella 2011, 415 *ad* 3, 316; Urech 1999, 121 s.) che portano la carrozza del padrone (cf. Mart. 12, 24, 5 ss., in part. 8: *mannuli tacebunt*). Qualche celebre esempio di cavallo parlante c'era nel mito a partire dalla famosa profezia dei destrieri di Achille (in Hom., *Il*. 19, 404 ss.) o dal caso del *vocalis Arion* ricordato da Prop. 2, 34, 37 s. (su cui vd. Rothstein 1920, I 442 s.; *contra*: Fedeli 2005, 973 ss.) e, forse, da Stat., *Theb*. 11, 442 s. (con Venini 1970, 119), ma qui il prodigio (Verg., *georg*. 1, 478: *pecudes... locutae, infandum!*...; Tib. 2, 5, 78: *vocales... boves*) è evidentemente spogliato di ogni aura misteriosa e sacrale. L'umanizzazione degli animali che, così, acquistano la parola e non sono più *muta* (8, 56; 15, 143; cf. 3, 316 *iumenta vocant*) e la personificazione delle cose (cf. *ad* 63–64: *Sed pensio clamat* / *"posce"*) segnalano iperbolicamente l'impossibilità del segreto. Si tratta dello sviluppo di un'espressione di stampo proverbiale, di cui si ha traccia anche in Cic., *fam*. 6, 3, 3 (... *parietes ipsi loqui posse videantur*), che si collega a quella per cui *parietes habent aures* (Tosi 1991–2017, 201 s. n. 286). Nel celebre mito di Mida sono i *calami loquentes* a svelare il segreto del re (Petr. fr. 28, 8). *Loquentur* di Φ e P (ma *e* in rasura) è un futuro di certezza, migliore del *loquuntur* del *Flor. Frisingense* e di pochi altri codici segnalati in apparato (*loquuntur* è accettato a testo da Achaintre 1810, I 363, Ruperti 1830–1831, I 166, e, poi, da De Labriolle-Villeneuve 1932²). Per queste oscillazioni tra futuro e presente, cf. anche sotto (*ad* 132: *conveniunt*) e vd. Knoche 1940, 295 e n. 4. Anche il polisindeto di *et* contribuisce a sottolineare la certezza dell'affermazione. – **104. et canis:** anche il cane di casa (6, 415 ss.; 14, 64), unico singolare della lista, acquista miracolosamente la parola, come nelle favole (vd., per es., Phaedr. 1, 23 o 25) o come nel caso del prodigioso *canis locutus* di Rimini (Obseq. 43). Per l'importanza che si poteva attribuire al cane di casa, per eccellenza f e d e l e (non qui!) fin dai tempi dell'Argo di Ulisse (Hom., *Od*. 17, 290 ss.), vd. la gustosa scenetta in Petr. 64, 6–9, dove il grosso cane di Trimalchione (dotato di nome, *Scylax*, e opposto alla disgustosa *catella* di Creso) è definito *praesidium domus familiaeque* (Schmeling 2011, 266). Di lui Trimalchione dice: *nemo... in domo mea me plus amat*. – **et postes et marmora:** dopo due tipi di animali, due esseri inanimati diventano capaci di (s-)parlare. La porta (indicata con la sineddoche *postes*, "stipiti") era usata come sede di avvisi (*in... poste libellus* in Petr. 28, 6) e di segnali vari (*ornamenta* e corone, cf., per es., al v. 85) per comunicare all'esterno notizie di eventi notevoli della vita familiare. Ma qui la porta... 'apre bocca'. Il più celebre caso letterario di porta (s-)parlante è in Catull. 67 (sulla storia del motivo, vd. Portuese 2013, 106–110 e, ora, anche Fo 2018, 936 ss.) e qui essa svela, appunto, i più scottanti segreti sessuali della casa. Così in Prop. 1, 16, 5 ss., 9 ss. la porta parla e si lamenta della *impudicitia* della padrona di casa. La menzione dei *marmora* (cf. 1, 12: *marmora clamant*), metonimia comune per designare statue, colonne e/o pavimenti e rivestimenti parietali in marmi preziosi, serve anche a ricordarci che il personaggio di cui si parla (pensando a Virrone) è un ricco che vive in una *domus* sfarzosa (14, 60, 89 s., 95; 4, 112 e 7, 79 s.).

104-106. Claude... recumbat: con un'alternanza di imperativi e congiuntivi esortativi in affannoso asindeto si elencano le misure da prendere. Il destinatario dell'invito (dati i vv. 102 s. e 114 s.) può apparire Nevolo stesso: in questo caso la segretezza del rapporto, che tanto interessa e ossessiona Virrone, sarebbe affidata dall'Interlocutore a Nevolo quasi come se fosse una sua specifica incombenza; ma non tutte le azioni consigliate per cercare di arginare la propalazione di ogni *secretum* sono fattibili da parte del *cliens* (egli può al massimo chiedere ai servi di tenere la bocca chiusa: 114 s.). Gli ordini da impartire imperiosamente sono invece possibili per il padrone di casa (il *dives* che vuol mantenere il segreto di 102 s.); il *tu* di *claude/iunge/ tollito/fac* è, dunque, un *tu* retorico (cf. *ad* 110–111: *quod enim ... in dominos*). Per la dieresi bucolica dopo interpunzione forte al v. 104, vd. *ad* 8–9: *Unde repente / tot rugae?* A proposito di vv. 104 e 105, Hellegouarc'h 1969-98, 528 rileva la funzione stilistica dell'«interponction bucolique» nel dare «vigueur et relief à un ordre». – **105. vela tegant rimas:** tende provvedano a coprire tutte le fessure possibili, con *variatio* rispetto a *tege velis rimas*. In Mart. 1, 34, 5 s. e 11, 45, 3 e 5 si parla di *rimae* da coprire accuratamente *velo* per evitare la visione all'esterno di atti erotici. Qui *rima* sarà da intendersi come fessura lasciata da infissi (cf. Pers. 3, 1–2), più che come crepa nei muri come in 3, 195 (*veteris rimae... hiatum*): la *domus* del *dives*, cui ci si riferisce, è una casa ricca e non cadente. La pentemimere agisce qui come 'Interpunktionzäsur', mentre il successivo *colon* è scandito dalla dieresi bucolica. – **iunge ostia:** *ostium* è porta a doppio battente (in G. il termine appare altre due volte, ma sempre nel senso figurato di 'foce': 4, 43 e 13, 27; *DELL* 471; *OLD*² 2b). Da *ostium* deriva il nostro "uscio" (cf. Bonfante 1937-94, 117 s.). Nel contesto si usano vari termini per designare la "porta" (*fores*, 85; *valvae*, 98; *postes*, 104; *ostium*, 105), ma non il proprio e più comune *ianua* (altrove 7 volte, cf. *postes et... ianua* in 6, 79). *Porta* (10 volte) è la porta di città (cf. 7, 42: *ianua portas*, con Stramaglia 2017², 144 s.). Per l'espressione *iunge* (= *coniunge*) *ostia*, cf. *ThlL* VII 2, 660, 31 ss. (e vd. Hor., *carm.* 1, 25, 1 *iunctas... fenestras*). – **tollito lumen:** *tollito* è solo in alcuni mss. (**GHU**) e in **P** di seconda mano (certo *lectio difficilior*) ed è accettato a testo da De Labriolle-Villeneuve 1932², Martyn 1987 e Knoche 1950, che segnala in **P¹**, dove si legge *tollite*, turbamenti nell'ultima lettera della parola (da *-e* a *-a* e *-o* soprascritto, con glossa *auferto*). Naturalmente *tollite* di **P¹**

e degli altri mss. non è affatto impossibile (sull'improvviso e isolato passaggio alla seconda pers. plur., vd. Courtney 2013², 385 s. *ad l.*; qualche riserva in Nisbet 1988-95, 250 s.) e, del resto, sebbene nell'immediato contesto non vi siano segnali espliciti o insistiti a proposito della natura specifica del *secretum*, esso consiste evidentemente in un 'delitto' sessuale, commesso necessariamente con un 'complice' (Viansino 1990, 365). La forma arcaica *tollito* sarebbe preferita anche da Housman 1931², che ricorda, però, che tranne *esto* (5, 112 s. [*bis*], cf. 6, 222; 8, 21, 79 [*estŏ*], 164 [*estō*]) e *memento* (vd. *ad* 93: *celare memento*) non ci sono in G. altri esempi di imperativo futuro, tranne *sumitŏ* in 8, 134 nella stessa sede (ma il verso è di autenticità altamente sospetta: cf. Dimatteo 2014, 158). Ma se Courtney *ad l.* ritiene di dover ricordare che Lucano non adopera imperativi futuri, si dovrà anche osservare che li usano tranquillamente – in testi e contesti non necessariamente o particolarmente solenni – Virgilio nelle *Bucoliche* (per es. 3, 107), spesso Orazio nei *sermones* (per es.: *sat.* 1, 4, 85 *caveto*; 2, 3, 161 *putato*; 2, 7, 44 *teneto*; più volte in 2, 1 per parodia del linguaggio giuridico; *epist.* 1, 7, 69) e Ovidio (per es. *am.* 1, 8, 69 e 85: *exigito*/*timeto* o *ars* 1, 145: *facito*), Persio (2, 39: qui, però, con marcata sfumatura di enfasi) e, addirittura, i *Priapea*: per es. 69, 3 *aestimato* (con Callebat 2012, 279: «choix parodique d'un type formulaire») o 72, 1 *facito* (con la ricca n. di Goldberg 1992, 357 e Callebat 2012, 285). In Marziale, vd., per es., 1, 92, 3 (*habeto*) o 2, 28, 1–2 (*ridetō... porrigitō*); 10, 1, 2 (*legitō*), ecc. Per Petronio (*nolito* in 11, 4), vd. Petersmann 1977, 203 s. Sull'uso dell'imperativo futuro e sulla sua tendenza col tempo ad assimilarsi all'imperativo presente, vd. *HS* 340 s.; Ronconi 1959, 147 ss., mentre sulla -ŏ in seconda pers. dell'imperativo futuro vd. Dimatteo 2014, 106 *ad* 8, 79. Braund 1988, 152 e n. 111 osserva che l'Interlocutore riecheggia in vario modo tono e stile di Nevolo: anche *tollito* potrebbe forse rientrare in questa casistica di «ironic echoes of Naevolus' words» come eco di *memento* (93). L'uso dell'imperativo futuro, tra l'altro, rientrerebbe bene in quella sorta di «mock didactic style» (Maltby 1999, 389 ss.) che l'Interlocutore ha assunto a partire dal v. 102. Nisbet 1988-95, 251 ha proposto, invece, di emendare *tollito lumen* in *tolle lucernam* (stampato senz'altro a testo da Willis 1997 e Braund 2004). La lucerna aveva certo un suo ruolo topico nella letteratura amorosa come compagna silente delle notti di passione degli amanti (vd. *ad* 77–78: *lectulus... lecti*) e questo aggiungerebbe sapore ironico all'invito, ma l'allusione resta anche con *lumen* (cf. *OLD*² 6). *Tollo* (qui = *aufero*) può sembrare più adatto all'oggetto *lucerna* che a *lumen* (con cui potrebbe sembrar meglio l'impiego di *extinguere*/*restinguere*), ma vd. Prop. 2, 15, 4 *sublato lumine* (dopo *lucernam* al verso precedente) e, soprattutto, Lucil. 817 M. = 871 Kr. = 29, 22 Ch. = 835 Chr. (*vos interea lumen auferte atque aulaea obducite*), cit. da Braund 1988, 254 n. 115 (in relazione, verisimilmente, ad atti propedeutici prima di un rapporto sessuale). – **106. e medio fac eant omnes:** i codici hanno *taceant* (**P**) e *clament* (**Φ**), entrambi inaccettabili. La bella emendazione di Haupt *face eant* (con la forma arcaica *face*, in linea con *tollito*, e forse presente in G. 5, 112 *hoc face et esto*, ma vd. Santorelli 2013, 146) è per lo più accettata dagli editori nella più comune forma apocopata. Per *fac* + cong. (paratattico, senza *ut*) nel senso di *effice* o *iube* (frequente in Ovidio), vd. Goldberg 1992, 223 s. a *Priap.* 42, 4 (*fac... ferat*). Si tratta di un ordine imperioso più adatto al *dominus* che non a un *cliens* (il *tu* è retorico). Come altri editori del passato (per es. Prateus 1684, 290 o Achaintre 1810, I 363), Knoche 1950 collegava *e medio* col verso precedente ('rejet' in sé normale in G.), ma *e medio* è forse poco adatto alla *lucerna cubicularis* (Mart. 14, 39), che è *adposita* (*lectulo*) in Prop. 2, 15, 3, e adattissimo, invece, a indicare il fastidio apportato da chi sta "nel mezzo" a 'scocciare' (per la forma colloquiale, cf. Cic., *S. Rosc.* 112 *recede de medio*; *OLD*² 3b; Cavalca 2001, 152 e n. 356; per il tono spiccio, vd. anche il greco ἐκποδών). *Eant* è un colloquiale 'simplex pro composito' per *exeant* (Wilson 1900, 215: cf. *e medio*) o, forse meglio, per *abeant* (frequente in Terenzio e, soprattutto, in Plauto; cf. Bianchini 2001, 96 e Callebat 2012, 88 a *Priap.* 8, 1: *hinc abite*). *E medio* all'inizio di verso davanti a cesura tritemimere fa 'pendant' con *prope* all'inizio del *colon* successivo (dopo eftemimere come 'Interpunktionzäsur') e i due «blanket words» (*eant omnes /... nemo... recumbat*) sono efficacemente disposti in chiasmo. – **prope nemo recumbat:** nonostante altrove in G. *recumbere* sia normalmente usato per "stare" o "prendere posto a tavola" (Courtney 2013², 384 *ad l.*), qui l'idea che sia opportuno evitare di avere ospiti a tavola sembra fuori posto: si tratterà, invece, di impedire che qualcuno della servitù possa dormire nelle vicinanze della camera del padrone (*Schol.*, p. 159, 28 s. W.: *iuxta cubiculum nemo dormiat*; *OLD*² 2, «to lie down to sleep»: per es. Cic., *Deiot.* 42), col rischio – per gli amanti – di essere uditi dai *cubicularii* o "vallets de chambre" (cf. Braund 1988, 254 n. 115, che giustamente richiama Mart. 11, 104, 13–14 e Apul., *met.* 2, 15). Chi sta nelle vicinanze della camera da letto potrebbe udire *lecti sonus* e la *vox*, questa volta, *domini* (v. 78): cf. Svet., *Nero*, 29, 1 sulle *voces* e i sonori *heiulatus* emessi da Nerone nel corso della sua notte 'di nozze' con Doriforo. Il marcato asindeto e le diverse *variationes* contribuiscono all'atmosfera di ansia che l'Interlocutore vuol suggerire: è un susseguirsi affannoso di comandi volti a evitare il disastro, ma tutti inutili (per un simile effetto di azione da compiersi precipitosamente, cf. 40–42 e anche gli incalzanti imperativi, quasi tutti in asindeto, di 14, 191 ss.). – **107. ad cantum... galli secundi:** *secundi* è accettabile enallage per *secundum*, che alcuni codici restaurano nel testo. Di *secundis galliciniis* parlerà Amm. 22, 14, 4 per le prime luci dell'alba (ma dall'alto del monte Casio, cf. Plin., *nat.* 5, 80: *quarta vigilia*). Di certo qui si vuole indicare, invece, un momento ancora nel cuore pieno della notte. Secondo Plin., *nat.* 10, 46 i galli (definiti *hi nostri vigiles nocturni*) *ternas distinguunt horas interdiu cantu* e Macleane 1867², 219 (nella nota tuttora più ricca sul presente passo) – basandosi sulla divisione della notte romana in 4 parti (le *vigiliae*) e sul celebre passo del *NT* (*Marco* 14, 72) – parla di un s e c o n d o canto del gallo come ancora rigorosamente notturno, distinguendolo dal successivo canto che precede di poco il sorgere dell'alba. In Marco si fa un vistoso gioco retorico tra δίς ("prima che il gallo abbia cantato una seconda volta") e τρίς (i tre tradimenti di Pietro), con gli avverbi numerali a contatto (Perego 2011, 310 s.), mentre in *Matteo* 26, 75 e *Luca* 22, 61 (cf. 34) si parla solo del canto che precede il levar del sole. In Marco la menzione del secondo canto del gallo (in pieno buio) serve a dare forte enfasi al fatto che la notte è a n c o r a al suo colmo e g i à Pietro ha tradito il Signore tre volte (mentre negli altri Evangelisti si dice più genericamente che i tre tradimenti avvengono prima di giorno). Così in Aristofane (*Ec.* 390 s.) la menzione del s e c o n d o canto del gallo segnala l'ora pienamente notturna (non basta arrivare all'assemblea neanche nel cuore della notte, figuriamoci all'alba), cf. Tosi 2017, 119 s., che segnala anche Erasmo, *Adagia* 3, 7, 66 (= Lelli 2013, 2021 ss., n. 2666): *prius quam gallus i t e r u m cecinerit*. Appoggiandosi a Macr., *Sat.* 1, 3, 12, si può verisimilmente assegnare il primo canto notturno del gallo più o meno intorno alla mezzanotte (μεσονύκτιον, alla fine della seconda *vigilia*) e il secondo (espressamente individuato come *gallicinium*) all'incirca tra le 2 e le 3 del mattino (*nocte intempesta*, nel corso della terza *vigilia*), a distanza dal terzo squillo, che – dopo quello che Macr. *ibid.* chiama il *conticuum* (*cum et galli conticescunt et homines etiam tum quiescunt*) – segna il levarsi dell'alba (in Macr. *diluculum*; in G. *ante diem* al v. 108). In Petr. 74, 1 un gallo canta ominosamente nelle prime ore della sera (cf. Marmorale 1961, 162 s.: «certamente prima della mezzanotte, dopo la quale il canto del gallo non ha nulla di strano»; Schmeling 2011, 309 s.). In G., comunque, quel che conta è che tra ciò che si compie nel cuore della notte, al buio pesto, credendo di poter agire in tutta segretezza, e la sua propalazione all'esterno della casa non passa che pochissimo tempo (nemmeno le tre ore circa che intercorrono tra il secondo e il terzo canto del gallo). – **ad:** in senso temporale, con valenza probabilmente puntuale; non è del tutto identico ai più generici s u b *galli cantum* di Hor., *sat.* 1, 1, 10 o c i r c a *gallicinia* di Petr. 62, 3; cf. *ThlL* I 557, 60 s. (tra gli esempi citati notare Livio 26, 15, 6: *ad tertiam bucinam* come indicazione di un momento preciso) e *OLD*² 21b. Diverso è il senso di concomitanza (*ThlL ibid.*, 527, 14 ss: «ad sonum»; cf., per es., Liv. Andr. *TRF* 6, p. 1 Ribbeck: *ludens ad cantum* o Hor., *epist.* 1, 14, 25 s.: *ad strepitum*); in G. 13, 223 *a d omnia fulgura pallent* ha valore, insieme, di concomitanza e di causa. – **facit:** si usa un indicativo della realtà, con espressione alquanto sbrigativa, invece di *faciat* (eventualmente) o di un più esatto *fecerit* ad esprimere l'anteriorità (cf. *Schol.*, p. 159, 31 s. W.: *factum fuerit*). *Facio* è generico: nulla mai sfugge di tutto quel che il padrone "fa", ma l'allusione è specificamente alle attività sessuali di lui e *facio*, notoriamente, si usa spesso in questo senso eufemistico-ammiccante (Citroni 1975, 150 s. *ad* Mart. 1, 46, 1; Adams 1982–96, 249 ss.). In G., vd. 7, 240, con Stramaglia 2017², 226 (e cf. anche l'uso analogo di *ago* in 6, 58). Interessante che in Mart. 3, 71, 2 (*sed scio quid facias*) il verbo, usato in senso sessuale, non equivalga a δρᾶν/πράττειν, ma a πάσχειν (l'epigramma è rivolto a un Nevolo rigorosamente passivo, cf. *Introd.*, § 3 b, p. 20 e § 4, p. 38 e n. 139) e, ovviamente, il padrone di cui si parla in G. 9, 107 – come Virrone (cf. 43 s.) – *facit... quod cinaedi facere solent* (Scip. Aem., fr. 17 Malcovati, in Gell. 6, 12). Qui si tratta ancora di quel che il padrone fa o ha fatto effettivamente con il suo 'complice'; poi ci sono le balle inventate ad arte dalla servitù (vd. *ad* 108: *audiet et...*). – **108. proximus ante diem caupo sciet:** la notizia giunge all'oste della più vicina locanda prima ancora dell'alba (ancor prima, dunque, del terzo canto del gallo: cf. Plaut., *Mil.* 690 *prius quam galli cantent* o Hor., *sat.* 1, 1, 10 *sub galli cantum*). Sulle bettole come luoghi solitamente frequentati da schiavi, vd. Dimatteo 2014, 196: «gli schiavi dovevano costituire lo zoccolo duro della clientela delle *popinae*» con citazione di Colum. 1, 8, 2 (*socors et somniculosum genus id mancipiorum... popinae... consuetum*); in G., vd. anche 11, 80 s., con Bracci 2014, 120 s. G. usa la forma non contratta *caupo* invece di *copo* (anche in 6, 591) e il termine in questa forma appare una volta in Lucilio 128 M. = 1146 Kr. = H 85 Ch. = 130 Ch. (dove *caupona = copa*) e due volte in Orazio (*sat.* 1, 1, 29 *perfidus... caupo*; 1, 5, 4 *cauponibus... malignis*, cf. Bonfante 1937–94, 56 s.). Sulla distinzione tra le due forme, vd. Citroni 1975, 91 s. *ad* Mart. 1, 26, 9 e Fusi 2006, 371 *ad* 3, 57, 1; 387, *ad* 3, 58, 24. *Caupo* presenta qui la sillaba finale con la quantità lunga originaria in arsi della cesura eftemimere (davanti a doppia consonante: *sc-* di *sciet*). Analoghi casi di allungamento solo in 7, 1 (*ratio* davanti a *studiorum*); 13, 76 (*nemo* davanti a *sciat*; cf. 14, 207), con Eskuche 1895, 67; Stramaglia 2017², 129. Per il caso (unico) di 8, 107 (*occultā spolia* in tritemimere), vd. Dimatteo 2014, 134. *Sciet* è l'apodosi dopo la protasi concessiva, espressa paratatticamente con gli imperativi e i congiuntivi esortativi dei vv. precedenti (*claude... = quamvis claudas...*); cf. Fusi 2006, 289 *ad* Mart. 3, 35, 2; 303 *ad* 3, 38, 8; 326 *ad* 3, 44, 12–16. – **audiet et quae:** *et* potrebbe essere in anastrofe per *et audiet* (così Monti 1978, 66 *ad* 1, 57, cf. 6, 422; 15, 20 e vd. anche *ibid.*, 203 *ad* 2, 108 s. *maesta nec*). Sul fenomeno stilistico costituito da questa inversione di particelle, entrato in poesia latina con i *poetae novi* e diventato frequente con Virgilio, vd. Citroni 1975, 91 *ad* Mart. 1, 26, 8; Maltby 1999, 384 s. Ma qui è molto più probabile che *et* valga *etiam* (vd. *ad* 27: *et hoc... vitae genus*). Si introduce un'aggiunta con distinzione tra i fatti realmente accaduti (*facit*) e quelli solo inventati e messi in circolazione dagli schiavi maligni (*quae / finxerunt...*, 108 s.; *componere*, 110). In questo senso *audiet* si oppone espressamente a *sciet* (cf. Petr. 38, 8: *sed quomodo dicunt – ego nihil scio, sed audivi...*). *Quod*, 107, al sing., relativo al *verum*, e *quae*, non a caso al plurale, relativo qui al *fictum*, sono in posizione di risalto nel verso (in *incipit* e clausola) e disposti in chiasmo (*quod... sciet, audiet et quae...*). Per l'uso della dieresi bucolica, vd. *ad* 8–9: *Unde repente / tot rugae?*; per il κακέμφατον di *audiet et*, vd. *ad* 96: *ardet et odit*. – **109. finxerunt pariter:** l'uso di *fingo* segnala trattarsi ora di calunnie inventate, cf. anche *componere* al v. 110 (per *fingere* in questo senso, cf. Hor., *sat.* 1, 4, 84: *fingere... non visa*; *epist.* 1, 15, 29 s.: *quaelibet in quemvis opprobria fingere saevus*; vd. Greenwood 1998, 294 e Canobbio 2011a, 441 *ad* Mart. 5, 51, 8). La motivazione dell'atto (il desiderio di vendetta) è fornita solo in 111 s. *Pariter* indica che la convergenza così precisa tra i diversi testimoni – che a prima vista sembra confirmatoria della verità – non è (o può non essere) casuale: l'avverbio vale insieme "all'unisono" (6, 328 e 441, con *pariter = simul/una*, vd. *ThlL* X, 1, 281, 74 ss. e cf. 7, 167 *uno conclamant ore*) e "senza discordanze" (cf. 6, 349 o 10, 309, al posto di *item*, vd. *ThlL ibid.*, 278, 68 ss., che G. non usa, come osserva Axelson 1945a, 93 s.), presupponendo, in realtà, un loro fraudolento accordo (*ex composito*). – **libarius:** il pasticciere specializzato nella confezione di *liba*. Si tratta di focacce: in 3, 187 i *liba* si consumano in occasione di festeggiamenti della casa (cf. Manzella 2011, 284 s.) e in 16, 39 sono usati come offerte cultuali (cf. André 2009[2], 214 s.; Guittard 2010, 37–38; Callebat 2012, 280 a *Priap.* 70, 2; vd. *ThlL* VII 2, 1260, 22 ss. e Urech 1999, 233). Nella trad. ms. (e in Micone) si legge *librarius* (tra gli editori moderni l'ultimo ad accettare questa forma fu Weidner 1873[1], 216), nel senso di "segretario", addetto ai *libri*, o di "scrivano" (*scriba librarius*; cf. *librarius* 2 in *OLD*[2] e Moreno Soldevila 2004, 543 s. *ad* Mart. 4, 89, 8; vd. anche *librariolus* nei passi di Cicerone registrati in *OLD*[2], s.v.), mentre in G. 6, 476 si trova il femminile *libraria* nel senso, probabilmente, di "addetta alla pesatura delle lane" (*lanipendia*, da *libra*, cf. Watson-Watson 2014, 230; ma vd. anche *OLD*[2] 1: «probably a female secretary or copyist»). Ma un addetto ai libri/registri di casa o uno scrivano non sembrano al loro posto qui in un contesto dove gli altri due termini rimandano all'ambito dell'alimentazione e della cucina (Friedländer 1895 citava una glossa di **P** secondo cui *librarius* varrebbe *qui per libram appendit carnem*). *Libarius* è lezione attestata da un *ignotus* o *anonymus* (ante 1637) presso Plathner (cf. Hirschfeld 1874; Courtney 1989, 829; Willis 1997, 248): si noterà che in 3, 187 *libis* (così solo in **LV**) è ugualmente corrotto in *libris*. Si tratta di un fornaio/pasticciere (*pistor*) specializzato in dolciumi particolari, come il *crustularius* di cui parla Seneca, *epist.* 56, 2 (il *libarius* dato talora per presente in questo passo senecano è solo congettura per *biberarius*, cf. Berno 2006, 260). In Seneca si tratta, comunque, di *popi-*

narum institores, qui invece il *libarius* fa parte del personale fisso appartenente alla *domus* dei ricchi signori come Virrone, il che era considerato segno della massima ricchezza e *luxuria* (Petr. 38, 15: *solebat sic cenare quomodo rex: apros gausapatos*, [*opera pistoria*], *avis, cocos, pistores*, con Schmeling 2011, 148 s.). Già a partire da Catone il Censore e da Lucilio fino a Varrone menippeo o a Plinio il Vecchio (*nat.* 18, 107 s.) era motivo ricorrente della polemica moralistica l'avversione verso il crescente *luxus* della *mensa* e la sempre più diffusa presenza di *coci* e *pistores*, affittati o acquistati a caro prezzo, nelle case dei ricchi Romani (vd. La Penna 1989, 4 ss., 26, con la citazione di Cic., *fin.* 2, 8, 23, in cui la disponibilità di *optimis cocis pistoribus* è addotta come evidente segno di ἀσωτία; Landolfi 1990, 51–73; Gowers 1993–96, 68 ss.; Schnurbusch 2011, 97–110). A *libarius* è da paragonare lo *scrib(i)litarius* da *scrib(i)lita*, un altro tipo di "focaccia" (cf. Cavalca 2001, 152–153), che compare in un fr. delle *Fratriae* di Afranio (161 *CRF*, p. 184 Ribbeck = 166 Daviault). Il singolare lo mette in evidenza rispetto al personale che segue (vd. *ad*: *archimagiri*). Sui nomi formati con il suff. -*arius* (e relativa ironia sulle specializzazioni del lusso), vd. l'esilarante lista in Plaut., *Aul.* 508 ss. (a proposito di abbigliamento: *linarius, patagiarius, indusiarius*, ecc.). – **archimagiri:** impegnativa clausola pentasillabica (vd. *ad* 120: *mancipiorum*), con grecismo non prima attestato in latino (poi in Sid. Apoll., *epist.* 2, 9, 6, certamente da G. stesso). Anche in greco il termine appare – dopo più volte nei *Septuaginta* (cf. *LSJ* 253 e Lampe 240, s.v. ἀρχιμάγειρος) – solo in testi dell'età imperiale (Filone, Flavio Giuseppe, Plutarco), ma in tutt'altro senso, quello di *satellitum praefectus* (titolo da grande ufficiale di ambito militare), vd. *ThlL* II 462, 11–20; Thiel 1902, 39–41; Urech 1999, 24 e 233. Nella *Vulgata* Gerolamo rende il termine con *magister equitum, magister exercitus, princeps militiae* (Thiel, cit., 39) e in *quaest. hebr. in genesin* 37, 36 usa *archimagirus* per l'eunuco Potiphar. Anche il termine-base *magirus* (= *cocus*, che G. non usa mai, di contro a ben 23 occorrenze in Marziale) è rarissimo in latino e attestato solo in un frammento oratorio di Catone di incerta interpretazione (cit. da Fronto, p. 226, 20 ss. van den Hout, cf. van den Hout 1999, 510) al femminile (cf. *ThlL* VIII 52, 39 ss., s.v. *magira*, e vd. Cugusi-Sblendorio Cugusi 2001, I 383, dove appare come fr. 178) e ritorna poi in pochi testi tardi (*Test. Porc.*, p. 268 Büchel er; Hist. Aug., *Heliog.* 10, 5). In G. non compaiono altrove parole composte con il prefisso *archi-* (*ThlL* II 454, 45–59), mentre sono attestati *archigallus* in *Schol.*, p. 18, 13 s. W. *ad* 2, 15 e p. 157, 17 *ad* 9, 62 (cf. Courtney 2013[2], 103 *ad* 2, 16 e 285 *ad* 6, 512) e *archimimus* in *Schol.*, p. 57, 23 *ad* 4, 53. Nel nostro passo deve trattarsi del "capocuoco" (*CGL* V 615, 2 = *princeps coc[c] orum*), lo 'chef', ma il plurale indica che non ce n'è uno solo (segno di estrema ricchezza). Schnurbusch 2011, 101 ricorda attestazioni epigrafiche delle figure di un *supra cocus* e di un *praepositus cocorum*. Colpisce il contrasto col singolare *libarius*, a meno che non si debba correggere in *archimagirus*, lasciando il plur. ai *carptores,* che è forse più naturale immaginarsi in numero più elevato (ma vd. appresso *ad: carptores*). L'Interlocutore sta parlando in generale degli schiavi al servizio dei ricchi; ma Virrone è considerato un *dives* di questo tipo e la presenza di tutto questo personale specializzato per la cucina attesta ancora una volta la sua notevole ricchezza (54 ss.) e può ricordare la cura e l'orgogliosa consapevolezza che il Virrone della sat. 5 aveva della eccellenza della sua *culina* (162), descritta ampiamente nella sua efficienza e raffinatezza per tutto il corso della satira, almeno per quel che riguarda i manicaretti serviti ai veri *convivae* (vd. qui anche il dettaglio irritante dello *structor* ai vv. 120 ss.; *Introd.* p. 31 e n. 113). – **110 carptores:** in 'rejet', a formare un pesante molosso (Lucot 1967); cf. 116 e, con interpunzione forte come qui, 126. Il termine è *hapax* in G. e in questo significato non risulta attestato altrove. Urech 1999, 233 ricorda che esso è elemento di un lungo composto di Levio (*subductisupercili**carptores***, fr. 9 Blänsdorf[4]), ma con tutt'altro senso (quello di *vituperones*, calunniatori o critici malevoli). Sembra però sforzato rintracciare qui un «pun» nell'uso del termine, come fa Braund 1988, 266 n. 192 e 267 n. 196, per cui i *carptores* sarebbero in questo particolare frangente anche *carpentes* (nel senso di detrattori maligni). Qui i *carptores* sono semplicemente gli "scalchi" che *discerpunt* le carni secondo i tagli anatomici, più o meno pregiati (*scindendi obsonii magistri*: Sen., *de vit.b.* 17 s.). Per *carpere* in tale significato, vd. Mart. 3, 13, 1 (con Fusi 2006, 181 *ad l.*), dove il verbo ha senso causativo, e il nome di *Carpus* in Petr. 36, 7, con il gioco di parole *Carpe, carpe* (Schmeling 2011, 134 s.). Nel senso di *carptor* si trova in Petr. 36, 6 *scissor* (cf. *scindere* in Mart. 3, 12, 2 e 3, 94, 2, con Fusi 2006, 177, in relazione all'atto-base di tagliare la carne), ma altrove G. preferisce usare il termine *structor* (5, 120–124, con Santorelli 2013, 153 ss.; 11, 136–141, con Bracci 2014, 158 ss.). In entrambi questi passi si insiste sull'abilità dello *structor* (al singolare: non ce n'è una squadra) – acquisita presso rinomati e costosi *magistri* – nel tagliare la carne e nel disporla 'artisticamente' nei piatti di portata, mentre in 7, 184 s. si citano come esempi di personale di cucina procurato a carissimo prezzo: 1) *qui fercula docte / componit* (sembrerebbe appunto uno *structor* specializzato proprio nella disposizione artistica dei piatti da servire: si pensi a Trimalchione e ai sorprendenti giochi 'di prestigio' dei suoi cuochi e scalchi in *Sat.* 35–36) e 2) *qui pulmentaria condit* (il *cocus*). Stramaglia 2017[2], 205 rileva che in questo passo di sat. 7 *veniet* allude al fatto che tale costoso personale è solo noleggiato: qui, invece, si parla di uno 'staff' fisso, di pertinenza esclusiva della *domus* del ricco.

110–111. Quod enim... in dominos: *componere crimen* fa pensare a calunnie (*Schol.*, p. 160, 3 W. = *confingunt*) che i servi hanno ben architettato in combutta tra di loro (cf. *ad* 109: *finxerunt pariter*). Per *componere* in questo senso vd., per es., Cic., *Verr.* II 3, 61, 141 (*crimen*) *non... fictum... non compositum* o Plaut., *Amph.* 366 s. *compositis mendaciis... consutis dolis*. Per l'abilità con cui sanno formulare le accuse maligne per renderle credibili, vd. anche G. 6, 244 (*c o m p o n u n t ... formantque libellos*, cf. *accusat*, 243), dove però, naturalmente, si tratta di atti scritti di denunzia, redatti secondo tutti i crismi formali. Gli schiavi sono più meticolosi e maligni della pettegola di 6, 408 s., che si limita a raccogliere per strada le dicerie che sente e qualcuna la inventa sul momento così come le viene (*facit*). Il plurale *dominos* (al posto di un metricamente possibile *dominum*) fa capire che l'Interlocutore pensa in generale, non al solo caso in questione. Il verso è allitterante in clausola e a cornice. *Quod enim* varia *quod nam* (cf. 3, 208; 6, 568; 11, 2 e 38, ecc.) e aggiunge un tocco enfatico di sorpresa alla domanda (vd. Courtney 2013², 324 e Stramaglia 2017², 195 *ad* 7, 158). – **111–112. quotiens rumoribus ulciscuntur / baltea?:** il movente delle (false) dicerie è quello di vendicarsi delle punizioni corporali subite. Il tema delle pene inferte agli schiavi è caro a G., ma in altra chiave, quella della vibrata protesta contro la futilità delle colpe rinfacciate o degli eccessi di crudeltà nella punizione (6, 219–223, 475 ss., 490, con Watson 2007b, 387 ss. e Watson-Watson 2014, 142 s., 229 ss.; 14, 15–24, 63; vd. anche Saller 1991, 151–158). Qui l'Interlocutore non accenna in alcun modo al fatto che le punizioni possano essere ingiuste o eccessive e il sentimento di fondo verso gli schiavi è di diffidenza, se non di ostilità (cf. Tac., *ann.* 14, 43–44: necessità del *metus* per tenere a bada gli schiavi, anche i *vernae*). L'ottica sembra decisamente padronale (Seneca si mostra decisamente più comprensivo in *epist.* 47; meno, comunque, in *tranq. an.* 8, 8; sul tema, vd. Bradley 1986; Marino 2016, 1107 ss., con bibl.). La clausola tetrasillabica (dominata dal suono cupo della /u/, che riprende anche la sonorità di **ru**moribus) dà luogo a un esametro spondiaco (Nardo 1975–84, 18–19 e 29). Gli strumenti di punizione riservati agli schiavi erano accuratamente graduati a seconda delle infrazioni commesse e della relativa pena da infliggere: dallo schiaffo a mani nude (*colaphus*, cf. *ad* 5) ai vari tipi di verga e frusta (vd. 5, 173: *flagrum*; 6, 479 s.: *ferula, flagellum, scutica*, adoperati dai *tortores*; 14, 48: *virga*). Lo *Schol.*, p. 160, 3 e 5 W. spiega l'espressione con *loris caesi* (cf. 6, 414) e *verberati* (per lo strumento in cuoio, cf. anche *taurea* in 6, 492). Per le punizioni corporali inferte alla servitù, in particolare ai cuochi, vd. Fusi 2006, 182 s. *ad* Mart. 3, 13, 3 (con bibl.), nonché i numerosi passi in Petronio (per es. 28, 7; 30, 7; 34, 2–4; 49, 5–10; 52, 4), con il relativo comm. di Schmeling 2011. – **112. baltea?:** *balteum* per *balteus* costituisce un metaplasmo di genere (vd. Schmeling 2011, 152 *ad* Petr. 39, 5: *caelus* e 238 *ad* 57, 8: *vasus/lorus* per *vas(um)/lorum*; paragonabile *gladium* per *gladius*, cf. *ThlL* VI 2, 2011, 54–56). Il termine è assai raro usato al genere neutro (ma vd. Varro, *ling.* 5, 116 e, in poesia, Prop. 4, 10, 22; *ThlL* II 22–37) e isolato anche come metonimia (*OLD*² 1d) a indicare i "colpi inferti con il *balteus*": questo in G. è il cinturone di pelle del gladiatore o del soldato (6, 256; 16, 48; vd. *DS* I 664–666). Nel cit. passo varroniano, l'oggetto in questione è descritto come *cingulum e corio... bullatum* (donde la particolare durezza della punizione inferta con esso). Ma qui forse indicherà il primo oggetto che il padrone irato si trova tra le mani per colpire lo schiavo (come l'*acus* per la padrona arrabbiata di Ov., *am.* 1, 14, 18 o il *lorum de pera* di Petr. 11, 4).

112. Nec derit: litote enfatica (per *aderit certe*), abbastanza comune in G. (cf. 130, e 2, 168, con Monti 1978, 231 *ad l.*; 3, 302 s.: *qui spoliet te / non derit*; 16, 18). – **112–113. qui te... aurem:** dal chiuso della *popina* si passa allo spazio aperto della strada, dove lo schiavo che vuole sfogarsi sparlando ti cerca apposta al crocicchio (*te* generico per qualunque passante, non più un avventore della taverna), anche se non vuoi e ti ritrai. *Qui* sarà appunto uno schiavo di quelli già detti (Heinrich 1839, 371 s.: «quippe egressus modo e popina»), non una persona qualsiasi, come vuole Braund 1988, 153, secondo la quale avremmo qui una diversione «from the topic of betrayal by slaves (103–112) to the g e n e r a l propensity to spread secrets (112–117)». Il tema resta, invece, la pericolosità del numeroso personale di servizio del ricco. Parimenti, non c'è alcun contrasto tra un (irriflesso) «drunken betrayal of secrets» e «preceding d e l i b e r a t e betrayal» (Courtney 2013², 386; Braund 1988, 266 n. 193). Qui non c'entra il luogo comune relativo al «wine as a revealer of secrets» (su cui Horsfall 1993, 79 s. *ad* Hor., *epist.* 1, 7, 72; Della Bianca-Beta 2015, 66 ss. e 192 s.; Pepe 2018, 152 ss.): nel nostro contesto *in vino* non c'è *veritas*, che scaturisce anche se non si vuole e ci si sforza di tacere (Hor., *sat.* 1, 4, 88 s.; *epist.* 1, 5, 16, con Cucchiarelli 2019, 273 s., e vd. Tosi 1991–2017, 644 ss.), ma solo *garrulitas...* (e, magari, *calumnia*) e *quaerit* indica, di fatto, l'intenzione precisa (cf. 3, 296) del servo in questione, che passa dalla bettola alla strada per diffondere quanto più possibile quel che sa del suo padrone e così vendicarsi. – **112. compita:** in 6, 412 la pettegola sparge le sue notizie *quocumque in t r i v i o, cuicumque est obvia* (cf. Hor., *sat.* 2, 6, 50: *frigidus a rostris manat p e r c o m p i t a rumor*). Anche in 3, 278 l'*ebrius* che si incontra malauguratamente per strada è *petulans*, ma lì non si accontenta di infastidire con le sole parole chi ha la sfortuna di imbattersi in lui. All'inizio della *sat.* 11 (v. 4, con Bracci 2014, 61) sono elencati altri luoghi di 'spaccio' del pettegolezzo cittadino (*convictus, thermae, stationes... teathrum*). – **113. nolentem et miseram... aurem:** l'ebbro ti parla da molto vicino e con il suo alito di alcolizzato ti "ubriaca" a forza l'orecchio, con sviluppo dell'immagine delle *b i b u l a e aures* di Pers. 4, 50 (cf. Hor., *carm.* 2, 13, 32: *bibit aure vulgus,* con Nisbet-Hubbard 1978, 219; Prop., 3, 6, 8: *suspensis auribus ista bibam*, con Fedeli 1985, 210), dove, però, le *aures* sono vogliose di udire. Diversa, ma con qualche analogia, l'immagine in 3, 122 s., dove si usa *stillare* (= *instillare*) *in aurem*;

vd. Wilson 1900, 220; Manzella 2011, 207 *ad l. Nolentem* (in 'rejet' riferito a *te* di v. 112, con sfumatura concessiva) e *miseram* ricordano il recalcitrante 'Orazio' di *sat.* 1, 9 (vv. 8: *misere discedere quaerens* e 14: *misere cupis... abire*): nel primo emistichio *nolentem et miseram* (efficacemente disposti in chiasmo) si intensificano a vicenda. Per la 'Sperrungszäsur', vd. *ad* 59: *clientis*. – **vinosus:** il termine, *hapax* in G., indica l'avvinazzato abituale (vicino per il senso ad *ebriosus*, rispetto ad *ebrius*; cf. Sen., *epist.* 83, 11; Ross 1969, 56 s.; Agnesini 2009, 251 s.); per questo aggettivo di stampo colloquiale in -*osus*, con valore fortemente negativo, cf. già Plaut., *Curc.* 79 e Scip. Aem., *orat.* 17 Malcovati, nonché Orazio (3 casi sempre nel *sermo* delle *Epistulae*). In Laberio *CRF* 80, p. 292 Ribbeck, si legge il femminile di *bibosus*. Per gli aggettivi con questo suffisso, cf. anche *ad* 144, *clamoso*, e vd. Knox 1986 b, 99 e n. 36; Canobbio 2011a, 231 s. *ad* Mart. 5, 18, 6.

114–115. Illos... illi: gli schiavi di casa del *dives*, come conferma 115 ss.: non ci sono altri personaggi in scena (vd. *ad* 112–113: *qui te... aurem*). Notare il chiasmo che mette all'inizio e alla fine del periodo il pronome dimostrativo in poliptoto; è, dunque, meglio lasciare *illi* sogg. di *taceant*, piuttosto che – con Nisbet 1988–95, 251 e Willis 1997 – farlo iniziale della frase successiva e soggetto di *malunt*. Nel primo caso è efficace la insistita focalizzazione dell'attenzione su coloro cui bisogna chiedere il silenzio (*illi* in eftemimere come 'Interpunktionzäsur' è molto espressivo e impedisce a *taceant* di restare 'sospeso'); nel secondo il soggetto di *malunt* è facilmente ricavabile da quanto precede e non ha bisogno di risalto particolare. *A nobis*: per una volta l'Interlocutore usa il 'pluralis maiestatis'. – **114. quidquid paulo ante**: cf. 93–94 e 101. Per *quidquid* enfatico per *quod*, cf. Courtney 2013[2], 386, che cita Petr. 86, 3 (vd. Habermehl 2006, 109) e Hor., *epist.* 1, 7, 60 (*quodcumque*). Per *paulo ante* (= *modo/nuper*), vd. 6, 227; l'espressione, abbastanza frequente in Lucrezio, altrove in poesia si trova solo in Catull. 66, 51 e Sil. 9, 89 (Axelson 1945a, 95 n. 95).

115–117. Sed prodere malunt... Saufeia bibebat: gli schiavi preferiscono mettere in piazza un segreto imbarazzante del padrone che bere di nascosto una quantità anche spropositata di ottimo vino rubato («doubly sweet» secondo Courtney 2013[2], 386 *ad l*.; già Ruperti 1830–1831, II 366: «vinum furtim ablatum dulcius esse dicitur»). Questi schiavi non pensano di poter usare quanto hanno appreso come temibile arma di ricatto (cf. *ad* 97: *tamquam prodiderim... scio*): non sono come i *Graeculi* di 3, 113, che *scire volunt secreta domus atque inde timeri* (difesa dell'autenticità del verso in questione in Nadeau 1983, 153 ss.; *contra*: Kissel 2013, 243). *Arcanum* in 'rejet' corrisponde qui a *secretum* di v. 96 o a *occulta* di v. 101 e anche se la parola ha in sé qualcosa di più solenne, essendo spesso legata all'ambito del mistero religioso (positivamente in 2, 125 e 15, 141; negativamente in 6, 543 e 14, 102), qui si tratta dello stesso tipo di sordido *arcanum* di 2, 61 (*donant arcana cylindros*). Con *prodere malunt arcanum* siamo tornati alla rivelazione di qualcosa di effettivamente avvenuto (non più alla propalazione di invenzioni o calunnie). Per il verbo, cf. 97: *tamquam p r o d i d e r i m quidquid scio*. – **116. subrepti... Falerni:** lo schiavo è visto dall'Interlocutore come abitualmente intento a defraudare e derubare il padrone, cf. 11, 142–144 (se si intende *subducere = subripere*, ma vd. Facchini Tosi 1981, con la relativa discussione in Santorelli 2008, 672; Kissel 2013, 357; Bracci 2014, 162 s.) e, di certo, 11, 190 s., con Bracci *ibid*., 197 (vd. anche *ad* 5: *lambenti crustula servo*). Qui si sottrae non una stilla o un bicchierino, ma una gran quantità di costoso Falerno (vd. *ad* 117 *Saufeia*). Il Falerno è notoriamente uno dei migliori vini campani (cf. Tchernia 2016, 342 s.; La Penna 1993, 275 ss., spec. 296; 1999, 164; Leary 1999, 36 s.; 2001, 176 s.; Canobbio 2011a, 496 s. *ad* Mart. 5, 64, 1). Il suo consumo è in G. sempre connesso all'idea di *luxus/luxuria* (in 4, 138, per es., è Falerno il vino delle sfrenate notti di Nerone, cf. anche 6, 303 e 430). In casa dei *divites* come Virrone, evidentemente, non si consumano vinelli come il *Trifolinum,* prodotto sui terreni stessi del padrone (56), ma vini di ben migliore qualità e di più alto prezzo. *Quantum* non è preceduto dal correlativo *tantum* (con *subrepti Falerni*; cf. Manzella 2011, 330 *ad* 3, 225; anche Setaioli 1980/1–2000, 47). Il v. 116 è fatto tutto di spondei (tranne il quinto piede), forse per conferire gravità all'osservazione, mentre – oscurata la cesura pentemimere – si pone con l'eftemimere l'accento sulla circostanza del furto. – **116–117. potare... bibebat:** G., che non teme certo la ripetizione lessicale a breve distanza ed, anzi, spesso la ricerca (vd., per es., 6, 56 s. e *ad* 77–78: *lectulus... lecti*; in generale, Facchini Tosi 2006), qui invece preferisce variare l'espressione, usando *potare* e *bibere* come pienamente sinonimi (così nella sat. 5: cf. 30 *potat* e 33 *bibet*). G. preferisce *bibo* (16 casi) a *poto* (4 + un'occorrenza del composto *epoto* in 10, 177). Da *ThlL* X 2, 358, 39–43, s.v. *poto*, ricaviamo che solo in Terenzio e Silio Italico c'è prevalenza di *potare* su *bibere* (mentre in Columella c'è equilibrio tra i due termini: 12 = 12). Anche se in *ThlL ibid*., 9 ss. si sottolinea in diverse testimonianze il valore 'intensivo' di *potare*, legato spesso agli eccessi alcolici del banchetto (*Schol. Ter.* p. 159, 24: *potasti = multum bibisti*; Isid., *diff.* 1, 74: *bibere naturae est, potare luxuriae*), talora in esplicita connessione con la vita del *pergraecari* (fatta di *potare* e *scortari*: Pl., *Asin*. 270), G. può usare *potare* per l'acqua (5, 52) e *bibere* per il convivio sfrenato (1, 49 o 6, 304 e 432): cf., del resto, al v. 128 *dum bibimus*, in un contesto di *comissatio*. – **117. pro populo faciens... Saufeia:** per indicare che non si tratta di una piccola quantità, l'Interlocutore la paragona con quella che beveva Saufeia in occasione (e con la scusa) dei riti sacri cui era chiamata a sovrintendere (cf. 6, 320; vd. 6, 314 ss.: *vino ... meri veteris... torrens),* ovvero un vero e proprio torrente di vino puro e stagionato (tuttavia qui non individuato come Falerno, cf. 303). Poco plausibile appare l'interpretazione del passo in chiave sessuale di Watson-Watson 2014, 172 s., con riferimento – invece che al vino – a «the genital secretions of the sexually aroused women» (vd. piuttosto l'immagine di 6, 430: *rivi properant*, detto del vino che scorre 'a fiumi'). Deve trattarsi anche qui delle cerimonie in onore di *Bona Dea* (cf. 6, 314: *nota Bonae secreta Deae*). I *secreta* in questione si tenevano in dicembre nella casa del console o del pretore urbano in carica, sotto la guida della moglie di lui: quindi Saufeia è donna della più alta società (6, 323: *palma inter dominas, virtus natalibus aequa*; cf. Ferguson 1987, 203). Nonostante Friedländer 1895, 321, ripreso ora da Nadeau 2011, 190 ss. (spec. 193 e 195), non sembra che in 6, 314–334 si alluda alla diversa cerimonia che si teneva in maggio nel tempio sull'Aventino, restaurato per impulso di Livia (cf. Ov., *fast*. 5, 147–158, con Bömer 1958, 302 s.): sul discusso rapporto tra 6, 314–334 e 335–336 (al cui *p u b l i c a... sacra* si allude in 9, 117 con *pro populo*), vd. la n. di Watson-Watson 2014, 178. Né la Saufeia di Marziale 3, 72 (nonostante Colton 1991, 364), né il Saufeio di 2, 74, 1 (dal solo apparente *status* di uomo importante, in quanto seguito e scortato da tanti clienti) sembrano avere alcun rapporto con il nostro personaggio di alta levatura sociale; forse da ricordare, semmai, sulla scia di Nadeau cit. 190, il Saufeio (Trogo) menzionato da Tac., *ann*. 11, 35, 3 tra gli *inlustres equites Romani*, vittime della repressione di Claudio. Queste cerimonie solenni, dedicate a *Bona*, dea della fertilità, e celebrate da sole donne alla presenza delle Vestali (vd. Coutelle 2015, 878 *ad* Prop. 4, 9, 25; da qui l'equivoco dello *Schol*., p. 160, 13 W.: *sacrificans virgo Vestae*, inteso in riferimento a Saufeia che, invece, è *matrona*), sono per G. divenute vere e proprie orge (donde la valenza fortemente sarcastica del solenne *pro populo*). Qui si accenna alle sole bevute di vino (sulla cui arcaica proibizione alle donne, vd. sotto), ma in 6, 315 ss. si parla di gare di danze lascive (non prive di risvolti lesbici: 322) e si accenna a come finisce la cerimonia con la spasmodica ricerca di maschi (di qualunque tipo: anche *aselli*!) per il *concubitus*. In 2, 82 ss., G. si occupa a lungo della profanazione che dei riti della *Bona Dea* fanno i maschi effeminati in una parodia scrupolosamente sacrilega che esclude proprio le donne e qui, al v. 87, si parla del *magnus crater* (chiamato eufemisticamente *mellarium*, cf. Macr., *Sat*. 1, 12, 25), da cui si attingeva il vino per le bevute 'liturgiche', mentre il vino stesso si provvedeva a chiamarlo "latte" (Plut., *Quaest. Rom*. 268e). Su *Bona Dea*, vd. anche Prop. 4, 9 (spec. 23 ss.), con Hutchinson 2006, 205 ss. e Fedeli-Dimundo-Ciccarelli 2018, 1115 s., 1146 s. Sulla storia e le caratteristiche della dea e del suo culto, cf. Piccaluga 1960; Brouwer 1989; Versnel 1992; Boëls Janssen 1993, 429–468 e Dimatteo 2016a, 110–112 (con ulteriore bibl.). *Facio* è qui usato in senso assoluto per "compiere il sacrificio" (*OLD*² 24b; *ThlL* VI 1, 97, 19 e 30; lo *Schol*., *ibid*., cita Verg., *ecl*. 3, 77 *cum faciam vitulā* *pro frugibus*, con abl. strumentale) e questa cerimonia si svolge in nome e a favore della collettività del *Populus Romanus* (cf. *publica... sacra* in 6, 335 s.; Boëls Janssen 2010, 110 ss.). Cicerone in *leg.* 2, 21 ricorda il divieto per le donne di partecipare a sacrifici di notte (*nocturna mulierum sacrificia ne sunto*), con una sola eccezione (*praeter olla quae pro populo rite fient*). Secondo la più rigorosa tradizione quiritaria, le donne non potevano bere vino (o non tutti i tipi di vino) a rischio di essere punite duramente, anche con la pena di morte (Giunti 1990, 155–175; Bellandi 1995, 146 *ad* 6, 300–305; Bettini 1995a e b; Canobbio 2011a, 103, con bibl.; Watson-Watson 2014, 172 *ad* 6, 315; Pepe 2018, 176 ss., cf. 82 ss.). Senza parere, l'Interlocutore assesta 'en passant' un'altra botta al malcostume delle donne (cf. 24; vd. anche Braund 1988, 267 n. 194). Il 'trait' satirico ricorda 12, 45, dove viene improvvisamente tirata in ballo la moglie ubriacona di Fusco (in 'strana coppia' con il centauro Folo); su queste uscite 'para-satiriche', vd. *Introd.*, p. 17 e n. 60. La 'beona' costituiva un ben noto tipo comico-epigrammatico-satirico (rappresentata, per lo più, come *anus* o *vetula*); vd., per es., Canobbio 2011a, 101 s. *ad* Mart. 5, 4.

118–123. Vivendum... aere]: l'Interlocutore dà improvvisamente una sterzata moralistica al suo discorso sul pericolo costituito dalla maldicenza degli schiavi. Visto che è impossibile metterli a tacere, magari corrompendoli (se non *aere* [6, 235], con il *vinum*: ma vd. 115–117), l'unica vera soluzione è troncare il problema alla radice e... "vivere virtuosamente". Per la *Vox docens* satirica proprio un ammonimento di questo tipo sarebbe dovuto essere centrale nel discorso: vd., per es., la 'tirata' stoicheggiante di 8, 79–86 (spec. 83 s.), su quelle che devono essere le vere *causae vivendi* (cf. 11, 11), oppure le 'belle' parole di 4, 90 s. o di 10, 140–142, 347 ss., 363 s., sulla *virtus* – premio a se stessa – come unica via per arrivare alla mèta della *tranquillitas vitae* (per non parlare del nobile 'pistolotto' stoico di 15, 131 ss.). Sulla qualità o lo spessore dello stoicismo di G., vd. *Introd.*, p. 44 n. 157. Ma qui, per l'Interlocutore, la motivazione morale viene in fondo – un po' frettolosamente – e in chiave pressoché strumentale (a contrasto, vd. il rigorismo estremistico di 13, 199 ss., 208–210) e una tale dichiarazione non può non suonare sostanzialmente ironica o ambigua (Bracciali Magnini 1990, 48 ss., spec. 50, n. 100: «un moralismo dai contorni approssimativi»). Del resto, non è facile (nonostante l'ironia di 20 s.) ipotizzare una conversione al bene etico-filosofico da parte di Nevolo, che (come il Natta di Persio 3, 31) nemmeno si rende conto di non *vivere recte*. Sotto il profilo testuale il passo è molto discusso. Ribbeck 1865, 111–113, seguito più recentemente da Willis 1997, espungeva addirittura tutto il brano di 6 versi («quasi Naevolo μονοδούλῳ minime congruentes»): ma è tutto l'intervento dell'Interlocutore dal v. 102 in poi a occuparsi dei problemi di 'privacy' del *dives* e della loquacità maligna della sua numerosa servitù e a non tener conto alcuno della situazione da indigente di Nevolo con il suo unico *puer* (64–67). Seguendo Jachmann 1943–82, 764–769, sia Knoche 1950 che Clausen 1959[1] espungevano 120–123 e altri – come vedremo – hanno adottato soluzioni ancora diverse per risolvere i problemi effettivamente spinosi del passo, che, di sicuro, contiene almeno una ripetizione insostenibile (quella tra il v. 119 e i vv. 120–121). Con tutta probabilità, il problema della ripetizione si spiega con l'interpolazione (per cui Jachmann 1943–82, 767 s. rimandava ai problemi non dissimili dell'inizio di sat. 8, su cui, adesso, vd. Dimatteo 2014, 50) e va risolto con un intervento di espunzione, a meno che non si voglia ricorrere all'interpretazione proposta da Teuffel 1866–89[2], 155 ss. e sviluppata da Leo 1909, 613 s., che vede nei versi ripetuti una «variante d'autore», rimasta poi nel testo accanto a ciò che avrebbe dovuto sostituire (cf. *ad* 5: [*Nos... servo*]). Più recentemente, Högg 1971, 179 e 183 ha recuperato questo tipo di spiegazione, distinguendo tra una versione più antica e più ampia (118 + 120–123) e una più concisa (118–119) destinata a sostituire la prima. – **118. Vivendum recte:** *sc. est*; *recte est* si legge in **PA**, che in clausola leggono anche *tunc est*, con il risultato che nel verso si ha un doppio *est* (*est* è omesso invece in **Φ**, che poi legge *tunc his* e, dunque, è privo anche di un solo *est*). La *iunctura* ha sapore di *sententia* oraziana (cf., in part., Hor., *carm.* 2, 10, 1; *epist.* 1, 2, 41 o 2, 2, 213, con Braund 1988, 153 e 254 n. 117; ma vd. anche le precisazioni di Mayer 1994, 118 e 149 ad *epist.* 1, 2, 41 e 1, 6, 29). Axelson 1945a, 63 e 111 definiva *recte* (solo qui in G.) «ein Lieblingswort des Horaz» (cf. Bo 1966, 236, s.v. *rego*) e ne sottolineava il carattere «ungeheuer unpoetisch». In G. *rectus* non ha di solito valore morale e l'uso del sostantivato *rectum* in senso etico si trova solo in 13, 189 (che è verso, peraltro, di assai sospetta autenticità). Per il tono 'oraziano', vd. anche *ad* 9 *modico contentus* (sempre sulla bocca dell'Interlocutore). – **cum... tum est his:** si stampa qui il testo proposto da Housman 1931[2] (accettato da Courtney 2013[2], 386 s., e 1984 e, infine, da Clausen 1992[2], che nel 1959 ancora segnava le croci davanti a *tunc est*), mentre in **PA** si legge *tunc est* e in **Φ** *tunc his*. Si tratta di una sorta di compromesso tra le due versioni tràdite, partendo dall'idea che *tum* sia – per le ragioni che verranno illustrate sotto – la lezione originaria da restaurare a testo al posto del «solecistico» *tunc*. Se *tum* è da recuperare, esso – a causa rispettivamente dell'aferesi in **PA** (*tum est*) o della sinalefe in **Φ** (*tum his*) – fa zoppicare il verso (improponibile lo iato: cf., per es., *tum his* nel testo di Prateus 1684, 291). Occorre perciò inserire una parola monosillabica dopo *tum est* che per Housman 1931[2] è *his* da **Φ** (da riferirsi – una volta espunto il v. 119 – a *causis* di 120). – **cum... tum:** *tunc* della trad. ms. concorde è considerato un solecismo (vd. Housman 1931[2], xxxiv s., e Courtney 1975, 150; 2013[2], 386 s., *ad l.*; 2003, 239 s.; *contra*: Leo 1909, 614; Jachmann 1943–82, 765 n. 1; Gaertner 2007, 214 e n. 16). Courtney indica ragioni di storia della lingua per preferire *tum*: la forma rafforzata *tunc* tende a prendere il sopravvento sull'altra nella lingua tarda e qui la sua indebita sostituzione a *tum* avrebbe reso il verso ametrico per eccesso di una sillaba e, perciò, avrebbe dato luogo a due diverse correzioni nei due rami della tradizione (*tunc est*, con omissione di *his*, in **PA** e *tunc his*, con omissione di *est*, in **Φ**). Bisogna peraltro osservare che: a) G. sembra usare tranquillamente sia *tum* che *tunc* (anche nello stesso verso), di solito riservando *tunc* per la posizione davanti a vocale (3, 214; 6, 270; 10, 26), ma non necessariamente (13, 40); b) un caso interessante di *tunc est* in clausola come qui è in 10, 328 s. (*tunc est / cum...*), come notava già Leo 1909, 614. Sulle inevitabili oscillazioni della tradizione manoscritta a proposito dell'uso di *tum/tunc,* è utile vedere la n. di Citroni 1975, 298 s. *ad* Mart. 1, 97, 1 e, ora, Gaertner 2007. Ma in G., in questi casi di alternanza, *tum/tunc* significano sempre "allora" e il *cum* con cui sono in correlazione vale sempre "quando". Questa in 9, 118 è l'unica occorrenza in tutto G. della struttura correlativa di *cum* (sempre in prima posizione)... *tum* (sempre in seconda posizione con valore fortemente enfatico): vd., per es., le frequenti espressioni *tum in primis, tum maxime, t u m   p r a e c i p u e , e.g.* in Cic., *fam.* 13, 11, 3 o Caes., *civ.* 3, 68, 1 (*cum in reliquis rebus, t u m   p r a e c i - p u e in bello*) o *Gall.* 5, 54, 5 (*cum compluribus aliis de causis, tum maxime quod...*, ecc.) nel senso di "non solo... ma anche (soprattutto)"; vd. *OLD*², s.v. *cum* 2/*quom*, 14 (spec. b). All'interno di questo particolare nesso correlativo sarà da considerarsi opportuno che *tum* mantenga la sua piena corrispondenza anche fonica col *cum* che precede. Per questo è preferibile accettare la forma *tum* nella clausola del v. 118 o nella forma proposta da Housman 1931² o in quella suggerita da Kenney (*tum ex his, sc. causis,* stampata da Braund 2004 con 'restituzione' di *est* a *recte*, come in **PA**). L'obiezione di Nisbet 1989–2009, 59, che trova una elisione in questa posizione del verso poco accettabile («questionable elision»; in realtà è un'aferesi, come puntualizza Courtney 2003, 237), mi pare in qualche misura indebolita dai casi analoghi di 5, 1 e 14, 276, segnalati da Courtney 1975, 149 s.; 2013², 387 (anche se l'aferesi in questi passi è tra 5° e 6° piede e non propriamente all'interno del 6°). Il passo presenta, però, anche altri problemi di non facile soluzione, che spiegano le forti incertezze di editori e commentatori. – **cum propter plurima:** l'Interlocutore dichiara che le ragioni per vivere nella virtù sono moltissime (*propter* + neutro plur. per *propter plurimas causas*), ma il suo discorso vuol essere improntato – a quanto pare – alla massima pragmaticità (vista anche la qualità del suo destinatario). Non si dice nemmeno *inter* o *praeter plurima... etiam...*, ma con la struttura correlativa *cum... tum... praecipue* si dà assoluto risalto alla seconda ragione (eticamente inconsistente). I vv. 122–123 potrebbero dunque essere stati interpolati (vd. sotto) proprio per munire il contesto di un *pannus purpureus* 'moralizzante', adatto al «Iuvenalis ethicus» caro al Medioevo (cf. *Introd.* p. 1 e n. 3; Courtney, cit. sotto, in n. *ad l.*). – **119. [idcirco... servi]**: il v. 119 è apparso a taluni (cf. Pinzger 1827, 11) di sospetta autenticità per diversi motivi: esso manca in alcuni mss. (peraltro recenziori) ed è collocato dopo v. 118 solo in **PA**, mentre in **Φ** è spostato dopo 123, dove effettivamente alcuni editori del passato, per es. Henninius 1685, 261, Prateus 1684, 292, Achaintre 1810, I 365, lo hanno stampato (ma poco credibilmente: vd. *ad* 122–123, *in fine*). Willis 1997 nota peraltro che lo *Schol.* – mentre tace su 120–123 (vd. *ad* 122–123) – alluderebbe al v. 119 (*Schol.*, p. 160, 19 W.: *possis contemnere*). Meno forte pare l'obiezione di ordine stilistico secondo la quale sarebbe sospetto l'uso di *idcirco* (soltanto qui in G. e assente anche in Marziale): entrambi i poeti usano, invece, *ideo* (G. 8 volte e Marziale 2). Courtney 1975, 149 s. e 2013², 387 cita al riguardo Axelson 1945a, 80 e n. 67; ma vd. ora *ThlL* VII 1, 172, 1 ss. con il prospetto relativo all'uso di *idcirco* in poesia (rispetto a *ideo*). Certo l'uso *hapax* di un termine già non è argomento in sé molto significativo o, addirittura, decisivo per l'espunzione del verso che lo contiene (Nisbet 1988–95, 251: «some things happen only once in an author»), tanto più in un poeta come G. che di *hapax* fa un uso molto esteso (Dubrocard 1970), e *idcirco* poi, per la verità, appare anche in autori decisamente importanti o fondamentali per la configurazione stilistica di G. come, per es., Lucilio (3 volte); Virgilio (vd., per es., *georg.* 3, 445 e, addirittura, *Aen.* 5, 680); Orazio (*sat.* 1, 4, 45 e – caso particolarmente interessante – *epist.*, 1, 1, 29: *non... idcirco contemnas*; Bonfante 1937–94, 102); Ovidio (14 casi); Pers. 2, 28, ecc. Per l'uso prolettico di *idcirco* rispetto a proposizione finale, poi, vd. *ThlL ibid.*, 176, 56 ss.; *OLD*² 1c. La vera ragione per l'espunzione del v. 119 (una volta non presa in considerazione la possibilità delle «Doppelfassungen») è quella di evitare la ripetitività intollerabile con 120–121, ma non pochi autorevoli editori preferiscono, come si è detto, mantenere 119 ed espungere 120–121 (Jahn) o 120–123 (Knoche 1950 o Clausen 1959¹). La ragione per cui per evitare la ripetizione può sembrare preferibile l'espunzione di 119 (verso che in sé non ha nulla di riprovevole, una volta accantonata o ridimensionata la questione dell'*idcirco*) è quella di permettere il collegamento di *tum est his* con *causis* di v. 120. In questo modo si ottiene la ragionevole messa in relazione di *cum propter plurima* con *tum est his / praecipue causis*: "non solo per moltissime (altre) ragioni, ma per questa soprattutto" (cf. i casi di *tum praecipue* cit. sopra). Resta che il plurale *causis* è piuttosto sgradevole (Leo 1909, 614; Clauss 1912, 67 ss.; Jachmann 1943–82, 768). Poco convincente appare la difesa di Högg 1971, 180 che per giustificare il plurale cerca di individuare nei vv. 122–123 una s e c o n d a causa (più «oggettiva») in opposizione a quella di 120–121 (più «soggettiva»); un poco più convincente è quella di Courtney, che per spiegare il plurale cita *ista* del v. 73 (che, però, non sta per *istud* in un contesto in cui l'antitesi richieda il sing.). È difficile contestare il fatto che la contrapposizione enfatica con *propter plurima* faccia legittimamente aspettare una sola causa che si opponga in marcato rilievo (*praecipue*) alle moltissime cui si accenna prima, mentre di fatto – a dispetto del plurale *causis* – risulta citata un'unica causa (quella di evitare le maldicenze dei servi). Dunque potrebbe valere la pena, al riguardo, di riprendere in considerazione l'ingegnoso duplice intervento di Leo *ibid.* ai vv. 118–120 (*tum ista... praecipue causast*). – **120. causis:** occorre ricordare che Lachmann (*ap.* Friedländer 1895, 445) propose (con una certa fortuna) di emendare il problematico *causis* in *cavĕ sis* (*tu*), collegando *praecipue* con il v. 119, mantenuto a testo (un caso analogo di 'rejet' è in 7, 109: *sed tum cum creditor audit / praecipue.*). Friedländer 1895 e De Labriolle-Villeneuve 1932² seguirono Lachmann su questa strada, mantenendo però, discutibilmente, *ut* al posto di *tu* (vd. Leo *ad l.*). *Caveo* è usato varie volte da G. (cf., per es., 8, 37 s.: *cavebis et metues ne...*; mai all'imperativo). Non è attestato altrove in G., invece, il colloquiale *sis* per *si vis* (come rileva Jachmann 1943–82, 768 e n. 2), che ancora appare, per es., in Pers. 1, 108 (*vide sis ne...*). Tuttavia, in linea di principio, si potrebbe anche obiettare che la formula di cortesia, altrettanto colloquiale, *sodes* (su entrambe le forme frequenti in commedia, vd. Hofmann-Ricottilli 2003, 288 ss.) appare in G. per una sola volta in 6, 280. – **linguas mancipiorum:** due plurali rispetto ai singolari di *linguam... servi* di v. 119, con *possis* alla seconda pers. singolare che, a prima vista, può sembrar rivolto a Nevolo, dotato di un unico servitore (cf. 64 s.). Ma tutto il discorso precedente si è occupato del gran numero di servi che possono controllare e divulgare il comportamento del padrone ricco e/o calunniarlo: è dei problemi di 'privacy' del *dives*, con il suo ricco 'staff' di servitori, che si sta parlando (diverso il caso del sing. collettivo *servi* di v. 121, che è nella *sententia* universale che chiude il discorso e non è più riferito strettamente a Nevolo). – **mancipiorum:** *mancipium* è lo schiavo in generale, per metonimia, in quanto oggetto di acquisto e di possesso (Capogrossi 1978, 726–733; ThlL VIII 254, 8 ss.; «de notione»: 36–46), di solito comprato al mercato (*servus empticius*) presso il *mango* (6, 373 a; 11, 147) e in contrapposizione al *verna* nato in casa. Il termine ha qui un tono decisamente spregiativo (cf. 11, 173, con Bracci 2014, 185 s.) rispetto a *verna* di cui si usa, talora, addirittura una forma diminutiva con valore affettivo (cf. 10, 117; 14, 169). Sulle pesanti clausole pentasillabiche in G. (cf. anche *ad* 109: *archimagiri*), vd. Highet 1951a–83, 222; Nardo 1975–84, 37; Campana 2004, 193 *ad* 10, 138; Nadeau 2011, 367 s.; Manzella 2011, 219 s. *ad* 3, 131 (*ingenuorum*), con bibl. – **121. nam... servi:** la sentenza introdotta da *nam* (cf. 95), ed efficacemente ellittica di *est*, serve a ribadire il pericolo insito nella maldicenza della servitù (*lingua* = *mala lingua*, cf. Mart. 3, 80, 2, con Fusi 2006, 479 s.; Petr. 37, 7; ThlL VII 2, 1447, 46 ss.). *Nam* si legge in **Φ** e dà ottimo senso; *nec* della prima mano di **P** è accettato da pochissimi editori (Weidner 1873[1], che nella seconda ed. propose *nunc*; poi Friedländer 1895 e De Labriolle-Villeneuve 1932[2]), ma *nec* introdurrebbe un cenno allusivo ad altre doti negative dello schiavo *malus*, che non sono pertinenti al discorso e aprirebbero improvvisamente e inopportunamente un nuovo 'fronte'. *Pars* vale "parte del corpo" (cf. 32), riferito alla *lingua*; con *nec* si dovrebbe allora pensare ad altre *partes*: alla *manus* dello schiavo abitualmente dedito al *furtum* (Sen., *tranq. an.* 8, 8: *rapacissimas manus*) o ai *pedes* del *servus fugitivus* ma, appunto, questi temi (frequenti a proposito degli schiavi: cf. 8, 174 *furibus et fugitivis* e, per es., Hor., *epist.* 1, 16, 47 *nec furtum feci nec fugi*; *sat.* 1, 1, 77 *servos ne te compilent fugientes*) sono qui fuori luogo.

122–123. [Deterior... aere]: questi versi sono espunti da Pinzger 1827, 11 e molti altri editori come una coda poco congrua, che disturba la compattezza del discorso fin qui condotto e sciupa altresì la bella 'climax' (*mali... pessima*) del verso precedente, riservata alla figura dello schiavo maldicente, sin qui dominante. La *sententia* si giustificherebbe solo come notazione moralistica dell'Interlocutore che – dopo aver tanto accusato gli schiavi – vorrebbe poi terminare con ammirevole imparzialità (un po' come in 90 s.) con un'osservazione *super partes*, relativa anche all'eventuale e deprecabile schiavitù morale dei padroni, non migliori – anzi peggiori – in taluni casi dei loro servitori. Il tema appare fuori posto in un discorso che è tutto incentrato sulla malignità degli schiavi e che, fin qui, si è tenuto ad un livello decisamente insufficiente dal punto di vista etico-filosofico (ha ragione Courtney 1975, 162: si tratta di «elevating moral reflections» qui fuori contesto). Non è del tutto vero, però, come volevano Clausen 1959[1] (ma non più 1992[2]) e Willis 1997 che gli *Scholia* tacciono di questi versi (mentre conoscono 119): in *Schol.*, p. 160, 19 W. *nulla territus conscientia* sembra riferirsi proprio a 122–123 (vd. appresso). – **122. [Deterior tamen hic:** *sc. est* o, meglio, *erit* (in ἀπὸ κοινοῦ con *erit* della relativa seguente); per questo tipo di futuro, vd. *ad* 6: *erit*. Si dice che peggiore del *malus servus* è, comunque (*tamen*), il padrone che eventualmente (e paradossalmente) non sia ai suoi propri occhi (e possa non essere considerato da altri) *liber* rispetto ai suoi schiavi a causa della sua *vita non recta* e del conseguente rischio del ricatto, dello smascheramento e dell'*infamia*. Questa sorta di padroni, evidentemente, non può dire come la chiaccherata Claudia Atta di Ov., *fast.* 4, 311: *conscia mens r e c t i famae mendacia ridet*. *Tamen* connette strettamente col discorso precedente: si tratta dunque di un giudizio morale (vd. appresso). – **[Deterior:** sembra prevalere il senso etico di "moralmente più sprezzevole" (cf. 2, 22: *quo deterior te?*; 10, 323: *deterior... femina*; 14, 52 s.: *morum... filius et qui deterius... peccet*, cf. *peiora* al v. 57; Hor., *carm.* 3, 5, 30; Sen., *epist.* 97, 10), dato che il contesto è imperniato sul giudizio etico, fortemente negativo, in relazione alla figura dello schiavo (*mali... pessima*). Secondario, o solo conseguente, il senso materiale, relativo alla situazione di concreto disagio o difficoltà in cui versa questa sorta di *dominus* (per questo diverso valore di *deterior*, cf. 3, 7 o 90 e *ThlL* V 1, 800, 24 ss.; Jachmann 1943-82, 769): «sarà in condizione anche peggiore» (Paolicchi 1996, 559) o «yet worse still is the situation...» (Braund 2004, 361 n. 26). Högg 1971, 180 s. sosteneva discutibilmente la difficile distinguibilità dei due significati nel nostro passo («in jeder Beziehung inferiore Situation des Herrn»), ma notava, invece, opportunamente che *deterrimus* è spesso usato nei rimproveri rivolti agli schiavi che – a giudizio del padrone – si comportano male (*ThlL ibid.*, 797, 80 ss.: per es. Tac., *hist.* 1, 4, 3 *deterrimi servorum*). – **liber non erit:** *liber* ha qui un senso fortemente enfatico e paradossale: il padrone è, naturalmente, *liber* dal punto di vista giuridico rispetto ai suoi schiavi, ma è in senso morale che egli non è *liber* in quanto 'schiavo' dei suoi vizi (dato che non *vivit recte*): ciò lo rende un *dominus obnoxius iudicio* (*et linguae*) *suorum servorum*. La *sententia* ha dunque a che vedere col noto paradosso stoico per cui πᾶς ἄφρων δοῦλος (cf. Cic., *parad.* 5: *stultos omnes servos*; Hor., *sat.* 2, 7, in part. 42 s., 54–56, 70, 75 ss., o Pers. 5, 73 ss., con Kissel 1990, 645 ss.). Discussa è l'esegesi grammaticale del passo. Probabilmente *deterior* non regge *illis* come abl. di paragone (come alcuni intendono: cf. Monti 1978, 155 *ad* 2, 22 *deterior te*; da ultimo Courtney 2013[2], 387): *liber* senza alcuna determinazione resterebbe 'sospeso' in modo poco perspicuo (lo stesso Courtney *ibid.* riconosce che il concetto da lui individuato è «very badly expressed»). *Illis* sembra retto piuttosto da *liber* come abl. di privazione («free from»: Braund 2004, 361 n. 26) o, forse meglio, come *dativus iudicantis* o di relazione (lo stesso Courtney 1975, 149 s.: «free in the sight of those...», con *erit* quasi = *videbitur*). Per questo dativo (con *liber*) Högg 1971, 181, rifacendosi a Vahlen 1884, 251, citava la frase di sapore idiomatico di Prop. 2, 8, 15 s. (*ecquandone tibi liber sum visus*?; su cui vd., comunque, le riserve di Fedeli 2005, 253), a cui si potrebbe affiancare Mart. 1, 67 (nell'interpretazione di Citroni 1975, 218 s.) o 4, 83, 4 (*nec liber nec tibi natus homo est*, con Moreno Soldevila 2006, 518) o anche Hor., *epist.* 1, 16, 66 (*qui metuens vivet, liber mihi non erit unquam*). Paradossalmente gli schiavi giudicano il loro padrone più 'schiavo' di loro stessi (cf. quanto Davo dice del suo padrone in Hor., *sat.* 2, 7, 75–82 e anche 70: *o totiens servus!* o 92: *'liber sum' dic age: non quis*), perchè 'asservito' a vizi da cui essi sono esenti o, per lo meno, afflitti in minor misura (e di cui, magari, lo possono accusare all'esterno, distruggendone la reputazione). È un concetto che trova felice espressione in alcune sentenze di Publilio Siro (224: *famulatur dominus ubi timet quibus imperat*; 363: *minus est quam servus dominus qui servos timet*), cf. Braund 1988, 267 n. 196, che cita anche Tac., *ann.* 3, 36 (ma questo passo tacitiano è più simile a G. 10, 87 s., dove i padroni hanno paura dei servi per ragioni squisitamente politiche, relativamente a possibili accuse di *maiestas*). Qui si tratta solo di chiacchiere maligne e di reputazione a rischio. – **122–123.**

illis... aere]: è solo una perifrasi per indicare con una variazione enfatica (notare anche il polisindeto *et/et*) la figura dello schiavo, visto come colui che dipende in tutto e per tutto per la sua sopravvivenza fisica dal padrone (*et farre et... aere*, cf. 66 ss.: cibo, vestiario e calzature). *Animas* qui vale *vitas* ("sopravvivenza materiale", cf., per es., 8, 83 s. o 15, 94 e 149). Diverso il caso di 14, 16, dove *animas servorum* è contrapposto a *corpora* (cf. Högg 1971, 181 n. 4), indicando il loro 'principio spirituale'. *Custodit* (rispetto ad un più consueto e spiccio *pascit*, cf. 67 o 136) fa giustamente difficoltà a Courtney, che lo pensa «translated» da 6, 630, dove effettivamente l'espressione ha molto più senso, cf. anche Jachmann 1943–82, 769 che pensava ad un verso messo su da un interpolatore con materiali provenienti da 6, 630 e 14, 16 s. (*contra*: Högg 1971, 182). Dopo il v. 123 il ramo Φ della tradizione presenta il v. 119. Su questa base alcuni editori antichi (nell'intento di salvare un verso che, come abbiamo detto, in sé non ha caratteristiche palesemente deteriori) hanno creduto di dover stampare effettivamente qui il v. 119 (cf. *ad l.*). Naturalmente a questo scopo diventava necessario preferire la variante *possim* di **AGKLU** per poter attribuire il verso al discorso di Nevolo: sarebbe da parte di Nevolo un adattamento a sé μονόδουλος del *consilium* di portata più ampia dei vv. 118 e 120–121. Ma il verso 119 in questa posizione appare pedantescamente superfluo e avrebbe anche l'effetto di appesantire l'esordio agile ed efficace della risposta di Nevolo (cf. 27: *Utile* come prima parola dell'intervento).

124. 'Utile... dedisti: come al v. 92, con il solo primo verso del suo nuovo intervento Nevolo pone termine al discorso precedente (sui rischi di morte che, a suo avviso, sta correndo) e senza più tornarvi in alcun modo – quasi chiusa una parentesi – riprende il tema prettamente economico dei vv. 27–90a. Qual è il *consilium* ("consiglio" o "suggerimento" in positivo, cf. 1, 16; 4, 86; 7, 172; 10, 346; fr. O, 17 e 30; *ThlL* IV 451, 68 ss.), appena dato (*modo*), a cui si riferisce Nevolo? L'unico vero *consilium* è quello dei vv. 114–115 (*roges*) - "chiedi di tacere ai *servi divitis* (= *Virronis*), non a me" – ma se non espungiamo tutto il complesso dei vv. 118–123, bensì solo 119 e 122–123, il *consilium* più vicino (*modo*, cf. 8, 125; *ThlL* VIII 1304, 83 ss.) è quello contenuto nei vv. 118–120–121. Il *consilium* espresso in questi versi è in forma sentenziosa con la perifrastica passiva *Vivendum recte* (sc. *est tibi*), con *tu* retorico (cf. *contemnas*, 121), che Nevolo percepisce come *vive recte ut linguas mancipiorum contemnas*. Mantenendo nel testo 122–123, il *consilium* percepito potrebbe anche essere *esto liber servis tuis* (*recte vivendo*). Questo tipo di consiglio può anche definirsi *utile* (vd. appresso), ma certo agli occhi di un personaggio come Nevolo appare – anche perchè di stampo prettamente moralistico – generico, poco mirato alla sua situazione specifica (oltretutto Nevolo al momento non ha che un solo schiavo, cf. 64 ss., mentre l'Interlocutore ha insistito molto sulla difficoltà di controllare un gran numero di servi). – **utile:** *utile* si oppone qui a *commune*. Nella discussione etico-filosofica *utile* si oppone di solito a *honestum* (cf. 4, 85 s.: *honestum... consilium*; *ThlL* IV 455, 14 s., s.v. *consilium*; *OLD*² 3) ed è celebre l'ampia discussione di Cicerone nel *de officiis* sulla definizione dei due concetti e nel III libro sul contrasto – in realtà solo apparente (Cic., *off.* 2, 3, 10; 3, 7, 34; 11, 48 s. o 15, 64) – tra *utile* e *honestum*; vd. anche Charpin 1991, 254–257, spec. 255, su Lucilio H 23, 4–5 *rectum, utile quid sit, honestum... quid inutile, turpe, inhonestum* (= 1329–30 M. = 1345–46 Kr. = 1122–23 Chr.). Ma se è facile escludere per Nevolo qualsiasi interesse per simili distinzioni di tipo etico, *utile* non può avere nemmeno il senso banale che ha al v. 27 (come vuole Braund 1988, 154, 164, 167), ossia "proficuo", "redditizio" (come in Mart. 5, 19, 18: *utile... nobis do tibi consilium*): Nevolo, del resto, non è affatto soddisfatto del consiglio ricevuto (proprio sul versante della *utilitas* personale) e sta solo esprimendo questa sua insoddisfazione in termini cortesi. Probabilmente Nevolo sta tributando solo un frettoloso riconoscimento formale alla lodevole, ma convenzionale 'moralità' dell'invito alla *vita recta* e usa *utile* – come fa la *Vox docens* in 10, 348, ma in tono sostenuto – nel senso enfatico di moralmente *aptum/conveniens* ("ciò che d a v v e r o è utile" e non lo sembra soltanto, come gli *iucunda* di 349; vd. Campana 2004, 350 s.), come se dicesse (con sfumatura ironica): "bello / nobile" il tuo consiglio di vivere nella virtù, sì, ma... *commune*. Per questo senso di *utile*, connotato in senso eticamente positivo, cf. Hor., *epist.* 1, 2, 3 e 2, 1, 163 (con Fedeli 1997a, 1365) e soprattutto 1, 2, 17 s. (*utile... exemplar* riferito a *quid virtus et quid sapientia possit*). – **commune:** non credo che il termine *commune* abbia una valenza propriamente tecnica – in senso retorico – come sostennero Weidner 1889² o Friedländer 1895, che lo intendevano vicino a *vulgare* in senso oratorio, con riferimento al *vitium* di possibile genericità o ambivalenza degli *exordia orationis* utilizzabili anche per altre cause o, addirittura, da parte del proprio avversario nella causa in corso (cf. *Rhet. Her.* 1, 7, 11 o Cic., *inv.* 1, 26; *ThlL* III 1979, 44 ss.). Più accettabile sarebbe il senso di "banale" o "trito", che accosterebbe *commune* a *publicum/expositum/triviale* di 7, 53 ss. (cf., nel contesto, al v. 55, *communi... moneta* = "conio poco originale") o a *tritum* (cf. 13, 9 s.: *casus multis hic cognitus ac iam tritus...*), ma questo potrebbe forse suonare un po' troppo scortese nei confronti dell'Interlocutore. Meglio, dunque, intendere che il consiglio è "buono" in sé (magari anche bello o nobile), ma *omnibus commune* (in opposizione al seguente *mihi* di 125), ovvero "valido per tutti e in ogni circostanza", senza nulla di specifico, dunque, per la situazione di Nevolo stesso (per questo significato di *communis* = *idem omnibus*, cf. 6, 4; 13, 140 o 16, 7), mentre Braund 1988, 255 n. 119 ricorda anche l'uso «disparaging» di fr. O, 14 e 8, 177. La genericità rimproverata rimanda, dunque, piuttosto a *vivendum recte* con quel che segue (118–120–121) che non a 114

s. (che è consiglio che ha una sua specificità rispetto a Nevolo). Il verso contiene forse anche un'ombra di fastidio (Bracciali Magnini 1990, 50: «tono stizzito») dato che, come sappiamo, Nevolo non ha alcuna consapevolezza di non star vivendo *recte* (cf. *ad* 137 s. *quos... corona*). I due emistichi del verso sono in qualche modo compattati dall'allitterazione sillabica intercorrente tra *consilium* e *commune* (cf. al v. 38 ***monstrum... mollis***).

125. Nunc mihi quid suades: *nunc* ha valore temporale (rispetto a *modo* = *nuper* del v. prec.) e, insieme, decisamente avversativo (cf. Catull. 72, 5): "ma ora..." – dopo quel che hai detto e che vale per tutti senza distinzione – *quid suades m i h i ?*, ovvero *dic*/*da tandem consilium proprium* o *privum* (cf. in 8, 68 la proposta di Salmasius per *primum* dei codd.) *mihi*. Per questo valore transizionale di *nunc*, spesso con sfumatura avversativa, vd. Bracci 2014, 106 *ad* 11, 64 (cf. 4, 11: *sed nunc*, dove il *sed* è espresso) e Fedeli 2005, 298 *ad* Prop. 2, 9a, 37–40. In realtà, la conversazione dal v. 93 in poi aveva fatto riferimento solo al problema della segretezza da mantenere per salvare la pelle, ma da ora in avanti – d'un tratto – si torna nell'alveo del discorso ancora precedente di vv. 27–90a (dedicato a problematiche strettamente economiche): "come potrò sbarcare il lunario, ora che Virrone mi sta sostituendo con un altro *asellus*?" Lo scarto ricorda senz'altro l'esordio *ex abrupto* di una satira oraziana molto importante per questo componimento di Giovenale (vd. *Introd.*, § 2 p. 19), la 2, 5: *hoc quoque, Teresia, praeter narrata petenti / responde, quibus amissas reparare queam res / artibus atque modis*. – **125–126. post damnum temporis et spes / deceptas?:** in riferimento alla sua passata vita di *deditus devotusque cliens* (71 s.), Nevolo usa senz'altro il termine economico *damnum* (6, 509; 8, 99; cf. *ThlL* V 22, 29 ss.), applicandolo al *tempus* che ha malamente dedicato a Virrone, senza arrivare al *lucrum* promesso e sperato (cf. *s p e s   deceptas*; si trattava di *spes lucri*, 14, 278). Nevolo parla in termini economici quasi senza accorgersene (cf. anche *ad* 76: *redemi*). Egli si rammarica che il suo tempo sia andato vanamente 'sprecato' come l'impegno profuso in un lavoro mal remunerato o come il denaro mal collocato in un investimento o in un deposito poco sicuro (13, 129: *accepto... damno*). Qui non appare a n c o r a il tema della veloce e cosmica 'fuga' del tempo (introdotto subito dopo: *festinat enim...*, 126 ss.), quella fuga che riguarda inesorabilmente tutti gli esseri umani nel loro percorso di invecchiamento ("dopo che il tempo è fuggito via", cf. Ruperti 1830–1831, II 367: «maiori vitae parte transacta et consumto aetatis robore»). Con *post damnum temporis* non si accenna, dunque, agli *annorum damna* (con gen. sogg.) di Ov., *ars* 2, 677, ma – molto più specificamente – allo "spreco" (*damnum* = *iactura* + gen ogg.) del proprio tempo con un *mollis avarus* come Virrone, che non ha ricompensato adeguatamente i suoi benemeriti e diuturni servizi (Sen., *benef.* 1, 1, 1: *beneficia male collocata perierunt*). Non molto differente il pensiero attribuito a Umbricio in 3, 124 s.: *limine summoveor, perierunt tempora longi / servitii. Nusquam minor est iactura clientis* (con *pereo* e *iactura* usati con marcata sfumatura della lingua economica, cf., per es., 7, 99: *perit hic plus temporis*): Nevolo sente insomma di aver fatto *operae et temporis iacturam* (Livio 5, 5, 8). Quanto alle *spes* deluse, ci si riferisce non ai 'sogni' irrealistici di un soggetto illuso, ma alle precise promesse fatte da Virrone (cf. *pollicitus*, 74, e, verisimilmente, 35–36) e non mantenute (*ingrate ac perfide*, 82). Rispetto alle più modeste *spes* dei clienti delle satire 1 e 5 (1, 119 s.; 132 ss.: *vota... cenae spes*; 5, 18 s.: *'una simus', ait. Votorum summa: quid ultra / quaeris?*; 5, 166: *spes bene cenandi vos decipit*), Nevolo mostra aspirazioni decisamente più ambiziose (cf. 9, 59 ss. e 139 ss.).

126–127. Festinat... flosculus: sorprendentemente (dopo aver introdotto il tema nei visti termini economici) Nevolo si abbandona ora a uno squarcio lirico di poesia 'sentimentale', con qualche venatura filosofeggiante (in realtà non più che «philosophical platitudes», come in 32 s., cf. Braund 1988, 132), di stampo oraziano (vd. Hor., *carm.* 1, 9, 17–18; 1, 11, 5 ss.; 2, 11, 7 s.; 2, 14, 1 ss.; 2, 3, 13–16; *epod.* 13, 4–5, ecc.), nonché elegiaco (vd., per es., Tibullo 1, 1, 69–74 o 4, 27–38), per lamentare il veloce e inarrestabile scorrere del tempo (Bellandi 1974–2009, 479 e 500). A proposito del tema della «fuga» del tempo e del suo lessico, vd. Citti 1997a; 1997b, 883 ss.; 2000, 54 ss. (con bibl.), nonché Canobbio 2011a, 263 *ad* Mart. 5, 20, 12. Il tono ora si fa malinconico e soffuso di ansia di fronte alla brevità della vita in generale e, in particolare, alla fragilità effimera del *flos iuventutis*, ma vedremo presto che dietro – come coglie bene l'Interlocutore – c'è anche, se non soprattutto, il timore del declino fisico inteso in un senso molto specifico, la paura dell'impotenza (cf. 10, 204 ss. e Tib. 1, 1, 71 s.: *iners aetas*), che lo renderà inabile al 'lavoro' (vd. 134 e/o 134A: *tu tantum erucis inprime dentem*, "tu pensa solo a usare gli afrodisiaci"). Come le cortigiane temono (o dovrebbero farlo) il declino inevitabile della loro bellezza nel tempo (Hor., *carm.* 1, 25; 3, 10; Prop. 4, 5, 59–62; Ov., *am.* 1, 8, 40–50; sul tema dell'invecchiamento dell'etera, vd. Fusi 2006, 313 *ad* Mart. 3, 42), come i bei fanciulli devono temere l'avvento dei peli connesso con il sopraggiungere della pubertà (cf. *ad* 46), così il 'gigolo' Nevolo ha da temere l'inevitabile venir meno delle *vires* del *nervus*. C'è una vena dolente di autocommiserazione (Bellandi 1974–2009, 479, cf. anche Braund 1988, 138 e 243 n. 35). Il tema della velocità del corso del tempo è sottolineato in modo marcato (notare la triplice insistenza di *festinat/decurrere/velox*; per questo tipo di ridondanze, cf. 16–17; 4, 29 s.; 13, 9 s.) e lo stesso diminutivo *hapax*: *flosculus* – mentre col vezzeggiativo sembra accarezzare l'immagine del *flos iuventutis* – ne abbrevia pateticamente la durata. La mistione delle immagini ha fatto qualche difficoltà: il fiore non *festinat decurrere velox* come un fiume (cf. Ov., *met.* 15, 179 s.: *labuntur tempora... non secus ac flumen*; Sen., *epist.* 123, 10:

fluunt dies et inreparabilis vita d e c u r r i t; G. 7, 32 *defluit aetas*) o come un cocchio in precipite corsa (cf., per es., Ov., *am*. 1, 8, 49 s.: *labitur occulte fallitque volatilis aetas / et celer admissis labitur annus equis*), ma dovrebbe semmai "sfiorire"/"appassire" (*languescere*: per es. Verg., *Aen.* 9, 436), come le rose, spesso citate *e.g.* in contesti del genere (Hor., *carm.* 2, 3, 13 s.; Prop. 4, 5, 61 s., o Ov., *fast.* 3, 354, cit. sotto; per il *topos* diffusissimo già nella letteratura greca, vd. Giannuzzi 2007, 248 s. o Floridi 2007, 231 ss. ad Strat. XXXVI = *AP* 12, 195), ma la «strange mixture of metaphors» (Nisbet 1962–95, 24) non è insostenibile: è, per es., una caratteristica costante di Persio (cf. Kugler 1940) e Giovenale – se ne fa un uso molto meno frequente – certo non la ignora (per l'«intreccio» delle immagini, cf. 7, 53–55, con Stramaglia 2017[2], 149; vd. anche Watson-Watson 2014, 184 *ad* 6, 363 s.). Facilita la mistione delle metafore il fatto che – come notava Iacobs, citato da Ruperti 1830–1831, II 367 – «in eiusmodi vocabulis... metaphorica significatio frequenti usu fere obliterata fuerit». – **126–128. velox / flosculus... portio**: la frase è piuttosto intricata, ma non così disperatamente come pretende chi crede di dover intervenire chirurgicamente sul testo (non mancano in G. altre frasi dall'intreccio altrettanto, se non più complesso: cf., per es., 8, 58 s. o 11, 104–107 o 12, 30 ss.). Housman 1931[2] proponeva di mettere *velox flosculus* tra due virgole, intendendolo come apposizione anticipata del sogg. di *festinat*, che sarebbe il successivo *brevissima vitae / portio*. Così anche Courtney 2013[2], 388, che riconduce a Wakefield, alla fine del '700, l'interpretazione e sostiene che «what might be expected to stand in a simile is presented in apposition as an identification», rimandando al v. 5 (sulla sua non felice esegesi del v. in questione, vd. *ad l.*) e ai casi solo parzialmente analoghi di 8, 130 e 14, 246. Un'alternativa potrebbe essere quella di mettere *velox flosculus* tra parentesi come esclamazione (*velox flosculus!*) come *corpus non utile!* di 3, 48 e non molto diversamente da *votum miserabile!* di 9, 147 (ma la posizione delle parole nel verso non aiuta). In definitiva, qui si è scelto di stampare (come, da ultimo, Braund 2004) una sola virgola dopo *flosculus*, inteso come soggetto di *festinat*, subito spiegato dall'apposizione che segue: la florida gioventù – effimera appunto come un fiore, anzi qui come un ancor più fragile "fiorellino" – è come la parte (*portio* = *pars*, quasi "frazione", cf. 3, 61, con Manzella 2011, 126) più breve di una vita già di per sé *angusta* e, perciò, *misera* (con il sogg. *flosculus* e il sost. in apposizione epesegetica *portio* collocati entrambi in 'rejet', in corrispondenza colonnare). Assolutamente inaccettabile, invece, appare l'espunzione di *velox... brevissima* come «Binneninterpolation» (Ruperti 1830–1831, II 367; Nisbet 1962–95, 24; Willis 1997): *vitae portio* 'tout court' non dà un senso perspicuo, perché così non è espressa l'idea necessaria (in contrapposizione a *senectus* di 129) della gioventù, florida ma breve, e bisognerebbe con Ruperti intendere *portio* come «pars (μοῖρα) iam initio a Parcis designata» (con riferimento alla *summa vitae*). Interessante che nel **Pal. 1703** (cf. Knoche 1940, 45) sia stato aggiunto dopo il v. 128 il passo 'parallelo' di Ov., *fast.* 5, 353 s. (*et monet aetatis specie, dum floreat, uti: / contemni spinam, cum cecidere rosae*): un bell'esempio di come una citazione di passo parallelo possa passare dal margine al testo come interpolazione. – **127. flosculus:** equivale all'espressione più estesa (e comunissima, già omerica ed esiodea: *Il.* 13, 484 ἥβης ἄνθος; cf. *Th.* 988) *flos aetatis/iuventutis* (vd. *OLD*² s.v. *flos*, 8, e Brown 1987, 239 s. *ad* Lucr. 4, 1105), che richiama l'analoga immagine del *ver aetatis* in Catull. 68, 16 (cf. *OLD*² s.v. *ver*, 1b), con una sorta di 'genitivus inversus' (= *florida aetas* o *iuventus*), cf. 5, 9, 11 e 133 (con Santorelli 2013, 61) o 10, 44 s. e 199 (con Campana 2004, 116 s. e 255). Per qualche es. di *flos* in questo senso usato da solo, vd. Ov., *ars* 2, 665; *met.* 7, 216; Petr. 140, 1 (*matrona tum anus et floris extincti*). Il diminutivo sottolinea con ancor più marcata malinconia il carattere effimero di tanto splendore (cf. Cic., *off.* 2, 43: *celeriter tamquam flosculi decidunt*). In Catull. 24, 1 *flosculus Iuventiorum* e 100, 2 *flos Veronensum iuvenum* (e in G. stesso *flos Asiae* in 5, 56) – pur mantenendo il riferimento al fulgore della giovane età adolescenziale – hanno senso diverso ("il fiore", nel senso del "meglio", con genitivo partitivo). – **angustae miseraeque... vitae:** il -*que* (di cui discute a lungo Braund 1988, 256 n. 122) esprime verisimilmente un nesso di causa ed effetto (per una simile funzione di *et*, cf. *ad* 15, *neglecta et squalida crura*): è la fatale brevità dell'esistenza umana che ne costituisce l'ineliminabile infelicità. *Angusta* riferito alla durata della *vita* (cf. *ThlL* II 63, 35 ss. «de tempore»: Sen., *epist.* 99, 9 *hoc quod inter primum diem et ultimum iacet... etiam seni angustum*, per la sua *velocitas*; cf. *Eleg. in Maecen.* 1, 118: *cur nos angusta condicione sumus?*) è agg. espressivo di ansia e claustrofobia (cf. G. 10, 169: *aestuat infelix angusto limite mundi*). *Misera* non si riferisce ora in specifico alle difficoltà economiche della vita di Nevolo (135 s., 147, cf. 6), ma alla esistenziale infelicità della vita umana, che è breve in assoluto (non a caso lo *Schol.* p. 160, 23–25 W. cita Verg., *Aen.* 10, 467 s.: *breve et inreparabile tempus / o m n i b u s est vitae*). – **128–129. dum bibimus, dum... poscimus:** così intende l'esistenza Nevolo, che non è un *cliens* di quelli che si contentano di vivere al minimo (1, 119 s.), ma auspicherebbe di vivere la vita come fosse un ininterrotto *convivium luxuriosum* (cf. 6, 297; 11, 122; 15, 50), la cui sfrenatezza riesce a stordire la mente e ad allontanare qualsivoglia riflessione o semplice percezione della fugacità del tempo. Per il pensiero della morte (e/o vecchiaia, come in Tibullo 1, 1, 70 s.) quale incentivo al *carpe diem*, cf., per es., Catullo 5; Orazio (passi cit. sopra, *ad* 126–127 *Festinat... flosculus*); Prop. 2, 15, 23 s., 49 ss.; Petr. 34, 10, con Schmeling 2011, 125 s.; *Copa* 31 ss., ecc. Sul nesso comune tra banchetto/vino e invito a godere nel presente, con esclusione dalla mente dell'inopportuno pensiero del futuro, cf. Hor., *carm.* 1, 4, 15 ss. e, naturalmente, 1, 11, 6 ss., con Traina 1986; sul tema non infrequente in Marziale (per es.: 2, 59; 5, 64; 8, 77; 13, 126), vd. Citroni 1975, 62 s. *ad* 1, 15 e Canobbio 2011a, 264 *ad* 5, 20, 14. Ma Nevolo qui si mostra critico sul fatto di pensare solo al godimento immediato del momento presente (è questa una 'fase' ormai superata della sua vita) e si mostra preoccupato (cf. 139 s.) di quel che l'attende in vecchiaia (la *nuda senectus* di 7, 35, che per uno come lui è *morte magis metuenda*, 11, 44 s.). Il suo è ora un atteggiamento sanamente e 'saggiamente' *metuens futuri* (Hor., *sat*. 2, 2, 110; in G., cf. 6, 360–366), anche se in un senso materialisticamente ristretto al versante economico. Come si vede, Nevolo non ha qui in mente *cenae* di tipo oraziano, ispirate all'ideale della *mensa brevis* o del *victus tenuis* (cf. Hor., *carm*. 2, 16, 14; *ars* 198; *sat*. 2, 2, 53 e 70; 2, 6, 70–76, ecc.) e dedicate soprattutto alla conversazione piacevole e istruttiva (nonostante in 9–11 l'Interlocutore lo abbia presentato come un uomo *modico contentus* e come un *conviva facetus*, capace di urbani e raffinati *ioci* e *sales* durante il banchetto). Qui, dove a parlare è lui, il convivio è pensato da Nevolo come ristretto alla fase finale della *comissatio*: solo vino ed eros (vd. Canobbio 2011a, 215 *ad* Mart. 5, 16, 9; sulla *comissatio* a Roma, Cavalca 2001, 69; Vössing 2008a; Schnurbusch 2011, 162 ss.). La prima persona plurale di *bibimus/poscimus* è ora quella di *nos* = *homines*, gli esseri umani nella loro pochezza effimera (come gli *homunciones* di Seneca, *epist*. 116, 7 o di Petronio 34, 7, cf. G. 5, 133, o gli *homulli* di Lucrezio 3, 914); non si tratta del 'pluralis maiestatis' di vv. 31, 86, 94, (137). Per *bibimus*, vd. *ad* 116–117: *potare... bibebat*. – **128. dum... dum:** l'anafora è duplice come in 11, 5–6 (*dum valida ac iuvenalia membra / sufficiunt galeae dumque ardent sanguine*), ma in crescendo come quella, triplice, di 3, 26 ss. (*dum nova canities, dum prima et recta senectus, / dum superest Lachesi quod torqueat...*). Reeve 1983, 32 la definisce «a Vergilian mannerism», citando a mo' di esempio *Aen*. 8, 580 s. L'anafora sostituisce qui con enfasi la particella coordinante (come in 3, 26 ss. e a differenza di 11, 6: *dumque*). Le due frasi esprimono più o meno lo stesso concetto (più analiticamente nella seconda): "mentre passiamo la vita a banchetto" (modello formale è senz'altro Hor., *carm*. 1, 11, 7 s.: *dum loquimur, fugerit invida aetas*). Su questo tipo di «variation tautologique» con effetto patetizzante, vd. De Decker 1913, 166 ss.; Facchini Tosi 2006, 164, 188, 193; Manzella 2011, 76. – **serta, unguenta, puellas:** l'asindeto trimembre di sostantivi plurali (con l'anafora di *dum*) insiste sull'ansia dell' 'accumulo' rapace, con *puellas* nel risalto della clausola (rispetto ai *vina et unguenta et flores... rosae* del banchetto oraziano di *carm*. 2, 3, 13 ss. l'aggiunta è significativa; cf. Mart. 2, 59 e 5, 64 di contro a 8, 77, 6, dove la componente erotica del convito è esplicitata). Nevolo ci tiene a mettere in chiaro che il 'settore' maschile della sua attività erotica è solo 'lavoro': quando è libero dai suoi impegni 'professionali' e può scegliere, egli *poscit puellas*. Anche se si accompagna abitualmente e indifferentemente con donne e uomini, Nevolo non si sente 'bisessuale' in un anacronistico senso moderno (come dicono, invece, Sullivan 1968–77, 232 e n. 3 o Courtney 2013², 388 *ad l.*; cf. Parker 1997, 55); vd. sopra, *ad* 102 *O Corydon, Corydon*. – **unguenta:** l'uso di profumi da parte dei maschi era tollerato nella cornice del banchetto (cf. Lilja 1972, 66 e 71 s.; Fusi 2006, 176 *ad* Mart. 3, 12, 1), ma non se ne doveva far abuso fuori da lì (come fa, per es., il Crispino di 4, 108: *matutino sudans... amomo*; cf. 8, 159 *adsiduo udus amomo* di un Sirofenice e vd. anche Scip. Aem. fr. 17 Malcovati: *cotidie unguentatus*). L'uso di *opobalsama* da parte di maschi come sicuro indizio di corruzione morale e sessuale è citato in 2, 41 (con Courtney 2013², 107). Si conferma qui che l'arruffato e trasandato Nevolo di oggi (12–15) un tempo si curava e profumava per il banchetto (come il *bellus homo* di Mart. 3, 63, 4, con Fusi 2006, 407 s.). Sull'invito a bere e amoreggiare nella cornice del banchetto, in connessione con la tematica della fuga del tempo e, in part., sull'uso e la specifica funzione (rituale, erotica ed anche igienica) di ghirlande e profumi durante il convito, interessanti le osservazioni di Giannuzzi 2007, 459 ss. nel commento a Stratone XCV = *AP* 11, 19, con bibl. (καὶ πίε νῦν καὶ ἔρα); vd. anche le note di Floridi 2007, 408 ss. allo stesso epigramma (numerato come 99). – **puellas:** si tratta, in buona sostanza, di *scorta* (cf. Cic., *Cat.* 2, 10: *in vino et alea comissationes... et scorta*; Petr. 88, 6 *vino scortisque demersi*), di flautiste o *tibicinae* (cf. Hor., *epist.* 1, 14, 25: *meretrix tibicina*), se non proprio di *puellae* (o *ancillae*) *lenonum* (14, 45 s.; cf. 3, 65; 6, 127 e 320; Schmitz 2000, 242 s. *ad* 1, 84). Su questo uso eufemistico di *puella* per *meretrix*, vd. Adams 1983, 344–348. – **129. obrepit non intellecta senectus':** il tema è un vero luogo comune che ha trovato felice espressione, per es., in Ovidio (*am.* 1, 8, 49 s., cit. sopra: *labitur occulte fallitque... aetas*, o *fast.* 6, 771: *tempora labuntur tacitisque senescimus annis*), fino alle celebri riflessioni di Seneca (per es. *epist.* 108, 24 ss.: *inscii rapimur*; in part.: *brev.* 9, 4:... *accedere eam* [*sc. senectutem*] *cotidie non sentiebant*). *Obrepere* sottolinea la furtività (*ThlL* X 2, 146, 18 ss.: «repende accedere... maxime clam... fraudulenter»; cf. *subrepere* in Tib. 1, 1, 71), ma anche l'ostilità del moto di avvicinamento (*ob-*), come quello di un serpente o altro animale che si accosti a qualcuno con intenzioni aggressive (cf. Plin., *nat.* 10, 202 *feles quam levibus vestigiis obrepunt avibus*). Si dice della *mors* già in Plauto (*Pseud.* 686) e della vecchiaia in Cic., *Cato* 4 e 38 (*non intelligitur quando obrepat senectus, ita sensim sine sensu aetas senescit*). Da questo passo di G. desume l'espressione Auson., *epigr.* 14, 3: *obrepsit non intellecta senectus* (cf. Kay 2001, 20). Sul rapporto tra *senectus* e impotenza sessuale, qui solo oggetto di un'allusione discreta (ma vd. *ad* 134 e/o 134A), cf., per es., Catull. 25, 3 (*pene languido senis*) o *Priap.* 77, 15 (*situ senili*) o 82, 5 e 38, fino a Maxim., *eleg.* 5, 41–44, 55 ss. Dopo il rapido cenno scherzoso di 6, 59 a Giove e Marte come dèi un tempo compulsivamente adulteri, ma ormai *sexagenarii*, G. si tratterrà a lungo e assai più crudamente sul tema in 10, 204–209 (con Campana 2004, 258 ss.), senza raggiungere, peraltro, la grevità di Stratone *AP* 12, 240, da leggersi con i commenti di Giannuzzi 2007, 395 ss. (= *ep*. LXVIII) e Floridi 2007, 364 ss. (= *ep*. 81). Il fatto è che – se *iners* sessualmente – la *senectus* sarà inevitabilmente *nuda* per Nevolo e lo costringerà a farsi mendicante (139 s., cf. 7, 35). Ben diversa, naturalmente, la vecchiaia che Giovenale raffigura già in atto per sè in 11, 203–211 (cf. Bracci 2014, 206 ss.), fatta dei moderati piaceri che il buon senso – più che la filosofia – detta ad un attempato signore che sa mantenersi *modico contentus* (pur essendo *mediocris* e potendo permettersi anche di più del minimo). La figura di suono in clausola (*intellecta senectus*), marcata dall'ictazione, richiama 3, 26 *recta senectus* (su cui vd. Manzella 2011, 77).

130–133. Ne trepida... caput: l'Interlocutore ha percepito l'ansia di Nevolo, espressa in un linguaggio che mostra qualche pretesa esistenzialistico-universale, ma subito la riconduce all'ambito delle preoccupazioni strettamente 'lavorative' ed economiche: non c'è alcun rischio di miseria alle porte per lui. Anche se Virrone l'ha messo alla porta, mai Nevolo rimarrà senza lavoro: con intento consolatorio (ovviamente, e amaramente, ironico a livello autoriale) l'Interlocutore traccia un quadro inquietante del presente e, soprattutto, del futuro imminente di Roma, una sorta di profezia apocalittica ma paradossalmente presentata in funzione di argomento consolatorio. Il tono ricorda in qualche misura 13, 23 ss., dove la *Vox docens* 'consola' Calvino, additandogli lo stato assolutamente disastroso della moralità contemporanea. – **130. ne trepida:** l'invito alla calma è espresso in forma ferma e sostenuta con l'uso di *ne* + imperativo pres., che è una forma di comando negativo in G. presente solo qui (cf. Stat., *Theb*. 4, 642 nella stessa sede iniziale). Il Satirico usa *noli* + infinito in due soli passi (1, 126 e 6, 378; vd. Fusi 2006, 273 *ad* Mart. 3, 31, 5; Canobbio 2011a, 468 *ad* 5, 57, 1) e solo una volta *ne* + cong. perf. (14, 48: *nec tu contempseris annos*; cf. *nullus... luserit* in 5, 138 s.), per lo più sostituito per ragioni di comodità metrica da *ne* + congiuntivo pres. (cf. 2, 42; 15, 89 e n. *ad* 9, 99). L'uso di *ne* + imp. pres. è arcaico e originariamente colloquiale per azione già cominciata (*HS* 340; frequentissimo in Plauto: vd., per es., *Amph*. 674 *ne time*), ma poi – aldilà di qualche caso sporadico in prosa (Livio, Seneca) – diventa (a partire da Catullo 61, 193 e 62, 59) prevalentemente di uso poetico. È abbastanza frequente in Virgilio: dopo 1 caso in *ecl*. e *georg*., più volte in *Aen*., dove è da notare almeno 9, 114 (*ne trepidate...*, in prima sede, ma con l'infinito *defendere*); da vedere Norden 1927[3], 271 *ad* Verg., *Aen*., 6, 544 (*ne saevi*), dove Servio annota «antique dictum est; nam nunc 'ne saevias' dicimus». Su questa costruzione, vd. Goldberg 1992, 115 s. e Callebat 2012, 114 e 300 *ad Priap*. 14, 2 e 77, 17. Per l'uso in Marziale, vd. Grewing 1997, 207 *ad* 6, 27,

5 (*ne parce*); Canobbio 2011a, 170 *ad* Mart. 5, 10, 11 (*ne festinate*) e 425 *ad* 5, 48, 7 (*ne propera / ne crede*). – **trepida**: *trepidare* equivale a *timere* o *metuere* (cf., per es., 1, 97, con Monti 1978, 89, e 8, 152, in quest'ultimo caso con oggetto all'accusativo; 10, 21 *timebis... trepidabis*; 13, 106 *trepidum formidine*), ma con accentuazione dell'elemento prettamente fisico dell'agitazione motoria e dell'effetto sul corpo (13, 223 *trepidant... pallent*; 14, 199 *trepidum solvunt tibi cornua ventrem*), cf. *LEW* 701 s.; *DELL* 700 s. («agitation inquiète et fébrile», in probabile nesso con *tremere*). Il lessema è espressivo per lo più di forte ansia o di grave spavento, cf. Hor., *sat.* 2, 6, 113 s. (*pavidi... magisque exanimes trepidare*) e in G., per es., 3, 200; 12, 15; 14, 20 e 246. Per l'uso in Virgilio e in Seneca, vd. rispettivamente Crevatin 1987 e Borgo 1998, 179 ss. – **numquam pathicus tibi derit amicus:** l'espressione richiama in modo vistoso 2, 168 (*non umquam derit amator*) dove, però, specularmente, si parla del fatto che *amatores* romani non mancheranno mai nell'Urbe per i *molles ephebi* stranieri che si trovino a soggiornare nella capitale dell'impero. La differenza è che nel finale di sat. 2 si parla pur sempre di relazioni amorose – ispirate da passione – tra adulti e giovinetti (164 s.: *cunctis narratur ephebis / mollior ardenti sese indulsisse tribuno*), qui invece solo di rapporti a pagamento tra *pathici* adulti e presumibilmente attempati, che accorrono da tutte le parti del mondo, e 'gigolo' locali. Gli *ephebi* di sat. 2 capitavano per caso come ostaggi nella capitale del mondo, i *pathici* di 9 accorrono *undique* ben sapendo di cosa sono in cerca (cf. il fr. di Pomponio cit. *ad* 132–133: *omnes /... caput*). C'è un incontro 'felice' di domanda e offerta: nel finale di sat. 2 (da 163 ss., non nel resto della composizione: vd. *Introd.*, § 4, p. 38 s.) e (solo) qui in sat. 9 Roma appare città di *amatores*, non di passivi, che vengono invece da fuori, attratti dalla certezza di trovare nella capitale del mondo ampia scelta di *pedicatores*. Per la litote enfatica (*numquam derit* = *semper supererit* o *praesto erit*), vd. *ad* 112: *Nec derit* e, per la forma *derit*, Monti 1978, 231 *ad* 2, 168. *Numquam* è efficacemente collocato nel risalto della cesura pentemimere. – **pathicus:** è grecismo di uso latino per *mollis* (= *qui pedicatur* o *pedicari gestit*), in G. altrove solo in 2, 99, riferito all'effeminato Otone. Non si hanno attestazioni di παθικός in greco; si deve trattare, perciò, di un «imprestito popolare di uso volgare» (Adams 1982–96, 234; vd. anche Williams 2010², 181 s.; 193; 196 s.). L'aggettivo rimanda a πάθος o πάθημα (cf. Aristoph., *Th.* 200–201: εὐρύπρωκτος εἶ / οὐ τοῖς λόγοισιν ἀλλὰ τοῖς παθήμασιν; Rademaker 2003) da intendersi in un senso vicino a νόσος/νόσημα, ma il significato del termine è tutt'altro che generico (cf. *CGL* V 655, 18: «*pathici*: a patiendo dicti»; *ThlL* X, 1, 704, 39 ss.): è *pathicus* (da πάσχω) chi *patitur muliebria* (Sall., *Cat.* 13, 3; Tac., *ann.* 11, 36; vd. Parker 1997, 64 n. 14) o *ad patiendum gestit* (Petr. 87, 7). A parte un caso incerto in Lucilio (fr. 680 Marx = 633 Kr. = 26, 48 Ch. = 605 Chr., con Mariotti 1960, 64 s.), il termine si trova più volte in Catullo (16, 1–2; 57,

1–2; 112, 2), dove è difficilmente distinguibile da *cinaedus* (cf. Bellandi 2007, 119 contro Arkins 1982, 197 n. 5). È sorprendentemente *hapax* in Marziale (12, 95, 1 *pathicissimos... libellos*), dove per di più appare nel senso traslato di "osceno" (cf. *cinaediorem* in Catull. 10, 24, riferito a donna con il valore di "sfacciata"). L'epigrammista preferisce decisamente *cinaedus* (22 volte), su cui vd. *ad* 37, κίναιδος, oppure *mollis* (vd. *ad* 38: *mollis avarus*). Per l'uso di *pat(h)icus* come termine d'insulto 'popolare', vd. Opelt 1965, 124 n. 55 (*patice* su *tesserae*), mentre Hallett 1977 e Cantarella 1988, 204 si occupano della presenza della parola in questione nelle cosiddette *glandes Perusinae* (Zangemeister 1885, 73 n. 89); vd. anche Williams *ibid.*, 29 e 220 e Floridi 2007, 285 *ad* Strat., *ep.* 51, 1. Colpisce il fatto che in *Priap.* 25, 3; 40, 4; 48, 5; 73, 1, l'aggettivo si riferisca sempre a *puellae* in quanto 'prostitute' o 'ninfomani' (Goldberg 1992, 150; Bianchini 2001, 160 s.: «donne sempre pronte all'attività sessuale con ogni parte utile del corpo»; Callebat 2012, 143 a *Priap.* 25, 3). Per Parker 1997, 49 e 51 in questi casi il termine avrebbe un senso specifico (= *pedicatae*); *contra*: Williams *ibid.*, 196 s. (semplicemente = *cupidae*). Per l'insaziabilità del desiderio (nella donna e nel 'passivo') come segno 'morboso' o patologico, vd. *ad* 49: *morbo* e *ad* 54: *passer*. – **amicus:** il termine è qui usato eufemisticamente, con sarcastico ammiccamento, per indicare l'amante (*OLD*² 2), naturalmente nel senso di *ThlL* I 1908, 14–17 (*amicus viri* = *exoletus, amasius puer*), solo che nel nostro caso non si tratta certo di *pueri* avvenenti e in tenera età (cf. 46 s.). Nel senso sessuale è molto comune il femm. *amica*, talora opposto con intento polemico proprio ad *amicus/cliens* (cf. 7, 74 s., con Stramaglia 2017², 157 e 159, o Mart. 9, 2, 1, cf. 12 *amicus*). Per l'uso ironico o sarcastico di *amicus* per designare i rapporti, ormai degradati, all'interno della relazione clientelare, vd. anche *ad* 62: *amici*. – **131. stantibus et salvis his collibus:** ablativo assoluto con valore insieme temporale e ipotetico/condizionale (= *dum hi colles stent et salvi sint*). L'espressione suona ieratica grazie alla solenne allitterazione (anche se *salvus* è termine della lingua colloquiale; vd. *ad* 131, *salvis*) e appare adorna per il chiasmo degli omeoteleuti nelle terminazioni (*-ibus -is -is -ibus*), accompagnato da quello della struttura metrica (**dssd**). Per la presenza della «ponctuation bucolique» a chiudere la frase di tipo sentenzioso, vd. Manzella 2011, 239 *ad* 3, 152–153, con altri esempi. G. non dice espressamente che i *colles* (altrove *montes*: 8, 239, cf. 6, 344) sono sette, ma lo fa lo *Schol.*, p. 160, 27–30 W. *ad l.* che li elenca, chiamandoli *montes* e tralasciando il Quirinale: Palatino, Tarpeio [= Campidoglio], Viminale, Aventino, Esquilino, Celio, Vaticano (cf. Gelsomino 1975, 55 ss. e *passim* per tutte le questioni relative). L'espressione ha un certo sapore di frase fatta (cf. già in Cecilio Stazio *CRF* 146, p. 60 Ribbeck = Guardì 1985b, 142, p. 74: *salva urbe atque arce*, cf. p. 165); ma in G. c'è sicuramente una forte marcatura sarcastica, poiché è impossibile non avvertire un rimando beffardo al tema panegiristico – caro soprattutto alla letteratura augustea e, poi, flavia – del dominio di Roma sul mondo, esercitato dall'alto di quei colli (per es. Mart. 4, 64, 11: *septem dominos... montes*), e al motivo propagandistico della sua *aeternitas* (Bömer 1958, 147 *ad* Ov., *fast.* 3, 72 *aeternae... Urbis*; La Penna 1963–74, 66 ss.; Turcan 1984, 44). Tra i passi più significativi in questo senso, vd. Verg., *georg.* 2, 535 (con *arces* per *montes/colles*), ripreso poi nella solenne profezia di Anchise in *Aen.* 6, 783 (sul tema augusteo, Gelsomino 1975, 57 ss.; per quel che attiene alle successive riprese, specie in Stazio e Marziale, *ibid.* 60 ss.). Il tema è frequente nell'Orazio 'civile': vd. *carm.* 3, 3, 42 (*s t e t Capitolium fulgens*); 3, 5, 12 (*incolumi Iove* [= *Capitolio*] *et urbe Roma*, con Nisbet-Rudd 2004, 87: «old religious formula»); 3, 30, 8 s. (*dum Capitolium scandet*..., con Nisbet-Rudd *ibid.*, 373). Fra i testi oraziani pertinenti a me sembra particolarmente significativo il *Carme Secolare* con il suo tono 'oracolare' (vv. 7, 11, 25–28, 36 ss., 57, 66; cf. Romano 1991, 929 ss., 933; Thomas 2009, 64), dove il favore divino verso i *septem colles* (citati al v. 11) e la conseguente *aeternitas* di Roma sono legati organicamente al rispetto dei valori tradizionali e della *virtus* ancestrale (!) da parte dei Romani (vd. Bellandi 1974–2009, 504). Per il rapporto simbolico tra la collocazione di Roma (*Urbs*) sull'altura dei suoi Colli fatali e il dominio sul mondo (*orbis*), vd., per es., Prop. 3, 11, 57 (*septem Urbs alta iugis, toto quae praesidet orbi*) o Ov., *trist.* 1, 5b, 69–70 (*sed quae de septem totum circumspicit orbem / montibus, imperii Roma deumque locus*). Dietro una frase del genere in G. si deve sentire un amarissimo cenno alla retorica, specialmente augustea, della *princeps urbium* (Hor., *carm.* 4, 3, 13) e della *domina Roma* (*carm.* 4, 14, 44). – **stantibus:** ovvero *non cadentibus* o *ruentibus* (cf. 10, 266 *Asiam... cadentem* e, per es., *ruens Ilium* di Sen., *Tro.* 428; Hor., *epod.* 16, 2: *Roma... ruit*). Per l'immagine, vd. soprattutto Verg., *Aen.* 2, 56: *Troiaque nunc s t a r e t Priamique arx alta m a n e r e s* (Bartalucci 1988, 1027), ma la stabilità e l'integrità sono qui intese provocatoriamente solo in senso materiale o fisico, non certo in senso etico-simbolico, contrariamente a tutta la tradizione moralistica di Roma: i colli possono anche continuare ad ergersi saldi nell'aria, ma certo per G. non si può più dire che *moribus antiquis res s t a t Romana virisque* (Enn., *ann.* 500 Vahlen[2] = 156 Skutsch = 167 Flores). Da *immensi caput orbis* (Ov., *met.* 15, 435) Roma è ormai diventata *caput vitii* (Plin., *epist.* 4, 22, 7). Da una parte la città esporta ormai con moto centrifugo (2, 159 ss., 170; Braund 1989a, 49–51) quel vizio che un tempo aveva importato da Grecia, Magna Grecia e Oriente (dopo la fine della II guerra Punica: 6, 286 ss., 295 ss., cf. Watson-Watson 2014, 160 s., con bibl.), dall'altra l'*Urbs* è diventata addirittura il centro dove si apprende la passività sessuale (2, 162 ss.) e il punto d'attrazione dei *pathici* di tutto il mondo (il moto qui è centripeto: 9, 131 s.). Questa doppia direttrice di marcia del vizio (centrifuga e centripeta) segna il culmine del pessimismo giovenaliano quanto alle sorti di Roma e dell'impero tutto. Siamo anche oltre il pessimismo degli *urgentia imperii fata* di Tac., *Germ.* 33 (vd., da ultimo, Baldi 2019, 337 ss.). Non a torto Nappa 2018 (per es. 7; 189; 191) parla di una sorta di «nichilismo» giovenaliano. – **salvis:** *salvus* è colloquiale (cf., per es., 6, 30 e 231; 11, 204 s.), di certo meno sostenuto di *incolumis* (cf. 10, 258 *incolumi Troia*) e di *sospes* (13, 178), aggettivi che appaiono nell'*Eneide* virgiliana e nei *Carmina* di Orazio (3, 14, 10, con Nisbet-Rudd 2004, 185, e anche nel *Carmen saeculare*, al v. 40). L'espressione di uso comune, fortemente allitterante (cf. Ronconi 1971², 21), sarebbe stata *sanus et salvus* (frequente in commedia: vd., per es., Plaut., *Amph.* 730; *Epid.* 563; *Merc.* 889; ma presente anche in Cic., *fam.* 12, 23, 3: *sanae et salvae rei publicae*). – **131–132. undique ad illos conveniunt:** altrove l'immagine è quella dell'alluvione che sommerge la città e i suoi colli (3, 62 ss.: *iam pridem Syrus in Tiberim d e f l u x i t Orontes...*, con al v. 71 *collem*; 6, 295 ss.: *hinc f l u x i t ad istos et Sybaris colles...*, cf. Hor., *carm.* 3, 6, 19 s.), provenendo specificamente da Grecia, Magna Grecia e Oriente. Qui invece Roma è la mèta finale di un viaggio-invasione da parte di *pathici* che provengono non più solo da est, ma da tutti i punti cardinali: *undique* (cf. Tac., *ann.* 15, 44, 3: *Urbem quo cuncta u n d i q u e atrocia aut pudenda c o n f l u u n t*). Per l'immagine dell'invasione come sommersione/alluvione, cf. anche Tac., *ann.* 14, 44, 3 *conluviem istam* (detto dei *servi* di tutte le *nationes* confluiti a Roma), mentre Sall., *Cat.* 37, 5 usa un'immagine in qualche modo analoga per descrivere l'arrivo in massa dei delinquenti nella città (*in Romam sicut in sentinam c o n f l u x e r a n t*). I *pathici*, però, non vengono a Roma corrompendola nei suoi sani e illibati costumi delle origini, secondo l'abusato *topos* del *vitium peregrinum* o *exoticum* che 'infetta' la città (cf. 6, 298; 14, 187 s.; Tac., *ann.* 14, 20, 4: *per a c c i t a m lasciviam... studiis e x t e r n i s* ; Mac Mullen 1982; Citroni Marchetti 1983, 96; 1991, 185 ss.; Williams 1995; Bellandi 2008c, 351 ss.), anzi essi sono attirati come le mosche al miele proprio dal fatto che Roma è ormai diventata *emporium infame libidinum* (Prateus 1684, 292) e sede di innumerevoli *amatores*. – **131. ad illos:** *sc. colles*. Rispetto a *his*, la prospettiva cambia e diventa quella degli 'invasori', di chi da lontano ha di mira la sua mèta con fini di conquista, cf. 3, 69–72 (... *Esquilias dictumque p e t u n t a vimine collem*). In 6, 295 s. (passo testualmente discusso, cf. Hendry 1997; Santorelli 2008, 648 s.; Kissel 2013, 292) la *Vox docens* parla rivolgendosi ai Romani (*ad i s t o s... colles*); ma *iste* può talora anche equivalere ad *hic*, cf. Citroni 1975, 90 *ad* Mart. 1, 26, 6 e Watson-Watson 2014, 163 *ad l.*; per l'inverso (*hic* = *iste*), vd. *ad* 6, *hac facie*; *ad* 60, *hic*. – **132. conveniunt:** di Φ sembra migliore di *convenient* di **PA** e di *Schol.*, p. 160, 30 ss W., che – secondo Courtney 2013², 388 – potrebbe essere stato influenzato dal futuro di *derit*, 130 (per la verità si potrebbe altrettanto legittimamente parlare di un'influenza di *scalpunt* su *conveniunt*). Il fatto è che il moto di convergenza invasiva verso la capitale è angosciosamente già in atto: i *pathici* sono in viaggio già in questo momento... – **et carpentis et navibus:** il polisindeto dà enfasi all'invasione senza scampo che sta avvenendo "per terra e per mare" (dizione meno solenne, comunque, di 14, 222 *terraque marique* o di Lucan. 4, 374 *terra pelagoque*). L'espressione è suggerita chiaramente da Hor., *epist.* 1, 11, 28 s. *navibus atque / quadrigis*, con inversione dell'ordine delle parole e parziale sostituzione sinonimica. Per il *carpentum* come mezzo di locomozione veloce, cf. 8, 147 *volucri carpento rapitur*... (con Dimatteo 2014, 169 s.). Nella sostituzione del *quadrigis* di Orazio con *carpentis* può forse aver giocato un ruolo anche il fatto che il veicolo in questione, un carro coperto a due ruote, un tempo riservato al trasporto di sacerdoti e arredi sacri (Tac., *ann.* 12, 42: *honos sacerdotibus et sacris antiquitus concessus*), ormai era diventato veicolo di lusso in uso a damerini e scialacquatori (Prop. 4, 8, 23: *serica... carpenta vulsi nepotis*, con Fedeli-Dimundo-Ciccarelli 2015, 1039 s.; per Coutelle 2015, 828 s. addirittura: «roba da *pathici*»). In ogni caso, ormai tale carro era stato 'degradato' – quasi 'profanato' per i tradizionalisti – dall'uso da parte delle donne (Livio 5, 25, 9; Pagnotta 1977–1978; Bartoloni-Grottanelli 1984, 389–392; Santoro L'Hoir 1992, 133 e n. 48). *Carpentum* non compare in Marziale, che, pure, usa molti termini per indicare il "carro" (vd., per es., 12, 24, 1–2: *covinnus/carruca/essedum*, mai in G.). Il satirico, che usa più volte *currus*, conosce i più rari *raeda* (3, 10) ed *epiraedium* (8, 66), *serracum* (3, 255 e 5, 23) e *plaustrum* (3, 256), questi ultimi per designare pesanti carri da trasporto (Weeber 1995–2003, 100–103). Ma i *pathici* invadono l'Urbe con rapidi e più v e z z o s i veicoli alla moda. Se invece che al *carrum pompaticum* o processionale di Isid., *orig.* 20, 12, 3 (in versione femminile o 'cinedica') si dovesse qui pensare al «vehiculum ad usum imprimis bellicum destinatum» (*ThlL* III 490, 39 ss., cf., per es., Liv. 10, 30, 5 o 31, 21, 17 o Flor., *ep.* 1, 45, 17: *carpenta volitabant*, a proposito dei Britanni che si fanno incontro a Cesare), il sarcasmo dell'immagine si appunterebbe sull'idea paradossalmente 'militare' dell'invasione dei *pathici* (cf. 2, 45 s., e vd. *centuriatim* in Pomponio, cit. appresso). – **132–133. omnes... caput:** gli effeminati sono individuati attraverso il luogo comune che li vuole ossessivamente presi dalla cura della loro acconciatura (Gell. 3, 5: *capillum... arte compositum*), che in nessun modo desiderano sciupare (come le donne di 6, 487 ss. o gli *homines belli*, cf. *ad* v. 12–15). Così, essi si grattano all'occorrenza con un solo dito (o con la sola punta del dito: Luc., *Rhet.* 11) per non scomporre l'acconciatura. Basta questo solo gesto (*relatus... ad caput digitus*) per Sen., *epist.* 52, 12 a svelare la tendenza dell'*impudicus*. Nel cit. passo di Gellio, addirittura, che riporta il fr. 181 Sandbach di Plutarco, la battuta (*festiviter*) di Arcesilao distingue tra le apparenze e i comportamenti effeminati (*vox infracta, oculi ludibundi* e, appunto, *capillus arte compositus*) e l'effettiva passività sessuale che, nel caso in questione, non sussiste (*incorruptus... a stupro integer*), ma condanna ugualmente l'effeminato casto come *cinaedus membris prioribus* (invece che *posterioribus!*). Celebre in questo senso il fr. 18 Blänsdorf⁴ di Licinio Calvo (cf. Courtney 2003², 210) su Pompeo Magno (*Magnus, quem metuunt homines, digito caput uno / scalpit: quid credas hunc sibi velle? virum*). Plutarco parla più volte di questo vezzo deprecabile, difendendo Pompeo dall'accusa di *impudicitia* (*Mor.* 89e; 800d; *Pomp.* 48, 12). Lo stesso gesto, comunque, era attribuito malignamente da Cicerone a Cesare in Plut., *Caes.* 4 (vd. Williams 2010², 199; 237; 244; 409 nn. 320 e 321). C'è, però, chi interpreta il gesto in questione non come 'tic' irriflesso e rivelatore, ma come segnale convenuto di riconoscimento o di adescamento tra cinedi (vd. anche sotto *ad*: *scalpunt*). Mason 1962–3, 106 parla di «the international sign of their fellowship» (cf. Winkler 1983, 121); per il tema dell'esistenza o meno di una «gay subculture» a Roma, vd. Richlin 1993, 542 s. (che parla di «self-presentation used for sexual signals and group cohesion» e di «an organized subculture»); Taylor 1997 (scettico Williams *ibid.*, 239 ss.; 255); Frier 1999, 3 s. e n. 9; Clarke 2005. Come perifrasi per designare i *pathici* o *cinaedi* Braund 1988, 174 s. e 270 n. 235 segnala un'espressione ben più esplicita nel *Prostibulum* di Pomponio, *CRF* 153, p. 248 Ribbeck = 149 Frassinetti (*continuo ad te centuriatim current qui penem* [*panem*, codd.] *petunt*): dovrebbe trattarsi del consiglio dato da un amico a Bucco di prostituirsi come *pedicator* (Frassinetti 1967, 107; vd. Squintu 2006, 181–190, in part. 187). L'avverbio *centuriatim* sottolinea il gran numero di *pathici* previsti in arrivo (cf. *undique... conveniunt... omnes*) e *continuo... current* richiama lo slancio e la determinazione (paradossalmente quasi militare, cf. G. 2, 45 s.) con cui i *pathici* di 9, 130 ss. si volgono all'Urbe. – **scalpunt:** sul verbo, vd. Campana 2004, 252 *ad* 10, 195, dove si parla di una vecchia scimmia che *scalpit* la sua faccia rugosa (il termine risulta di uso prevalentemente colloquiale-prosaico con l'eccezione di Hor., *carm.* 3, 11, 52; cf. Urech 1999, 263 s.). Per lo più si intende che l'azione in questione abbia a che vedere soltanto con la necessità di placare, grattandosi in questo modo (*scalpere* per *scabere*, che G. non usa), un fastidioso prurito prodottosi sul capo (il 'focus' è sulla volontà dell'effeminato di non sciupare un'acconciatura elaborata). Tuttavia, in Persio 1, 20 s. *scalpere* vale *terere/fricare* in senso osceno (soggetto di *scalpuntur* è *intima*, con riferimento a una penetrazione anale; vd. *ad* 43, *intra viscera*). Su questo senso erotico del verbo, cf. Adams 1982–96, 192 e 281 (a proposito di *scalpentem nates* in Pomponio *CRF* 76, p. 237 Ribbeck = 72 Frassinetti, cf. p. 104; Squintu 2006, 121) e vd. anche Marziale 3, 93, 23 (con Fusi 2006, 534). Nel fr. 18, 2 di Licinio Calvo, cit., che è alla base della ripresa giovenaliana, l'azione indicata dal verbo è interpretata come segno (più che sintomo?) di una volontà (*velle virum*). Il gesto potrebbe, perciò, avere valore mimico-allusivo come segnale convenuto di riconoscimento e, soprattutto, di disponibilità (e invito) all'incontro sessuale.

133–134. Altera maior / spes superest *** [tu tantum...: si può pensare che – traendo le dovute conclusioni da quanto appena detto nei vv. 130–133a (e sottindendo *ergo*) – si alluda alla *spes* data per *certa* (in opposizione a 125 s.: *post spes / deceptas*) non solo di poter facilmente sostituire Virrone con un altro *pathicus*, ma di poterlo rimpiazzare con uno o più effeminati meno avari di lui (cf. Housman 1931², 88: "supersunt pathici plures et minus avari"), con alla fine un avanzamento in positivo della situazione (*maior* = *melior*). Si andrebbe, così, anche oltre il principio – ben noto alla precettistica dei *remedia amoris* – del «chiodo scaccia chiodo» (cf. Cic., *Tusc.* 4, 75 *novo... amore veterem amorem tamquam clavo clavum eiciendum...* e vd. Braund 1988, 155 sul rapporto con Verg., *ecl.* 2, 73 *invenies alium... Alexin* e la specularità con il v. 92). Il vantaggio di un'esegesi del genere sarebbe di mantenere maggiore coerenza con quello che è il tema principale della satira, sviluppato a partire dal v. 26 (rapporti omosessuali), senza introdurre alla fine alcun tema secondario e/o allotrio (vd. sotto). Questo comporta di sciogliere l'asindeto prima di *Altera* appunto con un *ergo/igitur* (o anche *adeo*), che concluda quanto sin qui detto sulla 'rosea' prospettiva dell'arrivo in massa dei *pathici*. Ma invece di *ergo* si può sottindere *quidem* con valore di lieve avversativa (quasi "altrimenti") o anche *praeterea* e con *Altera... spes* intendere una s e c o n d a e d i v e r s a opportunità che si presenta all'orizzonte in alternativa (o in aggiunta) a quella costituita dall'affollarsi dei *pathici* (*Altera* ne risulta maggiormente giustificato e, forse, anche *superest*). Nell'attuale stato del testo, questa eventuale seconda opzione non è esplicitata (donde la proposta di lacuna dopo *spes superest* [v. 134], vd. appresso): potrebbe trattarsi dell'ampio mercato delle matrone lascive (cf. 10, 319 ss., dove si tratta di mogli adultere, generose in soldi e gioielli con i loro amanti-'gigolo'), delle vedove o, comunque, delle vecchie ricche e ancora vogliose (cf. 1, 37–41: *optima summi / nunc via processus, vetulae vesica beatae*, dove si presenta questa attività addirittura come la più redditizia fra tutte). Il tema delle vecchie *prurientes* è ben presente in Marziale (3, 32, con Fusi 2006, 275 s.; 3, 93, 20, con Fusi, *ibid.* 526; 4, 5, 6; 10, 67, 6), che sfrutta ampiamente in questa chiave la «Vetula-Skoptik» (su cui, vd. anche Canobbio 2011a, 409 s. *ad* 5, 45). In particolare sulle vecchie che pagano (o che dovrebbero farlo) per *futui*, cf. 7, 75 (*vis futui gratis cum sis deformis anusque... vis dare nec dare vis*; Galan Vioque 2002, 430 s., con bibl.); 11, 29 e 62 (*cum futui vult, numerare solet*, al v. 2); *Priap.* 57, 8 (*si nummos tamen haec habet, puella est*, con Goldberg 1992, 286 ss.; Callebat 2012, 246 s.). Particolarmente interessante per il nostro passo potrebbe essere Mart. 11, 87 (con Kay 1985, 247 s.), dove un *pedico* si trova per intervenute ragioni economiche a dover dare la caccia (*sectari*) alle vecchie ricche e a farsi *fututor* (cf. anche Luc., *Rhet.* 24, dove il 'passaggio' avviene, però, a partire da un precedente stadio di amasio di un γλίσχρος ἐραστής). Inverso appare il caso di Otone (Svet., *Otho* 2, 3), che passa dal simulato amore di una *anus paene decrepita* alla *consuetudo mutui stupri* con Nerone. Ma se accogliamo l'idea che si potesse parlare di questo argomento, non possiamo certo accettare il testo così come si presenta: bisogna ipotizzare una lacuna dopo *spes superest* (Weidner 1889², 195 s.: «eine grössere Lücke»), dove si accennasse a questo nuovo tema con l'aggiunta di qualche esempio 'fortunato' di *amator* arricchitosi, appunto, al servizio di tali vecchie danarose (cf. *ad* 135: *haec exempla para felicibus*). L'idea della lacuna dopo *spes superest*, proposta da Ribbeck 1865, 143, è accettata a testo da Knoche 1950 (cf. 1940, 65), Courtney 2013² e 1984 e Braund 2004. In questa interpretazione è preferibile espungere come interpolata la seconda parte del v. 134 [*tu... dentem*] e conservare come genuino 134A (vd. sotto). – **133–134. Altera maior / spes superest:** la frase che, come vedremo, molti editori e critici variamente correggono o espungono, ha una sua stringata efficacia: essa inizia dopo la pausa forte della dieresi bucolica (vd. *ad* 8–9: *Unde repente / tot rugae?*) e con i due aggettivi in clausola crea una certa aspettativa, cui dà risposta il 'rejet' con ***spes superest*** (con i due termini assonanti e in allitterazione e l'"Interpunktionzäsur' davanti a tritemimere): il nesso è già in Ov., *trist.* 3, 5, 53 (*spes igitur superest*). Forse nell'uso di *superest* c'è una lieve ambiguità: *superesse* significa, infatti, "restare" in fondo al mucchio come ultima risorsa, detto con tono sconsolato o amaro (cf. 1, 35; 3, 27 e 259; 6, 355; 8, 124; 11, 205; 11, 48: *ubi paulum nescio quid superest* e *OLD²* 4), ma lo stesso verbo può valere anche "esserci in più o in abbondanza" (*OLD²* 3; in G., vd. 13, 109: *magna malae s u p e r e s t audacia causae* e 237: *superest constantia*). Nel nostro caso, dunque, la seconda (*Altera*) prospettiva non è presentata in via consolatoria al ribasso, quasi come un contentino, dopo che il meglio è svanito (un po' come nella frase di stampo proverbiale: *liceat modo vivere spes est* in Ter., *Haut.* 981 o *dum vivis sperare licet* di Priap. 89, 9, con Goldberg 1992, 393), ma con ironico ottimismo come qualcosa di diverso (*Altera*) e ancora più vantaggioso (*m a i o r*) che si affaccia felicemente all'orizzonte. Una simile ambiguità nell'uso del verbo appare in 8, 184 (... *ut non peiora supersint*), dove *superesse* vale sia "restare" che "sopravanzare/esserci in gran numero". – **134. [tu tantum:** *tantum* in questo nesso fortemente allitterante, sottolineato dall'ictazione (*tu tantum*), vale a ribadire anche fonicamente la perentorietà dell'invito e *tantum* ha senso prevalentemente limitativo (in riferimento a *inprime*): "(quanto a te), tu non fare altro che...". Questo valore restrittivo compare anche in *tantummodo* e nel semplice *modo* che spesso, però, con imperativo e pronome personale espresso ha valore anche francamente esortativo (*ThlL* VIII 1300, 21 ss. s.v. *modo* =

age) – **erucis:** l'*eruca* o ruchetta era un'erba dai noti effetti afrodisiaci (Colum. 10, 109 e 372 *salax*, con Boldrer 1996, 177 s.); Plin., *nat.* 10, 182 (*venerem concitat*); 19, 154 (*conciliatrix Veneris*); 20, 126. In poesia la ruchetta eccitante appare in Ov., *rem.* 799, con Pinotti 1993², 334; *Moretum* 84; Mart. 3, 75, 3–4 (*salaces*), con Fusi 2006, 434; *Priap.* 46, 8; 47, 6 (*libidinosis incitatus erucis*); 51, 20, con Goldberg 1992, 238, 243, 264; Bianchini 2001, 234; Callebat 2012, 210 s. Di certo, come le cipolle, queste erbe erano afrodisiaci economici (Ov., *ars.* 2, 422: *bulbus et ex horto quae venit herba salax*; cf. Colum. 10, 372 *eruca salax fecundo provenit horto*), adatti a uno dalle scarse risorse come Nevolo, e non costosi come, per es., l'*hippomanes* usato dalle ricche dame romane (6, 133 s.; 615 s.) e come altri ritrovati diffusi tra i ricchi. Tra questi afrodisiaci a basso costo potrebbe rientrare anche l'*urtica* di Petr. 138, 1 o il basilico di Pers. 4, 22 (su cui, comunque, vd. Kissel 1990, 528 s.). Per *erucis* come dativo, e non abl. retto dal preverbio, cf. 6, 422 (*cristae... digitos inpressit*); vd. Janssen 1988³, 106. Il plurale è certamente dovuto alla necessità metrica di evitare la sinalefe, ma aggiunge un opportuno tocco di enfasi alla raccomandazione (cf. *Priap.* 46, 7 s.: in certi casi svantaggiati – per essere eroticamente *paratus* – *erucarum opus est decem maniplis*). Dunque Nevolo non deve far altro che mantenersi in forma, eroticamente 'pronto', masticando l'erba in questione: questa volta il *consilium* è concreto e strettamente 'personalizzato' (non *commune*, 124). – **inprime dentem]:** *inprimere dentem* esprime il consapevole, puntiglioso impegno che Nevolo deve porre in questa attività propedeutica che fa parte integrante, però, del suo 'lavoro' (*dentem* è sing. coll., come di frequente, cf. *ThlL* V 1, 537, 51 ss.; per es. Hor., *sat.* 2, 1, 77 *inlidere dentem* o Tib. 1, 6, 14 *inpresso... dente*). Non è un distratto "mordicchiare" o "rosicchiare" (*rodere*, cf. 3, 207 o 5, 153, detto dei topi o della scimmia), ma un coscienzioso ed energico "masticare" (per la carica di forza, talora violenza, del sintagma *inprimere dentem/dentes*, vd. *ThlL ibid.*, 541, 9–10); siamo più vicini al *mordere* di 7, 19 o al *frangere morsu* di 15, 9. – **134A. gratus eris, tu tantum erucis inprime dentem:** il passo è reso problematico dalla presenza in un ramo ristretto, ma autorevole della tradizione (**PA**; cf. Knoche 1940, 304) del v. 134A, che rappresenta una ripetizione difficilmente tollerabile in questa forma di parte del v. 134 (cf. quanto detto sopra a proposito dei vv. 119 e 120–121; sul caso di «line-final repetition», vd. Wills 1996, 418 ss.). Friedländer 1895 e Clausen 1992² espungevano il verso (134A), considerando *gratus eris* solo una glossa sopra- o sottoscritta per spiegare *spes superest* ed entrata nel testo, indi completata a formare un nuovo esametro con la ripetizione della seconda parte di 134. Il v. 134A è l'unico verso di **P** che sia stato espunto da Friedländer 1895; Heinrich 1839, 374 lo giudicava «ein Mönchsspässchen». Su altre proposte di soluzione o, quanto meno, di spiegazione della questione, vd. *ad* 133–134A. – **gratus eris:** *gratus* qui vale *acceptus* in senso erotico (cf. *ThlL* VI 2, 2261, 51 ss.; 2262, 13 ss. e *Schol.*, p. 126, 1–2 W. *ad* 7, 82), anche in conseguenza dell'assunzione di *eruca*, e non – evidentemente – "grato" o riconoscente (*ThlL ibid.*, 2260, 18 ss.). Questo vale per entrambe le interpretazioni sopra accennate di *Altera... spes* (sia in riferimento ai *pathici*, dunque, che alle vecchie danarose). Per Courtney 2013[2], 389 si tratta di una ripresa irriverente – dato il contesto sordido – del linguaggio amoroso di Hor., *carm.* 3, 9, 1 (*gratus eram tibi*) e Prop. 1, 12, 7 (*olim gratus eram*); vd. anche Braund 1988, 257 n. 126. Per *gratus* = "amato", "desiderabile", vd. anche Watson-Watson 2014, 204 *ad* 6, 384, con il rimando a Ov., *am.* 2, 19, 30. Dato il valore di «understated word» di *gratus* (Nisbet-Rudd 2004, 135), si tratta in G. di una forma elegantemente eufemistica, ma in realtà ammiccante: *gratus eris* = "andrai a genio" per "andrai a ruba" (per il concetto, cf. *diripiatur adulter* in 6, 404) e, dunque, in buona sostanza: sarai ben remunerato.

133–134–134A. Altera maior / spes superest*** gratus eris, tu tantum erucis inprime dentem: Housman 1931[2] nella sua edizione proponeva di espungere la seconda parte del v. 134 ([*tu... dentem*]) e di sostituirla *e.g.* con: *turbae, properat quae crescere, molli / gratus eris, tu tantum erucis inprime dentem*, mantenendo così nel testo 134A. L'idea gli nasceva dalla nota dello *Schol.*, p. 161, 3–4 W. (*ad* v. 133): *multos inberbes habes tibi crescentes,* che non trova riscontro nel testo quale leggiamo (Ribbeck 1865, 143 e Courtney 2013[2], 389 pensavano trattarsi di «a displaced note on 130»). Ma l'escogitazione di Housman 1931[2], pur brillante, è meno convincente di quel che può apparire a prima vista: perchè aspettare la crescita (lenta) di una nuova generazione di effeminati ancora imberbi (una *turba mollis* del futuro: quasi una *spes segetis* che si sta preparando *in loco*...), quando una massa enorme di *pathici* vogliosi sta arrivando da ogni dove e con ogni mezzo di locomozione possibile alla città dei sette colli? Non a caso Leo 1909, 614 s. pensava che il cenno dello scoliasta agli *inberbes crescentes* fosse riferibile soltanto alla «knappere Redaktion» da lui ipotizzata e costituita dai soli versi 130 e 134A (senza il cenno ai *pathici undique convenientes* di 131–133). Bücheler (cf. Friedländer 1895, 447 s.) pensava che *Altera maior* fosse la lezione originaria corrottasi poi in *alter amator* (corruttela in sé paleograficamente accettabilissima, cf. 1, 106, dove ugualmente *maior* si corrompe in alcuni codici in *amator*). Tale alterazione del testo (lasciando in sospeso *spes superest*) avrebbe comportato la necessità di rabberciare il passo e così si provvide a creare un verso iniziante con *gratus erit* (poi corrottosi in *eris*) al posto dell'originale (e ormai incomprensibile) *spes superest*, collegandolo con il resto del v. 134. In questo modo si otteneva *alter amator / gratus erit* (con *gratus* ora nel senso 'attivo' di "dankbar" = "generoso", in doni e denaro). Che si tratti di un testo frutto di corruttela lo dimostra (come nota puntualmente Friedländer 1895) anche il fatto che in questo modo si è costretti a vedere in Nevolo non più un *amator* (attivo), ma un *amatus* (passivo, cf. 3, 186), il che non può stare, visto tutto il tenore della satira. Non sembra accorgersene Willis 1997, 130 *ad l.*, che espunge 134 *spes superest: tu tantum erucis imprime dentem* (da lui chiamato 134*a*) e recupera in modo confuso l'idea di Bücheler, trasformando *alter amator / gratus erit* da fase di corruttela del testo in lezione genuina. Ma così il *pathicus... amicus* di v. 130, pronto a pagare per *pedicari*, diventa un *amator* o ἐραστής (il partner 'attivo' della coppia) e questo non si adatta in alcun modo alla caratterizzazione di Nevolo, che è senz'altro lui il *pedicator*. Non meno audace, ma più attento, Housman 1899–1972, 107–109 (in un momento precedente, dunque, a quello dell'edizione del 1905[1]–31[2]) aveva anche lui proposto di intervenire sulla clausola di 133, postulando una trafila complessa di alterazioni a partire dalla presunta lezione originaria *derit amator* (> *diter amator* > *alter amator* > *altera maior*). Anche lui espungeva 134 e recuperava 134A (mantenendo, però, *eris*). Il senso prodotto da tutta l'operazione di 'restyling' era un po' artificioso, ma coerente: arriveranno talmente tanti *pathici* vogliosi a Roma che... *derit amator* ('in pendant' con 130: *numquam... derit amicus*), ovvero, vista l'affluenza, nell'Urbe si avrà carenza di *amatores* per soddisfare tutti i possibili clienti e i prezzi presumibilmente saliranno per la legge della domanda e dell'offerta (e tu sarai "gradito", "andrai a ruba"...). In realtà, non c'è vero motivo per dubitare della genuinità di *Altera maior / spes superest*: la giustapposizione senza copula di *Altera maior* non fa difficoltà, specie con *alius* o *alter* (cf. 92), e *spes* riprende in *incipit* la *spes* di v. 125 in clausola, rispondendo con efficace ironia alla *querella* di Nevolo (vd. anche sopra, all'inizio della n. *ad* 133–134, *Altera maior /spes superest*).

135. 'Haec exempla para felicibus: l'Interlocutore doveva aver fatto dei n o m i per illustrare con casi già verificatisi nel passato la possibilità aperta anche a Nevolo nel futuro di far fortuna come 'sex worker': nella lacuna postulata dopo *spes superest* ci doveva essere qualche es. concreto di chi si era ben sistemato con un *patronus mollis*, ma *non avarus*, o con una vecchia ricca e lasciva (come, per es., il *Gillo* di 1, 40 s.). Per un simile uso ambiguo di *exemplum* (da intendersi in positivo per Nevolo, ma con valenza ironica per G.) e per l'invito a non prendere in considerazione casi eccezionali, necessariamente improponibili per i comuni mortali, cf. 7, 189–190 (*exempla novorum / fatorum transi*), con il riferimento, nel contesto, al nome illustre di Quintiliano e al suo caso irripetibile. In 2, 47–49 alla menzione del termine *exemplum* seguono subito dei nomi (*Tedia... Cluviam... Flora Catullam*) ad illustrazione del caso (come in 14, 322 *exemplis* rimanda ai nomi appena citati di Epicuro e Socrate in 319 s.). *Exemplum*, dunque, qui si avvicina molto al senso concreto di *exemplar* (che G. non usa), per cui vd., per es., Hor., *epist.* 1, 2, 18 (*utile exemplar*, detto di Ulisse), con Fedeli 1997a, 1024. Non si tratta in 9, 135 di *exemplum* nel senso generico di *modus vivendi* (così

Achaintre 1810, I 367, o Ruperti 1830–1831, II 368: con *para* inteso come *praecipe*). Sul senso e l'uso di *exemplum* in G., vd. Knoche 1940, 65 e n. 1; Courtney 2013², 30 s. *Felix* è usato qui nel senso di *fortunatus* (*ThlL* VI 1, 439, 49 ss.), che G. presenta solo nella citazione del celebre verso di Cicerone (10, 122: *o fortunatam natam me consule Romam!*), e prepara il tema dei vv. 148–150 (mirata avversione della dea *Fortuna* nei confronti di Nevolo). – **para:** = *appara* nel senso di *praebe/porrige* (cf. *ThlL* X 2, 415, 28 ss.: «cum respectu praebendi»); c'è anche l'idea di *serva/reserva* (*separa*). Per la *iunctura*, cf. Ov., met. 9, 508: *cur haec exempla paravi?* (con il nome degli *Aeolidae* citato nel v. precedente). – **felicibus:** sappiamo già che – a differenza di non pochi suoi 'colleghi' (*multis*, 27) – Nevolo si considera un predestinato dal fato e dalle stelle alla sconfitta nella vita (32 ss.). Anche in questo Nevolo ripropone in chiave di parodia amara temi già presentati in prima persona dal Satirico stesso (e da Umbricio): oltre al passo già indicato *ad* 32–37 *fata regunt homines*, ovvero 7, 188–202 (con *felix* ripetuto ossessivamente in 190, 191, 193, 202), cf. anche 3, 38–40 e 6, 605 ss. (relativi all'azione incomprensibile ed iniqua di *Fortuna*: vd. *ad* 148). Anche in 16, 1–6 è forte, nel giro di pochi versi, l'insistenza sul ruolo della buona sorte astrale (*f e l i c i s ... prospera... secundo / sidere... fati... hora benigni*). È vero che dietro quella che appare come l'azione determinata e imperscrutabile del *Fatum* oppure capricciosamente casuale di *Fortuna* si celano, in realtà, anche precise e nient'affatto 'misteriose' responsabilità umane (*criminibus debent hortos...*, 1, 75 s., cf. Bracciali Magnini 1990, 3 ss.), ma il G. 'indignato' – prima della cosiddetta svolta 'democritea', che pretenderà di contrastare o, addirittura, di cancellare la divinità stessa di Fortuna (10, 53 s., 365–366) – sottolinea talora con rabbia anche la vera e propria casualità per cui qualcuno 'ce la fa' (*emergit*, 3, 164) ed altri no. Del resto, anche i *crimina* hanno *diversum fatum* (13, 103–105): *multi / committunt eadem diverso crimina fato*: */ ille crucem sceleris pretium tulit, hic diadema*. La Fortuna, in realtà, resta signora del mondo umano e il *sapiens* la sconfigge solo lavorando adeguatamente sul suo *animus* e restando indifferente – dentro di sé – ai suoi giochi. Questo è quanto si afferma a partire dalla sat. 10, ma il Giovenale 'democriteo', lungi dal realizzare questo programma ideale, è implicato nelle stesse contraddizioni del G. 'indignato' (Bellandi 1980, 66 ss., 85 ss.; 2011a, 178 ss.). Contraddistingue Nevolo – qui e in 27 s. – la mancanza di quell'astio verso i 'rivali' fortunati che c'è, invece, in Umbricio (per es., in 3, 29 ss. e 38–40 o 92 ss.). – **135–136. at mea Clotho / et Lachesis gaudent:** la citazione di due delle Parche – Cloto (in G. solo qui) e Lachesi (già in 3, 27, con Manzella 2011, 77 s.) – individua quelle tra di loro preposte alla filatura e assegnazione dello stame, che causa/segnala (con il materiale e/o il colore) la qualità più o meno felice della condizione di vita (cf. 12, 64–66 *pensa... staminis albi*). Atropo ("l'Inflessibile") non è citata, perchè è quella solitamente preposta a tagliare il filo alla fine dell'esistenza (vd. Mart. 10, 38, 13 e 44, 6; Stat., *silv.* 3, 3, 127; 4, 8, 19; 5, 1, 178). In Catull. 64, 301 e 383 e 68, 85 e in Verg. *ecl.* 4, 46 s. (tra i più celebri passi della letteratura latina dove le dèe compaiano) esse sono chiamate collettivamente solo *Parcae*. In Seneca, *apocol.* 3-4, invece, sono citate proprio queste stesse due fra le *tres sorores* (Hor., *carm.* 2, 3, 15), solo che qui è Cloto a tagliare il filo della vita di Claudio (3, 3) e Lachesi a filare quello aureo della felice esistenza del successore Nerone (*At Lachesis...*, 4, 2). È possibile seguire la storia dell'uso del mito delle Parche da Catullo a Seneca nello studio di Colafrancesco 2004 (vd. anche Monteleone 1987). La menzione delle Parche è in linea con il fatalismo astrale dichiarato in 32 ss. da Nevolo: ma se il personaggio sembra credere alle dèe come 'ministre' inflessibili del Fato (*concordes stabili fatorum numine Parcae* in Verg. cit.), non c'è alcuna pretesa ad una rigorosa coerenza di pensiero (vd. Magris 2016², 406 n. 107 e sotto, *ad* 148, *nam cum pro me Fortuna vocatur*, dove è tirata in ballo *Fortuna*). Più che altro Nevolo ama infiorettare le sue parole con riferimenti letterari e mitologici che dovrebbero innalzare il tono del suo discorso e renderlo più elegante e che, però, confliggono con altri tratti del suo linguaggio, più banali o crudamente realistici: qui la «deflation» satirica è ottenuta tramite l'accostamento incongruo della solenne menzione delle dèe all'espressione *pascitur inguine venter* (cf. Braund 1988, 245 n. 48; Pollmann 1996, 484). Anche il Satirico si serve di questo medesimo linguaggio alquanto logorato dall'uso, non peritandosi di far ricorso ai più noti dati dell'antica mitologia, per es. in 12, 63 s., dove si parla della collaborazione di *Fatum* e *Parcae*, secondo il tradizionale nesso di Εἱμαρμένη e Μοῖραι. Ma G. gioca anche liberamente con tale invalso modo di esprimersi: in 14, 248-250, per es., si allude chiaramente alle Parche, con i loro consueti attributi (*colus... stamine*), nella funzione di amministratrici di un fato connotato astrologicamente (*nota mathematicis genesis tua, sed grave tardas / expectare colus: morieris stamine nondum / abrupto*), ma qui le inesorabili dèe vengono tranquillamente surclassate dall'intervento del figlio che vuol assassinare il padre e può, dunque, non rispettare i dettami 'invalicabili' del Fato. Anche Umbricio (del cui pessimismo con venature fatalistiche Nevolo rappresenta in qualche modo lo sviluppo) fa lo stesso, citando Lachesi (senza il confidenziale *mea*) come dispensatrice del filo della sua vita in 3, 27 e ammettendo poco dopo (in 38-40) il ruolo dominante di *Fortuna* nel (non-) governo del mondo: si tratta dello stesso paradossale miscuglio di determinismo fatalistico e dominio assoluto della casualità che si ritrova nell'uso irriflesso e sostanzialmente aproblematico del linguaggio colloquiale (vd. Friedländer 1895 cit. sotto, *ad* v. 148, *nam cum pro me Fortuna vocatur*). – **136. gaudent**: costituisce un'iperbole auto-ironica rispetto a un più adeguato *contentae sunt*: si tratta, infatti, di accontentarsi di ben poco (9, 10; 14, 179). Le *Parcae* appaiono più legittimamente *hilares* in 12, 65, dove apportano la salvezza all'amico di Giovenale, e invece gioiscono a pieno titolo nel visto (*ad* 135–136) passo panegiristico di Sen., *apocol.* 4, 10 s., dove *f e l i c i a vellera ducunt*. Per il sarcasmo nell'uso di *gaudeo*, cf. 6, 597 (*gaude infelix*). *Mea* al sing. con *Clotho* è riferito a entrambe le Parche e si accompagna al predicato al plurale (*gaudet* solo in **P²**; in **P¹** *gauden*). Sull'uso giovenaliano nell'accordo del predicato con più soggetti, vd. Balash 1966, 41 ss.; Monti 1978, 168 *ad* 2, 45 s. **– si pascitur inguine venter**: *venter* indica la "pancia" (con *abdomen* in 4, 107; cf. 7, 78 *intestina*) come parte del corpo contenente gli organi destinati alle indispensabili operazioni della digestione, assimilazione, escrezione degli alimenti (5, 5–6: *ventre... alvo*; 3, 167; 11, 40; 14, 126, 149, 199; 15, 100, 104 e 174; André 1991, 132 s., 135 ss.; cf. anche Fusi 2006, 229 *ad* Mart. 3, 22, 1). Nell'uso del termine come metonimia per indicare un vizio, *venter* indica per lo più non la libidine sessuale, ma la voracità o "gola" (anche se in questa accezione in G. gli è preferito *guttur*, *palatum* e appunto *gula*, cf., per es., 1, 140; 2, 114; 5, 94; 11, 11; Fusi *ibid.*, 196 *ad* Mart. 3, 17, 3). In Sall., *Iug.* 85, 41 (*dediti ventri et turpissumae parti corporis*) o Sen., *benef.* 7, 2, 2 s. (*ventri ac libidini deditus*) vediamo appunto che il *venter* come "voracità" è accostato alla *libido* sessuale e, insieme, distinto da essa (per gli usi 'sessuali' di *venter*, invece, vd. Callebat 2012, 164 a *Priap.* 31, 3 *ventris arma* e Adams 1982–96, 133 s.). Qui il *venter* è sfamato parcamente (notare anche l'ironia dell'accostamento tra *gaudent* e la particella ipotetica *s i ...*, a cavallo della cesura pentemimere) proprio da quella che Sallustio chiama la *turpissuma pars corporis* (il *penis* di Sall., *Cat.* 14, 2). L'accostamento immediato dei due termini anatomici, che pure fanno parte della stessa zona del corpo umano (6, 124), suona volutamente sorprendente (Braund 1988, 245 s. n. 48). L'espressione appare senz'altro suggerita da Mart. 9, 63, 2 (*mentula quem pascit*), detto di un parassita invitato a cena solo da cinedi (per le diverse possibilità esegetiche, vd. Hénriksen 1998, 2, 64 s.). In 1, 58, 5–6 Febo riesce a guadagnare ben 2 milioni di sesterzi grazie alla *mentula* (presumibilmente con analoghe prestazioni fornite ai cinedi, cf. Citroni 1975, 194), ma Nevolo non è capace di ricavarci (e a stento) che il necessario per non morire di fame: il suo *venter* è inevitabilmente e involontariamente *frugalis* (cf. 5, 5). Anche in 2, 51, 5–6, Marziale gioca con il 'cibarsi' o il 'digiunare' di queste parti del corpo, ma qui il protagonista si rovina economicamente per la sua passione per i *nimii penes* e il *venter* assiste sconsolato ai *convivia culi*. G. evita sempre il termine volgare *mentula* (vd. *ad* 32–33: *partibus... abscondit*; *ad* 34: *longi... nervi*; 43: *penem*); per *inguen*, eufemistico per gli organi genitali, qui per *membrum virile*, vd., per es., 1, 41 o 3, 109 (con Manzella 2011, 193). In questa stessa satira, vd. anche *ad* 4: *terit inguina*, dove *inguina* valeva, invece, *cunnus*. Quanto a *pascere* come "nutrire al minimo indispensabile per la sopravvivenza", vd. *ad*

66–67: *Alter... pascendi*. Sostanzialmente giusta la perifrasi di *Schol.*, p. 161, 7–9 W.: *usque adeo infelix sum, ut vix industria inguinis ad victum sufficiat*. In Apul., *met.* 8, 29, 2 si parla dell'*industria laterum* di un giovane campagnolo *imis ventris bene praeparatus*.

137–140. O parvi... baculo: improvvisa invocazione ai *Lares*, divinità legate allo spazio della casa e al gruppo familiare che l'abita. Il loro culto era antichissimo (forse, per iperbole, già presente secondo G. nell'età primordiale di 6, 3, cf. Bellandi 1995, 105; Schmitz 2019, 153 n. 248) e collegato a quello dei *Penates* (lo *Schol.* equivoca a p. 161, 12 W., ma cf. Hor., *carm.* 3, 23, 4 e 19; Tib. 1, 3, 33–34; Horsfall 1993, 89 *ad* Hor., *epist.* 1, 7, 94). In origine il *Lar Familiaris* era uno solo (Plaut., *Aul.* 2, 5, 23 ss.), poi divennero due. Le loro statuette, oggetto di un culto semplice, si conservavano *in aedicula* (cf. 8, 110, con Dimatteo 2014, 137), presso il focolare domestico. Sui *Lares* e il loro culto, vd. Mastrocinque 1999 e, da ultimo, Sofroniew 2015; Bettini 1997 e 2015, 57 ss. Per la particella interiettiva *O*, qui come modulo liturgico, vd. *ad* 102: *O.* – **137. parvi nostrique Lares:** normalmente le statuette non erano di grandi dimensioni (*parva... simulacra*, 12, 87; Hor., *carm.* 3, 23, 15 s. *parvos... deos*, con Nisbet-Rudd 2004, 268 s.) e di solito erano in materiale non prezioso o di terracotta o di legno (ma in Petronio 29, 8 i Lari di Trimalchione sono d'argento). Improbabile che – come propose Gnilka 1964–2001, 7 n. 13 – fossero di cera (vd. Stramaglia 2017[2], 271 s.). *Nostri* non vale «me digni, parvi, ut est fortuna mea» (Heinrich 1839, 374; quasi: *parvi et* πρεπόντως *apti mihi*) e nemmeno «favouring» (Courtney 2013[2], 390 e 465), che interpreta così anche *nostrum... Iovem* di 12, 89 e rimanda a Persio 5, 50. Ma nel passo di Persio *Iove nostro* riguarda il comprensibile favore della divinità stoica per la filosofica 'diade' Persio-Cornuto, mentre Nevolo non sembra proprio sentirsi sotto l'ala protettiva di alcuna divinità (32 ss., 135 s., 147 ss.). *Nostri* indicherà più semplicemente il doveroso e affettuoso attaccamento dell'orante ai simulacri che appartengono alla famiglia e che sono da sempre oggetto di culto domestico (come dice Ruperti 1830–1831, II 369: «domestici et privati, a quibus differunt Penates Laresque publici»). Per il valore affettivo dell'aggettivo possessivo riferito a divinità, cf. *vestram... Dianam* in 3, 320. Così in 12, 89 *nostrum... Iovem* si oppone al maestoso *Tarpeio... Iovi* del v. 6 (distinguendo tra culto privato e culto pubblico) e i due aggettivi del verso sono praticamente interscambiabili (*n o s t r u m ... Iovem Laribusque p a t e r n i s*, cf. Plaut., *Aul.* 2 e 5): qui *noster*, insomma, si avvicina molto al senso che ha *p r o p r i u s*, riferito al *Lar*, in Hor., *sat.* 2, 6, 66, oppure *p a t r i u s* in Tib. 1, 10, 15 s., dove il poeta – con immagine assai affettuosa – si ricorda di sé come bimbo (*tener*) in corsa *ante pedes* delle benevole divinità della casa. *Nostri* potrebbe anche essere usato semplicemente con valore di 'pluralis maiestatis' (cf. 31 o 86) come al v. 94 (= *mei*, cf. *mea* al v. 135), ma forse in questo senso 'individuante' sarebbe stato al primo posto (non dopo *parvi*). Nevolo non si sente attualmente sotto la protezione di alcuna divinità o potenza superiore: il favore divino (anche quello dei suoi stessi Lari) è tutto da ottenere (vd. *ad* 138: *soleo exorare*, e cf. *placare* in 2, 86 o 12, 89). Ma si può pensare che i Lari siano "nostri" anche in un senso più generale, in quanto essi si oppongono come antico e sano culto indigeno alle religioni provenienti dall'estero e, in part., dall'Oriente (cf. 23: *advectae... Matris*), i cui luoghi di culto Nevolo frequentava, sì, ma solo per 'lavoro' (22–23, cf. anche *ad* v. 62, *cymbala... amici*). Per questo ulteriore senso di *nostri* (quasi = *nostrates*, cf. 11, 117), vd. 3, 144 s., dove *n o s t r o r u m aras* si oppone antiteticamente a *Samothracum*. Tutta l'invocazione sortisce in definitiva l'effetto di segnalare la correttezza della *pietas* r o m a n a di Nevolo e la sana *tenuitas* delle sue abitudini di culto, che finiscono così per assomigliare non poco al tipo di culto privato praticato dal Satirico stesso in 12, 83 ss.: *graciles... parva coronas / accipiunt fragili simulacra nitentia cera /... Laribusque paternis / tura dabo atque omnis violae iactabo colores* (con Bellandi 1974–2009, 482 s. e 493 s.; Stramaglia 2017², 270 ss.). Il Satirico, però, in precedenza (12, 1 ss.) aveva fatto le sue più impegnative offerte di vittime animali al tempio della Triade Capitolina (senza arrivare al toro, troppo costoso: 10 ss.). Nella sat. 12 (e in 11) G. si presenta come socialmente *mediocris*; Nevolo, invece, non si sente nemmeno *pauper* (147) e le forme assai modeste di culto che può riservare agli dei (incenso, farro, una coroncina, senza libagioni di vino e, soprattutto, senza sacrificio di vittime animali), sono adeguate alla sua bassa condizione sociale (*pro copia*, avrebbe detto Cato, *agr.* 143, 2, parlando appunto delle offerte al *Lar familiaris*). – **137–138. quos... corona:** Nevolo non sacrifica ai *Lares* vittime animali, come fanno i *captatores* di 12, 113 s. (dove per grottesca iperbole si parla addirittura del sacrificio di un elefante: *cadat a n t e   L a r e s Gallittae, victima sola / tantis digna deis et captatoribus horum*) o in 13, 233, dove la vittima sacrificale è più modestamente un gallo (cf. anche Hor., *carm.* 3, 23, 4: *porca* o Tib. 1, 1, 19 ss.: *agna*). Senza nemmeno parlare di libagioni di *lac* o *vinum*, Nevolo fa solo offerta di suffumigi di incenso (12, 90; 13, 116: *pia tura*) e di farro (nel culto usato tostato e in mescolanza col sale come *mola salsa*, cf. 12, 84), nonché di u n a s o l a e smilza corona di fiori (il singolare si oppone al plurale *graciles... coronas* di 12, 87, ma potrebbe anche essere semplicemente un sing. collettivo). Qui non si specifica il tipo di *corona florea* offerto ai Lari (in Hor., *carm.* 3, 23, 15–16 si parla di rosmarino e mirto). La sottolineatura della estrema modestia delle pratiche di culto messe in atto, mentre è ovviamente un segnale del basso livello del tenore di vita dell'orante, ha l'effetto quasi paradossale di metterne in rilievo la 'lodevole' semplicità. La modestia del culto praticato dagli avi nella sana Roma 'd'antan' è, infatti, caldamente celebrata dai moralisti quando si accompagni ad un *animus* veramente *pius* dell'orante (vd., per es., Pasquali 1920–64, 603 ss. e Nisbet-Rudd 2004, 261 s. *ad* Hor., *carm*. 3, 23; Kissel 1990, 349 ss., 360 ss. *ad* Pers. 2, 59–60 e 73–75: *Compositum ius fasque animo sanctosque recessus / mentis... cedo ut admoveam templis et farre litabo*). In G. stesso, si ha da una parte la marcata ironia di 10, 354 s. sulla volgarità di certe 'crasse' offerte agli dèi e dall'altra, all'inverso, il tono affatto serio di 11, 108 ss., 115–116 (con Bracci 2014, 140 ss.) sul culto modesto, ma efficace di un tempo (*Tusco farrata catino... fictilis et nullo violatus Iuppiter auro*; cf. 6, 342 ss.), che sapeva assicurare a Roma la protezione vigile dei Numi (per il diffusissimo luogo comune, vd., per es., Tib. 1, 10, 15–24, con Murgatroyd 1980, 286 s.). Naturalmente, a rendere ben accètta agli dèi l'offerta modesta è la *recta ac pia voluntas venerantium* (Sen., *benef.* 1, 6, 3), la indispensabile purezza rituale e spirituale dell'orante (Tib. 2, 1, 12 s.: *casta placent superis*, con specifico riferimento anche ai piaceri sessuali della notte precedente il rito, cf. Pers. 2, 16). Nel rivolgersi agli Dèi Nevolo non mostra alcuna forma di imbarazzo per la sua 'professione' e non dubita di essere in un corretto rapporto con la divinità: si sente pertanto autorizzato ad elevare le sue richieste (*exorare*), presumendo che esse sian degne di essere accolte. Si conferma così che Nevolo – nella sua 'ingenuità' (Bellandi 1974–2009, 497) – considera il suo modo di vivere un *vivere recte* (118). – **137. ture minuto:** *minutum* ha più probabilmente valore puramente aggettivale (= *paucum/ parvum* o *exiguum*: "un po' di" o "una manciata di", cf. 6, 546; 13, 189; 14, 291; *ThlL* VIII 1040, 67 ss., s. v. *minuo*, dove è schedato il nostro passo); vd. anche *tusculum* in Plaut., *Aul*. 385. Anche la disposizione chiastica in *ture minuto... tenui corona* sottolinea la scarsità materiale di entrambe le offerte e porta a considerare *minuto* = *pauco* (o *exiguo*). *Minutum* potrebbe, però, anche mantenere traccia della sua origine participiale da (*com-/im-*)*minuere* = "frantumare", "tritare" (cf. Petr. 138, 1 *minuto pipere atque urticae trito... semine*; Ov., *met*. 8, 643; *fast*. 2, 647; Stat., *silv*. 1, 6, 73 s.; vd. *ThlL ibid*., 1035, 76 ss.). In 13, 116 l'incenso è contenuto in un cartoccio (*carta soluta*), presumibilmente in *grana* o chicchi (Ov., *fast*. 4, 410 *turea grana*, cf. 2, 573) oppure già macinato (sul *tus*, vd. Maggiulli 1990a; Bongiovanni 2012, 382 *ad* Mart. 10, 92 14 *seu tu cruore, sive ture placabis*). Lo *Schol.*, p. 161, 9–10 W. sembra intendere *tus minutum* come la denominazione della farina di incenso (*mannam vocant*); cf. Plin., *nat*. 12, 62 *micas concussu elisas mannam vocamus* (*ThlL* VIII 318, 45 ss.). Il *tus*, pur essendo una spezia costosa di provenienza orientale (cf., per es., Persio 5, 135, con Kissel 1990, 702: «Luxusartikel»), è considerato un'offerta povera (se da sola): Prop. 2, 10, 24 (*pauperibus sacris vilia tura damus*, cf. *corona* al v. 22). In Plin., *nat. praef.* 11 si dice che *qui non habent tura* fanno offerta solo di latte e/o *mola salsa* e, comunque, si osserva:... *nec ulli fuit vitio deos colere quoquo modo posset*. – **138. aut farre:** sul farro come cereale antico usato nel culto (specialmente quello 'sano' di una volta), vd. *ThlL* VI 1, 278, 6–11; 37–75 e, per es., Calp. *ecl.* 5, 26 s. (*Lares... salso farre voca*). *Aut* qui sembra semplicemente equivalere a *vel/et*, senza la volontà di opporre tassativamente l'offerta di solo incenso a quella di farro + corona (cf. *ThlL* II s.v. *aut*, 1564, 44–1565, 5; per l'uso alquanto libero dei poeti, *ibid*. 1571, 21 ss., con vari ess. anche da G. stesso, fra cui 15, 19 ss.: *vel... et... aut*; vd. anche *ad* 99–100: *Nec... opibus*). Il senso di *aut* come disgiuntiva 'oggettiva' sembra essersi attenuato, in concomitanza con l'intensificarsi del suo uso a scapito di *vel* (*DELL* 61; De Meo 1987, 106; Löfstedt-Pieroni 1911–2007, 225 s.). Comunque in Mart. 10, 92, 14 (cit. in n. prec.) si oppone il sacrificio cruento (cf. v. 7) all'offerta particolarmente povera del s o l o incenso (non così in Hor., *carm*. 3, 23, 3–4: *si ture placabis e t horna / fruge Lares avida q u e porca* o 1, 36, 1–2: *e t ture e t fidibus iuvat / placare e t vituli sanguine debito... deos*). Vd. anche il passo di Plauto citato appresso. – **soleo exorare:** il culto è modesto ma regolare, non conosce colpevoli dimenticanze (cf. 16, 39 *puls annua*). In Tib. 1, 3, 34 (*menstrua tura*) il culto del *Lar* è mensile (cf. Pasquali 1920–64, 604); in Plaut., *Aul*. 23 ss. l'offerta (*aut ture aut vino aut aliqui... coronas*) è addirittura quotidiana. *Exorare* vale *precari* con l'intenzione di *placare/mollire* l'eventuale ostilità del dio (cf. *mollire aversos Penates* in Hor., *carm*. 3, 23, 19) e ottenere così da lui i favori desiderati (vd. sopra, *ad* 137–138, *parvi nostrique*). Il verbo compare in G. solo un'altra volta nel discusso passo di 6, 415 (*exorata* è lezione di **RΦ** *Schol.* rispetto a *exhortata* di **PH**), detto di una donna spietata: il senso sembra concessivo ("sebbene scongiurata", "nonostante le supplichi"; cf. anche *exorabile numen* in 13, 102). Diversamente interpretano Watson-Watson 2014, 212 s., che stampano *exsecrata* di Martyn 1987 (vd. Willis 1997 *ad l.*). *Exornare* presente in qualche codice (accettato a testo da Prateus 1684, 293 e non sgradito a Heinrich 1839, 375, che parla di possibile zeugma) non dà il senso richiesto con *ture* e *farre* e sembra suggerito solo dalla contiguità di *corona*. Nevolo, elencando le sue pur povere offerte, di cui sottolinea la dovuta regolarità (*soleo*), ha in mente le richieste da fare e lo *Schol.*, p. 161, 12 W. sospetta un'intenzione, più o meno consapevole, di rinfacciare agli dèi la loro inadempienza (*<in> invidiam deorum penatium* [sic] *loquitur*) a fronte della sua solerzia nel culto. Sulla suscettibilità del *Lar* plautino (che si mostra alquanto fiscale in fatto di offerte: *Aul*. 15 ss.), vd. Bettini 2015, 72 s. **– 139–140. quando ego figam aliquid:** Nevolo chiede ai Lari di fargli *figere aliquid*; ma lo fa nella forma attenuata di una domanda sui t e m p i dell'evento desiderato, non rivolge una richiesta diretta alla divinità come, per es., in 10, 188 (*d a spatium vitae! multos d a, Iuppiter, annos!*) o in Persio 2, 45 s. (*d a fortunare penatis, / d a pecus et gregibus fetum*...; cf. Hor., *epist*. 1, 16, 61). Per un altro esempio in G. di domanda 'indiretta' agli dei (con sottintesa una richiesta), cf. 6, 385 ss. (*et farre et vino... rogabat an*...). *Figere* appartiene al linguaggio della caccia (1, 23: *figat aprum... venabula*; 4, 99 ss.: *ursos figebat... venator*; cf. Verg., *ecl.* 2, 29: *figere cervos* o *georg.* 1, 308: *figere dammas*; Wilson 1900, 214 s.) o, meglio, della 'caccia' amorosa (per es. Tib. 2, 1, 71 *fixisse puellas*, con Murgatroyd 2002, 58 s.): qui il verbo è applicato sapidamente al tema delle prede sessuali da rintracciare e trafiggere (vale *configere telis / sagittis*, cf. 6, 173). Dato il contesto, però, la scelta lessicale ha sicuramente un «obscene innuendo» (Ferguson 1979, 252 *ad l.*, cf. Braund 1988, 258 n. 129; Saller 1983b, 74, ma già Ruperti 1830–1831, II 369); per un'allusione oscena di questo tenore in G., cf. 2, 119. Lo *Schol.*, p. 161, 14 ss. W. propone anche altre spiegazioni (poco convincenti): *figere* sarebbe usato nel senso di *constituere/componere/habere* (cf. *ThlL* VI 1, 712, 77 ss.), oppure per alludere all'affissione alle pareti del tempio di tavolette cerate con espressi i voti rivolti alla divinità (*in ceris vota figuntur apud templa*). Il neutro *aliquid* indica anche l'assoluta indifferenza di Nevolo per il sesso della preda che spera di cogliere (cf. *ad* 133–134: *Altera maior / spes superest**** [*tu tantum...*]: l'Interlocutore sa che *pathici* o *vetulae* – purché paghino bene – per lui pari sono. – **quo sit mihi... baculo?:** Nevolo è ossessionato dal pensiero del tempo che scorre veloce e della vecchiaia che si avanza inavvertita (*senectus* in clausola in 129 e 139). La vecchiaia è in se stessa un terribile male (10, 190 ss.; non è la *sacra senecta* di 13, 59), ma qui quel che preoccupa Nevolo in modo particolare è che la *senectus* possa essere *nuda* (7, 35; cf. 11, 45). È un pensiero comune: vd. Cic., *Cato* 14 *duo... maxima putantur onera, paupertatem et senectutem* (cf. Diog. L. 6, 51 a proposito di Diogene fr. 84 Giannantoni: la cosa peggiore nella vita è essere γέρων ἄπορος). Dichiara di nutrire preoccupazioni simili di fronte alla prospettiva di una *inops... senecta* anche un *cliens* più 'tradizionale' come quello di *Laus Pisonis*, 244 s. – **tuta... a tegete et baculo?:** Nevolo ha in mente la sorte del *mendicus*, che se ne va in giro a chiedere l'elemosina fornito di una stuoia su cui stendersi (5, 8; Colton 1983, 260 s.), spesso in vicinanza di ponti e clivi (*ibid.* e 4, 116–118; 14, 134; cf. Mart. 10, 5, 3–5, con Bongiovanni 2012, 42 s.), e munito di un bastone da viaggio per sorreggersi e, all'occorrenza, difendersi (cf. Hor., *sat.* 1, 3, 134). *Baculum* appare solo qui in G. (il termine è abbastanza frequente in Ov., *met.* e *fast.*, cf. *ThlL* II 1670, 52 ss.), ma il diminutivo *bacillum* era usato in 3, 28 da Umbricio (sui due termini, vd. Manzella 2011, 79 s.; Urech 1999, 75) per designare, però, solo lo strumento di sostegno di una vecchiaia che non si regge più saldamente sulle sue gambe (non più *prima et recta*, ma *tremula senectus*): al tema della *mendicitas* Umbricio alluderà solo più tardi e non in riferimento a se stesso (3, 210 s.). Spesso in questo tipo di contesti con il bastone s'accompagna una bisaccia, corredo consueto degli 'straccioni' cinici (Mart. 4, 53, 3 *cum baculo peraque*, con Moreno Soldevila 2006, 376 s.). Dal v. 140 si capirà che quel che Nevolo intende come *aliquid* capace di salvarlo dallo spettro della *mendicitas* è il modo di mettere insieme una cifra equivalente al censo equestre minimo (400.000 sesterzi). Del resto, *quadringenta* è quanto viene dato come *dos* al *cornicen* dal *mollis* Gracco di 2, 117 s.: Nevolo può pensare a un colpo di fortuna di questo tipo. Si osservi che, nella preghiera di Nevolo, il capitale in questione non cade proprio dal cielo, come si auspica in altre celebri preghiere su cui ironizza la satira latina (Hor., *sat.* 2, 6, 10–13; Pers. 2, 10–12; Petr. 88, 7, con Habermehl 2006, 143 ss.; vd. anche Mart. 1, 103, 1). Nevolo non prega per ricevere una eredità (*res non parta labore, sed relicta*: Mart. 10, 47, 3) o per imbattersi senza alcuno sforzo in un tesoro, ma chiede solo l'occasione giusta: sarà poi lui – grazie al suo duro e ingrato 'lavoro' (*figere*, 139, richiama in qualche misura *fodere* di 45) – a far fruttare questa occasione e ad emanciparsi, in fine, dal suo passato di 'sex worker', facendo il salto verso un diverso futuro di usuraio e piccolo imprenditore indipendente.

140–146. Viginti milia fenus... sufficiunt haec: inizia una specie di sogno ad occhi aperti di Nevolo, che elenca quelli che sarebbero i suoi 'desiderata', se solo gli dèi (i *Lares* già invocati in 137 ss. o subito sotto, in 148 ss., la dea *Fortuna*) volessero mai esaudirlo. Lo *Schol.*, p. 161, 19 s. W. precisa *deest 'ut sint'* (cf. v. 145; Hor., *epist.* 1, 18, 107 e 109), ma potrebbe anche trattarsi di una di quelle enumerazioni svincolate sintatticamente di cui parla Stramaglia 2017², 91 s. *ad* 1, 128–129: qui a illustrazione di *aliquid quo... baculo*, "ovvero...", quasi come il segno dei nostri due punti (con il significativo effetto di presentare una spiccia lista delle richieste). Nonostante il suo dichiarato pessimismo fatalistico e la sua situazione economica di partenza che nemmeno si sente di definire *paupertas* (147), Nevolo nutre dentro di sé l'ambizione di *emergere* (3, 164 s.) e la sfoga nel sogno. Come Umbricio, Nevolo è inserito in un mondo di forte mobilità sociale (3, 29–40), non necessariamente criminosa (come sembra da 1, 73 ss.). In questo mondo, però, a differenza di Umbricio che fugge dall'Urbe proprio perchè incapace di inserirvisi, restio com'è ad accettare l'esercizio di *artes* ai suoi occhi men che *honestae* (3, 21 s.), Nevolo si vorrebbe immettere fattivamente (almeno a livello utopico-velleitario, se non veramente progettuale) come usuraio e come titolare di piccola impresa artigiana (145 s.). Ovviamente Nevolo non ha alcuno scrupolo di tipo tradizionalistico a proposito della moralità o del decoro del mestiere di usuraio (per Cic., *off.* 1, 150 uno dei *quaestus sordidi... qui in odia hominum incurrunt*; cf. già Cato, *agr.*, 1, 1 e vd. Watson 2003, 122 s. *ad* Hor., *epod.* 2, 67). Prima di tutto, dunque, è richiesta una rendita annua di 20.000 HS (è sottinteso *sestertium*, come genitivo plurale) da intendersi quale ammontare degli interessi attivi di un capitale di 400.000 prestato a usura (al tasso del 5%). Base solida del 'modesto' benessere richiesto, i 400.000 sesterzi costituiscono il censo equestre minimo (cf. Demougin 1988, 34–38; 73 ss., 76–79; Canobbio 2011a, 283 s. *ad* Mart. 5, 23,

7). In 14, 322 ss. G. stesso indica proprio questa cifra come la p r i m a che può venire in mente come 'spontaneo' e ragionevole oggetto del desiderio quando si voglia uscire dal rigore ascetico – lodevole certo, ma pressoché impraticabile al giorno d'oggi – degli *acria exempla* forniti dagli austeri filosofi antichi (Cinici, Epicuro, Socrate). Egli giunge poi ad ammettere che si possa arrivare a volere anche perfino il doppio e il triplo di questo ammontare (oltrepassando così, di poco, il censo senatorio minimo di un milione): questi desideri sono dichiarati ancora comprensibili e (con qualche riluttanza) tollerabili. Addirittura, in questo passo, G. usa per metonimia *eques* come equivalente 'tout court' di *quadringenta* (14, 326: *sume duos equites* per indicare la cifra di 800.000 HS) e, dunque, come una sorta di unità minima di misura del censo. Così, in 5, 132 ss. il censo equestre minimo è considerato la soglia di patrimonio oltre la quale il miserabile cliente Trebio diventa socialmente visibile e *civis* a pieno titolo per l'arrogante Virrone. Non c'è dunque nulla di strano e di particolarmente *luxuriosum* (11, 77 s.; Bracci 2014, 117 s.) nel fatto che Nevolo possa esprimere il desiderio di entrare in possesso di una cifra del genere (così anche Tennant 2003, 129 n. 6, contro chi insiste sull'*aviditas* di Nevolo, sul suo «exorbitant wish», cf. da ultimo Nappa 2018, 180 s.). Per i *quadringenta* come imprescindibile base di partenza per successivi ampliamenti del patrimonio, cf. anche 1, 102 ss., dove un liberto di origini orientali si procura la cifra-base grazie ai proventi di cinque botteghe in 105 s., ma poi in 108 s. si dichiara più ricco di Pallante e Licino (che avevano avuto patrimoni di molti milioni di sesterzi). Un *fenus* di 20.000 HS è dunque il ricavato di questo capitale di 400.000 messo a frutto al 5% annuo, che è tasso basso, dato che si considerava normale o accettabile il tasso del 6 % (Plin., *nat.* 14, 56: *usura... civilis et modica*; cf. Persio 5, 149: *quincunce modesto,* in opposizione a *avidos... deunces,* con Kissel 1990, 715 s.) e massimo il 12% (Sen., *benef.* 7, 10, 3 s. definisce addirittura *sanguinolentae* le *centesimae,* ovvero il tasso dell'1% mensile; vd. anche *ad* 7: *triplicem usuram praestare paratus*). Nevolo vuol esercitare, dunque, il mestiere di usuraio, ma non vuol essere un *fenerator* esoso... La cifra di 20.000 HS non può essere il capitale stesso da collocare a usura (così Saller 1983b, seguito da Mrozek 2001, 68; *contra*: Bellandi 1974–2009, 482 s.; 501 s. n. 21 e Braund 1988, 135 e 258 n. 132), che produrrebbe (al 5% o al 6%) una rendita annua di 1000/1200 HS e al 12% di 2400 (cifre insignificanti per chi considera scarsa la somma di 5000: vd. *ad 41–42, sestertia quinque / omnibus in rebus*). Anche con la richiesta di una rendita di 20.000 sesterzi all'anno, Nevolo vuole in fondo meno di quella somma che in Marziale 3, 10 (con Fusi 2006, 168 ss.) è indicata come ragionevole – ma non eccelsa – per poter campare a Roma (24.000 HS): è quanto un padre assennato somministra – in rate di 2000 al mese – al figlio scapestrato per mantenerlo in città e, contemporaneamente, evitare la rovina del patrimonio di famiglia. Ricordo anche che in 13, 6 ss., 71 ss. G. stesso considera 10.000 HS una cifra la cui perdita non è che *mediocris iactura* e fissa a 200.000 il limite per potersi dolere del danno subito con qualche giustificazione. Nessun indizio è qui rintracciabile del fatto che Nevolo possa avere usufruito in passato di questo censo equestre (poi perduto); vd. *ad* 10: *vernam equitem* e *Introd.*, § 3 b, p. 24 ss. – **140. fenus:** *fenus* è usato talora in senso ambiguo (per qualche es. di *fenus* = *usura* o interesse passivo, vd. Saller 1983b, 75; Mankin 1995, 66 *ad* Hor., *epod.* 2, 4, dove l'ambiguità del termine è essenziale), ma in G. è sempre adoperato nel senso più comune di interesse attivo (o rendita) del denaro prestato dal *creditor* al *debitor* (cf. 11, 40 e 48; anche 185 s., con Bracci 2011, 194). Errata l'interpretazione di 11, 48 data in *ThlL* VI 483, 54 s. (il *fenoris auctor* non è il *debitor*, ma il *creditor*, che *pallet* perché teme di non veder più tornare i soldi che ha prestato). *Fenus* è apposizione di *viginti milia* (con valore predicativo: "20.000 sesterzi come rendita"). Non si deve intendere *fenus* = *in fenore posita* o, nel nostro caso, *ponenda,* ovvero come 20.000 sesterzi da porre a frutto quale *sors* o *caput,* come vorrebbe Saller, *ibid.*, sulla base di Hor., *sat.* 1, 2, 13; *ars* 421 (*dives agris, dives positis in fenore nummis*) o di Val. Max. 4, 8, 3 (*in fenore*) o Varro, *rust.* 3, 5, 8 (*in fenus*). È vero, poi, che il calcolo del *fenus* si faceva solitamente su base mensile (Saller cit., 74), ma non mancano eccezioni (indicate dallo stesso Saller nelle nn. 12 e 13) e, soprattutto, si vede chiaramente da G. 1, 117 s. (e dai passi di sat. 7, cit. *ad* 41–42: *sestertia... rebus*) che i conti di bilancio sono fatti normalmente su base annua (*finito... anno*). Sulla terminologia finanziaria e relativa bibl., vd. *ad* 7: *usuram praestare.* – **141. pigneribus positis:** Nevolo non è *fatuus* come i *creditores* di cui va in cerca Crepereio Pollione nei vv. 7–8: per dare i suoi soldi in prestito vuole precise e valide garanzie (cf. Mart. 6, 20 per un creditore anche troppo prudente e scrupoloso). Egli non si accontenta di *vana chirographa* facilmente contestabili in tribunale (16, 41) e vuole concreti *pignera* (cf. Mart. 12, 25, 2: *spondet agellus*). Invece di *positis* ci aspetteremmo forse *acceptis* = *depositis apud me* (la scelta per Wilson 1900, 209 è dettata da «fondness for alliteration»), ma nell'abl. ass. la prospettiva considerata è quella del debitore (*pigneribus oppositis*, cf. 11, 18: *lancibus oppositis*; Sen., *benef.* 7, 15, 1: *rebus meis in securitatem creditoris oppositis*); per un caso simile, cf. 14, 21 (*quotiens aliquis tortore vocato uritur*). La prima e fondamentale richiesta occupa solo un verso (tra le due cesure pentemimere di 140 e 141); le successive saranno disposte in crescendo: la seconda poco più di un verso (141 s.: dalla pentemimere alla dieresi bucolica); la terza – la più futile – ben 2 vv. e 1/3 (dalla dieresi buc. di 142 a 144). – **argenti vascula puri:** il diminutivo ha qui valore veramente ipocoristico, come in 10, 19, sempre per esprimere la relativa o soggettiva modestia delle pretese di Nevolo. Questa argenteria è probabilmente destinata (almeno in parte) all'uso personale sulla propria tavola (come *argentum escarium* o *potorium*; Micheli 1991), dato che Nevolo soffre di quella stessa sindrome da 'piccolo borghese' di cui soffriva – consapevolmente, però, e con spunti di autocritica – Umbricio in 3, 168 ss. (*fictilibus cenare pudet, quod turpe negabis / translatus subito...*). Per l'argenteria da tavola come ricercato 'status symbol', cf. 1, 76 e 3, 142 (*quam multa magnaque paropside cenat?*) e vd. Pucci 1985, 577 ss. Al v. 31 Nevolo aveva da ridire sulla scarsa qualità dei doni in argento ricevuti (*tenue argentum venaeque secundae*). Ma non è detto che *puri* alluda esclusivamente alla buona qualità (o "purezza") dell'argento che egli sogna di poter esibire sulla sua mensa. Il cenno del v. 145 al *caelator* può far pensare ad un altro senso di *purus* (vd. appresso). – **puri:** riferito all'argento può indicare che – a differenza dei poveri doni ricevuti in cambio delle sue prestazioni (31) – l'argenteria che Nevolo sogna deve essere di ottima qualità (non *argentum aerosum* o *venae secundae*), con *purus* nel senso di *pustulatus* o di *purus putus* (*ThlL* X 2, 2718, 67: cf. Alfeno in Gell. 7, 5, 1 *argenti puri puti*). Si soleva talora indicare la percentuale di 'purezza' dell'argento sull'oggetto stesso (Pettinau 1991, 28). Ma l'espressione ritorna identica (e nella stessa posizione metrica) in 10, 19 (*pauca licet portes argenti vascula puri*, cf. Campana 2004, 95 *ad l.*) e qui *puri* in clausola fa il paio con *pauca* iniziale per sottolineare denigratoriamente il non altissimo valore di questa argenteria, che, pure, basta a rendere pericoloso il viaggio. Dunque in 10, 19 *argenti... puri* significa senz'altro il meno costoso argento non *caelatum* o *factum* (*lēve* e non *asperum*, cf. 14, 62; vd. *ThlL* X 2, 2720, 20 ss.). In questo caso l'*argentum* che Nevolo sogna non è tanto (o non solo) quello destinato ad apparire sulla sua tavola come vasellame raffinato, quanto (o anche) quello grezzo da far lavorare al *caelator* di v. 145 e da mettere in vendita. Di certo, non c'è nel passo alcun 'overtone' ironico sul senso sessuale di *purus* (come voleva Ferguson 1979, 252 *ad l.*). – **142. sed quae Fabricius censor notet:** ci si riferisce all'incorruttibile generale della guerra contro Pirro, Gaio Fabrizio Luscino, che fu censore nel 275 a. C. e in questa veste (Astin 1988, 23 s.) espulse dal senato *ob luxuriae notam* il due volte consolare ed ex-dittatore P. Cornelio Rufino, per il possesso di 10 libbre d'argento (meno di 3 kg e mezzo; cf. Gell. 4, 8, 7). Per altre versioni del noto episodio (con piccole varianti), vd. Bömer 1957, 28 *ad* Ov., *fast.* 1, 208 (*et levis argenti lammina crimen erat*) e Cotta Ramosino 2004, 215 (in Plin., *nat.* 33, 142, e solo qui, per un episodio simile le libbre contestate sono 5). Secondo lo *Schol.*, p. 161, 20–24 W. lo sforamento dei termini di legge fu dovuto al possesso di solo *una phiala* in più del consentito. Non si tratta necessariamente di un segnale della sfrenata *aviditas* di Nevolo: non ci è detto di quanto egli vorrebbe sforare il limite (a n t i c o) delle 10 (o 5) libbre, ma lo *Schol.* dà un possibile indizio (anche di poco). Significativo, comunque, il commento finale di Valerio Massimo (2, 9, 4) all'episodio: al giorno d'oggi un provvedimento del genere e tanta severità sarebbero un evento *vix enim credibile...* (cf. Plin., cit.: *fabulosum iam videtur*). Come ricorda La Penna 1989, 30 s., già nel 161 a. C. – dunque a distanza di poco più di un secolo dall'episodio di Fabrizio – la legge fissava per il possesso di argenteria un tetto di 100 libbre (Gellio 2, 24, 2). *Sed quae* introduce una sorta di autocorrezione, come se Nevolo si accorgesse di avere esagerato quanto a modestia delle richieste, e l'avversativa serve ad opporre la dimensione esigua dei *vascula* (vasellame di piccola taglia) alla loro quantità: "ma tanti..." (*sed quae = sed quot*). Il risultato è il peso (cf. Pucci 1985, 578 s. su alcuni casi di ritrovamento anche di ben oltre 100 pezzi di argenteria), che deve esser tale da suscitare l'attenzione censoria del mitico Fabrizio. Bisogna anche considerare che per G. i 'veri' ricchi del tempo sono già oltre l'argento... Per loro è l'avorio (*ebur*) il nuovo e vero 'status symbol' (11, 120–129) e, magari, la tartaruga (11, 93–95), mentre l'argento è ormai squalificato come il *ferrum* (11, 128 s.): Nevolo non è così *frugi* come il Satirico, che sa accontentarsi di *manubria cultellorum o s s e a* (11, 133 s.), ma ancora desidera (addirittura in un sogno ad occhi aperti) il possesso di 'semplice' argenteria e non di avori o altri materiali più preziosi. Questo cenno di aperta sfida da parte di Nevolo a una delle figure più note della severa morale quiritaria (cf. 2, 154; 11, 91 s.) – a uno dei mitici personaggi degli 'old good days' (vd. Plin., *nat*. 33, 153: *heu mores, Fabrici nos pudet!*) – non va comunque esagerato nella sua provocatorietà (su Fabrizio, *exemplum* di 'grand'uomo' del passato, spesso in coppia con M'. Curio Dentato, cf. Berrendonner 2001 e Vigourt 2001). Bisogna infatti ricordarsi della impegnativa dichiarazione che il Satirico rende in prima persona come *Vox docens* (*si quis me consulat, edam*) nel finale della sat. 14 a partire dal v. 316 in poi (vd. Bellandi 1991b–2003, 77 ss., 79; anche Gérard 1985, 279 s., 281 ss.): l'epoca del più rigoroso e ascetico *mos maiorum*, i tempi lontani della frugale monarchia (cf. 3, 312–314) o dei primi secoli della repubblica romana sono certo degni della massima lode e, di sicuro, sono costantemente e ampiamente celebrati e rimpianti da G., ma il costume è andato avanti e, di fatto, i criteri moderni sono comprensibilmente meno rigorosi, anche se, naturalmente, si deve badare a non esagerare in questa prospettiva di modernizzazione (cf. 11, 77 s. e, per i deplorevoli eccessi di oggi, 79–81). È un tratto di moderato, ma interessante 'relativismo dei valori', che ricorda – più che l'ironia di Ovidio (*fast*. 1, 225: *laudamus veteres, sed nostris utimur annis*) – certe consapevoli e irrisolte ambiguità di Orazio, che per le sue incoerenze si fa redarguire da Davo (*sat*. 2, 7, 22 ss.: *laudas fortunam et mores antiquae plebis, et idem...*). Proprio Fabrizio è ricordato da Cic., *Cael*. 39 come esempio virtuoso, ma poco 'attuale' (*haec genera virtutum non solum in moribus nostris, sed vix etiam in libris reperiuntur...*). Su questi temi, vd. almeno i saggi di G. Lotito, M. Labate, E. Narducci, A. La Penna raccolti in Giardina-Schiavone 1981, 79 ss. – **censor notet:** G. usa solo qui *notare* nel senso tecnico di *ignominia notare* (*OLD*² 3a), con riferimento specifico alla *nota censoris* (*OLD*², s.v. *nota*, 4); per il concetto, cf. 11, 91 s. e 14, 50 (*quid dignum... censoris ira*). Altrove (15, 45 e 16, 35) G. usa il verbo con il valore atecnico e attenuato di "osservare" o di "registrare" con intento critico (*OLD*² 3b e c), ma non sempre questa sfumatura negativa è presente (cf., per es., l'uso di *adnoto* in 14, 195, mentre *notabilis* in 6, 374 equivale a *conspicuus*). *Notet* è al presente, per un più esatto *notaret* (cf. 2, 74: *audiret*); per quest'uso 'disinvolto' del presente, cf. anche *sollicitent* (37); *nascitur... tollis... gaudes... suspende* (83 ss.). – **142–143. et duo fortes / de grege Moesorum:** Nevolo desidera anche due schiavi provenienti dalla Mesia (provincia corrispondente più o meno alle odierne Serbia e Bulgaria; Danoff 1975; Cary-Wilkes 2003, 993) e questi devono essere di robusta corporatura per fare i *lecticarii*. Braund 1988, 269 n. 134 intende senz'altro che i due svolgano il ruolo di «bodyguards», ma la funzione di portatori di *lectica* o, meglio, di *sella*, dato il numero esiguo dei portantini qui indicato (che anche perciò han da essere *fortes*), è imprescindibile, vista la presenza di c e r v i c e *locata*. Al posto di *gens* (3, 86) o, ancor più, di *natio* (3, 100), l'uso di *grex*, termine adatto ad animali (2, 79; 8, 108; 11, 66; 15, 143) e a schiavi (12, 116; sprezzante per i clienti in 1, 46; cf. Hellegouarc'h 1963–72, 62), non è, evidentemente, lusinghiero (vd., in particolare, 6, 533 *grege linigero circumdatus et grege calvo* o 10, 94 *cum grege Chaldaeo*). Nella tradizione manoscritta c'è qualche oscillazione a proposito della provenienza degli schiavi portantini (vd. *mysorum* in **P** e *messorum* in **A**, con Courtney 2013², 390 *ad l.*). Da notare in 7, 132 la presenza come *lecticarii* di schiavi provenienti dalla *Maedia* o Tracia Orientale, immediatamente a sud della *Moesia* (*perque forum iuvenes longo premit assere M a e d o s*), con Stramaglia 2017², 182. Willis 1997 ricorda in apparato che Lipsius (approvato da Markland [*ap.* Willis 1997]) propose di leggere anche in 7, 132 *Moesos*. I portatori di *lectica* erano solitamente in numero di quattro o sei (1, 64) o otto (cf. Catull. 10, 16 e 20: *ad lecticam homines... octo homines... rectos*). Ma Nevolo nemmeno sognando vuole esagerare: a lui ne bastano due per la *sella*, come in Petr. 96, 4, dove i portantini sono pure due e chiamati *lecticarii* (Habermehl 2006, 283). Si ricordi che *sellarius* non si usava per designare i portatori di *sella*, ma aveva tutt'altro e meno decoroso significato, ovvero "dissoluto" (cf. Manzella 2011, 223; Canobbio 2011a, 533 *ad* Mart. 5, 70, 3). In 6, 351 i Siri addetti al trasporto della lettiga della matrona ricca sono *longi*, come in 5, 83 il servo di Virrone è *excelsus*. Nel nostro passo più che sulla figura e l'altezza si insiste sulla forza dei due schiavi, che han da portare la *sella* (vd. anche *ad* 144, *securum... circo*). Nevolo è evidentemente sensibile al tema della *lectica/sella* come 'status symbol' (Brown 1983, spec. 281; Campana 2004, 107 s. *ad* 10, 35, dove, però, al posto del tràdito *lectica* propone di leggere *lictorque*; Fusi 2006, 335 *ad* Mart. 3, 46, 4; Manzella 2011, 347 ss.

ad G. 3, 240) e la pone infatti nella sua lista, ma – *modico contentus* – il suo desiderio non si spinge oltre una *sella* a due portantini (non arriva al sogno di una *lectica*). – **143. cervice locata:** sembra che Nevolo voglia solo affittare i portantini Mesi (*locare* è detto dal punto di vista dei Mesi che si offrono al servizio, cf. 3, 13; 8, 185 e *OLD*² 7a; in 6, 352 s., invece, *conducere sellam* è dal punto di vista della signora che prende in affitto) e non comprarli, il che un po' stupisce nell'ambito di un sogno ad occhi aperti (ma potrebbe trattarsi di un ulteriore indizio rivelatore delle 'modeste' pretese di Nevolo). Altrimenti con Heinrich 1839, 375 (approvato da Courtney) bisogna emendare *locata* in *locatum* (= *impositum* o *collocatum*, cf. Catull. 10, 22 s. *in collo... collocare*, detto a proposito di un lettuccio con funzione di misera lettiga) ed eliminare dal contesto l'idea dell'affitto (cf. *locare* per *ponere* in 10, 366, con Campana 2004, 372): i due, ora da intendersi come *mancipia* o schiavi acquistati, si mettono Nevolo (ovvero le stanghe della *sella* in cui sta seduto Nevolo) in spalla (*me... locatum*) e lo portano al Circo a vedere le corse dei cavalli (cf. 11, 197 s.). Ancora una volta – se si fa il confronto con Ogulnia che *ut spectet ludos* prende in affitto *comites, sellam, cervical, amicas, / nutricem et flavam cui det mandata puellam* (6, 352 ss.) – si deve constatare la moderazione di Nevolo, che si limita alla richiesta di due soli portantini... Sen., *epist*. 31, 10 inseriva nella lista dei consueti e vani desideri umani anche la *turba servorum lecticam tuam per itinera urbana ac peregrina portantium* (Schmitz 2000, 287 n. 310), ma Nevolo non chiede propriamente una *turba servorum* e modera i suoi desideri al 'minimo' (nell'ambito, naturalmente, di una *paupertas* che resta *ambitiosa*). – **cervice:** al singolare, come in 6, 351 *longorum vehitur cervice Syrorum* (cf., per es., Ov., *fast*. 4, 185 *comitum cervice*). Il termine è attestato in poesia esametrica sin da Ennio (cf. Manzella 2011, 166 *ad* 3, 88 e Habermehl 2006, 115 *ad* Petr. 86, 7) e Urech 1999, 285 ne rileva il carattere poetico rispetto a *collum* (esemplare in questo senso l'opposizione di 3, 88 tra il *longum invalidi collum*, al sing., e le *cervices* di Ercole). La *sella* si portava per lo più a mano, a un livello di poco superiore a quello della strada, ma qui (vista la citazione di *cervice*) si pensa agli *asseres* (7, 132), ovvero alle stanghe poggiate sulle spalle dei portantini. Forse Nevolo 'sogna' di volare in alto *super ora* con la sua *sella* come fa il ricco di 3, 240 con la sua *lectica*. – **144. securum... circo:** la *securitas* di Nevolo è garantita dalla prestanza deterrente dei Mesi, due soli ma... *fortes* (come in 3, 282 ss., dove, però, i *comites* che assicurano la sicurezza del ricco sono numerosissimi, cf. Manzella 2011, 387). Implicitamente, dunque, – ma solo secondariamente – i due *lecticarii* svolgono anche funzione di «bodyguards» (cf. il passo di Galeno, *Praecogn*. 1, 1 Nutton, citato da Stramaglia 2017², 186 *ad* 7, 142 s.). Essi permettono (ma *iubere* indica certezza del risultato, cf. *praestare... securum* in 8, 170 s.) di prendere posto sulle gradinate con la *sella* senza correre alcun rischio, nonostante la folla vociante che incalza e preme da tutte le parti (cf. 11, 195 ss.). *Clamoso* (8, 186; 14, 191; cf. 8, 59: *rauco... circo* e Mart. 10, 53, 1: *clamosi... circi*; per gli agg. in *-osus*, vd. *ad* 113: *vinosus*) allude alla immensa massa di gente che si assiepa sugli spalti del Circo, urlando per sostenere i suoi favoriti o per imprecare contro i loro avversari. Questa calca disordinata ricorda la *turba*, l'*unda* di 3, 239 ss., su cui scivola sereno il ricco con la sua *lectica*, mentre gli altri sono pestati e feriti; la folla nel suo disordinato agitarsi potrebbe far cadere Nevolo e la *sella* che, invece, *insistunt*, restano saldamente al loro posto. Nisbet 1988–95, 233 voleva correggere *insistere* in *obsistere* a sottolineare la resistenza opposta dai due forzuti Mesi, ma già *insistere* come termine tecnico della lingua militare (OLD^2 3a; 4a) vale "prendere saldamente posizione" sul campo di battaglia e cercare di non *cedere loco*, di non farsi scalzare dal nemico (per l'immagine, cf. 1, 103: *cur timeam dubitemve locum defendere...?*). Nevolo nel suo amore per le corse del Circo si dimostra in tutto e per tutto 'average man' (a differenza del Satirico, che fa evidentemente parte dei *pauci* che hanno altre e più sagge priorità, cf. 11, 52 s. e 193 ss., con Bracci 2014, 97 s., 198 ss., 202 ss.). Sul circo come «simbolo per eccellenza dei bassi istinti della plebe di Roma», vd. Campana 2004, 34 s.; Manzella 2011, 329. Nevolo ci tiene ad avere un 'buon posto' nella *cavea* non solo per vedere meglio le corse, ma per sentirsi qualcuno: sull'importanza degli spettacoli pubblici come occasione per la definizione e il riconoscimento o l'ostentazione del proprio ruolo sociale, vd. Kolendo 1981b; Canobbio 2011a, 143 ss. *ad* Mart. 5, 8. Subito dopo l'espressione di questo desiderio (cui – nonostante la sua futilità – è dedicato il maggior spazio in tutta la lista; vd. *ad* 141, *pigneribus positis*) nell'elencazione c'è uno scarto, segnalato da *praeterea*. – **145. praeterea:** sono richieste aggiuntive, quasi in postilla (non tassativamente indispensabili), ovvero *deliciae votorum* (cf. 10, 291 *usque ad delicias votorum*, con Campana 2004, 309 s. *ad l.*). Ma i Mesi per farsi portare al circo stanno nella prima parte della lista (sentiti come necessari)! – **curvus caelator:** si tratta di uno schiavo *opifex* (cf. *Schol.*, p. 162, 4 W.: *opifices, servi argentarii*; Pettinau 1991, 27 ss.) che svolge in regime di semi-indipendenza un lavoro specializzato con cui accresce il suo *peculium*, lasciando una ἀποφορά annua al padrone (cf. Courtney 2013^2, *ad l.*; Nonnis 2016, 265 ss.). Dunque Nevolo auspica di integrare le sue rendite di usuraio (140 s.) impiantando e sfruttando un laboratorio domestico, una piccola impresa manifatturiera di *vascula* da trasformare da *pura* a *facta/caelata* (cf. *ad* 141: *puri*) e mettere in vendita. Il padrone, peraltro, poteva anche affittare i suoi schiavi ad altri, ricavandone un profitto. Pare improbabile che Nevolo pensi ad una mini-officina di *artifices* soltanto per farsi approntare il vasellame da usare sulla propria tavola (come pure alcuni pensano), in modo da assecondare tutti i capricci del suo gusto personale in fatto di 'décor' domestico. Nel quadro delle richieste avanzate sin qui, sarebbe un'improvvisa botta di euforia, ai limiti del delirio: una vasta officina personale aveva allestita Verre (Cic., *Verr*. II 4, 24, 54, dove questo tipo di artigiani sono chiamati *caelatores* e, significativamente, *vascularii*), ma per smontare e rimontare su altri vasi gli *emblemata* rubati ai ricchi provinciali (vd. Pucci 1985, 578 s.). *Curvus* indica la caratteristica postura dello schiavo impegnato sul lavoro, che è κάτω νενευκώς εἰς τὸ ἔργον (Luc., *Somn*. 13, detto di uno scultore) e, dunque, vale "intento all'opera", "laborioso", non uno scansafatica (cf. *Schol., ibid., laboriosi*). Per *curvus*, in relazione alla postura tipica della propria attività, vd. *curvus arator* in Verg., *ecl*. 3, 42 o *curvus auriga* in Avien., *Arat*. 421. – **et alter:** "un secondo", *sc. servus opifex* (cf. 66: *alter emendus erit*). Lo 'staff' di schiavi che Nevolo auspica di avere al proprio servizio non supera in tutto le quattro unità (se i due Mesi di 142 ss. sono solo affittati). Ma anche con 6 schiavi, comunque, Nevolo sarebbe sempre al di sotto di quel limite di 10 *servi* che Ermogene Tigellio teneva alle sue dipendenze, quando era nella sua 'fase' di parsimonia (Hor., *sat*. 1, 3, 11 s.), in opposizione al numero di 200, che esibiva, invece, quando nella sua ciclotimia si sentiva un gran signore. – **146. qui multas facies pingit cito:** con *variatio* rispetto alla designazione precedente tramite *nomen agentis*, si ha qui la perifrasi con relativo al posto del sostantivo (*qui... pingit = pictor*). L'attività di pittore (considerata *sordidum studium* da Val. Max. 8, 14, 6) era per lo più appannaggio di *pictores servi* (cf. Lucrezi 1984a, sviluppato in 1984b, 183–196; vd. anche Lucrezi 1985). *Multas* e *cito* servono a caratterizzare la richiesta dote di abilità e, soprattutto, di *sedulitas* del lavoratore, che deve essere in grado di dipingere molte *facies* in poco tempo. Forse si allude solo alla rapidità di esecuzione di ritratti che vengono eseguiti su commissione. *Facies* in G. ha per lo più il comune senso di *vultus* (un caso per tutti: *potest aliena sumere vultum / a facie* di 3, 105 s.), donde qui il possibile senso di «portraits» secondo la traduzione di Braund 2004, 363 o di Nappa 2018, 182 (in 6, 340 s. per la figura intera, sessuata, si usa *figuras*). A questo proposito si veda Lucrezi 1984b, 131, che parla di «larghissima diffusione del ritratto nobiliare, 'status-symbol' per eccellenza» e della ritrattistica su tavola come in grande voga a Ercolano, Pompei e Roma, nonostante le pessimistiche dichiarazioni di Plin., *nat*. 35, 1, 4 (su cui Ferri 1946–2000, 144 *ad l.*; anche Corso 1988, 296 s.). Ma *facies* può anche avere un senso più ampio o generico (= *imago* o *species*; cf. Bonfante 1937–94, 84 s.) e, forse, si allude a immagini di un più ampio repertorio, quello del *pictor imaginarius* su *tabulae* e *parietes* (per una *tabella* di pittura storica, raffigurante Annibale *luscus* sull'elefante, cf. 10, 157 s.). Si tratterà, comunque, di un *pictor* 'da battaglia', di livello commerciale («pictores rudes, quales nostri vocant *barbouilleurs d'enseignes*»: Achaintre 1810, I 368), dedito, per es., alla spiccia esecuzione di quadretti *ex voto* (cf. 12, 28: *pictores quis nescit ab Iside pasci?*). Tali quadretti raffiguravano, per es., le tempeste, da cui il cliente del pittore si era salvato, ed erano destinati ad essere affissi nei templi per ringraziamento o ad essere mostrati alla gente a cui si chiede l'elemosina per campare, dopo aver perso tutto nel naufragio (cf. 14, 302: *picta se tempestate tuetur*; vd. anche Pers. 1, 89 s.). Potrebbe pure trattarsi di decorazioni a fresco di luoghi (cf. Petr. 29, dove sulle pareti del portico si trovano rappresentati *diligenter* dal *curiosus pictor* un cane assai realistico, scene simboliche dalla vita di Trimalchione, episodi omerici, sia dall'*Iliade* che dall'*Odissea*), magari anche in locali di infimo livello (8, 157: *facies olida ad praesepia pictas*). Da 3, 76 sappiamo che spesso i *pictores* erano di origine greca (cf. Manzella 2011, 148 sulla considerazione della pittura a Roma). Per Settis 1970 si alluderebbe qui ad uno stile preciso di pittura: la *compendiaria*, di cui parlano Plin., *nat.* 35, 109 s. e Petr. 2, 9, caratterizzata da *celeritas/velocitas* di esecuzione (con eliminazione della linea di contorno e uso del colore a macchia; cf. anche Aragosti 1995, 136 s.). Sulla *compendiaria* come possibile «spia delle esigenze di un'attività dal carattere ormai semi-industriale», vd. Bianchi 2009, 144. In Petronio, però, Encolpio sembra vivacemente interessato all'arte della pittura e al suo percorso di sviluppo o, piuttosto, di degrado (vd. anche in 88, 1 e 10 l'accesa discussione in pinacoteca sulla decadenza delle arti figurative: cf. Habermehl 2006, 130 *ad* Petr. 88, 1 e Schmeling 2011, 9 *ad* 2, 9, con ricca bibliografia) ed ha un suo gusto di impronta classicistica, che lo rende avverso alla pittura moderna («impressionistica»). Nevolo sembra assai più interessato alla velocità di fattura e al ritmo di produzione di questi oggetti da smerciare che non alla loro qualità (e/o classificazione) artistico-estetica. Non mi pare poi che nel testo ci siano appigli per l'interpretazione di Vottero 1989, 278 n. 20 che a proposito di questo passo giovenaliano pensava, sulla base del cenno di Sen., *nat.* 1, 16, 5 (*pingi*), a «rappresentazione pittorica di soggetti erotici» (per il piacere di Nevolo inteso come accanito sessuomane). Sulla pittura di tavolette votive di tipo erotico o pornografico, vd. Priap. 4 (*obscenas... tabellas... ex Elephantidos libellis... pictas... ad figuras*), con Goldberg 1992, 72 ss.; Callebat 2012, 76 ss. In modo altrettanto speculativo, Friedländer 1895, 449 s. pensava a qualche forma di pittura/miniatura/decorazione libraria («Titelbilder in Büchern» con il ritratto dell'autore) più che a raffigurazioni pittoriche su tavole o pareti. – **pingit:** è un indicativo (attestato in **PG**) alquanto approssimativo, specie in una struttura ottativa della frase (*sit mihi...*), mentre i codd. del ramo Φ hanno *pingat*. Per altri casi di indicativi problematici, cf. Courtney 2013[2], 326 *ad* 7, 185 (*veniet qui... componit..., qui... condit*), che oltre al nostro passo cita anche 7, 219, dove, però, *qui dispensat* equivale 'tout court' a *dispensator*, mentre in 9, 146 *qui... pingit* ha un valore caratterizzante che meglio sarebbe espresso con il congiuntivo (cf. 6, 399: *possit quae*). Il *pictor* in questione ha da essere *celer/sedulus/laboriosus* per produrre molto e in fretta, ben diverso – quasi opposto – rispetto all'artista *diligenter curiosus* di cui parla Petr. 29, 4. Neanche si può sostenere che l'indicativo voglia rispecchiare 'etopeicamente' lo sciatto livello colloquiale di chi parla, dato che nello stesso contesto Nevolo usa correttamente il congiuntivo (*notet*, 142; *iubeant*, 144). Qualche editore antico (Prateus 1684, 294 per es., cf. anche Heinrich 1839 *ad l.*) preferiva leggere *fingit* e pensare a manufatti di coroplastica allestiti in tutta fretta, magari con l'idea, suggerita probabilmente da *Schol.*, p. 162, 4 s. W., che l'attività descritta convenga al *plastes* che lavora 'in serie' («qui ex uno archetypo plures brevi typos... effingit»). Willis 1997, ricordando che in **P**, invece di *multas,* si legge *multa*, ha resuscitato in apparato (cf. p. 250) la correzione proposta da J. J. Scaligero *malt(h)a* (che non dispiaceva a Prateus 1684, 194: *maltha, cera liquidae pici immixta,... faciendis plasmatis idonea*; vd. *ThlL* VIII, 206, 72 ss.). Ma *plastae* di *Schol.*, p. 162, 4 s. W. si riferisce (come *anaglypharii* e *servi argentarii*) al *caelator* di 145 (sul termine, cf. Cavalca 2001, 138). – **sufficiunt haec:** la frase (a partire dalla dieresi bucolica e con la efficace clausola monosillabica, preceduta da polisillabo coriambico, sulla cui espressività vd. Hellegouarc'h 1969–98, 529; Braund 1988, 134) vale a concludere con una certa perentorietà la lista dei 'desiderata' e non va congiunta con la successiva (con *quando*, inteso come *quandoquidem*, vd. *ad* 147: *Quando*). Nevolo sa bene cosa gli serve e cosa no (cf. la puntualizzazione pignola del v. 66: *namque hic non sufficit*), perchè ha (o crede di avere) una certa fondata cognizione delle sue necessità e/o possibilità: non vuole di più o, per lo meno, sa dove fermarsi... (vd. il tema della *mensura sui* in 11, 23 ss., 35–38, dove l'aurea norma è applicata con qualche linea di ironia al tema quotidiano delle possibilità di spesa di ciascuno). Nevolo non *mittit* la sua *spem macram supplice voto / nunc Licini in campos, nunc Crassi... in aedis*, come fanno le oranti di Persio 2, 35 s., e, se chiede in preghiera *crescant ut opes*, come fanno quasi tutti (G. 10, 23 ss.), non si augura che la sua *arca* sia *m a x i m a   t o t o ... foro*. A quanto pare, Nevolo *noscit se ipsum* (almeno da questo punto di vista) e, di fatto, non avanza pretese spropositate. Egli è munito di una sua piccola saggezza quotidiana di stampo oraziano, che gli impedisce di strafare: Nevolo sa moderare la sua *spes* ed è capace di adottare un suo *modulus* (cf. Hor., *epist.* 1, 7, 98 *metiri se quemque suo modulo ac pede verum est*, con Horsfall 1993, 90 s.), come il Satirico stesso invita a fare in 6, 357 ss. (occorre *se metiri ad modum paupertatis*). Si noterà che – pur avendo recriminato per la mancata donazione da parte del patrono di un po' di terreno (*iugeribus paucis*, 60) e pur essendosi lamentato per l'alto prezzo dell'affitto da pagare per l'abitazione (*pensio*, 63) – Nevolo non inserisce qui, nella sua 'lista' dei desideri, beni fondiari o una casa (differenziandosi in questo, per una volta, dall'Umbricio di 3, 223–231).

147. Quando ego pauper ero?: la domanda sconsolata, che fa pateticamente il paio con quella di 139 s., sottolinea il fatto che Nevolo non si sente nemmeno *pauper*, bensì *inops/egens* (non proprio, però, all'ultimo livello, se teme di doversi ridurre in futuro a *mendicus*, 139 s.; cf. 11, 43). Sul concetto estremo e vergognoso (*turpis*) di *egestas*, vd. Broccia 1985; Fusi 2006, 170 *ad* Mart. 3, 10, 3. Lo *Schol.*, p. 162, 5–7 W. interpreta bene il passo come interrogativo: *non dico dives, at pauper... quando ero? nam modo nec pauper sum.* La *paupertas*, infatti, è pur sempre *parvi possessio* (Sen., *epist.* 87, 40) e, come dice Marziale (11, 32, 8, con Kay 1985, 141 ss.), *non est paupertas... habere nihil.* Per un esempio in G. di derelitto che si avvicina molto ad essere *inops* o men che *pauper*, vd. 3, 208 s. (*nihil habuit Cordus...*), con l'elenco dei suoi miserabili 'averi' nei vv. 202–207: ci penserà l'incendio, che distrugge il suo alloggio in soffitta e le sue misere carabattole, a renderlo alla fine un vero e proprio *mendicus* (*nudum et frustra rogantem*, 210). In realtà, per Nevolo diventare *pauper* significa arrivare alla soglia di censo minima per poter accedere al rango di cavaliere (questo è il suo sogno), cf. Whitetaker 1989, 308 s.; Manzella 2011, 212 s. *ad* 3, 127. Nell'ottica soggettiva di Nevolo (non troppo dissimile, del resto, da quella di Umbricio e di Giovenale stesso: cf. Gérard 1985, 282 s.; vd. Osborne 2006, 11 ss.; Morley 2006, 35) il confronto va fatto con i ricchi (*divites/lauti*) e i plutocrati, quei "grandi ricchi" (*praedivites*: in G. 10, 16; 14, 305; vd. Bastomski 1990; Mratschek-Halfmann 1993), rispetto ai quali lo stesso Plinio di *epist.* 2, 4, 3 (con i suoi almeno 12–15 milioni di sesterzi di patrimonio e il reddito di 800.000–1.000.000 HS all'anno), poteva dichiarare 'frugale' il proprio regime di vita (vd. Sherwin White 1966, 149 s. che, a questo proposito, parla di «the second grade of wealth»; Scarcia 1985a; Tennant 2000, 141; secondo De Neeve 1990, 369 ss. è ipotizzabile per Plinio il possesso di oltre 500 schiavi). In Petr. 88, 8 si dice che al giorno d'oggi la preghiera più diffusa nei templi consiste nella richiesta agli dèi di un patrimonio da 30 milioni di sesterzi (cf. Habermehl 2006, 141 ss., 143 ss.). È su questo tipo di richieste (o, almeno, su quella di cui in Mart. 1, 103, 1: un milione) che va misurata la 'modestia' delle aspettative di Nevolo, che certo non poteva ripetere la preghiera di un cliente moderato nei toni e nelle pretese – ma anche assai fortunato – come l'Orazio di *epist.* 1, 18, 107 ss. (*sit mihi quod nunc est, etiam minus*; cf. *carm.* 3, 16, 37). Sulla (relativa) '*paupertas*' di un *eques* dotato esclusivamente del censo minimo richiesto per poter appartenere all'*ordo* (400.000 HS), vd. Mratschek-Halfmann 1993, 140–152; Bodel 2015, 41 s. e *Introd.*, p. 25 ss., in part. n. 95. Significativo in questo senso Mart. 5, 13, 1–2: *sum, fateor, semperque fui, Callistrate, p a u p e r / sed non obscurus nec male notus e q u e s* (con *pauper* e *eques* collocati entrambi nel risalto della clausola, 'a specchio'); vedi anche Mart. 4, 5, 1; 40, 4 (*pauper eras et eques*); 67, 1 e 4; 77, 1–3 (con Moreno Soldevila 2006, 123, 303, 463, 494 s.). – **quando:** improbabile con vari commentatori antichi, seguiti ancora da Heinrich 1839, Weidner 1889[2] e Friedländer 1895, che si debba intendere *quando* con valore non interrogativo, ma causale (cf. 3, 21; 5, 93; 11, 184; 12, 55), come forma ridotta di *quandoquidem* (che appare in 1, 112; 10, 146, con Campana 2004, 198; 13, 129; 14, 51). Questa esegesi comporterebbe punto fermo dopo *ero* e collegamento sintattico con *sufficiunt haec* (con solo una virgola dopo *haec*): "mi basta questo, dal momento che sono destinato ad essere (sempre) povero". In *ero* (forma attestata soltanto qui in G.) abbiamo il consueto allungamento in arsi della cesura pentemimere, con recupero della quantità originaria (cf. *ad* 22: *ut repeto*). In Mart. 8, 55, 23–24 troviamo due casi sicuri di *erŏ* (gli altri 8 sono tutti in clausola di pentametro).

147. Votum miserabile: si potrebbe anche dare valenza esclamativa alla frase (cf. *ad* 126–128: *velox / flosculus... portio*). Il *votum* di essere finalmente *pauper* e non *dives* (che era, ovviamente, assai più comune, cf. 10, 23 ss.: *prima fere vota et cunctis notissima templis / divitiae...*) è davvero *miserabile* (3, 276), degno di commiserazione (cf. anche *ad* 6: *miserabilior*). La *iunctura* è presente anche in Stat., *Theb.* 2, 642 s. *miserabile votum mortis* (Urech 1999, 189). – **147–148. nec spes / his saltem:** *sc. est.* Per quanto minimale, la speranza (presentata qui come richiesta avanzata nella forma rituale di *votum* agli dèi, cf. 137 s., poi 148 ss.) non ha agli occhi di Nevolo alcuna possibilità di realizzarsi. *Nec* è intensivo e ha sfumatura avversativa (= *at ne... quidem*), cf. *ad* 49 e vd. Citroni 1975, 268 *ad* Mart. 1, 86, 8 (*nec videre saltem... licet*). Per il doppio monosillabo in clausola, vd. *ad* 75: *et iam*; per *nec spes*, cf. al v. 125 (*et spes*). *His* (*sc. rebus*) per *huic* (*sc. voto*), ovvero per le richieste espresse nel *votum*. *Saltem* sottolinea la pochezza di *his* = *haec* di v. 146. Notare la posizione di risalto dei due pronomi dimostrativi, uno in clausola e l'altro in *incipit*. – **148. nam cum pro me Fortuna vocatur:** nonostante che il *fatum* cui si sente sottoposto (32 ss.) sia in sé e per sé *inexorabile* (Verg., *georg.* 2, 491; cf. il celebre verso di *Aen.* 6, 376: *desine fata deum flecti sperare precando* e, per es., Sen., *epist.* 77, 12; *Oed.* 980 ss.; *Phaedr.* 1242: *non movent divos preces*; Magris 1990), Nevolo pensa – con umana e comprensibile contraddizione (Magris 2016[2], 406 e n. 108) – di potersi rivolgere ad alcune divinità (il *numen* sperato *exorabile* di 13, 102) per chiedere un mutamento di sorte e, anzi, confessa di averlo già fatto più volte in passato (cf. s o l e o exorare, 138, e sotto, al v. 148, *cum* nel senso di *quotienscumque*): queste divinità sono i *Lares* (137) e, soprattutto, la *Fortuna*. Si tratta di divinità, per così dire, 'popolari' o di basso rango, care ai diseredati (Sabbatucci 1988, 218 ss. e Champeaux 1982, 234 ss.; 2002, 167 per *Fortuna*; Bettini 2015, 68 ss. per i *Lares*). *Fortuna* è un'antica dea italica a carattere oracolare (forse di origine etrusca: Kajanto 1981, 506 ss.; in G., vd. 10, 74 s., con Campana 2004, 147 s.) con un antico e celebre santuario a Preneste (Champeaux 1982, 3 ss.; Kornmüller 2017) e uno ad Anzio (Hor., *carm*. 1, 35, con Nisbet-Hubbard 1970, 386–388; Cremona 1997). A Roma la dea ebbe poi (tra numerosi altri) un tempio nel foro Boario, fondato dal suo favorito (e amante: Ov., *fast*. 6, 569 ss.; Coarelli 2017, 22 s.) Servio Tullio. *Fortuna* fu identificata successivamente con la ellenistica *Tyche* (vd. Kajanto 1981, 525 ss.; Champeaux 1987, 37 ss.; Graf 1998; Miano 2016; Mei-Clini 2017). Sul diffusissimo *topos* dell'imprevedibile (e insindacabile) intervento di *Fortuna* nelle vicende umane, vd. i numerosi passi raccolti in Navarro Antolín 1996, 228 s. (*ad* Lygd. 3, 22 ss.) o in Watson 2004, 156 (*ad* Hor., *epod*. 4, 6), mentre per la specifica presenza del 'locus de fortuna' in G., vd. Friedländer 1895, 41 s., che – a mio avviso – trovò la formula giusta per definire la posizione del poeta al riguardo («Anbequemung an die im gewöhnlichen Leben übliche Ausdrucksweise»). Sul ruolo di Fortuna in G., vd. altresì De Decker 1913, 38–44; Bracciali Magnini 1990; Campana 2004, 24 ss., 121; Manzella 2011, 98–100 (con bibl. a p. 100). Nevolo non si rende conto (o non si preoccupa) di potersi trovare 'filosoficamente' in contraddizione con le sue precedenti esternazioni deterministiche (32 ss.). Del resto, oscillazioni del genere le abbiamo viste nel discorso di Umbricio, che parla indifferentemente di Parche e di Fortuna (cf. *ad* 135 s., *At mea Clotho / et Lachesis gaudent*), e nel linguaggio stesso della *Vox docens*. È significativo, infatti, che in 7, 197 ss. – in un contesto in cui predomina vistosamente la presenza del *fatum* astrale come ordinatore degli eventi (189 s.; 194–196; 200 s.; cf. Courtney 2013[2], 328) – non si abbia alcuna remora a inserire l'azione della dea Fortuna: il prediletto per eccellenza della dea, Servio Tullio (7, 199), legato anche al *Lar* (cf. Perruccio 2000, 288; Degl'Innocenti Pierini 2018, 52–54), passa in modo sorprendente dallo stato servile all'eccelsa dignità del trono e questo evento straordinario viene qui collegato tranquillamente sia con la *voluntas* di Fortuna (197 s.) che con la *miranda potentia* del fato astrale (cf. 200: *sidus... et fati*; e 201: *fata*). Si noti, altresì, la tranquilla 'nonchalance' di ordine retorico con cui in 8, 259 s. (*meruit*) Servio Tullio può diventare, invece, esempio del *meritum* personale e non più dell'onnipotenza del *Fatum* o di *Fortuna*. Il Satirico stesso in 13, 86 ss. affianca tranquillamente, senza prendere esplicita posizione in materia – in conformità al suo dichiarato atteggiamento di disimpegno filosofico (13, 120 ss., cf. *Introd.* p. 44 n. 157) –, le due principali concezioni ideologiche in competizione: quella che pone a principio dominatore del mondo il *casus* e la Fortuna (riconducibile in sede filosofica, se si vuole, all'epicureismo) e quella che, al contrario, afferma l'esistenza di un ordine rigoroso del cosmo e di dèi punitori del delitto (secondo una teodicea provvidenzialistica di origine popolare, ma ormai sentita come di marca stoica). Non si può chiedere a Umbricio e a Giovenale (e tanto meno a Nevolo!) una coerenza e un rigore di pensiero che in materia non riuscirono ad avere Virgilio (Bianchi 1985; Scarcia 1985b) o Lucano (Kajanto 1981, 549 ss.; Narducci 2002, 152 ss.) e nemmeno Tacito, quando si sofferma espressamente sul tema, ragionando da 'filosofo della storia': celebri, a questo riguardo, le affermazioni di dubbio in *ann.* 6, 22 (*mihi... in incerto iudicium est fatone res mortalium et necessitate immutabili an forte volvantur*, ecc.) o in *ann.* 4, 20 (*dubitare cogor, fato et sorte nascendi, ut cetera,... an sit aliquid in nostris consiliis...*), con Kajanto 1981, 544–546; Cupaiuolo 1984, 27 ss.; Martin 2001, 147 ss.; Woodman 2018, 143 s. Di questo confuso sincretismo di sapore popolare è un esempio eclatante Petr. 29, 6, dove per ordine di Trimalchione, accanito seguace dell'astrologia (39, 5 ss.; 40, 1), sulle pitture parietali della sua casa sono tranquillamente accostate la dea Fortuna e le Parche ministre del fato (*praesto erat Fortuna cornu abundanti copiosa et tres Parcae aurea pensa torquentes*). – **vocatur:** si legge solo in P¹, mentre in Φ appare *rogatur* (preferito da Friedländer 1895 e Willis 1997). Housman 1931² stampava a testo *vocatur*, ma in apparato ci teneva a dichiarare che tra le due lezioni, comunque, «nihil interest». In effetti, la scelta tra i due verbi non è facile: la differenza sembra consistere principalmente in una sfumatura stilistica. In G., *vocare* compare 14 volte, ma mai il verbo è usato in senso 'religioso' o liturgico come equivalente del composto *invocare* (assente in G.); per i non pochi casi di *voco* = *invoco* in Virgilio, invece, cf. Zurli 1990, 636 (in Orazio, vd. *carm.* 4, 5, 13, con Fedeli-Ciccarelli 2008, 274 s. e Romano 1997, 467 s.). *Vocatur* appare, insomma, più solenne di *rogatur*, che forse per G. è un po' spiccio in riferimento a una dea: si consideri 5, 63, dove *rogatus* è usato a proposito di un *minister* (e anche qui con la stessa oscillazione nella trad. ms. tra *rogatus* e *vocatus*); sull'evoluzione semantica di *rogare*, vd. Unceta Gómez 2008 (in part. 253). Va detto, però, che, per es., in Mart. 8, 24, 6 *rogare deos* è un perfetto equivalente di *orare/venerari deos* (cf. 8, 8, 3, con Schöffel 2002, 153) e che in G. 6, 386 *rogare* è usato proprio in senso religioso, ma con una sfumatura particolare (*Ianum Vestamque rogabat an...*, quasi = *interrogare/consulere*). Spinge forse a preferire *vocatur* solo l'osservazione di Bücheler (in Friedländer 1895, 116), che trovava *vocatur* più 'sonoro' (cf. 1, 99 e la solenne figura etimologica *voce vocare*, presente diverse volte nell'*Eneide*; Zurli *ibid.*) e, dunque, meglio adatto al contrasto con l'immagine della Fortuna che si fa *surda* (cf. *surdo* al v. 150). A questo proposito sembrano significativi gli usi stilisticamente 'alti' (in connessione con *audire* nel senso liturgico di *exaudire*) di Verg., *georg.* 4, 7: *audit... vocatus Apollo* (con Biotti 1994, 55 s.) e di Hor., *carm.* 2, 18, 40: *vocatus atque non vocatus audit* o 3, 22, 3: *ter vocata audis*. Ma la questione si complica ancora, se si considera la natura oracolare della dea *Fortuna* e si pensa che qui vi si voglia alludere (vd. appresso). A differenza di quanto detto a proposito dei

Lares (137 s.), non si parla di alcuna offerta fatta a *Fortuna*. – **pro me:** non dice banalmente *a me* (o *mihi*, dat. d'agente), ma *pro me* ("a mio vantaggio"), forse per sottolineare che la Fortuna *se ingerit* solo in favore dei suoi prediletti *alumni* (6, 605–609), di quei *felices* (135) alla cui 'magica cerchia' Nevolo, di certo, sente di non appartenere (sul tipo del *Fortunae filius*, vd. Tosi 1991–2017, 741, n. 1048). Anche Properzio in 1, 6, 25 (*me... quem semper voluit Fortuna iacere*) si sente – più che trascurato – avversato dalla Fortuna (ovviamente in tutt'altro senso). Accettando *rogatur* (vd. sopra *ad*: *vocatur*), si potrebbe forse pensare che *pro me* alluda al fatto che tra *Fortuna* e Nevolo c'è la presenza di un intermediario tecnico, che interroga o interpreta la Dea p e r   l u i, estraendo o anche solo leggendo le sorti (cf. 6, 583, dove è la donna a *sortes ducere*, con il *vates* tuttofare che si propone come interprete a pagamento delle sorti stesse o dei vari segni richiesti per la divinazione; per altri sacerdoti in funzione di 'intermediari', vd. anche 6, 541 o 545). Questo si potrebbe forse ipotizzare, pensando alla notissima pratica della divinazione per cleromanzia che si esercitava nel tempio della Fortuna a Preneste (Champeaux 1982, 55–84; Kornmüller 2017), dato che G. mostra di ben conoscere il Tempio in questione (14, 90); cf. Cic., *div.* 1, 12 e 2, 85 ss. con Timpanaro 1988, xliv e 379 s. In questo caso *rogatur* andrebbe interpretato come = *interrogatur* (cf. 7, 232), ma nel senso religioso-oracolare di *consulitur* (6, 386, cf. 396 e 574 s.). Va detto che Nevolo non vuol tanto sapere della sua sorte, quanto ottenere quel che è elencato ai vv. 140–146: e, tuttavia, le sue richieste sono incorniciate proprio da due ansiose d o m a n d e relative al futuro (139 s.: *quando ego figam aliquid...?* e 147: *Quando ego pauper ero...?*). – **149. adfixit ceras:** ecco (che si scopre) che la Fortuna si è tappata le orecchie con la cera! Il perfetto (in **PA**; *adfigit* in Φ, preferito da Willis nella forma *affigit*) indica che l'azione è già irrevocabilmente compiuta, quando la richiesta viene elevata (matematicamente impossibile, dunque, che venga udita). Il *cum... vocatur* (= *quotiens[cumque]* + pres. iterativo; cf. al v. 138 *soleo*), inoltre, ci dice che Nevolo parla in base a una ricca esperienza pregressa: tutte le volte in cui l'ha pregata, è stato facile rendersi conto che la Fortuna si era tappata le orecchie per non udire... In queste occasioni la Fortuna è stata – anzi si è fatta – *surda* con una mirata ostilità contro Nevolo (quasi una questione personale!): *pro me* di v. 148 sottintende facilmente nel verso successivo *in me* (evidentemente *Fortuna* non è altrettanto insensibile verso i suoi protetti, i *felices* di 135). L'immagine più comune relativa alla Fortuna è quella della sua cecità (già in Pacuvio, 366–375 *TRF*, p. 124 ss. Ribbeck = 105–115 D'Anna = 262–272 Schierl; cf. Kajanto 1981, 531 s.). Ma qui la dea si fa volutamente sorda: per la 'sordità' (= indifferenza) degli dèi alle preghiere degli uomini, vd. 13, 249 (*nec surdum nec Teresian* [= *caecum*] *quemquam esse deorum*); Prop. 2, 16, 48 *Iuppiter et surda neglegit aure preces*; Ov., *am.* 1, 8, 85 *numina surda* o *Pont.* 2, 8, 28 *per* *numquam surdos in tua vota deos* o 2, 9, 25 *Iuppiter oranti surdas si praebeat aures*; Germ. 99 *nec surdam praebes venerantibus aurem* (detto di *Virgo-Iustitia*), con Bellandi 2001, 30 e n. 29. Come il *vulgus* di 10, 51, Nevolo recrimina lamentoso contro la Fortuna, dea che il *sapiens* 'democriteo' e la filosofia in genere non ritengono tale (10, 51–53; 365–366 con Campana 2004, 121 ss., 372 ss. *ad ll.*; 13, 19 s.) e, dunque, non pregano affatto (anzi dileggiano anche pesantemente: 10, 52 s.). In Hor., *sat.* 2, 2, 126 s. anche l'*abnormis sapiens* Ofello si rivela alla fine *sapiens victor Fortunae* e sull'essenziale rapporto antagonistico *sapiens/Fortuna* si sofferma anche Davo nella sua ramanzina filosofica al padrone in *sat.* 2, 7, 83–88 (cf. anche l'ironia sul logoro tema in 2, 8, 59 ss., 73–74, 84–85). Ma Nevolo dopo aver citato Manilio (4, 14; vd. *ad* 32–37: *Fata...* κίναιδος) ne disattende vistosamente gli insegnamenti, che vietavano le lamentazioni contro la sorte che il destino ineluttabilmente assegna e che bisogna saper accettare di buon grado (Manil. 4, 12–13 e 20 ss.). Si deve comunque rilevare che alla fine, sulla base del suo accorato pessimismo e per una sua via contorta e 'sentimentale', Nevolo riesce a recuperare una sua coerenza con il fatalismo astrale affermato all'inizio: il pessimismo desolato che lo domina gli suggerisce – anche mentre la invoca – di non aspettarsi nulla da *Fortuna*, che, dunque, finisce per ridurre a ubbidiente *ministra Fati* (come, del resto, dice lo stesso Manilio in 4, 49: *hoc, nisi fata darent, numquam fortuna tulisset*, con Feraboli-Flores-Scarcia 2001, 308 *ad l.*; sul complesso rapporto tra fortuna e fato, vd. anche Lanzarone 2008, 346 *ad* Sen., *de prov.* 5, 4). Così, Nevolo mostra di non contare affatto sulla *lĕvitas* o scarsa *constantia* della Fortuna (su questo diffusissimo luogo comune relativo alla cangiante natura della dea, cf., per es., Ov., *Pont.* 4, 3, 29 ss.; sui comuni epiteti a lei riservati: *varia, volubilis, volucer*, ecc., vd. Plin., *nat.* 2, 22; Kajanto 1981, 531): essa, dopo averlo abbattuto, potrebbe poi anche favorirlo e risollevarlo (cf. 7, 197 s.: *si Fortuna volet...*). Ma per Nevolo alla fine è il *Fatum* a prevalere e la *Fortuna* – con qualche tratto di paradosso – si rivela *certa* e non – come al suo solito – *incerta instabilisque* (Kajanto 1981, 525). **– 149. ceras... petitas:** un'ultima allusione epico-omerica dopo 37 e 64 s. Questa volta il cenno è alle Sirene (non nominate, cf. 14, 19 *Sirena*) e al loro canto malioso e micidiale, che Ulisse volle ascoltare, facendosi legare all'albero della nave, ma provvedendo opportunamente a tappare di cera le orecchie dei suoi compagni, intenti a remare (Hom., *Od.* 12, 38–54 e 158–200, con Heubeck 1983, 312 ss., 322 ss.). Sul mito delle Sirene, vd. da ultimo Gigante Lanzara 1986; Sallusto-Greco 1988; Bracciali Magnini 1990, 51–52; Breglia Pulci Doria 1997; Hofstetter 1997; Bettini-Spina 2007; Di Benedetto 2010, 46 ss. Il plurale è dovuto qui principalmente all'esigenza metrica di evitare la sinalefe, cf., per es., 9, 134 o 6, 3 (e vd. anche Santorelli 2013, 52 s. *ad* 5, 2). Il normale numero sing. appare in Sen., *epist.* 31, 2 *ceram... obdere* (appunto a proposito delle Sirene e dei compagni di Ulisse). Il plur. nel contesto di un'allusione di stampo proverbiale al mito delle Sirene si ritrova in Amm. Marc. 29, 2, 14 (*aures occlusisse ceris quasi scopulos Sirenios transgressurus*). – **illa:** la cera non è semplicemente c o m e quella presa dalla nave di Ulisse, ma – per spiritosa iperbole – è presentata proprio come se fosse la stessa (vd. però anche 5, 44, dove *quas* = *quales,* cf. 5, 36 e 153; Courtney 2013², 203 e Santorelli 2013, 91 *ad l.*). *Illa* (cui dà risalto l'anastrofe) rimanda anche alla fama immortale di quella mitica nave e di quell'episodio omerico (cf. Petr. 101, 5 *Cyclops ille*; in G. 4, 102: *priscum illud... acumen* o 6, 657: *Tyndaris illa*). I vv. 148–150 hanno un ritmo pesantemente spondiaco (solo 150 ha un dattilo all'inizio, oltre a quello del quinto piede). – **de nave petitas:** in G. è già possibile avvertire l'espandersi dell'uso della particella *de* + abl. nel senso partitivo o di materia rispetto al genitivo semplice o a *ex* + abl. (cf. Campana 2004, 102 *ad* 10, 28; Manzella 2011, 207 *ad* 3, 123 e 366 *ad* 3, 259) e anche più in generale (vd., per es., *antiquis de moribus* in 6, 45 o *media de nocte* in 14, 190). Già in termini assoluti si possono riscontrare ben 84 casi di *de* rispetto agli 85 di *a/ab* e ai soli 30 di *e/ex*. Così, nella provenienza o moto da luogo l'uso di *de* + abl. («proprie de superiore loco»: *ThlL* V 1, 46, 37 ss.) si allarga rispetto a *a(b)/e(x)* + abl. (vd. Ernout-Thomas 1953², 80). In G. accanto, per es., al 'regolare' *de montibus* di 5, 33 si trova anche *de pulvino surgat equestri* di 3, 154 (cf. Fedeli 2005, 748 s. *ad* Prop. 2, 26, 24: *de toro... surge*). Qui G. usa *petere* costruito con *de*, mentre per lo più usa *peto* senza determinazione locale, ma – nei pochi casi in cui esprime la provenienza – sembra preferire *a(b)* (2, 114 e 11, 147; cf. 6, 527). Per quest'uso colloquiale, naturalmente favorito dalle esigenze metriche (la consonante iniziale, invece di *ab* o *ex*, impedisce la sinalefe), vd. *ThlL ibid.*, 51, 17. Con quest'uso di *petere* con *de* si possono confrontare gli usi analoghi di *ducere de* (*ThlL ibid.*, 53 s.; in G. 6, 427; 13, 152; 15, 25) o *sumere de* (4, 30; 8, 134 [?]; incerto 6, 285). Vd. Väänänen 1982, 200 ss.; Löfstedt-Pieroni 1911-2007, 112–115. Bianchini 2001, 144 s. (a *Priap.* 21, 4), ricorda che l'uso di *de* comincia a farsi più frequente con Ovidio (ben 508 casi). – **150. Siculos cantus:** sulle possibili sedi delle Sirene, qui localizzate in Sicilia, vd. Sallusto-Greco 1988 (erano notoriamente collocate anche in Campania, nei dintorni immediati di Napoli o sulla costa sorrentina o nelle Sirenusse, isolette tra Sorrento e Capri; cf. Verg., *Aen.* 5, 862–868, con Servio che, *ad Aen.* 5, 864, pone le diverse dislocazioni in successione cronologica: *primo iuxta Pelorum, post in Capreis* [*insulis,* Dan.] *habitaverunt*); vd. anche Bettini-Pulci 2007, 106 ss., 112 ss., 202 n. 72. In Ov., *met.* 5, 552–563 (cf. Rosati 2009, 224 ss.), le Sirene sono compagne di Proserpina e, dunque, collocate in contesto siciliano; più preciso Claud., *rapt. Pros.* 3, 254 s. (*rapidis Acheloides* [= *Sirenes*] *alis / sublatae Siculi latus obsedere Pelori*), con Onorato 2008, 332, che per la menzione del capo Peloro rimanda a Strab. 1, 2,

12 (cf. Aujac 1969, 100 e 189). Non bisogna sottovalutare il fatto che la 'memoria' omerica arriva a G., talora, passando proprio attraverso un filtro ovidiano (per un es., cf. Monti 1995, 160 s.). Sulla geografia omerica, vd. il recente Braccesi 2010. – **cantus:** *cantus* è adoperato come termine usuale per ogni tipo di "canto" (al v. 107, per es., quello notturno del gallo). Ma *cantus* è usato anche per indicare canti 'speciali' come quelli di Orfeo o di Anfione (*ThlL* III 293, 39 ss.) e, appunto, delle stesse Sirene (Sil. It., 12, 35 e 14, 473). Non è escluso che nel designare l'irresistibile canto delle Sirene (che Cic., *fin.* 5, 18, 40 ridusse a *cantiunculae*), *cantus* abbia un sottinteso 'magico' (G. 6, 610; cf. *ThlL ibid.*, 295, 18 ss.). Si veda Plin., *nat.* 30, 6: *Sirenum cantus apud eum* [= *Homerum*] *non aliter intelligi volunt* (con allusione, appunto, alla *magica ars*). Come spesso altrove, anche qui in G. le Sirene «non sono che voce» (Gigante Lanzara 1986, 17; Di Benedetto 2010, 49); di solito non si dà gran spazio alla loro descrizione fisica (di esseri alati simili a uccelli: cf. *alis* in Claudian., cit.). In G. 14, 19 *Sirena* è usato come metonimia antonomastica per indicare un qualsiasi canto o suono voluttuoso. – **effugit:** cf. al v. 65 *evasit*, detto di Ulisse, e vd. Hom., *Od.* 23, 320 (Ὀδυσσεὺς δ'οἷος ὑπέκφυγε νηῒ μελαίνῃ). Ribbeck 1859, Housman 1931², e De Labriolle-Villeneuve 1932² preferivano stampare *ecfugit* (ricavandolo da *et fugit* di **P** e *efugit* di **A**). – **remige surdo':** si tratta di un abl. ass. nominale con valore circostanziale-causale, messo qui in rilievo dalla dieresi bucolica, che spiega come sia stato possibile alla nave *effugere Siculos cantus*. L'espressione con l'epicheggiante singolare collettivo (vd., per es., *armato... custode* in 3, 306; *multo delatore* in 4, 47 s.; *Poeno milite* in 10, 155 e cf., per es., Verg., *Aen.* 4, 588; 5, 116; *OLD²* b, s.v. *remex*) viene, con la consueta inversione degli elementi, da Prop. 3, 12, 34 (*Sirenum surdo remige adisse lacus*, cf. Colton 1967, 55). L'espressione ritorna in Claud., *carm. min.* 30, 22 s. (*surdo... carina / remige Sirenum cantus transvecta tenaces*) certamente in via diretta da Properzio cit. (dato il contesto di 'resumé' delle imprese di Ulisse comune all'elegiaco e a Claudiano; Consolino 1986–92, 17 s.; 80). Ma Claudiano non ignora affatto G. e lo imita sicuramente altrove, in specie, ma non solo, nell'*In Eutropium* (oltre la bibl. indicata in *Introd.* p. 47 n. 4, cf. anche Gioseffi 2004; Santorelli 2008, 710; Kissel 2013, 387 ss.): *Sirenum c a n t u s* (acc. plur.) potrebbe anche essere stato suggerito proprio dal nostro passo giovenaliano; il sogg. delle frasi sia in G. che in Claudiano è la nave (*navis/carina*). Per questi raffinati intrecci in Claudiano di reminiscenze da passi e autori diversi (fra cui G.), vd. Citroni 1987b, 258 s. I compagni di Ulisse (ἑταῖροι in Omero) non sono chiamati con il più onorevole termine di *comites* (Verg., *Aen.* 3, 613 o Ov., *met.* 14, 159) o di *socii* (Hor., *epist.* 1, 2, 21 e 24; Prop. 3, 7, 41: *socium iacturam flevit Ulixes*; Ov., *trist.* 1, 5, 63: *fidamque manum sociosque fideles*; Sen., *epist.* 38, 2; Évrard 1988), ma ridotti allo stato di ciurma (*nautae*: cf. 8, 174 e 6, 154) o

di semplice equipaggio ai remi, come anche in 15, 22 (*cum remigibus... Elpenora porcis*), dove alcuni di essi non sono sfuggiti alle insidie di Circe (come qui, invece, sfuggono a quelle delle Sirene). Se in Omero la dizione consueta è quella di ἑταῖροι, non manca tuttavia l'insistenza formulare sulla loro funzione di rematori (vd., per es., *Od.* 9, 103 s., 118 s., 471 s., 488 s.); cf. Hor., *epist.* 1, 17, 16 (*laboriosi remiges Ulixei*) e 1, 6, 63 (*remigium vitiosum*, con Stocchi 2004, 114). La satira termina significativamente con un 'versus aureus', secondo lo schema **(x) aAVBb** (vd. *ad* 53: *munera... tractat secreta*); ma su tale definizione, cf. le riserve di Reeve 1983, 32. Il finale ci mette davanti ad un forte effetto di straniamento: la dea Fortuna si tappa da sola le orecchie con la cera (come fecero i *remiges* per ordine di Ulisse) per resistere davanti alle richieste di Nevolo, ma così, incongruamente, questi viene ad essere assimilato alle maliose Sirene tentatrici. Secondo Courtney 2013², 391 ciò che (almeno in teoria) potrebbe allettare la Fortuna e spingerla a dare ascolto a Nevolo sarebbe la promessa di una sostanziosa donazione per grazia ricevuta (*ex voto*). Nel testo, comunque, non c'è traccia alcuna di una promessa fatta in tal senso alla dea (né di offerte rituali ad essa, a differenza che in 137 s. ai *Lares*). In questo finale della satira, *Fortuna* passa dall'essere una *saeva tyranna* che esercita «a fickle and malicious power» su un'umanità in balia del suo crudele capriccio (Kajanto 1981, 525; cf. *minax* in G. 10, 52 e vd., per es., Hor., *sat.* 2, 2, 126; 2, 7, 88; 2, 8, 61–63; *carm.* 3, 29, 49: *saevo laeta negotio*, o Sen., *cons. Marc.* 10, 6: *varia et libidinosa mancipiorumque suorum neglegens domina*) ad apparire come una specie di vittima penosamente importunata (*vexata* o *sollicitata*) dalle continue, pressanti richieste degli oranti.

Bibliografia

A) Sigle

ANRW = *Aufstieg und Niedergang der römischen Welt*, Berlin-New York 1972–

ARA = *Atlante di Roma antica*, a c. di A. Carandini, con P. Carafa, Milano 2012 (2013³)

CGL = *Corpus Glossariorum Latinorum*, I–VII, Lipsiae 1888–1923

CRF = *Comicorum Romanorun fragmenta*, in *Scaenicae Romanorum Poesis Fragmenta*, rec. O. Ribbeck, vol. II, Lipsiae 1898³

DELL = A. Ernout – A. Meillet, *Dictionnaire étymologique de la langue latine*, Paris 1959⁴ (rist. 2001, con aggiornamenti di J. André)

DKP = *Der Kleine Pauly. Lexicon der Antike*, hrsg. v. K. Ziegler - W. Sontheimer, Stuttgart-München 1964–1975

DNP = *Der Neue Pauly. Enzyclopädie der Antike*, hrsg. v. H. Cancik - H. Schneider, Stuttgart-Weimar 1996–2003

DS = Ch.V. Daremberg – E. Saglio (curr.), *Dictionnaire des antiquités grecques et romaines d'après les textes et les monuments*, I–X, Paris 1877–1919

EAA = *Enciclopedia dell'arte antica, classica e orientale*, I–VII + Suppl., Roma 1958–1997

EO = *Enciclopedia oraziana*, I–III, Roma 1996–1998

EV = *Enciclopedia virgiliana*, I–V*, Roma 1984–1991

GLK = *Grammatici Latini*, I–VII + Suppl., ed. H. Keil et al., Lipsiae 1855–1880

HS = J.B. Hofmann - A. Szantyr, *Lateinische Syntax und Stilistik*, München 1972² (1965¹)

Lampe = *A Patristic Greek Lexicon*, ed. by G.W.H. Lampe, Oxford 1964

LEW = *Lateinisches etymologisches Wörterbuch*, von A. Walde, neubearbeitete Auflage von J.B. Hofmann, I–III, Heidelberg 1965³ (1906¹)

LIMC = *Lexicon Iconographicum Mythologiae Classicae*, I-Indices, Zürich et al. (poi Düsseldorf), 1981–1999

LSJ = G. Lidell-R. Scott, *A Greek-English Lexicon*, rev. and augm. thr. H.S. Jones and R. McKenzie, Oxford 1996

LTUR = E. M. Steinby (cur.), *Lexicon Topographicum Urbis Romae*, I–V+ suppl. + indices, Roma 1993–2005

OCD = *Oxford Classical Dictionary*, a c. di S. Hornblower and A. Spawforth, Oxford 2003³

OLD = *Oxford Latin Dictionary*, ed. by P.G.W. Glare, Oxford 1968–1982 (2012²)

ORF = *Oratorum Romanorum Fragmenta*, ed. E. Malcovati 1953²

RAC = *Reallexicon für Antike und Christentum*, hrsg. von Th. Klauser et al., Stuttgart 1950 –.

RE = *Paulys Realencyclopädie der classischen Altertumswissenschaft*, I–XXIV + 1a–Xa + suppl., München-Stuttgart 1893–1978

ThlL = *Thesarus linguae Latinae*, I- , Lipsiae (poi anche Stutgardiae, Monachii, Berolini-Novi Eboraci), 1900–

TLL = *Totius Latinitatis Lexicon,* a c. di E. Forcellini, G. Furlanetto, F. Corradini, G. Perin, Padova 1940[5]

TRF = *Tragicorum Romanorun fragmenta*, in *Scaenicae Romanorum Poesis Fragmenta,* rec. O. Ribbeck, vol. I, Lipsia 1897[3]

b) Principali edizioni, commenti, scoli e traduzioni di Giovenale

Achaintre 1810 = N.L. Achaintre, *D.J. Iuvenalis Satirae*, I–II, Parisiis 1810

Adamietz 1993 = *Juvenal. Satiren: lateinisch-deutsch*, übers. von J. Adamietz, München 1993

Barelli 1960 = Giovenale, *Satire*, trad. e note a c. di E. Barelli, Milano 1960

Bellandi 1995 = F. Bellandi, *Giovenale. Contro le donne (*satira *VI)*, Venezia 1995 (2003[3])

Bracci 2014 = F. Bracci, *La* satira 11 *di Giovenale*, Berlin-Boston 2014

Braund 1996 = Juvenal, Satires, *Book I*, ed. by S. Morton Braund, Cambridge-New York 1996

Braund 2004 = *Juvenal and Persius*, ed. and transl. by S. Morton Braund, Cambridge (Mass.)-London, 2004

Campana 2004 = *D. Iunii Iuvenalis Satura X*, a c. di P. Campana, Firenze 2004

Ceronetti 2008 = D.G. Giovenale, *Le satire*, a c. di G. Ceronetti, Lavis 2008

Clausen 1992[2] = *A. Persi Flacci et D. Iuni Iuvenalis Saturae*, Oxonii 1992[2] (1959[1])

Courtney 2013[2] = E. Courtney, *A Commentary on the Satires of Juvenal*, Berkeley 2013[2] (London 1980[1])

Courtney 1984 = *Juvenal. The Satires. A Text with Brief Critical Notes*, Roma 1984

Cuccioli Melloni 1988 = R. Cuccioli Melloni, *Decimo Giunio Giovenale.* Satira *V*, Bologna 1988

de Labriolle-Villeneuve 1932[2] = *Juvénal Satires*, éd. et trad. par P.Ch. de Labriolle et F. Villeneuve, Paris 1932[2] (1921[1]; rist. agg. par O. Sers, Paris 2002) de Marolles 1658 = M. de Marolles, *D. Iunii Iuvenalis et Auli Persii Flacci Satirae. Cum notis Francisci Guieti Andini, Iohannis Peyraredi Aquitani, et al.*, Lutetiae Parisiorum 1658

Dimatteo 2014 = G. Dimatteo, *Giovenale*, Satira *8*, Berlin-Boston 2014

Duff 1898 = *D. Iunii Iuvenalis Saturae XIV*, ed. by J.D. Duff, Cambridge 1898 (= 1970, con nuova introduzione di M. Coffey)

Ferguson 1979 = *Juvenal. The Satires*, introd. and comm. by J. Ferguson, London 1979

Ficca 2009 = D. Giunio Giovenale, *Satira XIII*, a c. di F. Ficca, Napoli 2009

Frassinetti-Di Salvo 1979 = Giovenale, *Le Satire*, a c. di P. Frassinetti e L. Di Salvo, Torino 1979

Friedländer 1895 = *D. Junii Juvenalis Saturarum libri V*, Leipzig 1895 (= Amsterdam 1962)

Godwin 2016 = Juvenal, *Satires. Book 4*, ed. w. an introd., transl. and commentary by J. Godwin, Oxford 2016

Grangaeus 1614 = I. Grangaeus, *D. Iunii Iuvenalis Aquinatis Satyrae sexdecim et in eas commentarii Isaaci Grangaei...*, Parisiis 1614.

Grazzini 2011–2018 = S. Grazzini, *Scholia in Iuvenalem recentiora: secundum recensiones Φ e X, I (satt. 1–6) e II (satt. 7–16)*, Pisa 2011 e 2018

Green 1998[3] = Juvenal, *The Sixteen Satires*, Transl. w. Introd. and Notes by P. Green, London 1998[3] (1967[1])

Hardy 1891[2] = *D. Iunii Iuvenalis Saturae XIII*, ed. and comm. by E.G. Hardy, London 1891[2] (1883[1])

Heinrich 1839 = C.F. Heinrich, *D. Iunii Iuvenalis satirae*, cum commentariis C.F. Heinrichii, Bonnae 1839

Henninius 1685 = H. Ch. Henninius, *D. Junii Juvenalis Aquinatis Satyrae*, Ultrajecti 1685

Housman 1931[2] = *D. Iunii Iuvenalis Saturae*, editorum in usum edidit A.E. Housman, Cantabrigiae 1931[2] (1905[1])

Jahn 1851 = *D. Iunii Iuvenalis libri quinque cum scholiis veteribus*, rec. et em. O. Jahn, Berolini 1851

Jahn-Bücheler-Leo = *A. Persii Flacci, D. Iunii Iuvenalis, Sulpiciae Saturae*, rec. O. Jahn, Berolini 1868; 1886[2] e 1893[3], a c. di F. Bücheler; 1910[4] a c. di F. Leo

Knoche 1950 = *D. Iunius Iuvenalis. Saturae*, hrsg. v. U. Knoche, München 1950

Lewis 1882[2] = *D. Iunii Iuvenalis Satirae*, with a literal english prose translation and notes by J.D. Lewis, I–II, New York 1882[2] (1873[1])

Lubinus 1603 = *D. Iunii Iuvenalis Satyrarum Libri V*, a c. di E. Lubinus, Hanoviae 1603.

Macleane 1867[2] = *Iuvenalis et Persii satirae*, with a comm. by Rev. A.J. Macleane, London 1867[2] (1857[1])

Manzella 2011 = *D. Giunio Giovenale,* Satira *III,* a c. di S. M. Manzella, Napoli 2011

Martyn 1987 = *D. Iuni Iuvenalis Saturae,* ed. J.R.C. Martyn, Amsterdam 1987

Mayor 1900–1901 = *Thirteen Satires of Juvenal,* with a commentary by J.E.B. Mayor, I–II, London 1900–1901[5] (1853[1])

Monti 1978 = S. Monti, *Commento a Giovenale. Libro I: Satire I e II,* Napoli 1978

Nadeau 2011 = Y. Nadeau, *A commentary on the sixth satire of Juvenal,* Brussels 2011

Owen 1908[2] = *A. Persi Flacci et D. Iunii Iuvenalis Saturae,* ed. S.E. Owen, Oxonii 1908 (1903[1])

Paolicchi 1996 = Persio-Giovenale, *Le Satire,* a c. di L. Paolicchi, introd. di P. Fedeli, Roma 1996

Pearson-Strong 1892[2] = D.I. Iuvenalis *Saturae XIII. Thirteen Satires of Juvenal,* ed. and comm. by Ch.H. Pearson- H.A. Strong, Oxford 1892[2] (1887[1])

Prateus 1684 = *D.J. Juvenalis et A. Persii Flacci Satirae, interpretatione ac notis illustravit L. Prateus in usum serenissimi delphini,* Parisiis 1684

Ramelli 2008 = I. Ramelli, *Giovenale,* in *Stoici romani minori,* a c. di I. Ramelli, Milano 2008, 2209–2554

Ribbeck 1859 = *D.Iunii Iuvenalis Saturae,* ed. O. Ribbeck, Lipsia 1859

Rudd-Barr 1991 = *Juvenal. The Satires,* transl. by N. Rudd; with a introd. and notes by W. Barr, Oxford 1991

Ruperti 1830–1831 = *D. Junii Juvenalis Aquinatis Satirae XVI quibus adjectae sunt A. Persii Flacci Satirae ex recensione et cum notis G.L. Koenig,* I–II, Augustae Taurinorum 1830–1831 (Lipsiae 1801–1802[1]; 1819–1820[2]; Glasguae-Londini 1825)

Santorelli 2011 = Giovenale. *Satire,* a c. di B. Santorelli, Milano 2011

Santorelli 2012 = B. Santorelli, *Giovenale,* Satira *IV,* Berlin-Boston 2012

Santorelli 2013 = B. Santorelli, *Giovenale,* Satira *V,* Berlin-Boston 2013

Schrevel 1648 = *Iuvenalis et Persii satyrae cum veteris scholiastae et variorum commentariis, accurante C. Schrevelio,* Lugduni Batavorum 1648

Stramaglia 2017[2] = A. Stramaglia, *Giovenale,* Satire *1, 7, 12, 16. Storia di un poeta,* Bologna 2017 (2008[1])

Vianello 1935 = *D. Iunii Iuvenalis Saturae,* ed. N. Vianello, Augustae Taurinorum 1935

Viansino 1990 = *Giovenale. Satire,* a c. di G. Viansino, Milano 1990

Watson-Watson 2014 = *Juvenal, Satire 6,* by L. Watson-P. Watson, Cambridge 2014

Weber 1825 = *D. Iunii Iuvenalis Aquinatis Satirae XVI,* ed. comm. E.G. Weber, Wimariae 1825

Weber 1838 = *Die Satiren des D. Junius Juvenalis*, trad. comm. W.E. Weber, Halle 1838

Weidner 1873[1] = *D. Iunius Iuvenalis Saturae*, ed. comm. A. Weidner, Leipzig 1873[1]

Weidner 1889[2] = *D. Iunii Iuvenalis Saturae*, ed. comm. A Weidner, Leipzig 1889[2].

Wessner 1931 = *Scholia in Iuvenalem vetustiora*, ed. P. Wessner, Leipzig 1931

Willis 1997 = *D. Iunii Iuvenalis Saturae sedecim*, ed. J.A. Willis, Stutgardiae-Lipsiae 1997

Wilson 1903 = *D. Iuni Iuvenalis Saturarum Libri V*, ed. w. a comm. by H.L. Wilson, New York-Boston-New Orleans 1903

Zullo 2016 = Giovenale, Satira *14*, a c. di F. Zullo, Bologna 2016

c) Ulteriore Bibliografia

Adams 1972 = J.N. Adams, *Latin words for "woman" and "wife"*, in "Glotta" 50, 1972, 234–255

Adams 1981 = J.N. Adams, Culus, clunes *and their synonyms in Latin*, in "Glotta" 59, 1981, 231–264

Adams 1983 = J.N. Adams, *Words for "prostitute" in Latin*, in "RhM" 126, 1983, 321–358

Adams 1982–96 = J.N. Adams, *The Latin Sexual Vocabulary*, London 1982; tr. it. *Il vocabolario del sesso a Roma. Analisi del linguaggio sessuale nella latinità*, Lecce 1996 (da cui si cita)

Adams 2003 = J.N. Adams, *Bilingualism and the Latin Language*, Cambridge 2003

Adams-Mayer 1999 = *Aspects of the Language of Latin Poetry*, ed. by J.N. Adams & R.G. Mayer, Oxford 1999

Adkin 1994 = N. Adkin, *Juvenal and Jerome*, in "CPh" 89, 1994, 69–71

Agnati 2000 = U. Agnati, Ingenuitas. *Orazio, Petronio, Marziale e Gaio*, Alessandria 2000

Agnesini 2009 = A. Agnesini, *Catull. 16, 10:* "hispidosis", *una probabile lezione negletta*, in "Vichiana" 11, 2009, 244–257

Alföldy 1984[3] = G. Alföldy, *Römische Sozialgeschichte*, Wiesbaden 1984[3]; tr. it. *Storia sociale dell'antica Roma*, Bologna 1987 (da cui si cita)

Ammerman-Tagliamonte-Papi 1999 = A.J. Ammerman – G. Tagliamonte - E. Papi, *Palatium* in *LTUR* IV 1999, 12–38

Anderson 1956–1957 = W.S. Anderson, *Recent Work in Roman Satire (1937–1955)*, in "CW" 50, 1956–1957, 33–40

Anderson 1957–82 = W.S. Anderson, *Studies in Book 1 of Juvenal*, in "YCS" 15, 1957, 33–90, rist. in Anderson 1982, 197–254 (da cui si cita)

Anderson 1962–82 = W.S. Anderson, *The Programs of Juvenal's Later Books*", in "CPh" 57, 1962, 145–160; rist. in Anderson 1982, 277–292 (da cui si cita)

Anderson 1963–1964 = W.S. Anderson, *Recent Work in Roman Satire (1955–1962)*, in "CW" 57, 1963–1964, 343–348

Anderson 1969–1970 = W.S. Anderson, *Recent Work in Roman Satire (1962–1968)*, in "CW" 63, 1969–1970, 217–222

Anderson 1970–82 = W.S. Anderson, Lascivia *vs* ira: *Martial and Juvenal*, in "CSCA" 3, 1970, 1–34; rist. in Anderson 1982, 362–395 (da cui si cita)

Anderson 1981–1982 = W.S. Anderson, *Recent Work in Roman Satire (1968–1978)*, in "CW" 75, 1981–1982, 273–299

Anderson 1982 = W.S. Anderson, *Essays on Roman Satire*, Princeton 1982

André 1949 = J. André, *Etude sur les termes de couleur dans la langue latine*, Paris 1949

André 1956 = J. André, *Lexique des termes de botanique en latin*, Paris 1956

André 1958 = Pline l'Ancien, *Histoire naturelle: livre XIV*, texte ét. trad. et comm. par J. André, Paris 1958

André 1981 = J. André, *Anonyme latin. Traité de Physiognomonie*, Paris 1981

André 1985 = J. André, *Les noms de plantes dans la Rome antique*, Paris 1985

André 1991 = J. André, *Le vocabulaire latin de l'anatomie*, Paris 1991

André 2009^2 = J. André, *L'alimentation et la cuisine a Rome*, Paris 2009^2 (1961^1)

Andreae 1986 = B. Andreae, *L'immagine di Ulisse. Mito e archeologia*, Torino 1986

Andreassi 2013 = M. Andreassi, *Adultery Mime: da pratica scenica a modello ermeneutico*, in "RhM" 156, 2013, 293–313

Andreau 1999 = J. Andreau, *Banking and Business in the Roman World*, Cambridge 1999

Andreau 2002 = J. Andreau, *Zins*, in *DNP* 12/2, 2002, 812–816

Andreoni Fontecedro 1990 = E. Andreoni Fontecedro, *Le espressioni del fato nella scrittura di Seneca filosofo*, in "Aufidus" 11–12, 1990, 127–140

Andreussi 1999 = M. Andreussi, *Pomerium*, in *LTUR* IV, 1999, 96–105

Aragosti 1995 = Petronio, *Satyricon*, a c. di A. Aragosti, Milano 1995

Aragosti-Cosci-Cotrozzi 1988 = A. Aragosti, P. Cosci, A. Cotrozzi, *Petronio: l'episodio di Quartilla* (Satyricon *16–26.6*), Bologna 1988

Arkins 1982 = B. Arkins, *Sexuality in Catullus,* Hildesheim-Zürich-New York 1982

Armstrong 2012 = D. Armstrong, Iuvenalis eques*: A Dissident Voice from the Lower Tier of the Roman Elite*, in Braund-Osgood 2012, 59–78

Arrigoni 1984 = G. Arrigoni, *Cibele*, in *EV* I 1984, 770–774

Astbury 1977 = R. Astbury, *The date of Juvenal's thirteenth satire*, in "AJPh" 98, 1977, 392–395

Astin 1988 = A.E. Astin, *Regimen Morum*, in "JRS" 78, 1988, 13–34

Astolfi 1969 = R. Astolfi, *Studi sull'oggetto dei legati in diritto romano*, Padova 1969

Astolfi 1996[4] = R. Astolfi, *La Lex Iulia et Papia*, Padova 1996[4] (1970[1])

Astolfi 2014[2] = R. Astolfi, *Il matrimonio nel diritto romano classico*, Padova 2014[2] (2006[1])

Atkins-Osborne 2006 = M. Atkins – R.Osborne (eds), *Poverty in the Roman World*, Cambridge 2006

Aujac 1969 = Strabon, *Geographie*, introd. par G. Aujac-F. Lasserre, texte éd. par G. Aujac, I, Paris 1969

Avezzù 1989 = E. Avezzù, *Il ventre del parassita: identità, spazio e tempo discontinuo*, in Longo-Scarpi 1989, 235–240

Axelson 1945a = B. Axelson, *Unpoetische Wörter: ein Beitrag zur Kenntnis der lateinischen Dichtersprache*, Lund 1945

Axelson 1945b = B. Axelson, *Eine Ovidische Echtheitsfrage*, in "Eranos" 43, 1945, 23–35

Baier 2001 = Th. Baier, *Lucilius und die griechischen Wörter*, in Manuwald 2001, 37–50

Balash 1966 = M. Balash, *Contribución al estudio de la lengua de Juvenal*, Madrid 1966

Baldi 2019 = Tacito, *Germania*, a c. di G.D. Baldi, Macerata 2019

Baldwin 1979 = B. Baldwin, *The Acta Diurna*, in "Chiron" 9, 1979, 189–204

Barbieri 1997 = A. Barbieri, *urbanitas*, in *EO* II 1997, 653–654

Bariviera 2012 = C. Bariviera, *Regio XI Circus Maximus*, in *ARA* I 2012, 421–445

Bartalucci 1973 = A. Bartalucci, *Il "Probus" di Giorgio Valla e il* commentum vetustum *a Giovenale*, in "SIFC" n. s. 45, 1973, 233–257

Bartalucci 1988 = A. Bartolucci, *sto*, in *EV* IV 1988, 1026–1029

Bartoloni-Grottanelli 1984 = G. Bartoloni - C. Grottanelli, *I carri a due ruote nelle tombe femminili del Lazio e dell'Etruria* (con un'appendice di I. Caruso), in "Opus" 3, 1984, 383–410

Barton 1994 = T. Barton, *Ancient Astrology*, London-New York 1994

Bartsch 2012 = S. Bartsch, *Persius, Juvenal, and Stoicism*, in Braund-Osgood 2012, 217–238

Basson-Dominik 2003 = A.F. Basson-W.J. Dominik (edd.), *Literature, Art, History: Studies on Classical Antiquity and Tradition. In Honour of W.J. Henderson*, Frankfurt a.M. 2003

Bastomsky 1990 = S.J. Bastomsky, *Rich and Poor: the great divide in ancient Rome and Victorian England,* in "G&R" 37, 1990, 37–43

Battegazzore 1997 = A.M. Battegazzore, *moderazione*, in *EO* II 1997, 567–571

Baumbauch 2004 = M. Baumbauch, *Fieberphantasien*, in Damschen-Heil 2004, 278–279

Beard 1994 = M. Beard, *The Roman and The Foreign: The Cult of the Great Mother in the Imperial Rome*, in Thomas-Humphrey 1994, 164–190

Beaujeu 1966 = J. Beaujeu, *La religion de Juvénal*, in AA.VV., *Mélanges J. Carcopino*, Paris 1966, 71–81

Beikircher 1992 = H. Beikircher, *Zur Etymologie und Bedeutungsentwicklung von* praestare, in "Glotta" 70, 1992, 88–95

Bellandi 1974–2009 = F. Bellandi, *Naevolus cliens*, in "Maia" 26, 1974, 279–299; rist. in ingl. con *addenda* in Plaza 2009, 460–505 (da cui si cita)

Bellandi 1974–5 = F. Bellandi, *Giovenale e la degradazione della clientela (interpretazione della satira VII)*, in "DdA" 8, 1974–1975, 384–437

Bellandi 1980 = F. Bellandi, *Etica diatribica e protesta sociale nelle satire di Giovenale*, Bologna 1980

Bellandi 1985 = F. Bellandi, *Ganimede*, in *EV* II 1985, 632–635

Bellandi 1990 = F. Bellandi, *Sulla satira quinta di Giovenale (in margine a un recente commento)*, in "BSL" 20, 1990, 84–109

Bellandi 1991a = F. Bellandi, *Ganimede, Ascanio e la gioventù troiana*, in AA.VV., *Studi di filologia classica in onore di Giusto Monaco*, Palermo 1991, 919–930

Bellandi 1991b–2003 = F. Bellandi, *Mito e ideologia: età dell'oro e* mos maiorum *in Giovenale*, in "MD" 27, 1991, 89–128; rist. in Bellandi 2003, 57–93 (da cui si cita)

Bellandi 1994–2003 = F. Bellandi, *Postumo e Ursidio (a proposito di destinatario e struttura nella satira VI di Giovenale)*, in Curti-Crimi 1994, 57–81; rist. in Bellandi 2003, 95–123 (da cui si cita)

Bellandi 1996 = F. Bellandi, *Vibidio*, in *EO* I 1996, 931

Bellandi 1998 = F. Bellandi, *rec.* a Braund 1996, in "RFIC" 126, 1998, 99–108

Bellandi 2001 = F. Bellandi, Iustissima Virgo. *'Interferenze' virgiliane nella traduzione aratea di Germanico*, in F. Bellandi - E. Berti - M. Ciappi, *Iustissima Virgo. Il mito della Vergine in Germanico e in Avieno. Saggio di commento a Germanico*, Arati Phaen. 96-139 e Avieno, Arati Phaen. 273-352, Pisa 2001, 11-86

Bellandi 2002 = F. Bellandi, *Dogma e Inquietudine. Persio, Orazio e la* vox docens *della satira*, in AA.VV., Pervertere: *Ästhetik der Verkehrung. Literatur und Kultur neronischer Zeit und ihre Rezeption*, hrsg. von L. Castagna-G. Vogt-Spira, München-Leipzig 2002, 153–191

Bellandi 2003 = F. Bellandi, *Eros e matrimonio romano. Studi sulla satira VI di Giovenale*, Bologna 2003

Bellandi 2007 = F. Bellandi, Lepos *e* Pathos. *Studi su Catullo*, Bologna 2007.

c) Ulteriore Bibliografia

Bellandi 2008a = F. Bellandi, *Buffoni e cavalieri (A proposito di Iuv. 9, 9 ss: agebas vernam equitem)*, in "MD" 60, 2008, 205–217

Bellandi 2008b = F. Bellandi, *Intellettuali e insegnanti in Giovenale. La satira 7*, in F. Bellandi-R. Ferri 2008, 49–79

Bellandi 2008c = F. Bellandi, *Il bue e il ragazzino (ovvero gli scherzi del* mos maiorum*). A proposito di Val. Max 8.1 damn. 8 e Plin.*, nat. *8.70. 180*, in "Athenaeum" 96, 2008, 347–353

Bellandi 2011a = F. Bellandi, *'Delitto e castigo': giustizia umana e giustizia divina. In margine a un recente commento alla sat. XIII di Giovenale*, in "BSL" 41, 2011, 173–181

Bellandi 2011b = F. Bellandi, *Colpo di fulmine e patologie d'amore da Omero a Catullo: qualche considerazione*, in "BSL" 41, 2011. 1–30

Bellandi 2012 = F. Bellandi, *Amour-passion e amore coniugale nella poesia di Catullo: qualche considerazione*, in Morelli 2012, 13–71

Bellandi 2015 = F. Bellandi, *Stazio e Domiziano: epica e potere. A proposito di un recente libro sulla Tebaide*, in "RFIC" 143, 2015, 412–435

Bellandi 2016 = F. Bellandi, *Cronologia e ideologia politica nelle satire di Giovenale,* in Stramaglia-Grazzini-Dimatteo 2016, 5–63

Bellandi 2017 = F. Bellandi, *rec.* a Dimatteo 2014, in "Gnomon" 89, 2017, 512–522

Bellandi 2018 = F. Bellandi, *Vincenzo Tandoi e la satira latina d'età imperiale (Persio, Turno, Giovenale)*, in "SCO" 64, 2018, 401–454

Bellandi-Ferri 2008 = AA.VV., *Aspetti della scuola nel mondo romano*, Atti del Convegno Internazionale di Studi di Pisa (5–6 dicembre 2006), a c. di F. Bellandi e R. Ferri, Amsterdam 2008

Bellardi 1975 = G. Bellardi, *Di alcuni motivi oraziani. Ipotesi di lettura attuale*, in "A&R" 20, 1975, 159–164

Beltrami 1998 = L. Beltrami, *Il sangue degli antenati. Stirpe, adulterio e figli senza padre nella cultura romana*, Bari 1998

Bendz-Pape 1993 = Caelius Aurelianus, *Akute Krankheiten Buch I–III, Chronische Krankheiten Buch I–V*, hrsg. v. G. Bendz, übers. v. I. Pape, Berlin 1993

Berno 2003 = F.R. Berno, *Lo specchio, il vizio e la virtù. Studi sulle* Naturales Quaestiones *di Seneca*, Bologna 2003

Berno 2006 = F.R. Berno, *Le lettere a Lucilio, Libro VI. Lettere 53–57*, Bologna 2006

Berrendonner 2001 = C. Berrendonner, *La formation de la tradition sur M'. Curius Dentatus et C. Fabricius Luscinus: un homme nouuveau peut-it-etre un grand homme?*, in Coudry-Spath 2001, 97–116

Berrettoni 2002 = P. Berrettoni, *La logica del genere*, Pisa 2002

Berrino 2001 = N.F. Berrino, *Donne avvelenatrici in Giovenale*, in "InvLuc" 23, 2001, 7–13

Bessone 1997 = P. Ovidii Nasonis *Heroidum epistula XII Medea Iasoni*, a c. di F. Bessone, Firenze 1997

Beta 1992 = Luciano, *La danza*, a c. di S. Beta, Venezia 1992

Bettini 1995a = M. Bettini, *In vino stuprum*, in Murray-Tecuşan 1995, 224–235

Bettini 1995b = M. Bettini, *Le donne romane, che non bevono vino*, in Raffaelli 1995, 531–536

Bettini 1997 = M. Bettini, *Lari*, in *EO* II 1997, 410

Bettini 2015 = M. Bettini, *Dei e uomini della città. Antropologia, religione e cultura nella Roma antica*, Roma 2015

Bettini-Spina 2007 = M. Bettini-L. Spina, *Il mito delle Sirene. Immagini e racconti dalla Grecia ad oggi*, Torino 2007

Bianchi 1985 = U. Bianchi, *Fatum*, in *EV* II 1985, 474–479

Bianchi 2009 = B. Bianchi, *"Ma in verità non c'è gloria se non per gli artisti che dipinsero quadri..." (Plinio il Vecchio,* Naturalis historia *35, 118)*, in La Rocca-Ensoli-Tortorella-Papini 2009, 137–147

Bianchini 2001 = *Carmina Priapea*, introd. trad. e note di E. Bianchini, Milano 2001

Bianconi 2005 = C. Bianconi, *Il patrono come* amicus *e come* dominus *in Marziale*, in "Maia" 57, 2005, 65–93

Binder 1973 = G. Binder, *Geburt*, in *RAC* 9, 1973, 43–171

Biotti 1994 = Virgilio, *Georgiche* Libro IV, comm. a c. di A. Biotti, Bologna 1994

Bishop 1976 = J.D. Bishop, *Juvenal 9, 96: a parody?*, in "Latomus" 35, 1976, 597

Bo 1965–1966 = D. Bo, *Lexicon Horatianum*, I–II, Hildesheim 1965–1966

Bodel 2015 = J. Bodel, *Status Dissonance and Status Dissidents in the Equestrian Order*, in Kuhn 2015a, 29–44

Bodel-Olyan 2008 = J. Bodel-S.M. Olyan (edd.), *Household and Family Religion in Antiquity*, Oxford 2008

Boella 1988 = U. Boella, *primavera*, in *EV* IV 1988, 270–271

Boella 1997 = U. Boella, *stagioni*, in *EO* III 1997, 748–750

Boëls-Janssen 1993 = N. Boëls-Janssen, *La vie religieuse des matrones dans la Rome archaïque*, Rome 1993

Boëls-Janssen 2010 = N. Boëls-Janssen, *Matrona/meretrix: duel ou duo? A propos du rôle social et religieux des grandes categories féminines dans l'imaginaire romain*, in Briquel-Février-Guittard 2010, 89–129

Boitani 2016 = P. Boitani, *Il grande libro di Ulisse*, Torino 2016

Boltrer 1996 = L. Iuni Moderati Columellae *Rei rusticae liber decimus* (*carmen de cultu hortorum*), a c. di F. Boldrer, Pisa 1996

Bömer 1957–1958 = Ovid, *Die Fasten*, hrsg. übers. und komm. von F. Bömer, Heidelberg 1957–1958

Bömer 1969–1986 = P. Ovidius Naso, *Metamorphosen*. I–XV, ed. F. Bömer, Heidelberg 1969–1986 (*add. et corr.* ed. U. Schimtzer, Heidelberg 2006)

Bonadeo-Canobbio-Gasti 2011 = A. Bonadeo-A. Canobbio-F. Gasti (a c. di), *Filellenismo e identità romana in età flavia*. Atti della VIII Giornata ghisleriana di Filologia classica (Pavia 10–11 novembre 2009), Como-Pavia 2011

Bonfante 1937–94 = G. Bonfante, *La lingua parlata in Orazio*, prefazione di N. Horsfall, Venosa 1994 (= Madrid 1937)

Bonfante 1977 = G. Bonfante, *I verbi di "piangere" in latino e nelle lingue romanze*, in "Arch. Glott. It." 62, 1977, 98–104

Bongiovanni 2012 = C. Bongiovanni, *Gli* epigrammata longa *del decimo libro di Marziale*. Introd., testo, trad. e comm., Pisa 2012

Bonner 1977–86 = S.F. Bonner, *Education in Ancient Rome. From the Elder Cato to the Younger Pliny*, London 1977; tr. it. *L'educazione nell'antica Roma. Da Catone il censore a Plinio il giovane*, Roma 1986 (da cui si cita)

Bonnet-Sanzi 2018 = *Roma, la città degli dèi. La capitale dell'impero come laboratorio religioso*, a c. di C. Bonnet ed E. Sanzi, Roma 2018

Borgeaud 2006 = Ph. Borgeaud, *La Madre degli Dei. Da Cibele alla Vergine Maria*, Brescia 2006 (= Paris 1996)

Borgo 1995 = A. Borgo, Iter *di una clausola poetica*, in "BSL", 25, 1995, 482–488

Borgo 1998 = A. Borgo, *Lessico morale di Seneca*, Napoli 1998

Boswell 1980–9 = J. Boswell, *Christianity, Social tolerance and homosexuality: gay people in Western Europe from the beginning of the Christian Era to the fourteenth century*, Chicago-London 1980; tr. it. *Cristianesimo, tolleranza, omosessualità. La Chiesa e gli omosessuali dalle origini al XIV secolo*, Milano 1989 (da cui si cita)

Braccesi 2010 = L. Braccesi, *Sulle rotte di Ulisse: l'invenzione della geografia omerica*, Roma-Bari 2010

Bracciali Magnini 1982 = M.L. Bracciali Magnini, *Grecismi dotti nelle satire di Giovenale*, in "A&R" s. V 27, 1982, 11–25

Bracciali Magnini 1990 = M.L. Bracciali Magnini, *Il* numen *di Fortuna. Osservazioni sulla presenza dell'imponderabile nelle* Satire *di Giovenale*, Pistoia 1990

Bradley 1986 = K.R. Bradley, *Seneca and Slavery*, in "C&M" 37, 1986, 161–172

Braund 1988 = S.H. Braund, *Beyond Anger: a study of Juvenal's third book of Satires*, Cambridge 1988

Braund 1989a = S.H. Braund, *Juvenal and the East: Satire as Historical Source*, in French-Lightfoot 1989, 45–52

Braund 1989b = *Satire and Society in Ancient Rome*, ed. by S.H. Braund, Exeter 1989

Braund-Cloud 1981 = S.H. Braund-J.D. Cloud, *Juvenal: a diptych*, in "LCM" 6, 1981, 195–208

Braund-Osgood 2012 = S. Braund-J. Osgood (edd.), *A Companion to Persius and Juvenal*, Malden MA-Oxford 2012

Breglia Pulci Doria 1997 = L. Breglia Pulci Doria, *Sirene*, in *EO* II 1997, 488

Briquel-Février-Guittard 2010 = Varietates fortunae: *Religion et mythologie à Rome. Hommages à J. Champeaux*, par D. Briquel, C. Février, Ch. Guittard, Paris 2010

Broccia 1985 = G. Broccia, *egeo/egenus/egestas*, in *EV* II, 1985, 179–180

Broder 2015 = M. Broder, *The Most Obscene Satires. A Queer/Camp Approach to Juvenal 2, 6, and 9*, in Dutsch-Suter 2015, 283–209

Brouwer 1989 = H.H.J. Brouwer, *Bona Dea: the Sources and a Description of the Cult*, Leiden 1989

Brown 1983 = R.D. Brown, *The Litter: a Satirical Symbol in Juvenal and Others*, in AA.VV., *Studies in Latin Literature and Roman History*, ed. by C. Deroux, III, Bruxelles 1983, 266–282

Brown 1987 = R.D. Brown, *Lucretius on Love and Sex*, Leiden 1987

Brown 1988–92 = P. Brown, *Il corpo e la società. Uomini, donne e astinenza sessuale nel primo cristianesimo*, New York 1988 (= trad. it. Torino 1992, da cui si cita)

Brugnoli 1963 = G. Brugnoli, *Vita Iuvenalis*, in "Studi Urbinati" 37, 1963, 5–14

Bruno 2012 = D. Bruno, *Regione X. Palatium*, in *ARA* I, 2012, 215–280

Bücheler 1880 = F. Bücheler, *Coniectanea de Silio Iuvenale Plauto aliisque poetis latinis*, in "RhM" 35, 1880, 396–397

Buchheit 1962 = V. Buchheit, *Studien zum Corpus Priapeorum*, München 1962

Büren 2010 = V. von Büren, *Le Juvénal des Carolingiens à la lumière du Ms Cambridge King's College 52*, in "Antiquité tardive" 18, 2010, 115–137

Butterfield-Stray 2009 = D.J. Butterfield-C. Stray (edd.), *A.E. Housman, Classical Scholar*, London 2009

Butrica 2006 = J.L. Butrica, *Criso and Ceveo*, in "Glotta" 82, 2006, 25–35

Calboli 1985a = G. Calboli, *enallage*, in *EV* II 1985, 217

Calboli 1985b = G. Calboli, *endiadi*, in *EV* II 1985, 220–221

Calboli 1997 = G. Calboli, *interiezioni*, in *EO* II 1997, 858–861

Callebat 2012 = *Priapées*, texte ét. trad. et comm. par L. Callebat; étude métrique par J. Soubiran, Paris 2012

Cameron 2010 = A. Cameron, *The Date of the Scholia Vetustiora on Juvenal*, in "CQ" 60, 2010, 569–576, rist. in Cameron 2016, 69–77

Cameron 2011 = A. Cameron, *The Last Pagans of Rome*, Oxford 2011

Cameron 2016 = A. Cameron, *Studies in Late Roman Literature and History*, Bari 2016

Campana 2012 = P. Campana, *Il ciclo di Gellio nel* liber *catulliano. Per una nuova lettura di Catull. 74, 80, 88, 89, 90, 91*, 116, Pisa 2012

Canali 1967 = L. Canali, *Giovenale*, Roma 1967

Canobbio 2002 = A. Canobbio, *La* Lex Roscia Theatralis *e Marziale: il ciclo del libro V*, introd., testo crit., trad. e comm., Como 2002

Canobbio 2011a = M. Valerii Martialis *Epigrammaton liber quintus*, a c. di A. Canobbio, Napoli 2011

Canobbio 2011b = A. Canobbio, *Parole greche in Marziale: tipologie di utilizzo e tre problemi filologici (3.20.5; 3.77.10; 9.44. 6)*, in Bonadeo-Canobbio-Gasti 2011, 59–89

Campanile-Carlà Uhink-Facella 2017 = *TransAntiquity: Cross-Dressing and Transgender Dynamics in the Ancient World*, ed. by D. Campanile, F. Carlà Uhink, M. Facella, London-New York 2017

Cantarella 1972–76 = E. Cantarella, *Adulterio, omicidio legittimo e causa d'onore in diritto romano*, in Grosso 1972, I 243–274 (poi in Cantarella 1976, 161–204, da cui si cita)

Cantarella 1976 = E. Cantarella, *Studi sull'omicidio in diritto greco e romano*, Milano 1976

Cantarella 1988 = E. Cantarella, *Secondo natura. La bisessualità nel mondo antico*, Roma 1988

Cantarella 1989 = E. Cantarella, *La vita delle donne*, in AA.VV., *Storia di Roma 4. Caratteri e morfologie*, Torino 1989, 557–608

Capogrossi 1978 = L. Capogrossi, *Il campo semantico della schiavitù nella cultura latina del terzo e del secondo secolo a.C.*, in "Studi Storici" 19, 1978, 717–733

Carandini 2014 = A. Carandini (cur.), *La leggenda di Roma, IV, Dalla morte di Tito Tazio alla fine di Romolo*, Milano 2014

Cary-Wilkes 2003 = M. Cary - J.J. Wilkes, *Moesia, in OCD* 2003, 993

Casali 2017 = Virgilio, *Eneide 2*, introd., trad. e comm. a c. di S. Casali, Pisa 2017

Casamento-van Mal-Maeder-Pasetti 2016 = *Le* Declamazioni minori *dello Pseudo-Quintiliano. Discorsi immaginari tra letteratura e diritto*, a c. di A. Casamento, D. van Mal-Maeder e L. Pasetti, Berlin-Boston 2016

Casartelli 1998 = A. Casartelli, *La funzione distintiva del colore nell'abbigliamento romano della prima età imperiale*, in "Aevum" 72, 1998, 109–125

Castellano 1961 = A. Castellano, *Una lotta di parole*: magnus *e* grandis, in "Arch. Glott. It." 46, 1961, 148–171

Castorina 1952 = E. Castorina, *Licinio Calvo e i misteri di Io-Iside*, in "GIF" 5, 1952, 330–345

Cavalca 2001 = M.G. Cavalca, *I grecismi nel* Satyricon *di Petronio*, Bologna 2001

Cavarzere 1992 = Orazio. *Il libro degli Epodi*, a c. di A. Cavarzere, trad. di F. Bandini, Venezia 1992

Caviglia 1984 = F. Caviglia, *Coridone*, in *EV* I 1984, 887–889

Cèbe 1972–1998 = J.-P. Cèbe, *Varron, Satires Ménippées*, edition, trad. et comm., 1–12, Rome 1972–1998

Ceccarelli 2008 = L. Ceccarelli, *Contributi per la storia dell'esametro latino*, I–II, Roma 2008

Cecchin 1982 = S.A. Cecchin, Mollis avarus: *personaggi e temi nella IX satira di Giovenale*, in "AAT" 116, 1982, 123–137

Cenerini 2010 = F. Cenerini, *Messalina e il suo matrimonio con C. Silio*, in Kolb 2010, 179–191

Cervellera 1982 = M. Cervellera, *Omosessualità e ideologia schiavistica in Petronio*, in "Index" 11, 1982, 221–234

Chahoud 1998 = A. Chahoud, *C. Lucilii reliquiarum concordantiae*, Hildesheim-Zürich-New York 1998

Champeaux 1982–87 = J. Champeaux, Fortuna: *recherches sur le culte de la Fortune à Rome et dans le monde romain des origines à la mort de César*, Roma I–II, 1982–1987

Champeaux 1998 = J. Champeaux, *La religion romaine*, Paris 1998; tr. it. *La religione dei romani*, Bologna 2016 (da cui si cita)

Champlin 1991 = E. Champlin, *Final judgements: duty and emotion in Roman wills, 200 B. C.–A. D. 250*, Berkeley 1991.

Charpin 1978–79–91 = Lucilius, *Satires*, ét. trad. et ann. par F. Charpin, Paris I–II–III, 1978–1979–1991

Chirassi Colombo 1981 = I. Chirassi Colombo, *Funzioni politiche e implicazioni culturali nell'ideologia religiosa di* Ceres *nell'impero romano*, in *ANRW* 17.1. 1981, 403–428

Chirassi Colombo 1984 = I. Chirassi Colombo, *Cerere*, in *EV* I 1984, 746–748

Christes-Garbugino 2015 = Lucilius *Satiren*, lat. u. deutsch, eingel., übers. u. erl. von J. Christes u. G. Garbugino, Darmstadt 2015

Citroni 1975 = M.V. Martialis *Epigrammaton Liber Primus*, a cura di M. Citroni, Firenze 1975

Citroni 1982 = M. Citroni, *La vita sessuale*, in AA.VV., *Civiltà dei Romani. Il rito e la vita privata*, a. c. di S. Settis, Milano 1982, 219–232

Citroni 1987a = M. Citroni, *Marziale*, in *EV* III 1987, 396–400

Citroni 1987b = M. Citroni, *Giovenale e Virgilio in Claudiano*, Eutr. *I 66–77*, in AA. VV., *Filologia e Forme Letterarie. Studi offerti a F. Della Corte*, Urbino 1987, IV 253–259

Citroni Marchetti 1983 = S. Citroni Marchetti, *Forme della rappresentazione del costume nel moralismo romano*, in "Ann. Fac. Lett. Siena" 4, 1983, 41–114

Citroni Marchetti 1991 = S. Citroni Marchetti, *Plinio il Vecchio e la tradizione del moralismo romano*, Pisa 1991

Citti 1997a = F. Citti, *tempo*, in *EO* II 1997, 645–652

Citti 1997b = F. Citti, *lessico tematico*, in *EO* II 1997, 870–895

Citti 2000 = F. Citti, *Studi oraziani. Tematica e intertestualità*, Bologna 2000

Clarke 2005 = J.R. Clarke, *Representations of the* Cinaedus *in Roman Art: Evidence of 'Gay' Subculture*, in "Journal of Homosexuality" 49, 2005, 271–298

Clausen 1956 = A. Persi Flacci *Saturarum Liber accedit Vita*, ed. by W. V. Clausen, Oxford 1956

Clauss 1912 = R. Clauss, *Quaestiones criticae Iuvenalianae*, Diss. Lipsiae 1912

Cloud 1989a = D. Cloud, *The Client-Patron Relationship: Emblem and Reality in Juvenal's First Book*, in Wallace-Hadrill 1989, 205–218

Cloud 1989b = J.D.Cloud, *Satirists and the Law*, in Braund 1989b, 49–68

Cloud-Braund 1982 = D. Cloud-S.H. Braund, *Juvenal's libellus – A Farrago?*, in "G&R" 29, 1982, 77–85

Coarelli 1993 = F. Coarelli, *Ceres, Liber, Liberaque, aedes*; *aedes Cereris*, in *LTUR* I, 1993, 260–261

Coarelli 1996 = F. Coarelli, *Iseum et Serapeum in Campo Martio; Isis Campensis*, in *LTUR* III, 1996, 107–109

Coarelli 1999a = F. Coarelli, *Statua: Marsyas*, in *LTUR* IV, 1999, 364–365

Coarelli 1999b = F. Coarelli, *Pax, Templum*, in *LTUR* IV, 1999, 67–70

Coarelli 2012 = F. Coarelli, *Palatium*, Roma 2012

Coarelli 2017 = F. Coarelli, *La* sors *di Fiesole e il culto di Fortuna nelle Marche*, in Mei-Clini 2017, 19–29

Coccia 1988 = M. Coccia, *Petronio* in *EV* IV 1988, 78–81

Coffey 1963 = M. Coffey, *Juvenal Report for the Years 1941–1961*, in "Lustrum" 7, 1963, 161–215

Coffey-Mayer 1990 = Seneca, *Phaedra*, ed. by M. Coffey-R. Mayer, Cambridge 1990

Colafrancesco 2004 = P. Colafrancesco, *Dalla vita alla morte: il destino delle Parche (da Catullo a Seneca)*, Bari 2004

Colantoni 1996 = L. Colantoni, *Fufidio*, in *EO* I 1996, 742–743

Coleman 1977 = Vergil *Eclogues*, ed. by R. Coleman, Cambridge 1977

Coleman 1999 = R. Coleman, *Poetic Diction, Poetic Discourse and the Poetic Register*, in Adams-Mayer 1999, 21–93

Collart 1978 = J. Collart, *Varron. Grammaire antique et stylistique latine*, Paris 1978

Colonna 1984 = E. Colonna, *composti nominali*, in *EV* I 1984, 860–867

Colton 1966 = R.E. Colton, *Juvenal and Martial on the Equestrian Order*, in "CJ" 61, 1966, 157–159

Colton 1967 = R.E. Colton, *Juvenal and Properce*, in "Traditio" 23, 1967, 442–461

Colton 1973-74 = R.E. Colton, *Ausonius and Juvenal*, "Class. Journ." 69, 1973-74, 41–51

Colton 1983 = R.E. Colton, *Some Lexical Notes on Martial and Juvenal*, in "Studies in Latin Literature and Roman History", éd. par C. Deroux, III, Bruxelles 1983, 253–265

Colton 1991 = R.E. Colton, *Juvenal's Use of Martial's Epigrams. A Study of Literary Influence*, Amsterdam 1991

Consoli 1914 = S. Consoli, *La satira II di Giovenale nella tradizione della cultura sino alla fine del M.E.*, in "RFIC" 40 1914, 209–248

Consoli 1921 = S. Consoli, *La satira IX di Giovenale nella tradizione della cultura sino alla fine del M.E.*, in "RFIC" 49, 1921, 79–87

Consolino 1986-92 = Claudiano, *Elogio di Serena*, a c. di F.E. Consolino, Venezia 1986 (1992²)

Conte 1997 = G.B. Conte, *L'autore nascosto. Un'interpretazione del "Satyricon"*, Bologna 1997

Corbeill 2004 = A. Corbeill, *Nature Embodied: Gesture in Ancient Rome*, Oxford 2004

Corbett 1986 = Ph. Corbett, *The Scurra*, Edinburgh 1986

Corso 1988 = *Plinio il Vecchio, Storia Naturale, V, Libri 33–37*. Libro XXXV, trad. di R. Mugellesi, note di A. Corso, Torino 1988

Cotta Ramosino 2004 = L. Cotta Ramosino, *Plinio il Vecchio e la tradizione storica di Roma nella* Naturalis Historia, Alessandria 2004

Coudry-Spath 2001 = M. Coudry-T. Spath, *L'invention des grands hommes de la Rome antique*, Paris 2001

Courtney 1962 = E. Courtney, *Parody and Literary Allusion in Menippean Satire*, in "Philologus" 106, 1962, 86–100

Courtney 1967 = E. Courtney, *The Transmission of Juvenal's Text*, in "BICS" 14, 1967, 38–50

Courtney 1975 = E. Courtney, *The Interpolations in Juvenal*, in "BICS" 22, 1975, 147–162

Courtney 1989 = E. Courtney, *The Progress of Emendation in the Text of Juvenal since the Renaissance*, in *ANRW* II 33.1, 1989, 824–847

Courtney 2003 = E. Courtney, Tum *and* Tunc, in "Prometheus" 29, 2003, 235–240

Courtney 2003² = E. Courtney, *The Fragmentary Latin Poets*, Oxford 2003 (1993¹)

Coutelle 2015 = Properce, *Élégies, Livre IV*, Bruxelles 2015

Cremona 1997 = V. Cremona, *Fortuna*, in *EO* II 1997, 379–391

Crevatin 1990 = G. Crevatin, *trepido*, in *EV* V 1990, 263–265

Croom 2002 = A.T. Croom, *Roman Clothing and Fashion*, Stroud 2002

Cucchiarelli 2012 = P. Virgilio Marone, *Le Bucoliche*, introd. e comm. di A. Cucchiarelli, trad. di A. Traina, Roma 2012

Cucchiarelli 2016 = A. Cucchiarelli, *La Roma di Giovenale (e il nido della* Concordia *in 1, 116)*, in Stramaglia-Grazzini-Dimatteo 2016, 65–104

Cucchiarelli 2019 = Orazio, *Epistole I*. Introduzione, traduzione e commento a c. di A. Cucchiarelli, Roma 2019

Cuccioli Melloni 1977 = R. Cuccioli Melloni, *Otto anni di studi giovenaliani (1969–1976)*, in "BSL" 7, 1977, 61–87

Cugusi 2001 = P. Cugusi, *Modelli epici 'rovesciati' in Petronio. Osservazioni sul riuso di* Odissea *e* Eneide *nei* Satyrica, in "Aufidus" 43–44, 2001, 123–135

Cugusi-Sblendorio Cugusi 2001 = *Opere di Marco Porcio Catone Censore*, a c. di P. Cugusi e M.T. Sblendorio Cugusi, Torino 2001

Cumont 1909–13 = F. Cumont, *Les religions orinentales dans le paganisme romain*, Paris 1909; tr. it. *Le religioni orientali nel paganesimo romano*, Bari 1913 (da cui si cita)

Cupaiuolo 1984 = F. Cupaiuolo, *Caso, Fato e Fortuna nel pensiero di alcuni storici latini: spunti e appunti*, in "BSL" 14, 1984, 3–38

Curti-Crimi 1994 = C. Curti-C. Crimi (edd.), *Studi classici e cristiani offerti a F. Corsaro*, Catania 1994

D'Alessio 2006 = A. D'Alessio, *Il santuario della Magna Mater dalla fondazione: sviluppo architettonico, funzioni e paesaggio urbano*, in "Scienze dell'Antichità" 13, 2006, 429–454

D'Alessio 2013 = V. D'Alessio, Ibunt semimares. *I Galli di Cybele e l'etica sessuale romana*, in "SMSR" 79, 2013, 440–462

D'Alessio 2018 = V. D'Alessio, *La frigia Cybele e le Guerre puniche*, in Bonnet-Sanzi 2018, 97–111

Dalla 1978 = D. Dalla, *L'incapacità sessuale in diritto romano*, Milano 1978

Dalla 1987 = D. Dalla, Ubi Venus mutatur: *omosessualità e diritto nel mondo romano*, Milano 1987

Damon 1997 = C. Damon, *The Mask of the Parasite: A Pathology of Roman Patronage*, Ann Arbor 1997

Damschen-Heil 2004 = M.V. Martialis, *Epigrammaton liber decimus. Das zehnte Epigrammbuch*, Text, Übers., Interpretationen hrsg. v. G. Damschen, A. Heil, Frankfurt a. Mein 2004

Danoff 1975 = Ch.M. Danoff, *Moesi/Moesia*, in *DKP* 3, 1975, 1386–1387

D'Arms 1990 = J.H. D'Arms, *The Roman* Convivium *and the Idea of Equality*, in Murray 1990, 308–320

D'Arms 2003 = J.H. D'Arms, *Romans on the bay of Naples and other essays on Roman Campania*, Bari 2003

Daviault 1981 = *Comoedia Togata. Fragments*, éd. trad. et ann. par A. Daviault, Paris 1981

De Bruyn 1995 = O. De Bruyn, *La compétence de l'Aréopage en matière de procès publics. Des origines de la polis athénienne à la conquête romaine de la Grèce (vers 700 à 146 avant J.-C.)*, Stuttgart 1995

De Decker 1913 = J. De Decker, Juvenalis Declamans. *Étude sur la rhétorique déclamatoire dans les satires de Juvénal*, Gand 2013

Degani 1991 = Luciano, *Questioni d'amore*, a c. di E. Cavallini, introd. di E. Degani, Venezia 1991

Degli Innocenti Pierini 2018 = R. Degli Innocenti Pierini, *Pomponio Secondo: Profilo di un poeta tragico 'minore' (e altri studi su poesia latina in frammenti)*, Bologna 2018

Del Barrio Vega 1989 = M.L. Del Barrio Vega, *Epigramas dialogados: orígenes y estructura*, in "CFC" 23, 1989, 189–201

Del Corno 1986 = Plutarco, *Sull'amore*, introd. di D. Del Corno, trad e note di V. Longoni, Milano 1986

Della Bianca-Beta 2015 = L. Della Bianca - S. Beta, *Il dono di Dioniso. Il vino nella letteratura e nel mito in Grecia e a Roma*, Roma 2015

Della Corte 1984 = F. Della Corte, *Alessi*, in *EV* I, 1984, 92

Delz 1998 = J. Delz, *Bemerkungen zu Juvenal*, in "MH" 48, 1998, 120–127

De Martino-Vox 1996 = F. De Martino-O. Vox, *Lirica Greca*, tomo II: *Lirica Ionica*, Bari 1996

De Meo 1983 = C. De Meo, *Lingue tecniche del latino*, Bologna 1983

De Meo 1987 = C. De Meo, *disgiunzioni*, in *EV* II 1987, 106–107

Demougin 1988 = S. Demougin, *L'ordre équestre sous les Julio-claudiens*, Rome 1988

den Boeft 2007 = J. den Boeft (et al.), *Ammianus after Julian. The reign of Valentinianus and Valens in Books 26–31 of the* Res Gestae, Leiden 2007

de Neeve 1990 = P.W. de Neeve, *A Roman landowner and his estates: Pliny the Younger*, in "Athenaeum" 78, 1990, 363–402

den Hengst 2007 = D. den Hengst, *Literary aspects of Ammianus' second digression on Rome*, in Den Boeft 2007, 159–179

De Rosalia 1997 = A. De Rosalia, *Marsia*, in *EO* II 1997, 422–423

Desideri 1997 = P. Desideri, *ricchezza*, in *EO* II 1997, 612–614

De Vaan 2008 = M. De Vaan, *Etymological Dictionary of Latin and the other Italic Languages*, Leiden-Boston 2008

De Vecchi 2013 = Orazio, *Satire*, introd., trad. e comm. di L. De Vecchi, Roma 2013

Di Benedetto 2010 = Omero, *Odissea*, a c. di V. Di Benedetto, trad. di V. Di Benedetto e P. Fabrini, Milano 2010

Di Brazzano 1999 = S. Di Brazzano, Cacata charta. *Nota a Catull. 36, 1 e Priap. 69, 4*, in "MD" 43, 1999, 179–189

Di Brazzano 2004 = *Laus Pisonis*, introd., ed. crit., trad. e comm. a c. di S. Di Brazzano, Pisa 2004

Dickey 2002 = E. Dickey, *Latin Forms of Address from Plautus to Apuleius*, Oxford 2002

Diggle-Goodyear 1972 = *The Classical Papers of A.E. Housman*, collected and edited by J. Diggle and F.R.D. Goodyear, I–III, Cambridge 1972

Di Lorenzo 1972 = E. Di Lorenzo, *Il valore del diminutivo in Giovenale*, Napoli 1972

Dimatteo 2016a = G. Dimatteo, In medio venenum: *una tipologia di parentesi in Giovenale*, in Stramaglia-Grazzini-Dimatteo 2016, 105–130

Dimatteo 2016b = G. Dimatteo, *La 'pena d'infamia' e l'inibizione dello* ius accusandi. *Le norme e le argomentazioni in tema d'infamia delle* Declamazioni minori *250, 263, 265 e 275*, in Casamento-van Mal-Maeder-Pasetti 2016, 47–62

Dionisotti 2007 = C. Dionisotti, *Ecce*, in "BICS" 50, 2007, 75–91

Dominicy 1974 = M. Dominicy, *Les premières attestations de* modo *au sens de* nunc, in "LAC" 43, 1974, 267–303

Dominik 1997 = *Roman Eloquence. Rhetoric in Society and Literature*, ed. by W.J. Dominik, London-New York 1997

Donini-Gianotti 1979 = P.L. Donini-G.F. Gianotti, *Modelli filosofici e letterari. Lucrezio, Orazio, Seneca*, Bologna 1979

D'Orta 1996 = M. D'Orta, *Saggio sulla 'Heredis institutio'. Problemi di origine*, Torino 1996

Dover 1978–85 = K.J. Dover, *Greek Homosexuality*, London 1978; tr. it. *L'omosessualità nella Grecia antica*, Torino 1985 (da cui si cita)

Dubrocard 1970 = M. Dubrocard, *Quelques remarques sur la distribution et la signification des 'hapax' dans les satires de Juvénal*, in "AFLNice" 11, 1970, 131–140

Dubrocard 1976 = M. Dubrocard, *Juvenal. Satires. Index verborum. Relevés statistiques*, Hildesheim-New York 1976

Dumézil 1974^2–77 = G. Dumézil, *La religion romaine archaïque: avec un appendice sur la religion des Etrusques*, Paris 1974^2 (1966^1); tr. it. *La religione romana arcaica: con un'appendice sulla religione degli Etruschi*, Milano 1977 (da cui si cita)

Dunbabin 2003 = K.M.D. Dunbabin, *The Roman Banquet*, Cambridge 2003

Duncan-Jones 1982^2 = R. Duncan-Jones, *The Economy of the Roman Empire*, Cambridge 1982^2 (1974^1)

Dutsch-Suter 2015 = *Ancient Obscenities. Their Nature and Use in the Ancient Greek and Roman Worlds*, ed. by D. Dutsch and A. Suter, Ann Arbor 2015

Edwards 1993 = Ch. Edwards, *The Politics of Immorality in Ancient Rome*, Cambridge 1993

Edwards 1997 = Ch. Edwards, *Unspeakable Professions: Public Performance and Prostitution in Ancient Rome*, in Hallett-Skinner 1997, 66-95

Ernout-Thomas 1953² = A. Ernout-F. Thomas, *Syntaxe latine*, Paris 1953² (1951¹)

Eskuche 1895 = G. Eskuche, *Juvenals Versbau*, in Friedländer 1895, 57–80

Évrard 1988 = E. Évrard, *socius*, in *EV* IV 1988, 912–913

Facchini Tosi 1981 = C. Facchini Tosi, *Nota a Giovenale 11, 144*, in Traina 1981, 73–85

Facchini Tosi 2006 = C. Facchini Tosi, *Strategie retoriche al servizio della satira nella prima età imperiale: la ripetizione lessicale in Giovenale*, in "BSL" 36, 2006, 142–204

Fagan 1999 = G.G. Fagan, *Bathing in public in the Roman World*, Ann Arbor 1999

Fagan 2011 = G.G. Fagan, *Socializing at the baths*, in Peachin 2011, 358–373

Fantham 1991 = E. Fantham, *Stuprum: Public Attitudes and Penalties for Sexual Offences in Republican Rome*, in "EMC" 10, 1991, 267–291

Faust 2004 = K. Faust, *Konkurrenzkampf*, in Damschen-Heil 2004, 71–73

Fayer 1994–2005 = C. Fayer, *La* familia romana. *Aspetti giuridici e antiquari*, I, Roma 1994; *Sponsalia. Matrimonio. Dote*, II, Roma 2005

Fedeli 1972–83 = P. Fedeli, *Il carme 61 di Catullo* Friburgo 1972; tr. engl. *Catullus' Carmen 61*, Amsterdam 1983 (da cui si cita)

Fedeli 1980 = Sesto Properzio. *Il primo libro delle elegie*, a c. di P. Fedeli, Firenze 1980

Fedeli 1985 = Properzio. *Il libro terzo delle elegie*, a c. di P. Fedeli, Bari 1985

Fedeli 1994 = Q. Orazio Flacco, *Le opere* II 2: *Le Satire*, commento di P. Fedeli, Roma 1994

Fedeli 1997a = Q. Orazio Flacco, *Le opere* II 4: *Le Epistole. L'Arte poetica*, commento di Paolo Fedeli, Roma 1997

Fedeli 1997b = P. Fedeli, *vino*, in *EO* II, 1997, 262–269

Fedeli 1997c = P. Fedeli, *Ulisse*, in *EO* II, 1997, 502–504

Fedeli 2005 = Properzio. *Elegie libro II*, Cambridge 2005

Fedeli-Ciccarelli 2008 = Q. Horatii Flacci, *Carmina Liber IV*, introd. di P. Fedeli, comm. di P. Fedeli e I. Ciccarelli, Firenze 2008

Fedeli-Dimundo-Ciccarelli 2015 = Properzio *Elegie libro IV*, introd. di P. Fedeli, commento di P. Fedeli, R. Dimundo, I. Ciccarelli, Nordhausen 2015

Feraboli-Flores-Scarcia 1996–2001 = Manilio, *Il poema degli astri* (*Astronomica*), a c. di S. Feraboli, E. Flores, R. Scarcia, I, Milano 1996; II, Milano 2001

Ferguson 1987 = J. Ferguson, *A Prosopography to the Poems of Juvenal*, Bruxelles 1987

Ferri 1946 = *Plinio il Vecchio, Storia delle arti antiche*. Naturalis Historia xxxiv-xxxvi, testo critico, trad. e comm. di S. Ferri, Roma 1946 (= Milano 2000)

Floridi 2007 = Stratone di Sardi, *Epigrammi*, a c. di L. Floridi, Alessandria 2007

Floridi 2014 = Lucillio, *Epigrammi*, Introduzione, testo critico, traduzione e commento a c. di L. Floridi, Berlin-Boston 2014

Fo 2018 = G. Valerio Catullo. *Le poesie*, a c. di A. Fo, Torino 2018

Fordyce 1961 = *Catullus. A Commentary*, by C.J. Fordyce, Oxford 1961

Formicola 1985 = C. Formicola, *improbus*, in *EV* II 1985, 929–930

Foucault 1984 = M. Foucault, *Histoire de la sexualité 2. L'usage des plaisirs*, Paris 1984; tr. it. *L'uso dei piaceri*, Milano 1984 (da cui si cita)

Foucault 1984–5 = M. Foucault, *Histoire de la sexualité 3. Le souci de soi*, Paris 1984; tr. it. *La cura di sè*, Milano 1985 (da cui si cita)

Foxhall-Salmon 1998 = *Thinking Men. Masculinity and its Self-Representation in the Classical Tradition*, ed. by L. Foxhall and J. Salmon, London-NewYork 1998

Fraenkel 1920–64 = E. Fraenkel, Cevere *in Plautustext*, in "Sokrates" 74, 1920, 14–19; rist. in ID., *Kleine Beiträge zur klassichen Philologie*, II, Roma 1964, 45–52 (da cui si cita)

Fraenkel 1957–93 = E. Fraenkel, *Orazio*, Oxford 1957; trad.it Roma 1993 (da cui si cita)

Fraioli 2012 = F. Fraioli, *Regio IV Templum Pacis*, in *ARA* I, 2012, 281–366

Franciosi 1995 = G. Franciosi, *Famiglia e persone in Roma antica. Dall'età arcaica al principato*, Torino 1995³

Franciosi 2003 = G. Franciosi, *La famiglia romana. Società e diritto*, Torino 2003

Franco 2003 = *Tacito, Annali libri 11-12 e perduti*, in Oniga 2003, II 528-637 e 1281-1366

Fraschetti 2008 = A. Fraschetti, *Marco Aurelio. Le miserie della filosofia*, Roma 2008

Frassinetti 1955 = P. Frassinetti, *Note a Persio e Giovenale*, in "RFIC" 33, 1955, 405–414

Frassinetti 1967 = *Atellanae Fabulae*, ed. P. Frassinetti, Roma 1967

Frazer 1995 = Apollodoro, *Biblioteca*, con il commento di J.G. Frazer, ed. ital. a c. di G. Guidorizzi, Milano 1995

French-Lightfoot 1989 = *The Eastern Frontier of the Roman Empire*. Proceedings of a colloquium held at Ankara in September 1988, ed. by D.H. French and C.S. Lightfoot, British Institute of Archaeology at Ankara, Monograph no. 11, 1989

Freudenburg 2001 = K. Freudenburg, *Satires of Rome. Threatening poses from Lucilius to Juvenal*, Cambridge 2001

Freudenburg 2005 = *The Cambridge Companion to Roman Satire*, ed. by K. Freudenburg. Cambridge 2005

Freudenburg-Cucchiarelli-Barchiesi = K. Freudenburg - A. Cucchiarelli - A. Barchiesi, *Musa Pedestre. Storia e interpretazione della satira in Roma antica*, Roma 2007

Freyburger 1999 = G. Freyburger, *Matronalia*, in *DNP* 7, 1999, 1032–1033

Friedländer 1886 = L. Friedländer, *M. Valerii Martialis epigrammaton libri*, Leipzig 1886

Frier 1980 = B.W. Frier, *Landlords and Tenants in Imperial Rome*, Princeton 1980

Frier 1999 = B.W. Frier, *rec.* a Willams 1999, in "BMCR" 1999. 11. 5

Froidefond 1988 = Plutarque, *Isis et Osiris*, texte ét. et trad. par Ch. Froidefond, Paris 1988

Fucecchi 2003 = M. Fucecchi, *Il plurilinguismo nella Menippea latina: appunti su Varrone satirico e l'*Apocolocyntosis *di Seneca*, in Oniga 2003a, 91–130

Fusi 2006 = *M.V. Martialis Epigrammaton liber tertius*, a cura di A. Fusi, Hildesheim et al. 2006

Gabba-Pasquinuccci 1979 = E. Gabba-M. Pasquinucci, *Strutture agrarie e allevamento transumante nell'Italia Romana*, Pisa 1979

Gaertner 2007 = J.F. Gaertner, Tum *und* Tunc *in der augusteischen Dichtersprache*, in "RhM" 150, 2007, 211–224

Gagé 1963 = J. Gagé, *Matronalia. Essai sur les devotions et les organisations cultuelles des femmes dans l'ancienne Rome*, Bruxelles 1963

Galán Vioque 2002 = *Martial, Book VII. A Commentary*, by G. Galán Vioque (translated by J.J. Zoltowski), Leiden-Boston-Köln 2002

Gallo 2016 = D. Gallo, *Il ms. Cambridge, King's College, 52 e la tradizione del testo di Giovenale*, in Stramaglia-Grazzini-Dimatteo 2016, 131–141

Gambato 2001 = Ateneo, *I Deipnosofisti*, I, Libri I–V, comm. di M.L. Gambato, Roma 2001

Gantar 1996 = K. Gantar, *Polemone*, in *EO* I 1996, 862

Ganter 2015 = A. Ganter, *Was die römische Welt zusammenhält. Patron-Kient-Verhältnisse zwischen Cicero und Cyprian*, Berlin 2015

Garbarino 1987 = G. Garbarino, *Properzio e la* domina: *l'amore come dipendenza*, in "Atti Convegno Nazionale di studi su *Le donne nel mondo antico*" (21–23 aprile 1985), a c. di R. Uglione, Torino 1987, 169–193

Garbugino 1998 = G. Sallustio Crispo, *La congiura di Catilina*, introduzione, traduzione e commento a c. di G. Garbugino, Napoli 1998

Gardner 1985 = J.F. Gardner, *The Recovery of Dowry in Roman Law*, in "CQ" 35, 1985, 449–453

Garmaise 2002 = M. Garmaise, *The* Morio *in Martial's Epigrams with Emphasis on 12, 93*, in "Scholia" 11, 2002, 55–64

Garnsey 1970 = P. Garnsey, *Social Status and Legal Privilege in the Roman Empire*, Oxford 1970

Garrido-Hory 1981 = M. Garrido-Hory, *La vision du dépendant chez Martial à travers les relations sexuelles*, in "Index" 10, 1981, 298–315

Garrido-Hory 1985 = M. Garrido-Hory, *Le statut de la clientèle chez Martial*, in "DHA" 11, 1985, 381–414

Garrido-Hory 1997 = M. Garrido-Hory, *Puer et minister chez Martial et Juvénal*, in Moggi-Cordiano 1997, 307–327

Garrido-Hory 1998 = M. Garrido-Hory, *Juvénal: esclaves et affranchis a Rome*, Paris 1998

Garuti 1996 = Prudentius, *Contra Symmachum*, testo, traduzione e commento a c. di G. Garuti, L'Aquila 1996

Gelsomino 1975 = R. Gelsomino, *Varrone e i sette colli di Roma*, Roma 1975

Gérard 1976 = J. Gérard, *Juvénal et la réalité contemporaine*, Paris 1976

Gérard 1985 = J. Gérard, *La richesse et le rang dans les Satires de Juvénal*, in "Index" 13, 1985, 273–288

Geymonat 1984 = M. Geymonat, *accusativi plurali in -is, -eis, -es*, in *EV* I 1984, 13–14

Ghiselli 2001[3] = A. Ghiselli, *Orazio, Ode 1, 1. Saggio di analisi formale*, Bologna 2001[3] (1973[1])

Giannuzzi 2007 = Stratone di Sardi, *Epigrammi*, introd., trad. e comm. a c. di M.E. Giannuzzi, Lecce 2007

Gianotti 1979 = G.F. Gianotti, *Dinamica dei motivi comuni (Lucrezio, Orazio, Seneca)*, in Donini-Gianotti 1979, 3–148

Gianotti 1989 = G.F. Gianotti, *I testi nella scuola*, in AA.VV., *Lo spazio letterario di Roma antica*, Roma 1989, II 421–466

Giardina 1986 = A. Giardina (ed.), *Società romana e impero tardoantico*, IV *(Tradizione dei classici, trasformazioni della cultura)*, Roma-Bari 1986

Giardina 1989a = *L'uomo romano*, a c. di A. Giardina, Roma-Bari 1989

Giardina 1989b = A. Giardina, *Uomini e spazi aperti*, in *Storia di Roma*, IV, *Caratteri e morfologie*, Torino 1989, 71–99

Giardina 2000 = A. Giardina, *Perimetri*, in ID. (cur.), *Roma antica*, Roma-Bari 2000, 23–34

Giardina-Schiavone 1981 = *Società romana e produzione schiavistica*. III: Modelli etici, diritto e trasformazioni sociali, a c. di A. Giardina e A. Schiavone, Roma-Bari 1981

Gigante 1993 = M. Gigante, *Orazio. Una misura per l'amore. Lettura della satira seconda del primo libro*, Venosa 1993

Gigante 2002 = M. Gigante, *Il libro degli epigrammi di Filodemo*, Napoli 2002

Gigante 2003 = M. Gigante, *Profilo omerico di Ulisse*, in Nicosia 2003, 167–194

Gigante Lanzara 1986 = V. Gigante Lanzara, *Il segreto delle Sirene*, Napoli 1986

Gill 1973 = Ch. Gill, *The Sexual Episodes in the* Satyricon, in "CPh" 68, 1973, 172–185

Gill 2003 = Ch. Gill, *The School in the Roman Imperial Period*, in Inwood 2003, 33–58

Gioseffi 2004 = Claudiano, *Contro Eutropio*, a c. di M. Gioseffi, Milano 2004

Gioseffi 2008 = M. Gioseffi, *Virgilio e i suoi lettori: notizie di una fortuna*, in "Acme" 61, 2008, 333–346

Giunti 1990 = P. Giunti, *Adulterio e leggi regie. Un reato fra storia e propaganda*, Milano 1990

Gizewski 1997 = Ch. Gizewski, *centesima*, in *DNP* 2, 1997, 1060–1061

Gleason 1990 = M.W. Gleason, *The Semiotics of Gender: Physiognomy and Self-Fashioning in the Second Century C.E.*, in Halperin-Winkler-Zeitlin 1990, 389–415

Gleason 1995 = M.W. Gleason, *Making Men: Sophists and Self-Presentation in Ancient Rome*, Princeton 1995

Gnilka 1964–2001 = C. Gnilka, *Das Einwachsen der Götterbilder. Ein Missverständnis heidnischer Kultübung bei Prudentius*, in "JbAC" 7, 1964, 52–57; rist. in ID., *Prudentiana* II. *Exegetica*, München-Leipzig 2001, 1–8

Gnilka 1969 = Ch. Gnilka, *Eine typische Fehlerquelle der Juvenalinterpretation*, in "SO" 44, 1969, 90–108

Gnilka 1973 = Ch. Gnilka, *Iuvenalinterpretation*, in "SO" 49, 1975, 141–146

Gnilka 1990–2001 = Ch. Gnilka, *Satura tragica. Zu Juvenal und Prudentius*, in "WS" 103, 1990, 145–177; rist. in ID., *Prudentiana II, Exegetica*, München-Leipzig 2001, 230–262 (da cui si cita)

Goldbeck 2010 = F. Goldbeck, Salutationes: *die Morgenbegrüssungen in Rom der Republik und der frühen Kaiserzeit*, Berlin 2010

Goldberg 1992 = *Carmina Priapea*, Einl., Übers., Interpret. und Kommentar von Ch. Goldberg, Heidelberg 1992

Golden-Toohey 2003 = *Sex and Difference in ancient Greece and Rome*, M. Golden-P. Toohey (eds.), Edimburgh 2003

Gonzales Roldán 2014 = Y. Gonzalez Roldán, *Il diritto ereditario in età adrianea. Legislazione imperiale e* senatus consulta, Bari 2014

Goodyear 1965 = F.R.D. Goodyear, *Aetna,* Cambridge 1965

Goodyear 1982–92 = F.R.D. Goodyear, *rec.* a Courtney 1980, in "PACA" 16, 1982, 51–60; rist. in *Papers in Latin Literature*, ed. by K.M. Coleman-J. Diggle-J.B. Hall-H.D. Jocelyn, London 1992, 61–69 (da cui si cita)

Gourevitch 1995 = D. Gourevitch, *Women who suffer from a man's disease: the example of satyriasis and the debate on affections specific to the sexes*, in Hawley-Lewick 1995, 149–165

Gourevitch 1999 = D. Gourevitch, *Cherchez la femme*, in Mudry 1999, 177–211

Gow-Page 1965 = A.S.F. Gow - D.L. Page, *The Greek Anthology*, I *Hellenistic Epigrams*, I–II, Cambridge 1965

Gow-Page 1968 = A.S.F. Gow- D.L. Page, *The Greek Anthology. The Garland of Philip*, Cambridge 1968

Gowers 1996 = E. Gowers, *La pazza tavola. Il cibo nella letteratura romana*, Torino 1996 (= Oxford 1993)

Gowers 2012 = Horace, *Satires. Book 1*, ed. by E. Gowers, Cambridge 2012

Graf 1998 = F. Graf, *Fortuna*, in *DNP* 4, 1998, 598–602

Graillot 1912 = H. Graillot, *Le culte de Cybèle, mère des dieux, à Rome et dans l'Empire romain*, Paris 1912

Gramaglia 1988 = P.A. Gramaglia, *Tertulliano. Il matrimonio nel cristianesimo preniceno*, Roma 1988

Grazzini 1993 = S. Grazzini, Curuca: *su una lezione controversa in Iuv. 6, 276*, in "Maia" 45, 1993, 161–176

Grazzini 1997 = S. Grazzini, Ravola: *un moralista impudico nella nona satira di Giovenale* (Sat. *IX 1–5*), in "SIFC" s. III 15, 1997, 99–115

Grazzini 2016 = S. Grazzini, *Poetica e ideologia nella terza satira di Giovenale*, in Stramaglia-Grazzini-Dimatteo 2016, 149–168

Green 1991 = *The Works of Ausonius*, with Introduction and Commentary by R.P.H. Green, Oxford 1991

Green 1999 = Ausonii *Opera*, rec. brevique adn. crit. instruxit R.P.H. Green, Oxford 1999

Greenwood 1998 = M.A.P. Greenwood, *Martial, Gossip, and the Language of Rumour*, in Grewing 1998b, 278–314

Grelle 1980 = F. Grelle, *La 'correctio morum' nella legislazione flavia*, in *ANRW* II 13, Berlin-New York 1980, 340–365

Grewing 1997 = F. Grewing, *Martial. Buch VI. Ein Kommentar*, Göttingen 1997

Grewing 1998a = F. Grewing, *Etymologie und etymologische Wortspiele in den Epigrammen Martials*, in Grewing 1998b, 315–356

Grewing 1998b = *Toto notus in orbe, Perspektiven der Martial-interpretation*, hrsg. v. F. Grewing, Stuttgart 1998

Griffin 1976 = J. Griffin, *Augustan Poetry and the Life of Luxury*, in "JRS" 66, 1976, 87–104 (= ID., *Latin Poets and Roman Life*, London 1985)

Griffith 1971 = J.G. Griffith, *On Synecdoche of the Verb* ponere *in Juvenal*, in "SO" 46, 1971, 135–141

Griffith 2006 = M. Griffith, *Horsepower and donkeywork: Equids and the Ancient Greek Imagination*, in "CPh" 101, 2006, 185–246 e 307–358

Griffiths 1975 = J. Gwyn Griffiths, *Apuleius of Madauros. The Isis-Book (Metamorphoses, Book XI)*, Leiden 1975

Grilli 1997 = A. Grilli, *bioi*, in *EO* II 1997, 669–670

Grillo 1985 = A. Grillo, *ingens*, in *EV* II 1985, 969–970

Grosso 1972 = G. Grosso (ed.), Studi in onore di G. Scherillo, Milano-Varese 1972

Guardì 1985a = Titinio e Atta, *Fabula togata. I frammenti*, a c. di T. Guardì, Milano 1985

Guardì 1985b = Cecilio Stazio, *I frammenti*, a c. di T. Guardì, Palermo 1985 (1974[1])

Guglielmo 2001 = M. Guglielmo, Noli admirari. *Analisi dell'epist. 1, 6 di Orazio*, Alessandria 2001

Guidorizzi 2000 = Igino, *Miti*, a c. di G. Guidorizzi, Milano 2000

Guidorizzi 2018 = G. Guidorizzi, *Ulisse. L'ultimo degli eroi*, Torino 2018

Guittard 2010 = Ch. Guittard, *Les noms de l'offrande dans les prières latines*, in Roesch 2010, 35–46

Gutiérrez González 2008 = R. Gutiérrez González, *A note on Juvenal 11, 156*: pupillares testiculi, in "Arctos" 42, 2008, 65–68

Habermehl 2006 = P. Habermehl, *Petronius, Satyrica 79–141. Ein philologisch-literarischer Kommentar, Bd. 1: Sat. 79–110*, Berlin-New York 2006

Hallett 1977 = J.P. Hallett, *Perusinae Glandes and the Changing Image of Augustus*, in "AAJH" 2, 1977, 151–171

Hallett-Skinner 1997 = *Roman Sexualities*, ed. by J.P. Hallett and M.B. Skinner, Princeton 1997

Halperin 1990 = D. Halperin, *One Hundred Years of Homosexuality*, New York 1990

Halperin-Winkler-Zeitlin 1990 = *Before Sexuality*, ed. by D.M. Halperin, J.J. Winkler and F.I. Zeitlin, Princeton 1990

Harari 2019 = M. Harari, *Andare per i luoghi di Ulisse*, Bologna 2019

Hardie 1990 = A. Hardie, *Juvenal and the condition of letters: the seventh satire*, in "PLILS" 6, 1990, 145–209

Harrison 2016 = S.J. Harrison, *Umbricius, The Sybil and Evander; Vergilian voices in Juvenal, Satire 3*, in Stramaglia-Grazzini-Dimatteo 2016, 169–180

Harrison 2017 = Horace *Odes Book II*, ed. by S. Harrison, Cambridge 2017

Hartenberger 1911 = R. Hartenberger, *De o finali apud poetas Latinos ab Ennio usque ad Iuvenalem*, Diss. Bonn 1911

Harvey 1979 = P. Harvey, *Catullus 114–115: "Mentula bonus agricola"*, in "Historia" 28, 1979, 329–345

Hawley-Lewick 1995 = *Women in antiquity. New assessments*, edd. R. Hawley and B. Lewick, Oxford-New York 1995

Heckel 1998 = H. Heckel, *Jahreszeiten*, in *DNP* 5, 1998, 837–841

Heinecke 1804 = J. R. A. Heinecke, *Animadversiones in Iuvenalis satyras sive censura editionum Rupertianarum*, Halis Saxonum 1804.

Hellegouarc'h 1963–72 = J. Hellegouarc'h, *Le vocabulaire latine des relations et des partis politiques sous la république*, Paris 1963 (rist. corr. 1972)

Hellegouarc'h 1969–98 = J. Hellegouarc'h, *La ponctuation bucolique dans les Satires de Juvénal. Étude métrique et stylistique*, in *Mélanges de linguistique, de philologie et de méthodologie de l'enseignement des langues anciennes offerts à R. Fohalle*, Gembloux 1969, 173–189; rist. in Hellegouarc'h 1998, 517–531 (da cui si cita)

Hellegouarc'h 1992–93 = J. Hellegouarc'h, *Juvénal, poète épique*, in AA.VV., *Au miroir de la culture antique. Mélanges offerts au Président René Marache*, Rennes 1992, 369–383; rist. in Hellegouarc'h 1998, 685–700 (da cui si cita)

Hellegouarc'h 1993–98 = J. Hellegouarc'h, *Juvénal et le stoicisme*, in AA.VV., *Valeurs dans le stoïcisme: du Portique à nos jours*, textes rassemblés en hommage a M. Spanneut, par M. Soetard, Villeneuve-d'Asco 1993, 31–42; rist. in Hellegouarc'h 1998, 701–711 (da cui si cita)

Hellegouarc'h 1998 = J. Hellegouarc'h, Liberalitas. *Scripta Varia*, Bruxelles 1998

Hendry 1997 = M. Hendry, *Interpolating an isthmus: Juvenal 6, 294–7*, in "CQ" 47, 1997, 323–327

Hendry 2000 = M. Hendry, *Excluded Husband and Two-legged Ass: Two Problems in Juvenal 9*, in "ECM" 19, 2000, 85–90

Henke 1991 = R. Henke, *Juvenal, Sat. 1, 42–44: eine Dezenz-Interpolation*, in "WJA" 17, 1991, 257–266

Henriksén 1998–99 = C Henriksen, *Martial, Book IX. A Commentary*, I–II, Uppsala 1998–1999

Hermann-Otto 1994 = E. Hermann-Otto, Ex ancilla natus: *Untersuchungen zu den Hausgeborenen Sklaven und Sklavinnen im Westen des römischen Kaiserreiches*, Stuttgart 1994

Herráiz Pareja 2004 = M.J. Herráiz Pareja, *Amiano y Juvenal, ciertas semejanzas de contenido y de stilo*, in I.J. García Pinilla- S.Talavera Cuesta (edd.), *Charisterion, F. Martín García oblatum*, Cuenca 2004, 175–196

Hersch 2010 = K. Hersch, *The Roman Wedding*, Cambridge 2010

Herter 1959 = H. Herter, *Effeminatus*, in "RAC" 4, 1959, 620–650

Herter 1960/2003 = H. Herter, *Die Soziologie der antiken Prostitution in der Antike*, in "JAC" 3, 1960, 70–111 (= Golden-Toohey 2003, 57–113)

Herter 1978 = H. Herter, *Genitalien*, in "RAC" 10, 1978, 1–52

Heubeck 1983 = Omero, *Odissea*, III, Libri IX–XII, a c. di A. Heubeck, trad. di A. Privitera, Milano 1983

Heyob 1975 = S.K. Heyob, *The Cult of Isis among Women in the Graeco-Roman World*, Leiden 1975

Highet 1949–83 = G. Highet, *The Philosophy of Juvenal*, in "TAPhA" 80, 1949, 254–270; rist. in Highet 1983, 228–243 (da cui si cita).

Highet 1951a–83 = G. Highet, *Sound effects in Juvenal's Poetry*, in "Stud. Philol." 48, 1951, 697–706; rist. in Highet 1983, 218–227 (da cui si cita).

Highet 1951b–83 = G. Highet, *Juvenal's Bookcase*, in "AJPh" 72, 1951, 369–394; rist. in Highet 1983, 244–267 (da cui si cita).

Highet 1952–83 = G. Highet, *Notes on Juvenal*, in "CR" 2, 1952, 70–71; rist. in Highet 1983, 211–213 (da cui si cita)

Highet 1954 = G. Highet, *Juvenal the Satirist*, Oxford 1954

Highet 1983 = *The Classical Papers of G. Highet*, ed. by R.J. Ball, New York 1983

Hilghers 1969 = W. Hilghers, *Lateinische Gefässnamen. Bezeichnungen, Funktion und Form römischer Gefässe nach den antiken Schriftquellen*, Düsseldorf 1969

Hindermann 2013 = J. Hindermann, Mulier, femina, uxor, coniunx: *die begriffliche Kategorisierung von Frauen in den Briefen von Cicero und Plinius dem Jüngeren*, in "EuGeStA" 3, 2013, 143–161

Hirschfeld 1874 = O. Hirschfeld, *Antiquarischen kritische Bemerkungen zu römischen Schriftstellern*, in "Hermes" 8, 1874, 475–476

Hirschfeld 1889 = O. Hirschfeld, *Kritische Beiträge zu lateinischen Schriftstellern*, in "Hermes" 24, 1889, 101–107

Hofmann-Ricottilli 2003 = J.B. Hofmann, *Lateinische Umgangssprache*, Heidelberg 1951^3, trad. it., riveduta e aggiornata a cura di L. Ricottilli, Bologna 2003^3

Hofmann-Szantyr-Traina 2002 = J.B. Hofmann-A. Szantyr, *Stilistica latina*, trad. it. parziale, riveduta e aggiornata di *HS*, a cura di A. Traina (cur., con C. Neri, R. Oniga, B. Pieri), Bologna 2002

Hofstetter 1997 = E. Hofstetter, *Seirenes*, in *LIMC* VIII 1, 1997, 1093–1104

Högg 1971 = H. Högg, *Interpolationen bei Juvenal?*, Diss. Freiburg i. Br. 1971

Hopman 2003 = M. Hopman, *Satire in Green: Marked Clothing and the Techique of* Indignatio *at Juvenal 5. 141–145*, in "AJPh" 124, 2003, 555–574

Horsfall 1993 = N. Horsfall, *La villa Sabina di Orazio; il galateo della gratitudine. Una rilettura della settima epistola del libro primo*, Venosa 1993

Horsfall 2013 = Virgil, *Aeneid 6*: a commentary by N. Horsfall, Berlin-Boston 2013

Housman 1899–972 = A.E. Housman, *Notes on Latin Poets*, in "CR" 3, 1899, 199–201; rist. in Diggle-Goodyear 1972, I 106–109 (da cui si cita)

Housman 1930–72 = A.E. Housman, *The Latin for* ass, in "CQ" 24, 1930, 11–13; rist. in Diggle-Goodyear 1972, III 1163–1165 (da cui si cita)

Howell 1980 = P. Howell, *A Commentary on Book One of the Epigrams of Martial*, London 1980

Howell 1985 = P. Howell, *Martial:* The *Epigrams, Book 5*, Warminster 1985

Hross 1958 = H. Hross, *Die Klagen der verlassenen Heroinen in der lateinischen Dichtung*, Diss. München 1958

Hutchinson 2006 = Propertius *Elegies* Book IV, ed. by G. Hutchinson, Cambridge 2006

Ihm 2000 = S. Ihm, *Quantum milvi volant – Der Milan als Landvermesser*, in "GFA" 3, 2000, 47–53

Inwood 2003 = B. Inwood (ed.), *The Cambridge Companion to the Stoics*, Cambridge 2003

Iodice 2002 = M.G. Iodice, *Appendix Vergiliana*, pref. di L. Canali, Milano 2002

Irwin 2011 = A.L. Irwin, *The History of the Areopagos Council from its Origins to Ephialtes*, Montreal 2011

Isetta 1977 = S. Isetta, *Sul de aquae frigidae usu di Calvo*, in "Studi Ricerche Ist. Latino, Magistero Genova" 1, 1977, 107–112

Jachmann 1943–82 = G. Jachmann, *Studien zu Juvenal*, in "NAW Göttingen, Phil.-Hist. Kl." 7, 1943, 187–266; rist. in ID., *Textgeschichtliche Studien*, hrsg. von Ch. Gnilka, Königstein/Ts 1982, 746–825 (da cui si cita)

Jacoby 1959 = F. Jacoby, *Zwei Doppelfassungen in Juvenaltext (3, 10–21; 7, 36–61)*, in "Hermes" 87, 1959, 449–462

Janni 2004 = P. Janni, *Miti e falsi miti. Luoghi comuni, leggende, errori sui Greci e sui Romani*, Bari 2004

Janssen 1988[3] = H.H. Janssen, *De kenmerken der Romeinsche dichtertaal*, Nijmegen-Utrecht 1941, trad. it. con note di aggiornamento in Lunell 1988[3], 67–130

Jefferis 1939 = J.D. Jefferis, *Juvenal and Religion*, in "CJ" 34, 1939, 229–233

Jenkins 1982 = R Jenkins, *Three Classical Poets. Sappho, Catullus and Juvenal*, London 1982

Jones 1987 = F.M.A. Jones, *Trebius and Virro in Juvenal 5*, in "LMC" 12. 10, 1987, 148–154

Jones 2007 = F.M.A. Jones, *Juvenal and the Satiric Genre*, London 2007

Jones 2008 = F.M.A. Jones, *Juvenal and the hexameter*, in "Studies in Latin Literature and Roman History" éd. par C. Deroux, XIV, Bruxelles 2008, 346–364

Kajanto 1965 = I. Kajanto, *The Latin Cognomina*, Helsinki 1965 (= Roma 1982)

Kajanto 1981 = I. Kajanto, *Fortuna*, in *ANRW* II 17.1, Berlin-NewYork 1981, 502–558

Kaufman 1932 = D.B. Kaufman, *Poisons and Poisining among the Romans*, in "CPh" 27, 1932, 156–167

Kay 1985 = N.M. Kay, *Martial Book XI. A Commentary*, London 1985

Kay 2001 = Ausonius *Epigrams*, Text w. Introd. and Comm. by N.M. Kay, London 2001

Kelly 2018 = G. Kelly, *From Martial to Juvenal (Epigrams 12.18)*, in Koenig-Whitton 2018, 160–179

Kenney 2012 = E.J. Kenney, *Satiric Textures: Style, Meter and Rhetoric*, in Braund-Osgood 2012, 113–136

Kissel 1990 = A. Persius Flaccus, *Satiren*, hrsg., übers. u. komm. v. W. Kissel, Heidelberg 1990

Kissel 2013 = W. Kissel, *Juvenal (1962–2011)*, in "Lustrum" 55, 2013

Kleberg 1957 = T. Kleberg, *Hôtels, restaurants et cabarets dans l'antiquité romaine*, Uppsala 1957

Klingmüller 1909 = Klingmüller, *fenus* in *RE* VI 2 (1909), 2187–2205

Knoch 2005 = S. Knoch, *Sklavenfürsorge im römischen Reich*, Hildesheim et al. 2005

Knoche 1940 = U. Knoche, *Handschriftliche Grundlagen des Juvenaltextes*, in "Philologus"-Supplb. 33, Leipzig 1940

Knox 1986a = P. E. Knox, *Ovid's Metamorphoses and the Traditions of Augustan Poetry*, Cambridge 1986

Knox 1986b = P. E. Knox, *Adjectives in -osus and Latin poetic diction*, in "Glotta" 64, 1986, 90–101

Knox 1995 = Ovid *Heroides*. Select Epistles, ed. by P.E. Knox, Cambridge 1995

Kolb 1973 = E. Kolb, *Römische Mäntel*: paenula, lacerna, manduh, in "MDAI(R)" 80, 1973, 69–167

Kolb 2010 = Augustae. *Machtbewusste Frauen am römischen Kaiserhof? Herrschaftstrukturen und Herrschaftpraxis II*, Akten der Tagung in Zürich 18–20.9.2008, hrsg. von A. Kolb, Berlin 2010

Kolendo 1981a = J. Kolendo, *L'esclavage et la vie sexuelle des hommes libres à Rome*, in "Index" 10, 1981, 288–297

Kolendo 1981b = J. Kolendo, *La répartition des places aux spectacles et la stratification sociale dans l'Empire Romain. A propos des inscriptions sur les gradins des amphithéâtres et théâtres*, in "Ktema" 6, 1981, 301–315

König-Whitton 2018 = *Roman Literature under Nerva, Trajan and Hadrian. Literary Interactions, AD 96-138*, ed. by A. Konig-Ch. Whitton, Cambridge 2018

Konstan 1993 = D. Konstan, *Sexuality and power in Juvenal's second Satire*, in "LCM" 18, 1993, 12–14

Kornmüller 2017 = M. Kornmüller, *Il culto della Fortuna Primigenia a Palestrina*, in Mei-Clini 2017, 121–130

Köves-Zulauf 1990 = T. Köves-Zulauf, *Römische Geburtsriten*, München 1990

Krenkel 1977a–2006 = W.A. Krenkel, *Exhibitionismus in der Antike*, in "WZ-Rostock" 26, 1977, 613–618; rist. in Krenkel 2006, 95–106 (da cui si cita)

Krenkel 1977b–2006 = W.A. Krenkel, *Skopophilie in der Antike*, in "WZRostock" 26, 1977, 619–631; rist. in Krenkel 2006, 107–135 (da cui si cita)

Krenkel 1978 = W.A. Krenkel, *Männliche Prostitution in der Antike*, in "Das Altertum" 24, 1978, 49–55

Krenkel 1980–2006 = W.A. Krenkel, Fellatio *und* Irrumatio, in "WZRostock" 29, 1980, 77–88; rist. in Krenkel 2006, 285–231 (da cui si cita)

Krenkel 1981–2006 = W.A. Krenkel, *Tonguing*, in "WZRostock" 30, 1981, 37–54, rist. in Krenkel 2006, 205–302 (da cui si cita)

Krenkel 1988–2006 = W. Krenkel, *Officium procreandi-die erste Bürgerpflicht*, in "WZRostock" 37, 1988, 31–51; rist. in Krenkel 2006, 381–428 (da cui si cita)

Krenkel 1990–2006 = W. Krenkel, *Transvestismus in der Antike*, in "WZRostock" 39, 1990, 144–157; rist. in Krenkel 2006, 465–478 (da cui si cita)

Krenkel 2006 = W. Krenkel, *Naturalia non turpia: sex and gender in ancient Greece and Rome*, ed. by W. Bernard and C. Reitz, Hildesheim 2006

Kroll 1921 = W. Kroll, *kinaidos*, in RE XI 1 (1921), 459–460

Kroll 1988[3] = W. Kroll, *Die Dichtersprache* in ID., *Studien zum Verständnis der römischen Literatur*, Stuttgart 1924, 247–279, trad. it. con note di aggiornamento in Lunelli 1988, 1–66 (da cui si cita)

Kruschwitz 2008 = P. Kruschwitz, *Zum Text von Livius Andronicus*, Odusia frg. 1, in "Philologus" 152, 2008, 154–155

Kugler 1940 = W. Kugler, *Des Persius Wille zu sprachlicher Gestaltung in seiner Wirkung auf Ausdruck und Komposition*, diss. Würzburg 1940

Kühn 1827 = *Medicorum Graecorum opera quae exstant*, ed. cur. D.C.G. Kühn, Lipsiae 1827

Kuhn 2015a = AA.VV., *Social Status and Prestige in the Graeco-Roman World*, ed. by A.B. Kuhn, Stuttgart 2015

Kuhn 2015b = A.B. Kuhn, *The Dynamics of Social Status and Prestige in Pliny, Juvenal and Martial*, in Kuhn 2015a, 9–28

Labate 1981 = M. Labate, *Le satire di Orazio: morfologia di un genere irrequieto*, saggio introd. a Orazio, *Satire,* Milano 1981, 5–44

LaFleur 1975 = R.A. LaFleur, *Amicus and Amicitia in Juvenal*, in "CB" 51, 1975, 54–58

Landolfi 1990 = L. Landolfi, *Banchetto e società romana. Dalle origini al I sec. a.C.*, Roma 1990

Landolfi 2013 = L. Landolfi, Simulacra et pabula amoris. *Lucrezio e il linguaggio dell'eros*, Bologna 2013

Lane 1996 = *Cybele, Attis and Related Cults. Essays in Memory of M.J. Vermaseren*, ed. by E.N. Lane, Leiden et al. 1996

Lanfranchi 1951 = F. Lanfranchi, *Ricerche sul valore giuridico delle dichiarazioni di nascita nel diritto romano*, Bologna 1951[2]

Langlands 2006 = R. Langlands, *Sexual Morality in Ancient Rome*, Cambridge 2006

Lanzarone 2008 = L. Annaei Senecae *Dialogorum Liber I De Providentia*, a c. di N. Lanzarone, Firenze 2008

La Penna 1963–74 = A. La Penna, *Orazio e l'ideologia del principato*, Torino 1963 (1974³)

La Penna 1968–93 = A. La Penna, *Orazio e la morale mondana europea*, saggio introduttivo a Q. Orazio Flacco, *Tutte le opere*, a c. di E. Cetrangolo, Firenze 1968; rist. in La Penna 1993, 1–237 (da cui si cita).

La Penna 1979–95 = A. La Penna, *Persio e le vie nuove della satira latina*, saggio introd. a A. Persio Flacco, *Le Satire*, trad. di E. Barelli, premessa al testo di F. Bellandi, Milano 1979, 5–78; rist. in La Penna 1995, 279–343 (da cui si cita).

La Penna 1989 = A. La Penna, *La legittimazione del lusso privato da Ennio a Vitruvio. Momenti, problemi, personaggi*, in "Maia" 41, 1989, 3–34

La Penna 1992a–3 = A. La Penna, *Orazio e la relativizzazione della morale*, in AA.VV., *Atti Convegno Nazionale di Studi su Orazio* Torino 13–15 aprile 1992; rist. in La Penna 1993, 241–274 (da cui si cita).

La Penna 1992b–3 = A. La Penna, *I poeti e i principi. Lettura di Orazio,* Epist. *I 18,* in AA.VV., *Attualità dell'antico*, a c. di M.G. Vacchina, III, Aosta 1992, 337–360; rist. in La Penna 1993, 351–379 (da cui si cita).

La Penna 1992–2000 = A. La Penna, *I cento volti dell'eros di Marziale*, in AA.VV., *La storia, la letteratura e l'arte a Roma da Tiberio a Domiziano*, in "Atti Convegno Mantova 4–7 ottobre 1990", Mantova 1992, 311–382, rist. in La Penna 2000, 67–133 (da cui si cita)

La Penna 1993 = A. La Penna, *Saggi e studi su Orazio*, Firenze 1993

La Penna 1995 = A. La Penna, *Da Lucrezio a Persio. Saggi, studi, note*, Milano 1995

La Penna 1996 = A. La Penna, *Sarmento*, in *EO* I 1996, 888–889

La Penna 1999 = A. La Penna, Immortale Falernum. *Il vino di Marziale e dei poeti latini del suo tempo*, in "Maia" 51, 1999, 163–181

La Penna 2000 = A. La Penna, *Eros dai cento volti. Modelli etici ed estetici nell'età dei Flavi*, Venezia 2000

Larmour-Miller-Platter 1998 = *Rethinking Sexuality: Foucault and Classical Antiquity*, ed. by D.H.J. Larmour, P.A. Miller, C. Platter, Princeton 1998

La Rocca 2005 = A. La Rocca, *Il filosofo e la città: commento storico ai* Florida *di Apuleio*, Roma 2005

La Rocca-Ensoli-Tortorella-Papini 2009 = *Roma. La pittura di un impero*, a c. di E. La Rocca, S. Ensoli, S. Tortorella, M. Papini, Milano 2009

Laudizi 1983 = G. Laudizi, *Le interpolazioni in Giovenale*, in "Quad. Ist. Lingue Lett. Class. Mag. Lecce" 2, 1983, 53–78

Laudizi 1986 = G. Laudizi, *Il tema del veneficio nella letteratura latina dalle origini al II d.C.*, in "Studi di Filologia e Letteratura", Univ. Lecce, Galatina 1986, 65–112

Laudizi 1997 = G. Laudizi, *veleno*, in *EO* II 1997, 258–260

Laurenti 1997 = R. Laurenti, *morale* in *EO* II 1997, 571–581

Lausberg 1990-8 = H. Lausberg, *Handbuch der literarischen Rhetorik: eine Grundlegung der Literaturwissenschaft*, Stuttgart 1990³; tr. engl. *Handbook of Literary Rhetoric*, Leiden *et al.* 1998 (da cui si cita)

Leary 1996 = *Martial. Book XIV, The Apophoreta*, text with introd. and commentary by T.J. Leary, London 1996

Leary 1999 = T.J. Leary, *Martial's Christmas Winelist*, in "G&R" 46, 1999, 34-41

Leary 2001 = *Martial. Book XIII, The Xenia*, text with introd. and commentary by T.J. Leary, London 2001

Le Boeuffle 1977 = A. Le Boeuffle, *Les noms latins d'astres et de constellations*, Paris 1977

Le Boeuffle 1987 = A. Le Boeuffle, *Astronomie, Astrologie: Lexique latine*, Paris 1987

Le Boeuffle 1989 = A. Le Boeuffle, *Le ciel des Romains*, Paris 1989

Le Bohec 2001 = Y. Le Bohec, *Sold*, in *DNP* 11, 2001, 695-697

Le Bonniec 1958 = H. Le Bonniec, *Le culte de Cérès à Rome. Des origines à la fin de la République*, Paris 1958

Lee-Mackie-Tarrant 1993 = K. Lee- Ch. Mackie- H. Tarrant (edd.), *Multarum artium scientia. A 'chose' for R. Godfrey Tanner*, Auckland 1993

Lejay 1911 = *Oeuvres d'Horace. Satires*, publ. par P. Lejay, Paris 1911

Lelli 2006 = *I proverbi greci. Le raccolte di Zenobio e Diogeniano*, a c. di E. Lelli, Soveria Mannelli 2006

Lelli 2013 = Erasmo da Rotterdam, *Adagi*, a c. di E. Lelli, Milano 2013

Lelli 2017 = E. Lelli, Plutarco, *Iside e Osiride*, in Lelli-Pisani 2017, 656-719 e 2631-2633

Lelli-Pisani 2017 = *Plutarco, Tutti i* Moralia, coordinamento di E. Lelli-G. Pisani, Milano 2017

Lenaz 1997 = L. Lenaz, *nomi di persona*, in *EO* II 1997, 928-930

Lenaz 2003 = *Tacito, Annali 1-6*, in Oniga 2003b, II 3-527 e 989-1280

Lendon 2011 = J.E. Lendon, *Roman Honor*, in Peachin 2011, 377-403

Leo 1909 = F. Leo, *Doppelfassungen bei Juvenal*, "Hermes" 44, 1909, 600-617

Leppin 1992 = H. Leppin, *Histrionen. Untersuchungen zur sozialen Stellung von Bühnenkünstlern im Westen des römischen Reiches zur Zeit der Republik und des Prinzipats*, Bonn 1992

Lepre 1985 = M.Z. Lepre, *interiezioni*, in *EV* II 1985, 993-996

Leumann 1988³ = M. Leumann, *Die lateinische Dichtersprache*, in ID., *Kleine Schriften*, Zürich-Stuttgart 1959, 131-156, trad. it. con note di aggiornamento in Lunelli 1988³, 131-178 (da cui si cita)

Levy 1925 = E. Levy, *Der Hergang der römischen Ehescheidung*, Weimar 1925

Lilja 1972 = S. Lilja, *The Treatment of Odours in the Poetry of Antiquity*, Helsinki 1972

Lilja 1983 = S. Lilja, *Homosexuality in Republican and Augustean Rome*, in "Commentationes Humanarum Litterarum" 74, Helsinki 1983

Lindo 1974 = L.I. Lindo, *The evolution of Juvenal's later satires*, in "CPh" 69, 1974, 17–27

Lintott 1972 = A.W. Lintott, *Imperial expansion and moral decline in the Roman Republic*, in "Historia" 21, 1972, 626–638

Lintott 1997 = A.W. Lintott, *Cliens/clientes* in *DNP* III 1997, 32–33

Löfstedt 1956^2 = E. Löfstedt, Syntactica. *Studien und Beiträge zur historischen Syntax des Lateins*, I–II, Lund 1956 (1933^1)

Löfstedt-Pieroni 2007 = E. Löfstedt, *Commento filologico alla* Peregrinatio Aetheriae. *Ricerche sulla storia della lingua latina*, trad., note e appendice di P. Pieroni, Bologna 2007 (Uppsala 2011)

Long 1996 = J. Long, *Juvenal Renewed in Claudian's* In Eutropium, in "Int. Journ. Class. Tradition" 2, 1996, 321–335

Longo-Scarpi 1989 = Homo edens: *regimi e pratiche dell'alimentazione nella civiltà del Mediterraneo*, a c. di O. Longo e P. Scarpi, Milano 1989

Lorenz 2012 = S. Lorenz, Versiculi parum pudici. *The Use of Obscenity in the* liber Catulli, in Morelli 2012, 73–97

Lowery 1979 = M. Lowery, *A Study of Mythology in the Satires of Juvenal*, Philadelphia 1979

Lucot 1965 = R. Lucot, *Ponctuation bucolique, accent et émotion dans l'*Énéide, in "REL" 43, 1965, 261–274

Lucot 1967 = R. Lucot, *Molosses en rejet*, "Pallas" n. s. 3, 1967, 81–112

Lucrezi 1984a = F. Lucrezi, *Pictores servi*, in "Opus" 3, 1984, 85–92

Lucrezi 1984b = F. Lucrezi, *La 'tabula picta' tra creatore e fruitore*, Napoli 1984

Lucrezi 1985 = F. Lucrezi, *Pictura alios nobilitans*, in "Index" 13, 1985, 561–572

Lunelli 1988^3 = *La lingua poetica latina. Saggi di W. Kroll, H.H. Janssen, M. Leumann*, a c. di A. Lunelli, Bologna 1988^3 (1974^1)

MacMullen 1982 = R. MacMullen, *Roman Attitudes to Greek Love*, in "Historia" 31, 1982, 484–502

Maggiulli 1990a = G. Maggiulli, *tus*, in *EV* V* 1990, 338–340

Maggiulli 1990b = G. Maggiulli, *vischio*, in *EV* V* 1990, 570–571

Magris 1990 = A. Magris, *"A che cosa serve pregare, se il destino è immutabile?". Un problema del pensiero antico*, in "Elenchos" 11, 1990, 51–76

Magris 2016^2 = A. Magris, *Destino, provvidenza, predestinazione dal mondo antico al cristiano*, Brescia 2016 (2008^1)

Malnati 1988 = T.P. Malnati, *Juvenal and Martial on Social Mobility*, in "CJ" 83, 1988, 133–141

Maltby 1991 = R. Maltby, *A Lexikon of Ancient Latin Etymologies*, Leeds 1991

Maltby 1999 = R. Maltby, *Tibullus and the Language of Latin Elegy*, in Adams-Mayer 1999, 377–398

Manfredini 1985 = A.D. Manfredini, *Qui commutant cum feminis vestem*, in "RIDA" 32, 1985, 257–271

Mankin 1995 = Horace, *Epodes*, ed. by D. Mankin, Cambridge 1995

Manthe 1998 = U. Manthe, *Erbrecht*, in *DNP* 4, 1998, 48–51

Manthe 1999 = U. Manthe, *legatum*, in *DNP* 7, 1999, 4–5

Mantovanelli-Berno 2011 = *Le parole della passione. Studi sul lessico poetico latino*, a c. di P. Mantovanelli e F.R. Berno, Bologna 2011

Manuwald 2001 = G. Manuwald (hrsg.), *Der Satiriker Lucilius und seine Zeit*, München 2001

Manzella 2013 = S.M. Manzella, *Giovenale e Luciano di fronte a Roma: volti e voci della satira*, in "Vichiana" s. IV, 15, 2013, 98–113

Manzella 2016 = S.M. Manzella, *Tradizione satirica e memoria letteraria: Luciano lettore di Giovenale?*, in Stramaglia-Grazzini-Dimatteo 2016, 181–212

Marache 1969 = R. Marache, *Un usage particulier de* ergo *chez Juvénal*, in "GIF" 21, 1969, 241–243

Marache 1989 = R. Marache, *Juvénal – Peintre de la societé de son temps*, in *ANRW* II 33.1, Berlin-New York 1989, 592–639

Maranini 1994 = A. Maranini, *Manilio e Giovenale*, in "GIF" 46, 1994, 79–87

Marcone 2016 = *Storia del lavoro in Italia. L'età romana. Liberi, semiliberi e schiavi in una società premoderna*, a c. di A. Marcone, Roma 2016

Marino 2011 = Seneca, *Lettere a Lucilio*, a c. di R. Marino, Siena 2011

Markwald 1999 = G. Markwald, *Odysseus*, in *Lexikon des frühgriechischen Epos*, XVII, Göttingen 1999, coll. 502–523

Mariotti 1960 = I. Mariotti, *Studi luciliani*, Firenze 1960

Mariotti 2007 = G. Sallustio Crispo, *Coniuratio Catilinae*, a c. di I. Mariotti, Bologna 2007

Marmorale 1961 = V.E. Marmorale, Petronii Arbitri *Cena Trimalchionis*, Firenze 1961² (1948¹)

Marongiu 1981 = A. Marongiu, *Giovenale e il diritto*, in AA. VV., *Letterature comparate. Studi in onore di E. Paratore*, Bologna 1981, II 681–698

Martin 1978 = R. Martin, *La vie sexuelle des esclaves d'après les Dialogues Rustiques de Varron*, in Collart 1978, 113–126

Martin 2001 = Tacitus, *Annals V–VI*, with a comm. by R. Martin, Warminster 2001

Martyn 1970 = J.R.C. Martyn, *Juvenal 2. 78–81 and Virgil's Plague*, in "CPh" 65 1970, 49–50; rist. in Martyn 1996, 77–79

Martyn 1980 = J.R.C. Martyn, *Further evidence in Juvenal's Oxford fragments*, in "Scriptorium" 34, 1980, 247–253; rist. in Martyn 1996, 105–115 (da cui si cita)

Martyn 1996 = J.R.C. Martyn, *Juvenal: A Farrago*, Amsterdam 1996

Maselli 1986 = G. Maselli, Argentaria. *Banche e banchieri nella Roma repubblicana*, Bari 1986

Maselli 1990 = G. Maselli, *video* in *EV* V* 1990, 534–538

Mason 1962-3 = H.A. Mason, *Is Juvenal a Classic?*, in "Arion" 1, 1962, 8–44 e 2, 1962, 39–79; rist. in J.P. Sullivan (ed.), *Critical Essays on Roman Literature*, London 1963, 93–176 (da cui si cita)

Mastrocinque 1999 = A. Mastrocinque, *Laren*, in *DNP* 6, 1999, 1147–1150

Mastromarco-Totaro-Zimmermann 2017 = G. Mastromarco-P. Totaro-B. Zimmermann (eds.), *La commedia attica antica. Forme e contenuti*, Lecce 2017

Mattiacci 1993 = S. Mattiacci, *La* lecti invocatio *di Aristomene: pluralità di modelli e parodia in Apul. Met. I 16*, in "Maia" 45, 1993, 257–267

Mattiacci 2011 = S. Mattiacci, *Lo scabbioso di Ausonio (epigr. 115 Green). La malattia come eros deviato*, in Mantovanelli-Berno 2011, 89–117

Mattioli 1995 = Senectus. *La vecchiaia nel mondo classico*, a c. di U. Mattioli, I-II, Roma-Bologna 1995

Maurach 1990 = G. Maurach, *Enchiridion Poeticum*, ed. it. a c. di D. Nardo, Brescia 1990

Maurin 1975 = J. Maurin, *Remarques sur la notion de* puer *à l'époque classique*, Paris 1975

Mayer 1994 = Horace *Epistles I*, ed. by R. Mayer, Cambridge 1994

Mayer 2005-7 = R. Mayer, *Sleeping with the enemy: satire and philosophy*, in Freudenburg 2005, 146–159 (poi trad. in Freudenburg-Cucchiarelli-Barchiesi (edd.), Roma 2007, 133–149)

Mayer 2012 = Horace *Odes Book I*, ed. by R. Mayer, Cambridge 2012

Mazzini 1995 = I. Mazzini, *La geriatria di epoca romana*, in Mattioli 1995, II 339–355

Mazzoli 1987 = G. Mazzoli, *Etimologia e semantica dello* scurra *plautino*, in AA.VV., *Filologia e Forme Letterarie. Studi offerti a F. Della Corte*, Urbino 1987, 73–92

McDonnell 2006 = M. McDonnell, *Roman Manliness: 'Virtus' and the Roman Republic*, Cambridge 2006

McGinn 1998 = Th.A.J. McGinn, *Prostitution, Sexuality, and the Law in Ancient Rome*, New York-Oxford 1998

McGinn 2011 = Th.A.J. McGinn, *Roman Prostitutes and Marginalization*, in Peachin 2011, 643–659

McKeown 1989 = Ovid: *Amores. A Commentary on Book I*, by J.C. McKeown, Leeds 1989

Mei-Clini 2017 = *Fanum Fortunae e il culto della dea Fortuna*, a c. di O. Mei e P. Clini, Venezia 2017

Mele 1997 = A. Mele, *Allevamento ovino nell'antica Apulia e lavorazione della lana a Taranto*, in Moggi-Cordiano 1997, 97–104

Mesturini 1997 = A.M. Mesturini, *meteorologia e venti*, in *EO* II 1997, 199–212

Miano 2016 = D. Miano, *Fortuna. Deity and Concept in Archaic and Republican Italy*, Oxford 2016

Micheli 1991 = M.E. Micheli, *Il servizio da tavola, il ministerium: argentum escarium, argentum potorium*, in Pirzio Biroli Stefanelli 1991, 111–249

Miller-Damon-Myers 2002 = J.F. Miller -C. Damon-K.S. Myers (edd.), *Vertis in usum: Studies in honor of Edward Courtney*, München 2002

Miller-Woodman 2010 = *Latin Historiography and Poetry in the Early Empire*, ed. by J. Miller and A. Woodman, Leiden-Boston 2010

Minaud 2005 = G. Minaud, *La comptabilité à Rome*, Lausanne 2005

Minieri 1982 = L. Minieri, *'Vini usus feminis ignotus'*, in "Labeo" 28, 1982, 150–163

Moggi-Cordiano 1997 = *Schiavi e dipendenti nell'ambito dell''oikos' e della 'familia'*, a c. di M. Moggi e G. Cordiano, Pisa 1997

Montanari Caldini 1979 = R. Montanari Caldini, *La terminologia dei corpi celesti*, in "A&R" 24, 1979, 156–171

Monteleone 1987 = C. Monteleone, *Parche*, in *EV* III 1987, 968–970

Monti 1965 = S. Monti, *I problemi dell'iscrizione "giovenaliana" di Aquino (CIL X, 5382)*, in "RAAN" 40, 1965, 79–110

Monti 1982 = S. Monti, *Iuvenaliana I–III*, in "Vichiana" s. II 11, 1982, 212–225

Monti 1988 = S. Monti, *Un recente libro su Giovenale*, in "BSL" 18, 1988, 74–83

Monti 1995 = S. Monti, *Tre noterelle giovenaliane*, in "RAAN" 65, 1995, 157–161

Morel 1989 = J.-P. Morel, *L'artigiano*, in Giardina 1989, 233–268

Morelli 2012 = *Lepos e mores. Una giornata su Catullo*, in Atti del Convegno Internazionale Cassino 27 maggio 2010, a c. di A.M. Morelli, Cassino 2012

Morelli 2017 = A.M. Morelli, *Ceveant versiculi. Per l'esegesi di Catull. 16, 9–11*, in "MD" 79, 2017, 171–186

Moreno Soldevila 2006 = R. Moreno Soldevila, *Martial, Book IV. A Commentary*, Leiden-Boston 2006

Morley 2006 = N. Morley, *The poor in the city of Rome*, in Atkins-Osborne 2006, 21–39

Motto-Clark 1991 = A.L. Motto-J.R.Clark, *Seneca and Ulysses*, in "CB" 67, 1991, 27–32

Moussy 1977 = Cl. Moussy, *Esquisse de l'histoire de* monstrum, in "REL" 55, 1977, 354–369

Mratschek-Halfmann 1993 = S. Mratscek-Halfmann, Divites et praepotentes. *Reichtum und soziale Stellung in der Literatur der Prinzipatszeit*, Stuttgart 1993

Mrozek 2001 = St. Mrozek, Faenus. *Studien zu Zinsproblemen in der Zeit des Prinzipats*, Stuttgart 2001

Mudry 1999 = *Le traité des* Maladies aigüs *et des* Maladies chroniques *de Caelius Aurelianus. Nouvelles approches*, in Actes du colloque de Lausanne 1996, éd. par Ph. Mudry, avec O. Bianchi et D. Castaldo, Nantes 1999

Muecke 1997 = F. Muecke, *Lingua e stile*, in *EO* II 1997, 755–787

Mullach 2013 = S.J.V. Mullach, *The Annals of Tacitus, Book 11*, Cambridge 2013

Munk Olsen 1982 = B. Munk Olsen, *L'étude des auteurs classiques latins aux XIe et XIIe siècle. I Catalogue des manuscripts classiques latins du IXe au XIIe siècle: Apicius-Juvénal*, Paris 1982

Murgatroyd 1980 = *Tibullus I: A Commentary on the First Book of Elegies of Albius Tibullus*, ed. by P. Murgatroyd, Pietermaritzburg 1980

Murgatroyd 2002 = Tibullus *Elegies* II, ed. by P. Murgatroyd, Oxford 2002

Murray 1990 = *Sympotica: a Symposium on the Symposion*, ed. by Oswyn Murray, Oxford 1990

Murray-Tecuşan 1995 = O. Murray-M. Tecuşan (edd.), *In vino veritas*, London 1995

Mussehl 1919 = J. Mussehl, *Geschichte und Bedeutung des Verbums* cevere *(mit zwei Excursen über Verwandtes)*, in "Hermes" 54, 1919, 387–404

Nadeau 1982 = Y. Nadeau, *Juvenal's empty verbiage (6, 64–66)*, in "LMC" 7, 1982, 68–69

Nadeau 1983 = Y. Nadeau, *Who traduced Juvenal?*, in "LMC" 8, 1983, 153–157

Nappa 1998 = Ch. Nappa, Praetextati mores: *Juvenal's second Satire*, in "Hermes" 126, 1998, 90–108

Nappa 2010 = Ch. Nappa, *The Unfortunate Marriage of Gaius Silius: Tacitus and Juvenal on the Fall of Messalina*, in Miller-Woodman 2010, 189–214

Nappa 2018 = Ch. Nappa, *Making Men Ridiculous. Juvenal and the Anxieties of the Individual*, Ann Arbor 2018

Nardo 1973 = D. Nardo, *La sesta satira di Giovenale e la tradizione erotico-elegiaca latina*, Padova 1973

Nardo 1975–84 = D. Nardo, Spondeiazontes *in Giovenale*, in "L&S" 10, 1975, 439–468; rist. in Id., *Modelli e nessaggi. Studi sull'imitazione classica*, Bologna 1984, 7–37 (da cui si cita)

Nardo 1985 = D. Nardo, grandis, in *EV* II 1985, 790–791

Narducci 2002 = E. Narducci, *Un'epica contro l'impero*, Roma-Bari 2002

Nauta 2002 = R.R. Nauta, *Poetry for Patrons. Literary Communication in the Age of Domitian*, Leiden-Boston-Köln 2002

Navarro Antolín 1996 = Lygdamus, *Corpus Tibullianum III.1–6, Lygdami Elegiarum Liber*, ed. and comm. by F. Navarro Antolín, Leiden-New York-Köln 1996

Negri 1987 = A. Negri, *lavoro*, in *EV* III 1987, 154–159

Nicosia 2003 = *Ulisse nel tempo. La metafora infinita*, a c. di S. Nicosia, Venezia 2003

Nikitinski 2002 = A. Persius Flaccus *Saturae*, comm. instr. H. Nikitinski, München-Leipzig 2002

Nisbet 1962–95 = R.G.M. Nisbet, Review and Discussion of K. Muller, *Petronii Arbitri Satyricon,* and W.V. Clausen (ed.), *A. Persi Flacci et D. Iuni Iuvenalis Saturae*, in "JRS" 52, 1962, 227–238; rist. in ID., 1995, 6–28 (da cui si cita)

Nisbet 1988–95 = R.G.M. Nisbet, *Notes on the Text and Interpretation of Juvenal*, in AA.VV., Vir Bonus Discendi Peritus. *Studies in Celebration of O. Skutsch's Eightieth Birthday*, ed. by N. Horsfall, London 1988, 86–110, rist. in ID., 1995, 227–260 (da cui si cita)

Nisbet 1989–2009 = R.G.M. Nisbet, *On Housman's Juvenal*, in "ICS" 14, 1989, 285–302; rist. in ID., 1995, 272–292 e in Butterfield-Stray 2009, 45–63 (da cui si cita)

Nisbet 1995 = R.G.M. Nisbet, *Collected Papers on Latin Literature*, Oxford 1995

Nisbet 1999 = R.G.M. Nisbet, *Epilegomena on the text of Juvenal*, "AAntHung" 39, 1999, 225–230

Nisbet 2002 = R.G.M. Nisbet, "Sera vindemia": *marginal notes on the text of Horace and Juvenal*, in Miller-Damon-Myers 2002, 56–66

Nisbet-Hubbard 1970–78 = R.G.M. Nisbet-M. Hubbard, *A Commentary on Horace: Odes*, I Oxford 1970; II Oxford 1978

Nisbet-Rudd 2004 = R.G.M. Nisbet-N. Rudd, *A Commentary on Horace: Odes Book III,* Oxford 2004

Nocchi Macedo 2016 = G. Nocchi Macedo, *Il fragmentum Antinoense e la fortuna di Giovenale nel mondo grecofono*, in Stramaglia-Grazzini-Dimatteo 2016, 213–229

Nonnis 2016 = D. Nonnis, *Le attività artigianali*, in Marcone 2016, 265–303

Norden 1927³ = P. Vergilius Maro, *Aeneis Buch VI*, erkl. v. E. Norden, Stuttgart-Leipzig 1927

Nougaret 1963 = L. Nougaret, *Traité de métrique latine classique*, Paris 1963³ (= 1948¹)

Obermayer 1998 = H.P. Obermayer, *Martial und der Diskurs über männliche 'Homosexualität' in der Literatur der frühen Kaiserzeit*, Tübingen 1998

Ogilvie 1965 = R.M. Ogilvie, *A Commentary on Livy Books 1-5*, Oxford 1965

Oniga 2003a = *Il plurilinguismo nella tradizione letteraria latina*, a c. di R. Oniga, Roma 2003

Oniga 2003b = Tacito, *Opera omnia*, a cura di R. Oniga, I–II, Torino 2003

Onorato 2008 = Claudiano, *De raptu Proserpinae*, a c. di M. Onorato, Napoli 2008

Opelt 1962 = I. Opelt, *Erde*, in *RAC* 5, 1962, 1113–1179

Opelt 1965 = I. Opelt, *Die lateinischen Schimpfwörter und verwandte sprachliche Erscheinungen: eine Typologie*, Heidelberg 1965

Osborne 2006 = R. Osborne, *Introduction: Roman Poverty in Context*, in Atkins-Osborne 2006, 1–20

O' Sullivan 2011 = T.M. O' Sullivan, *Walking in Roman Culture*, Cambridge 2011

Otto 1890 = A. Otto, *Die Sprichwörter und sprichwörtlichen Redensarten der Römer*, gesammelt und erklärt von A. Otto, Leipzig 1890 (mit Nachtr. von R. Häussler, Hildesheim 1968)

Pagnotta 1977–78 = M.A. Pagnotta, *Carpentum: privilegio del carro e ruolo sociale delle matrone romane*, in "AFLP" 15, 1, 1977–1978, 159–170

Paladini-Manzella 2014 = *Livio Andronico, Odissea*. Commentario, a c. di M. Paladini e S.M. Manzella, Napoli 2014

Palmisciano 1997 = R. Palmisciano, *Satiri*, in *EO* II 1997, 482–484

Palombi 1996 = D. Palombi, *Roma*, in *EO* I 1996, 533–553

Papi 1999 = E. Papi, *Palatium (età repubblicana - 64 d.C.)*, in *LTUR* IV, 1999, 22–38

Paratore 1980 = E. Paratore, *Prudenzio fra antico e nuovo*, in AA.VV., *Passaggio dal mondo antico al Medio Evo: da Teodosio a san Gregorio Magno*, Atti Conv. Intern. Roma 25–28 maggio 1977, Roma 1980, 51–86

Paribeni 1961 = E. Paribeni, *Marsia*, in *EAA* IV, 1961, 876–880

Parker 1997 = H.N. Parker, *The Teratogenic Grid*, in Hallet-Skinner 1997, 47–65

Parker 2012 = H.N. Parker, *Manuscripts of Juvenal and Persius*, in Braund-Osgood 2012, 137–161

Parker-Braund 2012 = H.N. Parker-S. Braund, *Imperial Satire and the Scholars*, in Braund-Osgood 2012, 436–464

Parroni 2002 = Seneca, *Ricerche sulla natura*, a c. di P. Parroni, Milano 2002

Pascucci 1985 = G. Pascucci, *dieresi bucolica*, in *EV* II 1985, 65–66

Pasoli 1981–2 = E. Pasoli, *Linguaggio poetico, e "poetica" di Giovenale: "storno", ricupero, enfatizzazione*, in *Letterature comparate. Problemi di metodo. Studi in onore di E. Paratore*, Bologna 1981, II 667–680; rist. in ID., *Tre poeti espressionisti: Properzio, Persio, Giovenale*, Roma 1982, 353–376 (da cui si cita)

Pasquali 1920–64 = G. Pasquali, *Orazio lirico. Studi*, Firenze 1920; rist. xerogr. con introd, indici e app. di aggiornamento bibliografico a c. di A. La Penna, Firenze 1964 (da cui si cita)

Pasquinucci 1979 = M. Pasquinucci, *La transumanza nell'Italia Romana*, in Gabba-Pasquinucci 1979, 75–182

Pattoni 2005 = Longo Sofista, *Dafni e Cloe*, a c. di M.P. Pattoni, Milano 2005

Pavanello 1994 = R. Pavanello, *Nomi di persona allusivi in Marziale*, in "Paideia" 49, 1994, 161–178

Peachin 2011 = *The Oxford Handbook of Social Relations in the Roman World*, ed. by M. Peachin, Oxford 2011

Pecere 1986 = O. Pecere, *La tradizione dei testi latini tra IV e V secolo attraverso i libri sottoscritti*, in Giardina 1986, 19–81; 210–246

Pecere 2016 = O. Pecere, *Libri e percorsi tardoantichi delle satire di Giovenale (e di Persio)*, in Stramaglia-Grazzini-Dimatteo 2016, 231–252

Pensabene 1996 = P. Pensabene, *Magna Mater, Aedes* in *LTUR* III 1996, 206–208

Pensabene 2006 = Pensabene *et alii*, *Topografia del sacro sul colle Palatino*, in "ScAnt" 13, 2006, 301–328

Pepe 2018 = L. Pepe, Gli eroi bevono vino. Il mondo antico in un bicchiere, Bari-Roma 2018

Perego 2011 = *Marco. Introduzione, traduzione e commento* a c. di G. Perego, Cinisello Balsamo 2011

Perruccio 2000 = A. Perruccio, *Il* Fornix *di Lucilio, Ocrisia e la nascita di Servio Tullio: note arnobiane*, in "Maia" 52, 2000, 285–294

Perutelli 2005 = A. Perutelli, *Liv. Andr. Odusia 1*, in "Philologus" 149, 2005, 162–163

Perutelli 2006 = A. Perutelli, *Ulisse nella cultura romana*, Firenze 2006

Petersmann 1977 = H. Petersmann, *Petron's Urban Prose*. Untersuchungen zu Sprache und Text (Syntax), Wien 1977

Pettinau 1991 = B. Pettinau, *L'argento*, in Porzio Biroli Stefanelli 1991, 3–35

Piazzi 2007 = P. Ovidii Nasonis, *Heroidum epistula VII Dido Aeneae*, a c. di L. Piazzi, Firenze 2007

Pinotti 1993² = P. Ovidio Nasone, *Remedia amoris*, introd., testo e comm. a c. di P. Pinotti, Bologna 1993 (1988¹)

Pinzger 1827 = G. Pinzger, *De versibus spuriis et male suspectis in Juvenalis satiris dissertatio*, Vratislaviae 1827.

Pirzio Biroli Stefanelli 1991 = L. Pirzio Biroli Stefanelli, *L'argento dei Romani. Vasellame da tavola e d'apparato*, con contributi di M.E. Micheli e B. Pettinau, Roma 1991

Pitcher 1993 = R.A. Pitcher, *The* mollis vir *in Martial*, in Lee-Mackie-Tarrant 1993, 56–67

Plaza 2006 = M. Plaza, *The Function of Humour in Roman Verse Satires: Laughing and Lying*, Oxford 2006

Plaza 2009 = M. Plaza (cur.), *Persius and Juvenal*, Oxford-New York 2009

Poccetti 2003 = P. Poccetti, *Il plurilinguismo nelle satire di Lucilio e le selve dell'interpretazione: gli elementi italici nei frammenti 581 e 1318 M.*, in Oniga 2003a, 63–89

Pollmann 1996 = K. Pollmann, *Die Funktion des Mythos in den SatIren Juvenals*, in "Hermes" 124, 1996, 480–490

Pomeroy 1992 = A.J. Pomeroy, *Trimalchio as "Deliciae"*, in "Phoenix" 46, 1992, 45–53

Portuese 2013 = *Il carme 67 di Catullo*, introd., ediz. crit., trad. e comm. di O. Portuese, Cesena 2013

Pötscher 1978 = W. Pötscher, *Das römische Fatum-Begriff und Verwendung*, in *ANRW* II 16.1, Berlin-New York 1978, 393–424

Potthoff 1992 = A. Potthoff, *Lateinische Kleidungsbezeichnungen in synchroner und diachroner Sicht*, Innsbruck 1992

Powell 1999 = J.G.F. Powell, *Stylistic Registers in Juvenal*, in Adams-Mayer 1999, 311–334

Pucci 1985 = G. Pucci, *Per una storia del lusso nella cultura materiale fra tarda repubblica e alto impero*, in "Index" 13, 1985, 573–587

Pyne 1979 = J.J. Pyne, *A Study of Juvenal's Use of Personal Names*, Tufts 1979

Rademaker 2003 = A. Rademaker, *"Most Citizens are εὐρύπρωκτοι Now": (Un)manliness in Aristophanes*, in Rosen-Sluiter 2003, 115–126

Raffaelli 1995 = *Vicende e figure femminili in Grecia e a Roma*. Atti del Convegno Pesaro 28–30 aprile 1994, a c. di R. Raffaelli, Ancona 1995

Raina 1993 = Pseudo Aristotele, *Fisiognomica*; Anonimo Latino, *Il trattato di fisiognomica*, a c. di G. Raina, Milano 1993

Ramage 1963 = E.S. Ramage, *Urbanitas: Cicero and Quintilian, a contrast in attitudes*, in "AJPh" 84, 1963, 390–414

Ramage 1973 = E.S. Ramage, *Urbanitas. Ancient Sophistication and Refinement*, Oklahoma 1973

Rapallo-Garbugino 1998 = *Grammatica e lessico delle lingue morte*, a c. di U. Rapallo e G. Garbugino, Alessandria 1998

Rawson 1991 = B. Rawson (ed.), *Marriage, Divorce and Children in Ancient Rome*, Oxford 1991

Razzini 1912 = C.S. Razzini, *Il diritto romano nelle satire di Giovenale*, Milano 1912

Reeb 1916 = W. Reeb, *Zur lateinischen Wortkunde*, in "Glotta" 8, 1916, 85–88

Reekmans 1971 = T. Reekmans, *Juvenal's Views on Social Change*, in "Anc. Soc." 2, 1971, 117–161

c) Ulteriore Bibliografia

Reinhold 1970 = M. Reinhold, *History of Purple as a Status Symbol in Antiquity*, Bruxelles 1970

Ribbeck 1865 = O. Ribbeck, *Der echte und der unechte Juvenal*, Berlin 1865

Richard 1966 = L. Richard, *Juvénal et les Galles de Cybèle*, in "RHR" 169, 1966, 51–67

Richlin 1984 = A. Richlin, *rec.* a Adams 1982, in "AJPh" 105, 1984, 492–494

Richlin 1992[2] = A. Richlin, *The Garden of Priapus: Sexuality and Aggression in Roman Humor*, Oxford 1992 (1983[1])

Richlin 1993 = A. Richlin, *'Not Before Homosexuality: The Materiality of The Cinaedus and The Roman Law against Love between Men*, in "Journal of the History of Sexuality" 3, 1993, 523–573

Richlin 2012 = A. Richlin, *School Texts of Persius and Juvenal*, in Braund-Osgood 2012, 465–485

Richmond 1968 = J.A. Richmond, *Metre and Prosody in the* Halieutica *ascribed to Ovid*, in "Hermes" 96, 1968, 341–355

Ricottilli 1997 = L. Ricottilli, *Lingua d'uso*, in *EO* II 1997, 897–908

Rizzelli 1997 = G. Rizzelli, Lex Iulia de adulteriis: *studi sulla disciplina di* adulterium, lenocinium, stuprum, Lecce 1997

Roberts 1984 = M. Roberts, *Horace* Satires *2.5. Restrained indignation*, in "AJPh" 105, 1984, 426–433

Robleda 1980 = O. Robleda, *Il divorzio in Roma prima di Costantino*, in *ANRW* II 14, Berlin-New York 1980, 347-390

Roesch 2010 = S. Roesch (ed.), *Prier dans la Rome antique. Etudes Lexicales*, Paris 2010

Rolle 2017 = A. Rolle, *Dall'Oriente a Roma: Cibele, Iside e Serapide nell'opera di Varrone*, Pisa 2017

Romano 1979 = A.C. Romano, *Irony in Juvenal*, Hildesheim-New York 1979

Romano 1991 = Q. Orazio Flacco, *Le opere*, I 2: *Le Odi, il Carme secolare, gli Epodi*, comm. di E. Romano, Roma 1991

Romano 1997 = E. Romano, *preghiera*, in *EO* II 1997, 467–469

Ronconi 1959 = A. Ronconi, *Il verbo latino. Problemi di sintassi storica*, Firenze 1959

Ronconi 1971[2] = A. Ronconi, *Studi catulliani*, Brescia 1971 (Bari 1953[1])

Ronconi 1973 = A. Ronconi, *Interpreti latini di Omero*, Torino 1973

Rosati 2009 = Ovidio, *Metamorfosi,* III, libri V–VI, a c. di G. Rosati, trad. di G. Chiarini, Milano 2009

Rosen 2007 = R.M. Rosen, *Making Mockery: The Poetics of Ancient Satire*, Oxford 2007

Rosen-Sluiter 2003 = R.M. Rosen – I. Sluiter, Andreia: *Studies in Manliness and Courage in Classical Antiquity,* Leiden 2003

Ross 1969 = D.O. Ross, *Style and Tradition in Catullus*, Cambridge 1969

Rota 2016 = G. Rota, *Prejudice and obstinacy in brackets: Juvenal, Satire 6 and the Oxford fragment(s)*, in Stramaglia-Grazzini-Dimatteo (edd.), 2016, 253–291

Rothstein 1920 = *Die Elegien des Sextus Propertius*, erkl. von M. Rothstein, I–II, Berlin 1920

Rousselle 1983–5 = A. Rousselle, *Porneia. De la maîtrise du corps à la privation sensorielle: 2e.–4e. siècles de l'ère chrétienne*, Paris 1983; tr. it. *Sesso e società alle origini dell'era cristiana*, Bari 1985 (da cui ci cita)

Ruffo 2010 = F. Ruffo, *La Campania antica. Appunti di storia e di topografia. Parte I*, Roma 2010

Russo 1985 = Omero, *Odissea*, V, Libri XVII–XX, a c. di J. Russo, trad. di A. Privitera, Milano 1985

Sabbatucci 1988 = D. Sabbatucci, *La religione di Roma antica. Dal calendario festivo all'ordine cosmico*, Milano 1988

Saggese 1994 = P. Saggese, *Lo scurra in Marziale*, in "Maia" 46, 1994, 53–59

Salanitro 1990 = M. Salanitro, *Le Menippee di Varrone. Contributi esegetici e linguistici*, Roma 1990

Saller 1982= R.P. Saller, *Personal Patronage under the Early Empire*, Cambridge 1982

Saller 1983a = R.P. Saller, *Martial on patronage and literature*, in "CQ" 33, 1983, 246–257

Saller 1983b = R.P. Saller, *The Meaning of* faenus *in Juvenal's Ninth Satire*, in "PCPhS" 28, 1983, 72–76

Saller 1989 = R.P. Saller, *Patronage and friendship in early imperial Rome: drawing the distinction*, in Wallace-Hadrill 1989, 49–62

Saller 1991 = R.P. Saller, *Corporal Punishment, Authority, and Obedience in the Roman Houshold*, in Rawson 1991, 144–165

Sallusto-Greco 1988 = F. Sallusto-E. Greco, *Sirene*, in *EV* IV, 1988, 891–893

Salvadore 2011 = Commodiano, *Carmen de duobus populis*, intr., nota crit. e comm. a c. di I. Salvadore, Bologna 2011

Santalucia 1999[2] = B. Santalucia, *Diritto ereditario romano. Le fonti*, Bologna 1999 (1987[1])

Santorelli 2008 = B. Santorelli, *Trent'anni di studi giovenaliani (1977–2007)*, in "BSL" 38, 2008, 119–194 e 637–720

Santoro L'Hoir 1992 = F. Santoro L'Hoir, *The rhetoric of gender terms. 'Man', 'Woman' and the Portrayal of Character in Latin Prose*, Leiden 1992

Sanzi 2018 = E. Sanzi, *Anubis: principato e poesia a Roma*, in Bonnet-Sanzi 2018, 113–120

Scarcia 1985a = R. Scarcia, *"Ad tantas opes processit". Note a Plinio il Giovane*, in "Index" 15, 1985, 289–312

Scarcia 1985b = R. Scarcia, *Fortuna*, in *EV* II 1985, 564–567

Scarpi 1996 = Apollodoro, *I miti greci*, a c. di P. Scarpi, trad. di M.G. Ciani, Milano 1996

Scarpi 1997 = P. Scarpi, *Cerere*, in *EO* II 1997, 337–339

Scarpi-Rossignoli 2002 = *Le religioni dei misteri*, a c. di P. Scarpi con la collaborazione di B. Rossignoli, II Milano 2002

Scheidel 2006 = W. Scheidel, *Stratification, deprivation and quality of life*, in Atkins-Osborne 2006, 40–59

Schierl 2006 = P. Schierl, *Die Trogödien des Pacuvius*, Berlin-New York 2006

Schmeling 2011 = *A Commentary on the* Satyrica *of Petronius* by G. Schmeling, with the collaboration of A. Setaioli, Oxford 2011

Schmitz 2000 = Ch. Schmitz, *Das Satirische in Juvenals Satiren*, Berlin-New York 2000

Schmitz 2019 = Ch. Schmitz, *Juvenal*, Hildesheim-Zürich-New York 2019

Schnurbusch 2011 = D. Schnurbusch, *Convivium. Form und Bedeutung aristokratischer Geselligkeit in der römischen Antike*, Stuttgart 2011

Schöffel 2002 = Ch. Schöffel, *Martial, Buch 8*. Einleitung, Text, Übersetzung, Kommentar, Stuttgart 2002

Scholte 1873 = A. Scholte, *Dissertatio litteraria continens observationes criticas in saturas D. Iunii Iuvenalis*, Trajecti ad Rhenum 1873

Schrijvers 1985 = H.P. Schrijvers, *Eine medizinische Erklärung der männlichen Homosexualität aus der Antike*, Amsterdam 1985

Schröder 1966 = H.O. Schröder, *Fatum (Heimarmene)*, in *RAC* VII 1966, 524–636

Scivoletto 1961 = A. Persi Flacci *Saturae*, a c. di N. Scivoletto, Firenze 1961 (1956[1])

Scullard 1981 = H.H. Scullard, *Festivals and Ceremonies of the Roman Republic*, London 1981

Serrao 1985 = F. Serrao, *fraus*, in *EV* II 1985, 588–590

Setaioli 1980/81–2000 = A. Setaioli, Elementi di sermo cotidianus *nella lingua di Seneca prosatore*, in "SIFC" 52, 1980, 5–47 e 53, 1981, 5–49 (poi in Setaioli 2000, 9–95)

Setaioli 1988 = A. Setaioli, *Seneca e i Greci*, Bologna 1988

Setaioli 1996 = A. Setaioli, *Omero*, in *EO* I, 828–830

Setaioli 2000 = A. Setaioli, Facundus Seneca. *Aspetti della lingua e dell'ideologia senecana*, Bologna 2000

Sfameni Gasparro 1997 = G. Sfameni Gasparro, *Cibele*, in *EO* II 1997, 340–342

Shackleton Bailey 1987 = D.R. Shackleton Bailey, *On Petronius*, in "AJPh" 108, 1987, 458–464

Shackleton Bailey 1993 = *Martial. Epigrams*, ed. and transl. by D.R. Shackleton Bailey, Cambridge, Mass.-London 1993

Shaw 2001 = B.D. Shaw, *Raising and killing children; two Roman myths*, in "Mn" 54, 2001, 31–77

Sherwin White 1966 = *The Letters of Pliny. A Historical and Social Commentary*, by A.N. Sherwin White, Oxford 1966

Smith 1994 = Ph.J. Smith, *A note on Ammianus Marcellinus and Juvenal*, in "LMC" 19, 1994, 23–24

Sofroniew 2015 = A. Sofroniew, *Household Gods: Private Devotion in Ancient Greece and Rome*, Los Angeles 2015

Sogno 2012 = C. Sogno, *Persius, Juvenal and the Transformation of Satire in Late Antiquity*, in Braund-Osgood 2012, 363–385

Solimano 1998 = G. Solimano, *Monstrum in Seneca*, in Rapallo-Garbugino 1998, 233–254

Solodow 1986 = J.B. Solodow, *'Raucae, tua cura, palumbes': Study of a Poetic Word Order*, in "HSCPh" 90, 1986, 129–153

Sonnabend 1999 = *Mensch und Landschaft in der Antike*, hrsg. von H. Sonnabend, Stuttgart-Weimar 1999

Sosin 1999 = J.D. Sosin, *Ausonian Allusions to Juvenal's Satires*, in "WS" 112, 1999, 91–112

Sosin 2000 = J.D. Sosin, *Ausonius' Juvenal and the Winstedt fragment*, in "CPh" 95, 2000, 196–206

Soubiran 1965 = J. Soubiran, *Ponctuation bucolique et liaison syllabique en grec et latin*, in "Pallas" 13, 1965, 21–52

Spaeth 1996 = B.S. Spaeth, *The Roman Goddess Ceres*, Austin 1996

Spisak 1998 = A.L. Spisak, *Gift-giving in Martial*, in Grewing 1998b, 243–255

Squintu 2006 = *Le Atellane di Pomponio*, Introduzione, commento e indici a c. di C. Squintu, Cagliari 2006

Stanford 1968^2 = W.B. Stanford, *The Ulysses Theme. A Study on the Adaptability of a Hero*, with a new foreword by Charles Boer, Oxford 1968^2 (1954^1)

Starr jr. 1942 = Ch.G. Starr jr., *Verna*, in "CPh" 37, 1942, 314–317

Stewart 1994 = R. Stewart, *Domitian and Roman Religion: Juvenal, Satires Two and Four*, in "TAPhA" 124, 1994, 309–332

Stocchi 2004 = Ch. Stocchi, *Orazio, Numicio e la morale del possibile*, Bologna 2004

Stok 1987 = F. Stok, *monstrum*, in *EV* III 1987, 574–575

Stok 1997 = F. Stok, *nevrosi*, in *EO* II 1997, 220–222

Stramaglia-Grazzini-Dimatteo 2016 = A. Stramaglia, S. Grazzini, G. Dimatteo (edd.), *Giovenale tra storia, poesia e ideologia*, Atti del Convegno Internazionale di Aquino (16–17 ottobre 2014), Berlin-Boston 2016

Strong 1966 = D.E. Strong, *Greek and Roman Silver Plates*, London 1966

Strong 2016 = A.K. Strong, *Prostitutes and Matrons in the Roman World*, Cambridge 2016

Stumpp 1998 = B.E. Stumpp, *Prostitution in der römischen Antike*, Berlin 1998

Sullivan 1968–77 = J.P. Sullivan, *The Satyricon of Petronius: a literary study*, London 1968; tr. it. *Il 'Satyricon' di Petronio. Uno studio letterario*, Firenze 1977 (da cui si cita)

Sullivan 1979 = J.P. Sullivan, *Martial's Sexual Attitudes*, in "Philologus" 123, 1979, 288–302

Sullivan 1991 = J.P. Sullivan, *Martial: the unexpected classic. A literary and historical study*, Cambridge 1991

Summers 1996 = K. Summers, *Lucretius' Roman Cybele*, in Lane 1996, 337–365

Swain 2007 = S. Swain, *Seeing the Face, Seeing the Soul. Polemon's Physiognomy from Classical Antiquity to Mediaeval Islam*, Oxford 2007

Syme 1949–70 = R. Syme, *Personal Names in Annals I–VI*, in "JRS" 39, 1949, 6–18; rist. ID., *Ten Studies in Tacitus*, Oxford 1970, 58–78 (da cui si cita)

Syme 1958/68–71 = R. Syme, *Tacitus*, I–II, Oxford 1958; tr. it. *Tacito*, I Brescia 1968; II Brescia 1971 (da cui si cita)

Tabarroni 1985 = G. Tabarroni, *elettro*, in *EV* II 1985, 196–197

Taegert 1978 = W. Taegert, *Der Schluss der dritten Satire Juvenals*, in "Hermes" 106, 1978, 573–592

Tandoi 1965–66/92 = V. Tandoi, *Morituri verba Catonis*, in "Maia" 17, 1965, 315–339 e 18, 1966, 20–41, rist. in Tandoi 1992, 386–423

Tandoi 1968–92 = V. Tandoi, *Giovenale e il mecenatismo a Roma fra I e II sec. d. C.*, in "A&R" s. V 13, 1968, 125–145; rist. in Tandoi 1992, 784–801 (da cui si cita)

Tandoi 1969–92 = V. Tandoi, *Il ricordo di Stazio "dolce poeta" nella sat. VII di Giovenale*, in "Maia" 21, 1969, 103–122; rist. in Tandoi 1992, 802–817 (da cui si cita)

Tandoi 1976–92 = V. Tandoi, *L'arguzia del carme 54 di Catullo*, in "SIFC" 48, 1976, 5–28; rist. in Tandoi 1992, 299–316 (da cui si cita)

Tandoi 1992 = V. Tandoi, *Scritti di filologia e di storia della cultura classica*, a c. di F.E. Consolino *et al.*, Pisa 1992

Tarán 1985 = S.L. Tarán, Εἰσι τρίχες: *an Erotic Motif in the Greek Anthology*, in "Journ. Hellenistic Studies" 105, 1985, 90–107

Tarrant 1976 = R.J. Tarrant, Seneca *Agamemnon*, Cambridge et al. 1976

Tarrant 1986[2] = R. Tarrant, *Juvenal*, in L.D. Reynolds (ed.), *Texts and Transmission. A Survey of the Latin Classics*, Oxford 1986, 200–203 (1983[1]).

Tartari Chersoni 2001 = M. Tartari Chersoni, *La dieresi bucolica nelle Satire di Persio*, in "BSL" 31, 2001, 432–457

Taylor 1997 = R. Taylor, *Two Pathic Subcultures in Ancient Rome*, in "Journ. Hist. Sexuality" 7, 1997, 319–371

Tchernia 2016[2] = A. Tchernia, *Le vin de l'Italie romaine. Essai d'histoire économique d'après les amphores*, Rome 2016 (1986[1])

Tennant 1996 = P.M.W. Tennant, *'Tongue in cheek' for 243 lines? The question of Juvenal's sincerity in his seventh satire*, in "Scholia" 5, 1996, 72–88

Tennant 2000 = P.M.W. Tennant, *Poets and Poverty: The Case of Martial*, in "Acta Class." 43, 2000, 139–156

Tennant 2003 = P.M.W. Tennant, *Queering the patron's pitch: the real satiric target of Juvenal's ninth satire*, in Basson-Dominik 2003, 123–132

Teuffel 1865–66/89[2] = W. Teuffel, *Zu Juvenalis*, in "RhM" 20, 1865, 153–155 e 473–479 + 21, 1866, 155–158; rist. in ID., *Studien und Charakteristiken zur griechischen und römischen Literatur-Geschichte*, Leipzig 1889[2], 549–560 (da cui si cita)

Thiel 1901 = A. Thiel, *Iuvenalis Graecissans sive de vocibus Graecis apud Iuvenalem*, Vratislaviae 1901

Thomas 1988 = Virgil *Georgics*, ed. by R.F. Thomas, I–II Cambridge 1988

Thomas 2011 = Horace *Odes Book IV and Carmen Saeculare*, ed. by R.F. Thomas, Cambridge 2011

Thomas-Humphrey 1994 = N. Thomas-C. Humphrey (edd.), *Shamanism, History and the State*, Ann Arbor 1994

Thomsen 1992 = O. Thomsen, *Ritual and Desire. Catullus 61 and 62 and other ancient documents on wedding and marriage*, Aahrus 1992

Timpanaro 1978 = S. Timpanaro jr., *Ut vidi, ut perii*, in ID., *Contributi di filologia e di storia della lingua latina*, Roma 1978, 219–287

Timpanaro 1988 = Cicerone, *Della divinazione*, a c. di S. Timpanaro jr., Milano 1988

Todd Lee 2005 = B. Todd Lee, *Apuleius' Florida: a Commentary*, Berlin 2005

Tosi 2017a = R. Tosi, *Dizionario delle sentenze greche e latine*, Milano 2017[2] (1991[1])

Tosi 2017b = R. Tosi, *Proverbi in Aristofane*, in Mastromarco-Totaro-Zimmermann 2017, 115–149

Townend 1972 = G.B. Townend, *The earliest scholiast on Juvenal*, in "CQ" 22, 1972, 376–387

Townend 1973 = G.B. Townend, *The Literary Substrata to Juvenal's Satires*, in "JRS" 63, 1973, 148–160

Traenkle 1990 = *Appendix Tibulliana*, hrsg. und komm. von H. Traenkle, Berlin-New York 1990

Traina 1981 = Satura. *Studi in memoria di E. Pasoli*, a c. di A. Traina, Bologna 1981

Traina 1973–86 = A. Traina, *Semantica del* carpe diem, in "RFIC" 101, 1973, 5–21; rist. in ID., *Poeti latini (e neolatini). Note e saggi filologici*, Bologna 1986[2] (da cui si cita)

Traina 1987[4] = A. Traina, *Lo stile "drammatico" del filosofo Seneca*, Bologna 1987 (Firenze 1964[1])

c) Ulteriore Bibliografia

Traina 1997a = A. Traina, *composti nominali*, in *EO* II 1997, 813–815

Traina 1997b = A. Traina, *diminutivi*, in *EO* II 1997, 815–818

Treggiari 1991 = S. Treggiari, *Roman Marriage:* iusti coniuges *from the time of Cicero to the time of Ulpian*, Oxford 1991

Trappes-Lomax 2000 = J. Trappes-Lomax, *Four suggestions in Juvenal*, in "Mn" 53, 2000, 725–729

Trappes-Lomax 2001 = J. Trappes-Lomax, *Two notes on Horace and Juvenal*, in "PCPhS" 47, 2001, 188–195

Turcan 1984 = R. Turcan, *aeternitas*, in *EV* I 1984, 43–44

Turcan 1989 = R. Turcan, *Les cultes orientaux dans le monde romain*, Paris 1989 (2004³)

Uden 2014 = J. Uden, *The Invisible Satirist. Juvenal and the Second-Century Rome*, Oxford 2014

Uglione 2001 = R. Uglione, *Poeti latini in Tertulliano. Interstestualità e riscrittura*, in "A&R", s. V 46, 2001, 9–34

Unceta Gomez 2008 = L. Unceta Gomez, *Incidienza de factores pragmaticos en la evolución semántica del verbo rogare*, in Viré 2008, 251–255

Urech 1999 = H.J. Urech, *Hoher und niederer Stil in den Satiren Juvenals*, Bern et al. 1999

Uria Varela 1997 = J. Uria Varela, *Tabú y eufemismo en latin*, Amsterdam 1997

Väänänen1982 = V. Väänänen, *Introduzione al latino volgare*, a c. di A. Limentani, Bologna 1982

Vahlen 1884 = J. Vahlen, *Quaestiones Iuvenalianae*, Berolini 1884; rist. in Vahlen 1907–1908, I 223–253 (da cui si cita)

Vahlen 1907–8 = J. Vahlen, *Opuscula Academica*, I–II, Lipsiae 1907–1908

van den Hout 1999 = M.P.J. van den Hout, *A Commentary on the Letters of M. Cornelius Fronto*, Leiden-Boston-Köln 1999

Vannini 2007 = G. Vannini, *Petronio 1975–2005: bilancio critico e nuove proposte*, in "Lustrum" 49, 2007

Vattuone 2004 = R. Vattuone, *Il mostro e il sapiente. Studi sull'erotica greca*, Bologna 2004

Vázquez Buján 1999 = M.E. Vázquez Buján, *La nature textuelle de l'œuvre de Caelius Aurelianus*, in Mudry 1999, 121–140

Vegetti 1989 = M. Vegetti, *L'etica degli antichi*, Roma-Bari 1989

Venini 1970 = P. Papinii Statii, *Thebaidos liber undecimus*, a c. di P. Venini, Firenze 1970

Venturini 1997 = C. Venturini, *usura*, in *EO* II 1997, 254–255

Vermaseren 1977 = M.J. Vermaseren, *Cybele and Attis: the Myth and the Cult*, London 1977

Versnel 1992 = H.S. Versnel, *The Festival for* Bona Dea *and the* Thesmoforia, in "G&R" n.s. 39, 1992, 31–55

Veyne 1961–90 = P. Veyne, *Vie de Trimalcion*, in "Annales E.S.C." 16, 1961, 213–247; tr. it. *Vita di Trimalchione*, in ID., *La società romana*, Roma-Bari 1990, 3–43 (da cui si cita)

Veyne 1978–90 = P. Veyne, *La famille et l'amour sous le haut-empire romain*, in "Annales E.S.C." 33, 1978, 35–63; tr. it. *La famiglia e l'amore nell'alto impero romano*, in ID., *La società romana*, Roma-Bari 1990, 157–199 (da cui si cita)

Veyne 1982–3 = P. Veyne, *L'homosexualité à Rome*, in "Communications" 35, 1982, 26–33; tr. it. *L'omosessualità a Roma*, in AA.VV., *I comportamenti sessuali: dall'antica Roma ad oggi*, Torino 1983, 37–48 (da cui si cita)

Veyne 1985–90 = P. Veyne, *L'empire romain*, in Ph. Ariès-G. Duby, *Histoire de la vie privée*, I *(De l'Empire romain à l'an mil)*, Paris 1985, 19–223; tr. it. *L'impero romano*, in Ph. Ariès-G. Duby, *La vita privata dall'impero romano all'anno mille*, Roma-Bari 1990, 3–170 (da cui si cita)

Veyne 2005–12 = P. Veyne, *L'empire gréco-romain*, Paris 2005; tr. it. ID., *L'impero greco-romano. Le radici del mondo globale*, Milano 2012 (da cui si cita)

Viglietti 2014 = C. Viglietti, *I* bina iugera *riconsiderati*, in Carandini 2014, 453–471

Vigourt 2001 = A. Vigourt, *M'. Curius Dentatus et C. Fabricius Luscinus: les grands hommes ne sont pas exceptionnels*, in Coudry-Spath 2001, 117–129

Viparelli 1997 = V. Viparelli, *monosillabi finali*, in *EO* II 1997, 919–921

Viré 2008 = *Autour de lexique latin. Communications faites lors du XIIIe Colloque International de Linguistique Latine*, Bruxelles 4–9 avril 2008 et éditées par Gh. Viré, Bruxelles 2008

Voci 1963 = P. Voci, *Il diritto ereditario romano*, I–II Milano 1963

Voci 2004[6] = P. Voci, *Istituzioni di diritto romano*, Milano 2004 (1948[1])

Vössing 2008a = K. Vössing, *Das römische Trinkgelage (comissatio)-Eine Schimäre der Forschung*, in Vössing 2008 b, 169–189

Vössing 2008b = K. Vössing, *Das römische Bankett im Spiegel der Forschung*, hrsg. v. K. Vössing, Stuttgart 2008

Vössing 2010 = K. Vössing, *Die* sportulae, *der Kaiser und das Klientelwesen in Rom*, in "Latomus" 69, 2010, 723–749

Vottero 1989 = L. Anneo Seneca, *Questioni naturali*, a c. di D. Vottero, Torino 1989

Wade Richardson 1984 = T. Wade Richardson, *Homosexuality in the Satyricon*, in "C&M" 35, 1984, 105–127

Waldherr 1999 = G. Waldherr, *Transhumanz*, in Sonnabend 1999, 564–568

Wallace-Hadrill 1989a = *Patronage in Ancient Society*, ed. by A. Wallace-Hadrill, London 1989

c) Ulteriore Bibliografia

Wallace-Hadrill 1989b = A. Wallace-Hadrill, *Patronage in Roman Society from Republic to Empire*, in Wallace-Hadrill 1989a, 63–87

Walters 1997 = J. Walters, *Invading the Roman Body: Manliness and Impenetrability in Roman Thought*, in Hallett-Skinner 1997, 29–46

Walters 1998a = J. Walters, *Making a Spectacle: Deviant Men, Invective and Pleasure*, in "Arethusa" 31, 1998, 355–367 (rist. in Plaza 2009, 349–360)

Walters 1998b = J. Walters, *Juvenal,* Satire 2: *putting male sexual deviants on show*, in Foxhall-Salmon 1998, 148–154

Watson 1983 = P.A. Watson, *Puella and virgo*, in "Glotta" 61, 1983, 119–144

Watson 1985 = P.A. Watson, *Axelson revisited: the selection of vocabulary in latin poetry*, in "CQ" 35, 1985, 430–448

Watson 1992 = P.A. Watson, *Balls of crystal and amber: fact or fantasy?*, in "LCM" 17, 1992, 23–27

Watson 2003 = *A Commentary on Horace's Epodes*, by L.C. Watson. Oxford 2003

Watson 2007a = P.A. Watson, *Juvenal's* scripta matrona*: elegiac resonances in Satire 6*, in "Mn" 60, 2007, 628–640

Watson 2007b = P.A. Watson, *A* matrona *makes up: fantasy and reality in Juvenal,* Sat. *6, 457–507*, in "RhM" 150, 2007, 375–395

Watson-Watson 2003 = Martial. *Selected Epigrams*, ed. by L. and P. Watson, Cambridge 2003

Watt 1996 = W.S. Watt, *Notes on Juvenal*, in "Eikasmos" 7, 1996, 283–289

Watt 2002 = W.S. Watt, *Notes on Juvenal*, in "Hermes" 130, 2002, 299–305

Watts 1972 = W.J. Watts, *A literary reminiscence in Juvenal (IX 96)*, in "Latomus" 31, 1972, 519–520

Weeber 1995–2003 = K.-W. Weeber, *Alltag im alten Rom: ein Lexikon*, Zürich 1995; tr. it. *Vita quotidiana nell'antica Roma*, Roma 2003 (da cui si cita)

Weidner 1887 = A. Weidner, *rec.* a *A. Persii - D.J. Juvenalis - Sulpiciae Saturae*, rec. O. Jahn, ed. II curata a F. Bücheler, Berlin 1886, in "Woch. Klass. Phil." 4, 1887, 462–466

Weinstock 1930 = S. Weinstock, *Matronalia*, in *RE* XIV 2 (1930), 2306–2309

Weis 1992a = A. Weis, *The Hanging Marsyas and Its Copies. Roman Innovations in a Hellenistic Sculptural Tradition*, Roma 1992

Weis 1992b = A. Weis, *Marsyas*, in *LIMC* VI 1, 1992, 367–378

West 1981 = *Omero, Odissea*, vol. I (libri I–IV), testo e comm. a c. di S. West, Milano 1981

White 1978 = P. White, Amicitia *and the Profession of Poetry in Early Imperial Rome*, in "JRS" 68, 1978, 74–92

White 1993 = P. White, *Promised Verse: Poets in the Society of Augustan Rome*, Cambridge (Mass.) 1993

Whitetaker 1989 = C.R. Whitetaker, *Il povero*, in Giardina 1989, 299–333

Wiesen 1963 = D.S. Wiesen, *Juvenal's Moral Character: An Introduction*, in "Latomus" 22, 1963, 440–471

Wiesen 1964 = D.S. Wiesen, *St. Jerome as a Satirist*, Ithaca-New York 1964

Wiesen 1981 = D.S. Wiesen, *A "decency corruption" in Juvenal*, in "Eranos" 79, 1981, 99–103

Wiesen 1989 = D.S. Wiesen, *The Verbal Basis of Juvenal's Satiric Vision*, in *ANRW* II 33.1, Berlin-New York 1989, 708–733

Williams 1995 = C.A. Williams, *Greek Love at Rome*, in "CQ" 45, 1995, 517–539

Williams 1998 = C.A. Williams, *rec.* a J.P. Hallett, M.B. Skinner, *Roman Sexualities*, Princeton 1997, in "BMCR" 1998.10.16

Williams 2004 = Martial, *Epigrams Book Two*, Ed. with Introd., Transl. and Comm. by C.A. Williams, Oxford 2004

Williams 2010^2 = C.A. Williams, *Roman Homosexuality. Ideologies of Masculinity in Classical Antiquity,* New York-Oxford 2010^2 (1999^1)

Williams 2013 = C.A. Williams, *The meaning of softness: some remarks on the semantics of 'mollitia'*, in "Eugesta" 3, 2013, 240–263

Willis 1987 = J. Willis, *Interpolation in the Text of Juvenal*, in AA.VV., *Le strade del testo*, a c. di G. Cavallo, Bari 1987, 11–19

Wills 1996 = J. Wills, *Repetition in Latin Poetry. Figures of allusion*, Oxford 1996

Wilson 1900 = H.L. Wilson, *The Use of the Simple for Compound Verb in Juvenal*, in "TAPhA" 31, 1900, 202–222

Winkler 1983 = M.M. Winkler, *The Persona in three Satires of Juvenal*, Hildesheim-New York 1983

Winkler 1990 = J.J. Winkler, *The Constraints of Desire*, New York 1990

Winterling 2008 = A. Winterling, *Freundschaft und Klientel im kaiserzeitlichen Rom*, in "Historia" 57, 2008, 298–316

Wiseman 1970 = T.P. Wiseman, *The Definition of* Eques Romanus *in the Late Republic and Early Empire*, in "Historia" 19, 1970, 67–83

Wiseman 1984 = T.P. Wiseman, *Cybele, Virgil and Augustus*, in Woodman-West 1984, 117–128

Witt 1971 = R.E. Witt, *Isis in the Graeco-Roman World*, London 1971

Woodman 2018 = A.J. Woodman, *The Annals of Tacitus, Book 4*, Cambridge 2018

Woodman-West 1984 = *Poetry and Politics in the Age of Augustus*, ed. by T. Woodman and D. West, Cambridge 1984

Woods 2006 = H.A. Woods, *Dialogue of the Prostitutes?: The Speaker of Juvenal's Ninth Satire*, in https:/camws.org/meeting/ 2006/abstracts/woods.html

Woods 2012 = H.A. Woods, *Hunting Literary Legacies:* Captatio *in Roman Satire*, Ph.D. Diss. Univ. Minnesota 2012

c) Ulteriore Bibliografia

Wooten 1984 = C. Wooten, *Petronius and 'camp'*, in "Helios" 11, 1984, 133–139

Yans 1940 = M. Yans, *Note sur l'établissement d'un passage de Juvénal*, in "AC" 9, 1940, 57–64

Zablocka 1988 = M. Zablocka, *Il ius trium liberorum nel diritto romano*, in "BIDR" 91, 1988, 361–390

Zaffagno 1984 = E. Zaffagno, *adulter/adulterium*, in *EV* I 1984, 30–31

Zaffagno 1987 = E. Zaffagno, *magnus*, in *EV* III 1987, 319–322

Zangemeister 1885 = C. Zangemeister, *Glandes plumbeae latine inscriptae*, in "Ephemeris Epigraphica" 6, Roma-Berlino 1885

Zanker 1995–2009 = P. Zanker, *Die Maske des Sokrates: das Bild des Intellektuellen in der antiken Kunst*, München 1995; tr. it. *La maschera di Socrate: l'immagine dell'intellettuale nell'arte antica*, Torino 2009 (da cui si cita)

Zurli 1990 = L. Zurli, *voco*, in *EV* V* 1990, s.v. *vox*, 635–638

Indici

Index locorum

[Acro]
in Horatii Carmina (ed. Keller)
3, 8, 1 : 151

Afranius
Comoediarum fragmenta (edd. Ribbeck³
    = Daviault)
161 = 166 : 228

Ammianus Marcellinus
22, 14, 4 : 224
28, 14, 4 : 47
29, 2, 14 : 287

Anacreon
(edd. Gentili = Page)
82, 11s. = 388, 11s. : 148

Anthologia latina
(ed. Riese²)
729, 4 : 157

Anthologia Palatina
5, 4 : 188
5, 181, 12 : 188
11, 19 : 249
11, 155 : 72
12, 4 : 140
12, 9, 1 : 140
12, 10 : 140
12, 152 : 124
12, 175 : 141
12, 191 : 140
12, 194 : 141
12, 195 : 246
12, 205, 1 : 139
12, 206, 1 : 106
12, 207 : 120
12, 220, 4 : 91
12, 222, 2–(5) : 106
12, 225 : 136
12, 236 : 168
12, 240 : 250
12, 242 : 118
12, 252 : 215

Apollodorus
Bibliotheca
1, 4, 2 : 67

Apuleius
Florida
3, 6 : 90
3, 6–14 : 67
Metamorphoses
2, 15, 5 : 224
2, 16, 6 : 117
2, 17, 4 : 162
8, 4, 4 : 118
8, 26, 5s. : 23 n.82
8, 29, 2 : 265
10, 19, 3 : 142
10, 22, 1 : 208
10, 22, 5 : 185

Aristophanes
Ecclesiazusae
390s. : 225
Pax
885 : 73
Thesmophoriazusae
200s. : 251
Vespae
44s. : 123

Aristoteles
Ethica Nicomachea
7, 6 (1148b) : 146

[Aristoteles]
Problemata
4, 26 : 146

Asclepiades
Epigrammata (edd. Gow-Page)
AP 5, 181, 12 = *HE* 931, 12 : 188

Athenaeus
1, 26e–f : 158
6, 274f : 34 n.128

Augustinus
De dialectica
7 : 135; 136
Epistulae
138, 16 : 48

Avienus
Aratea
421 : 278

Ausonius
(ed. Green²)
Cento nuptialis
p. 139, 1s. : 47 n.4
Epigrammata
14, 3 : 47 n.4; 249
107 : 104
115 : 44 n.154

Caelius Aurelianus
Passiones acutae
3, 180s. : 146
Passiones chronicae
4, 9, 131 : 146

Caesar
De bello civili
3, 68, 1 : 237
De bello Gallico
5, 54, 5 : 237
6, 31, 2 : 80

Calpurnius Piso Frugi
(ed. Peter²)
Annales
fr. 40 : 135; 179

Calpurnius Siculus
Eclogae
2, 82 : 177
4 : 7
4, 1ss. : 65; 66; 220
4, 153ss.: 164
5, 26s. : 268
5, 80s. : 89
6, 37 : 91
7, 27 : 153

Cassiodorus
Expositio psalmorum
150, 5 : 168

Cato
De agri cultura (ed. Mazzarino²)
1, 1 : 270
59 : 176
113, 1 : 161
143, 2 : 266
Orationes (ed. Sblendorio Cugusi)
fr. 178 : 228

Catullus
(ed. Thomson)
2 : 154
5 : 247
5, 7ss. : 129
6, 7–10 : 189
6, 13 : 162
10, 16 : 275
10, 20 : 275
10, 22s. : 276
10, 24 : 252
10, 26 : 98
11, 17 : 192
11, 20 : 162
12, 4s. : 169
15, 9 : 135
15, 10 : 42 n.148; 140
16, 1s. : 42 n.148; 251
16, 9ss. : 140

16, 13s. : 42 n.148
22 : 169
22, 10 : 96
23, 1 : 171
24, 1 : 247
24, 8 : 171
24, 10 : 171
25 : 42 n.150
25, 1s. : 122
25, 3 : 135; 249
25, 4 : 122
25, 10s. : 122
29, 13 : 162
33 : 37 n.134; 42 n.150
37, 3 : 135
37, 16 : 192
42, 3 : 192
42, 11s. : 192
42, 13 : 207
42, 19s. : 192
47, 6s. : 22 n.80
48, 5ss. : 42 n.150
53, 5 : 155
54, 2 : 92
55, 1s. : 65
55, 5 : 100
56, 6 : 73
57, 1s. : 155; 168; 251s.
57, 10 : 155; 168
57, 6 : 43 n.151; 155
57, 7 : 192
57, 8 : 155; 168
61, 98 : 179; 192
61, 107s. : 189
61, 121ss. : 23 n.82; 32; 35 n.129
61, 136 = 143 : 32 n.119
61, 136ss. : 140
61, 149ss. : 189
61, 193 : 250
62, 59 : 250
63, 9s. : 101
63, 21ss. : 101
63, 27ss. : 101
64, 87s. : 188
64, 130 : 210
64, 132s. : 196

64, 139s. : 196
64, 195 : 210
64, 301 : 263
64, 383 : 263
66, 51 : 232
67 : 221
67, 19–30 : 180
68, 16 : 247
68, 25 : 204
68, 85 : 263
68, 103 : 192
72, 5 : 244
73, 6 : 171
76, 20ss. : 145
76, 22 : 204
79, 1 : 140
80 : 42 n.150
80, 1 : 121
80, 5s. : 201
80, 5–8 : 162
94 : 155
94, 1 : 135; 192
97, 10 : 209
100, 2 : 247
110, 2 : 113
110, 4 : 129
110, 7 : 170
112 : 42 n.150
112, 2 : 252
114 : 157
115 : 157
115, 7s. : 155
115, 8 : 135

Celsus
De medicina
2, 7, 35 : 95
3, 3, 3 : 93
3, 15, 6 : 93
3, 16, 1s. : 92

CGL
V, p. 615, 2 : 228
V, p. 655, 18 : 251

Charisius
(ed. Barwick²)
p. 436, 13s. : 179

Cicero
Brutus
57 : 21 n.75
239 : 86
241 : 71
Cato Maior de senectute
4 : 250
14 : 269
38 : 250
De divinatione
1, 12 : 285
2, 85ss. : 285
De domo sua
48 : 209
De finibus bonorum et malorum
2, 8, 23 : 228
2, 23, 75 : 155
3, 19, 64 : 190
3, 20, 68 : 197
5, 18, 49 : 288
De inventione
1, 26 : 243
De legibus
2, 21 : 235
De natura deorum
1, 79 : 21
2, 142 : 173
De officiis
1, 4, 11 : 190
1, 5, 15 : 128
1, 17, 54 : 190
1, 150 : 43 n.152; 270
2, 3, 10 : 243
2, 14, 43 : 247
3, 7, 34 : 243
3, 11, 48s. : 243
3, 15, 64 : 243
De oratore
1, 260 : 123
2, 132 : 207
2, 215 : 207
3, 221 : 95

Epistulae ad Atticum
1, 16, 10 : 140
2, 1, 4 : 140
2, 22, 1 : 140
7, 7, 1 : 80
Epistulae ad familiares
6, 3, 3 : 221
6, 19, 1 : 21 n.75
7, 5, 1 : 181
9, 13, 4 : 26 n.95
9, 22, 1s. : 134s.
12, 23, 3 : 254
13, 11, 3 : 237
In Catilinam
2, 1 : 127
2, 10 : 249
2, 22s. : 217
In Verrem
II 1, 37, 93 : 149
II 1, 47, 123 : 216
II 2, 2, 79 : 127
II, 2, 4, 47 : 127
II 3, 61, 141 : 230
II 4, 24, 54 : 278
5, 111 : 71
Orator
18, 60 : 95
Paradoxa Stoicorum
5 : 241
Philippicae
2, 18, 44 : 191
2, 28, 69 : 189
2, 29, 71 : 171
Pro Caelio
12 : 127
33 : 73
36 : 86
39 : 274
67 : 84
Pro Deiotaro
42 : 224
Pro Q. Roscio comoedo
37 : 193
Pro S. Roscio Amerino
29 : 194
35 : 186

112 : 224
Tusculanae disputationes
4, 38 : 173
4, 70 : 80
4, 75 : 257

Cicero (Q. Tullius)
Commentariolum petitionis
37 : 144

Claudianus (ed. Hall)
Carmina minora
30, 22s. : 288
De raptu Proserpinae
3, 254s. : 287
In Eutropium
1, 66–77 : 197

Columella (ed. Rodgers)
pr. 12–15 : 165
1, 3, 10ss. : 165
1, 6, 20 : 161
1, 8, 2 : 226
3, 3, 7 : 131
3, 3, 8 : 164
9, 14, 1 : 152
10, 109 : 259
10, 372 : 259
12, 18, 6 : 160
12, 18, 5 : 71

Digesta Iustiniani
23, 2, 1 : 191
24, 1, 31, 8 : 151
47, 10, 15, 20 : 122

Diogenes Laertius
4, 16 : 87
6, 51 : 269

Diogenes Sinopensis (ed. Giannantoni)
fr. 84: 269

Diogenianus
Paroemiae
1, 8 : 218

2, 91 : 218

Elegiae in Maecenatem (ed. Kenney)
1, 118 : 247

Ennius
Annales (edd. Vahlen^2 = Skutsch = Flores)
352 = 361 = 379 : 67
500 = 156 = 167 : 253

Epictetus
Dissertationes
2, 10, 17 : 201

Epicurus
Epistula ad Menoeceum
132 : 35 n.128

Erasmus
Adagia
3, 7, 66 : 225

Euripides
Iphigenia Aulidensis
990 : 194
1124ss. : 194

Festus (ed. Lindsay)
p. 20, 24 : 144
p. 339, 8ss. : 71
p. 387, 8 : 112

Firmicus Maternus
Mathesis
6, 26, 5 : 191
7, 25, 18–23 : 145
8, 7, 2 : 130

Florus
Epitoma de Tito Livio
1, 45, 17 : 255

Fronto (ed. van den Hout^2)
p. 145, 19ss. : 136
p. 213, 12 : 217
p. 226, 20ss. : 228

Gaius
Institutiones
2, 206 : 202; 204

Galenus
(ed. Kühn)
XIV, p. 19, 6–9 : 158
XIV, p. 600, 2–5 (= *Praecogn.* 1, 1 Nutton) : 276

Gellius
Noctes Atticae
2, 24, 2 : 274
3, 5, 2 : 38 n.136; 255
3, 9, 3 : 118
4, 8, 7 : 273
6, 12, 5 : 91; 226
7, 5, 1 : 273
11, 7, 3 : 26 n.95
13, 14, 1–7 : 86
15, 12, 3 : 36 n.131

Germanicus
Arati Phaenomena
99 : 286

Hesiodus
Opera et dies
288 : 97
290 : 97
Theogonia
988 : 247

Hieronymus
Epistulae
22, 11 : 162
27, 3 : 209
70, 2 : 218
Quaestiones Hebraicae in Genesim
37, 36 : 228

Homerus
Ilias
1, 311 : 173
1, 591 : 126
2, 173 : 173
7, 213 : 126
8, 97 : 173
9, 385 : 126
11, 482 : 173
13, 484 : 247
19, 404ss. : 221
20, 233s. : 141
20, 443 : 125
Odyssea
1, 1 : 173
1, 170 : 126
3, 163 : 173
5, 61s. : 112
6, 127ss. : 29 n.105
7, 1 : 173
9, 14 : 194
9, 19 : 174
9, 39s. : 126
9, 103s. : 289
9, 105–566 : 172
9, 118s. : 289
9, 390 : 173
9, 395–399 : 172
9, 407 : 172
9, 414 : 174
9, 471s. : 289
9, 446 : 172
9, 488s. : 289
10, 221ss. : 112
10, 330 : 173
11, 491 : 125
12, 38–54 : 286
12, 158–200 : 286
13, 291ss. : 174
13, 293 : 173
16, 294 : 123
17, 290ss. : 221
18, 107 : 77
19, 13 : 123
21, 274 : 173
23, 320 : 288

Homerus Latinus sive Ilias Latina
(ed. Scaffai)
204 : 173

Horatius (ed. Klingner³)
Ars poetica
159 : 166
198 : 248
421 : 272
Carmen saeculare
7 : 253
11 : 253
25–28 : 253
36ss. : 253
40 : 254
57 : 253
66 : 253
Carmina
1, 1 : 97
1, 4, 15ss. : 247
1, 6, 7 : 174
1, 7, 17 : 210
1, 9, 17s. : 245
1, 11, 5ss. : 245; 247
1, 11, 7s. : 248
1, 16, 9 : 66
1, 25 : 245
1, 25, 1 : 222
1, 25, 9 : 192
1, 29, 7s. : 141
1, 36, 1s. : 268
2, 3, 13–16 : 245; 246
2, 3, 15 : 263
2, 10, 1 : 236
2, 11, 7s. : 245
2, 13, 32 : 231
2, 14, 1ss. : 245
2, 14, 25–28 : 155
2, 15, 1 : 164
2, 16, 14 : 248
2, 18, 40 : 284
3, 2, 25ss. : 210
3, 3, 42 : 253
3, 5, 12 : 253
3, 5, 30 : 240
3, 6, 12 : 203
3, 6, 19s. : 254
3, 6, 37s. : 38 n.136
3, 8, 1 : 151; 154
3, 9, 1 : 260
3, 10 : 245
3, 11, 27 : 161
3, 11, 52 : 256
3, 12, 11 : 91
3, 14, 10 : 254
3, 16, 37 : 281
3, 22, 3 : 284
3, 23, 3s. : 268
3, 23, 4 : 265; 266
3, 23, 6 : 158
3, 23, 15s. : 265; 266
3, 23, 19 : 265; 268
3, 29, 32 : 210
3, 29, 49 : 289
3, 30, 8s. : 253
4, 3, 13 : 253
4, 5, 13 : 284
4, 6, 21 : 179
4, 14, 44 : 253
Epistulae
1, 1, 29 : 238
1, 1, 57s. : 25 n.93; 82
1, 1, 59 : 27 n.97
1, 1, 106ss. : 107
1, 2, 3 : 243
1, 2, 17s. : 243; 261
1, 2, 21 : 288
1, 2, 24 : 288
1, 2, 28s. : 89
1, 2, 41 : 236
1, 3, 2 : 66
1, 4, 7 : 164
1, 4, 15 : 89
1, 5, 13 : 155
1, 5, 16 : 231
1, 6, 63 : 289
1, 7, 40 : 173
1, 7, 46ss. : 23
1, 7, 52 : 171
1, 7, 54 : 138
1, 7, 60 : 66; 232
1, 7, 69 : 223
1, 7, 71 : 218
1, 7, 72 : 231
1, 7, 75 : 23 n.83; 163

1, 7, 80s. : 132; 164s.
1, 7, 92 : 138
1, 7, 94 : 196; 265
1, 7, 95 : 97
1, 7, 98 : 280
1, 8, 4ss. : 9 n.37
1, 10, 44 : 81
1, 11, 28s. : 255
1, 12, 24 : 217
1, 14, 25s. : 225; 249
1, 15, 26ss. : 22 n.80; 85
1, 15, 28 : 106; 113
1, 15, 29s. : 227
1, 16, 18 : 204
1, 16, 47 : 240
1, 16, 61 : 268
1, 16, 66 : 241
1, 17, 16 : 289
1, 17, 43s. : 169
1, 18, 37ss. : 210; 218
1, 18, 67ss. : 214
1, 18, 69ss. : 119
1, 18, 72ss. : 178
1, 18, 86 : 145
1, 18, 94 : 67
1, 18, 107ss. : 270; 281
1, 19, 35 : 66
1, 19, 38 : 110
2, 1, 35 : 66
2, 1, 123 : 114
2, 1, 139 : 82
2, 1, 149s. : 86
2, 1, 163 : 243
2, 1, 173 : 85
2, 1, 182ss. : 82
2, 2, 193 : 66
2, 2, 213 : 236
2, 1, 267 : 110
Epodi
1, 8 : 179
2, 4 : 272
2, 7 : 154
2, 66–70 : 165
2, 67 : 270
4, 6 : 283
8, 17 : 117

9, 12 : 103
12, 8 : 135
12, 19 : 117
13, 4s. : 245
13, 5 : 66
16, 2 : 253
Saturae
1, 1, 10 : 225; 226
1, 1, 25 : 76
1, 1, 29 : 226
1, 1, 77 : 240
1, 1, 104 : 21 n.76
1, 1, 106 : 81
1, 2, 13ss. : 78; 79; 272
1, 2, 14 : 78s.
1, 2, 24 : 81
1, 2, 28s. : 104
1, 2, 35s. : 104
1, 2, 37s. : 108
1, 2, 37–46 : 69
1, 2, 44 : 215
1, 2, 56 : 147
1, 2, 116ss. : 33 n.123
1, 2, 117 : 83
1, 2, 131 : 71
1, 2, 132ss. : 69
1, 2, 134 : 71
1, 3, 1s. : 278
1, 3, 74 : 21 n.76
1, 3, 80ss. : 76
1, 3, 87 : 154
1, 3, 94s. : 214
1, 3, 106 : 192
1, 3, 133 : 73
1, 3, 134 : 269
1, 4, 45 : 238
1, 4, 78ss. : 86; 214
1, 4, 81–91 : 210
1, 4, 84s. : 214; 227; 223
1, 4, 88s. : 231
1, 5, 4 : 226
1, 5, 51ss. : 83
1, 6, 47 : 22 n.78
1, 6, 67 : 21 n.76
1, 6, 116 : 171
1, 6, 120s. : 68

1, 8, 37 : 136
1, 8, 38 : 136
1, 9 : 5 n.19; 6
1, 9, 1: 6 n.20
1, 9, 3 : 65
1, 9, 8 : 232
1, 9, 10 : 171; 175
1, 9, 14 : 232
1, 9, 16s. : 193
1, 9, 20 : 209
1, 9, 35s. : 6 n.20s.
1, 9, 62s. : 65
1, 9, 78 : 125
1, 10, 13s. : 85
1, 10, 20ss. : 125
1, 10, 76s. : 82
1, 10, 91 : 153
2, 1, 4ss. : 8 n.33
2, 1, 32ss. : 204
2, 1, 77 : 259
2, 2, 1 : 81
2, 2, 2s. : 5 n.17
2, 2, 53 : 248
2, 2, 60s. : 151
2, 2, 70 : 248
2, 2, 83 : 151
2, 2, 110 : 81; 248
2, 2, 125 : 66
2, 2, 126s. : 286; 289
2, 3, 1ss. : 18 n.63
2, 3, 18ss. : 96
2, 3, 35 : 73
2, 3, 37s. : 96
2, 3, 161 : 223
2, 3, 247 : 166
2, 3, 275 : 166
2, 3, 290 : 93
2, 3, 312ss. : 18 n.63
2, 3, 321s. : 18 n.63
2, 4, 1 : 65
2, 4, 47 : 76
2, 4, 79 : 76
2, 5 : 19 n.66; 244
2, 5, 3 : 174
2, 5, 38 : 89
2, 5, 45–50 : 205

2, 5, 48s. : 203
2, 6, 1–15 : 165
2, 6, 10–13 : 270
2, 6, 40ss. : 210
2, 6, 50ss. : 210; 231
2, 6, 58ss. : 210
2, 6, 66 : 265
2, 6, 70–76 : 248
2, 6, 111 : 82
2, 6, 113s. : 251
2, 7, 4 : 177
2, 7, 22 : 8 n.33; 274
2, 7, 32ss. : 18 n.63
2, 7, 36 : 22 n.80
2, 7, 42s. : 241
2, 7, 43 : 175
2, 7, 44 : 223
2, 7, 46ss. : 69
2, 7, 54ss. : 241
2, 7, 61 : 207
2, 7, 68 : 69
2, 7, 70 : 241
2, 7, 75–82 : 241
2, 7, 83–88 : 286; 289
2, 7, 92 : 241
2, 7, 117s. : 18 n.63; 137
2, 7, 118 : 171
2, 8, 19 : 66
2, 8, 59ss. : 286
2, 8, 61ss. : 289
2, 8, 73s. : 286
2, 8, 84s. : 286

Hyginus
Fabulae
165 : 67
191 : 67

INSCRIPTIONES
CIL
10, 4483 : 136

Iohannes Saresberiensis
Polycraticus
5, 4 : 1 n.3

Isidorus
Differentiae
1, 74 : 233
Origines
10, 53 : 144
11, 1, 98 : 162
20, 12, 3 : 255

Iulius Obsequens
Prodigia
43 : 221

Iuvenalis
(ed. Clausen[2])
1, 1 : 166
1, 10 : 208
1, 12 : 170; 222
1, 20 : 96
1, 22 : 182
1, 23 : 269
1, 27 : 109s.
1, 36 : 70
1, 37s. : 185; 257
1, 38–42 : 109
1, 40s. : 261
1, 41 : 13 n.45; 96; 118
1, 45 : 213
1, 47 : 102
1, 55s. : 203
1, 66 : 152
1, 69 : 65
1, 72 : 93
1, 75s. : 262
1, 78 : 36 n.130
1, 85s. : 94
1, 92s. : 176
1, 95 : 153
1, 96 : 111
1, 97ss. : 130
1, 100 : 93
1, 102ss. : 84; 216; 277
1, 107 : 158
1, 117–120 : 110; 272
1, 118 : 113
1, 119s. : 143; 176; 245; 247
1, 120 : 91

1, 128 : 68
1, 132 : 133; 136; 143; 245
1, 139 : 85
1, 149 : 39 n.144
1, 161 : 212
1, 165 : 215
1, 166ss. : 213
2, 8ss. : 87
2, 10 : 155
2, 15 : 88
2, 16ss. : 108; 129; 145
2, 21 : 129
2, 22 : 201; 240
2, 32 : 73
2, 40ss. : 88
2, 44 : 39
2, 47 : 39; 167; 261
2, 50 : 38; 145
2, 58–61 : 37; 180; 189; 233
2, 65–81 : 37; 87; 115
2, 67 : 72
2, 68ss.: 104
2, 72 : 72; 147
2, 75 : 72
2, 78–81 : 43s.; 145s.
2, 82ss. : 151, 234
2, 83 : 80
2, 88s. : 103
2, 91 : 100
2, 95 : 120
2, 96 : 88
2, 97 : 111; 148
2, 98 : 151
2, 99ss. : 72; 89
2, 105 : 89; 90
2, 106 : 101
2, 111ss. : 101; 167
2, 117ss. : 37; 127; 184
2, 121 : 37; 128
2, 122 : 127
2, 129 : 43 n.153
2, 134 : 152
2, 137–142 : 200
2, 145–148 : 37
2, 162–170 : 43; 146; 251; 253
2, 165 : 125; 144

Index locorum

2, 170 : 36 n.130
3, 2 : 159
3, 12ss. : 100
3, 22 : 108; 133; 270
3, 24 : 97
3, 26ss. : 248; 250; 263
3, 38ss. : 107
3, 42s. : 115
3, 47 : 144
3, 48 : 88; 91; 110
3, 49–52 : 212; 214
3, 62ss. : 254
3, 65 : 102
3, 69–72 : 254
3, 71 : 20 n.72
3, 72 : 192
3, 79 : 133
3, 83 : 84; 101
3, 85 : 101
3, 88 : 276
3, 93 : 134
3, 94 : 82
3, 105 : 95; 278
3, 109ss. : 98; 189
3, 112 : 106
3, 113 : 192; 212; 232
3, 124s. : 137; 207; 208; 244s.
3, 126s. : 133; 178; 195; 208
3, 132s. : 102
3, 136 : 72
3, 137 : 101
3, 140s. : 84
3, 141 : 165; 175
3, 144s. : 266
3, 148ss. : 110; 176
3, 153–159 : 28 n.91; 84
3, 154 : 287
3, 161 : 203
3, 163 : 94
3, 166s. : 175; 273
3, 169 : 80
3, 170 : 111
3, 171 : 178
3, 176 : 165s.
3, 182s. : 107
3, 184 : 110; 142

3, 191 : 159
3, 195 : 222
3, 203 : 188
3, 208s. : 281
3, 210s. : 269
3, 212 : 192
3, 217 : 99
3, 223–231: 281
3, 226 : 189
3, 228 : 97; 189
3, 238 : 126
3, 247 : 110
3, 261ss. : 171
3, 283 : 111
3, 286s. : 171
3, 302s. : 231
3, 305 : 80
3, 306 : 288
3, 316 : 6 n.21
3, 320 : 102; 265
4, 4 : 104
4, 26 : 156
4, 31 : 101; 111
4, 35s. : 183
4, 39 : 117
4, 40 : 159
4, 45 : 127
4, 47 : 288
4, 57 : 92; 93
4, 58s. : 176
4, 62 : 167
4, 87s. : 152
4, 99ss. : 269
4, 102 : 287
4, 106 : 88
4, 108s. : 88; 249
4, 124s. : 101
4, 138 : 233
4, 142 : 95
5, 1–5 : 96; 107
5, 3s. : 27; 83; 85
5, 13 : 108
5, 14ss. : 110; 129
5, 18 : 169; 245
5, 19–23 : 137
5, 21 : 167

5, 32 : 141
5, 33 : 287
5, 44 : 85; 287
5, 59ss. : 141
5, 62s. : 131
5, 63 : 284
5, 75 : 112
5, 76 : 182
5, 78s. : 152
5, 105 : 84
5, 110 : 144
5, 112 : 224
5, 116s. : 152
5, 132ss. : 143; 203
5, 138s. : 197; 250
5, 140 : 202; 217
5, 141 : 68; 166; 199
5, 143 : 148
5, 145 : 85
5, 149 : 142
5, 157–160 : 207
5, 158s. : 83
5, 161 : 83; 85
5, 170–173 : 137
6, 5 : 153
6, 21 : 66; 134; 189
6, 25 : 191
6, 28 : 66; 80
6, 33–37: 33ss.
6, 34 : 171
6, 38ss. : 104; 198; 202
6, 40 : 167
6, 44 : 69; 70
6, 45 : 287
6, 50s. : 102; 201
6, 56s. : 189
6, 60 : 103
6, 64s. : 189
6, 65 : 80
6, 66 : 70; 220
6, 67 : 116
6, 78–81 : 201
6, 94 : 65
6, 116ss. : 182
6, 117 : 101
6, 121–132 : 102

6, 123 : 102
6, 124 : 264
6, 125 : 122
6, 128ss. : 146
6, 129 : 73
6, 130 : 162
6, 136 : 66
6, 141 : 122
6, 144 : 79
6, 146s. : 185
6, 151 : 161
6, 153 : 175
6, 154 : 288
6, 172ss.: 29 n.104
6, 189s. : 94–95
6, 196s. : 122
6, 200 : 191
6, 202 : 66
6, 206ss. : 179
6, 209 : 94
6, 210 : 96
6, 214 : 210
6, 222 : 220
6, 223 : 98
6, 224–230 : 185
6, 227 : 201
6, 233 : 125
6, 240s. : 106
6, 244 : 230
6, 272 : 33 n.123
6, 276 : 121s.; 144
6, 280 : 112
6, 284 : 71
6, 295ss. : 254
6, 314 : 100; 162; 233s.
6, 318 : 189
6, 320ss. : 102; 234
6, 327 : 103
6, 332 : 13 n.45; 104
6, 333s. : 208s.
6, 337s. : 118; 135
6, 341 : 103
6, 345 : 102
6, 351ss. : 276
6, 355s. : 13 n.45
6, 356 : 91

Index locorum 357

6, 357ss. : 81; 280
6, 360 : 110
6, 374ss. : 120
6, 377 : 66; 139
6, 383 : 91
6, 385ss. : 268; 284
6, 390 : 198
6, 395 : 98
6, 398 : 185
6, 404 : 104; 260
6, 408s. : 230
6, 412 : 231
6, 418 : 87
6, 430 : 234
6, 437 : 96; 208
6, 461ss : 90
6, 463 : 89
6, 474s. : 108
6, 476 : 227
6, 483 : 199
6, 489 : 98
6, 492 : 66
6, 496 : 88
6, 511ss. : 101; 167; 169
6, 522ss. : 98
6, 528s. : 100
6, 530 : 189
6, 531 : 147; 149
6, 548 : 91
6, 553–591 : 115
6, 555 : 116
6, 556 : 115
6, 571 : 113
6, 573 : 67; 149
6, 583 : 285
6, 597 : 200
6, 605–609 : 107
6, 606s. : 199
6, 607 : 192
6, 617 : 37 n.135
6, 620ss. : 126
6, 623 : 120
6, 637 : 118
6, 640 : 71
6, 649s. : 159
6, 551 : 167

6, 655s. : 65
6, 657 : 287
6, 658 : 79
6, O1s. : 126
6, O11 : 111
6, O14ss. : 102; 243
6, O15 : 158
6, O17 : 80, 242
6, O20ss. : 43 n.151; 168
6, O22 : 148
7, 14 : 84; 101
7, 29 : 92
7, 35 : 248
7, 36s. : 145
7, 42 : 222
7, 44 : 162
7, 53 : 114; 243; 246
7, 58 : 171
7, 74 : 147; 252
7, 96 : 106; 178
7, 99 : 245
7, 104 : 199
7, 108 : 79
7, 111 : 176
7, 114 : 96
7, 117–120 : 88
7, 130s. : 10 n.38
7, 131 : 110
7, 134ss. : 111
7, 135 : 106
7, 152s. : 212
7, 155 : 112
7, 160 : 93
7, 170 : 92
7, 172 : 97
7, 184s. : 229
7, 189ss. : 107; 156; 261
7, 194ss. : 107; 114
7, 197ss. : 283
7, 202 : 184
7, 204s. : 77
7, 221 : 113
7, 237 : 67
7, 242s. : 133
8, 1 : 66
8, 15s. : 211

8, 17 : 91
8, 20 : 171
8, 34 : 92
8, 39s. : 77
8, 43 : 113
8, 47ss. : 116
8, 49 : 92
8, 64 : 195
8, 79–86 : 235
8, 86 : 88
8, 103 : 99
8, 112 : 95
8, 114 : 89s.; 95; 211
8, 147 : 255
8, 148 : 82
8, 157 : 279
8, 159 : 88; 249
8, 163 : 8 n.31
8, 174 : 288
8, 176 : 106
8, 179 : 66
8, 184 : 258
8, 186s. : 82; 277
8, 197 : 70
8, 198s. : 82; 211
8, 202 : 213
8, 238 : 84
8, 243s. : 201
8, 247 : 215
8, 259s. : 283
10, 10 : 211
10, 19 : 272s.
10, 21 : 251
10, 23ss. : 280; 282
10, 31 : 95
10, 48 : 65
10, 51s. : 94; 286; 289
10, 65 : 101
10, 71 : 217
10, 87s. : 241
10, 122 : 262
10, 129 : 108; 116
10, 155 : 288
10, 169 : 247
10, 188 : 268
10, 191–195 : 79

10, 204–209 : 250
10, 207s. : 93
10, 222 : 79
10, 224 : 106
10, 227 : 176
10, 231 : 67
10, 237 : 155
10, 258 : 254
10, 285 : 96
10, 291 : 277
10, 311s : 13 n.45; 104
10, 314ss. : 69
10, 315 : 206
10, 318s : 13 n.45
10, 323 : 103; 240
10, 324s. : 96
10, 326 : 67
10, 328s. : 213; 237
10, 337 : 210; 213
10, 348 : 243
10, 354s. : 267
10, 363s. : 97
10, 365s. : 47; 262
11, 5s. : 248
11, 10 : 79
11, 23ss. : 280
11, 34 : 86
11, 42s. : 25 n.91; 77; 84
11, 43 : 77s.
11, 44s. : 248
11, 56s. : 36; 166
11, 65 : 158
11, 69 : 34 n.126
11, 74 : 110
11, 96 : 110
11, 108–116 : 267
11, 130 : 98
11, 142ss. : 76; 233
11, 145 : 176
11, 145–164 : 34 n.126; 35
11, 149ss. : 39
11, 152 : 93; 166
11, 154s. : 43
11, 156ss. : 120
11, 158 : 118
11, 177s. : 34 n.128; 192

Index locorum

11, 186s. : 183
11, 189 : 88
11, 198 : 95; 148; 276
11, 203 : 79; 152; 250
12, 45 : 235
12, 48 : 176
12, 63s. : 263s.
12, 74 : 118
12, 83ss. : 266
12, 89 : 265
12, 92ss. : 203
12, 97 : 178
12, 98 : 93
12, 111s. : 77
12, 113s. : 266
12, 122 : 92
12, 127 : 108
13, 6ss. : 272
13, 9 : 118; 243
13, 12 : 206
13, 23ss. : 250
13, 33 : 154
13, 42 : 141
13, 44 : 99
13, 59 : 269
13, 65 : 128
13, 75 : 134
13, 86ss. : 115; 283
13, 103ss. : 262
13, 106 : 251
13, 109 : 258
13, 110 : 82
13, 111 : 201
13, 118 : 98
13, 120 : 283
13, 122 : 82
13, 124 : 92
13, 129 : 244
13, 130ss. : 187
13, 140 : 220
13, 145 : 215
13, 147 : 217
13, 156 : 108
13, 165 : 88
13, 178 : 254
13, 191 : 95

13, 192 : 103
13, 197 : 87; 99
13, 214s. : 79
13, 215 : 91
13, 223 : 251
13, 229 : 93
13, 249 : 285
14, 12 : 73
14, 16 : 242
14, 19 : 286; 288
14, 20 : 172
14, 22 : 76
14, 29s. : 122
14, 46 : 85
14, 48 : 250
14, 52s. : 240
14, 55 : 184
14, 67 : 171
14, 121 : 97
14, 125 : 165
14, 126s. : 155; 175
14, 128 : 112
14, 133 : 74
14, 146 : 92
14, 163 : 164s.
14, 164 : 133
14, 165 : 195s.
14, 168s. : 171
14, 179 : 80; 166
14, 182 : 102
14, 190 : 287
14, 191 : 101
14, 193ss. : 89
14, 199 : 251
14, 201ss. : 216
14, 211 : 154; 220
14, 218s. : 102
14, 222 : 255
14, 235 : 147
14, 237 : 79
14, 248ss. : 114; 263
14, 262s. : 102
14, 281 : 108
14, 283 : 127
14, 294 : 112
14, 300 : 115

14, 302 : 279
14, 308–314 : 107; 160
14, 316ss. : 107
14, 318–321 : 81s.
14, 322ss. : 26 n.95; 261; 271
14, 325 : 79
15, 1 : 77
15, 14–18 : 172
15, 22 : 289
15, 33 : 134
15, 45 : 98
15, 64 : 93
15, 65–71 : 125; 213
15, 73s. : 215
15, 89 : 216
15, 101 : 92s.
15, 117s. : 220
15, 140ss. : 102
16, 1–4 : 114; 262
16, 18 : 96; 206; 210
16, 29ss. : 188
16, 31 : 91
16, 40s. : 79; 272
16, 45 : 109; 110

Scholia
(ed. Wessner)
p. 8, 16ss. : 217
p. 18, 13s. : 223
p. 18, 16ss. : 129
p. 18, 17s. : 106
p. 21, 20ss. : 183
p. 57, 23 : 228
p. 126, 1s. : 260
p. 146, 14 : 167
p. 153, 14s. : 67
p. 153, 15 : 68
p. 153, 19 : 71
p. 153, 23s. : 74
p. 153, 25 : 76
p. 153, 26 : 77
p. 154, 3s. : 86
p. 154, 6s. : 86
p. 154, 8s. : 90
p. 154, 12 : 93
p. 154, 18s. : 95
p. 154, 22ss. : 99s.; 119

p. 155, 10s. : 112
p. 155, 13s. : 114
p. 155, 17 : 118
p. 155, 19 : 120
p. 155, 25s. : 124
p. 156, 5 : 131
p. 156, 6 : 130
p. 156, 17s. : 144
p. 156, 19 : 149
p. 156, 23 : 153
p. 157, 1 : 157
p. 157, 3 : 158
p. 157, 5 : 159
p. 157, 8 : 160
p. 157, 9s. : 159
p. 157, 11 : 161
p. 157, 27 : 176
p. 158, 1 : 180
p. 158, 2ss. : 181
p. 158, 4s. : 181
p. 158, 8 : 184
p. 158, 9 : 182
p. 158, 10s. : 184
p. 158, 12 : 185
p. 158, 21s. : 187
p. 158, 12–15 : 189
p. 158, 19 : 193
p. 158, 19s. : 194
p. 159, 10 : 207
p. 159, 12 : 18 n.61; 210
p. 159, 26 : 219
p. 159, 28s. : 224
p. 159, 31s. : 226
p. 160, 3 : 229; 230
p. 160, 5 : 230
p. 160, 13 : 234
p. 160, 19 : 238; 240
p. 160, 23ss. : 247
p. 160, 27–30 : 252
p. 160, 30ss. : 254
p. 161, 3s. : 260
p. 161, 7ss. : 265
p. 161, 12 : 265
p. 161, 9s. : 267
p. 161, 12 : 268
p. 161, 14ss. : 269

p. 161, 19s. : 270
p. 161, 20–24 : 273
p. 162, 4 : 277
p. 162, 4s. : 280
p. 162, 5ss. : 281

Lactantius
Divinae institutiones
3, 29, 17 : 47

Laus Pisonis
109 : 145
133 : 145
244s. : 269

Licinius Calvus
Fragmenta (ed. Blänsdorf⁴)
6 : 102
18, 2 : 256

Livius
pr. 1 : 108
1, 44, 4s. : 86
4, 28, 2 : 193
5, 5, 8 : 245
5, 25, 9 : 255
10, 30, 5 : 255
22, 16, 4 : 88
26, 15, 6 : 225
29, 10, 5 : 101
31, 21, 17 : 255
33, 9, 10 : 193
33, 28, 3 : 127
44, 35, 8 : 193

Livius Andronicus
Odusia (ed. Blänsdorf⁴)
fr. 1 : 173
Tragoediarum fragmenta (ed. Ribbeck³)
6 : 225

Longus Sophista
13 : 29 n.105

Lucanus
4, 374 : 255
5, 147 : 116

Lucianus
De saltatione
2 : 72
Hermotimus
64 : 218
Rhetorum praeceptor
11 : 130; 255
24 : 258
Somnium sive vita Luciani
13 : 278

Lucilius
Saturarum fragmenta (edd. Marx = Krenkel = Charpin = Christes-Garbugino)
72 = 69 = 2, 11 = 69 : 135
128 = 129 = 3, 32 = 130 : 226
231s. = 238s. = 6, 2 = 256s. : 125
463 = 465 = 14, 7, 2 = 462 : 125
546 = 547 = 17, 2, 7 = 543 : 21 n.76
585 = 587 = 23, 1 = 582 : 76
638 = 682 = 26, 65 = 678 : 94
651s. = 598s. = 26, 13s. = 659s. : 210
680 = 633 = 26, 48 = 605 : 251
817 = 871 = 29, 22 = 835 : 223
1134 = 1150 = H 86, 1 = 1226 : 166
1183 = 1203 = H 110 = 1262 : 76
1186 = 1205 = H 71 = 1204 : 136
1246 = 1263 = H 148 = 1300 : 112
1329s. = 1345s. = H 23, 4s. = 1122s. : 243
1337 = 1353 = H 23, 12 = 1130 : 205

Lucillius
(ed. Floridi)
AP 11, 155 = *130 : 72

Lucretius
2, 618ss. : 101
2, 637 : 168
3, 140 : 95
3, 914 : 248
4, 58 : 177

4, 391 : 116
4, 1043 : 115
4, 1053s. : 33 n.123; 39 n.142
4, 1076 : 175
4, 1105 : 247
4, 1107 : 138
4, 1126 : 150
4, 1173 : 184
4, 1182 : 210
4, 1267 : 162
4, 1272s. : 138
5, 1072 : 187
5, 1354ss. : 113

Lygdamus
(ed. Navarro Antolín)
1, 1 : 154
1, 1–4 : 154
1, 2 : 152
2, 1 : 151
3, 22ss. : 283

Lydus
De magistratibus (edd. Dubuisson-Schamp)
1, 20 : 144
1, 41 : 7 n.25

Macrobius
Saturnalia
1, 3, 12 : 225
1, 12, 7 : 177
1, 12, 25 : 234
1, 15, 18 : 153
2, 2, 9 : 21 n.75
7, 11, 17 : 218

Manilius
1, 53ss : 114
1, 63 : 115
1, 478s. : 114
1, 509s. : 13 n.47
4, 12s. : 286
4, 14 : 114; 286
4, 20ss. : 286
4, 49 : 286

4, 518ss. : 145
5, 140–156 : 129; 145
5, 146 : 87
5, 150 : 211
5, 151 : 200
5, 153 : 129

Martialis
Epigrammata
1, 3, 3 : 86; 192
1, 10, 2 : 147
1, 15 : 248
1, 26, 6 : 254
1, 26, 9 : 226
1, 34, 5s. : 222
1, 35, 5 : 117
1, 35, 15 : 167
1, 41, 1s. : 85
1, 41, 2 : 83
1, 41, 13 : 126
1, 41, 19 : 83
1, 46, 1 : 226
1, 49, 19 : 175; 177
1, 49, 24 : 84
1, 55, 1ss. : 165
1, 58 : 107, 174
1, 58, 5s. : 107; 128; 264
1, 59, 2 : 117; 132
1, 64, 1 : 183
1, 67 : 241
1, 70, 5 : 101
1, 71, 1 : 141
1, 74, 1 : 192
1, 76, 11 : 70
1, 77, 6 : 73
1, 82, 11 : 203
1, 83, 2 : 136
1, 84, 4 : 82
1, 86, 8 : 282
1, 89, 3 : 187
1, 92, 3 : 223
1, 92, 7 : 109
1, 92, 11 : 135
1, 92, 11s. : 137
1, 96, 1 : 65
1, 96, 6 : 30 n.107; 111

1, 96, 9 : 148
1, 96, 10 : 126; 128
1, 96, 12s. : 120; 139
1, 97, 1 : 237
1, 97, 2 : 138
1, 103, 1 : 270; 281
1, 103, 2 : 135
1, 105 : 164
1, 109, 4 : 216
1, 112, 1 : 138
1, 117, 7 : 170
2, 11, 1 : 66
2, 18, 5 : 144
2, 28, 1s. : 223
2, 29, 6 : 91
2, 36, 2 : 88
2, 36, 5s. : 91
2, 43, 1: 135
2, 43, 15 : 179
2, 44, 1 : 113
2, 46, 6 : 20
2, 46, 9s. : 20; 161
2, 51, 2 : 135
2, 51, 4 : 42 n.149; 117; 118
2, 51, 5s. : 264
2, 57, 7 : 25 n.91
2, 58, 1 : 112
2, 59 : 248
2, 60, 4 : 190
2, 62, 1ss. : 91
2, 63, 1 : 174
2, 64, 7s. : 68
2, 74, 1 : 234
3, 1, 5s. : 84; 86
3, 2, 12 : 145
3, 4, 6 : 111
3, 4, 8 : 212
3, 5, 10 : 217s.
3, 7, 2 : 144
3, 7, 5 : 138
3, 10, 2 . 156
3, 10, 3 : 281
3, 12, 1 : 249
3, 12, 2 : 229
3, 12, 3 : 211
3, 13, 1 : 229

3, 13, 3 : 214; 230
3, 13, 9 : 121
3, 16, 2 : 128
3, 16, 5 : 210
3, 17, 3 : 264
3, 17, 6 : 136
3, 20, 5 : 169
3, 22, 1 : 264
3, 30, 3 : 170
3, 30, 4 : 72
3, 31, 5 : 250
3, 32 : 257
3, 35, 2 : 226
3, 36 : 133
3, 36, 2 : 137
3, 36, 5s. : 10 n.38
3, 38, 6 : 170
3, 38, 8 : 226
3, 38, 11 : 144
3, 38, 14 : 22
3, 39, 1 : 141
3, 44, 9 : 176
3, 44, 12–16 : 226
3, 46, 4 : 275
3, 57, 1 : 226
3, 58, 24 : 226
3, 62, 1 : 174
3, 63, 4 : 249
3, 63, 7 : 153
3, 65, 5 : 149; 153
3, 68, 7s. : 117
3, 70, 1 : 192
3, 71, 1 : 162; 171
3, 71, 2 : 226
3, 73, 4 : 128
3, 74, 1 : 90
3, 75, 3s. : 259
3, 80, 2 : 239
3, 81, 1 : 70, 167
3, 82, 3 : 72
3, 82, 5ss. : 149; 153
3, 82, 11 : 148
3, 82, 28 : 104
3, 82, 33 : 120
3, 85, 1 : 156
3, 85, 2 : 116

3, 86, 3 : 70
3, 86, 4 : 169
3, 93, 13 : 87
3, 93, 15 : 104
3, 93, 20 : 257
3, 93, 23 : 256
3, 94, 2 : 229
3, 95, 11s. : 171
3, 95, 13 : 20; 106; 130
3, 96, 2 : 104
3, 100, 3 : 86
4, 5, 1 : 179; 282
4, 5, 5 : 178
4, 5, 6 : 257
4, 5, 9 : 179
4, 9, 3 : 147
4, 19, 1 : 113
4, 28, 1 : 147
4, 40, 4 : 26 n.95; 282
4, 48, 3 : 44 n.154
4, 53, 3s. : 73; 269
4, 55, 9 : 112
4, 59, 2 : 149
4, 61, 4s. : 110
4, 64, 1 : 164
4, 64, 11 : 253
4, 66, 12 : 117
4, 67, 1 : 282
4, 67, 4 : 135; 282
4, 77, 1ss. : 282
4, 77, 2 : 81
4, 83, 4 : 241
4, 88, 3 : 114
4, 89, 8 : 227
5, 1, 6 : 211
5, 2, 4 : 85
5, 7, 1 : 215
5, 8 : 277
5, 8, 5 : 109
5, 9, 3 : 176
5, 10, 11 : 251
5, 13, 1s. : 26 n.95; 82; 281
5, 16, 9 : 248
5, 16, 14 : 178
5, 18, 2 : 114
5, 18, 4 : 83

5, 18, 6 : 232
5, 18, 9 : 138; 169
5, 19, 8 : 144; 196
5, 19, 9s. : 25 n.91; 27 n.98; 179
5, 19, 18 : 243
5, 20, 12 : 245
5, 20, 14 : 248
5, 22, 11 : 116
5, 23, 7 : 270s.
5, 26, 4 : 116
5, 27, 1s. : 27 n.97; 82
5, 34, 5 : 175
5, 37, 11 : 149
5, 37, 23s. : 203
5, 38, 5 : 70
5, 41, 2 : 128
5, 42, 1 : 129
5, 42, 3 : 79
5, 48, 7 : 251
5, 50, 2s. : 215
5, 51, 8 : 227
5, 55, 4 : 141
5, 57, 1 : 250
5, 59, 3 : 149
5, 61, 6 : 91
5, 61, 10 : 104
5, 61, 13 : 183
5, 64 : 248
5, 64, 1 : 233
5, 64, 3 : 88
5, 70, 3 : 275
5, 78, 1 : 22 n.80
5, 78, 28 : 162
5, 84, 9ss. : 152
6, 2, 5 : 192
6, 2, 6 : 168
6, 11, 7 : 113
6, 16, 5 : 117
6, 27, 5 : 250s.
6, 50, 1 : 145
6, 50, 3s. : 107; 212
6, 56, 5 : 218
6, 65, 5 : 149
6, 67 : 168
6, 68, 6 : 220
6, 77, 1 : 77

Index locorum

6, 82, 9–12 : 110
7, 14, 10 : 117
7, 36, 5 : 177
7, 62, 4 : 214
7, 62, 5s. : 218
7, 67, 3 : 73
7, 67, 17 : 70
7, 75 : 257
7, 76, 1 : 104
7, 86, 3 : 176
7, 92, 3 : 171
7, 92, 5 : 170
7, 92, 7 : 110
8, 3, 19 : 85
8, 8, 3 : 284
8, 10, 1 : 109
8, 24, 6 : 284
8, 41, 2 : 177
8, 42, 1 : 132
8, 49, 9 : 150; 181
8, 52, 3 : 147
8, 55, 23s. : 282
8, 59, 13s. : 79
8, 71, 1 : 177
8, 71, 6 : 114
8, 77, 6 : 248
9, 2, 1 : 252
9, 2, 8 : 164
9, 25, 3 : 176
9, 27, 1–5 : 92; 212
9, 27, 13 : 122
9, 54, 10 : 157
9, 63, 2 : 264
9, 73, 6 : 99
9, 84, 4 : 145
9, 90, 15 : 154
10, 1, 2 : 223
10, 5, 3ss. : 269
10, 11, 5s. : 110; 133
10, 15, 7 : 177
10, 30, 21 : 84
10, 31, 1 : 175
10, 35, 1–4 : 183
10, 38, 6ss. : 188
10, 38, 13 : 263
10, 41, 3 : 176

10, 47, 3 : 270
10, 53, 1 : 277
10, 65, 5–9 : 89
10, 65, 10 : 123
10, 67, 6 : 257
10, 72, 1s. : 77
10, 74, 1s. : 161
10, 74, 3 : 144
10, 74, 8 : 156
10, 74, 10s. : 159
10, 77, 3 : 93
10, 82, 3 : 177
10, 87, 1 : 154
10, 87, 13 : 183
10, 92, 13 : 164
10, 92, 14 : 267s.
10, 97, 4 : 203
10, 98, 1s. : 141
10, 98, 7–10 : 34 n.126
11, 16, 7s. : 73
11, 18, 24 : 160
11, 22, 1s. : 139
11, 22, 7s. : 139
11, 29 : 257
11, 32, 6 : 27 n.97
11, 32, 8 : 281
11, 43, 3s. : 141
11, 43, 5 : 106
11, 45, 3ss. : 222
11, 47, 4 : 98
11, 47, 8 : 70
11, 62 : 257
11, 73, 6 : 148
11, 75, 2 : 176
11, 75, 7 : 195
11, 81, 2 : 73
11, 81, 3s. : 134
11, 87 : 257
11, 88 : 136
11, 104, 5s. : 188
11, 104, 13s. : 224
11, 104, 19s. : 141
11, 108, 3 : 175
11, 108, 4 : 178
12, 16, 3 : 137
12, 18, 6 : 15 n.54

12, 18, 12 : 112
12, 18, 18 : 153
12, 18, 22s. : 34 n.126
12, 24, 1s. : 255
12, 24, 5ss. : 221
12, 25, 2 : 272
12, 48, 3 : 203
12, 53, 8s. : 79
12, 77, 6 : 22 n.80
12, 81, 1 : 177
12, 87, 3 : 171
12, 95, 1 : 252
12, 97, 1 : 183
12, 97, 8 : 122
13, 26 : 136
13, 63, 1 : 161
13, 107 : 160
13, 114 : 158
13, 126 : 248
14, 39 : 224
14, 55 : 156
14, 204, 1 : 168
14, 205, 1 : 211

Martianus Capella
9, 999 : 218

Maximianus
Elegiae
5, 41–44 : 249
5, 55ss. : 249

Meleager
AP 12, 152 : 124

Minucius Felix
25, 11 : 47 n.3; 103

Musonius Rufus
(ed. Hense)
66, 3 ss. : 36 n.131

Naevius
Tragoediarum fragmenta (ed. Ribbeck[3])
31 : 209

Ovidius
Amores
1, 8, 40–50 : 245
1, 8, 47s. : 117
1, 8, 49s. : 246; 249
1, 8, 69 : 223
1, 8, 76 : 168
1, 8, 85 : 223; 285
1, 10, 17 : 102
1, 12, 5s. : 187
1, 14, 18 : 231
2, 2, 25 : 98
2, 10, 23–28 : 117; 162
2, 19, 30 : 260
3, 7, 35 : 115
3, 7, 65 : 115
3, 8, 49 : 70
Ars amatoria
1, 77s. : 98
1, 145 : 223
1, 271 : 177
1, 281s. : 146
1, 305 : 70
1, 341s. : 146
1, 405s. : 151
1, 443s. : 181
1, 505ss. : 89
1, 523s. : 89
1, 688 : 200
2, 172 : 186
2, 209 : 148
2, 355 : 173
2, 413s. : 162
2, 422 : 259
2, 665 : 247
2, 673 : 162
2, 677 : 244
2, 683s. : 33 n.122
2, 686 : 73
3, 93 : 98
3, 389 : 100
3, 433ss. : 89
3, 635 : 98
3, 639 : 187
Epistulae (Heroides)
6, 121s. : 196s.

6, 155 : 197
7, 133ss. : 197
12, 133 : 207
12, 135 : 197
12, 171 : 93
12, 192ss. : 197
12, 198 : 201
15, 134 : 73
16, 4 : 123
18, 168s. : 141
21, 139s. : 181
Epistulae ex Ponto
2, 8, 28 : 285
2, 9, 25 : 286
4, 3, 29ss. : 286
4, 14, 35 : 173
Fasti
1, 55 : 154
1, 208 : 273
1, 225 : 274
1, 353 : 70
1, 391ss. : 208
2, 150 : 152
2, 311 : 148
2, 647 : 267
3, 72 : 253
3, 235ss. : 152
3, 354 : 246
3, 819s. : 112s.
4, 87ss. : 152
4, 181–186 : 101
4, 185 : 276
4, 213 : 168
4, 275ss. : 101
4, 311 : 240
4, 410 : 267
5, 147–158 : 234
5, 353s. : 247
6, 569ss. : 283
6, 771 : 249
Metamorphoses
2, 365 : 149
2, 613 : 213
2, 716 : 157
3, 533 : 168
4, 29 : 168

4, 97 : 121
4, 776 : 174
5, 532: 114
5, 534 : 114
5, 552–563 : 287
6, 58 : 112
6, 87 : 72
6, 382–400 : 67
6, 384 : 67
7, 53 : 183
7, 216 : 247
7, 721 : 123
8, 108 : 196
8, 119 : 196
8, 643 : 267
8, 858 : 79
9, 151 : 206
9, 434 : 114
9, 508 : 262
10, 431–436 : 102; 105
13, 385s. : 67
13, 479 : 115
14, 159 : 288
14, 707 : 122
15, 179s. : 245
15, 435 : 253
Remedia amoris
799 : 259
Tristia
1, 5, 63 : 288
1, 5b, 69s. : 253
2, 499ss. : 69
2, 514 : 69
3, 5, 53 : 258
4, 3, 46 : 198
5, 13, 14 : 21 n.76

[Ovidius]
Halieutica
95 : 157
Pacuvius
Tragoediarum fragmenta (edd. Ribbeck[3]
   = D'Anna = Schierl)
366–375 = 105–115 = 262–272 : 285

Persius
1, 20s. : 135; 256
1, 42 : 8 n.31
1, 54 : 110
1, 87 : 130
1, 89s. : 279
1, 108 : 239
1, 131 : 131
2, 1–4 : 150
2, 10ss. : 270
2, 16 : 267
2, 28 : 238
2, 35s. : 280
2, 39 : 223
2, 45s. : 268
2, 59s. : 267
2, 69 : 117
2, 73ss. : 267
3, 1 : 182; 222
3, 16 : 154
3, 31 : 235
3, 56s. : 97
3, 83 : 92
3, 88ss. : 79; 145
3, 110s. : 120
4, 1s. : 5 n.17; 73
4, 18 : 89
4, 22 : 259
4, 25 : 156
4, 26 : 157
4, 35 : 135
4, 35–41 : 212
4, 38 : 135
4, 39ss. : 90
4, 50 : 231
5, 36 : 199
5, 50 : 265
5, 57ss. : 79
5, 73ss. : 241
5, 112 : 120
5, 135 : 267
5, 142 : 179
5, 149s. : 78; 271
6, 9 : 108
6, 16 : 203
6, 44 : 203

6, 48 : 203
6, 55ss. : 155
6, 66ss. : 131
6, 72 : 117
Scholia
(edd. Clausen-Zetzel)
1, 20 : 162

Petronius
(ed. Müller[5])
2, 9 : 279
11, 4 : 223; 231
17, 7 : 93; 142
24, 7 : 116; 208
27, 2 : 148
28, 6 : 221
28, 7 : 230
29, 4 : 280
29, 6 : 13 n.47; 284
30, 7 : 230
31, 10 : 114
31, 52 : 114
32, 1 : 153
34, 2ss. : 76; 230
34, 7 : 161; 248
34, 10 : 247
36, 6s. : 229
37, 7 : 240
37, 8 : 157
38, 8 : 227
38, 15 : 228
39, 3 : 174; 177
39, 5 : 230
41, 6 : 140
44, 1 : 217
44, 5 : 166
44, 10 : 217
45, 6 : 26 n.95
45, 7 : 180
45, 13 : 113; 133
48, 2 : 120
49, 5–10 : 230
52, 4 : 230
57, 6 : 175
62, 3 : 225
64, 6–9 : 221

68, 4 : 177
68, 8 : 175
71, 2 : 164
74, 1 : 225
74, 8 : 140
75, 7 : 210
75, 11 : 33; 43 n.152; 180
76, 11 : 136
81, 6 : 162
83, 7 : 96
83, 9 : 66
83, 10, 4 : 123
84, 1 : 97
85ss. : 122
85, 2 : 87; 139; 140
85, 3ss. : 39 n.140
86, 3 : 232
86, 7 : 276
87, 7 : 251
87, 8s. : 162
88, 1 : 279
88, 6 : 249
88, 7 : 270
88, 8 : 281
88, 10 : 279
90, 1 : 99
92, 3 : 99
92, 6–11 : 120
92, 8 : 118
92, 9 : 134; 208
92, 10 : 122; 202
96, 4 : 275
101, 5 : 287
109, 2 : 206
116, 7 : 202
117, 5 : 180
119, 25 : 130
119, 27 : 200
126, 1s. : 91
126, 3 : 95
127, 1 : 140
129, 1 : 115
129, 5 : 117
132, 12 : 115s.
132, 15, 1 : 87
138, 1 : 259; 267

140, 1 : 247
140, 5 : 42 n.148; 140
140, 6ss. : 162
fr. 28, 1–5 : 218
fr. 28, 8 : 221

Phaedrus
(ed. Zago)
1, 21, 11 : 208
1, 23 : 221
1, 25 : 221
3, pr. 15 : 97
5, 15, 5 : 115
5, 18, 25 : 136
4, 2, 13ss. : 130
Appendix Perottina
8, 1ss. : 130
8, 3 : 201

Philo Alexandrinus
De vita contemplativa
7, 59 : 40 n.143

Philodemus
Epigrammata (edd. Gow-Page)
AP 5, 4 = *GPh* 3164s. : 188

Plautus
Amphitruo
366s. : 230
674 : 250
730 : 254
Asinaria
666 : 154
693 : 154
Aulularia
2 : 265
5 : 265
23ss. : 265; 268
385 : 267
508ss. : 228
Bacchides
1080 : 147
Casina
138 : 154

172 : 65
956 : 176
Curculio
35–38 : 36 n.131
79 : 232
Epidicus
563 : 254
Mercator
439 : 181
889 : 254
Miles gloriosus
690 : 225
691 : 151
Mostellaria
15ss. : 137
Poenulus
153 : 176
1318 : 200
Pseudolus
686 : 249
899 : 79

Plinius Iunior
Epistulae
1, 14, 9 : 131
1, 19, 2 : 27 n.98
2, 4, 3 : 113; 281
2, 6, 3 : 22 n.78
2, 14, 2 : 172
3, 4, 4 : 207
3, 19, 8 : 156
4, 22, 7 : 253
5, 2, 1 : 131
6, 24, 3 : 115
6, 33, 9 : 130
6, 33, 10 : 206
9, 17, 1 : 83; 126
9, 28, 5 : 78
10, 116, 1 : 132
Panegyricus
20, 5 : 131
26, 5 : 205
75, 1 : 200

Plinius Senior
Naturalis historia

pr. 11 : 267
2, 22 : 286
2, 122 : 152
5, 80 : 224
10, 46 : 225
10, 107 : 155
10, 181 : 121
10, 182 : 259
10, 202 : 249
11, 145 : 95
11, 243 : 209
12, 62 : 267
14, 56 : 271
14, 64 : 159
14, 69 : 158
14, 123 : 89
16, 53 : 89; 160
18, 107ss. : 228
19, 154 : 259
20, 126 : 259
29, 26 : 89
30, 6 : 288
33, 119 : 114
33, 142 : 273s.
33, 153 : 274
34, 84 : 99
35, 1 : 278
35, 4 : 278
35, 56 : 68
35, 109s. : 279
36, 27 : 99
37, 30 : 149
37, 43 : 149
37, 49 : 149

Plutarchus
Moralia
De amore prolis
185e : 204
De capienda ex inimico utilitate
89e : 256
Praecepta gerendae reipublicae
800d : 256
Quaestiones Romanae
268e : 234

Vitae
Caesar
4, 4 : 256
Pompeius
48, 12 : 256

[Plutarchus]
(ed. Sandbach)
fr. 181 : 255

Polybius
(edd. Büttner-Wobst)
31, 25 : 34 n.128

Pomponius Bononiensis
Fabularum Atellanarum fragmenta (edd. Ribbeck[3] = Frassinetti[2])
57–60 = 53–56 : 151
76 = 72 : 256
148s. = 59 : 106
153 = 149 : 256

Porphyrio
(ed. Holder)
In Horatii Saturas
1, 1, 25 : 76
2, 4, 47 : 76

Priapea (ed. Callebat)
1, 7 : 115
3, 5s. : 141
3, 9 : 141
4 : 279
6, 2 : 134
6, 3–6: 135
7, 2 : 123
8, 1 : 224
8, 3 : 207
9, 1 : 115
11, 1 : 215
11, 3 : 118
13 : 42 n.149
14, 2 : 250
21, 4 : 287
23, 6 : 162
25, 3 : 252

25, 5 : 43 n.153
25, 6 : 135
26, 5 : 155
26, 7s. : 162
27, 3 : 168
28, 3 : 118
29 : 117
30, 1 : 115
31, 3 : 264
37, 8s. : 115
38, 3 : 42 n.149
40, 4 : 252
42, 4 : 224
46, 2 : 147
46, 7s. : 259
47, 6 : 162; 259
48, 1 : 115
48, 5 : 252
51, 4 : 138
51, 20 : 259
52, 8 : 137
52, 9s. : 208; 209
57, 5 : 179
57, 8 : 257
64, 1 : 122
68, 8 : 136
68, 9–36 : 126
68, 25s. : 29 n.105
68, 33 : 117
69, 3 : 223
70, 2 : 227
72, 1 : 223
73, 1 : 252
74 : 42 n.149
76 : 42 n.148
77, 15 : 249
77, 17 : 250
78 : 162
82, 5 : 249
82, 38 : 249
82, 44 : 162
89, 9 : 258

Propertius
1, 6, 25 : 285
1, 12, 7 : 260

1, 16 : 186
1, 16, 5ss. : 222
1, 16, 9ss. : 222
1, 16, 13 : 210
1, 16, 39 : 210
2, 8, 15s. : 241
2, 9a, 37–40 : 244
2, 10, 24 : 267
2, 15, 1–4 : 188
2, 15, 3 : 224
2, 15, 4 : 223
2, 15, 23s. : 247
2, 15, 49ss. : 247
2, 16, 48 : 287
2, 20, 13–18 : 201
2, 26, 4 : 287
2, 34, 37s. : 221
2, 34, 59 : 152
3, 6, 8 : 231
3, 7, 41 : 288
3, 11, 1 : 104
3, 11, 57 : 253
3, 12, 34 : 288
3, 17, 17 : 161
4, 1, 3 : 100
4, 3, 47 : 159
4, 5, 9 : 123
4, 5, 59–62 : 245
4, 5, 61s. : 246
4, 7, 13 : 196
4, 7, 31 : 196
4, 8, 23 : 255
4, 9, 21 : 93
4, 9, 25 : 153; 234
4, 10, 22 : 230

Quintilianus
1, 5, 39 : 96
1, 8, 5 : 172
4, 2, 69 : 41 n.145
5, 9, 14 : 130
5, 10, 67 : 82
6, 3, 64 : 168
6, 3, 93 : 155
9, 2, 19 : 194
11, 3, 66 : 95

11, 3, 137 : 116

[Quintilianus]
Declamationes minores
(ed. Winterbottom)
268, 4 : 80s.
339, 8 : 134
345, 15 : 213

Rhetorica ad C. Herennium
1, 7 : 244
1, 11 : 244

Sallustius
De bello Iugurthino
80, 4 : 134
85, 41 : 264
De Catilinae coniuratione
12, 3 : 108
13, 3 : 102; 251
14, 2 : 116; 135; 264
23, 3 : 181
37, 5 : 254

[Sallustius]
Epistulae ad Caesarem
2, 9, 2 : 116

Scipio Aemilianus
Fragmenta
(ed. Malcovati[4])
17 : 91; 226; 232; 249

Scriptores Historiae Augustae
Commodus Antoninus
10, 9 : 208
Heliogabalus
5, 1 : 38 n.139
5, 4 : 106
10, 5 : 228

Seneca
Agamemnon
128 : 95
299 : 201
649 : 194

Apocolocyntosis
3s. : 263
4, 10s. : 264
6, 1 : 93
11, 2 : 129
15, 2 : 76
Consolatio ad Marciam
10, 6 : 289
De beneficiis
1, 1, 1 : 244
1, 6, 3 : 267
1, 9, 3 : 102
2, 10, 4 : 200
3, 5, 2 : 180
3, 16, 2 : 199
3, 31, 5 : 97
4, 39, 2 : 171
6, 12, 2 : 175
7, 2, 2s. : 264
7, 10, 3s. : 78; 271
7, 15, 1 : 272
De brevitate vitae
9, 4 : 249
De ira
1, 1, 3 : 66
3, 33, 1 : 215
De providentia
1, 6 : 83
2, 4 : 114
5, 4 : 286
De tranquillitate animi
5 : 218
8, 8 : 230; 240
De vita beata
17s. : 229
25, 2 : 176
Epistulae ad Lucilium
17, 9 : 176
17, 19 : 176
21, 11 : 171
27, 7 : 172; 175
31, 2 : 286
31, 10 : 276
37, 1 : 179
38, 2 : 288
41, 3 : 160

47, 7 : 23 n.82; 31 n.
112; 33 n.121; 35 n.129
47, 17s. : 145
52, 3s. : 112
52, 12 : 129; 255
56, 2 : 227
63, 11 : 176
77, 12 : 282
79, 4 : 120
81, 6 : 131; 133
83, 1 : 187
83, 11 : 232
85, 10 : 145
87, 18 : 216
87, 40 : 281
95, 21 : 37 n.135
97, 10 : 240
99, 9 : 247
99, 13 : 38 n.139
107, 11 : 115
108, 24ss. : 249
114, 3 : 129
114, 14 : 92
115, 2 : 73
121, 19 : 211
122, 12 : 26 n.95
123, 10 : 245
Medea
582 : 213
688 : 211
717 : 211
731 : 211
1021 : 196
Naturales quaestiones
(ed. Hine 1996)
1, pr. 11 : 81
1, 16, 1 : 69
1, 16, 2 : 9 n.38
1, 16, 3 : 119; 146
1, 16, 4 : 118
1, 16, 5 : 279
1, 16, 6 : 127
4b, 13, 11 : 95
6, 23, 2 : 186
7, 31, 2 : 89; 148

Oedipus
980ss. : 282
Phaedra
925 : 201
1242 : 282
Troades
428 : 253

[Seneca]
Hercules Oetaeus
284 : 206
477 : 210
Octavia
81s. : 114

Seneca Maior
(ed. Håkanson)
Controversiae
2, 1, 6 : 91
4, pr. 10 : 33
4, pr. 11 : 116
10, pr. 16 : 81

Servius
(edd. Thilo-Hagen)
In Vergilii Aeneidem
5, 864 : 287
6, 544 : 250
6, 609 : 144
In Vergilii Bucolica
8, 30 : 99
In Vergilii Georgica
1, 145s. : 170
2, 502 : 199s.

'Servius auctus'
In Vergilii Aeneidem
1, 28 : 99
3, 119 : 140
4, 58 : 102

Sidonius Apollinaris
Epistulae
1, 2, 2 : 91
2, 9, 6 : 228

Silius Italicus
9, 89 : 232
10, 337 : 210
12, 35 : 288
14, 473 : 288

Statius
Achilleis
1, 784 : 173
Silvae
1, 6, 73s. : 267
2, 1, 133 : 148
3, 1, 147 : 159
3, 3, 127 : 263
3, 5, 99 : 159
4, 3, 11 : 102
4, 8, 19 : 263
5, 1, 178 : 263
5, 5, 8ss. : 83
Thebais
2, 642s. : 282
4, 642 : 250
11, 442s. : 221
Scholia in Statii Achilleidem
1, 167 : 95

Strabo
1, 2, 12 : 287–288

Strato
Epigrammata (ed. Floridi)
AP 11, 19 = 99 : 249
AP 11, 21 = 83 : 118
AP 11, 225, 1 = 51, 1 : 252
AP 12, 4 = 4 : 140
AP 12, 9, 1 = 9, 1 : 140
AP 12, 10 = 10 : 140
AP 12, 175 = 16 : 141
AP 12, 191 = 32 : 140
AP 12, 194 = 35 : 141
AP 12, 195 = 36 : 246
AP 12, 205, 1 = 46, 1 : 139
AP 12, 206, 1 = 47, 1 : 106
AP 12, 207 = 48 : 120
AP 12, 220, 4 = 63, 4 : 91
AP 12, 222, 2 = 65, 2 : 106

AP 12, 225 = 68 : 136
AP 12, 236 = 77 : 168
AP 12, 240 = 81 : 250
AP 12, 242 = 84 : 118
AP 12, 252, 1s. = 94, 1s. : 216

Suetonius
De poetis
Vita Horatii (ed. Borzsák)
24 : 155
De vita Caesarum (ed. Ihm²)
Augustus
68, 1 : 91; 92; 167
76, 1 : 114
82, 1 : 110
Caligula
36, 1 : 38 n.139
36, 2 : 199
55, 2 : 179
Domitianus
8, 3 : 11 n.43; 41 n.145; 203
Galba
22, 1 : 92
Iulius Caesar
45, 2 : 89
82, 2 : 116
Nero
6, 1 : 198
29, 1 : 224
38, 1 : 215
Otho
2, 2 : 38 n.139
2, 3 : 258
12, 1 : 89
Tiberius
45, 1 : 69
Vespasianus
18, 1 : 132
19, 1 : 152
23, 1 : 126

Tacitus
Annales
2, 55, 2 : 218
3, 28, 3 : 205
3, 36, 1 : 241

4, 20, 3 : 284
6, 16, 1ss. : 78
6, 17, 2 : 171
6, 22, 1 : 284
6, 22, 2 : 96
11, 27ss. : 185; 194
11, 30, 2 : 184
11, 35, 2 : 207
11, 35, 3 : 234
11, 36, 4 : 251
12, 42, 2 : 255
12, 53, 1 : 180
13, 31, 1 : 199
13, 42, 3s. : 134
14, 20, 4 : 254
14, 43s. : 230
14, 44, 3 : 254
14, 53, 5 : 81
15, 37, 4 : 191
15, 44, 3 : 254
Germania
33, 2 : 254
45, 4s. : 149
Historiae
1, 4, 3 : 241
1, 80, 1 : 124

Terentius
Adelphoe
200 : 76
Heautontimorumenos
981 : 258
Phormio
68 : 181
76 : 176
614 : 79
Scholia
(ed. Schlee)
p. 159, 24 : 233

Terentius Scaurus
GL VII, p. 13, 10–12 : 123

Tertullianus
Apologeticum
15, 3 : 103

De carne Christi
16, 4 : 21 n.76
De pallio
4, 4 : 112; 124

Testamentum Novum
Evangelium secundum Lucam
22, 61 : 225
Evangelium secundum Marcum
14, 72 : 225
Evangelium secundum Matthaeum
26, 75 : 225

Testamentum porcelli
(edd. Bücheler-Heraeus[6])
268 : 228

Theocritus
Idyllia
14, 4 : 7 n.27

Theophrastus
Characteres
1, 2 : 206

Tibullus
1, 1, 2 : 164
1, 1, 10 : 161
1, 1, 19ss. : 266
1, 1, 25 : 81; 163
1, 1, 60 : 161
1, 1, 69–74 : 245
1, 1, 70s. : 247
1, 1, 71s. : 245; 249
1, 2, 9 : 210
1, 2, 99s. : 179
1, 3, 24 : 168
1, 3, 33s. : 265
1, 3, 34 : 268
1, 3, 80 : 161
1, 4, 9 : 139
1, 4, 14 : 139
1, 4, 58 : 139
1, 6, 14 : 259
1, 10, 15s. : 265
1, 10, 15–24 : 267

2, 1, 12s. : 267
2, 1, 23s. : 166
2, 1, 65s. : 112
2, 1, 71 : 269
2, 5, 78 : 221
3, 8, 1 : 151
4, 27–38 : 245

Ticidas (ed. Blänsdorf[4])
Hymenaeus 1 : 188

Valerius Flaccus
5, 541 : 124

Valerius Maximus
4, 8, 1 : 165
4, 8, 3 : 272
6, 1, 13 : 206
7, 5, 2 : 101
8, 14, 6 : 278

Varro
De lingua Latina
4, 32 : 86
5, 116 : 230
Res rusticae
1, 28, 1 : 152
2, 1, 16 : 156
3, 5, 8 : 272
Saturae Menippeae (ed. Astbury)
8 : 176

Vergilius
Aeneis
1, 73ss. : 191
1, 207 : 177
1, 324 : 121
1, 438 : 159
2, 44 : 177
2, 56 : 253
2, 310ss. : 178
2, 549: 210
3, 250 : 210
3, 613 : 288
3, 635ss. : 173
3, 672ss. : 172

4, 158s. : 120s.
4, 200 : 94
4, 283 : 79; 193
4, 284 : 194
4, 305 : 196
4, 316ss. : 197
4, 319 : 176
4, 327 : 198
4, 327–330 : 197
4, 338s. : 197
4, 360 : 210
4, 366 : 196
4, 371 : 194
4, 518s. : 188
4, 569s. : 103; 211
4, 588 : 288
4, 597 : 147
4, 677 : 194
5, 1 : 177
5, 116 : 288
5, 680 : 238
5, 862–868 : 287
6, 121 : 186
6, 205 : 89
6, 279 : 211
6, 376 : 13 n.47; 282
6, 544 : 250
6, 609 : 196
6, 783 : 253
6, 788 : 173
6, 851 : 210
7, 11–14 : 112
7, 333 : 79
8, 190 : 159
8, 501 : 206
8, 580s. : 248
9, 114 : 250
9, 381 : 88
9, 436 : 246
10, 92 : 192
10, 104 : 210
10, 467s. : 247
11, 268 : 192
11, 704 : 103
11, 734 : 103

Bucolica
1, 1 : 6 n.20
1, 57 : 88
2, 1 : 140
2, 3 : 88
2, 4 : 11 n.42
2, 8ss. : 6 n.21
2, 13 : 6 n.20; 177
2, 14 : 66
2, 17 : 140
2, 29 : 269
2, 44 : 125
2, 55ss. : 11 n.42
2, 56 : 125; 219
2, 60 : 220
2, 66s. : 6 n.21
2, 69: 11 n.42; 220
2, 73 : 207; 257
2, 92 : 257
3, 3 : 88
3, 42 : 278
3, 77 : 234
3, 80 : 211
3, 107 : 223
4, 46s. : 263
4, 62 : 212
6, 47 : 220
7, 21 : 88
7, 70 : 220
9, 9 : 88
Georgica
1, 145s. : 170
1, 293s. : 112
1, 308 : 269
1, 313 : 152
1, 478 : 221
2, 491 : 282
2, 502 : 199
2, 535 : 253
3, 107 : 223
3, 259 : 183
3, 429 : 152
3, 445 : 238
4, 7 : 284
4, 44 : 160
4, 127s. : 164

4, 132 : 216
4, 248ss. : 133
4, 389 : 209

[Vergilius]
Aetna
117–126 : 160
186 : 160
195 : 160
267 : 161
487–490 : 160

Copa
31ss. : 247
Moretum
60 : 166
66 : 166
84 : 259

Zenobius
Paroemiae
4, 22 : 123

Index Rerum et Nominum

a(h): 220
abbigliamento: 109ss. (cf. *lacerna, toga*)
abitazioni e affitti: 165, 170s., 280s. (cf. *pensio*)
ablativo: (abl. ass. nominale): 288; (abl. ass. temporale e ipotetico): 252; (abl. di luogo senza preposizione): 200; (abl. di paragone): 241; (abl. di privazione): 241; (abl. di tempo continuato): 185s.
accipio: 113, 131, 133 (cf. *capio*)
acconciatura: 88, 255s.
accordo del predicato: 158s., 264
accusativo: (plur. in *-is*): 156
Achille: 67, 221
acies: 173
acta diurna P.R.: 199s.
actio rei uxoriae: 182 (cf. dote)
ad: (temporale): 225
'addubitatio': 194
adfero: 207
Adriano: 2, 3 n.8, 41 n.145, 44
adsecula: 132, 142, **143s.**, 163 (cf. *cliens/clientela, cultor*)
adsum: 131
adulter: 22s. n.81; **191s.** (cf. *moechus*)
adulterium: 34 n.128, 68s., 180, 189-192, spec. 190; (mimo dell'adulterio): 69 (cf. *leges Iuliae*)
advectus: 101
aferesi: 236s. (cf. sinalefe)
afrodisiaci: 12 n.14, 245, 259 (cf. impotenza sessuale, *senectus*)
ager: 158
aggettivi in *-fer*: 211
aggettivi in *-osus*: 232, 277
aggettivi in *-pes*: 209
aggettivo per sostantivo: 92, 128
ago: ("far la parte di"): 25 n.92, 82, 85; (in senso sessuale): 226 (cf. *facio*)
Agostino: 48, 135s.
agricolo (lessico): 133, 137s., 144 (cf. *labor, fodio/fossa*)

Alessi: 11 n.42, 138, 219s. (cf. Coridone)
Alfio (personaggio oraziano): 165
alius: (per *alter*): 96, 207s., 261; (spregiativo): 207s.
allitterazione: 78, 88, 107, 112, 128, 129, 138, 167, 170, 179, 182, 201, 202, 205, 207, 215, 244, 252, 254, 258 (cf. effetti sonori)
allocutivo (impianto): 128, 138s. 141s., 147s., 177 (cf. 'Anrede', apostrofe)
allungamento in arsi: 98, 226, 282
amator: 39, 90, 113, 139, 168, 196, 212, 219, 251, 254, 260s. (cf. *pedicator*)
amatus: 187, 220, 261 (cf. *amicus, concubinus, puer, pusio*)
amicus/amicitia: 138, **168s.**, **251s.** (cf. *amator, amatus, cliens/clientela, inimicus*)
Ammiano Marcellino: 47s. e n.5, 224, 287
amplexus/amplector: 183s.
an: 134 (cf. *-ne, num*)
anafora: 94, 115, 141, 147, 155, 170, 176, 178, 197, 205, 248
anastrofe: **133**, 220, 226, 287 (cf. iperbato)
anima: 242
annona veneni: 216s. (cf. veneficio)
'Anrede': 10s., 139; (come 'Selbstanrede'): 219, cf. allocutivo (impianto), apostrofe
'antilabé': 8 n.33, 205
antitesi: 4 n.16, 20, **89**, 107, 113, 120, 169, 171, 187, 238
antonomasia: 5 n.17, 72, 141, 168, 172, 219, 220
apò koinoû: 143, 157, 178, 240
Apollo: 67, 68, 100
apostrofe: 10s., 138, 141, 154, 177s. (cf. *allocutivo impianto*, 'Anrede')
appello: 170s.
apposizione: 82, 111, 157, 167, 246
'aprosdóketon': 97, 99, 124, 264 (cf. deflazione satirica)

380 Indici

Apulia: 20, 29, 156s.
Aquilo: 177
arbiter: 11, 206
arcaismi: 67, 179, 223, 224, 250
arcanum: 232s. (cf. *secretum*)
archimagirus: 228s.
Areopago: 218 (cf. *curia*)
argentum: 113s., 272ss.
argomentazione 'a fortiori': 142s.
Arianna: 196 (cf. *relicta*)
arsidieresi: 129, 209
asellus/asinus: 208s.
asindeto: 74s., 95, 113s., 133, 190, 222, 248, 257
astrologia: 115s., 151, 263, 284 (cf. *fatum*)
Atellana: 6 n.24, 69, 106, 151, 256 (cf. Pomponio)
Atropo: 262s. (cf. Cloto, Lachesi, Parche; *fatum*)
attività/passività (sessuale): 145ss., 180 (cf. *facio* e *patior*; omosessualità, sesso)
Aufidio: 104
Ausonio: 44 n.154, 47 e n.4, 104, 249
aut: 216, 268
avaritia: (dei *divites*): 3s. e n.12, 14, 44 n.155, 145, 164, 171 (cf. *mollis avarus*)
avverbi (uso predicativo): 87

balteum: (colpo di *balteus*): 230s.
barba: (incolta, segno di *rusticitas*): 7, 73, 90s.; (da moralista e all'antica): 72s., 91; ("umida", cf. *udus*): 68, 73; (segnale di fine della *pueritia*): 140, 245
barbula: 73 (cf. *effeminatio*)
Bellona: 101, 169
bellus (*homo*): 90s., 111, 139, 198, 249, 255 (cf. *effeminatio*)
'Binneninterpolationen': (vv. 99-100): 216; (vv. 126-127): 246
βίοι / *genera vitae*: 97, 108 (cf. *propositum*)
bipes: 207s., **209** (cf. *asellus*)

'bisessualità': 42, 220, 249 (cf. omosessualità, sesso)
blandus: 28, **122s.**, 196
'blanket words': **89,** 194, 220, 224
Bona dea: 233s. (cf. *secreta*)
brachilogismo: 82, 99, 137, 173, 185 (cf. *comparatio compendiaria*)
Bruttius: 89s.

caccia: (linguaggio della c.): 124, 268s.
caco: 136 (cf. scatologia)
caducum: 202, 204s.
caelator: 273, 277s.
calco: 218
calculus/calculator: 130s.
Calpurnio Siculo: 7 e n.30, 65s., 164, 220 (vd. *Index locorum*)
calunnia e maldicenza: 218, 227, 229s.
Calvino: 16 n.55, 206, 250
'cammino' della vita: 97
Campania: 29, 156, 157s., 287
canto del gallo: 224s.
canto delle Sirene: 287s.
capio: 203 (cf. *accipio*)
captatio testamentorum: 27 n.98, 31, 202ss., 266
caput: (*caput aperire*): 214s.; (*Roma caput orbis, vitii*): 253; (*caput scalpere*, cf. *effeminatio, pathicus*): 255s.; (= *sors* o "capitale"): 78s., 272 (cf. *usura*)
carpentum: 255 (cf. carro)
carpo/carptor: 229
carro: (terminologia): 255
carus: 216s.
casula: 166
catellus: 167
cathedra: 153
Catullo: 22 n.80, 23 n.82, 32, 35, 37 n.134, 42 nn.148 e 150, 92, 98, 104, 121, 122, 129, 140, 168s., 180, 189 (vd. *Index locorum*)
caupo: 226
causativo: 185, 215, 229
celebro: 105

cena: 14, 16, 22 n.80, 23, 24, 27, 81, 83, 129, 136, 245, 248 (cf. *conviva, convivium, parasitus, spes cenandi*)
censo equestre: (minimo): 13, 21 n.73, 25 e n.91, 26 e n.95, 27 e nn.97,98, 270ss., 281s. (cf. *eques/equites, quadringenta*)
censor: 273s. (cf. Fabrizio, *noto*)
cera: (statue dei *Lares*): 265; (Sirene e tappi di cera): 286s., 289
Cerere: 101s., 105
certe: 80 (cf. *nempe, sane*)
certum praesepe: 22s. n.80, 106 (cf. *cena* e *spes cenandi, scurra vagus*)
cervix: 276
Cesare (Giulio): 43 n.151, 256 (cf. Mamurra, Pompeo)
cesso: 116
ceu: 67 (cf. *tamquam*)
ceveo: 20 n.72, 129 s. (cf. *cinaedus*)
'cheville': 134 (cf. ridondanza)
chiasmo: 88, 100, 129, 130, 149, 170, 176, 178, 205, 206, 215, 224, 227, 232, 252, 267
Cibele: 100s., 167, 169 (cf. *Magna Mater Deum Idaea*; Galli; culti orientali)
cinaedus: 124s., **126,** 141, 226 (cf. *mollis, pathicus*)
Cinismo e Cinici: 87, 107, 269 (cf. Diogene cinico)
circo: 276s.
circumago: 193
circumeo: 79
Claudiano: 47 e n.4, 197, 287, 288
clausole: (allitteranti): 78, 182; (monosillabiche): 138s., 140, 152, 189, 216, 280 (con doppio monosillabo: **184,** 282); (tetrasillabiche): 78, 99s., 172s., 230; (pentasillabiche): 228, **239**
Cleante: 115 (cf. stoicismo)
cleromanzia: 285
cliens/clientela: 4 n.13, 9s. e nn.38 e 39, 14 e n.51, 16, 20 n.72, 23s. e n.83, 27s. nn.98 e 99, 30 e n.110, 31, **85,** 97, 107s., 109, 111, 116, 132s., 136s., 138, 143, **144,** 152, 156, 161s., **163,** 164, 166, 169, 174, 178s., 180, 182, 190, 196, 208, 211, 214, 222, 224, 244, 247, 269 (cf. *adsecula, amicus/ amicitia, comes, cultor, domina, dominus, parasitus, patronus, querulus cliens, togatus*)
'climax': 44 n.155, 137, 141, 155, 157, 169, 184, 189s., 220s., 240
Cloto: 262s. (cf. Atropo, Lachesi, Parche, *Fatum*)
'cola crescentia': 129, 155, 191, 214, 272
colaphus: **76,** 230
colles: 6 n.22, 252s. (retorica dei 7 colli ed *aeternitas Romae,* cf. Roma)
colloquiale/colloquialismo: 70, 79, 95s., 108, 148, 187, 204, 254
colo: 144s. (cf. *cultor*)
color: 111
colori e moralità: 31 n.112, **111,** 148 (cf. *viridis,* porpora)
colonnare (corrispondenza): 131, 157, 201, 246
'colpo di fulmine' ('topos'): 29 e n.105
coma: 88
comes: 144, 163 (cf. *cliens/clientela*)
comissatio: 12 n.44, 233, **248** (cf. *convivium*)
commercium mutui stupri: 38 n.139; 43 n.151
commodum: 205 (cf. *ius trium liberorum*)
communis: 243
comparatio compendiaria: 77 (cf. brachilogismi)
compleanno: 150s.
composti nominali: 209
conativo: 94, 125
concreto per astratto: 131, **200s.**
concubinus: 10 n.38, 23 n.82, 32 e n.119, 141
congiuntivo: (caratterizzante): 279; (consecutivo): 149; (deliberativo): 193; (esortativo): 131, 133, 216, 222; (ottativo): 66; (potenziale): 95; (oscillazioni con indicativo nella tr. ms.): 117, 279s.

coniugium/coniunx: 191s.
conlusor: 166 (cf. 'nomen agentis')
committo: 212s.
conviva: 22, 84s. (cf. *parasitus*)
convivium: 12 n.44, 247s. (cf. *cena, comissatio*)
Coridone: 5 n.17, 7, 11 n.42, 138, 219s. (cf. Alessi)
Cornelio Rufino: 273
corona: 201, 266s. (cf. *sertum*)
coroplastica: 280
cosmesi e depilazione: 88, 89ss., 211s. (cf. *bellus homo*; *crura*; *effeminatio*, profumi, *pumex*, vischio)
crassus: 110ss. (cf. *durus, pinguis*)
creditor/debitor: 79 (cf. *fenerator, fenus*, tassi dell'usura, *usura*)
Crepereio Pollione: 25 n.91, 65, 71, **76ss.**, 84, 106, 137, 272
crura: 91s. (cf. cosmesi e depilazione)
crustulum: 76
cui (prosodia): 147; (oscillazione *cui/qui* in trad. ms.): 212
culti orientali: 167s., 266 (cf. Cibele, Iside)
cultor: 132, 142, 144s. (cf. *adsecula*; *cliens/clientela*)
culus: 135, 212 (cf. scatologia; *viscera*)
cum... tum: 236s.
Cuma: 159
cunnilinctus: 68ss., **70**, **73**, 75, 126
cunnus: 73, 274 (cf. scatologia, *inguen*)
curare cutem: 88s. (cf. *effeminatio*)
curia: 218 (cf. Areopago, calco)
cymbalum: 168

Damasippo (personaggio oraziano): 87, 96
damnum: 24 n.87, 244
dativo: (d'agente): 216; (di relazione): 216, 241; (d. e non abl.): 259
de + abl.: 287
December: 177
deditus/devotus: 179s.
deflazione satirica: 263 (cfr. 'aprosdóketon')

deflorazione: 189, 192 (cf. *puella, virgo*)
degrado del lessico: 133s. (cf. *labor, mereo(r)/meritum, officium, opera/opus*)
deprendo: (="cogliere in flagrante", spec. in adulterio): 68ss., **71**; (= *colligo*, cf. lessico medico e della fisiognomonica): 95
depressione ('reattiva'): 9 e n.37, 71, 92 (cf. *veternus*)
designazione (tramite doppia denominazione): 77
deterior: 240s.
Dezenzinterpolationen: 74 (cf. interpolazioni; 'pruderie'; varianti d'autore)
dialogo: **5 ss.**; (articolazione delle battute di d.): 8ss., 13s. e n.49; (momenti monologici): 10 e n.40, 11 n.42
Didone: 147, 176, 193s., 196s., 219
dieresi bucolica: **80**, 108, 222, 258
diminutivo: 21s. nn.75 e 77, **121**, 198, 209 (cf. *asellus, casula, catellus, crustulum, filiolus, flosculus, labellum, tabella, umbella* (?), *vasculum*)
'dinner entertainment': 83 (cf. *scurra, verna*)
Diogene cinico: 160, 269
dirimo: 191
dispositio (retorica): 194
dives/divites: 3 e n.12, 31 n.113, 34 n.128, 44 n.155, 128, 143, 145, 218, 222, 229, 232, 233, 235, 239, 282 (cf. *avaritia, eques/equites*, morale e 'status' sociali, *nobilis, praedives/praedivites, proceres*)
divorzio e 'remariage': 184s., 191 (cf. *actio rei uxoriae*)
dolium: 160s. (cf. *lino*)
dolor (= *ira*): 67, 69, 94, 206s. (cf. *iustus dolor*)
domina: 189 (cf. *cliens/clientela, dominus*, elegia)
dominus: 138 (cf. *amicus, cliens/clientela, patronus, rex*, schiavitù)

Domiziano: 11 n.43, 41 n.145, 69, 71, 98, 132, 190 (cf. *leges Iuliae*; *Lex Sca(n)-tinia*)
Domizio Afro: 155
Domizio Marso: 86
dono: 142, 162 (cf. *indulgeo*)
donum (e *munus*): (doni come pagamento dissimulato): 9 n.35, 113, 132; (d. del corteggiamento amoroso): 28 n.102, 123, 153, 219; (scambio di doni tra patrono e cliente): 149s.
dote della moglie: 180, 184s. (cf. *actio rei uxoriae*)
'double entendre': 144, 269
'double standard': vd. morale 'doppia'
draucus: **90**, 122, 139
durus: 110ss. (cf. *crassus, pinguis*)

ebur: 274 (cf. 'status symbol')
ecce: 147 (cf. *en*)
economico (lessico): 244s. (cf. *accipio, capio, damnum, redimo, utile*)
effeminatio: 31 n.112, 37 n.136, 89, 90s., 148, 211s., 255 ss. (cf. anche *bellus homo*)
effetti sonori: 67, 73, 78, 100, 118, 121s., 123, 124, 129, 144, 168, 170, 179, 189, 194, 202, 207, 230, 250, 258 (cf. allitterazione, omeoptoto, omeoteleuto, rotacismo)
egestas: 281 (cf. *inops, mendicus, pauper/paupertas*)
elegia: 183, 245 (cf. *domina*, 'exclusus amator', *puella*)
elisione: vd. sinalefe (cf. aferesi)
ellissi: 70, 87, 108, 147, 181, 206, 239 (cf. 'Sparsamkeitellipse')
en: 147
enallage (e doppia enallage): 79s., **90**, 153, 206, 224
endiadi: **93**, 128, 141, 204, 213
Enea: 147, 174, 177, 186, 193, 196ss., 219
'enjambement': 88 (cf. 'rejet')
ephebus: 39 n.140, 140, 146, 251

Epicuro e Epicurei: 33 n.123, 35 n.128, 82, 89, 92, 115, 261, 271, 283
epifora: 205
'epitheton ornans': 90
Epitteto: 44, 201
eques/equites: 24ss., 77, 82ss., 116, 270 ss. (cf. *censo equestre, plebs, quadringenta*); (*mores* da *eques*): 84
ergo: 96, **195s.**, 218, 257 (cf. *igitur*)
Eronda: 7 n.26
esametro: ('periodikón'): 129; (spondiaco): 230; (con tutti dattili, tranne 6. piede): 208; (con tutti spondei, tranne 5. piede): 120, 154, 233
esibizionismo: 119 (cf. scopofilia)
et: (= *etiam*): 107, 226; (*et* epesegetico): 91, 159, 204(?); (*et* = *et tamen*): 79
etico (lessico): 96s., 107s., 236 (cf. βίου/ *genera vitae, propositum, recte/ rectum*)
eufemismo: 73, 103, 109, 115s., 122, **135s.**, 226, 234, 249, 252, 260, 264
eunuchi: 168 (cf. *spado*)
evidentia/'enargeia': 11, 119, 166
'exclusus amator': 10 n.39, 186ss., 210, 215 (cf. elegia)
exemplum: 37 n.135, 119, 165, **261s.**, 274
exhaustus: 161s.
exoletus: 140, **180**
exoro: 268

Fabrizio (Luscino): 165, 273s.
fac(e): 224
facetiae/facetus: 85ss. (cf. *iocus, sal/ sales, urbanitas*)
facies: 278 (cf. *imago*)
facio: ('verbo tuttofare'): 117; (generico): 225s.; (sessuale): 226 (cf. *ago*, attività/passività); (v. del sacrificio): 234s.
Falernum (*vinum*): 156, 158, 160, **233** (cf. vino)
fama: 11 n.43, 185, 200, 201s., 216s. (cf. calunnia e maldicenza, *infamia, notus, rumor*)

fatum: 13 e n.47, 108, 114s., 282, 286 (cf. astrologia, *Fortuna,* Parche)
febbre: 93
felix: 107, 262 (cf. *Fortuna*)
fellatio: 120, 126, 162
femina/femineus: 102s., 153s. (cf. *matrona*)
fenerator: 13, 165, 270 (cf. Alfio)
fenus: 271s. (cf. tassi dell'usura, *usura*)
fides: 179, 196, 214 (cf. *perfidus*)
figo: 210, 268s., 270 (cf. 'double entendre')
filiolus: 198
fisiognomonica (e psicosomatica): 94s.
Flora: 102
flos(*culum*): 245s., **247**
fodio/fossa: 137s., 155, 270 (cf. agricolo/ sessuale, lessico)
follia dell'avaro e pensiero dell'erede ('topos'): 155
foris: 187
Fortuna: 13 e n.47, 26, 282ss., 285, 289 (cf. *fatum, felix*)
fraus: 178, 196 (cf. *fides, perfidus*)
Frontone: 47, 217
fuga temporis ('topos'): 244s.
funzioni corporali (lessico): 136
futuro: (di certezza): 117, 221; (potenziale): 77, 137, 240; (prescrittivo o iussivo): 217; (oscillazioni nella trad. ms. tra futuro/presente): 221, 254

Gallia: 113 (cf. telaio)
Galli (sacerdoti di Cibele): 101, 106, 167s.
gallicinium: vd. canto del gallo
Ganimede: **99s.**, 119, **138s.**, 219 (cf. *amatus, concubinus, puer, pulcher, pusio*)
Gaurus mons: 158-60
'gay subculture': 256
'geminatio': 220
'gender roles': 37s. n.136, 198, 207
genitalia: 115

genitivo: (epesegetico): 88, 99; (g. 'inversus'): 247; (*g. legatarii*): 168; (g. oggettivo/soggettivo): 244; (g. di pertinenza): 92s., 168; (di qualità): 110, 114
Gerolamo: 48, 162, 209, 218, 228
Giove: 113, 249s., 265
Giovenale come autore: (condizione e 'status' sociale: *plebeius* o *eques*?): 25 n.93, 266; (conservatorismo plebeo): 45; (omofobia): 1 n.4, 37s. nn.137 e 138; ('pederasta' come Marziale?): 34 e n.126 (cf. *pusio*); (suo rifiuto ideologico della pederastia): 33 ss.; (sua *indignatio*): 3, 19, 40, 262; ('*Iuvenalis ethicus*'): 1 n.3, 237s.; (come *sapiens* 'democriteo' o 'oraziano-senecano'): 3 e n.11, 17 e n.59, 44, 235, 262
'Giovenale' come personaggio: **14-19** (cf. Interlocutore Anonimo)
Giunone: 151, 153, 199, 201
giuridico-legale (lessico): 11, 122, 192, 201, 203, 223 (cf. *adfero, caducum, fides, heres/heredis institutio, iustus dolor, legatum, querella*)
glaber: 140 (cf. *puer, glabraria*)
glabraria: 91, 198, 212 (cf. *glaber; bellus homo*)
Gracco (nobile *mollis*): 43 n.153, 127, 270
grandis: 149 (cf. *magnus*)
gratus: 260 (cf. *ingratus*)
grecismi: 76, 105, 123ss., 141, 153, 192, 228, 251s.
grex: 275

heres/heredis institutio: 155, 203s.
hic: (= *iste*): 77, 166 (?); 175
humilis: 143 (cf. *inops, mendicus, pauper*)
'hysteron proteron': 131, 141

idcirco: 238
ideo: 238
igitur: 96

Index Rerum et Nominum

imago: 278 (cf. *facies*)
imperativo: (futuro): 210, 222; (ironico): 201; (negativo): 250s.
impotenza sessuale: 70, 182, 184, 245, 249s. (cf. afrodisiaci, *senectus*)
improbus: 169s.
impudicus/impudicitia: 201s., 217; (segnali di *i.*): 129s., 255-257 (cf. *mollis, cinaedus, pathicus*)
inanis: 159s.
incastri di parole: 88 (cf. 'Schema Cornelianum')
incendi dolosi: 215
inclino: 105s. (cf. sessuale, lessico)
incognitus: 118
indignatio: 28, 40 e n.144, 127 (cf. Giovenale come autore; Nevolo 'indignato'; interrogativa retorica e vd. *an, en, monstrum, -ne, num, o, ulterius/ultra* come moduli e lessico di *i.*)
indulgeo: 144 (cf. *dono*)
infamia: 104, 122, **201s.**, 240 (cf. *fama, rumor*)
infans: (*rusticus*): 165s.
ingenuus/ingenuitas: 36 e nn.130, 131
ingratus: 196s., 214 (cf. *gratus*)
inguen: 73, 264s. (cf. *cunnus, mentula, nervus, pars, penis*)
inimicus: 211 (cf. *amicus/amicitia*)
inops: 171 (cf. *egestas, mendicus, pauper/paupertas*)
insisto: 277
Interlocutore anonimo: 5, **14-19**; (e 'Giovenale'): 5 n.18, 16s.; (amico e/o 'collega' di Nevolo?): 5 n.18, 17s. n.61; (suo uso dell'ironia): 18 s. e n.67, 88, 96, 206; (rapporto con Orazio 'personaggio' del libro II delle *Satire*): 18s. e nn.63, 64, 65, 66; (rapporto 'padronale' con gli schiavi): 18 n.71, 76, 143, 218s.; (ruolo di 'spalla'): 10 e n.41, 17; (carattere ambiguo del suo moralismo): 12, 18 e n.61, 19 e n.67, 74, 218s., 235 ss., 240; (come

'Satirist'): 17 e n.60, 41 n.146; (tono 'oraziano'): 80ss., 236; (tratti misogini): 102, 235
interpolazioni: **48**, 75; (v. 5): 48, 74ss.; (v. 29): 110s.; (vv. 48-49): 142; (vv. 79-80): 190; (v. 81): 193; (vv. 99-100): 216; (vv. 118-123): 235ss.; (v. 119): 238; (vv. 122-123): 240-242; (vv. 126-127): 246; (134/134a): 259-261 (cf. 'Binneninterpolationen')
'Interpunktionzäsur': 115, 145, 170, 194, 222, 224, 232, 258
interrogativa retorica: 28, 101s., 166, 183, 192ss.
iocus: 85s. (cf. *facetiae/facetus, sal/ sales, urbanitas*)
iperbato: 73, 90, 97, 100, 189s., 220s. (cf. anastrofe, 'Schema Cornelianum', 'Sperrungszäsur', 'versus aureus')
iperbole: 157, 159, 181, 185, 220s., 287
Ipsipile: 197 (cf. *relicta*)
Iside: **98ss.**, 102, 169, 278s. (cf. culti orientali)
iugera:₁ (*pauca*): 164; (*bina*): 165
iugum: 159
ius trium liberorum: 205 (cf. *commodum*)
'*iustus dolor*': 206s.

'kakémphaton': 81, 129, **213**
Kalendae: 151, 153, 154
'kyklos': vd. *redditio*

labellum: 121 (cf. *sermo amatorius*)
labor: 108, **133s.**, 161, 195, 208 (cf. degrado del lessico)
lacerna: 109 (cf. abbigliamento, *color, toga*)
Lachesi: 114, 248, 262 (cf. Atropo, Cloto, Parche; *fatum*)
lacuna: (post v. 4): 74; (post '*spes superest*', v. 134): 13 e n.46, 257s.
lambo: 73, 76 (cf. *cunnilinctus, lingo, tero*)
Lari: 13, 265ss. (cf. *pietas* romana arcaica)

lassus: 157, 161s. (cf. *exhaustus*)
Latino (mimo): 69s.
'Lebensbilder': 97 (cf. βίοι/*genera vitae*)
lectica/sella: 275ss. (cf. 'status symbol')
lectulus: 188 (cf. *lucerna*)
legatarius: 203 (cf. *heres/heredis institutio*)
legatum: 155, 167
leges Iuliae: (*l.I.* e 'status' sociali): 37 n.135; ('*de maritandis ordinibus*'): 202-205; ('*de adulteriis coercendis*'): 69, 190
lessici tecnici: cf. agricolo; economico; etico; delle funzioni corporali; giuridico-legale; dell'*indignatio;* medico; militare; sessuale
lessico: vd. degrado del lessico
Lex Sca(*n*)*tinia*: 11 n.43, 40, 41 e **n.145**, 201
libarius: 227s. (cf. *libum*)
liber: (liberi/schiavi e norme della vita sessuale): 33, 35s.; (*l.* in senso etico): 241 (cf. schiavi e schiavitù)
libido: 33 n.122, 67, 121, 146s., 155; (in eccesso nella donna e nel 'passivo'): 162, 189, 208, 252, 264
libraria, librarius, librariolus: 227
libum: 227s., 229
lingo: 73 (cf. *cunnilinctus, lambo, tero*)
lingua blaesa: 122, **123**
lino (= "impeciare"): 160
litote: 204, 231, 251
loco: 276
Luciano: 47 e n.2
Lucilio: 6, 48, 76, 94, 112, 125s. (grecismi), 135, 187, 226, 228, 251 (vd. *Index locorum*)
lumbus: (sede di *libido*): 162
lumen/(*lucerna*): 188, 223s.
lusso della cucina: 31 n.113, 227ss. (cf. Virrone)

macies: 92 (cf. 'malattia d'amore')
Magna Mater Deum Idaea: 100s., 167 (cf. Cibele)
magnus: 150 (cf. *grandis*)

'malattia d'amore': 92, **145**
Mamurra: 43 n.151, 135, 155 (cf. Cesare, *mentula*)
mancipium: 239 (cf. *verna*, schiavitù)
Manilio: 13 n.47, 114s., 211, 286 (cf. astrologia; stoicismo); vd. *Index locorum*
Marsia: 67s.
Marte: 98, 201, 218, 249s.
Marziale: 7 n.25, 15 n.54, 20 n.70, 21 n.74, 34 e n.126; (sue predilezioni pederastiche): 34 e n.126, 37 n.134; (vita da *cliens* e 'povertà'): 114, 164; vd. *Index locorum*
matrona: (doveri e 'status'): 189 (cf. *femina, Matronalia*)
Matronalia: 151s., 153s.
Mecenate: 18 n.63, 27 n.96, 152 (effeminato), 165 (come patrono, cf. Orazio)
Medea: 196s., 201, 207, 213 (cf. *relicta*)
medico (lessico): 92, 95 (cf. *vetus, deprendo*)
mediocris: 34, 81, 192, 250, 266, 272 (cf. *plebs 'media'*; e *inops, mendicus, pauper, dives*)
mendicus/mendicitas: 77s., 250, 269s., 281 (cf. Cinismo e cinici; *inops, egestas, pauper/paupertas*)
Menippea (satira): 125s.
mensura nervi/inguinis: 10, 13, 20 n.72, 29 n.105, 116s., 118s., 120, 135, 208 (cf. Priapo e modello priapico di virilità)
mensura sui: 81, 280 (cf. *modicum, parvum*; Orazio)
mentula: 135s., 155, 264 (cf. *inguen, nervus, pars, penis*)
merda: 136
mereo(r)/meritum: 10, 95, **133s.**, 164, 178, 185s., 194ss., 197, 203, 206s., 283 (cf. degrado del lessico)
Messalina: 102, 122, 146, 182s., 185
metafora: 91, 117, 138, 144, **145**, **245**s.
metaplasmo di genere: 230 s.

metonimia: 93, 105, 111, 113, 123, 141,
    145, 148, 149, 159, 173, 177, 215,
    216, 218, 222, 230s., 239, 264, 271,
    298
militare (lessico): 38 n.136, 133, 193,
    255s., 277 (cf. degrado del lessico)
milvus: (bisillabo): 157; (cf. proverbio/
    proverbiale)
mimo: 6 e nn.23 e 24, 7 e n.25, 19; (*m.
    de adulterio*): 69s., cf. Latino, Timele
minister: 141, 174s., 180 (cf. *convivium,
    puer*)
Minucio Felice: 47 n.3, 103
minutus: 267
miser/miserabilis: 77s., 137, 247
mitto: (*muneri*, cf. *dono*): 149; ('simplex
    pro composito' per *omitto*): 178
modicum: 81s. (cf. *parvum, mensura sui*)
modo: 212, 242
moecha: 104 (cf. prostituzione)
moechocinaedus: 43 n.151, 168
moechus: 22 e n.79, 104, 192 (cf.
    adulter)
Moesi (lecticarii): 275
mollis: (*vir mollis*, cf. *cinaedus,
    pathicus*): 92, 11 n.43, 28, 39 n.141,
    122, **126**, 127, **128**, 129, 139, 168,
    201, 211, 251; (*mollis avarus*): 3
    n.12, **28**, 127, **128**, 130
monstrum: 127s.
morale 'doppia': 37 e n.134, 42 e n.148,
    146 (cf. omosessualità)
morale e 'status' sociali: 34 n.128, 37
    n.135, 69, 192
moralismo: 70, 72, 87, 92, 174 (cf.
    barba, mos maiorum, Stoicida)
morbus uterque: 38 n.139, 42s. e n.151
    (cf. attività/passività sessuale,
    omosessualità)
mordens: 83, 85s. (cf. *procax/procacitas;
    vehemens*)
mos maiorum: 99, 235, 253s., 266s., 274
Musonio Rufo: 36 n.131, 44

namque: 175
Nausicaa: 29 n.105

-ne: 166
nebulo ("scialacquatore", tipo): 77
nec: (intensivo): 145, 282
nempe: 183
Nerone: 38 n.139, 71, 224, 258, 263
nervus: 117s. (cf. *inguen, mentula, pars,
    penis*)
neu: 216
Nevolo: **19-27**; (tono 'oraziano' di N.):
    81, 280; ('filosofia' di N.): 115; 245;
    283s.; (N. come 'satirico'): 16 e
    n.57, 17 n.60, 87, 213s.; (mentalità
    'piccolo-borghese' di N.): 107, 273;
    (sua sobria e 'arcaica' *pietas*): 266;
    (sua *rusticitas* o *urbanitas*): 85s.,
    87, 124, 169, 172, 219s.; (N. come
    'average man'): 115, 277; (N. e gli
    equites): 21, 24ss., 82, 84, 270ss.,
    281; (nome di N.): 21s.; ('ingenuità'
    di N. e sua 'franchezza'): 72, 180,
    220, 267; (N. e Trebio): 4 n.16, 14ss.,
    22 n.78, 26s., 30, 83, 137, 175, 207,
    271; (N. e Trimalchione): 115; (N.
    e Ulisse): 174; (N. e Umbricio): 25
    n.93, 165, 170, 281; (N. e Vulteio
    Mena): 23s. n.83; (*indignatio* di N.):
    4, 16 n.57, 40 n.144, 68, 127, 134,
    139, 143, 147, 206s.; (N. *querens*):
    10 nn.39, 40; 11 n.42; (giudizio di G.
    su N.): 41ss.; (N. in Marziale): 19-
    21, 130, 226; (relativa modestia delle
    aspirazioni economiche di N.): 163s.,
    165s., 174s., 271, 272s., 275, 281;
    (sentenze 'morali' di N.): 190, 210
ni/nisi (*si non*): 178
'nichilismo' di G.: 254
nobilis: 3 n.9, **43 n.153**, 82, 190, 217 (cf.
    Gracco, *proceres*)
nomen agentis: 73, 166s., 278
'nomi parlanti': 21s. e n.75, 30 n.107,
    71, 72
nominali (frasi): 87 (cf.
    Sparsamkeitellipse)
nos: (= *nos homines*): 202, 248
noster: 265s.
noto: 274s.

notus: 104 (cf. *infamis*)
nox: (di sesso/lavoro): 185s., 188 (cf. prostituzione)
nudità e terme: 9 n.38, 119, 120 (cf. esibizionismo, scopofilia)
num: 166 (cf. *an*)

o: 221, 265 (cf. *a(h)*, *en*)
ob: 203
occhi (specchio dell'*animus*): 95
occurrere/occursus: 65s.
officium: 33, 133, 137, 161, 178, 180, 195 (cf. degrado del lessico)
olim: 94
omeoptoto: 88, 124, 141, 179, 194, 205, 207, 216
omeoteleuto: 88, 129, 138, 252
Omero: 7 n.28, 123 ss., 171ss., 194, 286ss. (cf. Nausicaa, parodia, Polifemo, Sirene, Ulisse e vd. *Index locorum*)
omnis: (= *totus*): 203s.
omosessualità: **31-45 e passim** (cf. bisessualità, pederastia); (terminologia antica e moderna): 31ss.; (o. 'greca'): 32 e n.117; (o. e schiavitù): 33 e n.121, 35s.; 'double standard' o morale doppia: 37; attività/passività (sessuale): 38 n.139, 43 n.151, 226, 251, cf. *facio* e *patior*; (topica del *'mollis vir'*): 128, 129s., 213 (cf. *cinaedus, pathicus*); (*effeminatio*): 31 n.112, 37 n.136, 90s., 148 (cf. anche *bellus homo*); (*moechocinaedus*): 43 n.151, 168; (*commercium mutui stupri*): 38 n.139, 43 n.151, 168; (relazione simmetrica/asimmetrica): 40 n.143, 43 n.152; (*draucus*): 90; (*Lex Sca(n)tinia*): 40s. e n.145, 201; (come 'malattia' o *morbus uterque*): 38s. e n.139, 142, 145 ss.; ('gay subculture'): 256
onnisciente (autore): 15, 105
opera/opus: 108, 133s., 178, 195, 245 (cf. degrado del lessico)

operae pretium (*est*): 108
opes: 80, **216**, 280
Orazio: (morale oraziana di moderazione e 'plebs media'): 80-82 (cf. *mensura sui, modicum, parvum*); (*mensa brevis* o *victus tenuis*): 248; (*fuga temporis*): 245ss.; (*carpe diem*): 247; (importanza per G. IX di Hor., *sat.* 1, 9): 5 e n.19, 18 n.64; (e di *sat.* 2, 5): 6, 18s. e n.66, 244; (e di *epist.* 1, 7): 23s., 132; (Orazio cliente): 165, 281 (cf. Mecenate); (Orazio e il galateo della clientela): 178s.; vd. *Index locorum*
oro: 176 (cf. *rogo*)
ossimoro: 82, 83s., 127s.
Ostio Quadra: 9 e n.38, 69, 119s., 127, 146
Otone: 38 n.139, 90, 251, 258
Ovidio: (tramite di reminiscenze omeriche): 288; vd. *Index locorum*

Palatium: 101
'parade' (dei viziosi): 65 (cf. *occurro/occursus*)
parasitus: 22 e n.80, 31 n.112, 85, 163 (cf. *cliens/clientela, conviva*)
paratassi: 226
paratus: 78, 142, 147
Parche: 114, 262s., 284 (cf. Atropo, Cloto, Lachesi, *fatum*)
parens: 201 (cf. *pater*)
parentesi: 101s., 195, 221, 242, 246
pariter: 227
parodia: 123ss., 171s., 172, 174, 177, 180, 186, 193ss., 197, 220, 223, 234, 262 (cf. elegia, 'exclusus amator', Omero, 'relicta', Virgilio)
pars: (parte del corpo): 115s., 204, 206, 240 (cf. eufemismo; *inguen, mentula, nervus, penis*); (*diversa pars* o "controparte"): 206
participio (futuro): 161
'parvenus': 84
parvum: 81s., 163 (cf. *modicum, mensura sui*, Orazio)

pascere: 73, 107, 175, 264s.
passer: 154 (cf. *libido*)
pater: 201 (cf. *parens*)
paternità putativa: 199s.
pathicus: 38 n.139, 42 n.150, 89, 126, 128, 147, **251**, 257, 261 s. (cf. *cinaedus, mollis, patior*)
patior (*muliebria*): 37 e n.135, 38 e n.139, 167, 226, 251 (cf. *facio, pathicus*)
patronus: 27 n.99, 138, 143, 152, 163, 189, 196, 214, 218, 261 (cf. *amicus/amicitia; cliens/clientela; rex*)
paulo ante: 232
pauper: 13, 26 n.95, 34 n.128, 84, 143, 171, 220, 266, 280s., 282 (cf. *humilis, inops, mendicus, mediocris*)
paupertas: 27 n.97, 81, 107, 164, 269s., 276, 280s. (cf. *egestas, inops, mendicus*)
Pax: 99 (tempio e 'pinacoteca')
pederastia: ('in senso proprio'): 31 n.112, 98, 138ss.; ('therápeia' o corteggiamento pederastico con doni): 122, 125, 219; (*puer* e *pusio*): 33 e n.122, 35 n.29, 39 e n.140, 139ss., 171 (cf. *amatus, concubinus, ephebus, exoletus, pulcher, tener*)
pedicator: 90, 109, 116ss., 120, 134s., 139, 202, 230, 249, 256, 264 (cf. *amator*, attività/passività sessuale)
pedisequus: 171, 175
penis: 117, 135s. (cf. *inguen, mentula, nervus, pars, penis*)
pensio: 170 (cf. abitazioni)
perfetto (congiuntivo): (dell'anteriorità): 119, 225s.; (per il piuccheperfetto): 214
perfetto (indicativo): (azione puntuale): 182; (gnomico): 190; (storico): 198, 202
perfidus: 16 n.55, 178, 181, 196, 214, 217, 226, 245 (cf. *fides, fraus*)
perifrasi: 93, 115, 117, 211, 242, 256, 265, 278

Persio: 5 n.17, 6 e n.23, 7 n.25, 8 n.31, 18 n.65, 44, 48, 80, 90, 92, 108, 120, 125, 145, 157, 235, 246, 265 (vd. *Index locorum*)
personificazione: 116, 170, 177, 188, 216, 220s. (cf. prosopopea)
Petronio: 2 e n.4, 9 n.38, 13 n.47, 19, 21 n.75, 33 e n.121, 122, 157, 172, 179, 180, 230, 279 (vd. *Index locorum*)
pietas romana arcaica: 176, 265ss.
pignus: 78s., 272 (cf. *usura*); (figli come *pignus amoris*): 196s.
pinguis: 110
pittore/pittura: 99, 278ss. (cf. *facies, imago*)
piuccheperfetto (indicativo): 212
plebs e *plebeius*: 10, 25 n.93, 27 e n.97, 81 (*pl.* 'media'), 82, 116 (*pl.* 'togata') (cf. *eques/equites; mediocris*)
pleonasmo: 204
ploro: 187
plurale: (plur. 'eufemistico'): 115; ('plur. maiestatis'): 113, 202, 232, 248, 265; ('poetico' e/o 'metri causa'): 101, 109 (?), 259, 286s.; (plur. 'problematici'): 109, 181, 238s.
Polemone: 87
Polifemo: 170-173
poliptoto: 115, 131, 232
polisindeto: 141, 221, 242, 255
'politically correct': 1, 2 n.4, 38 e n.147
polliceor/promitto: 181
pomerium: 86
Pompeo (Magno): 256
Pomponio: 106, 151, 256 (cf. Atellana e vd. *Index locorum*)
porpora: 111 (cf. colori e moralità; 'status symbol')
porta (s-parlante): 221s. (cf personificazione)
positus: 152
poto: 233
praedium: 155, 156s.
praedives/praedivites: 26 n.95, 34 n.128, **281** (cf. *dives/divites, nobilis, proceres*)

praesto: 78
presente: 275; (di consuetudine): 70, 113, 119, 209; (iterativo): 282; (storico): 119, 123, 198; (oscillazione presente/futuro nella trad. ms.): 221, 254s.
pretium: (= *emolumentum, merces*): 108, 134, 178
prezzo: (terreni): 164; (schiavi): 174s.
Priapo e modello priapico di virilità: **42 e nn.148 e 149**, 118, 120, 124, 208
primavera: (data d'inizio; rappresentazione della p.): 151s.
procax/procacitas: (nel linguaggio) 83, 85, cf. *mordens*; (segno di *aviditas*): 170 (cf. *improbus*)
proceres: 37 e n.135, 38 n.139, 42, 43 (cf. *dives/divites, nobilis, praedives/praedivites*)
professio liberorum: 199s.
profumi: 88, 149, 249 (cf. cosmesi e depilazione, *effeminatio, sucinum*)
propositum: 8, 14, **96s.**, 107 (cf. βίοι / *genera vitae*)
propter: 203 (cf. *ob*)
prosopopea: 10, 29 e n.104, 119, 128, 170, 206 (cf. personificazione)
prostituzione: 70, 72s., 91, 102s., 185; (pr. 'sacra'): 102s. (cf. *prosto, puella, scortum*)
prosto: 8 n.34, 97, 102s., 104
proverbio/proverbiale: 81, 95, 123s., 157, 181, 218, 221, 257, 258, 287
Prudenzio: 47 e n.4
'pruderie': 130 (cf. 'Dezenzinterpolation')
puella: 183, 188, 249 (cf. elegia; eufemismo; *virgo*)
puer (come *delicatus* e/o *concubinus*, cf. pederastia): 33 e n.122, 35 n.129, 39 e n.140, 139ss., 171; (come s*ervus*): 131, 171
pulcher: 140s. (cf. pederastia, *puer, tener*)
pumex: 211s. (cf. cosmesi e depilazione; vischio)
punizioni corporali: 20 e n.69, 69, 76, 230s. (cf. schiavi/schiavitù)

purus: 273
pusio: 131 (cf. *amatus, concubinus, exoletus, puer*; pederastia)

quadringenta: (=400.000 HS): 13, 14 n.51, 25, 27 n.98, 84, 127, 270, 271, 281 (cf. censo equestre minimo; *eques/equites*)
quando: (avv. interrogativo): 282; (= *quandoquidem*?): 282
quare: 66
-*que*: 247 (epesegetico)
querella: (lessico amoroso): 10 nn.39,40, 186, 210, 219; (lessico legale): 210
querulus cliens: 10 n.39, 20, 22, 24, 25 n.91, 84, **161**, 208, 210, 219 (cf. *cliens/clientela*)
Quintiliano: 86, 132s., 261 e vd. *Index locorum*

rapio: 182
Ravola: 17 n.60, 21 n.76, 22 n.77, 70ss., 87, 90
recte/rectum: 236
recumbo: 224
'redditio' (o 'kyklos'): 194s.
redimo: 186
'rejet': 99, 135, 144, 175, 191 (cf. 'enjambement')
relativismo dei valori: 18 n.65, 274
'relicta' ('topos'): 196ss., 206s., 219 (cf. Arianna, Didone, Ipsipile, Medea)
remex: 288s.
repente: 80
rex: 4 n.13, 138 (cf. *dominus, patronus*)
Rhodope: 68ss., 72s.
riconoscimento dei figli (cerimonia): 198ss.
ridondanza sinonimica: 92, 111, **134**, 204, 213, 216, **245**
ripetizione lessicale: 189, 233
rogo: 176, 284s. (cf. *oro, voco*)
Roma: (*aeternitas*): 253 (cf. *colles*); (*caput orbis, caput vitii*): 253; (*prodiga Roma*): 109
rotacismo: 73, 78, 144 (cf. effetti sonori)

rughe: 66s., 79
rumor: 201 (cf. calunnia e maldicenza, fama, infamis, notus)
rusticitas: 87, 169 (cf. urbanitas)

sal/sales: 86 (cf. facetiae/facetus, iocus, urbanitas)
saliva libidinis: 120s. (cf. spuma)
salvus: 254
sane: 139 (cf. certe, nempe)
Sannio: 156
sapiens: 81, 107, 262, 277, 286 (cf. Fortuna, Stoicismo e Stoici)
Saturnalia: 109, 113s., 149, 152, 177
Saufeia: 233s.
scalpo: 255s. (cf. caput)
scapulae: 176
scatologia: 136
'schema Cornelianum': 88
schiavi e schiavitù: (s. e clientela): 30 n.118, 137, 179; (s. e omosessualità): 32ss., 33 e n.121, 35s.; (familia rustica/urbana): 137; (prezzo degli schiavi): 174; (s. e punizioni corporali): 76, 230s.; (mantenimento e cura del benessere degli schiavi): 175s.; (schiavi e furti): 74ss., 240; (schiavi e vino): 226, 233; (schiavi fuggitivi): 240
scopofilia: 119s. (cf. esibizionismo)
scortum: 9 n.35, 23, 201, 249 (cf. prostituzione, prosto, puella)
scurra: 22 e n.80 (sc. vagus), 23, 25 e nn.91 e 93; **27 e n.96,** 82, **83,** 126 (cf. verna)
secreta (sacra): 100s., 234
secretum: 210, 212, 214, 220 (cf. arcanum)
Seneca: 11 n.41, 26 n.95, 44, 115, 126, 164, 180, 187, 249, 251, 263 (vd. Index locorum)
senectus: 66, 249s., 269
sententia: 81, 94s., 114s., 136s., 167, 189s., 210s., 214, 216, 236, 239s., 241

'sermo amatorius': 121, 154, 208, 260 (cf sessuale, lessico)
sertum: 248s. (cf. corona)
Servio: 48, 50
Servio Tullio: 283 (cf. Fortuna)
sesso: (fisiologia erotica del corpo): 68, 73 (cf. udus/siccus); (sesso e denaro): 43 n.152 (cf. dono, donum, prostituzione, prosto); (come attività spossante): 44 e n.157, 162; (fluidità dei ruoli): 23 n.82; (cf. attività/ passività sessuale; bisessualità; omosessualità)
sessuale (lessico): 105s., 137, 226, 268s., 270 (vd. 'sermo amatorius', scatologia)
sestertium: (=1000 HS): 132; (genitivo plur.): 270
siccus: 14, 88 (cf. udus)
signo: 184
similitudine: 44 e n.154; (come apposizione): 246
'simplex pro composito': 129, 130, 153, 178, 194, 200, 205, 209, 222, 224, 272
sinalefe: **134,** 237, 287 (cf. aferesi, elisione)
sincopate (forme): 144
sineddoche: 117, 177, 221
singolare collettivo: 88, 91, 121, 130, 259, 266, 288
Sirene: 286s.
Socrate: 6 n.23, 19 n.67, 73, 261, 271
sollers: 173s.
sollicito: 123
solox: 112
Sorano di Efeso: 145
sostantivo con forza aggettivale: 82ss., 139
spado: 182 (cf. eunuchi; Galli)
'Sparsamkeitellipse': 87, 270
'Sperrungszäsur': 122 (con sinalefe), 153, **163**
spes cenandi: 14, 16, 22 n.80, 23, 136, **245** (cf. cena, cliens/clientela, conviva, parasitus)

spiro: 176
sportula: 23 n.84, 130, 132, 142, 143, 149 (cf. *cliens/clientela*)
spuma/spumo: 120s. (cf. *saliva libidinis*)
'status symbol' (abbigliamento): 109; (porpora): 111; (argento, avorio, tartaruga): 273s.; (*lectica/sella*): 275s.; (ritratti su tavola): 278
Stoicida: 87, 114s., 174
Stoicismo e Stoici: **44 e n.157**, 87, 107, 114s., 115, 174, **235**, 241, 265, 283 (cf. Cleante, Manilio, Seneca, Musonio, Persio, Epitteto)
struttura della satira: 5ss., 13s. e n.48
sucinum: 149, 153
supersum: 258
surdus: 284, 285s.
suspectus/suspicio: 159

tabellae/tabulae: (*sponsales/nuptiales*): 184, 191; (testamentarie): 184; (messaggini amorosi): 122s.; (voti e tavolette cerate): 269; (pittura): 278s.
tabula (*calculatoria*): 131s.
Tacito: 254, 284 (vd. *Index locorum*)
tamquam: 67, 214 (cf. *ceu*)
tassi di usura: 78, 271 (cf. *fenerator, fenus, usura*)
telaio/tessitura: 112s.
Teocrito: 7 e n.27, 19
terme: 9s. e n.38, 23s., 29 n.105, 120, 122, 202 (cf. nudità)
tero: 71, **73** (cf. *cunnilinctus, lambo, lingo*)
Tertulliano: 21 n.76, 47 e n.3, 103, 112, 124
testis: 187s.
Tibullo: (*paupertas*): 163s.; (*pietas* all'antica): 175, 176s.; (*fuga temporis*, 'topos'): 245, 247; vd. *Index locorum*
Timele (mima): 70 (cf. Latino)
toga: 109, **111**, 116, 132, 176 (cf. abbigliamento, *lacerna*)
togatus: 111, 116 (*plebs togata*), 163 (cf. *cliens/clientela*)

tollo: (=*suscipio*): 198s.; (=*aufero*): 222s.
torreo/(*torqueo*): 93
Traiano: 2, 41 n.145
transumanza: 156 (cf. Sannio)
travestitismo: 151
Trebio: 4 n.16, 14s., 16s., 22 n.78, 26s., 30s., 66, 68, 83, 85, 137, 175, 203, 207, 271
Trifolinum (*vinum*): 233
Trifolinus (*ager*): 29s., 157s.
Trimalchione: 33, 105, 114s., 148, 153, 164, **172**, 174, 177, 177, 180, 221, 265, 284
tristis: 66, 68
'tu' generico/retorico: 94, 117, 147s., 222, 224, 231, 242 (cf. allocutivo/ impianto, 'Anrede', apostrofe)
tum/tunc: 236s.
tus: 267
udus: 68, 73 (cf. sesso); 88, 249 (cf. profumi)

Ulisse: 29 n.105, 67, **123ss.**, **173s.**, 186, 194, 221, 261, 286ss. (cf. Omero)
ulterius/ultra: 127 (cf. *indignatio*)
umbella: 148
Umbricio: 4 n.16, 5 nn.17 e 18, 10 n.30, 25 n.93, 26 n.95, 97, 107s., 109s., 115, 133s., 137, 165, 167, 170s., 172, 176, 178, 208, 214, 244, 262s., 269s., 272, 283s.
urbanitas: 85s. (cf. *facetus/facetiae, iocus, rusticitas, sal/sales*)
Ursidio: 104, 198, 202
usura: 78s., 272 (cf. *fenerator, fenus*, tassi di u.)
ut: (concessivo-suppositivo): 178, 220
uterque: 95
utilis: 106, 243

varianti d'autore: 75, 236, 238, 260
'variatio': 103, 110, 114, 128, 150, 189, 222, 224, 242, 248, 278
vasculum: 272
vehemens: 86

vendicativo (carattere): 96, 211, 217 (in donne ed effeminati)
veneficio: 21, 217 (arma di donne ed effeminati), 218
venter: 264
verna: 25, 82ss. (cf. *mancipium, schiavitù, scurra*)
Verre: 127, 277s.
'versus aureus': **153**, 289
verum (cong.): 178
veternus: 92 (cf. depressione 'reattiva')
vetula/anus pruriens (o '*Vetulaskoptik*'): 13 e n.45, 128, 235, 257
vetus: 92 (cf. medico, lessico)
videor: 96
vino: (tipi di v., cf. *Falernum, Trifolinum*): 158, 160s.; (*in vino veritas*; 'topos'): 231; (furto di v.): 232s.; (donne e divieto di bere v.): 235
vir: (= *virilitas*): 200s.
Virgilio: 11 n.42, 177s., 219s. (cf. Coridone, Didone, Enea, parodia e vd. *Index locorum*)
virgo: 180 (cf. deflorazione, *puella*)
viridis: 31 n.112, 148 (cf. colori e moralità)
Virrone: 14, **27-31**; (nome): 3 n.10, 30 n.107; (avarizia): 24, 30 e n.111, 127, 130; (effeminato e passivo): 31 e n.112, 42, 155; (*captator testamentorum*): 27 n.98, 202s.; (cucina e *gourmandise*): 31 n.113, 229; (rapporto con V. di sat. 5): 14, 27 n.98, 30s., 118s., 203; ('exemplum fictum'?): 27s.; (patrono di Nevolo): 27ss.; (sua ricchezza): 4 e n.16, 43s., 155, 185, 216, 222, 229; (giudizio di G. su di lui): 41ss.; (sua *nobilitas*?): 43 n.153; (assente, ma personaggio-chiave): 10, 14, 119; (moglie di V. e sua dote): 169ss., 180 ss.; (*senex*?): 140

viscera: 135 (cf. *culus*)
vischio: 89 (cf. cosmesi e depilazione, *effeminatio, pumex*)
vitium peregrinum ('topos'): 253s. (cf. *mos maiorum*)
vizio (come *morbus*): 79
vocativo: 66, 206
voco: 284ss. (cf. *rogo*)
Vulteio Mena (personaggio oraziano): 23s. e n.83, 132, 165

zeugma: 105, 137s., 143, 158, 268
Zeusi: 68
Zoilo: 148 s., 153

www.ingramcontent.com/pod-product-compliance
Lightning Source LLC
Chambersburg PA
CBHW031750220426
43662CB00007B/346